郁賢皓 著

唐刺史考全編

（增訂本）

④

鳳凰出版社

第十編

江南西道

卷一五六　宣州（宣城郡）

隋宣城郡。武德初改爲宣州。三年置總管府。六年陷輔公祏。七年平，改置宣州都督府。貞觀元年罷都督府。天寶元年改爲宣城郡。乾元元年復爲宣州。領縣八：宣城、當塗、涇、綏安（廣德）、溧陽、溧水、南陵、秋浦。

左難當　　武德七年（624）

《姓纂》卷七南陽沮陽縣左氏：“唐宣州都督、戴國公左難當，宣州人。”《元龜》卷三七三：“左難當，宣州人也……及公祏平，高祖嘉其忠效，拜宣州都督。”按平輔公祏事在武德七年。

尉遲敬德　　貞觀十一年（637）

《舊書》本傳：“〔貞觀〕十一年，封建功臣爲代襲刺史，册拜敬德宣州刺史，改封鄂國公，後歷鄜、夏二州都督。”又見《長孫無忌傳》，《元龜》卷一二九，《會要》卷四七，《全文》卷一五二許敬宗《唐并州都督鄂國公尉遲恭碑》。《新書》本傳未及。《隋唐五代墓誌匯編·陝西卷》第三册《大唐故開府儀同三司鄂國公尉遲君（敬德）墓誌并序》（顯慶四年四月十四日）：“貞觀十一年封建功臣，册拜使持節宣州諸軍事宣州刺史，徙封鄂國公。”

李義本　　約貞觀中

《舊書·李大亮傳》：“迴秀，大亮族孫也……父義本，宣州刺史。”

《新表二上》隴西李氏武陽房："義本，宣州刺史。"

周和舉　　　貞觀中？

《千唐誌・大唐故朝議郎行監察御史周府君（誠）墓誌銘并序》（開元廿七年正月廿八日）："曾祖和舉，左散騎常侍、宣州刺史。皇□仁廓，利州□史。先父□，金州西城縣丞……君即西城府君第二子也。"誠卒開元二十五年四月十七日，春秋五十五。

李元曉　　　永徽四年（653）

《舊書》本傳："永徽四年，除宣州刺史。後歷徐州刺史。"又見《元龜》卷二八一。《新書》本傳未及。

【補遺】李　某　　　總章間

《隋唐五代墓誌匯編》陝西卷第三册《大唐故金紫光禄大夫宣州刺史上柱國西平縣開國公李府君夫人劉氏墓誌銘並序》（總章三年正月八日）：夫人卒總章二年，春秋五十五，年二十一歸於李氏。未知即李義本否。

李冲寂　　　高宗時

《楊炯集》卷九《李懷州（冲寂）墓誌銘》："服闋，歷青、德、齊、徐四州刺史……遷宣州刺史……巡察使以尤異聞，遷陝州刺史……檢校營州都督。"永淳元年卒。

陶大舉（陶雲）　　　弘道元年—垂拱四年（683—688）

《全文》卷九一二靈廓《唐宣州刺史陶府君德政碑》："至弘道元年轉授使持節宣州諸軍事守宣州刺史……至垂拱四年轉授使持節相州諸軍事相州刺史。"又見《金石續編》卷六，《江蘇金石志》卷四。《寶刻類編》卷二有《宣州刺史陶大舉德政碑》，僧靈廓撰，陶德甄書，永昌元年二月十三日立。

魏正見　　證聖元年(695)

　　《全文》卷二四八李嶠《宣州大雲寺碑》:"慈氏越古金輪聖神皇帝體兼具相,心冥衆善……天授二年,乃下制令天下諸州各置大雲寺一所。宣州大雲寺者,本名永安寺……刺史曲陽男鉅鹿魏正見,大名開宇,復南史之公侯;懋賞承家,奏西河之金石。"按碑稱"慈氏越古金輪聖神皇帝",乃天册萬歲元年正月改元證聖時所加尊號;其年九月,又加號"天册金輪大聖皇帝"(見《新書·則天皇后紀》),知文必作於證聖元年(695),魏正見當於此年在宣州任。蓋延載元年(694)正月,李嶠不附酷吏來俊臣構陷狄仁傑等,被貶爲潤州司馬。次年,復詔入爲鳳閣舍人(見《舊書·李嶠傳》、《通鑑》),途經宣州,而作此碑。故碑中有"下官負薪多恙,驅傳不遑"等語。《芒洛四編》卷五《□王府户曹參□清河張嵒故妻鉅鹿魏夫人墓誌銘并序》:"夫人魏氏,鉅鹿郡人也……祖正見,庫部郎中,宣、彭等五州牧。"夫人開元二十一年卒。

楊元琰　　約證聖前後

　　《舊書》本傳:"載初中,累遷安南副都護,又歷蘄、蒲、晉、魏、宣、許六州刺史,凉、梁二都督,荆府長史……長安中,張柬之代元琰爲荆府長史。"又見《元龜》卷六七七。《新書》本傳未及。《全文》卷二四〇宋之問《爲楊許州讓右羽林將軍表》:"謬承恩渥,未盈一紀,連刺九州……蒲藩關左之重鎮,魏郡山東之奧區,宣城襟帶於吳郊,許昌密邇於周室。"

張知謇　　約長安中

　　《舊書》本傳:"天授後歷房、和、舒、延、德、定、稷、晉、洺、宣、貝十一州刺史……及神龍元年,中宗踐極,自貝州追知謇爲左衞將軍,加雲麾將軍,封范陽郡公。"又見《元龜》卷六八九。《新書》本傳未列州名。

李　宏　　武后時

　　《新書·宗室世系表下》虢王房:"定襄公、宣州刺史宏。"乃虢莊

2141

王李鳳子。按《舊書·李鳳傳》稱："鳳第三子定襄郡公宏，則天初爲曹州刺史。"

楊元禕　　約開元初

《舊書》本傳："張易之誅後，〔楊〕元亨等皆復任京職。元亨至齊州刺史，元禧台州刺史，元禕宣州刺史。"《新表一下》楊氏越公房："元禕，宣州刺史。"曲石藏《唐故鹽鐵轉運等使河陰留後巡官前徐州蘄縣主簿弘農楊君（仲雅）墓誌銘并序》（元和十三年七月三日）："府君即皇西臺侍郎同東西臺三品之玄孫，宣、泗、饒、合四州使君之曾孫，均州長史君之孫，尚書工部員外郎兼侍御史之元子。"元和十三年四月九日卒，年六十。按《新書·宰相表》：乾封二年"六月乙卯，西臺侍郎楊武、戴至德……並同東西臺三品"。總章元年"四月辛巳，武薨"。據《新表一下》，高宗相楊弘武之子"元禕，宣州刺史"。

長孫元翼　　開元時？

《姓纂》卷七河南洛縣（陽）長孫氏："元翼，宣州刺史。"《新表二上》長孫氏同。乃通議舍人長孫延子，太宗相長孫無忌曾孫。按《新書·長孫無忌傳》稱："上元元年，追復官爵，以孫元翼襲封。"而《徐齊聃傳》則稱："以無忌孫延主其祀。"知《無忌傳》誤。

霍庭玉（霍廷玉）　　開元八年—十年（720—722）

《元龜》卷一六二："〔開元〕八年五月，置十道按察使。八月，以……宣州刺史霍廷玉充淮（江）南西道按察使。"又卷六二六："開元十年……又以江南道按察使宣州刺史霍廷玉爲右驍衛將軍、山〔南〕道按察使梁州都督。"《全文》卷二六八武平一《東門頌并序》："東門者，前刺史平陽崔公庭玉。今長史京兆韋公廙先……所創構也……使君名璵，字庭玉。"按《御史臺精舍題名考》卷一霍庭玉名下勞格引武平一《東門頌》，以爲"崔庭玉"爲"霍庭玉"之訛誤。按勞説是。《東門頌》云："閹茂歲太衝日，公將伏奏洛師。""閹茂歲"指太歲在戌，當指開元十年壬戌。《寶刻類編》卷三："《修東門頌》，武平一撰、書并篆額，開元十一年立。宣。”證知任職時間相同，“崔庭玉”定當“霍庭玉”之誤。

豆盧靈昭　　約開元中

《姓纂》卷九昌黎棘城豆盧氏：“靈昭，宣州刺史。”《新表四下》豆盧氏同。其父欽望，相武后、中宗。

姚昌潤　　約開元中

《新表四下》姚氏：“昌潤，宣州刺史。”乃景雲元年户部尚書姚珽子。

崔　瑶　　開元中

《隋唐五代墓誌匯編·洛陽卷》第十一册《唐故光禄卿崔公（瑶）墓誌銘并序》（天寶八載十月二十三日）：“除宣州刺史，内憂去職，制闋轉充府都督，又移睦州刺史……拜光禄卿。”天寶八載卒，年七十二。

裴耀卿　　開元十四年—十八年（726—730）

《舊書》本傳：“〔開元〕十三年，爲濟州刺史……又歷宣、冀二州刺史。”《元和郡縣志》卷五河南府河陰縣：“初耀卿爲宣州刺史，開元十八年因朝集上便宜。”又見《舊書·食貨志下》、《新書》本傳、《食貨志三》、《元龜》卷四九八、《會要》卷二六、卷八五、《全文》卷六〇一劉禹錫《爲州論利害第二表》、卷四三八陳簡甫《宣州開元以來良吏記》、卷三一二孫逖《唐齊（濟）州刺史裴公（耀卿）德政碑》、卷三二六王維《裴僕射（耀卿）齊（濟）州遺愛碑》、卷四七九許孟容《唐故侍中尚書右僕射裴公（耀卿）神道碑銘并序》。《全詩》卷四九張九齡有《江上使風呈裴宣州耀卿》、《當塗界寄裴宣州》，卷一一三裴耀卿有《敬酬張九齡當塗界留贈之作》、《酬張九齡使風見示》注：“時爲宣州刺史。”《通鑑·開元十三年》：十一月，“〔裴〕耀卿爲定州刺史”。胡三省注引嚴曰：“定州，改宣州。”按“十三年”誤。據今人史雙元考證：開元十四年河南北大水時耀卿尚在濟州,則其刺宣當在十四年七月後。《通典》卷一○《漕運》:"開元十八年,玄宗問朝集使利害之事,宣州刺史裴耀卿上便宜。"又卷七三《鄉飲酒》:"開元十八年,宣州刺史裴耀卿上疏。"證知開元十八年尚在任。

馬元慶　　約開元中

《全文》卷六三九李翱《祕書少監史館修撰馬君(字盧符)墓誌》:"宣州刺史元慶之曾孫。"盧符卒元和十三年十一月己酉。

班景倩　　開元二十一年—二十三年(733—735)

《全文》卷四三八陳簡甫《宣州開元以來良吏記》:"開元癸酉歲……乃詔分十道,署廉察以督之,此州統江南之西,包潭衡十有六州,而班公景倩始受命焉。"按"癸酉歲"爲開元二十一年。《元龜》卷一六二:開元二十三年二月"辛亥,初置十道採訪處置使,命……宣州刺史班景倩爲江南道採訪使"。

竹承構　　開元二十五年?(737?)

《全文》卷四三八陳簡甫《宣州開元以來良吏記》:"而班公景倩始受命焉……有若竹公承構……代班之政,不易其舊。"《金石補正》卷三○《竹奴子題字》注云:"《萬姓統譜》於竹魯之外,載有竹承構,唐開元末宣州刺史;竹承基,洪州刺史。"按《精舍碑》有竹承構,在馮紹烈後,梁勛前。

裴敦復　　開元末

《全文》卷四三八陳簡甫《宣州開元以來良吏記》:"有若裴公敦復者,繼班、竹之餘,承法理之極,變而通之,使人不倦。"按裴敦復開元二十二年正月在中書舍人任,見《舊書·玄宗紀上》,天寶三載在河南尹任。

范冬芬　　天寶初?

《姓纂》卷七河內范氏:"冬芬,宣州刺史。"《新表四上》同。乃武后時宰相履冰子。上圖藏拓片《唐故桂州臨桂縣令范府君(弈)墓誌銘并序》(永貞元年十一月一日)："祖履冰，皇禮部尚書、平□□□；考□，皇臨淮、宣城二郡太守。公即宣城府君第四子也。"弈卒貞元十一年五月三日，享年五十七。

李和上　　天寶四載(745)

《元和郡縣志》卷二八宣州太平縣："本涇縣地，天寶四年宣城郡太守李和上奏割涇縣西南十四鄉置。"

周擇從　　天寶六載(747)

《姓纂》卷五永安周氏："擇從，宣州刺史。"《新表四下》同。《嘉泰吳興志》卷一四郡守題名："周擇從，天寶五年自饒州刺史授；改洪州刺史。《統記》云：六年遷宣州。"按《統記》是。

苗奉倩　　天寶十載(751)

出土銀錠刻字："專知官大中大夫使持節宣城郡諸軍事守宣城郡太守上柱國臣苗奉倩，天寶十載四月二十九日。"(《文物參考資料》1957年第4期《彌足珍貴的天寶遺物》)

宇文某　　天寶十二載(753)

《李太白文集》卷一一《贈宣城宇文太守兼呈崔侍御》詩："君從九卿來。"《全詩》卷一二五王維有《送宇文太守赴宣城》。按李白天寶十二載由幽州歸梁苑來宣城，詳見拙著《李白叢考·李白詩中崔侍御考辨》。

趙　悦　　天寶十四載(755)

《李太白文集》卷一一有《贈宣城趙太守悦》詩，卷二六有《爲趙宣城與楊右相書》。卷二九《趙公西候新亭頌》："惟十有四載……伊四月孟夏，自淮陰遷我天水趙公作藩於宛陵。"(詳見拙著《李白叢考·李白交遊雜考》趙悦條)新出土唐丁課銀錠刻字："天寶十三載丁課銀

□錠五十兩。"背面刻字:"將仕郎守宣城郡縣尉員外置同正員劉
鈇……朝請大夫使持節宣城郡諸軍事守宣城郡太守□□副使上干事
都尉清水縣開國男趙悦。"(《文物》1964 年第 6 期)則天寶十三載趙悦
已在宣州。

張　某　　天寶、至德間?

《全詩》卷二三八錢起有《奉和宣城張太守南亭秋夕懷友》。

宋若思　　至德二載(757)

《太平寰宇記》卷一〇五建德縣:"唐至德二年,採訪使宣城太守
宋若思奏,以此地山水遥遠,因置縣邑,仍以年號爲名。"按宋若思天
寶十五載六月爲御史中丞,見《舊書·玄宗紀下》。

李行穆　　乾元元年?(758?)

《新書·宗室世系表下》:"襲隴西郡公、宣歙觀察使行穆。"乃紀
王慎孫,約開元中淄州刺史行淳弟。《新書·方鎮表五》:乾元元年,
"置宣歙饒觀察使,治宣州"。乾元二年,"廢宣歙饒觀察使"。

鄭炅之　　乾元二年—上元二年(759—761)

《通鑑·上元元年》:十二月,"〔劉〕展遣其將傅子昂、宗犀攻宣
州,宣歙節度使鄭炅之棄城走"。《全文》卷五〇二權德輿《金紫光禄
大夫司農卿邵州長史李公(紹)墓誌銘并序》:"宣州觀察使鄭炅之表
爲廣德令。時劉展阻命,東方愁擾,閭里制於萑蒲,守臣化爲寓
公……炅之跳在尋陽。"友人蔣寅謂鄭炅之乃於乾元二年由蘇州刺
史、浙西觀察使遷宣州刺史。《全詩》卷一五〇劉長卿有《餞鄭中丞罷
浙西節度還京》詩,卷一四八又有《奉陪鄭中丞自宣州解印與諸姪宴
餘干後溪》詩,按《新書·方鎮表五》:"上元二年,浙江西道觀察使徙
治宣州。"由此證知,上元二年鄭炅之乃罷宣州刺史、浙西觀察使任。
其間上元元年十二月宣州曾一度爲劉展將宗犀占領。

宗　犀　　上元元年(760)

　　《通鑑·上元元年》：十二月，"〔劉〕展以李晃爲泗州刺史，宗犀爲宣州刺史"。

季廣深　　上元二年—約永泰元年(761—約765)

　　《舊書·肅宗紀》：上元二年正月"辛卯，溫州刺史季廣琛爲宣州刺史，充浙江西道節度使"。又《代宗紀》：大曆九年十月，"以前宣州刺史季廣琛爲右散騎常侍"。《全詩續拾》卷二七裴丹《重建東峰亭·序》："唐永泰元年春二月，江西帥御史中丞季公廣琛嘗遊屬城，泊於涇水陵嵒佛廟之東峰，始創亭臺焉。"東峰亭在宣州涇縣，"江西"當指浙江西道。證知永泰元年二月季廣琛仍在宣州任。

殷日用　　永泰元年(765)

　　《舊書·劉迺傳》："宣州觀察使殷日用奏爲判官，宣慰使李季卿又以表薦。"據《新書·方鎮表五》：上元二年起，宣州爲浙西觀察使治所。《姓纂》卷四陳郡長平殷氏："日用，宣歙觀察、御史中丞。""宣歙"當爲"宣州"或"浙西"之誤。殷日用當爲季廣琛之後任，李佚之前任。按殷日用寶應元年在衢州刺史任。《全文》卷三一六李華《衢州刺史廳壁記》，元年建寅月作，稱蘇州刺史陳郡殷公繼典此邦，當即殷日用。卷三一八《台(衢)州乾元國清寺碑》稱今刺史陳郡殷公日用。《會稽掇英總集·唐太守題名》："殷日用，自蘇州刺史授，充觀察團練使，不之任。"

李　佚　　永泰二年(766)

　　《舊書·代宗紀》：永泰二年九月"丙子，宣州刺史李佚坐贓二十四萬貫，集衆杖殺，籍没其家"。又見《元龜》卷七〇〇。

陳少遊　　大曆元年—五年(766—770)

　　《通鑑·大曆元年》：十二月，"以隴右行軍司馬陳少遊爲桂管觀察使……數日，改宣歙觀察使"。《新書·方鎮表五》："大曆元年，復置宣歙池等州都團練守捉觀察處置使兼采石軍使。”《舊書·代宗紀》：大曆五年“九月丁丑，以宣歙池等州都團練觀察使、宣州刺史、兼御史中丞陳少遊充浙江東道團練觀察使”。又見兩《唐書》本傳，《元龜》卷六九七。《全文》卷四一三常袞《授陳少遊浙江東道團練使制》稱“宣州刺史……陳少遊”。《寶刻叢編》卷一五引《集古錄目》：“《唐良吏記》，唐大理司直攝監察御史陳簡甫撰，大理司直陳太階書。大曆中，宣州刺史陳〔公〕採開元以來州之良吏……碑以大曆四年立。”陳公即陳少遊。

崔　昭　　大曆五年—十一年(770—776)

《全文》卷三九一獨孤及《唐故大理寺少卿兼侍御史河南獨孤府君(璵)墓誌銘》：“崔公昭之尹河南也……表府君爲太常丞……大曆五年，崔公受詔持節牧宣歙池三州，府君復爲從事……大曆九年三月二十四日〔璵卒〕，中丞哭之慟。”《全文》卷四一〇常袞有《授崔昭宣州團練使制》，又見卷四四三李舟《爲崔大夫請入奏表》，卷五二一梁蕭《處州刺史李公(舟)墓誌銘》。《會稽掇英總集·唐太守題名》：“崔昭，大曆十一年七月自宣州觀察使授。”《嘉泰會稽志》同。

薛　邕　　大曆十一年—十四年(776—779)

《新表三下》薛氏大房：“邕，字公和，宣歙觀察使。”《全文》卷三七五韋建《黔州刺史薛舒神道碑》：“大曆十年四月二十五日薨……季弟前吏部侍郎，今宣州刺史、宣歙等州觀察使邕。”大曆十一年七月合祔。又卷九九〇闕名《大唐宣州刺史薛公(邕)去思碑》：“大曆十有四年……帝曰：汝邕秉心不回，予嘉厥才，擢汝委汝，糾正於仙臺。秋七月，拜命乃發。”《唐文拾遺》卷二二、《新安志》九皆稱崔巨撰。《寶刻叢編》卷一五引《復齋碑錄》稱“大曆十四年八月五日立”。《通鑑·建中元年》：九月，“上以宣歙觀察使薛邕，文雅舊臣，徵爲左丞；邕去宣州，盜隱官物以巨萬計，殿中侍御史員寓發之。冬十月己亥，貶連山尉”。又見《元龜》卷七〇〇。《全詩》卷三二四權德輿《送張周二秀才謁宣州薛侍郎》：“不用愁羈旅，宣城太守賢。”“薛侍郎”即薛邕。

裴　胄　　大曆十四年(779)

《舊書》本傳："及〔李〕栖筠卒，胄護栖筠喪歸洛陽，衆論危之……淮南節度陳少遊奏檢校主客員外、兼侍御史、觀察判官。尋爲行軍司馬，遷宣州刺史。楊炎初作相，鋭意爲元載報仇……貶汀州司馬。"《新書》本傳："〔元〕載誅，始拜刑部員外郎，遷宣州刺史。"按大曆十二年三月辛巳元載誅；十四年八月楊炎入相，見《新書·宰相表中》。《全詩》卷八一九皎然有《峴山送崔子向之宣州謁裴使君》，裴使君當即裴胄。

王　沔　　建中元年(780)

《嘉泰吳興志》卷一四郡守題名："王沔，建中五年自檢校工部郎中兼侍御史授，遷宣州觀察使。《統記》云：大曆十五年，遷宣州刺史。"按大曆十四年廢宣歙觀察，貞元三年韓滉入相後復置；建中五年(興元元年)無宣州觀察，《統記》近是。

元　亘　　約建中二、三年間(約781、782)

《姓纂》卷四河南洛陽元氏："亘，宣、楚等州刺史，將作監。"按《會稽掇英總集·唐太守題名》："元亘，貞元二年十二月自楚州刺史授。"其刺宣州約在建中時。貞元八年爲將作監，見《會要》卷二三。

盧　復　　約建中四年—興元元年(約783—784)

《新書·韓滉傳》："李希烈陷汴州，滉遣裨將王栖耀、李長榮、柏良器以勁卒萬人進討……聞京都未平……追李長榮等歸，以親吏盧復爲宣州刺史。"又見《元龜》卷四四六。

孫　會　　約興元元年(約784)

《千唐誌·唐故銀青光禄大夫工部尚書致仕孫府君(公乂)墓誌銘》(大中五年七月三日)："父會，皇郴、温、廬、宣、常五州刺史，贈工部尚書。"公乂卒大中五年，享年八十。《丙寅稿·孫瑝誌》："王父會，侍御史，郴、温、廬、宣、常五州刺史。"按《全文》卷五一八梁肅《賀蘇常二孫使君鄰郡詩序》：“初，伯氏……四領江郡；仲氏守上饒；興元、貞元間，偕以治行聞，天子器之，於是仲有吳苑之寄，伯受晉陵之命。”仲指孫成，伯指孫會。“四領江郡”，即郴、溫、廬、宣。又按開元二十九年在郴州刺史任，貞元三年爲常州刺史。【補遺】《唐故御史中丞汀州刺史孫公（鍠）墓誌並序》（咸通十三年八月）：“王父諱會，皇侍御史、郴溫廬宣常五州刺史、晉陽縣開國男、贈工部尚書。”（周紹良、趙超《唐代墓誌匯編續集》，上海古籍出版社 2001 年版）

皇甫政　　約貞元二年—三年（約 786—787）

《舊書·德宗紀上》：貞元三年正月，“宣州刺史皇甫政爲越州刺史、浙東觀察使”。《嘉泰會稽志》：“皇甫政，貞元三年二月自權知宣州刺史授；十三年三月改太子賓客。”

劉　贊　　貞元三年—十二年（787—796）

《舊書·德宗紀上》：貞元三年八月壬申，“常州刺史劉贊爲宣州刺史、宣歙池觀察使”。《德宗紀下》：十二年六月“辛巳，宣歙觀察使、宣州刺史劉贊卒”。又見兩《唐書》本傳，《舊書·食貨志上》，《通鑑·貞元十二年》，《元龜》卷一七六、卷六八九、卷七〇〇，《新表一上》劉氏。《全文》卷六五五元稹《故金紫光祿大夫檢校司徒兼太子少傅嚴公行狀》：“初，貞元中，宣歙觀察使劉贊以公勤信精盡，深所委異，十年之間，政無細大，一以咨之。”《遼寧昭盟喀喇沁旗發現唐代鎏金銀器》銀盤底面銘文：“朝議大夫、使持節宣州諸軍事守宣州刺史、兼御史中丞，充宣歙池等州都團練觀察處置采石軍等使、彭城縣開國男、賜紫金魚袋劉贊進。”（《考古》1977 年第 5 期）

崔　衍　　貞元十二年—永貞元年（796—805）

《舊書·德宗紀下》：貞元十二年八月“癸酉，以虢州刺史崔衍爲宣歙池觀察使”。又《憲宗紀上》：永貞元年八月甲寅，“以前宣歙觀察使崔衍爲工部尚書”。又見兩《唐書》本傳。《全文》卷四三八竇從直《唐故河南府司錄盧公夫人崔氏墓誌銘》：“夫人元昆衍，德宗朝以御

史大夫觀察宣歙池三州，歿謚懿公。"夫人卒元和甲午歲（九年）。又
見卷六五四元稹《有唐贈太子少保崔公（倰）墓誌銘》。

穆　贊　　永貞元年（805）

《舊書·憲宗紀上》：永貞元年八月"甲寅，以常州刺史穆贊爲宣
歙池觀察使"。十一月"癸巳，宣歙觀察使穆贊卒"。又見兩《唐書》本
傳。《姓纂》卷一〇河南穆氏："贊，御史中丞、宣歙觀察。"《柳河東集》
卷一二《先君石表陰先友記》："穆氏兄弟者，河南人，皆強毅仁孝。贊
爲御史中丞，捍佞倖得貶，後至宣歙觀察使。"

路　應　　永貞元年—元和四年（805—809）

《舊書·憲宗紀上》：永貞元年十二月壬子，"以常州刺史路應爲
宣州刺史、宣歙池觀察使"。《新書》本傳："累遷宣歙池觀察使，封襄
陽郡王。李錡反，應發鄉兵救湖、常二州，以故錡不能拔。元和六年，
以疾授左散騎常侍，卒。"《輿地碑記目》卷一：《宣州響山新亭記》，元
和二年冬宣城長帥路應造。《韓昌黎集》卷二六《唐銀青光禄大夫守
左散騎常侍致仕上柱國襄陽郡王平陽路公（應）神道碑銘》："歷常州，
遷宣歙池觀察使，進封襄陽郡王……居宣五年，以疾去位。"又見《姓
纂》卷八京兆三原路氏，《新表五下》路氏。

盧　坦　　元和四年—五年（809—810）

《通鑑·元和三年》：七月，"以右庶子盧坦爲宣歙觀察使"。《舊
書·憲宗紀上》：元和五年十二月癸酉，"以前宣歙觀察使盧坦爲刑部
侍郎，充諸道鹽鐵轉運使"。吳氏《方鎮年表》僅列元和五年下，以《通
鑑·元和三年》七月記載存參。按《兩唐書》本傳，盧坦以裴均爲僕射
逾位，與之爭議，遂罷爲右庶子，出爲宣歙觀察。考《舊紀》、《新書·
裴均傳》，裴均元和三年四月二十五日由荆南節度拜右僕射、判度支。
則盧坦約於次年出刺宣州。《全文》卷六九五韋瓘《宣州南陵縣大農
陂記》："皇帝四年令地官侍郎盧公觀察宣部。"卷五四四盧坦《與李渤
拾遺書》："八月三日坦頓首奉書拾遺公……坦器凡才薄，猥踐班榮，

鎮守宣池，路出瀍洛。"又見卷四九七權德輿《唐故劍南東川節度副大使知節度事正議大夫持節梓州諸軍事守梓州刺史兼御史大夫盧公（坦）神道碑銘并序》，卷六四〇李翱《故東川節度使盧公（坦）傳》、《祭故東川盧大夫文》。

房　式　　元和五年—七年（810—812）

《舊書・憲宗紀上》：元和五年十二月癸酉，"以河南尹房式爲宣州刺史、宣歙池觀察、采石軍等使"。《憲宗紀下》：元和七年八月"甲辰，宣歙觀察使房式卒"。又見兩《唐書》本傳，《新表一下》房氏。《白居易集》卷五六有《與房式詔》。

范傳正　　元和七年—十一年（812—816）

《舊書・憲宗紀下》：元和七年八月"丙午，以蘇州刺史范傳正爲宣歙觀察使"。本傳："擢爲宣歙觀察使，受代至京師，憲宗聞其里第過侈，薄之，因拜光禄卿。以風恙卒。"《新書》本傳略同。《白居易集》卷五四有《除范傳正宣歙觀察使制》。《全文》卷七六一褚藏言《竇庠傳》："遷澤州刺史，秩滿時，光禄卿范公由吳郡領宛陵，奏公試太子中允。""范公"即范傳正。按范傳正《唐左拾遺翰林學士李公（白）新墓碑并序》（見宋本《李太白文集》）："卜新宅於青山之陽，以元和十二年正月二十三日遷神於此，遂公之志也。"證知元和十一年十一月已由王遂接替，但至次年正月范傳正尚未離宣州。

王　遂　　元和十一年—十三年（816—818）

《舊書・憲宗紀下》：元和十一年十一月"庚午，以司農卿王遂爲宣州刺史、宣歙池觀察使"。《通鑑・元和十三年》：七月"乙酉，下制罪狀李師道，令宣武、魏博、義成、武寧、橫海兵攻討之，以宣歙觀察使王遂爲供軍使"。又見兩《唐書》本傳，《元龜》卷四八三。

竇易直　　元和十三年—十四年（818—819）

《舊書》本傳："〔元和〕十三年六月，遷宣州刺史、宣歙池都團練觀察使。《憲宗紀下》：元和十四年五月己亥，“以宣歙觀察使竇易直爲潤州刺史，充浙西觀察使”。又見《新書》本傳。

元　錫　元和十四年—十五年（819—820）

《舊書·憲宗紀下》：元和十四年六月“癸丑，以福建觀察使元錫爲宣州刺史、宣歙池觀察使”。《全文》卷六九三元錫《宣州刺史謝上表》稱：“伏奉六月六日恩制，授臣宣州刺史、兼御史中丞，充宣歙池等州都團練觀察處置等使，以七月二十九日到州上訖。”

令狐楚　元和十五年（820）

《舊書·穆宗紀》：元和十五年七月“丁卯，以門下侍郎、平章事令狐楚爲宣州刺史、兼御史大夫，充宣歙池觀察使”。八月“己亥，宣歙觀察使令狐楚再貶衡州刺史”。又見兩《唐書》本傳。《大詔令集》卷五六有《令狐楚宣歙池觀察使制》，末署“元和十五年七月”。《全文》卷五四〇令狐楚有《謝除宣歙觀察使表》、《衡州刺史謝上表》。又見卷六〇五劉禹錫《唐故相國贈司空令狐公集序》、卷六四九元稹《貶令狐楚衡州刺史制》。

元　錫　元和十五年—長慶元年（820—821）

《元龜》卷九三八：“韓中，僕射皋之從父弟，凶狂喜酒博，以罪斥逐，元和中量移宣州管内縣尉，會赦得還，觀察使元錫遂以疏薦之，中陰結内倖用事者，因爲錫通達，錫厚輸其貨，謀領大權。未幾，果以詔徵……至闕，累召對于延英，於是諫官及在位者屢以疏論，竟沮其謀，復舊任。”《元龜》卷四八五：“元錫爲宣州觀察使，長慶元年，進助軍綾絹一萬匹。”由此知元錫在令狐楚再貶後復任宣歙。

許季同　長慶二、三年間？（822、823？）

《新書·許孟容傳》：“弟季同……孟容爲禮部侍郎，徙季同京兆少尹。時京兆尹元義方出爲鄜坊觀察使，奏劾宰相李絳與季同舉進士爲同年，才數月輒徙。帝以問絳，絳曰：‘……今季同以兄嫌徙少

尹，豈臣所助耶……'帝然之。終宣歙觀察使。"按許孟容以兵侍權知
元和七年春禮部貢舉，二月壬寅，出爲河南尹；元義方元和七年由京
兆尹移鄜坊觀察；李絳元和六年十一月爲中書侍郎、同平章事，九年
二月罷。季同爲宣刺當在元和九年後。又按許季同長慶元年十月爲
華州刺史，二年十月爲工部侍郎，四年七月卒於太子賓客，見《舊書·
穆宗紀》、《敬宗紀》。

崔　群　　長慶三年—大和元年(823—827)

《舊書》本傳："改華州刺史、兼御史大夫，復改宣州刺史、歙池等
州都團練觀察等使。徵拜兵部尚書。久之，改檢校吏部尚書、江陵
尹、荆南節度觀察使。"《新書》本傳略同。《舊書·文宗紀上》：大和元
年正月戊寅，"以〔宣歙觀察使崔〕群爲兵部尚書"。《隋唐五代墓誌匯
編·洛陽卷》第十三冊《唐故江南西道都團練副使侍御史内供奉滎陽
鄭府君(高)合袝墓誌銘并序》(長慶三年十月十六日)："正議大夫、檢
校刑部尚書兼宣州刺史、御史大夫，充宣歙池等州都團練觀察處置等
使、上柱國、賜紫金魚袋清河崔群撰。"證知長慶三年已在任。《宋高僧
傳》卷一一《唐常州芙蓉山太毓傳》："時相國崔公群坐失守出分司，後爲
華州，由三峰出鎮宣城……寶曆元年，至於宛陵禪定寺，所以隨順而揚
教也。"《全詩》卷三六三劉禹錫《歷陽書事七十韻并引》："長慶四年八
月，余自夔州轉歷陽……友人崔敦詩(崔群字)罷丞相、鎮宛陵。"又卷三
五四有《和州送錢侍御自宣州幕拜官便於華州覲省》，注云："宣州崔相
公有詩贈行。"卷三五八有《謝宣州崔相公賜馬》，卷三六一有《酬宣州崔
大夫見寄》。《白居易集》卷二三有《題新居寄宣州崔相公》詩。【補遺】
《唐故銀青光禄大夫、檢校户部尚書、使持節鄆州諸軍事、守鄆州刺史、
充天平軍節度、鄆曹濮等州觀察處置等使、御史大夫、上柱國、弘農郡開
國公、食邑二千户弘農楊公(漢公)墓誌銘並序》(咸通二年十一月廿
日)："入故相國鄭公束都留守幕。後故相國李公絳代鄭公居守，留公仍
舊職，轉殿中侍御史，賜緋魚袋。移府，又以舊秩署華州防禦判官。李
公人拜大兵部，故相國崔公群替守華下，喜曰：吾真得楊侍御矣。又署
舊職。府移宣城，以禮部員外郎副團練使。"(周紹良、趙超《唐代墓誌匯

編續集》，上海古籍出版社 2001 年版）

于　敖　　大和元年—四年（827—830）

《舊書·文宗紀上》：大和元年正月戊寅，"以前户部侍郎于敖爲宣歙觀察使，代崔群"。又《文宗紀下》：大和四年八月"己未，宣歙觀察使于敖卒"。又見兩《唐書》本傳。《千唐誌·唐鄉貢進士孫備夫人于氏墓誌銘》（咸通六年五月十六日）："祖諱敖，宣歙道觀察使。"夫人卒咸通六年二月八日，享年三十。《隋唐五代墓誌匯編·洛陽卷》第十四册《唐故天平軍節度鄆曹濮等州觀察處置等使孫府君（景商）墓誌銘并序》（大中十年十月二十七日）："夫人河南于氏，潁川縣君，宣歙觀察使敖之女。"

沈傳師　　大和四年—七年（830—833）

《舊書·文宗紀下》：大和四年九月丁丑，"以〔沈〕傳師爲宣歙觀察使"。七年四月甲申，"以傳師爲吏部侍郎"。又見兩《唐書》本傳。按《舊書》本傳云：大和元年卒，疑"元年"爲"九年"之訛。《新書》本傳未及卒年。《全文》卷七五三杜牧《池州造刻漏記》："某大和三年佐沈吏部江西府……後二年，公移鎮宣城。"又見卷七五五《唐故歙州刺史邢君墓誌銘并序》、《唐故平盧軍節度巡官隴西李府君墓誌銘》，卷七五六《唐故尚書吏部侍郎贈吏部尚書沈公行狀》。《全詩》卷五一四朱慶餘有《上宣州沈大夫》、卷五二四杜牧有《和宣州沈大夫登北樓書懷》、卷五四九趙嘏有《宛陵寓居上沈大夫二首》。北圖藏拓片《唐故宣州旌德縣尉李君（紳）墓誌銘并叙》（大和九年二月二十二日）："嗣曹王絳之季弟也……以天蔭選授斯任……得廉察使沈傳師之知，稱獎薦至。"大和甲寅歲（八年）九月十三日卒，享年三十五。

裴　誼　　大和七年（833）

《舊書·文宗紀下》：大和七年四月"甲申，以江西觀察使裴誼爲宣歙池觀察使，代沈傳師"。

陸 亘 大和七年—八年（833—834）

《舊書·文宗紀下》：大和七年閏七月癸未，"以〔陸〕亘爲宣歙觀察使"。八年九月"乙亥，宣州觀察使陸亘卒"。又見兩《唐書》本傳，《姓纂》卷一〇嘉興陸氏，《嘉泰會稽志》。《宋高僧傳》卷一一《唐池州南泉院普願傳》："大和年初，宣使陸公亘，前池陽太守皆知其抗迹塵外，爲四方法眼。"《景德傳燈録》卷八《池州南泉普願禪師傳》、卷一〇《蘇州西山和尚傳》略同。

王 質 大和八年—開成元年（834—836）

《舊書·文宗紀下》：大和八年九月"辛酉，以權知河南尹王質爲宣歙觀察使"。開成二年正月"丙寅，宣州觀察使王質卒"。又見兩《唐書》本傳，《元龜》卷六七四。《全文》卷六〇九劉禹錫《唐故宣歙池等州都團練觀察處置使宣州刺史王公（質）神道碑》："遷河南尹，又未幾鎮宛陵……在鎮三載，開成元年十二月八日薨於位，享年六十八。"《金石録》卷一〇："《唐宣州觀察使王質碑》，劉禹錫撰并正書，開成四年十一月。"《唐語林》卷一："至元和初，劉禹錫撰《宣州觀察使王贄碑》，盛稱文中子能昭明王道。"按"元和"當爲"開成"之誤，"王贄"又當爲"王質"之誤。

崔 鄲 開成二年—四年（837—839）

《舊書·文宗紀下》：開成二年正月"乙亥，以吏部侍郎崔鄲爲宣歙觀察使"。四年三月癸酉，"以〔崔〕鄲爲太常卿"。又見兩《唐書》本傳。

崔龜從 開成四年—會昌四年（839—844）

《舊書·文宗紀下》：開成四年三月癸酉，"以户部侍郎崔龜從爲宣歙觀察使，代崔鄲"。兩《唐書》本傳未及。《全文》卷七二八封敖《授崔龜從嶺南節度使制》："中散大夫、前宣州觀察使崔龜從……可檢校禮部尚書、兼御史大夫，充嶺南節度使。"又卷七二九崔龜從《宣州昭亭山梓華君神祠記》："余長慶三年從事河中府，一夕夢與人入官署……前年四月自户部侍郎出爲宣州,去前夢二十年矣。"《廣記》卷二〇八引《龜從自叙》略同。《全文》卷七五一杜牧有《上宣州崔大夫書》。《全詩》卷五三五許渾有《宣城崔大夫召聯句偶疾不獲能因獻》、《陪宣城大夫崔公泛後池兼北樓宴二首》,《白居易集》卷三五《宣州崔大夫閣老忽以近詩數十首見示吟諷之下竊有所喜因成長句寄贈郡齋》等詩,崔大夫即崔龜從。

韋　温　　會昌四年—五年(844—845)

《舊書》本傳:"武宗即位,李德裕用事,召拜吏部侍郎……〔李漢〕貶汾州司馬,温從容白〔李〕德裕曰……德裕不悦。居無何,出温爲宣歙觀察使,辟鄭處誨爲觀察判官……明年,瘍生於首……卒,贈工部尚書。"《新書》本傳略同。《全文》卷七五五杜牧《唐故宣州觀察使御史大夫韋公(温)墓誌銘并序》:"韋公會昌五年五月五日頭始生瘡……其月十四日年五十八薨於位。"又見《新表四上》韋氏逍遥公房,《酉陽雜俎》續集卷一。

高元裕　　會昌五年—大中元年(845—847)

《新書》本傳:"累擢尚書左丞,領吏部選。出爲宣歙觀察使,入授吏部尚書。拜山南東道節度使。"按《舊書》本傳稱"會昌中,爲京兆尹。大中初,爲刑部侍郎。二年,檢校吏部尚書、襄州刺史",未及刺宣事。《全文》卷七六四蕭鄴《大唐故吏部尚書渤海高公(元裕)神道碑》:"改宣歙池□□□□使……遷檢校吏部尚書、山南西道節度觀察等使……大中四年六月廿日次於鄧,無疾暴薨。"卷七五二杜牧有《上宣州高大夫書》。高大夫即高元裕。

裴　休　　大中二年—三年(848—849)

《全文》卷七四三裴休《黄檗山斷際禪師傳心法要序》:"大中二年,〔予〕廉于宛陵,復去禮迎至所部,安居開元寺,旦夕受法。"《景德傳燈録》卷九略同。《全文》卷七六八盧肇《宣州新興寺碑銘并序》:"宣城新興寺者,會昌四年既毁,大中二祀故相國裴公之所立也。公

2157

諱休字公美……大中二年拜宣城。"《樊南文集補編》卷七《爲滎陽公上宣州裴尚書啓》："留歡湘浦，暫復清狂。思如昨晨，又已改歲。"注："當爲大中元年冬義山奉使南郡時作。"又見《全文》卷七四八杜牧《裴休除禮部尚書裴諗除兵部侍郎等制》、卷八一〇司空圖《故宣州觀察使王公(凝)行狀》、《寶刻叢編》卷一五引《集古錄目》、《劇談錄》卷下、《唐語林》卷四。兩《唐書》本傳未及。

裴　諗　　大中三年—五年(849—851)

《舊書·宣宗紀》：大中五年九月，"以前宣歙觀察使、大中大夫、檢校左散騎常侍裴諗權知兵部侍郎"。又見《舊書》本傳。《新書》本傳未及。《英華》卷三八七(《全文》卷七四八)杜牧《裴休除禮部尚書裴諗除兵部侍郎制》："前宣歙池等州都團練觀察處置等使、大中大夫、檢校左散騎常侍、兼御史大夫……裴諗……可權知尚書兵部侍郎。"按裴諗大中三年五月二十三日出翰林院，見《重修承旨學士壁記》。

孔温業　　約大中五年—八年(約851—854)

《全文》卷八一〇司空圖《故宣州觀察使檢校禮部尚書王公(凝)行狀》："孔公温業鎮宣州，避爲上介……崔魏公出撫淮甸，奏爲節度判官。"按崔鉉大中九年出鎮淮南。

崔　瑄　　大中八年—十年(854—856)

《舊書·王龜傳》："大中末，出爲宣歙團練觀察副使，賜緋。入爲祠部郎中、史館修撰。前從崔瑄貳宣歙，及瑄鎮河中，又奏爲副使。"《全文》卷八三懿(宣?)宗《授徐商崔瑄節度使制》："前宣州都團練觀察處置等使、正議大夫、檢校禮部尚書、兼宣州刺史、御史大夫、上柱國、博陵縣開國子……崔瑄……可檢校禮部尚書兼河中尹、御史大夫，充河中晉絳慈隰等州節度觀察處置等使。"按崔瑄大中十年爲河中尹。

鄭　薰　　大中十年—十二年(856—858)

《新書》本傳：“歷考功郎中、翰林學士。出爲宣歙觀察使……牙將素驕，共謀逐出之，薰奔揚州。貶棣王府長史，分司東都。”《全文》卷七九〇鄭薰《祭梓華府君文》：“維大中十二年歲次戊寅十月己丑朔二十日……守棣王府長史、分司東都、上柱國鄭薰……致祭於亭山梓華府君之靈。薰以丙子歲自河南尹蒙恩擢受宣歙觀察使，至止之後修祀府君。”按丙子歲爲大中十年。又卷七九〇鄭薰《移顏魯公詩記》稱：“大中十一年十一月十九日宣歙池觀察使、檢校右散騎常侍、兼御史大夫鄭薰記。”《寶刻叢編》卷一五有此記。《通鑑·大中十二年》：“七月丙寅，宣州都將康全泰作亂，逐觀察使鄭薰，薰奔揚州。”《新書·宣宗紀》作“八月”。又見《東觀奏記》卷下，《唐語林》卷二、卷七。

温　璋　　大中十二年—約咸通二年(858—約 861)

《通鑑·大中十二年》：八月“己亥，以宋州刺史温璋爲宣州團練使”。十一月，“戊寅，以温璋爲宣歙觀察使”。《東觀奏記》卷下：“宣州都將康全泰逐出觀察使鄭薰……上赫怒，命淮南節度使、檢校左僕射平章事崔鉉兼領宣歙池三州觀察使，以宋州刺史温璋爲宣州刺史。”又見《新書》本傳，《唐語林》卷二。

崔　準　　咸通二年—三年(861—862)

《新表二下》崔氏清河小房：“準，宣歙觀察使。”吳氏《方鎮年表》列咸通二年至三年，從之。按大中十一年，崔準自刑部郎中爲湖州刺史，遷給事中。

崔　瑄　　咸通四年—五年(863—864)

《金華子》雜編卷上：“韓藩端公，大中二年封僕射敖門生也，與崔瑄大夫同年而相善。瑄廉問宛陵，請藩爲副使。”按咸通初有諫議大夫崔瑄，見《舊書·令狐滈傳》，當即其人。吳氏《方鎮年表》列咸通四年至五年，從之。

杜宣猷 咸通六年—七年(865—866)

《通鑑·咸通六年》:正月"庚申,以〔杜〕宣猷爲宣歙觀察使"。
《全文》卷七六五杜宣猷《鄭左丞祭梓華府君碑陰記》:"宣猷去年三月
到官……咸通七年七月十一日,宣歙觀察使、兼御史大夫杜宣猷記。"
《玉泉子》:"杜宣猷大夫,自閩中除宣城,中官之力也。"

楊 收 咸通七年—八年(866—867)

《新書·宰相表下》:咸通七年"十月壬申,〔楊〕收檢校工部尚書、
宣歙池觀察使"。《通鑑·咸通七年》:"十月甲申,以門下侍郎、同平
章事楊收爲宣歙觀察使。"《咸通八年》:七月,"宣歙觀察使楊收過華
嶽廟,施衣物,使巫祈禱;縣令誣以爲收罪……八月庚寅,貶收端州司
馬"。《大詔令集》卷五八(《全文》卷八三)有《楊收端州司馬制》,稱:
"宣歙觀察使檢校工部尚書宣州刺史兼御史大夫楊收……可守端州
司馬員外置同正員。"

李 當 咸通八年—九年(867—868)

《全詩》卷五八七李頻《宣州獻從叔大夫》:"清時選地任賢明,從
此觀風輟尹京。日月中天辭洛邑,雲山江上領宣城。"《金石補正》卷
六〇《李當等詩并魏深書事》:"題朝陽洞,義陽守李當……公嘗自中
書舍人乘廉車問俗湖南,他日宣皇帝注意急徵,值公南風中足,不克
□見,久之乃有金貂之拜,洎足力如常,除户部侍郎,尋出尹河南,移
宣□(歙),鎮褒斜……咸通十四年十一月廿五日魏深題。"吳氏《方鎮
年表》列咸通八、九年,從之。按咸通十二年三月在吏侍任,見《舊
書·懿宗紀》。

裴 璩 咸通九年—十年(868—869)

《金華子》雜編卷上:"崔雍爲起居郎,出守和州,遇龐勛悖亂,賊
兵攻和,雍棄城奔浙右……及和州失律,投於〔宣州〕廉師(帥),裴公
璩奏之,鎖縻於思過院。"按《通鑑·咸通九年》:"十二月,龐勛又寇和
州,刺史崔雍遣人以牛酒犒之。"《舊書·懿宗紀》:咸通十年八月敕

曰：“其崔雍宜差内養孟公度專往宣州，賜自盡。”又按裴璩咸通八年爲同州刺史。

趙　隲　咸通十一年（870）

《新書·趙隱傳》：“〔兄〕隲終宣歙觀察使。”按《舊書》本傳未及宣歙。吳氏《方鎮年表》列咸通十一年，姑從之。

獨孤霖　咸通十二年—十三年（871—872）

《全文》卷八〇二獨孤霖《書宣州疊嶂樓》：“咸通十二年十一月辛亥，宣州刺史獨孤霖書。”又見《寶刻叢編》卷一五引《復齋碑録》。按《重修承旨學士壁記》：霖以咸通十年九月八日守本官判户部出院。

李　璋　咸通十三年—十四年（872—873）

《通鑑·咸通十三年》：“七月乙未，以〔李〕璋爲宣歙觀察使。”又見兩《唐書》本傳，《新表二上》趙郡李氏，《舊五代史·李德休傳》，《唐摭言》卷七，《廣記》卷二三七引《杜陽編》。《千唐誌·唐故趙郡李夫人墓誌銘并序》（乾符四年八月二十八日）：“王父諱絳……大人前宣歙觀察使兼御史大夫名璋。”夫人卒乾符四年，享年二十九。《隋唐五代墓誌匯編·洛陽卷》第十五册《唐故禮部尚書致仕趙郡李公（德休）墓誌銘并序》（長興三年正月三日）：“考璋，皇宣歙池等州觀察使，累贈太保。”德休卒長興二年，享年七十四。

崔　寓　咸通十四年—乾符四年（873—877）

《宋高僧傳》卷一二《唐明州雪寶院恒通傳》：“咸通末，遊宣城，尚書崔寓素奉禪門，攀迎莊肅……於謝仙山奏置禪院，號瑞聖，請以居之。”上圖藏拓片《唐故温州刺史清河崔府君（紹）墓誌銘并序》（乾符四年十一月二十三日）：“有唐乾符紀元龍集丁酉（四年），故温州太守崔府君終於鄭州滎陽縣之傳舍……季父故宣州觀察使府君自左散騎常侍出守甘棠，遂奏换同州白水縣令……拜大理正……俄以家道貧窶，求爲外任，乃拜永嘉太守……府君以季父方鎮宣城，盡室修覲，旋遇宣州府君薨背，府君護奉北歸，痢血於道，奄從大數，以乾符四年八月十六日告終。”季父宣州府君當即崔寓。

王　凝　乾符四年—五年（877—878）

《舊書》本傳：“出爲河南尹，檢校禮部尚書、宣州刺史、宣歙觀察使……逾歲，黃巢自嶺表北歸，大掠淮南……既而賊退去，時乾符五年也。其年夏，疾甚……八月卒於郡，時年五十八。”《新書》本傳：“遷宣歙觀察使，時乾符四年也。”又見《新表二中》太原王氏。《全文》卷八〇七司空圖《紀恩門王公凝遺事》：“上四年春，以大河南王公治狀宜陝，召假禮部尚書按察宣歙池三郡。”又卷八一〇司空圖《故宣州觀察使檢校禮部王公（凝）行狀》：“加檢校禮部尚書，按察宣歙池三郡……明年凶渠復大入，而都將王涓亦自永陽赴敵……乾符五年八月七日薨於位。”

崔　玹　約乾符五年—六年（約878—879）

《全文》卷八一二許棠《唐故浙江道五部兵馬大元帥平南節度使銀青光禄大夫檢校尚書令戴公（昭）墓誌銘并序》：“黃巢之衆……既攻鄰郡，輕騎復劋兹邦。宣歙觀察使崔玹知府君負三略之材，蘊六韜之術。”

裴虔餘　廣明元年—中和二年（880—882）

《通鑑·廣明元年》：十一月“丁丑，〔張〕承範等至華州。會刺史裴虔餘徙宣歙觀察使，軍民皆逃入華山，城中索然”。《桂苑筆耕集》卷九有《宣歙裴虔餘尚書別紙》三篇。卷一〇又有《前宣歙裴虔餘尚書別紙》。《容齋四筆》卷一〇《唐藩鎮行墨敕》：“池州銅陵縣孚脱侯廟，有唐中和二年二月一碑，其詞云：敕宣歙池等州都團練觀察使牒……後云：使檢校工部尚書兼御史大夫裴押。邑人以爲裴休，《秋浦志》亦然，予考之，非也。”《郎官石柱題名考》卷一二勞格案：“裴當即虔餘。”

竇　潏　中和二年（882）

《通鑑·中和二年》：十二月，“和州刺史秦彦使其子將兵數千襲宣州,逐觀察使竇潚而代之"。《新書·僖宗紀》略同。《全文》卷八六八沈顏《宣州重建小廳記》:"及兵部裴公慶（虔）餘去任,竇常侍聿（潚）自池牧來臨,涖事未幾,遂爲秦彦所據。"《全詩》卷六五五羅隱有《得宣州竇尚書書因投寄二首》、卷六六三有《寄前宣州竇常侍（一作尚書）》。又見《才調集》卷八。

秦　彦　中和二年—光啓三年（882—887）

《舊書》本傳:"中和二年,宣歙觀察使竇潚病,彦以兵襲取之,遂代潚爲觀察使,朝廷因而命之。光啓三年……彦召池州刺史趙鍠知宣州事,自率衆入揚州。"《新書·高駢傳》略同。《新書·僖宗紀》:光啓三年"五月甲戌,宣歙觀察使秦彦入於揚州"。又見《九國志·張佶傳》,《通鑑·中和二年》十二月,《十國春秋·吳太祖世家》。《全文》卷八六八沈顏《宣州重建小廳記》:"遂爲秦彦所據……一旦擁兵渡江,引黨趙鍠以代己任。"

【陳　珮　光啓三年（887）（未之任）】

《舊書·僖宗紀》:光啓三年正月,"保鑾都將陳珮檢校尚書右僕射,爲宣州刺史、宣歙觀察使"。按是時宣州爲秦彦、趙鍠所據,陳珮實未之任。

趙　鍠　光啓三年—龍紀元年（887—889）

《通鑑·光啓三年》:五月"丙申,〔秦〕彦入廣陵……補池州刺史趙鍠爲宣歙觀察使"。《舊書·秦彦傳》、《新書·高駢傳》略同。《新書·昭宗紀》:龍紀元年六月,"楊行密陷宣州,宣歙觀察使趙鍠死之"。又見《十國春秋·吳太祖世家》。按《吳越備史》卷一《武肅王》:"文德元年……十一月,楊行密攻殺宣州刺史趙銓（鍠）而有其地。"疑年月有誤。

楊行密　龍紀元年—景福元年（889—892）

《通鑑·龍紀元年》:六月,"詔以〔楊〕行密爲宣歙觀察使"。《景福元年》：“七月丙辰，〔楊行密〕至廣陵，表田頵守宣州。”又見《新書·昭宗紀》、本傳，《新五代史》本傳，《十國春秋·吳太祖世家》。

田 頵 景福元年—天復三年（892—903）

《通鑑·景福元年》：八月，“以田頵知宣州留後”。《新書·昭宗紀》：天復三年十二月，“楊行密陷宣州，寧國軍節度使田頵死之”。《全文》卷八六八沈顏《宣州重建小廳記》：“弘農王去寧揚土，我公嗣總藩條，天子嘉公之勳，就轉左僕射，命觀察於是。明年建寧國節度。又明年，加司空……乾寧二年乙卯秋九月八日。”又見《舊五代史》本傳、《錢鏐傳》，《九國志》本傳，《北夢瑣言》卷一六，《十國春秋·吳太祖世家》。按《吳越備史》卷一《武肅王》：“〔景福〕癸丑二年春二月，楊行密以其將田頵牧宣州。”疑年月有誤。

臺 濛 天復三年—天祐元年（903—904）

《新書·田頵傳》：“〔臺〕濛字頂雲……頵破，〔楊〕行密表爲檢校太保、宣州觀察使。天祐初卒。”《通鑑·天祐元年》：八月，“宣州觀察使臺濛卒”。又見《九國志》本傳，《十國春秋》本傳、《李遇傳》。又《吳太祖世家》：天復三年十一月，“〔臺〕濛遂克宣州，王以濛爲宣州觀察使”。天祐元年八月，“宣州觀察使臺濛卒”。

楊 渥 天祐元年—二年（904—905）

《通鑑·天祐元年》：八月，“楊行密以其子牙內諸軍使楊渥爲宣州觀察使”。《天祐二年》：九月，“楊行密長子宣州觀察使渥，素無令譽……行密寢疾，命節度判官周隱召渥”。又見《新書·楊行密傳》，《新五代史·楊行密傳》，《十國春秋·吳太祖世家》。

王茂章（王景仁） 天祐二年—三年（905—906）

《通鑑·天祐二年》：九月，“〔楊〕行密以潤州團練使王茂章爲宣州觀察使”。《舊五代史》本傳：“楊行密僞署宣州節度使。行密死……景仁棄宛陵……太祖復命遥領宣州節度使。”《十國春秋·吳

烈祖世家》：“天祐三年春正月，宣州觀察使王茂章出奔杭州。”又見
《九國志・危全諷傳》，《十國春秋・吳太祖世家》。

李　遇　　天祐三年—四年（906—907）

《九國志・李遇傳》：“天祐中，宣州王茂章奔越，乃以遇爲淮南行
軍司馬、宣州團練使。”

待考録

刁　緬

《廣記》卷三三三引《紀聞》：“宣城太守刁緬，本以武進。初爲玉
門軍使……緬旬日遷伊州刺史。”

劉　銛

《千唐誌・唐越州會稽縣尉清河崔公夫人滎陽鄭氏墓誌銘并序》
（大和九年八月三日）：“大和乙卯歲五月四日，我季母滎陽鄭氏因就
縮得疾終於江陵府官舍……其外曰河間劉氏，故宣州觀察使銛，其
祖也。”

袁　某

《中興間氣集》卷上張衆文《送李觀之宣州謁袁中丞賦得三
洲渡》。

韋　宥

《新表四上》韋氏彭城公房：“宥，宣州刺史。”按《姓纂》卷二東眷
韋氏彭城公房：“宥，台州刺史。”《會要》卷六：韋宥尚德宗女唐安公
主。《元龜》卷四七：“婚未成而主卒”，似即此人。疑《新表》之“宣州”
爲“台州”之誤。《廣記》卷四二二引《集異記》云：元和中，故都尉韋宥
出牧温州。

楊元戭

《唐文拾遺》卷三二李纓《唐魏王府參軍李纓亡妻弘農楊氏夫人墓誌銘并序》："夫人諱蕙，字廷秀，弘農人也……曾祖諱元戭，皇任宣州刺史、御史大夫，贈吏部尚書。王父諱申，皇任武寧軍節度判官兼殿中侍御史……父鵠，前任京兆府三原縣主簿……〔夫人〕以咸通癸巳歲（十四年）九月廿二日以疾終於永寧里之私第，享年廿有九。"

卷一五七　洪州(豫章郡)

隋豫章郡。武德五年平林士弘，置洪州總管府。天寶元年改爲豫章郡。乾元元年復爲洪州。領縣六：豫章(鍾陵、南昌)、豐城、高安、建昌、豫寧(武寧)、新吳。

張善安　　武德五年(622)

《舊書》本傳："附〔林〕士弘於豫章……而士弘後去豫章，善安復來據之，仍以其地歸國，授洪州總管。輔公祏之反也，善安亦舉兵相應，安撫使李大亮以兵擊之……既而送善安於長安……及公祏敗，搜得其書，與相往復，遂誅之。"《新書》本傳略同。《通鑑·武德五年》：二月，"豫章賊帥張善安以虔、吉等五州來降，拜洪州總管"。又《武德六年》：三月"乙巳，前洪州總管張善安反"。又見《新書·高祖紀》。

若干則　　武德五年(622)

《通鑑·武德五年》：十月，"〔林士弘〕請降。尋復走保安成山洞，袁州人相聚應之；洪州總管若干則遣兵擊破之"。按《舊書·林士弘傳》作"洪州總管張善安……發兵討之"。又按《姓纂》卷一〇河南若干氏稱："則，唐左武衛將軍。"

劉政會　　貞觀初

《舊書》本傳："貞觀初，累轉洪州都督，賜實封三百户。九年卒。"《新書》本傳略同。《元龜》卷一三八："永徽五年二月庚申……故洪州都督贈户部尚書劉政會……並贈并州都督……並追録武德功臣也。"

周　遜　貞觀十五年（641）

《光緒江西通志》卷八《職官表》："周遜，洪州都督兼刺史，貞觀十五年任。"朱玉麒云，《歷世真仙體道通鑑》卷三一萬振："萬天師名振，字長生，洪郡之南昌人……唐太宗貞觀十五年，太守周遜請於梅福宅建太乙觀，禮迎天師居之，即今天寧萬壽觀是也。"

田留安　貞觀中

《元龜》卷六八〇："田留安，貞觀中歷徐、洪二州都督，皆以寬簡爲吏民所安。"

李　福　貞觀中？

《朝野僉載》卷三："西晉末有旌陽縣令許遜者，得道於豫章西山。江中有蛟爲患，旌陽没水，劍斬之。後不知所在……唐朝趙王爲洪州刺史，破之得劍一雙，視其銘一有'許旌陽'字，一有'萬仞'字。遂有萬仞師出焉。"又見《廣記》卷二三一引。按趙王乃太宗子李福。兩《唐書》本傳未及刺洪州事。

榮建緒　貞觀中？

《金石補正》卷五六《大唐大安國寺故大德惠隱禪師塔銘并序》："禪師俗姓榮，京兆人……祖建緒，銀青光禄大夫，使持節息、始、洪諸軍事三州刺史，東阿郡開國公。"禪師卒開元二十二年七月十一日，春秋七十六。又見《芒洛補遺》。

謝叔方　貞觀末

《舊書》本傳："貞觀末，累加銀青光禄大夫，歷洪、廣二州都督。永徽中卒。"《新書》本傳略同。又見《新書·沈季詮傳》。

吴黑闥　　永徽二年(651)

　　昭陵博物館藏《吴黑闥(諱廣)碑》稱:貞觀二年爲宕州刺史,六年除右武衛將軍。永徽元年爲茂州都督,二年又遷洪州都督。《會要》卷二一:"昭陵陪葬名氏……洪州刺史吴黑闥。"《長安志》卷一六昭陵陪葬丞郎三品五十三同。

李元嬰　　永徽中

　　《舊書》本傳:"〔永徽〕三年,遷蘇州刺史,尋轉洪州都督。"《新書》本傳略同。又見《元龜》卷二八一。

李行休　　永徽中?

　　《光緒江西通志》卷八《職官表》:"李行休……洪州都督兼刺史,永徽中任。"按李行休開元四年往桂林迎父兄柩,見《新書·李慎傳》。開元初期爲豫州、汝州刺史,未知《通志》誤,抑另爲一人。

高履行(高懲)　　顯慶四年(659)

　　《舊書·高士廉傳》:"子履行……顯慶元年,出爲益州大都督府長史……三年,坐與長孫無忌親累,左授洪州都督,轉永州刺史,卒於官。"《新書》本傳略同。《通鑑·顯慶四年》:四月,"益州長史高履行貶洪州都督"。八月乙卯,"高履行貶永州刺史"。《全文》卷二一五陳子昂《唐故循州司馬申國公高君墓誌》:"父懲,字履行,秦府軍直千牛,滑州刺史,將作大匠,金紫光禄大夫、太常卿,洪州都督,上柱國、申國公、尚東陽長公主、駙馬都尉……公則駙馬之元子也。"

劉玄意　　約龍朔中

　　《舊書·劉崇望傳》:"八代祖隋大理卿坦,生政會……政會生玄意,尚太宗女南平公主,歷洪饒八州採訪使。"按永徽元年在汝州刺史任,顯慶二年在齊州刺史任。

閻　某　　上元二年(675)

　　《全文》卷一八一王勃《秋日登洪府滕王閣餞別序》:"南昌故郡,

洪都新府……都督閻公之雅望，棨戟遥臨。”按王勃上元二年南下交趾省父，途經洪州。

王守真　　約高宗末

《全文》卷二九三張九齡《故太僕卿上柱國華容縣男王府君墓誌銘并序》：“父某，官至洪州都督……〔公〕儀鳳中初以門子選爲孝敬皇帝挽郎，解巾相王府參軍……歷太子通事舍人，蒲州司法參軍。丁洪州府君憂，去職。”上圖藏拓片《唐故潞府參軍博陵崔公夫人琅邪王氏墓誌銘并序》（元和十四年四月二十六日）：“高祖守真，皇倉部、膳部、左司郎中，博、潤、滄、洪等五州刺史。”夫人卒元和十四年，年八十。又見《唐故滑州匡城縣令王公（虔暢）墓誌銘并序》（咸通八年二月一日）。《寶刻叢編》卷八引《京兆金石錄》有《唐洪州刺史王守真碑》，唐賀遂涉撰，先天二年立。

李景嘉？　　垂拱元年（685）

《光緒江西通志》卷八《職官表》：“李景嘉，洪州都督兼刺史，垂拱元年任。”未知何據，姑存疑。

張知久　　約武后時

《新表二下》河間張氏：“知久，洪州都督。”乃蒲州刺史李開子，汝州刺史栖貞父。

裴挺之　　約武后時

《新表一上》南來吳裴氏：“挺之，洪州都督。”乃隋魏郡丞裴羅孫，河内太守裴恂從叔。

竇懷亶　　武后時？

《新表一下》竇氏平陵房：“懷亶，洪州都督，襲公。”《千唐誌·唐故茂州刺史扶風竇君（季餘）墓誌銘并序》（大和八年三月十九日）：“曾祖懷亶，皇朝洪州刺史，茌平縣公，贈右僕射。”季餘卒大和七年。

孔　琮　　中宗時？

《姓纂》卷六下博孔氏："琮，洪州都督。"《新表五下》同。乃太宗時國子祭酒孔穎達孫，龍朔二年司禮大夫孔志約子。

張廷珪（張庭珪）　　約景雲中

《舊書》本傳："景龍末，爲中書舍人，再轉洪州都督，仍爲江南西道按察使。"《新書》本傳未及。《全文》卷四〇九崔祐甫《衛尉卿洪州都督張公（休）遺愛碑頌并序》："昔張黃門庭珪牧此州，甚得人譽；張丞相九齡次之；迨府君又有裕焉，故邦人有三張之目。"又見《唐故贈工部尚書張公（庭珪）墓誌銘并序》（《文物》1980 年第 3 期）。

祝欽明　　約先天中

《新書》本傳："景雲初，侍御史倪若水劾奏……乃貶欽明饒州刺史……後徙洪州都督。入爲崇文館學士，卒。"《舊書》本傳未及。

朱崇慶　　約開元初

《千唐誌·唐故銀青光禄大夫湖州刺史朱公（崇慶）墓誌銘并序》（開元十三年九月十七日）："拜魏、汴二州長史……轉均州刺史、通州刺史，又拜洪州都督、兼知江南西道按察使……轉婺州刺史，以公正忤，詔使左貶虔州刺史……加銀青光禄大夫湖州刺史……地有九州，公典六矣。"開元十三年八月三日卒於汴州，享年六十六。《嘉泰吳興志》卷一四郡守題名："朱崇慶，太極元年自虔州刺史授；遷洪州刺史、江南道採訪使。《統記》云：開元六年，在侯莫前。"督洪州在刺湖州前，則其督洪州約在開元初。

楊虛受　　開元四年（716）

《全文》卷二五三蘇頲《遣王志愔等各巡察本管内制》："洪州都督楊虛受……等……宜令各巡本管内……"

韋　同　　約開元初期

《新表四上》韋氏逍遥公房："同，洪州都督。"《全文》卷五二二梁蕭《外王父贈祕書少監東平呂公神道表銘》："寢疾捐館，享年若干，時開元二十五年也……夫人黃氏……洪州刺史京兆韋同之甥。"按《姓纂》卷二東眷韋氏稱："同，密州都督。"密州未嘗設都督，《姓纂》誤。

趙全穀（趙瑝、趙鍾）　　開元中

《姓纂》卷七河間蠡吾縣趙氏："全穀，本名鍾，唐金部員外、洪州都督。"《全文》卷二九二張九齡《故辰州瀘溪令趙公碣碣并序》："有子曰瑝，歷官侍御史、尚書郎、洪州都督。"岑仲勉《姓纂四校記》謂當爲同人，瑝、鍾字肖，未審何者爲正。

張九齡　　開元十五年—十八年（727—730）

《舊書》本傳："〔張說〕罷知政事，九齡亦改太常少卿，尋出爲冀州刺史……改爲洪州都督，俄轉桂州都督。"《新書》本傳略同。叢刊本《曲江集》附錄《授洪州刺史制》稱："新除冀州刺史、上柱國、曲江縣開國男張九齡……可使持節都督洪州諸軍事守洪州刺史……開元十五年三月十三日。"又《轉授桂州刺史兼嶺南按察使制》，署時間爲"開元十八年七月三日"。《全文》卷四四〇徐浩《唐尚書右丞相中書令張公（九齡）神道碑》稱："改洪州都督，徙桂州都督。"又見卷二九二張九齡《後漢徵君徐君碣銘》、卷二九三《祭洪州城隍神文》、《祭故李常侍文》。

吳　兢　　約開元二十年前後（約732前後）

《舊書》本傳："〔開元〕十七年，出爲荊州司馬……累遷台、洪、饒、蘄四州刺史。"《新書》本傳："累遷洪州刺史，坐累下除舒州。"

張　震　　約開元二十二年（約734）

《新表二下》河間張氏："震，江西採訪使、洪州刺史。"乃貞觀中曹州刺史張約通曾孫。

韓朝宗　　開元二十四年—二十七年（736—739）

《新書》本傳："開元二十二年，初置十道採訪使，朝宗以襄州刺史兼山南東道……坐所任吏擅賦役，貶洪州刺史。天寶初，召爲京兆尹。"《元龜》卷九二九："玄宗開元二十四年九月……貶〔韓朝宗〕爲洪州刺史。"《全文》卷二八三張九齡有《貶韓朝宗洪州刺史制》。又卷三〇九孫逖有《授韓朝宗等諸州刺史制》。又卷三二七王維《大唐吳興郡別駕前荆州大都督府長史山南東道採訪使京兆尹韓公（朝宗）墓誌銘》："貶洪州都督，遷蒲州刺史。"天寶九載卒。《全詩》卷一六〇孟浩然有《送韓使君除洪州都曹（督）》、《和張判官登萬山亭因贈洪府都督韓公》）。

竹承基　開元末

《金石補正》卷三〇《竹奴子題字》，注云："《萬姓統譜》於竹魯之外，載有竹承搆，唐開元末宣州刺史；竹承基，洪州刺史。"

徐恞　開元二十九年—天寶元年（741—742）

《嘉泰吳興志》卷一四郡守題名："徐恞，開元二十三年自登州刺史授，不曾之任，遷洪州刺史，充江西採訪使。《統記》云：二十九年。"《元和郡縣志》卷二八池州青陽縣："本漢涇縣地，天寶元年洪州都督徐輝奏，於吳所立臨城縣南置，屬宣州，在青山之陽爲名。永泰二年隸池州。"按："徐輝"當爲"徐恞"之訛誤。

韋虛舟　約天寶六載前後（約 747 前後）

《舊書·韋虛心傳》："季弟虛舟……歷荆州長史，洪、魏州刺史兼採訪使，多著能政。入爲刑部侍郎。"《新書·韋虛心傳》略同。按天寶十載虛舟在刑部侍郎任，見《全文》卷三一九李華《荆州南泉大雲寺故蘭若和尚碑》。

皇甫侁　至德元載—二載（756—757）

《舊書·肅宗紀》：至德二載二月，"永王璘兵敗，奔於嶺外，至大庾嶺，爲洪州刺史皇甫侁所殺"。《通鑑·至德二載》：二月，"江西採訪使皇甫侁遣兵追討〔永王璘〕，擒之，潛殺之於傳舍"。《全文》卷三四四顏真卿《京兆尹御史中丞梓遂杭三州刺史劍南東西川節度使杜公（濟）神道碑銘》：“皇甫侁採訪江西，奏公爲推官。”《李太白文集》卷三〇《武昌宰韓君去思頌碑并序》：“君自潞州銅鞮尉調補武昌令……本道採訪使皇甫公侁聞而賢之，擢佐軺軒，多所弘益。”

元　載　至德二載—乾元元年（757—758）

《舊書》本傳：“肅宗即位……時載避地江左，蘇州刺史、江東採訪使李希言表載爲副，拜祠部員外郎，遷洪州刺史。兩京平，入爲度支郎中。”《新書》本傳略同。又見《元龜》卷六五八、卷四八三。《全文》卷三六七賈至《授元載豫章防禦使制》：“元載……可豫章太守。”《元和郡縣志》卷二八信州：“乾元元年租庸使洪州刺史元載奏置。”《全文》卷五〇〇權德輿《故太子右庶子集賢院學士王公神道碑銘并序》：“某年，中書元載廉問九江，表公爲介。”此“九江”當指洪州。《全詩》卷一四九劉長卿《奉餞元侍郎加豫章採訪兼賜章服》注：“時初停節度。”按陶敏謂詩云“烏府”、“青草換新袍”，元當官侍御，“元侍郎”或爲“元侍御”之誤。

韋　儇　約乾元元年—二年（約 758—759）

《新表四上》韋氏南皮公房：“儇，江西觀察使。”《姓纂》卷二同。又見《元龜》卷八〇四。《舊書·趙曄（驊）傳》：“及安禄山陷陳留，因没於賊。時有京兆韋氏，夫任畿官，以不供賊軍遇害，韋被賊没入爲婢。江西觀察使韋儇，族兄弟也。曄哀其冤抑，以錢贖之。”《新書·趙宗儒傳》略同。《宋高僧傳》卷一五《唐潤州招隱寺朗然傳》稱：“請益弟子御史中丞洪府觀察使韋儇”。按韋儇上元元年在潤州刺史任。

韋元甫　約乾元二年—上元二年（約 759—761）

《全文》卷三八九獨孤及《豫章冠蓋盛集記》：“豫章郡左九江而右洞庭……歲次辛丑（上元二年）春正月，諸侯之師有事於淮西……我都督防禦觀察處置使御史中丞韋公元甫克振遠略。”《元次山集》卷七《與韋洪州書》：“某月日，荆南節度判官水部員外郎兼殿中侍御史元

結頓首……荆南與江西，猶鄰家也。"題下原注："上元二年。韋□爲
洪州刺史江西觀察使。"當即韋元甫。《舊書》本傳未及。

張　休　　寶應元年（762）

《全文》卷三八五獨孤及《爲張洪州謝上表》："伏奉某月日敕，除
臣使持節都督洪州諸軍事洪州刺史……往歲禄山以盜泉飲臣，臣受
左衽之辱而不能死，陛下以鴻私活臣。"又卷三八七《送宇文協律赴江
西序》："復周正之年，天子以潤州刺史張公林（本集作"休"）爲豫章太
守。"又卷四〇九崔祐甫《衛尉卿洪州都督張公（休）遺愛碑頌并序》：
"今天子終諒闇易月之期……遽以制書就拜衛尉卿兼洪州都督張公
爲御史中丞、廣州刺史、嶺南節度經略觀察等使……洪之耆老嫠惸，
商販漁釣，百類千品，周聲奪魄……〔公〕又牧濠、舒、潤三州而及此。"

張　鎬　　寶應元年—廣德二年（762—764）

《舊書》本傳："代宗即位，推恩海内，拜撫州刺史。遷洪州刺史、
饒吉等七州都團練觀察等使，尋正授江南西道都團練觀察等使。廣
德二年九月卒。"《新書》本傳略同。又見《舊書·代宗紀上》。《全文》
卷三九〇獨孤及《唐故洪州刺史張公（鎬）遺愛碑并序》："上又曰，命
汝作州伯……於是有洪州之拜，粤寶應元年冬十月公朝服受命，至自
臨川。"又見《元龜》卷五九五，《封氏聞見記》卷九，《唐語林》卷三，《廣
記》卷四五七引《廣異記》，《全文》卷三一五李華《登頭陀寺東樓詩
序》、卷五〇七權德輿《大中大夫守國子祭酒户部尚書韓公（洄）
行狀》。

李　勉　　廣德二年—大曆二年（764—767）

《舊書》本傳："尋兼河南尹，明年罷尹，以中丞歸西臺，又除江西
觀察使……大曆二年，來朝，拜京兆尹、兼御史大夫。"《新書》本傳略
同。《舊書·代宗紀》：廣德二年九月辛酉，"仍命洪州刺史李勉副知
選事"。大曆二年"夏四月己亥，以江南西道都團練觀察使、洪州刺史
李勉爲京兆尹"。《元和郡縣志》卷二八信州貴溪縣、池州及秋浦縣、

石埭縣皆謂永泰二年洪州觀察使李勉奏置。《全文》卷七八四穆員《河南少尹裴公墓誌銘》："故司徒李公勉，聆公之節，辟以爲屬；自江西入尹京兆，洎節制廣、滑、汴三府，以公……歷金吾掾萬年尉……以至於行軍司馬。"銀器刻字摹本："使持節都督洪州諸軍事守洪州刺史兼御史中丞充江南西道觀察處置都團練守捉及莫徭等使賜紫金魚袋臣李勉奉進。"（《考古與文物》1984 年第 4 期）

魏少遊　　大曆二年—六年（767—771）

《舊書·代宗紀》：大曆二年四月乙亥，"刑部侍郎魏少遊爲洪州刺史、兼御史大夫、江西觀察團練等使"。六年"十二月己未，江西觀察使、檢校刑部尚書魏少遊卒"。按本傳作"六年三月己未卒於官"。《全文》卷四一三常袞有《授魏少遊洪吉等州團練使制》、《加江西魏少遊刑部尚書制》。又見《新書》本傳，《全文》卷三八九獨孤及《金剛經報應述并序》。《芒洛遺文》卷中《大唐故河南府氾水縣尉鉅鹿魏公（和）墓誌銘并叙》："公即我唐……京兆尹、洪府觀察、贈太子太師謚曰景公少遊之孫。"魏和卒元和元年正月五日，享年五十六。

路嗣恭　　大曆七年—八年（772—773）

《舊書·代宗紀》：大曆七年正月"庚子，以檢校户部尚書路嗣恭爲洪州刺史、兼御史大夫、江西觀察使"。按本傳作"大曆六年七月，爲江南西道都團練觀察使"。《全文》卷四一三常袞有《授路嗣恭洪州觀察使制》。《宋高僧傳》卷二四《唐吉州龍興寺三刀法師傳》："大曆七年十一月，廣州吕大夫被翻城，奉洪州路嗣恭牒，吉州刺史劉寧徵兵三千人，同收番禺。"又見《新書》本傳。《全文》卷五〇一權德輿《唐故洪州開元寺石門道一禪師塔銘并序》："大曆中，尚書路冀公之爲連帥也，舟車旁午，請居理所。"

李　佐？　　大曆中？

《光緒江西通志》卷八《職官表》："李佐，洪州刺史兼租庸鹽鐵使。《南昌府志》：大曆中任。"姑存疑。

杜　亞　　大曆十三年—十四年（778—779）

《舊書・代宗紀》：大曆十三年十二月，“以給事中杜亞爲洪州刺史、兼御史中丞，充江西觀察使”。又《德宗紀上》：大曆十四年閏五月甲午，“以江西觀察使杜亞爲陝州長史，充轉運使”。又見兩《唐書》本傳。《全文》卷四九七權德輿《唐故東都留守杜公（亞）神道碑銘并序》：“故先皇今上皆以公之才可以大受，姑以九牧四征試其多能。鍾陵上游，提封七郡，命公以廉問之政……函關陝服，介於周秦，命公以藩屛之任。”

張　鎰　　大曆十四年（779）

《舊書》本傳：“加侍御史、沿淮鎮守使。尋遷壽州刺史，使如故。德宗即位，除江南西道都團練觀察使、洪州刺史、兼御史中丞。徵拜吏部侍郎，尋除河中晉絳都防禦觀察使。”《新書》本傳略同。按《舊書・德宗紀》：大曆十四年閏五月“癸巳，以壽州刺史杜亞爲江西觀察使”。按杜亞未嘗爲壽州刺史，且於大曆十三年十二月已任江西觀察，十四年閏五月改陝州；以《張鎰傳》證之，知《舊紀》之“杜亞”爲“張鎰”之誤。《全文》卷四九九權德輿《唐故中書侍郎齊成公（抗）神道碑銘并序》：“吳郡張相君鎰方以仁義理濠上，得君爲榮。及進律於洪，成師於岐，累爲命介，若驂有靳。”

崔　昭　　大曆十四年—建中元年（779—780）

《舊書・德宗紀上》：建中元年四月“辛未，命江西觀察使崔昭册命迴紇可汗”。

鮑　防　　建中元年—三年（780—782）

《舊書・德宗紀上》：建中元年四月“戊申，以福建觀察使鮑防爲洪州刺史、江西團練觀察使”。又本傳：“入爲御史大夫，歷福建、江西觀察使，徵拜左散騎常侍。扈從奉天，除禮部侍郎。”《新書》本傳略同。又見《淳熙三山志》卷二一郡守。《全文》卷六九〇符載《送盧侍御史赴王令公幕序》：“范陽盧公神宇聳峙……江西伯常侍鮑公、祭酒李公寵以賓介之目，授以叢劇之務。”又卷七八三穆員《鮑防碑》：“統閩越，轉江南（西）……詔加銀青光禄大夫、右散騎常侍，紀成績也。真拜右常侍，扈從巡狩，轉禮部侍郎。”

李　　皋　　建中三年—貞元元年（782—785）

《舊書·德宗紀上》：建中三年“冬十月辛亥，以湖南觀察使曹王皋爲洪州刺史、江西節度使”。貞元元年四月“丁丑，以江西節度使嗣曹王皋爲江陵尹、荆南節度使”。又見兩《唐書》本傳，《元龜》卷三八五。《全文》卷六八九符載《土洑鎮保寧記》：“甲子歲，〔李〕希烈大逆不道，皇帝震怒，命宗臣曹王皋……節制江西之事。”

徐　　申　　建中四年—興元元年（783—784）

《新書》本傳：“累遷洪州長史。嗣曹王皋討李希烈，檄申以長史行刺史事，任職辦，皋表其能，遷韶州刺史。”《全文》卷六三九李翱《唐故金紫光禄大夫使持節都督廣州諸軍事兼廣州刺史充嶺南節度徐公（申）行狀》：“授洪州都督府長史，時刺史嗣曹王舉江西兵討李希烈，故以長史行刺史事。任職有成，曹王薦之，遷韶州刺史。”又見卷五〇二權德輿《金紫光禄大夫檢校禮部尚書使持節都督廣州諸軍事兼廣州刺史御史大夫充嶺南節度支度營田觀察處置本官經略等使徐公（申）墓誌銘并序》。

李　　兼（李謙）　　貞元元年—七年（785—791）

《舊書·德宗紀上》：貞元元年四月“癸酉，鄂岳觀察使李謙爲洪州刺史、江西都團練觀察使”。又《裴冑傳》：“前江西觀察使李兼罷省南昌軍千餘人，收其資糧，分爲月進，冑至，奏其本末，罷之。”《全文》卷五〇一權德輿《唐故洪州開元寺石門道一禪師塔銘并序》：“貞元二年，成紀李公以侍極司憲，臨長是邦。”《全文》卷七四七鄭素卿《西林寺水閣院律大德齊朗和尚碑并序》：“貞元三年，從峰頂本大師陪荆州慶門寺靈裕、台州國清寺法裔，同受廉使李公兼龍興壇場之請。”1966年江西靖安縣出土《馬祖禪師舍利石函題記》（貞元七年立）稱：

洪州刺史李兼、建昌縣令李啓撰(見《文獻》第 22 輯)。證知貞元七年初尚在任。

裴　胄　　貞元七年—八年(791—792)

《舊書·德宗紀下》:貞元七年正月"庚辰,以湖南觀察使裴胄爲洪州刺史、江西觀察使"。八年二月丙子,"以江西觀察使裴胄爲江陵尹、荆南節度使"。又見兩《唐書》本傳。

李　衡　　貞元八年(792)

《舊書·德宗紀下》:貞元八年二月"己亥,以湖南觀察使李衡爲洪州刺史、江西觀察使"。《全文》卷六五四元積《唐故越州刺史浙江東道觀察使河東薛公(戎)神道碑文銘》:"李衡……觀察江西,求公爲幕中賓。衡遷,復爲觀察使齊映乞自佐。"

齊　映　　貞元八年—十一年(792—795)

《舊書·德宗紀下》:貞元八年七月甲寅,"以桂管觀察使齊映爲洪州刺史、江西觀察使"。十一年七月"辛卯,江西觀察使、洪州刺史齊映卒"。又見兩《唐書》本傳。張彦遠《歷代名畫記》卷中:"〔齊〕皎弟映……〔貞元〕七年,爲桂府觀察使,轉江西觀察使。十一年,贈禮部尚書。"

路　寰　　貞元十一年—十三年(795—797)

《舊書·德宗紀下》:貞元十一年八月"丙辰,以楚州刺史路寰爲洪州刺史、江西觀察使"。十三年九月"己未,江西觀察使路寰卒"。又見《元龜》卷八六二。

李　巽　　貞元十三年—永貞元年(797—805)

《舊書·德宗紀下》:貞元十三年九月甲辰,"以湖南觀察使李巽爲江(洪)州刺史、江西觀察使"。又本傳:"順宗即位,入爲兵部侍郎。"按《舊書》本傳稱:"出爲湖南觀察使,鋭於爲理,五年,改江西觀察使。"當指在湖南五年。《新書》本傳作"貞元五年，徙江西"，誤。
《元和郡縣志》卷二八洪州分寧縣："貞元十六年，刺史李巽奏分武寧
縣西界置，因以名焉。"又見《全文》卷五〇五權德輿《唐故銀青光禄大
夫守吏部尚書兼御史大夫充諸道鹽鐵轉運等使李公（巽）墓誌銘并
序》、卷六〇四劉禹錫《答連州（集作"道州"）薛郎中論書儀書》、卷六
九一符載有《爲江西李常侍祭顗和尚文》。又卷六九〇符載《送崔副
使歸洪州幕府序》稱："我主君常侍李君以南昌軍倅辟於崔君……〔崔
君〕十六年冬自洛陽抵州。"又《送盧端公歸巴陵兼往江夏謁何大夫
序》："乙（己）卯歲，主君以清静之理，治洪州之三年也。"主君即指李
巽，三年即十五年己卯，"乙"當爲"己"訛。《隋唐五代墓誌匯編·洛
陽卷》第十二册《大唐故侍御史江西道都團練副使鄭府君（高）墓誌并
序》（貞元二十一年正月二十六日）："今江西連率趙郡李公巽……群
書薦至，奏加章服，領都團練副使。"

楊　憑　永貞元年—元和二年（805—807）

《舊書·憲宗紀上》：貞元元年十一月"甲申，以湖南觀察使楊憑
爲洪州刺史、江西觀察使"。元和四年七月"壬戌，御史中丞李夷簡彈
京兆尹楊憑前爲江西觀察使時贓罪，貶憑臨賀尉"。本傳："累遷起居
舍人，左司員外郎，禮部、兵部郎中，太常少卿，湖南、江西觀察使，入
爲左散騎常侍，刑部侍郎，京兆尹。"《新書》本傳略同。

韋　丹　元和二年—五年（807—810）

《新書》本傳："拜晉慈隰州觀察使，封武陽公……徙爲江南西道
觀察使。"《全文》卷七五〇杜牧有《進撰故江西韋大夫（丹）遺愛碑文
表》。卷七五四《唐故江西觀察使武陽公韋公（丹）遺愛碑》："臣嘗守
土江西，目睹觀察使韋丹有大功德被於八州，歿四十年，稚老歌思如
丹尚存……〔公〕元和二年二月拜洪州觀察使……凡三周年成就……
元和五年薨，年五十八。"又見《新書·地理志五》，《韓昌黎集》卷二五
《唐故江西觀察使韋公（丹）墓誌銘》，《全文》卷七一三許志雍《唐故江
南西道觀察判官御史大夫裏行太原王公（叔雅）墓誌銘》，《宋高僧傳》

卷五《唐代州五臺山清涼寺澄觀傳》,《唐語林》卷五、卷七。《廬山記》卷四白居易有《題西林寺水堂奉寄武陽公》。《全詩》卷三九八元稹《茅宿》:"前日牧洪州。"注:"韋大夫丹。"又卷八一〇靈徹有《東林寺酬韋丹刺史》等。

李少和　　元和五年—六年(810—811)

《舊書·憲宗紀上》:元和五年六月"戊寅,以太府卿李少和爲洪州刺史、江西觀察使"。上圖藏拓片《唐故洪州都督府武寧縣令于府君(季文)墓誌銘并序》(元和九年十月二十九日):"換江陵府松滋尉,秩滿爲江南西道觀察使、御史中丞李少和薦,以公器濟時,元和五年奏授洪州武寧縣令。"《元龜》卷七〇〇:"李少和前爲江西觀察使。元和七年敕曰:李少和職奉察廉,迹乖周慎,除替已後,猶取公錢……身已淪没,不可徵收,宜放免。"

崔　芃　　元和六年—七年(811—812)

《舊書·憲宗紀上》:元和六年八月"辛巳,以常州刺史崔芃爲洪州刺史、江西觀察使"。《憲宗紀下》:元和七年十一月"己卯,江西觀察使崔芃卒"。《全文》卷四九八權德輿《唐故江南西道都團練觀察處置等使中散大夫使持節都督洪州諸軍事守洪州刺史兼御史中丞騎都尉崔公神道碑銘并序》:"仕至御史中丞,洪州刺史……元和七年冬十一月某甲子啓手足於郡舍。"當即崔芃。【補遺】《洛陽新獲墓誌106·崔府君墓誌銘》:"祖灌,皇潭州刺史、御史中丞、湖南觀察使,贈太子少師。……考芃,皇洪州刺史、御史中丞、江南西道觀察使,贈左散騎常侍。"

裴　堪　　元和七年—十三年?(812—818?)

《舊書·憲宗紀下》:元和七年十一月"甲申,以同州刺史裴堪爲江西觀察使"。《新表一上》南來吳裴氏:"堪,江西觀察使。"《白居易集》卷五五有《除裴堪江西觀察使制》,當爲僞作,見岑仲勉《白氏長慶集僞文》。又有《江西裴常侍以優禮見待又蒙贈詩輒叙鄙誠用伸感謝》詩。朱金城《白居易年譜》謂指裴堪，繫於元和十三年。又卷一七有《初除官蒙裴常侍贈鶴銜瑞草緋袍魚袋因謝惠貺兼抒離情》詩。據劉禹錫《送湘陽熊判官孺登府罷歸鍾陵因寄呈江西裴中丞二十三兄》詩，可證元和十三年底白氏遷忠州刺史時，裴堪仍在江西任。《會要》卷五八：“〔元和〕十五年三月……江西觀察使裴堪奏處（虔）州刺史李將順贓狀。”似元和十五年三月尚在江西任。按呂元膺元和九年由尚書左丞出爲東都留守。則《舊書·呂元膺傳》記裴堪奏李將順贓狀呂元膺封還詔書事似在元和九年前。疑《會要》誤。

殷　祐（商祐）　　元和十三年(818)

《宋高僧傳》卷二七《唐洪州寶曆寺幽玄傳》：“〔元和〕十三年，豫章太守商祐篤重其道，命住東明寺。”“商祐”，應正作“殷祐”。“商”字乃宋人避諱改。“祐”乃“祐”之訛。

裴次元　　元和十三年?—十五年(818?—820)

《舊書·穆宗紀》：元和十五年八月乙亥，“前江西觀察使裴次元卒”。按裴次元於元和九年十月，由河南尹充東都副留守。

王仲舒　　元和十五年—長慶三年(820—823)

《舊書·穆宗紀》：元和十五年六月戊寅，“以中書舍人王仲舒爲洪州刺史、御史中丞，充江西觀察使”。又本傳：“穆宗即位，復召爲中書舍人。其年，出爲洪州刺史、御史中丞、江南西道觀察使……長慶三年冬，卒於鎮。”《新書》本傳略同。《韓昌黎集》卷三一《唐故江南西道觀察使洪州刺史太原王公（仲舒）神道碑》：“觀察江南西道……長慶三年薨於洪州。”又見卷二《新修滕王閣記》，《國史補》卷中，《唐語林》卷六。

【李　紳　　長慶三年(823)（未之任）】

《舊書·穆宗紀》：長慶三年十月，“以御史中丞李紳爲江西觀察使”。又本傳：“〔韓〕愈改兵部侍郎，紳爲江西觀察使……及中謝日，面自陳訴，帝方省悟，乃改授戶部侍郎。”《新書》本傳略同。

薛　放　　長慶三年—寶曆元年（823—825）

《舊書・敬宗紀》：寶曆元年正月“辛丑，江西觀察使薛放卒”。又見兩《唐書》本傳。《韓昌黎集》卷三一《唐故江南西道觀察使中大夫洪州刺史太原王公（仲舒）神道碑銘》注：長慶三年十一月，以尚書左丞薛放代仲舒鎮江西。

殷　侑　　寶曆元年—二年（825—826）

《舊書・敬宗紀》：寶曆元年三月“辛未，以前桂管觀察使殷侑爲江西觀察使”。《文宗紀上》：寶曆二年十二月“壬戌，以前江西觀察使殷侑爲大理卿”。又見兩《唐書》本傳。

李　憲　　寶曆二年—大和二年（826—828）

《舊書・敬宗紀》：寶曆二年八月“庚戌，以太府卿李憲爲江西觀察使”。又《文宗紀上》：大和二年十月“辛未，以江西觀察使李憲爲嶺南節度使”。又見兩《唐書》本傳，《唐語林》卷四。

沈傳師　　大和二年—四年（828—830）

《舊書・文宗紀上》：大和二年十月癸酉，“以右丞沈傳師爲江西觀察使”。又《文宗紀下》：大和四年九月丁丑，“以傳師爲宣歙觀察使”。又見兩《唐書》本傳，《唐語林》卷一。《全文》卷七五三杜牧《池州造刻漏記》：“某大和三年佐沈吏部江西府……後二年，公移鎮宣城。”又見卷七五五《唐故平盧軍節度巡官隴西李府君墓誌銘》。《寶刻叢編》卷四引《集古錄目》有《唐東都留守李憕碑》，稱：“洪州刺史沈傳師書……碑以大曆（和）四年立。”卷一四有《唐玉蕊花詩》，稱：“唐潤州刺史李德裕、淇（洪）州刺史沈傳師贈答玉蕊花詩二首，皆傳師書。”按《舊書》本傳稱：“大和元年卒”，誤。

裴　誼　　大和四年—七年（830—833）

《舊書・文宗紀下》：大和四年九月“丁丑，以大理卿裴誼檢校右散騎常侍，充江西觀察使，代沈傳師”。七年四月“甲申，以江西觀察使裴誼爲〔宣〕歙池觀察使”。《新書·韋丹傳》：“大和中，裴誼觀察江西，上言爲丹立祠堂，刻石紀功，不報。”

吳士矩（吳士智）　　大和七年—開成元年（833—836）

《舊書·文宗紀下》：大和七年四月“癸酉，以同州刺史吳士智爲江西觀察使”。《舊書·狄兼謨傳》：開成初，“會江西觀察使吳士矩違額加給軍士，破官錢數十萬計……坐貶蔡州別駕”。《新書》本傳：“開成初，爲江西觀察使……貶蔡州別駕。”又見《元龜》卷三一四。

羅　讓　　開成元年—二年（836—837）

《舊書·文宗紀下》：開成元年“二月辛未朔，以左散騎常侍羅讓爲江西觀察使”。二年四月“戊申，前江西觀察使羅讓卒”。本傳：“入爲散騎常侍。未幾，除江西都團練觀察使、兼御史大夫。年七十一卒。”《新書》本傳略同。

敬　昕　　開成二年—四年（837—839）

《舊書·文宗紀下》：開成二年四月“丙子，以中書舍人敬昕爲江西觀察使”。四年九月“丙午，以前江西觀察使敬昕爲京兆尹”。

李　款（李穎、李疑、李凝）　　開成四年—五年（839—840）

《舊書·文宗紀下》：開成四年九月辛丑，“以蘇州刺史李穎爲江西觀察使”。又《李甘傳》：“開成中，〔李款〕累官至諫議大夫，出爲蘇州刺史，遷洪州刺史、江西觀察使。”《新書》本傳略同，皆作“款”。《全文》卷七四四小傳亦作“款”。《姑蘇志》卷二《古今守令表上》：“李疑，開成四年九月遷洪州。”《南部新書》己：“張不疑登科後，江西李疑、東川李回、淮南李融交辟。”《唐語林》卷四作“李凝”，按“穎”、“疑”、“凝”皆爲“款”之訛誤。

裴　休　　會昌元年—三年（841—843）

《金石萃編》卷一一三《玄祕塔碑》：“江南西道都團練觀察處置等

使、朝散大夫、兼御史中丞、上柱國、賜紫金魚袋裴休撰……會昌元年十二月二十八日建。”《景德傳燈録》卷九裴休《黄檗希運禪師傳心法要》：“予會昌二年廉於鍾陵，自山迎至州，憩龍興寺，旦夕問道。”又見《全文》卷七四三。《全文》卷七二一張又新《東林寺碑陰記》稱：“會河東裴公自中書舍人開廉府於鍾陵……余時刺兹郡。”又見《廬山記》卷五《東林寺碑并序》，《金石萃編》卷七八。《全文》卷八〇七司空圖《書屏記》稱：“〔先大夫〕乃以書受知於裴公休，辟倅鍾陵。”兩《唐書》本傳未及。

周　墀　　會昌四年—六年（844—846）

　　《舊書・武宗紀》：會昌六年十一月，“以江西觀察使周墀爲義成軍節度使、鄭滑觀察等使”。《全文》卷七五五杜牧《唐故東川節度使檢校右僕射兼御史大夫贈司徒周公墓誌銘》：“武宗即位，以疾辭，出爲工部侍郎、華州刺史……遷公江西觀察使……遷禮部尚書、鄭滑節度使……九歲，入拜兵部侍郎。”《廬山記》卷五稱：“簡寂觀有《大孤山賦碑》，特進、太尉、平章事、衛國公李德裕文，會昌五年四月庚寅，江南西道都團練觀察處置使、朝議大夫、洪州刺史、御史大夫周墀立。”《樊南文集補編》卷六有《上江西周大夫狀》。《全詩》卷七四五陳陶有《贈江西周大夫》、卷七四六有《送江西周尚書赴滑臺》。又見《新書》本傳，《唐語林》卷七。按《舊書》本傳謂周墀會昌六年十一月由鄂岳遷江西，誤。

紇干臮　　大中元年—三年（847—849）

　　《全文》卷七四七韋慤《重修滕王閣記》：“大中歲戊辰（二年），雁門公按節廉問。”又卷七二六崔龜有《授紇干臮江西觀察使制》。卷七五〇杜牧《謝許受江西送撰韋丹碑練絹等狀》：“今月十八日，中使某至，奉宣聖旨，令臣領江西觀察使紇干臮所寄撰韋丹遺愛碑文人事綵絹三百匹者。”按杜牧撰韋丹碑在大中三年，見《全文》卷七五四《唐故江西觀察使武陽公韋公（丹）遺愛碑》。又見《新書・藝文志三》，《因話録》，《雲溪友議》卷下，《古今姓氏書辯證》卷三七紇干氏。

裴　儔　　大中三年—四年（849—850）

《新表一上》東眷裴氏：「儔字次之，江西觀察使。」《樊川外集》有《奉送中丞姊夫儔自大理卿鎮江西》詩。又《中丞業深韜略志在功名再奉長句一篇兼有諧勸》：「猶有河湟可下鞭！」原注：「時收河湟，且立三州六關。」按收復河湟三州七關在大中三年二月，見《通鑑》。又按吳氏《方鎮年表》引皮日休《奉獻致政裴祕監詩》「玉季領江西」，以爲「玉季」指裴儔，誤。玉季指裴坦，祕監指坦兄譔。岑仲勉《正補》已辨正。

周敬復　　大中四年—約七年（850—約853）

《舊書·宣宗紀》：大中四年「十二月，以華州刺史周敬復爲光禄大夫、檢校左散騎常侍，兼洪州刺史、江南西道團練觀察使」。《英華》卷三八五楊紹復《授周敬復尚書右丞制》稱：「江南西道都團練使觀察處置等使、檢校右散騎常侍周敬復……可尚書右丞。」嚴氏《僕尚丞郎表》謂周敬復約大中七年前後由江西觀察遷右丞。《全文》卷七八〇李商隱《唐梓州慧義精舍南禪院四證堂碑銘并序》：「江西廉使大夫汝南公，黃中秉德，業尚資仁。」按李商隱大中六年至十年在梓州柳仲郢幕。「江西廉使大夫汝南公」，當指周敬復。

崔　黯　　大中七年？（853？）

《全文》卷七五七崔黯《乞敕降東林寺處分住持牒》：「江西觀察使崔黯奏：東林寺山秀地靈，實爲勝境。」按《舊書》本傳唯稱：「會昌中，爲諫議大夫。」《新書》本傳略同，皆未及刺洪事。按大中初崔黯爲江州刺史，六年爲湖南觀察使。其觀察江西疑由湖南轉歟？

鄭祗德　　約大中八年—九年（約854—855）

《通鑑·大中九年》：十二月，「江西觀察使鄭祗德以其子顥尚主通顯，固求散地。甲午，以祗德爲賓客、分司」。《隋唐五代墓誌匯編·洛陽卷》第十四冊《唐故范陽盧氏滎陽鄭夫人墓誌》（大中十二年五月十二日）：「父曰祗德……朝廷借公治馮翊……自馮翊廉問洪州……公竟乞歸，調護河洛。凝塵滿席，晏如也。夫人即公長女也。”
夫人卒大中十二年，享年三十二。

張毅夫　　約大中十年—十一年（約 856—857）

　　《舊書·宣宗紀》：大中十一年四月，“以江西觀察使、洪州刺史、
御史中丞、上柱國、賜紫金魚袋張毅夫爲京兆尹”。

鄭　憲　　大中十一年—十二年（857—858）

　　《舊書·宣宗紀》：大中十一年四月，“以中書舍人鄭憲爲洪州刺
史、御史中丞、江南西道都團練觀察處置等使”。《通鑑·大中十二
年》：“六月丙申，江西軍亂，都將毛鶴逐觀察使鄭憲。”《東觀奏記》卷
下：“大中十二年後，藩鎮繼有叛亂……江西都將毛鶴逐觀察使鄭
憲。”又見《唐語林》卷二。

韋　宙　　大中十二年—咸通二年（858—861）

　　《通鑑·大中十二年》：十月，“上以光禄卿韋宙父丹有惠政於江
西，以宙爲江西觀察使”。《新書》本傳：“拜江西觀察使，政簡易，南方
以爲世官。遷嶺南節度使。”《全文》卷七九一韋宙《東林寺題名》：“余
今年七月銜命按撫嶺南。中旬之初，自番禺赴闕，聞洪兵大擾，乃直
趨鍾陵……六十四日，余廉問江西，乃帥襄鄂許蔡四軍赴鎮。十一月
二十七日兵次北田……大中十二年十一月二十七日江南西道都團練
觀察處置等使、御史中丞韋宙題。”又見《東觀奏記》卷下，《唐語林》卷
二，《廬山記》卷五。

【補遺】裴　寅　　咸通元年（860）

　　《唐故徐宿濠泗觀察判官試大理評事兼監察御史李府君（梲）墓
誌銘》（咸通十四年十二月七日）：“登進士籍，以試秘書省校書郎觀察
推官從裴大夫寅於陝虢府。裴公移旆江西，又以君爲支使。”（中國社
會科學院考古研究所河南第二工作隊《河南偃師杏園村的六座紀年
唐墓》，《考古》1986 年第 5 期）

裴　坦　　咸通二年—五年（861—864）

《新書》本傳：“再進禮部侍郎，拜江西觀察使、華州刺史。召爲中書侍郎、同中書門下平章事，不數月而卒。”《全詩》卷八二八貫休《寄大願和尚》：“唯思紅泉白石閣，因隨裴楷離京索。”注：“時裴公出守鍾陵，與師同行。”《全文》卷七九九皮日休《狄梁公祠碑》：“進士皮日休遊江左，至彭澤，當河東公觀察之四年，贊皇公刺史之二年。”按河東公，指裴坦。據卷七九七《通元子棲賓亭記》，皮日休咸通五年至彭澤。

嚴　譔　　咸通六年—九年（865—868）

《通鑑·咸通六年》：“五月辛丑，置鎮南軍於洪州……壬寅，以桂管觀察使嚴譔爲鎮南節度使。”《咸通八年》：七月，“右拾遺韋保衡復言，〔楊〕收前爲相，除嚴譔江西節度使，受錢百萬”。《舊書·懿宗紀》：咸通九年十月，“檢校工部尚書、洪州刺史、鎮南節度、江南西道觀察處置等使嚴譔長流嶺南”。《新書》本傳：“與宰相楊收善。咸通中，繇桂管觀察使擢爲江西節度使，改號鎮南軍……及收得罪，韋保衡以譔素善收，賕賄狼藉，遣使按覆，詔賜死。”《大詔令集》卷一二七《嚴譔賜自盡敕》：“前鎮南節度使、檢校工部尚書嚴譔……宜所在賜自盡。咸通十年。”

李　騭　　咸通九年—十二年（868—871）

《重修承旨學士壁記》：“李騭……〔咸通〕九年五月十六日除江西觀察使。”《全文》卷七二四李騭《題惠山詩序》：“去年蒙恩自禁職出鎮鍾陵……咸通十年二月一日，江南西道都團練觀察處置等使、中散大夫、檢校左散騎常侍、使持節洪州諸軍事兼洪州刺史、御史中丞、上柱國、賜紫金魚袋李騭題記。”上圖藏拓片《亡室姑臧李氏墓誌銘并序》（乾符五年正月六日）：“顯考騭，自中書舍人、翰林學士出拜江西觀察使。薨於位，贈工部尚書。”又見《全文》卷八一七黃璞《王郎中（棨）傳》。《唐詩紀事》卷六五胡玢（汾）條：“李騰（騭）廉問江西，弓旌不至。”又卷六六李質（騭）條：“〔李〕質，登第後二十年廉察豫章，時大中

十二年也。”《輿地紀勝》卷二六隆興旌陽觀：“唐大中時，李質（驚）投宿
於觀，夢有神告以當爲土地主，已而登科，後二十年爲江西觀察使。”“李
騰”、“李質”，皆爲“李驚”之誤。《紀事》《大中》爲“咸通”之誤。

楊　戴　咸通十二年—十三年(871—872)

《新表一下》楊氏越公房：“戴字贊業，江西觀察使。”乃敬之子。
《廣記》卷二七八引《闕史》：“楊敬之生江西觀察使戴。”按吳氏《方鎮
年表》列咸通十二年至十三年，姑從之。又按咸通十年十二月，楊戴
在刑部侍郎任，見《舊書·懿宗紀》，嚴氏《僕尚丞郎表》失載。又見拓
本《唐故前江南西道都團練副使高府君（彬）墓誌銘并序》（乾符四年
十月十七日）。

崔安潛　咸通十三年—乾符二年(872—875)

《新書》本傳：“咸通中，歷江西觀察、忠武節度使。乾符初，王仙
芝寇河南……〔安潛〕號令精明，賊畏之，不犯陳許境。”《舊書》本傳未
及。《宋高僧傳》卷一二《唐福州怡山院大安傳》：“時豫章廉使贈太尉
崔貞孝公，則魏公之季父，深契玄機，敦安之道，飛疏召之，厥譽益昌。
咸通十四年，詔宜號延聖大師。”《唐摭言》卷二：“咸通末，永樂崔侍中
廉問江西。”

獨孤雲　乾符二年?—三年(875?—876)

《舊書·僖宗紀》：乾符三年“五月，以江西觀察使獨孤雲爲太子
少傅”。

高　湘　乾符四年?—五年(877?—878)

《新書·高鍇傳》：“子湘……僖宗初，召爲太子右庶子，終江西觀
察使。”《通鑑·乾符五年》：三月，“王仙芝餘黨王重隱陷洪州，江西觀
察使高湘奔湖口”。按高湘乾符三年九月權知禮部侍郎，見《舊紀》。
按《舊書》本傳稱：“乾符初，復爲中書舍人。三年，遷禮部侍郎，選士
得人。出爲潞州大都督府長史、昭義節度、澤潞觀察等使，卒。”誤。

高茂卿　　約廣明元年—中和二年（約880—882）

《通鑑·中和二年》：五月，“〔鍾傳〕又逐江西觀察使高茂卿，據洪州”。《桂苑筆耕集》卷三《謝除鍾傳充江西觀察使狀》：“右臣先奏請授鍾傳江西觀察使，其高茂卿乞別除廉鎮，伏奉七月五日詔旨允許……終令二將之才，皆榮列土。鍾陵江徼，銅柱海隅，政成而必有可觀，恩重而各得其所。”似茂卿自江西移安南。《新書·僖宗紀》：中和二年七月，“撫州刺史鍾傳陷洪州，江西觀察使高茂卿奔於江州”。

【閔　助　　中和二年（882）（未之任）】

《通鑑·中和二年》：“五月，以湖南觀察使閔助權充鎮南節度使……朝廷以助本江西牙將，故復置鎮南軍，使助領之，若〔鍾〕傳不受代，令助因而討之。助知朝廷意欲鬥兩盜使相斃，辭不行。”

鍾　傳　　中和二年—天祐三年（882—906）

《新書》本傳：“中和二年，逐江西觀察使高茂卿，遂有洪州……僖宗擢傳江西團練使，俄拜鎮南節度使、檢校太保、中書令，爵潁川郡王，又徙南平……天祐三年卒。”又見兩《五代史》本傳，《通鑑·中和二年》五月、《光化元年》七月、《天祐三年》四月。《全文》卷九二〇澄玉《疏山白雲禪院記》：“乾寧甲寅歲……時有袁州鍾公，即洪州廉使之子也。”又見卷八六九歐陽熙《洪州雲蓋山龍壽院光化大師寶録碑銘》，卷八八三徐鉉《廬山九天使者廟張靈官記》，《唐摭言》卷五，《桂苑筆耕集》卷三《謝除鍾傳江西觀察使狀》。

鍾匡時　　天祐三年（906）

《新書·鍾傳傳》：“天祐三年卒。匡時自立爲節度觀察留後……楊渥使秦裴攻匡時，圍洪州。匡時城守不出，凡三月，城陷……執匡時及司馬陳象歸揚州。”《通鑑·天祐三年》：四月，“鎮南節度使鍾傳薨……軍中立其子匡時爲留後……九月，秦裴拔洪州，虜鍾匡時等五千人以歸”。又見《新書·哀帝紀》，《十國春秋·吳烈祖世家》。

*楊　渥　　天祐三年—四年（906—907）

《通鑑·天祐三年》：九月，"秦裴拔洪州……楊渥自兼鎮南節度使，以裴爲洪州制置使"。又見《十國春秋·吳烈祖世家》。

秦　裴　　天祐三年（906）

《通鑑·天祐三年》：九月，"楊渥自兼鎮南節度使，以〔秦〕裴爲洪州制置使"。《九國志》本傳："授洪州制置使。張顥用事，慮裴爲變，急召歸。及湖口，遇鄂帥劉存與潭軍戰没，復授裴鄂岳觀察使。"又見《十國春秋·吳烈祖世家》、本傳。

劉　威　　天祐三年—四年（906—907）

《九國志》本傳："天祐三年，授鎮南軍節度使。"朱玉麒按，唐杜光庭纂《錄異記》卷七："天復十年庚午夏，洪州隕石於越王山下昭仙觀前……節度相國劉威命舁入昭仙觀内。"天復十年庚午歲即後梁開平四年（910），劉威猶在鎮南軍節度使任，則唐亡之年尚在其任。

待考錄

裴　璩

《北夢瑣言》卷五："唐裴司徒璩，性靳嗇，廉問江西時，凡什器圖障，皆新其製，閉屋緘貯，未嘗施用……在番禺時，鍾愛一女，選滎陽鄭進士以婿之。"按裴璩咸通九年、十年在宣歙觀察任，乾符四、五年在浙西觀察任。光啟三年至龍紀元年在嶺南東道觀察任。疑"江西"或爲"浙西"之誤。

王　遜

《廣記》卷二七引《仙傳拾遺》："劉白雲者……乃於襄州隔江一小山上化兵士數千人……節度使于頔疑其妖幻……時湖南刺史王遜好道，白雲時來郡中，旬日，王遜果除洪州，到任後，白雲亦來相訪。"按于頔貞元十四年至元和三年在襄州節度任，其時洪州刺史歷歷可考，王遜不可能插入，疑《廣記》有誤。

杜審權

《北夢瑣言》卷三：“大中四年，進士馮涓登第……恩地即杜相審權也。杜有江西之拜，制書未行，先召長樂公密話，垂延辟之命。”兩《唐書》本傳皆未及江西，疑有誤。

黃　麟

《廣記》卷三八一引《廣異記》：“鄧成者，豫章人也。年二十餘，曾暴死……判官是刺史黃麟。”按《國秀集上》有金部員外郎黃麟詩一首。

李　華

《宋高僧傳》卷一四《唐洪州大明寺嚴峻傳》：“〔大曆〕四年春，洪州刺史李華員外延入大明寺住止。三月中，俄命沐浴換衣，舉望空虛，合掌而逝，春秋五十九。”按兩《唐書》本傳未及洪刺，《舊傳》謂大曆初卒。

蔣　邵

《浦陽人物記》卷上：“蔣邵，字景倩，縣人，爲益陽令，遷洪撫二州刺史。攘虎却蝗，民蒙其惠，轉交州刺史。”按《姓纂》卷七東萊膠東蔣氏有開元十七年魏州刺史蔣欽緒孫、鳳州刺史蔣澂子蔣邵。

劉秉仁

《光緒江西通志》卷八《職官表》稱：劉秉仁，乾符中爲江西觀察使，未知何據。

段　逸

《江西通志》謂：段逸龍紀前爲江西觀察使，未知何據。

卷一五八　江州(潯陽郡)

隋九江郡。武德四年平林士弘,置江州。五年置總管府,後改都督府。貞觀元年罷都督府。天寶元年改爲潯陽郡。乾元元年復爲江州。領縣三:潯陽、都昌、彭澤。

蓋彦舉　　武德四年(621)

《舊書‧蕭銑傳》:武德四年,"銑江州總管蓋彦舉以五州降"。又見《元龜》卷一二六,《通鑑‧武德四年》十月。

李襲志　　武德五年(622)

《舊書》本傳:"及蕭銑平,江南道大使、趙郡王孝恭授襲志桂州總管。武德五年入朝,授柱國,封始安郡公,拜江州都督。及輔公祐反,又以襲志爲水軍總管討平之,轉桂州都督。"《新書》本傳略同。

侯君集　　武德九年(626)

《御覽》卷九二二:"武德九年,江州都督太子副率侯君集於納義門獻白雀一。"兩《唐書》本傳未及。

鄭善果　　貞觀三年(629)

《舊書》本傳:"〔貞觀〕三年,起爲江州刺史。"《新書》本傳:"貞觀初,出爲岐州刺史,以罷去。復拜江州刺史,卒。"

郭孝恪 約貞觀前期

《舊書》本傳：“及破建德，平世充……歷遷貝、趙、江、徑四州刺史。”《新書》本傳同。

左難當 貞觀十四年（640）

《元龜》卷六九五：“左難當，太宗貞觀初爲江州刺史。時以江中盜賊劫掠，爲商旅之弊，詔以難當爲靜江大使，自是江路肅清。”《全文》卷一五一許敬宗《賀杭州等龍見并慶雲朱草表》：“又江州刺史左難當稱：尋陽縣界見青龍二。”按《元龜》卷二四云：貞觀十四年九月杭州言青龍見。許敬宗《表》亦有交河阻兵、西師獻捷等語，亦爲貞觀十四年事，證知左難當貞觀十四年在江州刺史任。

趙行德 約貞觀中

上圖藏拓片《大唐故朝散大夫登州司馬趙府君（巨源）墓誌銘并序》（天寶元年四月二十三日）：“曾祖覽，隋安平郡太守，襲池陽公。祖行德，皇江、松、武、邵、婺五州刺史，湘陰縣開國男。考仁果，韓王府錄事參軍，出廣州泲安縣令。”巨源卒天寶元年，春秋九十四。

冉仁才 約貞觀中

《全文》卷二二八張説《河州刺史冉府君（實）神道碑》：“烈考天水郡果公諱仁才……涇、浦、澧、袁、江、永，凡六州刺史……公即果公季子。”享年七十一，證聖元年二月十日卒。按貞觀六年仁才爲澧州刺史，十一年遷□州，見殘墓誌。

陶　銳 約貞觀中

《古今姓氏書辯證》卷一一陶氏：“元安生陳夔州都督、尚書令、金陵縣公琮。琮生唐始興令處寂，滁、江二州刺史銳。”

【夏侯絢 永徽四年（653）（未之任）**】**

《隋唐五代墓誌匯編·陝西卷》第三册《唐故使持節睦州諸軍事

睦州刺史夏侯府君（絢）墓誌銘并序》（永徽六年十月廿五日）："〔永徽〕四年……授公使持節江州諸軍事江州刺史。未行……改授使持節睦州諸軍事睦州刺史。"

史玄道　　高宗時

《姓纂》卷六宣城史氏："玄道，江州刺史。"《全文》卷二七六史巋《晉山陰侯史府君神道碑》："從孫中散大夫太子洗馬、宏文館學士、江州刺史玄道，文林郎叔豪，參訓質疑，遵儀克選。"按永徽二年玄道爲太學博士，顯慶四年爲太子洗馬，見《會要》卷三六、卷三七。《新書·藝文志二》："《姓氏譜》二百卷。"注："許敬宗、李義府、孔志約、陽仁卿、史玄道、呂才撰。"

李　亶　　高宗時

《舊書·李元名傳》："元名性高潔……常誡其子豫章王亶等……及亶爲江州刺史，以善政聞，高宗手敕褒美元名，以賞其義方之訓。"《新書·李元名傳》略同。又見《元龜》卷二七七、卷二八一，《會要》卷五。

張嘉言　　約南宗時

《全文》卷三〇五孫翌《蘇州常熟縣令孝子太原郭府君（思謨）墓誌銘并序》："又婚於清河張氏，故江州刺史嘉言之孫，奉禮郎慎思之女。"思謨卒開元九年，春秋五十九。

長孫誼　　約武后初

《嚴州圖經》卷一題名："長孫誼，□年□月□日自江州。"列於永淳二年張大安後，天授元年李上善前。

李同恩　　約武后時

《新表二上》趙郡李氏東祖房："同恩，江州刺史。"乃隋左親仗李素王孫，東光令仁緯子。

張 戩 中宗時？

《舊書·張文琮傳》："子戩，官至江州刺史，撰《喪儀纂要》七卷，行於時。"《新書·張文琮傳》未及。《元龜》卷五六四誤作"張文琮"，《新表二下》清河東武城張氏："戩，江州刺史。"按文琮仕貞觀至高宗初，其子約仕至中宗時。《全文》卷二四四李嶠有《爲第二舅讓江州刺史表》，李嶠第二舅，疑即張戩。

李 訥 開元十四年(726)

《全文》卷四三八李訥《東林寺舍利塔銘并序》："步自開元，今龍集攝提格七月丁丑朔二十八日甲辰，凡一紀而有二載矣……〔訥〕頃自庫部郎中出爲此州刺史，剖符淹歲，奉計臨歧。"按開元一紀有二載攝提格，爲開元十四年丙寅。《廬山記》卷一："唐開元十四年庫部郎中、中書舍人、江州刺史李訥作《禪師記》……金紫光禄大夫同州刺史上柱國范陽縣開國男張廷珪書，開元十七年歲在己巳七月己丑朔十五癸卯建。"《全文》卷三六四李湜《唐江州沖陽觀碑》："逮於垂拱四年冬，遂爲野火所侵……迄至開元之初，猶闕真君之院……刺史趙郡李訥，弓傳虎石。"

獨孤禎 開元十九年(731)

《全文》卷三七三李玭《太平宮九天使者廟碑》："時開元十九年八月二十一日，降明旨……敕置廟……使持節江州諸軍事守江州刺史獨孤禎……等恭惟聖善。"《廬山記》卷一："太平觀，唐號九天使者真君廟……開元二十年歲次壬申正月乙巳朔二十五日己巳立。其略曰：敕置廟使、内供奉將使者真圖建立祠廟章醮行道設醮使大弘觀法師張平公，使持節江州諸軍事守江州刺史獨孤禎……護修奉焉。"

李尚辭 開元二十三年(735)

《元龜》卷一二八："〔開元〕二十三年十二月，命十道採訪使舉良刺史縣令，以……江州刺史李尚辭……等聞上。"

戴希謙　　開元中

《金石録》卷六：“《唐江州刺史戴希謙墓誌》，從子休璇撰，次子崿八分書，開元二十六年十一月。”

元　邕　　開元中？

《姓纂》卷四河南洛陽元氏：“邕，江州刺史。”《廣記》卷一一一引《廣異記》：“唐聖善寺僧道憲，俗姓元氏，開元中，住持於江州大雲寺，法侶稱之。時刺史元某，欲畫觀世音七鋪。”疑即元邕。

柳貞望　　約開元、天寶間

《姓纂》卷七河東解縣東眷柳氏：“貞，江州刺史。”《新表三上》柳氏作“貞望”。《廬山記》卷五：“《兀兀禪師碑》，中書舍人趙郡李訥文，金紫光禄大夫行同州刺史上柱國范陽縣開國男張廷珪書，江州刺史河東柳貞望樹，唐永泰丙午歲顏真卿題碑側，凡一百一十六字。”按張廷珪開元十七年在同州刺史任。

李　宷　　天寶九載（750）

《嚴州圖經》卷一題名：“李宷，天寶九載九月二十六日自江州刺史拜。”《新表二上》趙郡李氏東祖房：“宷，江州刺史。”

竇從昭　　肅宗時？

《新表一下》竇氏三祖房：“從昭，江州刺史。”乃婺州刺史懷玉姪；貞元五年揚府長史竇覦叔。

蕭　華　　廣德中？

《全文》卷三四六劉長卿《祭蕭相公文》：“維某年月日，殿中侍御史劉長卿，謹以清酌庶羞之奠，敬祭於故江州刺史蕭公之靈……龍潛少海，公佐儲闈……國移大盜，公陷虜圍……果翻賊黨，來赴王師……輔國佞幸，敢亂朝經，潛申讒言，請奪禁兵；謀泄隙開，反爲所傾。倉卒之際，播遷無名；東出招邱，南浮洞庭……長卿自奉周旋，於今五年。”按此“蕭相公”疑即蕭華。《新書·宰相表中》：上元二年二月，“河中節度使蕭華爲中書侍郎、同中書門下平章事”。寶應元年“建辰月戊申，華罷爲禮部尚書”。又按兩《唐書》本傳，所記事迹與此文合，唯未及江州刺史。《舊傳》稱：“蕭宗崩，代宗在諒闇，元載希輔國旨，貶華爲硤州員外司馬，卒於貶所。”據劉長卿文，疑華貶硤州司馬後曾量移江州刺史卒，兩傳闕載。

徐　向　　約永泰元年（約765）

《新表五下》北祖上房徐氏：“向字文伯，衢、江、陳、潁、鄭、宋六州刺史。”《姓纂》卷二東海郯州徐氏唯云：“向，司勳員外，陳、宋、荆州刺史。”按大曆七年，向爲宋州刺史。

封　某　　永泰二年（766）

《全文》卷三八九獨孤及《江州刺史廳壁記》：“今年春，渤海封公繼踐厥位……義寧以來，百四十有九載，纂斯位者風聲相聆，軌躅相躡。”按自義寧以後一百四十九載，約當永泰元年或大曆元年。

李　芃　　約大曆二年（約767）

《舊書》本傳：“以宣州之秋浦、青陽、饒州之至德置池州焉，芃攝行州事，無幾，乃兼侍御使。居何，魏少遊代〔李〕勉爲使，復署奏檢校虞部員外郎，賜金紫，爲都團練副使。頃之，攝江州刺史，州人便之。丁母憂，免喪，永平軍節度李勉署奏檢校工部郎中兼侍御史，爲判官，尋攝陳州刺史。”《新書》本傳略同。按大曆二年魏少遊代李勉爲江西觀察使。

陶　銑　　大曆四年（769）

《嚴州圖經》卷一題名：“陶銑，大曆四年□月□日自江州刺史拜。”

相里造　　大曆四年—五年（769—770）

《毗陵集》卷二○《祭相里造文》：“江人杭人，頌德不暇。洛表耆老，俟公而蘇。"證知相里造罷江州後還曾歷杭州刺史及河南少尹二職。按相里造永泰元年至大曆三年爲户部郎中，見《元龜》卷四五九及《舊書·魚朝恩傳》；獨孤及《祭文》自稱舒州刺史，知相里造卒於大曆八年前。劉乾謂相里造在大曆五、六年間，已由江州轉杭州，所以任江州的始年，不應更晚於大曆四年。

李　承　　約大曆六、七年（約 771、772）

《舊書》本傳："〔崔〕圓卒，歷撫州、江州刺史，課績連最。遷檢校考功郎中兼江州刺史，徵拜吏部郎中。"《元龜》卷六八四同。《新書》本傳未及。《廬山記》卷二："神龍二年六月三日敕置龍興觀……大曆中道士劉玄和、何子玉居焉。張弘《道門靈驗記》云：劉玄和，地仙也，嘗爲郡守李承、薛弁章奏，皆有天曹批報，事悉符驗。"按崔圓卒大曆三年。

薛　弁　　約大曆八、九（約 773、774）

《新表三下》薛氏："弁，江州刺史。"《廬山記》卷二："張弘《道門靈驗記》云，劉玄和，地仙也，嘗爲郡守李承、薛弁章奏，皆有天曹批報，事悉符驗。"《全詩》卷二五〇皇甫冉有《廬山歌送至弘法師兼呈薛江州》。

包　佶　　建中元年（780）

《舊書·食貨志下》："建中初，宰相楊炎用事，尤惡劉晏，炎乃奪其權。詔曰……今年夏稅以前，諸道財賦多輸京者，及鹽鐵財貨，委江州刺史包佶權領之。"《全文》卷五〇德宗《令天下錢穀歸尚書省詔》同。《新書》本傳未及刺江州事。《全文》卷六八八符載《上韋尚書書》："某頃年與友牛數人隱居廬山中，時包祭酒牧於江州。小子荒唐，曾以短書干之包公。"《會要》卷八七："建中元年……鹽鐵財貨委江州刺史包佶權領之。"

王　鍔　　建中四年（783）

《舊書》本傳："及〔李〕皋改江西節度使，李希烈南侵，皋請鍔以勁兵三千鎮尋陽。後皋自以全軍臨九江，既襲得蘄州，盡以衆渡，乃表鍔爲江州刺史、兼中丞，充都虞候，因以鍔從。”《新書》本傳略同。又見《元龜》卷四二二。《通鑑·建中四年》：三月，“〔李〕皋遂進拔蘄州，表伊慎爲蘄州刺史，王鍔爲江州刺史”。《全文》卷六八八符載《寄南海王尚書書》：“公昔典九江，載在匡廬……爾後榮遷亞尹，承江陵之歡好，超拜容府，展襄陽之慶荷。”“王尚書”即指王鍔。

韋應物　　貞元元年—三年(785—787)

《唐詩紀事》卷二六：“建中二年，〔韋應物〕由北(比)部〔員〕外郎出刺滁州，改刺江州，追赴闕，改左司郎中。貞元初歷蘇州。”《唐才子傳》略同。據傅璇琮考證，韋應物貞元元年至三年在江州刺史任(《唐代詩人叢考·韋應物繫年考證》)。

柳　渾　　貞元三年(787)

《廬山記》卷二：“柳渾自江州刺史入朝，會昭德皇后薨，因言詠真洞蔡尋真并騰空所居，可錫觀名，以伸追奉。德宗因以尋真名詠真洞。”兩《唐書》本傳未及刺江州事。按德宗昭德皇后貞元三年卒，見《新書·后妃傳下》。《舊書·后妃傳下》作二年十一月甲午。

崔　衍　　貞元七年(791)

《舊書》本傳：“故衍官至江州刺史，而妻子衣食無所餘。後歷蘇、虢二州刺史。”《新書》本傳未及。又見《元龜》卷七五六、卷八五二。《全文》卷五二九顧況《宛陵公署記》：“博陵崔公端憲臺出九江，涉吳換虢，三牧作乂，仁聲上騰。”又卷七四七鄭素卿《西林寺水閣院律大德齊朗和尚碑并序》：“洎〔貞元〕七年，刺史崔公衍置方等於當州開元寺。”

嚴士良　　貞元十一年(795)

《姓纂》卷五馮翊嚴氏：“士良，江州刺史。”《全文》卷五一三李演《東林寺遠法師影堂碑并序》：“貞元十有一祀，江州刺史馮翊嚴公士良秉明德以分符，宣中和以述職。”又卷六八八符載《贈蘄州盧員外書》：“去年春三月……潯陽嚴太守命某爲貳食之客，偶於末席，備聆嘉話。”

盧　虔　　約貞元十一年—十三年（約795—797）

《舊書·盧從史傳》：“父虔，少孤，好學，舉進士，歷御史府三院，刑部郎中，江、汝二州刺史，祕書監。”《新書·盧從史傳》未及。《全文》卷六八八符載《答澤潞王尚書書》：“某有舊故爲南康郡太守，今年夏五月往遊其門，至冬十月歸山下，遂於江州盧使君處伏奉書問，并睹押衙盧從史所留示委曲。”按澤潞王尚書當指王虔休，貞元十年至十五年在任。南康太守指戎昱。又按貞元十八年盧虔在汝州刺史任，見《寶刻叢編》卷五《唐復黃陂記》。《丙寅稿·祕書監盧虔神道碑跋》：“尋除復州刺史，改江州刺史，歲課第一，就加朝散大夫，尋除刑部郎中，除太府少卿□□（兼汝）州刺史，充本州防禦使、兼東都畿汝州都防禦副使。”

李　康　　貞元十四年（798）

《全文》卷七四七鄭素卿《西林寺水閣院律大德齊朗和尚碑并序》：“大師號齊朗，生報身於潯陽陶氏……〔貞元〕十四年，郡守李公康興甘露之會。”又卷七四二劉軻《廬山東林寺故臨壇大德塔銘并序》：“至四十年（按應作“十四年”）春，九江守李公康以東林遠公舊社不可以無主，固請住焉。”又卷六八九符載《江州錄事參軍廳壁記》：“是時，郡守李公以鉅鹿超異之政來領此郡。”又卷六八八符載《謝李異常侍書》：“近者江州李使君以俸錢四萬爲某買山，號三澗峰。”

李歸期　　貞元十七年前（801前）

《全文》卷六一六李逢吉《折桂庵記》：“吾頃年奉家君牧九江，得從白鹿先生潘之遊觀焉……貞元辛巳歲六月十五日李逢吉述。”按辛巳歲爲貞元十七年。逢吉父歸期，見《新表二上》姑臧大房李氏。又按潘之即李渤，貞元十四年前後隱廬山，號白鹿先生，有貞元戊寅歲

（十四年）七月八日記事，見《太平寰宇記》卷一一一江州都昌縣。

魏弘簡？ 　貞元中

《全文》卷五八九柳宗元《唐故尚書户部郎中魏府君（弘簡）墓誌》：“歷桂管、江西、福建、宣歙四府爲判官副使……在州六年，而人樂之。廉使崔衍曰：吾敢專天下之士，獨惠兹人乎。遂獻於天子。拜度支員外郎，轉户部郎中。”貞元二十年卒，年四十七。按崔衍貞元十二年至永貞元年在宣歙觀察任。《白居易集》卷四三《遊大林寺序》：“周覽屋壁，見蕭郎中存、魏郎中弘簡、李補闕渤三人姓名文句……自蕭、魏、李遊，迨今垂二十年，寂寥無繼來者……時元和十二年四月九日。”《姓纂》卷八西祖魏氏：“弘簡，户部郎中。”岑仲勉《姓纂四校記》謂：“其遊廬山蓋攝官江州刺史時也。”

韋　汎 　約貞元中

《姓纂》卷二京兆杜陵東眷韋氏逍遥公房：“汎，江州刺史。”《新表四上》同。乃韋挺玄孫。按其三從兄弟滌，貞元二年爲涇陽令，見《元龜》卷七〇一。

孔　戣 　元和初

《韓昌黎集》卷三三《唐正議大夫尚書左丞孔公（戣）墓誌銘》：“元和元年以大理正徵，累遷江州刺史、諫議大夫……改給事中。”《全詩》卷三二四權德輿有《送孔江州》。兩《唐書》本傳未及。

張　勔 　元和八年（813）

《舊書·憲宗紀下》：元和八年七月，“以江州刺史張勔爲安南都護、本管經略招討使”。

李萬卷 　元和十年？（815？）

《祖堂集》卷一五歸宗和尚：“有李萬卷，白侍郎相引禮謁大師……遂置狀於江州，陳論刺史李萬卷。”按白居易於元和十年貶江州司馬。

張　錫　　約元和十二年（約 817）

《全文》卷六八六皇甫湜《吉州刺史廳壁記》：“御史中丞張公歷刺縉雲、潯陽，賜以金紫，移蒞於吉。”《新書·列女·段居貞妻謝小娥傳》：“小娥悉疏其人上之官，皆抵死，乃始自言狀。刺史張錫嘉其烈，白觀察使，使不爲請。”

張　顗　　元和十二年（817）

《全文》卷七二五李公佐《謝小娥傳》：“年十四，始及笄，父與夫俱爲盜所殺……至元和八年春，余罷江西從事……〔小娥〕示我十二字謎語……爾後小娥便爲男子服，傭保於江湖間。歲餘，至潯陽郡……已二歲餘……悉擒就戮。時潯陽太守張公顗喜娥節行，列聞廉使旌表……元和十二年夏，娥復父、夫之仇畢，歸本里見親屬。”似與上條《新書》之張錫爲同一人。

崔　能　　元和十三年（818）

《廬山記》卷四：“《遊東林寺》，崔融……元和十三年二月二十九日，曾孫朝散大夫、使持節江州諸軍事、守江州刺史、上柱國、清河縣開國男、賜紫金魚袋能再刊勒。”《白居易集》卷一七《山中酬江州崔使君見寄》，即指崔能。兩《唐書》本傳未及。《舊傳》：“〔元和〕六年，轉黔中觀察使……貶永州刺史。”朱金城《白居易年譜》：“能或自永州刺史量移江州刺史，再召爲將作監。”

竇　常　　約元和末

《舊書》本傳：“元和六年，自湖南判官入爲侍御史，轉水部員外郎。出爲朗州刺史，歷固陵、潯陽、臨川三郡守。入爲國子祭酒，求致仕。寶曆元年卒。”《新書》本傳謂“歷朗、灊、江、撫四州刺史”。《全文》卷七六一褚藏言《竇常傳》：“元和六年繇侍御史入爲水部員外郎。既二歲……出爲朗州刺史，轉固陵、潯陽、臨川三郡，既罷秩東歸……

寶曆元年秋,寢疾告終於廣陵。"又見《韓昌黎集》卷三三《唐故國子司業寶公(牟)墓誌銘》。按元和七年至九年寶常在朗州任。

錢 徽 長慶元年(821)

《舊書·穆宗紀》:長慶元年四月丁丑,"貶禮部侍郎錢徽爲江州刺史"。又見兩《唐書》本傳,《通鑑·長慶元年》,《會要》卷七六,《元龜》卷三三七、卷七九三。《唐摭言》卷一四:"長慶元年二月十七日,侍郎錢徽下三十三人,三月二十三日重試,落第十人,徽貶江州刺史。"《嘉泰吳興志》卷一四郡守題名:"長慶元年十二月十五日自江州刺史拜;遷尚書工部郎中。"《白居易集》卷一九《錢侍郎使君以題廬山草堂詩見寄因酬之》:"殷勤江郡守。"

李 渤 長慶二年(822)

《舊書》本傳:"穆宗即位,召爲考功員外郎⋯⋯乃出爲虔州刺史⋯⋯未滿歲,遷江州刺史⋯⋯長慶二年,入爲職方郎中。"《新書》本傳略同。《通鑑·長慶二年》:四月,"〔張〕平叔又奏徵遠年逋欠。江州刺史李渤上言⋯⋯詔悉免之"。又見《新書·地理志五》江州潯陽縣注,《元龜》卷五四六、卷六八八,《宋高僧傳》卷一七《唐廬山歸宗寺智常傳》,《景德傳燈録》卷七《廬山歸宗寺智常禪師傳》,《廬山記》卷二引,《太平寰宇記》卷一一一江州都昌縣。《全文》卷六三七李翺《江州南湖堤銘并序》:"長慶二年十二月,江州刺史李君濬之截南陂築堤三千五百尺⋯⋯正月即畢事,舒州刺史李翺詞以記之。"《白居易集》卷二〇《贈江州李十使君員外十四韻》,又《題別遺愛草堂兼呈李十使君》詩注"李十亦嘗隱廬山白鹿洞",《全詩》卷五〇六章孝標《題東林寺寄江州李員外》,又卷五一四朱慶餘《陪江州李使君重陽宴百花亭》、《上江州李使君》,皆指李渤。

李景信 寶曆、大和間?

《新書·宗室世系表下》讓皇帝房:"江州刺史景信。"乃穆宗時諫議大夫李景儉弟。《郎官柱》户部員外有李景信,在崔蠡後,姚合前。

韋　珩　　大和三年—五年(829—831)

《新書·地理志五》江州潯陽縣:"東有秋水堤,大和三年刺史韋珩築。"《嘉泰吳興志》卷一四郡守題名:"韋珩,大和五年四月自江州刺史拜,未視事卒。"按寶曆二年韋衡(岑仲勉謂"珩"之誤)爲台州刺史。

鄭　某　　大和五年(831)

《全文》卷七三五沈亞之《上九江鄭使君書》:"郢崖謫吏敬對所詰引言爲書,致於九江郡守鄭君閣下……前年,天子以兩河逐叛之兵連歲不解……及滄海寇款與符印偕至……亞之復引前驅,騎馬先至滄海,同捷與其徒……伏軍門之左,委命於使執事……〔石〕稅夜殺同捷於平昌,亞之分道馳還以報事……因中病於廣武之間,歷再旬而謫書降。"按平滄海李同捷在大和三年四月。又按據張全恭編《唐文人沈亞之生平》,沈亞之終郢州掾,大和五年卒。

趙　蕃　　大和九年(835)

《廬山記》卷五:"《東林寺白氏文集記》,大和九年夏太子賓客晉陽縣開國男太原白居易記,朝散大夫守江州刺史上柱國趙蕃奉侍郎命建碣,僧雲皋書。"

李　珏　　大和九年—開成元年(835—836)

《舊書·文宗紀下》:大和九年八月戊寅,"貶翰林學士、守尚書户部侍郎、知制誥李珏爲江州刺史"。開成元年四月己卯,"以江州刺史李珏爲太子賓客分司"。《重修承旨學士壁記》:"李珏,大和五年九月十九日自庫部員外郎知制誥充……九年五月六日加承旨,十九日遷户部侍郎知制誥,八月五日貶江州刺史。"又見兩《唐書》本傳,《通鑑·大和九年》,《東觀奏記》卷上,《唐語林》卷三。

長孫某　　開成中?

《全詩》卷五○三周賀《憶潯陽舊居兼感長孫郎中》(一作《寄長孫中丞》):"潯陽却到知何日? 此地今無舊使君。"

杜　憷　　開成三年—會昌元年（838—841）

《全文》卷七五三杜牧《上宰相求湖州第二啓》：“〔開成〕三年冬，某除補闕……堂兄憷守潯陽……會昌元年四月，兄憷自江守蘄。”開成二年在長安令任，見《長安志》卷一一。

苗　愔　　會昌元年（841）

上圖藏拓片《唐故太原府參軍苗府君夫人河內縣太君玄堂志銘并序》（會昌元年七月二十九日）：“維會昌元年歲次辛酉三月壬申朔十三日甲申，河內縣太君捐養於江州刺史之官舍，享齡六十七……生子男三人：曰愔，曰憚，曰恪……愔既刺九江……而譽彰罪戾，天降鞠凶……孤子朝散大夫前使持節江州諸軍事守江州刺史上柱國愔撰。”由此知苗愔會昌元年在江刺任。

張又新　　會昌二年—三年（842—843）

《新書·地理志五》江州潯陽縣：“西有斷洪堤，會昌二年刺史張又新築。”《廬山記》卷五：“《東林寺碑陰記》，會昌三年江州刺史張又新撰，大中十年四月三十日裴光遠篆額。”《全文》卷七二一張又新《煎茶水記》：“又新刺九江，有客李滂、門生劉魯封。”又見《唐詩紀事》卷五八劉魯風條，《直齋書錄解題》卷一四《煎茶水記》一卷注。兩《唐書》本傳未及。《全詩》卷五〇三周賀有《投江州張員外》。張員外，當即張又新。

楊嗣復　　會昌六年（846）

《新書》本傳：“宣宗立，起爲江州刺史。以吏部尚書召，道岳州卒，年六十六。”《舊書》本傳未及。《通鑑·會昌六年》：八月，“潮州刺史楊嗣復爲江州刺史”。

鄭　魴　　大中初？

《千唐誌·唐守河南府陽翟縣尉崔君（行規）故夫人滎陽鄭氏墓誌銘并序》（咸通六年十月六日）：“顯考魴，以行學藝望登諫署，歷臺省，刺九江，官至尚書倉部郎中。夫人，司庚之次女也。"咸通六年七月四日卒，年四十五。

崔 黯　大中三年(849)

《全文》卷七五七崔黯《復東林寺碑》："唐有天下一十四帝，見其非理而汰之……今天子取其益生人，稍復其教，通而流之，以濟中下。於是江州奉例詔。余時爲刺史，前訪兹地。"《金石補正》卷七五《復東林寺碑殘刻》："於是江州奉例詔，余時爲刺史，前訪兹地……大中六年二月十四日言命以圖及其備録，訪余爲刻石之文。"《廬山記》卷一："東林寺……會昌中寺與林木並係户部毀賣。大中興復，刺史崔黯爲捐私錢以倡施者，縉紳從者數百人，姓名爵里今刊於石，仍藏當時之疏，亦崔之詞也。崔又作《復寺碑》。"勞格《郎官石柱題名考》卷七司勳郎中崔黯名下引《廬山記》二作"大中三年興復東林寺，江州刺史崔黯爲捐私錢以倡施者"。《集古録跋尾》："右唐湖州(南)觀察使崔黯撰，柳公權書。東林寺，會昌中廢之，大中初黯爲江州刺史而復之。黯之文辭甚遒麗可愛，而世罕有之。"兩《唐書》本傳未及。

李 回　約大中五、六年(約851、852)

北圖藏拓片《唐故朝議郎河南府壽安縣令賜緋魚袋澍海高府君(瀚)墓誌銘并序》(大中十年五月二十四日)："故相國江州李公在相位，一見深國士之遇，由本官奏直史館……相國節制庸蜀，時已失勢，開府之日，士或不願召，府君感知委質，慷慨請行。……相國廉問湘中，復以本官奏充觀察支使。"按大中初宰相出爲益州和潭州者唯有李回。《舊書》本傳謂"白敏中、令狐綯罷相，入朝爲兵部尚書，復出爲成都尹、劍南西川節度使。"疑誤。《新書》本傳謂"遂貶賀州刺史。徙撫州長史，卒。"按大中二年九月，李回由湖南觀察使再貶賀州刺史，見《通鑑》及《全文》卷三〇九《李回賀州刺史制》。疑其後徙撫州長史，又遷江州刺史卒。

裴夷直　　大中時

《新書》本傳："乃出爲杭州刺史，斥驩州司户參軍。宣宗初内徙，復拜江、華等州刺史。終散騎常侍。"又見《唐詩紀事》卷五一、《唐才子傳》卷六。按大中十年六月裴夷直爲蘇州刺史，十一年十月移華州刺史。

李　遠　　大中時？

《唐才子傳》卷七《李遠傳》："後歷忠、建、江三州刺史，仕終御史中丞。"按大中十二年李遠爲杭州刺史，見《通鑑》。

裴　諷（裴行諷）　　大中十四年（860）

《廬山記》卷五《唐故廬山西林寺水閣院律大德齊朗和尚碑陰題名》："檢校司封郎中守江州刺史裴諷，大中十四年四月八日挈累同遊，超華從行。"《輿地碑記目》卷二《江州碑記》有《唐江州刺史裴行諷作記》，注云："在齊明（朗）和尚碑陰，大中十四年。"

段成式　　咸通初

《舊書》本傳："咸通初，出爲江州刺史。"《新書》本傳未及。《雲谿友議》卷中《雲中命》："〔李群玉〕至於潯陽，潯陽太守段成式郎中，素爲詩酒之交。"《唐語林》卷二："段郎中成式……連典江南數郡，皆有名山：九江匡廬、縉雲爛柯、廬陵麻姑。"又見《元龜》卷七七七、《唐詩紀事》卷四八徐商條。

盧簡方　　約咸通初期

《新書》本傳："累遷江州刺史。徙大同軍防禦使……擢義昌節度使。"按咸通五年在大同防禦使任。

李正範　　約咸通四年（約863）

《全文》卷七九九皮日休《狄梁公祠碑》："進士皮日休遊江左，至彭澤，當河東公觀察之四年，贊皇公刺史之二年（下缺）。"按河東公指裴坦，咸通二年至五年爲江西觀察。《雲溪友議》卷中《彰術士》："崔夠言郎中止於吳興郡，李正範郎中止於九江。"又見《廣記》卷二二三引。按崔夠言咸通三年爲湖州刺史。疑皮日休文中之"贊皇公"即指李正範。

李　章　　咸通五年(864)

《乾隆德安縣志》卷一三："蒲塘驛，唐武德八年置。貞元中，改爲蒲塘。咸通五年，刺史李章復置。"《江西通志》卷八《職官表》："李章，原作李彰，江州刺史，咸通中任。"

苗　紳　　咸通八年—九年(867—868)

《廬山記》卷五："《故江西道觀察使武陽公韋公寫真贊》，從外姪孫攝鎮南軍節度副使、朝散大夫、使持節江州諸軍事守江州刺史、上柱國苗紳撰，咸通八年四月八日書。"又："《大唐廬山重建東林寺故禪大德公碑銘并序》，朝散大夫使持節江州諸軍事守江州刺史、上柱國、賜紫金魚袋苗紳撰……咸通九年歲次戊子十二月庚申朔十三日壬申建。"《全文》卷八七〇徐知澄《廬山太一真人廟記》："咸通九年江東牧苗公紳自石塘橋移入山口。""江東牧"當爲"江州牧"之誤。《全詩》卷六七四鄭谷有《送人之九江謁郡侯苗員外紳》。

崔　沆　　約咸通中

《國史補》卷中《劉圓假官稱》："江淮客劉圓，嘗謁江州刺史崔沆。"又見《唐語林》卷四。兩《唐書》本傳未及。唯云：累遷中書舍人，貶循州司戶。乾符初，復拜舍人，遷禮部侍郎，同中書門下平章事。乾符末卒。

薛　能　　咸通中？

《全詩》卷七〇二張蠙《送薛郎中赴江州》："幾州聞出刺，謠美有江民。"又卷六三五周繇有《送江州薛尚書》注："一作郎中。"按"郎中"是，指薛能。按《唐才子傳》卷九引周繇此詩即作《江州上薛能尚書》。咸通十四年至乾符五年，薛能在徐州刺史任。乾符五年至廣明元年，在許州刺史任。其刺江州當在此前。《郎官柱》主客郎中有薛能。《唐摭言》卷三："〔薛〕能自吏部郎中拜京兆少尹，權知大尹。"《舊書·懿宗紀》：咸通十一年十月，"以給事中薛能爲京兆尹"。友人陶敏疑薛能自郎中出守江州，復入拜給事中，方尹京兆。

李體仁（李可仁）　　乾符元年（874）

《舊書·僖宗紀》：乾符元年十二月，"江州刺史李可仁爲右司郎中"。《新表二上》趙郡李氏東祖房："體仁，江州刺史。"乃曹州刺史李續子，蘇州刺史事舉孫。時代相當，《舊紀》之"李可仁"疑即"李體仁"。《全詩》卷七〇六黃滔有《寓江州李使君》，或即李體仁。

陳　輦　　乾符三年（876）

《廬山記》卷五古人題名："江州刺史陳輦，乾符三年十一月八日將離溢浦，與處士鄧思齊同來訪别。"《全詩》卷六五六羅隱《上江州陳員外》，疑即陳輦。

陶　祥　　乾符四年（877）

《舊書·僖宗紀》：乾符四年八月，"江州賊首柳彦璋聚徒陷江州，殺刺史陶祥"。《新書·僖宗紀》作"四月"，《通鑑·乾符四年》作"六月"事。又見《新書·黃巢傳》。《古今姓氏書辯證》卷一一陶氏稱："光廷生如革及江州刺史祥。"

劉秉仁　　乾符四年（877）

《通鑑·乾符四年》：六月，"以左武衛將軍劉秉仁爲江州刺史"。十一月，"江州刺史劉秉仁乘驛之官，單舟入柳彦璋水寨，賊出不意，即迎拜，秉仁斬彦璋，散其衆"。《新書·僖宗紀》：乾符四年十二月，"江州刺史劉秉仁及柳彦璋戰，敗之"。又見《新書·黃巢傳》。

高　霸　　約中和時

《桂苑筆耕集》卷一三《授高霸權知江州軍州事》："准詔行墨敕差

知江州軍州事，仍具事由申奏。"又見《唐文拾遺》卷四〇。

塗　曉　　僖宗時

《雍正江西通志》卷六四《名宦》引《豫章書》："塗曉，僖宗時以中散大夫爲江州刺史，以廉能稱。當時士林重其才，品號爲金聲玉色。"

曾　徒　　大順元年（890）

《全文》卷九二〇澄玉《疏山白雲禪院記》："至大順元年，我大師領徒而至，太守危公見而深加敬仰，乃令都押衙前江州刺史曾公（注：曰徒）於阜郭山林僉居。"

陳　卓　　乾寧元年（894）

《全文》卷九二〇澄玉《疏山白雲禪院記》："乾寧甲寅歲春，乃有上饒郡太守汝南危公（注：曰昌）……時有袁州鍾公（注：曰時），即洪州廉使之子也……又潯陽郡太守潁川陳公（注：曰卓），公以身居王務，無暇禮延，乃素幅寫師真，用飾瞻敬。"按甲寅歲爲乾寧元年。

李奉宗　　光化中

《廬山記》卷二："净慧院去昭德觀一里，唐名永昌院，祥符中改今名。院記云：秦弘始中德安上人自西凉來居焉。光化中希奉上人重修，江州刺史成紀侯李奉宗奏爲永昌院。天祐五年戊辰歲僧齊己撰。"

鍾延規　　天祐中

《九國志·秦裴傳》："天祐三年，洪州鍾傳卒，州人立其子匡時。江州刺史延規，傳之養子，忿不得立，以其郡納款，因授裴西南面行營招討使攻匡時。"又見《通鑑·天祐三年》四月，《十國春秋·吳烈祖世家》。《新書·鍾傳傳》"延規"作"匡範"，與《九國志》、《通鑑》異。

待考録

王 某

《補全唐詩》蔡孚有《九日至江州問王使君》,《全詩》卷五六王勃名下收此詩,題爲《九日》,文字略異。

虞 玫

《全文》卷八一九楊鉅《唐御史裏行虞鼎墓誌銘》:"世南八世孫。曾祖玫,江州刺史……公生會昌元年九月九日。"虞鼎乾符二年在饒州刺史任。

于安仁

《姓纂》卷二河南洛陽于氏:"安仁,江州刺史。"《新表二下》于氏同。乃德威孫,敬同子,于頔從祖行。

李 華

《全詩》卷八○○程洛賓小傳:"京兆參軍李華侍兒。安史亂後,失所在。華後爲江州牧,登庾樓,見其在舟中鼓胡琴。問之,乃岳陽王氏舟也,賚幣贖歸。"收詩一首,題爲《歸李江州後寄別王氏》。

劉長卿

榮新江云,敦煌寫本 P2633、2555、2488、3812 所抄《酒賦》均題"江州刺史劉長卿撰"。此人是否即《新唐書·藝文志》所記劉長卿,不明。參看張錫厚《敦煌賦集校理》(《敦煌研究》1987 年第 4 期,35—36 頁);又《關於敦煌賦集整理的幾個問題》(《敦煌學輯刊》1987 年第 1 期,47 頁)。

裴 酆

《新表一上》中眷裴氏:"酆,江州刺史。"乃左衛大將軍循己子,澤州刺史鄘弟,澤州刺史温伯父。

苗　耽（苗眈）

《玉泉子》：“苗耽以進士及第，困居洛中有年矣……後耽亦終江州刺史。”又見《廣記》卷四九八引。按《新表五上》苗氏有“眈，字毅臣”，未署官職。乃苗晉卿孫，給事中粲子。

李　玄

《廣記》卷三〇一引《瀟湘録》：“江州有張安者，性落拓不羈……後忽無疾而終……每至夜，其魂即謁州牧……時李玄爲牧，氣直不信妖妄。”

卷一五九　饒州(鄱陽郡)

隋鄱陽郡。武德四年平江左，置饒州。天寶元年改爲鄱陽郡。乾元元年復爲饒州。領縣五：鄱陽、餘干、樂平、新昌、弋陽。

薛懷昱　　貞觀中

《新表三下》薛氏："懷昱，饒州刺史。"《御覽》卷七二六："城陽公主初適杜如晦之子……貞觀中爲尚衣奉御，坐承乾事伏誅。公主改適饒州刺史薛昱之子瓘。"又見《元龜》卷五三一。

崔確　　貞觀中

《光緒江西通志》卷八《職官表》："崔確，饒州刺史，《府志·名宦傳》：貞觀中任。"不知何據。

韋弘楷　　貞觀中？

《姓纂》卷二東眷韋氏郿城公房："弘楷，出爲饒州刺史。"乃武德初洛州別駕韋孝恪子，顯慶中檀州刺史弘機兄。

竇普行　　約高宗初

《姓纂》卷九河南洛陽竇氏："普行，左監門將軍長史，饒州刺史。"《新表一下》竇氏三祖房："普行，饒州刺史。"乃貞觀初將作大匠竇璡子，汾州刺史竇總父。

薛元超　　顯慶元年—龍朔元年（656—661）

《舊書》本傳：“永徽五年，丁母憂解。明年，起授黃門侍郎，兼檢校太子左庶子……後以疾出爲饒州刺史。”《新書》本傳未及。《楊炯集》卷一〇《中書令汾陰公薛振（字元超）行狀》：“高宗踐位，詔遷朝散大夫……三十二……進爵爲侯……出爲饒州刺史……四十，復爲東臺侍郎……在饒州六年，以仁明馭下。”《隋唐五代墓誌匯編·陝西卷》第一册《大唐故中書令兼檢校太子左庶子户部尚書汾陰男薛公（元超）墓誌銘并序》（垂拱元年四月二十二日）：“三十四出爲饒州刺史……四十帝夢公，追授右成務。四十一復爲東臺侍郎。”光宅元年（684）卒，享年六十二。由此上推，元超三十四歲時爲顯慶元年，四十歲時爲龍朔元年。又見《全文》卷九〇五王德璉《饒州記序》。《太平寰宇記》卷一〇七饒州鄱陽縣：“唐龍朔間刺史薛振於山得芝草三莖，因改名芝山。”

杜正倫　　約龍朔中

《全文》卷九〇二王德璉《饒州記序》：“前中書令杜使君、中書令薛使君屈棟幹之資，臨江湖之服。既多惠愛，金石已銘。”按唐初杜氏爲中書令者唯正倫。據《新書·宰相表上》：顯慶二年“九月庚寅，〔杜〕正倫兼中書令”。三年“十一月乙酉，正倫貶橫州刺史”。則其刺饒州疑由橫州量移。顯慶元年至龍朔元年薛元超在任，則杜正倫當爲其後任。王德璉《饒州記序》“前中書令杜使君、中書令薛使君”恐非按任職先後次序。

豆盧玄儼（盧玄儼）　　總章二年（669）

《太平寰宇記》卷一〇七饒州德興縣：“按《開山記》云：總章二年，邑人鄧遠經、刺史盧玄儼陳開山之便，尋爲山陷，後人立鄧公廟。”《隋唐五代墓誌匯編·洛陽卷》第十一册《唐故岐王府祭酒崔公豆盧夫人墓誌銘并序》（天寶四載五月二十七日）：“祖玄儼，集、饒二郡太守，上柱國。父志静，大中大夫坊延二郡太守。”夫人卒天寶四載，春秋六十六。

龐同福　　高宗時

《姓纂》卷一南安今潁州龐氏："同福，饒州刺史。"乃武德中將軍龐仲惲子。《全文》卷三六四邵混之《元氏縣令龐君（履溫）清德碑》："祖同福，并州大都督府司馬、饒州刺史、左衛將軍、安北都護。"又卷九〇二王德璉《饒州記序》："刺史南安縣開國男龐使君爰自參牧改臨此地，曾未期月，惠化已覃。"

李思文　　永淳元年（682）

北圖藏拓片《大唐冀州刺史息武君墓誌銘并序》（垂拱四年十二月廿九日）："本姓徐氏，皇運肇興，□□□佐經綸之業，賜以國姓。洎聖母神皇之臨天下，其父思文表忠貞之節，又錫同□聖氏，仍編貫帝鄉……祖勣，司空、上柱國、英國公，贈太尉、揚州大都督，諡貞武公……□（父）歷任嵐、饒、潤等州刺史，再除太僕少卿兼知隴西事，又加銀青光祿大夫、上柱國、衛縣開國公，檢校并州大都督府長史、清源道總管，除冀州刺史。今見朝集，職隆內外。"息卒調露元年八月四日。春秋十五。垂拱四年改葬。又《大唐鄜州司倉參軍事李君亡妻裴氏墓誌銘并序》（永淳元年四月七日）："年十有八歸於李氏，即司空英武公之孫，太僕少卿饒州使君之第四子也。"夫人卒永淳元年，春秋二十二。證知永淳元年李思文在饒州任。

王美暢　　約長壽前後

《金石補正》卷五九《北峰塔院銘殘碑》："我明府清源縣開國子王公預其選矣。公名□，字臣忠……皇朝水部員外、主爵郎中、陳鄂饒潤四州刺史、薛國公之孫。"按《新表二中》烏丸王氏有"美暢，字通理，司封郎中、薛公"，乃鄭州刺史思泰子。《寶刻叢編》卷八引《集古錄目》有《唐贈益州都督王美暢碑》，謂"官至潤州刺史"，由此知"陳鄂饒潤四州刺史、薛國公"即王美暢。又按《金石補正》卷四九《王美暢夫人長孫氏墓誌銘》云："聖曆元年，王府君止坐挺災，奠楹俄及。"知美暢卒聖曆元年，據《誌》，夫人卒大足元年，則美暢刺饒約在長壽前後。

康希銑　　約武后末

《全文》卷三四四顏真卿《銀青光禄大夫海濮饒房睦台六州刺史上柱國汲郡開國公康使君（希銑）神道碑銘》："遷海州刺史……遷濮州……轉饒州，入爲國子司業，以言事貶房州，轉睦州，遷台州……開元初，入計至京。"

楊元禕　　景龍中？

曲石藏《唐故鹽鐵轉運等使河陰留後巡官前徐州蘄縣主簿弘農楊君（仲雅）墓誌銘并序》："府君即西臺侍郎同東西臺三品之玄孫，宣、泗、饒、合四州使君之曾孫，均州長史君之孫，尚書工部員外郎兼侍御史之元子。"仲雅元和十三年卒，年六十。按《新書·宰相表》，乾封二年"六月乙卯，西臺侍郎楊武、戴至德……並同東西臺三品"。則楊某當即楊武之子。據《新表一下》，高宗相楊弘武，子元禕仕至宣州刺史。

冉祖雍？　　景雲元年(710)

《通鑑·景雲元年》：六月，"越州長史宋之問，饒州刺史冉祖雍，坐諂附韋、武，皆流嶺表"。又見《元龜》卷一五二。按《新書·宋之問傳》："睿宗立，〔之問〕以獪險盈惡詔流欽州。〔冉〕祖雍歷中書舍人、刑部侍郎。倡飲省中，爲御史劾奏，貶蘄州刺史。至是，亦流嶺南，並賜死桂州。"作"蘄州"，未知孰是，姑存疑。

祝欽明　　景雲元年(710)

《舊書》本傳："景雲初，侍御史倪若水劾奏欽明及郭山惲曰……於是左授欽明饒州刺史。"《新書》本傳略同。《通鑑·景雲元年》：十二月，"左授〔祝〕欽明饒州刺史，山惲括州長史"。又見《會要》卷九上。《元龜》卷五二〇記此事在"玄宗踐祚"後，疑誤。

張栖貞（裴栖貞）　　開元初

《新書·周利貞傳》："開元初，詔：'利貞及滑州刺史裴談、饒州刺史裴栖貞、大理評事張思敬、王承本……皆酷吏，宜終身勿齒。'"《元龜》卷一五二作先天三年二月戊子敕，稱"饒州刺史張利貞"。《御覽》卷六六引《鄱陽記》："懷蛟水一名孝經潭……往往有蛟浮出，時傷人焉……刺史張栖貞以人之行莫大於孝，懸《孝經》標竿上賞之，而人知勸俗，號爲懷蛟水，或曰孝經潭。"《郎官柱》吏部員外有張栖貞，在蕭志忠、崔濋後，司馬鍠前。户部員外在裴免後，張昌期前。疑以張栖貞爲是，《新書》"裴栖貞"、《元龜》"張利貞"，疑爲"張栖貞"之誤。

韋 玢　　開元四年(716)

《元和郡縣志》卷二八饒州浮梁縣："武德五年析鄱陽東界置新平縣，尋廢。開元四年刺史韋玢再置，改名新昌。天寶元年，改名浮梁。"

張廷珪(張庭珪)　　約開元十五年(約 727)

《唐故贈工部尚書張公(庭珪)墓誌銘并序》："〔歷〕中書舍人，禮部侍郎，尚書左丞，黄門侍郎，少府監，持節潁、洪、沔、蘇、宋、魏、汴、饒、同等州刺史，前後充河北宣勞、江西按察、河南溝渠等三使……九典外郡。"開元二十二年八月十九日卒，春秋七十七(《文物》1981 年第 3 期)。按張廷珪開元五年在蘇州刺史任，七年在宋州刺史任，十七年在同州刺史任。兩《唐書》本傳未及刺饒州事。

張 某　　約開元二十二年(約 734)

李白有《送黄鐘之鄱陽謁張使君序》，學術界多謂作於開元二十二年。

吴 兢　　約開元二十三年(約 735)

《舊書》本傳："〔開元〕十七年，出爲荆州司馬……累遷台、洪、饒、蘄四州刺史，加銀青光禄大夫，遷相州長史，封襄垣縣子。天寶初改官名，爲鄴郡太守，入爲恒王傅。"《新書》本傳未及。

張　均　　　開元二十六年(738)

《舊書》本傳:"〔開元〕二十六年,坐累貶饒州刺史,以太子左庶子徵,復爲户部侍郎。"《新書》本傳:"以累貶饒、蘇二州刺史。久之,復爲兵部侍郎。"

周擇從　　　天寶五載(746)

《嘉泰吳興志》卷一四郡守題名:"周擇從,天寶五年自饒州刺史授,改洪州刺史。《統記》云:六年遷宣州。"

李　良　　　天寶五載(746)

《唐文拾遺》卷一九李良《薦蒙求表》稱:"天寶五年八月一日,饒州刺史李良上表。"

上官經野　　　天寶九載(750)

《容齋三筆》卷一二《紫極觀鐘》:"饒州紫極觀有唐鐘一口……刻銘其上曰:天寶九載歲次庚寅二月庚申朔十五日癸酉造……中大夫、使持節鄱陽郡諸軍事、檢校鄱陽郡太守、天水郡開國公上官經野妻扶風郡君韋氏奉爲開元天地大寶聖文神武應道皇帝敬造洪鐘一口。"按《新表三下》上官氏:"經野,德州刺史。"乃高宗時宰相上官儀孫。

張　漸　　　天寶九載(750)

《嚴州圖經》卷一題名:"張漸,天寶九載十月自饒州刺史拜。"按兩《唐書·楊國忠傳》稱其黨有翰林學士張漸、竇華。

林萬寵　　　天寶中

《林邵州遺集·睦州刺史二府君神道碑》:"乃降英靈生曾大父瀛州刺史玄泰,瀛州生大父饒州郡太守萬寵,饒州生府君贈睦州刺史披。"又《續慶圖》:"萬寵,字聖公。開元八年明經及第,授新安郡文學,遷長史、饒州太守,改高平郡諸軍事行高平太守。"《直齋書録解題》卷一六:《林藴集》一卷,唐邵州刺史林藴復夢撰。"藴父披,蘇州別駕……而披之父爲饒陽郡守,祖爲瀛州刺史。"《閩書》卷一〇五《林披傳》:"祖元泰,瀛州刺史。父萬寵,饒陽太守。"

于幼卿 天寶十三載(754)

《會稽掇英總集·唐太守題名》:"于幼卿,天寶十三載自鄱陽太守授。"《嘉泰會稽志》同。

任 進 天寶中

《姓纂》卷五陳留浚儀任氏:"進,鄱陽太守。"乃長壽元年益州長史任令輝子。

劉 某 天寶中?

《全詩》卷一三三李頎有《送從弟遊江淮兼謁鄱陽劉太守》。

顏真卿 乾元元年—二年(758—759)

《舊書》本傳:"出爲同州刺史,轉蒲州刺史。爲御史唐旻所構,貶饒州刺史。旋拜昇州刺史、浙江西道節度使。"《新書》本傳略同。《舊書·肅宗紀》:乾元二年六月,"以饒州刺史顏真卿爲昇州刺史,充浙江西道節度使"。《金石萃編》卷七九顏真卿《華嶽題名》:"皇唐乾元元年歲次戊戌冬十月戊申,真卿自蒲州刺史蒙恩除饒州刺史,十有二日辛亥次於華陰。"《全文》卷三三九同。《全文》卷五一四殷亮《顏魯公行狀》:"乾元元年三月又改蒲州刺史……是年爲酷吏唐旻所誣,貶饒州刺史,二年六月拜昇州刺史。"又見《元龜》卷五二二,《全文》卷三三七顏真卿《與蔡明遠帖二首》、卷三三六《謝浙西節度使表》、卷三四四《祭伯父豪州刺史文》、卷三九四令狐峘《光祿大夫太子太師上柱國魯郡開國公顏真卿墓誌銘》,《廣記》卷三二引《仙傳拾遺》、《戎幕閑談》、《玉堂閑話》。

崔 論 上元元年(760)

《嘉泰吳興志》卷一四郡守題名:"崔論,上元元年自蜀州刺史授;

遷試太府卿兼御史大夫、淮南節度行軍司馬。《統記》云：自饒州刺史
授。"未知孰是，姑兩存之。按兩《唐書》本傳唯云"乾元後歷典名郡"，
未列州名。

韋　倫　　約寶應元年—廣德元年（約762—763）

《舊書》本傳："代宗即位，起爲忠州刺史，歷台、饒二州。以中官
呂太一於嶺南矯詔募兵爲亂，乃以倫爲韶州刺史、兼御史中丞、韶連
郴三州都團練使。"《新書》本傳略同。按宦官呂太一於廣州作亂，事
在廣德元年十一月，見《通鑑》。

盧　某　　約代宗時

《全詩》卷一四七劉長卿有《奉送盧員外之饒州》，又卷二〇六李
嘉祐《送盧員外往饒州》云："爲郎復典郡，錦帳映朱輪。"

封　漸　　約永泰中

《唐詩紀事》卷二八李揆條："揆與饒州刺史封漸、仲容、叔霽聯
句，揆筆力遒媚。"按李揆約永泰中量移歙州刺史，見兩《唐書》本傳及
《新安志》。歙州與饒州爲鄰郡，其聯句當在此期間。

裴　諝　　約大曆初

《舊書》本傳："出爲虔州刺史，歷饒、盧、亳三州刺史。入爲右金
吾將軍。"《新書》本傳略同。

裴　倩　　約大曆三、四年（約768、769）

《全文》卷五〇〇權德輿《唐尚書度支郎中贈尚書左僕射正平節
公裴公（倩）神道碑銘并序》："違難江介，就拜洪州司馬，改太子司議
郎，徵爲殿中丞、侍御史，拜度支、駕部二員外，遷司勳郎中、祕書少
監，歷信、饒二州刺史，復徵爲度支郎中。"大曆七年卒。《新書》本傳
唯云"歷信州刺史……代第五琦爲度支郎中"，未及刺饒州事。《全
文》卷四一一常袞《授裴倩度支郎中制》稱："前守饒州刺史……裴

倩……可尚書度支郎中。"

裴士淹　　大曆五年(770)

《金石萃編》卷七九《華嶽蘇敦蘇發等題名》："大曆中,發任華陰縣令,時禮部尚書河東裴公出牧鄱陽,敦與發、徹同送至此……五年夏六月六日。"又《裴士淹題名》："禮部尚書裴士淹出爲饒州刺史,大曆五年六月六日於此禮謁。"按《舊書·代宗紀》稱:大曆五年五月庚辰,"貶禮儀使、禮部尚書裴士淹爲虔州刺史,戶部侍郎、判度支第五琦爲饒州刺史"。又見《元龜》卷四八二。兩人貶官地點互誤,"虔州"又爲"處州"之訛誤,應正作"貶裴士淹爲饒州刺史,第五琦爲處州刺史"。

劉福遊　　大曆六、七年(771、772)

《隋唐五代墓誌匯編·陝西卷》第一册《元從朝散大夫行內侍省內常侍員外置同正員孫公故妻彭城郡夫人劉氏墓誌銘》(大曆七年七月二十三日):"九兄福遊,隨、饒兩州刺史……七姊魚軍容之妻,國夫人也。"劉氏卒時年二十八,未言卒年。

第五琦　　約大曆八年—十三年(約773—778)

《舊書》本傳:"魚朝恩伏誅,琦坐與款狎,出爲處州刺史,歷饒、湖二州。"《新書》本傳略同。《金石萃編》卷七九《華嶽題名》稱:"前相國京兆第五公自戶部侍郎出牧括州,子聟關內、河東副元帥判官、禮部郎中兼侍御史虞當自中都濟河於華陰,拜見從謁靈祠,因紀貞石。時大唐大曆五年六月四日。"證知第五琦大曆五年貶括州刺史,後移饒州。《舊書·代宗紀》稱:大曆五年五月庚辰,"〔貶〕第五琦爲饒州刺史","饒州"當爲"括州"之誤。《全文》卷五三四李觀《道士劉宏山院壁記》:"新定劉法師……將適南嶽,途經鄱陽,先相國第五琦時左遷鄱陽守。"又見卷四九〇權德輿《左武衛冑曹許君集序》,《太平寰宇記》卷一〇七饒州鄱陽縣。《嘉泰吳興志》卷一四郡守題名:"第五琦,建中元年自饒州刺史授,遷太子賓客……《統記》云:大曆十三年。"今從《統記》。

李　復　　約大曆末—建中二年（約 779—781）

《舊書》本傳：“衛伯玉厚遇之……奏爲江陵縣令，遷少尹，歷饒州、蘇州刺史，皆著政聲。李希烈背叛，荆南節度張伯儀數出兵，爲希烈所敗……起〔李復〕爲江陵少尹、兼御史中丞，充節度行軍司馬。”《新書》本傳略同。《新書·地理志五》饒州鄱陽縣：“東北三里有李公堤，建中元年刺史李復築，以捍江水。”《全文》卷四二九于邵《唐檢校右散騎常侍容州刺史李公去思頌并序》：“歷饒州刺史而後至於是州。”又卷六二一重出此文，署爲李罕作。又見《新書·陳饒奴傳》。

任　佶　　約建中二年（約 781）

《全文》卷六三九李翱《故檢校工部員外郎任君（佶）墓誌銘》：“楊炎入相，君以書戒之，由是楊怒而不用，又移虔州司户，再授信州司馬。觀察使鮑防以爲判官，權知饒州事，遘疾歸卒於信州。”按鮑防建中元年至三年爲江西觀察，任佶權知饒州事必在此期間。

杜　佑　　建中三年—興元元年（782—784）

《舊書》本傳：“遷户部侍郎、判度支。爲盧杞所惡，出爲蘇州刺史，佑母在……佑不行，俄换饒州刺史。”《新書》本傳略同。又見《舊書·盧杞傳》、《新書·桑道茂傳》。《舊書·德宗紀上》：建中三年五月“乙巳，貶户部侍郎判度支杜佑爲蘇州刺史”。興元元年三月“丙戌，以前饒州刺史杜佑爲廣州刺史、嶺南節度使”。又見《元龜》卷五五三、《南部新書》壬。《全文》卷四九六權德輿《大唐銀青光禄大夫檢校司徒同中書門下平章事杜公淮南遺愛碑銘并序》：“出爲蘇州刺史……换饒州刺史，明年又以御史大夫領廣州刺史。”又見卷五○五《唐丞相金紫光禄大夫守太保致仕贈太傅岐國公杜公（佑）墓誌銘并序》。

盧　慧　　興元元年—貞元元年（784—785）

《舊書》本傳：“盧杞甚惡之，諷有司彈奏，坐貶撫州司馬同正，改

饒州刺史，遷福州刺史、福建觀察使。"又《德宗紀上》：貞元元年正月
"丁未，以饒州刺史盧慈爲福州刺史、福建觀察使"。《淳熙三山志》卷
二一郡守："盧慈，貞元元年自饒州刺史遷福州刺史。"

【盧　杞　　貞元元年(785)(未之任)】

《舊書・袁高傳》："貞元元年，德宗復用吉州長史盧杞爲饒州刺
史，令高草詔書。高執詞頭以謁宰相盧翰、劉從一……於是，諫官争
論於上前……遂追饒州制。"又見兩《唐書》本傳，《舊書・韋倫傳》、
《張獻恭傳》，《新書・袁高傳》、《陳京傳》，《會要》卷八二，《全文》卷五
三一趙需《諫復用盧杞爲饒州刺史疏》。按《舊書・德宗紀上》：貞元
元年正月"壬戌，以吉州長史盧杞爲澧州別駕，尋卒"。

韋　滌　　貞元二年(786)

《姓纂》卷二京兆杜陵東眷韋氏："滌，饒州刺史。"《元龜》卷六七
三："韋滌爲涇陽令，貞元二年以滌起復饒州刺史……俄以疾終，賜越
州都督。"

鄭珣瑜　　貞元三年(787)

《新書》本傳："貞元初，詔擇十省郎治畿、赤，珣瑜檢校本官兼奉
先令。明年，進饒州刺史。入爲諫議大夫。"《元龜》卷七〇一："鄭珣
瑜爲奉先令……貞元三年五月詔：以珣瑜爲饒州刺史……録善政
也。"又見《御覽》卷二五五。

李　端　　約貞元六年—八年(約790—792)

《新表二上》趙郡李氏東祖房："端，饒州刺史。"《全文》卷五三〇
顧況《饒州刺史趙郡李府君(端)墓誌銘》："官由臺省、興元少尹、少府
監，出泉、饒二州刺史。"貞元八年卒，年六十一。

【元　誼　　貞元十年(794)(未之任)】

《姓纂》卷四河南洛陽元氏："誼，饒州刺史。"《通鑑・貞元十年》：

七月，“昭義行軍司馬、攝洺州刺史元誼聞〔王〕虔休爲留後……詔以〔元〕誼爲饒州刺史，誼不行”。《貞元十二年》：“正月庚子，元誼……奔魏州。”又見《元龜》卷四二三。

崔　適　　貞元十二年—十四年（796—798）

《全文》卷五〇二權德輿《朝散大夫使持節饒州諸軍事守饒州刺史上柱國崔君（適）墓誌銘并序》：“貞元十一年……拜倉部郎中……明年，改鄧州刺史，麾蓋將行，又換鄱陽。”貞元十四年卒。

韋　頌　　貞元中

《光緒江西通志》卷八《職官表》：“韋頌，饒州刺史，《府志》：貞元中任。”按《新表四上》韋氏南皮公房稱：“頌，庫部郎中。”乃玄宗相韋見素孫。《郎官柱》戶部員外有韋頌，在韋睦後，賈全前。金部郎中在李珏後，韋顥前。

李吉甫　　貞元十九年—二十一年（803—805）

《舊書》本傳：“尋授郴州刺史，遷饒州。”《新書》本傳略同。《舊書·憲宗紀上》：貞元二十一年八月“丙寅，以饒州刺史李吉甫爲考功郎中”。《全文》卷五一二李吉甫有《饒州刺史謝上表》。《太平寰宇記》卷一〇七饒州鄱陽縣：“柳公樓在城西北角……貞元十九年李吉甫復其名曰柳公樓。”《金石補正》卷六七《清河路恕題名》下云：“朝議大夫前守郴州刺史李吉甫，貞元十九年歲次癸未拾月戊寅朔二十四日辛丑，蒙恩除替，歸赴京闕。”岑仲勉《貞石證史》：“豈初追赴闕，中復宣旨改授饒州，故文有小異歟？”又見《元龜》卷八九五，《唐語林》卷三，《柳河東集》卷三六《上揚州李吉甫相公獻所著文啓》，《全文》卷七五二杜牧《上宣州高大夫書》、卷六五三元稹《上門下裴相公書》。

李夷簡　　約永貞元年—元和二年（約805—807）

《兩浙金石志》卷二《唐李夷簡題名》：“饒州刺史李夷簡□遊，元和二年四月十二日。”按《新書》本傳唯云楊憑“始爲江南（西）觀察使，冒没於財,夷簡爲屬刺史,不爲憑所禮"。據此,知"屬刺史"者,即饒州刺史。又按楊憑永貞元年十一月由湖南遷江西觀察,見《舊書·憲宗紀上》。李夷簡當爲李吉甫後任。

元 洪　　約元和七年—九年（約 812—814）

《姓纂》卷四河南洛陽元氏:"洪,饒州刺史。"《新表五下》同。《柳河東集》卷三一《答元饒州論春秋書》:"又聞韓宣英及亡友呂和叔輩言他義……宗元又出邵州……宗元始至是州,作陸先生墓表,今以奉獻與宣英讀之。"又卷三二《答元饒州論政理書》:"又聞兄之蒞政三日,舉韓宣英以代己。"按韓宣英即韓曄,永貞元年至元和十年在饒州司馬任;呂和叔即呂温,元和六年八月卒。由此知宗元兩文必作於元和七年至九年間。《全文》卷六〇四劉禹錫《答饒州元使君書》:"瀕江之郡饒爲大……以思治之民遇習治之守……昌黎……前爲司封郎中……坐事爲彼郡司馬。"昌黎,指韓曄。又按元洪約貞元末期爲鄧州刺史,被于頔誣奏,除吉州長史,見《舊書·于頔傳》。則元洪刺饒當由吉州長史後累遷。

齊 推　　元和中

《廣記》卷三五八引《玄怪録》:"元和中,饒州刺史齊推女適隴西李某。"又卷四四引《仙傳拾遺》:"饒州牧齊推嫁女與進士李生。"

元 萬　　元和十五年（820）

《全文》卷六四九元稹《授元萬等餘杭等州刺史制》稱:"饒州刺史元萬等……可依前件。"按元稹於元和十五年始知制誥,此制當作於是年。

齊 煦　　長慶元年（821）

《全文》卷六四九元稹《授齊煦饒州刺史王堪澧州刺史制》:"尚書刑部郎中齊煦……可使持節饒州刺史。"《白居易集》卷四九有《兵部郎中知制誥馮宿侍御史裴注義武軍行軍司馬御史中丞蕭籍饒州刺史齊照（煦）鄧州刺史渾鎬並可朝散大夫同制》。《千唐誌·唐故京兆韋府君夫人高陽齊氏墓誌銘并序》（大中十四年十月二十一日）：“烈考煦，皇朝朝議大夫、衛尉少卿……洎先君由刑部郎中出刺鄱陽郡，召孤甥而遵□旨焉……嫠居將四十年。”大中十四年八月卒。按自大中十四年（860）上推四十年，正當長慶元年（821）。齊煦當爲元興後任。

吳　丹　　寶曆元年（825）

《白居易集》卷六九《故饒州刺史吳府君（丹）神道碑銘并序》：“官歷正字、協律郎、大理評事……饒州刺史……寶曆元年六月某日薨於饒州官次。”又卷二一《花前歡》詩：“樊李吳韋盡成土。”注：“樊絳州宗師……吳饒州丹。”《全詩》卷五一八雍陶有《哭饒州吳諫議使君》。按《容齋三筆》卷一二《饒州刺史》有評述吳丹事。

張　蒙（張濛）　　約寶曆、大和間

《全詩》卷五〇六章孝標《送張使君赴饒州》，注：“一作《送饒州張蒙使君赴任》。”又卷四九六姚合有《送饒州張使君》，卷五一五朱慶餘、卷五七四賈島有同題詩。又卷三八五張籍《送從弟濛赴饒州》：“三領郡符新寄重，再登科第舊名高。”作“張濛”，疑與“張蒙”爲同一人。張籍約卒大和四年，則張蒙刺饒約在寶曆、大和間。疑爲吳丹後任。

裴弘泰　　大和五年（831）

《舊書·文宗紀下》：大和五年十二月“甲申，貶新除桂管觀察使裴弘泰爲饒州刺史，以除鎮淹程不進，爲憲司所糾故也”。

馬　植　　大和中—開成元年（?—836）

《舊書》本傳：“釋褐壽州團練副使。得祕書省校書郎，三遷饒州刺史。開成初，遷安南都護、御史中丞、安南招討使。”《新書》本傳略同。《舊書·文宗紀下》：開成元年九月，“以饒州刺史馬植爲安南都護”。《新書·地理志五》饒州鄱陽縣：“東北四里有馬塘，北六里有土湖，皆刺史馬植築。”

孫公乂　　約開成四年—會昌二年（約839—842）

《千唐誌·唐故銀青光禄大夫工部尚書致仕孫府君（公乂）墓誌銘》（大中五年七月三日）：“於是稍遷吉州刺史……廉使敬公昕録其事，書爲符榜，傳於屬郡。越三歲罷秩……敬公聞，密以清白狀論於宰相。還未及關道，除饒州刺史，如盧陵之理。至會昌二年五月自饒移睦。”卒大中五年，享年八十。按敬昕開成二年至四年在江西觀察使任。北圖藏拓片《唐故朝散大夫守尚書工部侍郎柱國賜紫金魚袋樂安孫公（拙）墓誌銘并序》（後唐天成二年二月十五日）：“祖公乂，盧、饒等五州牧，工部尚書致仕，累贈太尉。”按《新表三下》孫氏有“公乂，睦州刺史”，乃貞元初常州刺史孫會子。

曹　確　　會昌五年（845）

《隋唐五代墓誌匯編·陝西卷》第二册《唐故銀青光禄大夫檢校太子賓客前杭州長史兼監察御史上柱國唐公（思禮）墓誌銘》（咸通十二年七月二十五日）：“武宗五年，從官自桂林回，未幾，今致政司徒相公自司刑郎出刺鄱水，公淬心勵行，乞在吏中。”按《新書·宰相表》，咸通十一年三月，曹確檢校司徒、同平章事、鎮海軍節度使。所謂“今致政司徒相公”，當即曹確。

蕭　濬　　大中時？

《芒洛三編·大周故光禄大夫檢校司徒行右金吾將軍兼御史大夫蕭公（處仁）墓誌銘并序》：“曾祖諱濬，唐饒州刺史。祖諱元，蘇州別駕。父諱符，歷仕唐、梁二朝。”處仁卒顯德三年，享年五十四。《千唐誌·梁故左藏庫使右威衛大將軍金紫光禄大夫檢校尚書右僕射蕭府君（符）墓誌銘》（龍德三年八月一日）：“曾祖□，皇任御史中丞彭州刺史。祖濬，皇任饒州刺史。父元，皇任蘇州別駕。府君即蘇臺之長子也。”卒龍德二年，享年六十四。

蔡 京　咸通初？

《新書·陸龜蒙傳》："嘗至饒州，三日無所詣。刺史蔡京率官屬就見之，龜蒙不樂，拂衣去。"又見《唐詩紀事》卷六三陸龜蒙條。按蔡京咸通三年五月爲嶺南西道節度使，八月爲軍士所逐，貶崖州司户，見《通鑑》。其刺饒州約在此前。

盧知猷　咸通中

《舊書》本傳："宰臣蕭鄴鎮江陵、成都，辟爲兩府記室。入拜左拾遺，改右補闕、史館修撰，轉員外郎。出爲饒州刺史。入拜兵部郎中，賜緋魚，改吏部郎中、太常少卿。出爲商州刺史。徵拜給事中，轉中書舍人。僖宗幸山南，襄王僞署，乃避地金州。"《新書》本傳略同。又見《宣和書譜》卷一〇。按蕭鄴鎮江陵在大中十三年至咸通三年，鎮成都在咸通三年至五年。

程道卿　乾符元年(874)

《同治饒州府志》卷九郡守："程道卿，乾符甲午饒州刺史。"未知何據。按甲午歲爲乾符元年。

虞 鼎　乾符二年(875)

《全文》卷八一九楊鉅《唐御史裏行虞鼎墓誌》："咸通十年進士，爲校書郎，累遷至御史裏行……尋陟饒州刺史。乾符二年，黄巢寇饒州，公出禦之戰甚力。賊益至，勢不能支，城遂陷，公及劉、鄭二馬衙出奔。"

顔 標　乾符四年—五年(877 878)

《唐摭言》卷一〇："姚巌傑，梁國公元崇之裔……乾符中，顔標典鄱陽，鞠場亭宇初構，巌傑紀其事。"又見《廣記》卷二〇〇、卷二六六引。《新書·僖宗紀》：乾符五年二月，"是月，王仙芝伏誅。其將王重隱陷饒州，刺史顔標死之"。

彭令璋　乾符五年(878)

《新書・僖宗紀》:乾符五年四月,"饒州將彭令璋克饒州,自稱刺史"。

沈　牢　乾符中

《南部新書》戊:"沈既濟生傳師,傳師生詢,詢生丹,丹生牢。牢,巢寇前爲錢唐監使,生藻;後移刺鄱陽。巢寇亂,不知其終。時藻與家人不隨之任。"

詹　端　廣明初(880)

《同治饒州府志》卷九郡守:"詹端,婺源人,進士。廣明初饒州刺史,因家樂平。"

劉　汾　約光啓初(約885)

《全文》卷七九三劉汾《大赦庵記》:"〔中和〕四年六月,〔黃〕巢圍陳州,汾會李克用至,遂去趨汴,克用追及中牟,大破之⋯⋯由是巢禍既滅,汾再戰再克,十無一失,蒙詔鎮守饒、信二州。"

陳　儒　光啓三年(887)

《吳越備史》卷一《武肅王》:"〔陳〕岌兄儒本黃巢之黨,尋降,朝廷授以饒州。光啓三年,率其部伍自饒廳事直指衙門而出,人無預知者。"《新書・僖宗紀》:光啓三年十二月,"饒州刺史陳儒陷衢州"。《通鑑・光啓三年》同。《新書》本傳未及。

危仔昌　約景福中

《吳越備史》卷四《大元帥吳越國王》:"〔乾德〕六年春三月乙酉,丞相元德昭卒。"注:"德昭⋯⋯父仔昌,任新、撫、饒、信四州刺史⋯⋯武肅王禮以賓席,惡其姓危氏,乃更曰元。"按乾寧元年至天祐四年危仔昌爲信州刺史。

唐　寶　　天祐三年—四年（906—907）

　　《通鑑·天祐三年》：七月，“饒州刺史唐寶請降”。開平三年七月，“饒州刺史唐寶棄城走”。又見《新安志》卷九，《十國春秋·吳烈祖世家》、《秦裴傳》。

卷一六〇　撫州（臨川郡）

隋臨川郡。武德五年討平林士弘，置撫州。天寶元年改爲臨川郡。乾元元年復爲撫州。領縣四：臨川、南城、崇仁、南豐。

周法猛　　武德五年（622）

《雍正江西通志》卷六二"名宦"引《明一統志》："周法猛，武德五年爲撫州刺史，建述陂引渠溉田二百餘頃。"

杜孝奬　　武德、貞觀間

《姓纂》卷六京兆杜氏："孝奬，撫州刺史。"《新表二上》同。《千唐誌·大周常州司法參軍事柳君故太夫人京兆杜氏墓誌》（天授二年正月十八日）："父孝奬，唐許州長史、撫州刺史。"太夫人卒永昌元年，年七十二。又《唐故處士河東柳君（侃）墓誌》（垂拱元年七月二十一日）："妻杜氏，即撫州刺史奬之長女也。"按《芒洛遺文》中《杜濟墓誌》稱"大父孝奬，隋撫州刺史"，誤。

杜文紀　　貞觀中

《隋唐五代墓誌匯編·洛陽卷》第七册《故朝散大夫洛州永寧縣令上柱國杜府君（諡）墓誌銘并序》（神功元年十月二十二日）："父文紀，唐雍州録事參軍，考功員外郎，水部、祠部、司勳三郎中，太子中允，撫、藤二州刺史。"諡卒垂拱二年六月五日，春秋六十二。按杜文紀貞觀六年以諫議大夫爲益州長史，見《四川成都志》十一。

韋彦師　　貞觀中？

《姓纂》卷二京兆杜陵東眷韋氏：“肜生彦師、彦方。師，撫州牧。”《新表四上》韋氏逍遥公房：“彦師，撫州刺史。”

張文翰（張文幹）　　貞觀十八年—十九年（644—645）

《元龜》卷一一七：“唐太宗貞觀十八年十月，帝欲親總六軍以度遼海……十一月……銀青光禄大夫行撫州刺史張文翰……並爲行軍總管。”又卷四四五：“張文幹行撫州刺史平壤道行軍總管，貞觀十九年征遼，回次易州，文幹以渡海多覆舟舡，詔迫逗遛不赴，斬之。”

祖德諱　　顯慶四年（659）

《姓纂》卷六范陽祖氏：“德諱，撫州刺史。”岑仲勉《姓纂四校記》謂：《法苑珠林》卷一四“唐顯慶四年撫州刺史祖氏”，當即此人。

元懷式　　約尚宗時

《姓纂》卷四河南洛陽元氏：“懷式，撫州刺史。”乃垂拱元年鳳閣舍人元萬頃從兄。

薛希莊　　約武后時

《新表三下》薛氏：“希莊，撫州刺史。”乃中書舍人薛文思子，薛播、薛據之祖。《韓昌黎集》卷二四《國子助教河東薛君（公達）墓誌銘》：“曾祖曰希莊，撫州刺史……君元和四年四十七，二月十日疾暴卒。”

司馬待徵　　約武后時

《姓纂》卷二河内温縣司馬氏：“待徵，唐撫州刺史。”按其姪司馬利賓，約開元末爲著作佐郎，見《英華》卷四〇〇孫逖行制。

張知亮　　中宗時？

《千唐誌·行冀州參軍張府君（本）墓誌文并序》（天寶元年正月

二十六日）：“父知亮，皇銀青光禄大夫使持節撫州刺史。”張本卒開元二十九年十一月七日，時年五十三。

臧崇亮　　景龍二年（708）

北圖藏拓片《大唐故中大夫守撫州刺史上柱國臧府君（崇亮）墓誌銘并序》（景龍三年十一月二十日）：“神龍元年授汃州刺史、中大夫、上柱國，又遷撫州刺史……以景龍二年閏九月十四日寢疾薨於官第，春秋七十有九。”

【甄　亶（甄道一）　　約開元四年（約716）（未之任）】

《全文》卷二二七張説《唐故廣州都督甄公（亶，字道一）碑》：“徵授幽州都督……復除夏州都督，屬山戎矯虔，俶擾王略……時以爲逗遛，貶撫州刺史。朝廷明此舉也，未到官，遷廣州都督兼嶺南按察五府經略討擊使。春秋五十有七，開元五年七月二十八日終於官府。”

盧元敏　　開元七年（719）

《太平寰宇記》卷一一〇撫州南豐縣：“開元七年，刺史盧元敏奏田地豐饒，川谷重深，時多剽劫，乃復置南豐縣。”

張景佚（張景倩）　　開元二十九年（741）

《全文》卷三四〇顏真卿《晉紫虛元君領上真司命南岳夫人魏夫人仙壇碑銘》：“〔開元〕二十九年春三月乙酉，使道士賫龍璧來醮，忽有白鹿自壇東出……刺史范陽張景佚以爲聖德感應，立碑頌述……大曆三年，真卿叨刺是州。”《酉陽雜俎·前集》卷一九：“芝，天寶初，臨川郡人李嘉胤所居柱上生芝草，形類天尊。太守張景佚截柱獻之。”按兩《唐書》附《張知謇傳》，並未及爲臨川守。《舊書·五行志》誤作“張景夫”。又按《輿地碑記目》卷二《撫州碑記》有《張景倩清德碑》，注云：“大曆五年建，顏真卿文并書篆額。時景倩爲刺史。”按“景倩”疑爲“景佚”之誤。

【補遺】宋　樽　　約開元末

《大唐故朝議郎行大理評事上柱國西河宋府君（順）墓誌銘並序》（貞元十七年二月四日）："曾祖樽，中大夫、使持節光州諸軍事、守光州刺史、上柱國。每郡守有闕，屬邑之務，政必在公，令出始行，俗皆丕變，物獲其的，吏不忍欺，撫愛被於百城，美化漸於四境。又轉撫州刺史。曾未期歲，累遷邠王府長史。"（周紹良、趙超《唐代墓誌匯編續集》，上海古籍出版社 2001 年版）考《全文》卷三〇九孫逖有《授宋樽等諸州刺史制》："前使持節仙州諸軍事守仙州刺史上柱國宋樽等，……可依前件。"孫逖行制在開元二十五年、二十六年間，則其爲撫州刺史當在開元末。

張　朏　　天寶十載（751）

《嚴州圖經》卷一題名："張朏，天寶十載三月十日自撫州刺史拜。"《唐文拾遺》卷一九張回《唐故太中大夫守新定郡太守張公（朏）墓誌銘并序》（天寶十二載八月二十六日）："轉定州司馬、邢州長史、朝散大夫、涇州別駕……又拜渠州刺史、涪陵郡太守、零陵郡太守、臨川郡太守、新定郡太守……以天寶十載六月廿四日遇疾薨於新定郡官舍，春秋五十有六。"

趙良弼　　天寶中？

《山右石刻七》有《唐陝華盧澧撫越廣等州刺史御史中丞嶺南浙東兩道節度使太子賓客襄武縣開國公贈揚州大都督趙良弼碑》，顔真卿撰。按上元元年十月，趙良弼由盧州刺史遷越州刺史、浙江東道節度使，見《舊書·肅宗紀》。

張　鎬　　寶應元年（762）

《舊書》本傳："代宗即位，推恩海內，拜撫州刺史，遷洪州刺史、饒吉等七州都團練觀察等使。"《新書》本傳略同。《全文》卷三九〇獨孤及《唐故洪州刺史張公（鎬）遺愛碑并序》："粵寶應元年冬十月公朝服受命，至自臨川。"

王　圓　　　寶應中

《全文》卷八六八危全諷《重修撫州公署記》：“寶應中，太守王公圓以不便於民，卜遷於此。”又見卷八一九張保和《新移撫州子城記》。按大曆十四年王圓在淄州刺史任，見《岱嶽觀題記》；大曆元年爲侍御史，見皎然《蘇州支硎山報恩寺法華院故大和尚碑》。

閻伯璵？　　　代宗時

《封氏聞見記》卷九：“閻伯璵爲袁州……及移撫州，闔州思戀。”又見《唐語林》卷一。按《全文》卷四一一常袞《授閻伯璵刑部侍郎等制》稱：“銀青光禄大夫、婺州刺史、本州團練守捉使、上柱國閻伯璵……可行尚書刑部侍郎，散官勳如故。”頗疑“撫州”或爲“婺州”之誤。

李　承　　　大曆初？

《舊書》本傳：“淮南節度使崔圓請留充判官，累遷檢校刑部員外郎、兼侍御史。圓卒，歷撫州、江州二刺史，課績連最。”又見《元龜》卷六八四。按崔圓卒於大曆三年。大曆三年至七年撫州刺史爲顏真卿，疑李承爲顏真卿前任。《全詩》卷二五〇皇甫冉有《送李使君赴撫州》。此李使君當即李承。據傅璇琮《皇甫冉皇甫曾考》，皇甫冉約卒於大曆四、五年間。

顏真卿　　　大曆三年—七年（768—772）

《全文》卷三三八顏真卿《撫州寶應寺律藏院戒壇記》：“大曆三年，真卿忝刺撫州……有唐大曆辛亥歲春三月行撫州刺史魯郡開國公顏真卿書而志之。”按“辛亥歲”爲大曆六年。又卷三四〇《有唐茅山元靖先生廣陵李君碑銘并序》：“大曆六年，真卿罷刺臨川，旋舟建鄴……轉刺吳興。”又卷五一四殷亮《顏魯公行狀》：“大曆三年遷撫州刺史。在州四年……七年九月拜湖州刺史。”又見兩《唐書》本傳，《全文》卷三三八《撫州南城縣麻姑山仙壇記》、《乞御書題額恩敕批答碑陰記》、《華蓋山王郭二真君壇碑記》，卷三四四顏真卿《曹州司法參軍祕書麗正殿二學士殷君墓碑碣》，卷三三九《湖州烏程縣杼山妙喜寺碑銘》、《晉侍中右光禄大夫本州大中正西平靖侯顏公大宗碑》，卷三四〇《撫州臨川縣井山華姑仙壇碑銘》、《晉紫虚元君領上真司命南嶽夫人魏夫人仙壇碑銘》，卷三九四令狐峘《光禄大夫太子太師上柱國魯郡開國公顏真卿墓誌銘》，《廣記》卷三二引《仙傳拾遺》及《戎幕閑談》、《玉堂閑話》，卷四九五引《雲溪友議》，《唐語林》卷一、卷六，《寶刻叢編》卷六《唐相宋璟碑》、卷一〇《唐贈工部尚書臧懷恪碑》等。《嘉泰吳興志》卷一四郡守題名："顏真卿，大曆七年自撫州刺史授，遷刑部尚書。"

許鳴謙　　約大曆中

《姓纂》卷六晉陵許氏："鳴謙，撫州刺史。"《舊書·許孟容傳》："父鳴謙，究通《易象》，官至撫州刺史，贈禮部尚書。"又見《元龜》卷五九七。按《全詩》卷二四九皇甫冉有《雜言湖山歌送許鳴謙并序》云："夫子隱者也，耕於湖山之田，孤雲無心，飛鳥無迹。伯仲邕邕，家人怡怡，貞白之風，旁行於澆俗矣。始惠然而去，又翻然而歸。"或作於許鳴謙刺撫州之前。李栖筠觀察浙西，許鳴謙爲判官，見兩《唐書·裴冑傳》。

杜　佑　　大曆十三年（778）

《舊書》本傳："累官至檢校主客員外郎，入爲工部郎中，充江西青苗使，轉撫州刺史。改御史中丞，充容管經略使。楊炎入相，徵入朝，歷工部、金部二郎中，并充水陸轉運使。"《新書》本傳未及。《全文》卷四九六權德輿《大唐銀青光禄大夫檢校司徒同中書門下平章事太清宮及度支諸道鹽鐵轉運等使岐國公杜公淮南遺愛碑銘并序》："爲撫州刺史，以御史中丞領容州刺史。"按楊炎入相在大曆十四年，見《新書·宰相表中》。《輿地碑記目》卷二《撫州碑記》有《杜佑去思碑》，注云："大曆十三年建。刑部侍郎包佶文。時佑爲刺史。"

戴叔倫　　興元元年—貞元二年（784—786）

《新書》本傳："嗣曹王皋領湖南、江西，表在幕府。皋討李希烈，留叔倫領府事，試守撫州刺史……俄即真。期年，詔書褒美，封譙縣男，加金紫服。"《舊書·德宗紀下》：貞元四年七月"乙丑，以前撫州刺史戴叔倫爲容州刺史、兼御史中丞、本管經略使"。《全文》卷五〇二權德輿《朝散大夫使持節都督容州諸軍事守容州刺史兼侍御史充本管經略招討制置等使譙縣開國男賜紫金魚袋戴公墓誌銘并序》："其皐人成化也，則東陽一同之人沐旬歲之治，撫人飫三年之惠，容人被逾月之教。"由此知在撫州三年。按《重修戴氏宗譜》卷三梁肅《朝散大夫都督容州諸軍事容州刺史戴公（叔倫）神道碑》："李希烈以淮夷叛，元侯董師征伐，公嘗以持重領留府事。會有詔擇二千石，試守撫州刺史，周月即真。"據蔣寅《戴叔倫生平幾個問題的考證》（《文史》第28輯），叔倫興元元年至貞元二年爲撫州刺史。《輿地碑記目》卷二《撫州碑記》有《戴叔倫遺愛碑》，注云："貞元四年建，時叔倫爲刺史。"

衛　某　　貞元三年(787)

《全詩》卷三二二權德輿有《同陸太祝鴻漸崔法曹載華見蕭侍御留後説得衛撫州報推事使張侍御却回前刺史戴員外無事喜而有作三首》。"衛撫州"當爲戴叔倫後任。

周　某　　貞元中？

《全詩》卷二八〇盧綸有《送撫州周使君》，注云："即侍中之婿。"詩云："周郎三十餘，天子賜魚書。"又卷四六五楊衡《送陳房謁撫州周使君》："匡山一畝宮，尚有桂蘭叢……去謁臨川守，因憐鶴在籠。"據傅璇琮《盧綸考》，盧綸在天寶末至永泰中寓居鄱陽。在貞元九年至十一年間又曾因事至江西。疑此詩或在貞元中作。

柳少安　　貞元中

《新表三上》柳氏："少安，撫州刺史。"乃主客員外元寂子。按柳少安建中三年至貞元二年在漳州刺史任。

盧　瑗　　約貞元十五年(約799)

《隋唐五代墓誌匯編·洛陽卷》第十三册《唐故朝議郎行大理評

事上柱國范陽盧公（方）墓誌銘并序》（大和四年二月二十八日）：“父
檢校御史中丞亳、撫、歙三州刺史府君諱瑗。”按貞元九年在亳州任，
貞元末在歙州任。曲石藏《唐太常寺奉禮郎盧瞻故妻清河崔氏夫人
墓誌》（貞元十六年二月五日）：“年十九，配長舅子瞻……及舅典臨
川，命專後事。”夫人貞元十五年卒，年三十。

韓　泰　　貞元二十一年（805）

《舊書·憲宗紀上》：貞元二十一年九月“己卯，京西神策行營節
度行軍司馬韓泰貶撫州刺史”。十月“己卯，再貶撫州刺史韓泰爲虔
州司馬”。《通鑑·永貞元年》同。又見《元龜》卷一五三、卷九四五。

王叔雅　　約元和三年（約 808）

《全文》卷七一三許志雍《唐故江南西道觀察判官監察御史裏行
太原王公（叔雅）墓誌銘》：“府公（韋丹）再遷慈晉，俄領江西，復隨鎮，
拜監察御史裏行。以南康（闕）牧，假行刺史事……歲月之間，（闕）增
（闕）、復（闕）臨川（闕）南郡之理，仁風所被……以元和四年正月七日
告終於洪州南昌縣之官舍，春秋五十有五。”按韋丹元和二年起爲江
西觀察使。

趙良金　　元和九年（814）

《全文》卷七〇憲宗《貶路恕田景度等詔》：“右衛將軍趙良金莫能
修簡，妄有交通，可撫州刺史。”《元龜》卷一五三引此作元和九年正月
己未詔。

穆　質　　元和十年？（815?）

《姓纂》卷一〇河南穆氏：“質，給事中，撫州刺史。”按《舊書》本
傳：“〔元和〕五年，坐與楊憑善，出爲開州刺史。未幾卒。”《新書》本傳
略同。皆未及刺撫州。《全文》卷四八一馬總有《南海舉給事中穆質
自代狀》，按馬總元和八年十二月授廣州刺史、嶺南節度，則元和八年
時質尚在給事中任。又按《柳河東集》卷四〇《祭穆質給事文》注云：

“一作《祭穆撫州文》。”據注，此文乃柳宗元在柳州作，宗元於元和十年後始爲柳州刺史，則穆質刺撫疑在元和十年。

袁　滋　元和十二年（817）

《舊書·憲宗紀下》：元和十二年正月“甲寅，貶唐鄧節度袁滋爲撫州刺史，以上疏請罷兵故也”。九月“庚子，以撫州刺史袁滋爲湖南觀察使”。又見兩《唐書》本傳，《元龜》卷四三八，《通鑑·元和十二年》正月。《全文》卷七五二杜牧《上宣州高大夫書》：“司空公始相憲宗……收斂百職，歸於有司。命節度使出朝廷，不由兵士。”注：“始自撫州除袁相爲滑州。滑州凡三月無帥，三軍無事，憲宗始信之。”按袁滋元和初自吉州除滑州，注誤。

竇　常　約長慶初

《舊書》本傳：“元和六年，繇侍御史入爲水部員外郎。亦既二歲……出爲朗州刺史，歷固陵、潯陽、臨川三郡守。入爲國子祭酒，求致仕。寶曆元年卒。”《新書》本傳略同。又見《唐才子傳》卷四。《全文》卷七六一褚藏言《竇常傳》：“出爲朗州刺史，轉固陵、潯陽、臨川三郡。既罷秩，東歸……寶曆元年秋寢告終於廣陵。”《韓昌黎集》卷三三《唐故國子司業竇公（牟）墓誌銘》：“公兄三弟：常、群、庠、鞏。常，進士，水部員外郎，朗、夔、江、撫四州刺史。”牟卒長慶二年，年七十四。

張弘靖　長慶二年（822）

《舊書·穆宗紀》：長慶二年二月，“以前吉州刺史張弘靖爲撫州刺史。弘靖初貶官，尚在幽州，拘留半歲，克融授節，始得還，故有是命”。又見兩《唐書》本傳，《元龜》卷四五二，《長安志》卷八。

杜　某　大和中

《元龜》卷八〇五柏虔冉《新創千金陂記》：“華陂始於上元。在大曆中，有若顏魯公亦建土塍陂，尋亦廢塞。在貞元中，有若戴公置冷泉陂，其迹尋荒。在大和中，有若杜公，修置不成。”按大和四年至七年吉州刺史有杜師仁，未知有關否。

盧諫卿　　大中時

　　《光緒江西通志》卷八《職官表》："盧諫卿，撫州刺史，大中間任。據《建昌府志》補。"

蔡　京　　大中十四年（860）

　　《全文》卷八一九張保和《新移撫州子城記》："大中中刺史蔡公京審於三地，思事再革。"《唐詩紀事》卷四九："謫居澧州，爲厲員外玄所辱，稍遷撫州刺史，以辭氣自負。"又見《雲溪友議》卷中《買山讖》，《唐語林》卷七。《廬山記》卷五："《東林寺經藏院碑陰記》，朝議郎檢校尚書□部郎中使持節撫州諸軍事守撫州刺史兼侍御史柱國賜緋魚袋蔡京撰，大中十四年五月二十九日建。"《寶刻叢編》卷一五引《復齋碑録》同。《全詩》卷四七二張頂《獻蔡京》注："蔡京刺撫州。"又卷八二八貫休《杜侯行并序》："往曾見陳陶與撫州蔡京使君雜言。"

江　静？　　大中時？

　　《光緒江西通志》卷八《職官表》："江静，撫州刺史。《建昌府志》：大中時任。"

鄭　猗　　大中時

　　《新表五上》鄭氏："猗，撫州刺史。"其子延昌，相昭宗。《光緒江西通志》謂大中間任。

【補遺】裴　戍　　約大中時

　　《華夏考古》2000年第3期《唐中眷裴氏墓誌叢釋》引《唐故河東郡裴夫人墓誌銘並序》（咸通七年十月廿五日）："皇考戍，皇朝撫州刺史、檢校都官員外郎。"據此，其爲撫州刺史約在大中時。

穆栖梧　　咸通初

《全詩》卷六五八羅隱有《臨川投穆中丞》。《姓纂》卷一〇河南穆氏：“栖梧，泗州刺史兼〔中〕丞。”乃穆員子。又按栖梧咸通二年六月在水部郎中任，見《金石録補》卷二一。《全文》卷七九三有王鐸《加水部郎中穆栖梧等柱國制》。按穆栖梧約咸通前期在泗州刺史任。疑其由撫州刺史轉泗州刺史，終於任。熊飛謂羅隱《臨川投穆中丞》詩中“穆中丞”即指穆栖梧，甚是。唯其謂寫於大中間則非，亦當作於咸通初。《光緒江西通志》卷八《職官表》：“穆栖梧，撫州刺史，會昌中任。”亦誤。

皇甫瑷　　咸通五年（864）

《全文》卷八〇五柏虔冉《新創千金陂記》：“咸通五年、七年，有若皇甫公、有若鍾離公，相承八十餘年，皆儀圖其地，卒不能就。”《光緒江西通志》卷八《職官表》：“皇甫瑷，撫州刺史，咸通五年任。”

【補遺】皇甫煒　　咸通五、六年（864、865）

《洛陽新獲墓誌112·唐故朝議郎使持節撫州諸軍事守撫州刺史柱國皇甫公（煒）墓誌銘並序》（咸通六年七月三十日）：“今岐相司徒公之總邦計也，奏充主客員外郎……無何出爲撫州刺史。……咸通六年十月二十二日捐館於撫州官舍，享年五十三。”據此，其爲撫州刺史當在咸通五、六年。

鍾離某　　咸通七年（866）

見上條。《江西通志》稱：“失名。”

李　某　　咸通九年—十一年（868—870）

《全文》卷八〇五柏虔冉《新創千金陂記》：“撫州刺史渤海李公……九年八月鑿冷泉……十年夏新陂成……十一年夏，公秩將滿……咸通十一年歲在庚寅六月壬午朔廿八日己酉記。”

袁　皓?　　咸通中?

《光緒江西通志》卷八《職官表》：“袁皓……撫州刺史，咸通間任。又爲吉州刺史，見《嘉靖通志》。”按《新書·藝文志四》“袁皓《碧池書》三十卷”注：“袁州宜春人。龍紀集賢殿圖書使，自稱碧池處士。”《全文》卷八一一及《全詩》卷六〇〇皆未及撫州刺史。中和元年在虞部員外郎任，見《舊書·禮儀志五》。

李　寂　　咸通、乾符間?

《芒洛四編》卷六《唐（後唐）故昭義節度使相國毛公夫人隴西郡夫人李氏墓誌銘并序》：“曾祖寂，皇任撫州刺史，贈司徒。”夫人長興三年七月卒，享年五十一。此李寂任職年代不明，疑在咸通、乾符間。

崔　理　　乾符三年(876)

《舊書·僖宗紀》：乾符三年“六月，敕福建觀察使李播、荆州刺史楊權古……撫州刺史崔理、黃州刺史計信卿等……並宜停任”。又見《全文》卷八八僖宗《停福建觀察使李播等任敕》。

王　回?　　乾符中?

《光緒江西通志》卷八《職官表》：“王回，撫州刺史。《府志》：乾符中任。”

鍾　傳　　中和二年(883)

《通鑑·中和二年》：五月，“〔王〕仙芝陷撫州而不能守，〔鍾〕傳入據之，詔即以爲刺史”。《新書·僖宗紀》：中和二年七月，“撫州刺史鍾傳陷洪州，江西觀察使高茂卿奔於江州”。又見《新書》木傳。

危仔昌　　中和時?

《吳越備史》卷四《大元帥吳越國王》：“〔乾德〕六年春三月乙酉，丞相元德昭卒。”注：“德昭字明遠，撫州南城縣人。父仔昌，任新、撫、饒、信四州刺史，淮南節度使，檢校太傅。”按危仔昌乾寧元年至天祐四年爲信州刺史。錢鏐命其改姓元。

李 某　　中和時

《全文》卷八一九張保和《唐撫州羅城記》："汝南危公挺英逸之資，運匡濟之略……兵焚殄熾，勢摩中原，刺史李公□□先爲脅逐，始僭劇號，大署僞屬……中和五年三月，下明詔假符竹。"

危全諷　　中和五年—天祐四年（885—907）

《九國志》本傳："中和五年，黃巢餘黨柳彦璋攻破臨川，逐郡守，大掠而去，全諷遂入之，詔即以全諷爲撫州刺史。"《通鑑·天復元年》：十二月，"江西節度使鍾傳將兵圍撫州刺史危全諷"。《開平三年》：六月，"撫州刺史危全諷自稱鎮南節度使"。《全文》卷八六八危全諷《重修撫州公署記》："中和乙巳歲，全諷奉詔分符拜官本郡。"又《州衙宅堂記》："中和五年春三月，全諷蒞郡之始。"又見《全文》卷八一九張保和《新移撫州子城記》、《唐撫州羅城記》，卷八二〇澄玉《疏山白雲禪院記》、《江南野史·彭玕傳》。《金石萃編》卷一一七《撫州寶應寺鐘款》："維唐大順元年歲次庚戌拾月癸未朔拾壹日癸巳，撫州寶應寺募衆緣於洪州南冶鑄銅鐘……金紫光禄大夫、檢校工部尚書、使持節撫州諸軍事、□撫州刺史兼御史大夫、上柱國危全諷。"

待考録

竇　顥

《姓纂》卷九河南洛陽竇氏："顥，撫州刺史。"《新表一下》竇氏三祖房同。

演上人叔

《全詩》卷八一八皎然有《送演上人之撫州覲使君叔》，未詳謂誰。

張　蕢

《雍正江西通志》卷四六秩官列撫州刺史有"張蕢，見宏律師碣"。

卷一六一　虔州（南康郡）

隋南康郡。武德五年平江左，置虔州。天寶元年改爲南康郡。乾元元年復爲虔州。領縣六：贛、虔化、南康、雩都、南安（信豐）、大庾。

陳君賓　　貞觀中

《舊書》本傳：“〔貞觀〕九年，坐事除名。後起授虔州刺史，卒。”《新書》本傳略同。《新表一下》陳氏：“君賓，虔州刺史。”

張　弼（張玄弼）　　貞觀後期

《千唐誌·唐故鄴郡司倉參軍張公（貞睿）墓誌銘并序》（天寶九載十一月十七日）：“祖玄弼，皇代州都督、忻朔蔚雲等五州諸軍事、左屯衞將軍、虔州刺史。父承恩……皇吉州廬陵縣令……公，廬陵府君之第六子也。”貞睿卒天寶九載，享年七十四。按張弼貞觀十七、十八年爲代州都督，見兩《唐書·李大亮傳》。

許圉師　　龍朔三年（663）

《舊書·高宗紀》：龍朔二年“十一月辛未，左相許圉師下獄”。三年“二月，前左相許圉師左遷虔州刺史”。《新書·高宗紀》、《宰相表上》稱龍朔二年十一月辛未貶虔州刺史，誤。《通鑑》作龍朔三年三月，是。又見兩《唐書》本傳。

邵道預　　高宗時？

《隋唐五代墓誌匯編·洛陽卷》第十册《唐故朝散大夫壽州長史安陽邵府君（承）墓誌銘并序》（開元二十六年正月二十七日）："大父道預，唐正議大夫、虔州刺史……烈考元景，雅州漢源縣令。"承卒開元二十五年，春秋七十二。

蘇　均　　約武后時

《姓纂》卷三鄴西蘇氏："均，虔州刺史。"《新表四上》同。乃秦府學士、駙馬都尉蘇勖子。按均弟幹，工部尚書，長壽二年被殺。

李　暢　　開元元年（713）

《通鑑·開元元年》："九月壬戌，以〔李〕嶠子率更令暢爲虔州刺史，令嶠隨暢之官。"又見兩《唐書·李嶠傳》，《元龜》卷一五二，《全文》卷二〇玄宗《斥李嶠制》。按《元龜》卷一〇〇誤爲"處州刺史"。《隋唐五代墓誌匯編·洛陽卷》第九册《唐正議大夫使持節相州諸軍事守相州刺史上柱國贊皇縣開國子李公（暢）墓誌銘并序》（開元十八年七月九日）："旋拜太子率更令……出爲虔州刺史……姒燕國夫人無禄，未練而趙公薨，累丁艱罰……服闋拜吉州刺史。"

朱崇慶　　開元五、六年（717、718）

《千唐誌·大唐故銀青光禄大夫湖州刺史朱公（崇慶）墓誌銘并序》（開元十三年九月十七日）："拜魏、汴二州長史……轉均州刺史、通州刺史，又拜洪州都督兼知江南西道按察使……轉婺州刺史，以公正忤，詔使左貶虔州刺史……加銀青光禄大夫、湖州刺史……地有九州，公典六矣。"開元十三年八月三日卒，享年六十六。《嘉泰吳興志》卷一四郡守題名："朱崇慶，太極元年自虔州刺史授；遷洪州刺史、江南道採訪使。《統記》云：開元六年。"

賈　曾　　約開元八年（約720）

《新書》本傳："開元初，復拜中書舍人……與蘇晉同掌制誥……

後坐事貶洋州刺史。歷虔、鄭等州刺史，遷禮部侍郎，卒。”按《舊書》本傳稱：“貶洋州刺史。開元六年，玄宗念舊，特恩甄叙，繼歷慶、鄭等州刺史。”與《新傳》異。又按賈曾開元十一年在徐州刺史任，開元十三年玄宗封泰山時賈曾在鄭州刺史任。

魏　亮　　約開元中

《姓纂》卷八束祖魏氏：“亮，虔州刺史。”乃魏少遊再從叔。按其從弟魏靖，開元中官慶州刺史。

【補遺】裴趍玄　　約開元中

《華夏考古》2000 年第 3 期《唐中眷裴氏墓誌叢釋》引《唐故登封縣尉裴府君（廣迪）墓誌銘並序》（元和八年二月壬寅）：“祖行儉，禮部尚書。父趍玄，申、虔二州刺史。”據此，其爲虔州刺史約在開元中。

李　丹　　天寶中

《光緒江西通志》卷八《職官表》：“李丹，字叔南，南康郡太守，天寶中任，據《全唐文》補。”按《全文》卷四〇四李丹小傳：“天寶朝官侍御史，出爲虔州刺史。”

豆盧陳麟　　肅宗時

《嘉泰吳興志》卷一四郡守題名：“豆盧陳麟，天寶十四年自華州刺史授；遷虔州刺史。《統記》云：至德二年。”

裴　諝　　大曆二年（767）

《舊書》本傳：“拜左司郎中。上時訪以事，執政者忌之，出爲虔州刺史，歷饒、盧、亳三州刺史。入爲右金吾將軍。”《新書》本傳：“〔元〕載忌之，出爲虔州刺史。”《全文》卷四五八裴曙《祈雨感應頌并序》：“二年，余從兄自左司郎中詔領虔州牧，不期月而令行焉。”勞格《郎官石柱題名考》卷一引此以爲即裴諝。又卷五〇一權德輿《唐故洪州開元寺石門道一禪師塔銘》：“又南至於處（虔）之龔公山……刺史今河南

尹裴公久於稟奉。”“裴公”即裴諝。《輿地碑記目》卷二《贛州碑記》有
《廣澤廟碑》，注云：“廟中石刻，有唐時州刺史裴諝《祈雨感應碑》。”《康
熙贛州府志》卷一九《府秩官表》稱裴諝爲大曆六年虔州刺史。疑誤。

源敫幹（源敷翰）　約大曆七、八年（約 772、773）

《新表五上》源氏：“敫幹，虔州刺史。”《通鑑·建中元年》：九月，
“大曆以前，賦斂出納俸給皆無法，長吏得專之；重以元、王秉政，貨賂
公行，天下不按贓吏者殆二十年。惟江西觀察使路嗣恭按虔州刺史
源敷翰，流之”。按“敷翰”疑爲“敫幹”之形訛，《姓纂》卷四源氏又誤
作“敫幹，處州刺史”。又按路嗣恭大曆七、八年間爲江西觀察使。

王佛奴　大曆中？

《新表二中》琅邪王氏：“佛奴，虔州刺史。”乃武后時宰相王方慶
曾孫。

孟　瑶　大曆中

《全詩》卷二〇八包何有《和孟虔州閑齋即事》。按包何大曆中爲
起居舍人。《光緒江西通志》卷八《職官表》：“孟瑶，虔州刺史。《贛州
府志》：大曆中任。”

崔　造　興元元年（784）

《廣記》卷一五一引《嘉話録》：“崔丞相造……左遷在洪州，州帥曹
王將辟爲倅。時德宗在興元……時有趙山人言事多中……山人曰：却
得一刺史，不久敕到，更遠於此……其日夕矣……見一人從北岸入舟，
祖而招舟甚急……問曰：有何除政？且有崔員外奏副使過否？曰：不
過，却得虔州刺史敕牒在兹。”按兩《唐書》本傳未及。按建中二年崔造
以左司郎中出爲上饒郡佐，見權德輿《信州南巖草衣禪師宴坐記》。

李　巘　貞元初

《元龜》卷二九三：“嗣吳王巘，建中、貞元間爲道、虔、滁等州刺

史，入拜宗正卿。”按《新書》本傳唯云“累至宗正卿”，未及爲刺史事。

李　舟　　約貞元二年—三年（約 786—787）

《新表二上》隴西李氏姑臧房：“舟，字公受，虔州刺史。”《廣記》卷一〇一引《國史補》：“唐虔州刺史李舟與妹書曰：釋迦生中國，設教如周孔。”按今本《國史補》作“李丹”。《全文》卷五〇三權德輿《唐故使持節歙州諸軍事守歙州刺史賜緋魚袋陸君（傪）墓誌銘并序》：“〔貞元〕十六年拜祠部員外郎……常與故虔州刺史隴西李公受……相視莫逆。”按《全文》卷五二一梁肅《處州刺史李公（舟字公受）墓誌銘》：“十六以黄老學一舉登第。十八典校宏文。二十餘以金吾掾假法冠爲孟侯皞湖南從事……建中初……即拜公金部員外郎，選吏部。張鎬（鎰？）節制大梁，請公爲介，授檢校吏部郎中兼侍御史。使輒，遂退耕瀍洛之間。起家除陝（峽）州刺史，换處州刺史。累升至朝請大夫，爵隴西縣男。既受代，家於鄱陽。享年四十八，以某年月日遘疾捐館。”友人陶敏謂“陝州”爲“峽州”之訛，“處州”爲“虔州”之説。與胡大浚説相反。姑兩存之。又按孟皞鎮湖南在廣德二年至大曆元年（764—766），其時李舟年二十餘，則其卒約在貞元三年。

路　應　　貞元三年—四年（787—788）

《新書》本傳：“貞元初，出爲虔州刺史。”《元和郡縣志》卷二八虔州安遠縣：“開皇中廢，貞元四年刺史路應重奏分雩都縣地置。”《太平寰宇記》卷一〇八虔州安遠縣：“建中三年刺史路應奏請析雩都三鄉并信豐一里再置。”疑“建中”爲“貞元”之誤。《韓昌黎集》卷二六《唐銀青光禄大夫守左散騎常侍致仕上柱國襄陽郡王平陽路公（應）神道碑銘》：“冀公之嫡子，用大臣子謹飭擢至侍御史、著作郎，選刺虔州。”

李正臣　　貞元六年—七年（790—791）

上圖藏拓片《唐故江夏李府君（岐）墓誌》（貞元六年十一月二十八日）：“考邕，皇朝北海郡太守，贈祕書監……公即北海之第二子也……屬奸臣當國，忌刻忠賢，陰中一門，連禍再世，以天寶七載三月十六日終於桂州私第，享年三十……嗣子虔州刺史正臣。"《嚴州圖經》卷一題名："李正臣，貞元七年□月□日虔州刺史拜。"北圖藏拓片《柳均妻李氏墓誌》（貞元六年十月二十八日）："故北海郡太守、□祕書監諱邕之季女……次女適虔州刺史李正臣。"證知貞元六年在任。

趙　昌　　貞元七年（791）

《舊書》本傳："貞元七年，爲虔州刺史。"《舊書·德宗紀下》：貞元七年七月"庚辰，以虔州刺史趙昌爲安南都護、經略招討使"。《通鑑·貞元七年》、《新書》本傳略同，《元龜》卷六七一誤爲"處州"。《康熙贛州府志》卷一九《府秩官表》稱趙昌爲天寶間南康郡太守，誤。

戎　昱　　貞元十二年（796）

《新書·藝文志四》"《戎昱集》五卷"注："衛伯玉鎮荊南從事，後爲辰州、虔州二刺史。"《宣和書譜》卷四："戎登，不知何許人也。建中間爲虔州刺史。"按《書史會要》卷五、《唐詩紀事》卷二八、《直齋書錄解題》卷一六、《郡齋讀書志》卷四中、《唐才子傳》卷三皆稱戎昱曾爲虔州刺史，但無確實時間。傅璇琮《戎昱考》據戎昱《送吉州閻使君入道二首》，以爲貞元七年四月戎昱在虔州刺史任。據陶敏《中唐詩人事迹小考》，戎昱貞元十二年在虔州刺史任。

李　袞　　貞元中？

《金石補正》卷七四《唐故河中府永樂縣丞韋府君妻隴西李夫人墓誌銘并叙》（會昌五年正月二十四日）："父袞，皇虔州刺史，賜紫金魚袋。夫人即袞之第二女。"夫人卒開成四年八月二十二日，享年六十六。

穆　贊　　約貞元十八年（約802）

《舊書》本傳："〔裴〕延齡誣贊不平，貶饒州別駕。丁母憂，再轉虔、常二州刺史。憲宗即位，拜宣州刺史、御史中丞，充宣歙觀察使。"又見《元龜》卷六七七。《新書》本傳未及州名。按穆贊於永貞元年八月由常州刺史遷宣歙池觀察使。

李直方　　貞元二十一年（805）

《全文》卷六一八李直方小傳：“貞元二十一年自韶州刺史移贛州刺史，遷司勳郎中。”《登科記考》卷一二謂李直方貞元元年登賢良方正能直言極諫科及第。按貞元時無贛州，疑爲虔州之誤。又按元和四年十月在司勳郎中任，見憲宗《贈高崇文司徒册文》。

高弘本　　元和元年（806）

《全文》卷六五〇元稹《論追制表》：“臣竊見近除寧州刺史論傪，虔州刺史高宏（弘）本，通州刺史豆盧靖，曾不涉旬，並已追制。”據《新書·元稹傳》，此爲元和元年事。卞孝萱《元稹年譜》亦謂此表元和元年作。

王叔雅　　元和二年（807）

《全文》卷七一三許志雍《唐故江南西道觀察判官監察御史裏行太原王公（叔雅）墓誌銘》：“府公（韋丹）再遷慈晉，俄領江西，復隨鎮，拜監察御史裏行。以南康（闕）牧，假行刺史事……歲月之間（闕）增（闕）復（闕）臨川（闕）南郡之理，仁風所被……以元和四年正月七日告終於洪州南昌縣之官舍，春秋五十有五。”按韋丹元和二年正月爲江西觀察使。叔雅約於是年假行虔刺事。

馬　摠（馬總）　　元和四年—五年（809—810）

《舊書》本傳：“元和初，遷虔州刺史。四年，兼御史中丞，充嶺（安）南都護、本管經略使。”《新書》本傳略同。《舊書·憲宗紀上》：元和五年七月“庚申，以虔州刺史馬總爲安南都護、本管經略使”。《韓昌黎集》卷二三《祭馬僕射文》：“於泉於虔，始執郡符，遂殿交州。”《閩中金石志》卷一《馬懿公壁記》：“案《贛州刺史廳壁記》云：元和四年總自泉州移贛。”《全文》卷七一四李宗閔《馬公（總）家廟碑》：“憲宗即位，知公之貫，追刺泉、虔二州，以御史中丞都護日南。”又見《柳河東集》卷六《曹溪第六祖賜謚大鑒禪師碑》。

張　署　　元和五年？（810？）

《韓昌黎集》卷三〇《唐故河南令張君（署）墓誌銘》："改虔州刺史……改澧州刺史……改河南令，而河南尹適君平生所不好者。"又卷二二《祭河南張員外文》："權臣不愛，南昌（康）是幹。"

李將順？　　約元和七、八年（約 812、813）

《舊書·吕元膺傳》："江西觀察使裴堪奏虔州刺史李將順贓狀，朝廷不覆按，遂貶將順道州司户。"《新書·吕元膺傳》略同。《會要》卷五八及《元龜》卷四六九誤作"處州"。按《元龜》卷一五一："〔元和〕九年八月，袁州刺史李將順坐掊擾人貶道州司户參軍。"又見卷七〇〇。《會要》卷六八作"九年十二月"。同一事，未知孰是。姑兩存之。似以"袁州"爲是。參該卷。

張士陵　　約元和八年（約 813）

拓本《唐故朝散大夫使持節都督邕州諸軍事守邕州刺史兼御史中丞充本管經略招討處置等使張公（士陵）墓誌銘并序》（元和十二年八月三日）："遷尚書倉部員外郎……除虔州刺史，曾未再稔，風化大行，遂有邕府之命。"元和十一年九月四日卒，享年五十四。

田景度　　元和九年（814）

《元龜》卷一五三："〔元和〕九年正月己未詔曰……正議大夫、泗州刺史田景度僥求非類，意望賄成……可虔州刺史。"又見《全文》卷六〇憲宗《貶路恕田景度等詔》。

杜　某？　　元和中？

《全詩》卷二九九王建《秋日送杜虔州》："初聞守遠郡，一日卧空林。"按王建約卒大和三年，此杜虔州疑在元和中任。熊飛云：楊巨源有《送杜郎中使君赴虔州》詩云："迢遞南康路，清輝得使君。"由此知二人所送之杜虔州或爲同一人。

韋　綬　　元和十二年—十五年(817—820)

《舊書》本傳："乃罷侍讀，出爲虔州刺史。穆宗即位，以師友之恩，召爲尚書右丞。"又見《新書》本傳。《通鑑·元和十二年》：閏五月，"諫議大夫韋綬兼太子侍讀……丁未，罷綬侍讀，尋出爲虔州刺史"。《會要》卷四："元和十年……其年五月，韋綬罷侍讀……尋出爲虔州刺史。"與《通鑑》異。《元龜》卷一七二："穆宗以元和十五年正月即位……四月，以前虔州刺史韋綬爲尚書左丞。"

王衆仲　　元和十五年—長慶元年(820—821)

《白居易集》卷五三《王衆仲可衡州刺史制》稱："前虔州刺史王衆仲。"按白居易自元和十五年十二月爲主客郎中知制誥，長慶元年轉中書舍人，二年七月出爲杭州刺史。又按王衆仲終官衡州刺史，見《全文》卷八一〇司空圖《故宣州觀察使王公(凝)行狀》及《舊書·王正雅傳》。

李　渤　　長慶元年—二年(821—822)

《舊書》本傳："會魏博節度使田弘正表渤爲副使……乃出爲虔州刺史。渤至州……未滿歲，遷江州刺史。"《新書》本傳略同。《舊書·穆宗紀》：長慶元年五月"己亥，貶考功員外郎李渤爲虔州刺史，以前書宰相考辭太過，宰相杜元穎等奏貶之"。又見《元龜》卷四八一，《宋高僧傳》卷一七《唐廬山歸宗寺智常傳》。《輿地碑記目》卷二《贛州碑記》有《大覺禪師塔銘》，注云："有唐長慶四年《大覺禪師塔銘》，李渤爲銘，柳公權書之。"《元龜》卷六三六、《會要》卷五八皆誤作"處州刺史"。按長慶二年在江州刺史任。

裴　諗　　長慶三年(823)

《元稹集》卷五五《唐福建等州都團練觀察處置等使中大夫使持節都督福州諸軍事守福州刺史兼御史中丞上柱國賜紫金魚袋贈左散

騎常侍裴公（乂）墓誌銘》：“昭應縣令稷，虔州刺史慈，盩厔縣令及，其
季也……〔公〕理鄭凡三年，鄭人宜便。觀察福建時……持之五載不
失所。逮其就徵……不幸薨於揚。”按《舊書·憲宗紀下》：元和十四
年六月，“以鄭州刺史裴乂爲福建觀察使”。理福建五年，當在長慶三
年。裴乂當卒此時，時裴慈在虔州刺史任。

韓　約　　寶曆中—大和元年（?—827）

《新書》本傳：“歷兩池榷鹽使、虔州刺史。交趾叛，領安南都護。”
《舊書·文宗紀上》：大和元年二月“庚申，以虔州刺史韓約爲安南都
護”。《全詩》卷三八五張籍《寄虔州韓使君》，當即韓約。

裴　稷　　文宗時?

《新表一上》中眷裴氏：“稷，虔州刺史。”按其姪裴坦，大中、咸通
間爲山南西節度，江西觀察使。其孫贄，相昭宗。

陳　弇　　會昌中

《英華》卷九三八杜牧《東川節度使檢校右僕射兼御史大夫贈司
徒周公（墀）墓誌銘》：“武宗即位，以疾辭，出爲工部侍郎、華州刺
史……遷公江西觀察使……發虔守陳弇贓，坐弇以法死。”按周墀會
昌四年至六年在江西觀察使任，則陳弇刺虔當在此期間。

李　振　　會昌中

《光緒江西通志》卷八《職官表》：“李振，虔州刺史，會昌中任，據
《贛州府志》補。”

蘇　莊　　大中五年（851）

《全文》卷七四八杜牧《寶宏餘加官依前台州刺史蘇莊除鄧州刺
史制》：“前使持節虔州諸軍事、守虔州刺史、上柱國、賜緋魚袋蘇
莊……可使持節鄧州諸軍事，守鄧州刺史。”按杜牧於大中五年始爲
考功郎中，知制誥。

唐　技　　大中九年（855）

《東觀奏記》卷下：“大中九年正月十九日制曰：朝議郎、守尚書刑部郎中、柱國、賜緋魚袋唐技……可虔州刺史，散官勳封如故……舍人杜德公之詞也。”又見《全文》卷七九宣宗《授唐技虔州刺史裴紳申州刺史制》，《元龜》卷一五三。《舊書·宣宗紀》：大中九年三月，“考試官刑部郎中唐技出爲處州刺史”。“處”爲“虔”之訛。按《御覽》卷六二九、《元龜》卷六五一、《會要》卷七六皆作“唐扶”。《會要》卷七六作“大中元年”。上圖藏拓片《唐故承議郎使持節都督登州諸軍事登州刺史孫府君（方紹）墓誌銘并序》（咸通九年八月十一日）：“大中初，丁先夫人哀疚……服闋，文戰西上……期年，四十二房兄受虔州唐技郎中辟，到職未逾月薨。”《輿地碑記目》卷二《贛州碑記》稱“郡守唐拔（技）銘”。

李仁元？　　咸通七年（866）

《全文》卷八〇六蔡詞立《虔州孔目院食堂記》：“咸通七年夏，前太守隴西公遇時之豐、伺農之隙，因革廨署爰立兹堂……自創建之後於今七年未有紀述……咸通十三年五月三日記。”《康熙贛州府志》作“李仁元”。

陸　肱　　約咸通十三、十四年（約872、873）

《全詩》卷五六七崔櫓《有酒失於虔州陸郎中肱以詩謝之》，又卷六七四鄭谷《南康郡牧陸肱郎中辟許棠先輩爲郡從事因有寄贈》，卷七〇二張蠙《南康夜宴東溪留別陸郎中》。《唐語林》卷七：“許棠初試進士，與薛能、陸肱齊名……棠登第，薛已自京尹出鎮徐州，陸亦出守南康。”按許棠咸通十二年登第，見《唐才子傳》。又按薛能咸通十四年爲徐州刺史。

謝　肇　　乾符末

《光緒江西通志》卷八《職官表》：“謝肇……虔州刺史，乾符末任。”按謝肇廣明元年在容管經略使任，中和四年在安南都護任。

薛　某　　中和時？

《全詩》卷六五九羅隱有《寄虔州薛大夫》。

盧光稠　　光啓元年—天祐元年（885—904）

《通鑑·光啓元年》：正月，“南康賊帥盧光稠陷虔州，自稱刺史，以其里人譚全播爲謀主”。又《天復二年》：“是歲，虔州刺史盧光稠攻嶺南，陷韶州。”又見《新五代史·劉隱傳》，《十國春秋·南漢烈宗世家》。

盧延昌　　天祐元年（904）

《新書·盧光稠傳》：“天祐初……光稠死，子延昌自稱刺史，爲其下所殺，更推李圖領州事。”《九國志·譚全播傳》：“光稠死，延昌自韶州奔喪，全播主事之。延昌好遊獵，荒傲無度，大將黎球俟其出獵，閉壁門而殺延昌於城外……衙將李彥圖復知州事。”

李彥圖（李圖）　　天祐元年（904）

《新書·哀帝紀》：天祐元年，“是歲，虔州刺史盧光稠卒，衙將李圖自稱知州事”。又見《新書·盧光稠傳》。《九國志·譚全播傳》作“李彥圖”。

譚全播　　天祐三、四年（906、907）

《九國志》本傳：“李彥圖卒，其子不肖……州人無歸，相率詣全播第請爲帥，拒之不可，遂從之。遣使詣梁。”《新書·盧光稠傳》：“〔李〕圖死，鍾傳盡劫其衆，欲遣子匡時守之。不克，州人自立譚全播爲刺史，附全忠云。”按鍾傳卒於天祐三年四月，則全播刺虔州約在唐末，即天祐三、四年。

待考録

裴光復

《新表一上》南來吳裴氏：“光復，虔州刺史。”乃後周常侍裴測（字伯源）五代孫。

姜　還

《新表三下》姜氏："還，虔州刺史、將作少監。"乃高宗時夏州都督姜協玄孫。

王　哲

《酉陽雜俎》續集卷三："王哲，虔州刺史，在平康里治第西偏，家人掘地拾得一石子，朱書其上曰：修此不吉。"按《舊書·韋庶人傳》：景龍四年六月，臨淄王誅韋后黨與有衛尉卿王哲等，未知是否此人。

賈　琮

黎道澄

裴　龍

以上三人，見《雍正江西通志》卷四六《秩官》，《康熙贛州府志》卷一九《府秩官表·刺史》。

卷一六二　吉州（廬陵郡）

隋廬陵郡。武德五年討平林士弘，置吉州。天寶元年改爲廬陵郡。乾元元年復爲吉州。領縣五：廬陵、太和、安福、新淦、永新。

吴世雲　　貞觀七年（633）

《萬曆吉安府志·秩官表》稱："太宗貞觀中，吴世雲爲吉州刺史。貞觀七年罷郡，隱於玉笥山仙去，郡爲立廟。大順中賜額曰雲騰廟。"

和顯壽　　約貞觀中

《千唐誌·大唐故朱陽縣開國男代郡和府君（智全）墓誌銘并序》（景龍三年八月十八日）："祖龍，隋鹽州刺史、南平郡公……父顯壽，皇朝吉州刺史、散騎常侍、朱陽縣開國男。"智全龍朔二年卒，享年六十二。

李　斌　　約高宗時

《全文》卷三五一賈彦璿《大唐故忠武將軍行薛王府典軍上柱國平棘縣開國男李府君（無慮）墓誌銘》："曾祖貴，隋太中大夫、延州刺史，凉國公，皇朝封隴西公……祖斌，皇朝銀青光禄大夫，隰、吉二州刺史，襲封隴西公。"無慮開元十七年五月七日卒，春秋六十二。

夏侯德昭　　約高宗時

《姓纂》卷七夏侯氏："德昭，吉州刺史。"乃武德中梓州刺史夏侯端子。端卒貞觀元年，見《舊書·夏侯端傳》。

劉紹榮　　高宗時？

《姓纂》卷五廬陵劉氏："紹榮，吉州刺史。"乃梁安成内史劉元偓曾孫，中唐詩人劉禹錫六代祖。

顏趨庭　　高宗、武后間

《全文》卷三三九顏真卿《晉侍中右光禄大夫本州大中正西平靖侯顏公大宗碑》："十二代孫……趨庭，職方郎中、吉州刺史。"按《姓纂》卷四琅邪江都顏氏稱："趨庭，職方郎中。"乃貞觀七年祕書少監顏師古子。

謝　禧　　如意元年(692)

《嚴州圖經》卷一題名："謝禧，如意元年自吉州。"

王山輝　　景雲二年(711)

《千唐誌·大唐故右衛率府親衛上騎都尉王君(傑)墓誌銘》(先天元年十月二十五日)："父山輝，鄂、利、吉三州諸軍事三州刺史。"景雲二年八月二十一日傑卒吉州館舍，春秋十七。

李道堅　　約開元初期

《舊書·李靈夔傳》："神龍初，追復靈夔官爵，仍令以禮改葬。封〔次子〕藹子道堅爲嗣魯王……景龍四年，加〔道堅〕銀青光禄大夫，歷果、隴、吉、冀、洺、汾、滄等七州刺史，國子祭酒。開元二十二年，兼檢校魏州刺史，未行，改汴州刺史、河南道採訪使。"《元龜》卷二八一略同。《新書·李靈夔傳》未及州名。

李　暢　　約開元四、五年(約 716、717)

《隋唐五代墓誌匯編·洛陽卷》第九册《唐正議大夫使持節相州諸軍事守相州刺史上柱國贊皇縣開國子李公(暢)墓誌銘并序》(開元十八年七月九日)："外出爲虔州刺史，妣燕國夫人無禄，未練而趙公薨，累丁艱罰……服闋拜吉州刺史，復如虔州之政，轉衢州刺史……

又轉梁州刺史……又轉徐州刺史……轉瀛州刺史兼充高陽軍使……
又除公爲相州刺史，未到官，寢疾。"開元十八年卒，春秋五十二。按
開元元年爲虔州刺史。

談子陽　　開元十三年—十六年(725—728)

《千唐誌·唐故朝散郎行蘇州嘉興尉談君(昕)墓誌銘并序》(開
元十七年四月十三日)："父子陽，皇朝監門率、吉州刺史……聖朝有
事於泰山，選君執司俎豆，有制量才擢用，調補蘇州嘉興尉……遭吉
州府君憂……未練而卒，開元十七年三月二十日終於時邕里第，春秋
二十有八。"知子陽卒於開元十六年。

徐嶠之　　約開元二十一年—二十三年(約733—735)

《古刻叢鈔·唐徐氏山口碣石題刻》："廣德元年八月二十一日
制，復贈公嗣子故銀青光禄大夫洺州刺史上柱國嶠之左散騎常侍。
洺州府君歷典趙、衢、豫、吉、湖、洺六州，開元二十四年薨。"《嘉泰吳
興志》卷一四郡守題名："徐嶠之，開元十三年自吉州刺史授；遷洺州
刺史。"按"十三年"疑爲"二十三年"之奪誤。詳"洺州"卷。

寇　洋　　約開元二十五年前後(約737前後)

《千唐誌·唐故廣平郡太守恒王府長史上谷寇府君(洋)墓誌銘
并序》(天寶七載十一月三十日)："歷吉、舒二州刺史，南陽、廣平二郡
太守……晚加衰疾，屢表懇辭，由是除恒王府長史。將行，以天寶七
載六月十五日薨於外館，春秋八十有四。"

郭敬之　　開元中

《新表四上》華陰郭氏："敬之字敬之，吉、渭、壽、綏、憲五州刺
史。"《全文》卷三五三苗晉卿《壽州刺史郭公(敬之)神道碑》："除吉、
渭、綏、壽刺史共四州……享年七十八，以天寶三年正月十日遭疾終
於京師。"又卷三三九顔真卿《有唐故中大夫使持節壽州諸軍事壽州
刺史上柱國贈太保郭公(敬之)廟碑銘并序》："除左威衛中郎將兼監

牧南使，渭、吉二州刺史。侍中牛仙客□君清節，奏授綏州，遷壽州……以天寶三載春正月遘疾終於京師……春秋七十有八。”按《姓纂》卷一〇華陰郭氏作“天寶中渭、吉、壽三州刺史”。“天寶中”三字誤。又按《舊書·郭子儀傳》稱：“父敬之，歷綏、渭、桂、壽、泗五州刺史。”未及吉州。

張九章　　約天寶中

《舊書·張九齡傳》：“〔弟〕九章，歷吉、明、曹三州刺史，鴻臚卿。”《全文》卷四四〇徐浩《唐尚書右丞相中書令張公（九齡）神道碑》：“季弟九章，溫、吉、曹等州刺史。”九齡卒開元二十八年，享年六十三。

李伯成　　天寶十四載(755)

《嚴州圖經》卷一題名：“李伯成，天寶十五載正月十八日自吉州刺史拜。”

李　昊　　至德元載—二載(756—757)

《芒洛遺文》卷中《大唐故吉州刺史隴西李府君（昊）墓誌銘并序》（乾元元年八月二十一日）：“至德元年除黃州刺史，又除吉州刺史……春秋七十三，以至德二年閏八月考終於潯陽縣客舍。”

韋友信　　上元、寶應間？

《新表四上》韋氏彭城公房：“友信，泉、吉、婺三州刺史。”乃唐隆元年駙馬都尉韋鑯子。《遼居稿·唐韋氏小女子墓誌銘并序》（咸通十一年六月六日）稱：“曾祖友信，吉、泉、婺三州刺史。祖綏，皇興元節度，贈右僕射。”按《八閩志》及《閩書》，韋友信（《閩書》誤作“韋萬信”）廣德、永泰間爲泉州、婺州刺史，則其刺吉州疑在上元寶應間。又按《全文》卷四一二常衮《授李友信蜀王府司馬制》稱：“前吉州刺史上柱國蕭縣開國男賜紫金魚袋李友信……可試蜀王府司馬。”疑“李友信”爲“韋友信”之誤。《萬曆吉安府志》、《光緒江西通志》沿誤。

董承愿 廣德中

《萬曆吉安府志·秩官表》稱：董承愿，廣德中吉州刺史。

梁 乘 永泰二年(766)

《全文》卷三三九顏真卿《靖居寺題名》："唐永泰二年真卿以罪佐吉州……刺史梁公乘嘗見招，欲同遊而不果。"《廣記》卷三八二引《廣異記》："周頌者，天寶中進士登科，永泰中授慈溪令，在官，夜暴卒，爲地下有司所追……門外忽逢吉州刺史梁乘。"

劉 迥 大曆初

《新書》本傳："大曆初，爲吉州刺史，治行尤異。累遷給事中。"《全文》卷五二〇梁肅《給事中劉公(迥)墓誌銘》："大曆初……授公吉州刺史。三載績成，徵拜諫議大夫，遷給事中。"卒建中元年七月。

劉 寧 大曆七年(772)

《宋高僧傳》卷二四《唐吉州龍興寺三刀法師傳》："大曆七年十一月，廣州呂大夫被翻城，奉洪州路嗣恭牒吉州刺史劉寧徵兵三千人，同收番禺。"

岑 終 大曆中?

《新表二中》岑氏："終，吉州刺史。"乃監察御史椅子，鳳翔户曹參軍橫父，武后時麟臺少監、衛州刺史景倩孫。最遲不能過大曆中。

史 審 大曆中?

《姓纂》卷六河南史(阿史那)氏："審，吉州刺史。"按其父泰，蜀州刺史，其曾祖疎，垂拱中宋州刺史。

王 縝 大曆末—建中元年(?—780)

《嚴州圖經》卷一題名："王縝，建中元年三月二十四日自吉州刺史拜。"《中興間氣集》卷上李嘉祐有《送王牧往吉州謁使君叔》，又見

《又玄集》卷上、《唐詩紀事》卷二一李嘉祐條、《全詩》卷二〇六。《萬曆吉安府志・秩官表》作“王續”，誤。

謝良弼　　建中元年—三年（780—782）

《全文》卷五一八梁肅《送謝舍人赴朝廷序》：“〔公〕大曆再居獻納，俄典書命……爾來六七年，同登掖垣者已迭操國柄，而公方自廬陵守入副九卿……晉陵主人於夫子有中朝班列之舊，是日惜歡會不足，乃用觴豆宴酬。”按顧況《禮部員外郎陶氏（幹）集序》稱“中書謝舍人良弼、良輔”。良弼終大理少卿任，見《全詩》卷二六六顧況《傷大理謝少卿》，與此序中稱“自廬陵守入副九卿”合。又據蔣寅《梁肅年譜》考證，梁肅此序作於建中三年。

張　應（張庭）　　貞元二年—四年（786—788）

《元龜》卷一三九：“〔貞元〕二年十月……前澂州刺史張應爲吉州刺史。”《舊書・德宗紀下》：貞元四年四月“辛酉，以吉州刺史張庭（應）爲安南都護、本管經略使”。《新表二下》河間張氏：“應，安南都護。”

李　嶨　　貞元初期

《全文》卷五一四殷亮《顏魯公行狀》：“貞元元年……其年八月二十四日，又使景臻等害於龍興寺……今吉州刺史李公嶨重其器，悦其能者……李公嶨吉州以小子久趨於欄戟，定以使言，將存刊刻。”

閻　寀　　貞元七年（791）

《姓纂》卷五河南閻氏：“寀，吉州刺史。”《全文》卷六八四董侹《閻貞範先生碑》：“先生名寀……改澧州刺史……星歲七稔……轉吉州刺史……乃上言乞以皇帝誕慶之辰，度爲武陵桃源觀道士……貞元七年十一月三日順化於鍾陵宗華觀。”《會要》卷五〇：“貞元七年四月，吉州刺史閻寀上言，請爲道士，從之，賜名遺榮。”又見《元龜》卷八二二，《國史補》卷中。《全詩》卷二七〇戎昱有《送吉州閻使君入道二首》。《萬曆吉安府志・秩官表》謂貞元六年。

令狐峘　　貞元八年（792）

《舊書》本傳：“竇參秉政，惡其爲人，貶吉州別駕。久之，授吉州刺史。齊映廉察江西，行部過吉州……峘自恃前輩……即以客禮謁之……映至州，奏峘糾前政過失，鞫之無狀，不宜按部臨人，貶衢州別駕。衢州刺史田敦，峘知舉時進士門生也。”《新書》本傳略同。又見兩《唐書・趙憬傳》，《元龜》卷三二一、卷七一五、卷八六五、卷八八五、卷九三〇，韓愈《順宗實錄》卷三。按竇參入相在貞元五年，八年貶郴州別駕。趙憬入相在貞元八年四月，並見《新書・宰相表中》。齊映爲江西觀察在貞元八年七月至十一年七月，見《舊書・德宗紀下》。

杜春　　貞元十四年（798）

《姓纂》卷六京兆杜氏：“春，吉州刺史。”《舊書・德宗紀下》：貞元十四年“秋七月，以吉州刺史杜春爲邕管經略使”。

鄭華　　貞元中

《全文》卷七四四陳齊之《故右内率府兵曹鄭君（準）墓誌銘》：“王父溥，尚書右部郎中，歷青、邢、相、衛、兗、幽、懷七州刺史，入爲左庶子。皇考華，駕部郎中，吉州刺史……君即吉州之少子也。”大和四年正月卒，享年六十三。又見《古刻叢鈔》，《金石補正》卷七三。今北京圖書館藏有此誌拓片，明確稱“皇考華，駕部郎中，吉州刺史”。

鄭平　　貞元中？

《新表五下》鄭氏：“平，吉州刺史。”乃鄭溥子，鄭華弟。當是兄弟相繼爲吉州刺史歟？岑仲勉《續貞石證史・鄭準世系及其同名者》云：“溥則玄宗初已仕，由蘇頲授溥殿中侍御史制（《英華》卷三九五）而知之。如謂華固晚達，元和初尚官太博，《新唐書》據《元和姓纂》以入表，亦難置信，因誌稱準爲華之少子也。抑《新唐書》七五上溥别有弟平，官吉州刺史，此平當即李林甫之婿，仕天寶時，豈叔姪同

刺吉州歟？余深疑表必有誤，意平實溥子而表誤爲弟，又字體‘平’、
‘華’相肖，《準誌》録自明人陶宗儀……即如唐制只有右司郎中，未聞
‘右部’，平之誤華，許始自宗儀，翻刻者遂更貤謬，固意中事矣。”按今
本《新表五上》鄭氏稱“平，吉州刺史”，列爲溥子，華弟。岑説非是。

魏　耽　　貞元中
　　《廣記》卷三〇六引《聞奇録》：“貞元中，吉州刺史魏耽，罷任
居洛。”

長孫公輔　　約貞元中
　　《唐詩紀事》卷四〇長孫佐輔：“德宗時人。弟公輔爲吉州刺史，
佐輔往依焉。”又見《直齋書録解題》卷一九，《唐才子傳》卷五。

盧　徹　　約貞元中
　　《新表三上》盧氏：“徹，吉州刺史。”《韓昌黎集》卷六《扶風郡夫人
墓誌銘》：“夫人姓盧氏……吉州刺史徹之女，嫁扶風馬氏……少府
監、西平郡王、贈工部尚書之夫人……元和五年尚書薨，夫人哭泣成
疾，後二年亦薨，年四十有六。九年癸酉祔於其夫之封。”

馬　侅　　貞元中？
　　《全文》卷七一四李宗閔《馬公（總）家廟碑》：“元和十五年夏六
月……鄆州刺史……馬公作三廟於京師……皇考諱侅……由檢校尚
書、職方郎中爲吉州刺史，治行卓尤，升聞於朝，追襃州名，加賜命服，
竟以官卒。”《萬曆吉安府志》、《光緒江西通志》謂大曆中任，疑非。

張　覻　　貞元中？
　　《萬曆吉安府志》、《光緒江西通志》稱：張覻，貞元中吉州刺史。

孫　杲　　貞元十七年—二十一年(801—805)
　　北圖藏拓片《唐故蘄州刺史兼御史中丞孫府君（杲）墓誌銘并序》

(元和四年閏三月二十四日)："加檢校太僕卿兼吉州別駕,既而居半刺佐廬陵……五年在任,四知州事……屬順宗□□,天下震悼。今上嗣位,率土稱慶……蘄春丕變,期月政成。"元和四年卒,年六十八。

【姜公輔　永貞元年(805)(未之任)】

《舊書》本傳："順宗即位,起爲吉州刺史,尋卒。"《新書》本傳："順宗立,拜吉州刺史,未就官,卒。"韓愈《順宗實錄》卷三:貞元二十一年三月"壬申,以故相撫州別駕姜公輔爲吉州刺史"。

袁　滋　永貞元年—元和元年(805—806)

《舊書‧憲宗紀上》:永貞元年十一月,"貶劍南西川節度使袁滋爲吉州刺史,以其慰撫三川逗留不進故也"。元和元年十月"庚辰,以吉州刺史袁滋爲御史大夫,充義成軍節度使"。又見兩《唐書》本傳,《通鑑‧永貞元年》十一月,《元龜》卷三二二、卷四五三。《柳河東集》卷一二《先君石表陰先友記》:"袁滋……爲相,出使辱命,貶〔吉州〕刺史,復爲義成軍節度,卒。"

韋　悦　元和中

《萬曆吉安府志‧秩官表》及《光緒江西通志》卷八《職官表》稱:"韋悦,元和中任吉州刺史。"按元和十一年在邕管經略使任,見《新書‧南蠻傳》。《新表四上》東眷韋氏閬公房有"悦,長安令",乃韋元甫子。《姓纂》卷二同。皆未及吉州刺史。

韓　衢　元和中

《萬曆吉安府志‧秩官表》及《江西通志》卷八《職官表》稱:"韓衢,元和中任吉州刺史。"按《唐摭言》卷四稱:范陽盧東美少與韓衢爲友,江淮間號曰四夔。《郎官柱》主客員外有韓衢,在李正辭後,吳士矩前。

路　恕　元和九年(814)

《舊書》本傳:"其後爲鄜坊觀察使、太子詹事,坐事貶吉州刺史,遷太子賓客。”《新書》本傳略同。《全文》卷六〇憲宗《貶路恕田景度等詔》：“光禄大夫、行太子詹事路恕……僥求非類，意望賄成，迹既涉於邪佞，罪難逃於憲典，恕可吉州刺史。”《元龜》卷一五三稱此爲元和九年正月己未詔。

崔　某　　元和中

《全文》卷六八七皇甫湜《廬陵香城寺碣》：“州城南偏，寺曰香城……迄於元和，翔歷三傳。刺史維崔，嗣續於前……鄭牧來兹，修架是先……鄭君既移，誰續其編？朓師作主，亘公來禪。”

鄭　某　　元和中

見上條。

李　宣　　約元和中

《千唐誌・唐故鄆州壽張縣尉李君（珪）墓誌銘兼序》（大中七年七月二十日）：“祖宣，皇吉州刺史。烈考敬彝，皇隨州刺史……治郡如治家，故衢人、閩人、隋人仰其蘇活。”珪卒大中七年，享年三十五。按敬彝終衢州刺史，見《新書・鄭注傳》，約在會昌中。《全文》卷六七四蕭鄴《大唐故吏部尚書渤海高公（元裕）神道碑》：“大中四年夏六月二十日次於鄧，無疾暴薨……享年七十六……公前娶隴西李□，吉州刺史宣之女也。”按元和十一年九月辛巳，貶屯田郎中李宣爲忠州刺史，見《舊書・憲宗紀》。【補遺】《李氏殤女墓記》（大和八年五月十六日）：“曾祖並，太府少卿。祖宣，吉州刺史。”（周紹良、趙超《唐代墓誌匯編續集》，上海古籍出版社2001年版）

張　錫　　元和十二年（817）

《全文》卷六八六皇甫湜《吉州刺史廳壁記》：“御史中丞張公歷刺縉雲、潯陽……賜以金紫，移蒞於吉。”按同卷同人《吉州廬陵縣令廳壁記》：“余既埋厄，斥置於此。始來而宏農楊君敬之具爲余話君美談。”楊敬之元和十年七月坐與駙馬王承系等交遊而貶吉州司户，見

《元龜》卷九二五，證知皇甫湜來吉州在楊敬之後。

李　繁　　約元和末—長慶元年（約 820—821）

《白居易集》卷四八《楊潛可洋州刺史李繁可遂州刺史史備可濠州刺史制》稱：“朝議大夫、前使持節吉州諸軍事吉州刺史、上柱國李繁……可使持節都督遂州諸軍事守遂州刺史。”兩《唐書》本傳唯云“累居郡守”，未及州名。

【張弘靖　　長慶元年（821）（未之任）】

《舊書·穆宗紀》：長慶元年七月“己未，再貶弘靖爲吉州刺史”。二年二月，“以前吉州刺史張弘靖爲撫州刺史。弘靖初貶官，尚在幽州，拘留半歲，〔朱〕克融授節，始得還，故有是命”。又見兩《唐書》本傳，《通鑑·長慶元年》七月。

李　彤　　寶曆中

《雍正江西通志》卷四六秩官吉州刺史有“李彤”，注云：“青原山曼殊閣，刺史李彤建。”按《新表二上》趙郡李氏有“彤，吏部尚書”。嚴氏《僕尚丞郎表》謂“蓋貞元中，官至吏尚”，誤。按長慶四年三月庚戌朔，貶司農少卿李彤吉州司馬，見《舊書·敬宗紀》。疑由司馬遷刺史歟？

裴　愻　　寶曆、大和間？

《新表一上》東眷裴氏：“愻，吉州刺史。”乃忠州刺史懷奬姪孫。按長慶三年在虔州刺史任。

杜師仁　　約大和四年—七年（約 830—833）

《姓纂》卷六京兆杜氏：“師仁，吉州刺史。”按《新表二上》襄陽杜氏作“師古，吉州刺史”。岑仲勉謂“師古”爲“師仁”之誤。《舊書·文宗紀下》：大和八年九月，“隨州刺史杜師仁前刺吉州，坐贓計絹三萬匹，賜死於家。故江西觀察使裴誼乖於廉察，削所贈工部尚書”。《元甌》卷九二五略同。按裴誼約大和四年至七年爲江西觀察使，杜師仁刺吉必在此期間。

庚　威　　約大和七年（約 833）

《嘉泰吳興志》卷一四郡守題名："庚威，大和五年四月自長安縣令拜，貶吉州刺史。"按《元龜》卷六九八稱：庚威大和中爲湖州刺史，貶吉州長史，與《吳興志》異，未知孰是。

裴　恭（裴泰）　　大和九年（835）

《舊書·文宗紀下》：大和九年七月戊辰，"以吉州刺史裴泰爲邕管經略使"。勞格《郎官石柱題名考》卷二二據《新表》，疑"裴泰"爲"裴恭"之誤。

房士彥　　約大和九年—開成二年（約 835—837）

《千唐誌·唐故銀青光禄大夫工部尚書致仕孫府君（公乂）墓誌銘》："於是稍遷吉州刺史……當前政杜師仁陷法之初，承房士彥新規之後。"知房士彥爲孫公乂前任。

孫公乂　　約開成二年—四年（約 837—839）

《千唐誌·唐故銀青光禄大夫工部尚書致仕孫府君（公乂）墓誌銘》（大中五年七月三日）："於是稍遷吉州刺史……當前政杜師仁陷法之初，承房士彥新規之後……廉使敬公昕録其事，書爲符，榜傳於屬郡，越三歲罷秩……敬公聞，密以清白狀論於宰相。還未及關道，除饒州刺史，如廬陵之理。"按敬昕開成二年至四年在江西觀察使任。

滕　邁　　會昌中？

《全詩》卷四九一滕倪有《留別吉州太守宗人邁》。小傳及《全文》卷七二三滕邁小傳稱：歷吉州刺史。按開成四年，滕邁爲台州刺史，又曾刺睦州，《全詩》卷五四九趙嘏有《送滕邁郎中赴睦州》。《光緒江西通志》謂元和中任，誤。

段成式　　大中二年—七年（848—853）

《新書》本傳：“擢累尚書郎，爲吉州刺史，終太常少卿。”《全文》卷七八七段成式《寺塔記》：“〔成式〕及刺安成，至大中七年歸京，在外六甲子。”又見《唐詩紀事》卷五七。《唐語林》卷二：“段郎中成式……連典江南數郡，皆有名山：九江匡廬、縉雲爛柯、廬陵麻姑。前進士許棠寄詩云：‘十年三領郡，領郡管仙山。’廬陵時，爲人妄訴，逾年方辨，乃退居於襄陽。温博士庭筠亦謫隨縣尉，節度使徐太師留在幕府。”按《舊書》本傳稱：“咸通初，出爲江州刺史。解印，寓居襄陽。”《語林》謂“廬陵時”，誤。又按“徐太師”當謂徐商，大中十年至咸通元年爲襄陽節度。《全詩》卷六四八方干有《東溪別業寄吉州段郎中》。《直齋書録解題》卷一一：“《廬陵官下記》二卷，段成式撰，爲吉州刺史時也。”《輿地碑記目》卷二《吉州碑記》有《靖居寺碑》，注云：“在廬陵之青原山，有大中五年段成式記。”

田　陽　　大中時

《萬曆吉安府志·秩官表》及《雍正江西通志》卷六一名宦稱：田陽，大中間任吉州刺史。

盧　肇　　約咸通中

《唐摭言》卷二：“盧吉州肇開成中就江西解試，爲試官未送。”《全詩》卷五五一盧肇小傳：“咸通中，知歙州，移宣、池、吉三州卒。”《全文》卷七六八盧肇小傳同。按咸通四年至七年盧肇在歙州刺史任。

鄧　敞　　約咸通十年（約 869）

《隋唐五代墓誌匯編·陝西卷》第二册《唐故吉州長史郭公（克全）墓誌銘并序》（咸通十四年二月七日）：“及後任吉州長史，太守鄧敞，公每延揖，觀公所旨，察公所理，當爲得人而爲心膂……當府廉察李公遽以召赴州，攝首席之任。凡軍旅之任，皆悦隨各得其情。後稱疾退閑數載。”咸通十三年十月十日卒，享年四十八。按“廉察李公”當指李騭，咸通九年至十一年在江西觀察使任。

袁　皓　　咸通中？

《光緒江西通志》卷八《職官表》：“袁皓……撫州刺史，咸通間任。又爲吉州刺史，見《嘉靖通志》。”按《新書·藝文志四》“袁皓《碧池書》三十卷”注：“袁州宜春人。龍紀集賢殿圖書使，自稱碧池處士。”《全文》卷八一一、《全詩》卷六〇〇袁皓小傳皆未及刺吉州事。

林　助　　約咸通、乾符間

《淳熙三山志》卷二六科名：“大中五年辛未李郜榜：林助，字公懋，閩縣人，大中五年開元禮登科，終吉州刺史。”

歐陽琮　　乾符末

《新表四下》歐陽氏：“琮，吉州刺史。”《歐陽文忠公集》卷七一《歐陽氏譜圖》謂：歐陽詢五世孫琮，“當唐之末，黃巢攻陷州縣，府君（琮）率州人扞城”。

李　某　　大順中

《雍正江西通志》卷四六秩官：“李某，逸其名，大順中任，見《雲騰廟碑》。”

蕭　芮　　大順中

《萬曆吉安府志·秩官表》稱：蕭芮，大順中吉州刺史。

周　琲　　約中和中—乾寧四年（?—897）

《通鑑·乾寧四年》：八月，“鍾傳欲討吉州刺史襄陽周琲，琲帥其衆奔廣陵”。又見《十國春秋·吳太祖世家》。據《九國志》稱：黃巢餘黨過廬陵，琲以牛酒迎犒。

韓師德（韓德師）　　約乾寧末

《新五代史·鍾傳傳》：“是時，危全諷、韓師德等分據撫、吉諸州，傳皆不能節度。”《九國志·彭玕傳》：“鍾傳據江西，其裨將韓德師叛，傳令其弟瑊攻破之，斬獲甚衆。”

彭 瑊 光化初？

《九國志·彭玕傳》：“〔鍾〕傳令其弟瑊攻破之（韓德師）……傳以瑊爲吉州刺史。”《江西通志》謂中和間任，誤。

彭 玕 約光化中—天祐四年（？—907）

《九國志》本傳：“〔鍾〕傳以瑊爲吉州刺史。未幾，以玕代之。”《新書·鍾傳傳》：“傳以匡時爲袁州刺史，擊殷。又以彭玕爲吉州刺史。”《通鑑·天祐三年》：十二月，“吉州刺史彭玕遣使請降於湖南。玕本赤石洞蠻酋，鍾傳用爲吉川刺史”。《開平元年》：六月，“楚王殷遣兵會吉州刺史彭玕攻洪州，不克”。又見《十國春秋》本傳、《吳烈祖世家》、《楚武穆王世家》，《江南野史》本傳。《太平寰宇記》卷一〇九吉州新淦縣：“楓岡寨在縣南五里，唐吉州刺史彭玕立寨於此。”《廣記》卷八五引《稽神録》：“楊彦伯，廬陵新淦人也。童子及第，天復辛酉歲赴選……遂行至長安，適會大駕西幸，隨至岐隴，梁寇圍城三年……駕既出城，彦伯逃還吉州，刺史彭珍厚遇之。”按“彭珍”當爲“彭玕”之誤。《江西通志》謂彭玕中和五年爲吉州刺史，誤。

羅 崱 唐末？

熊飛云，〔明〕羅欽順《整庵存稿》卷九《桃林羅氏重修宗譜序》：“（桃林羅氏）其先蓋出唐吉州刺史崱，崱卒於官，子孫遂留家廬陵。”羅氏其人無考，疑在唐末，附此待考。

待考録

于 當

《新表二下》于氏：“當，吉州刺史。”乃太原府司録參軍于頵子。

鍾 初

《廣記》卷一二四引《報應記》：“唐洪州司馬王簡易者，常得暴疾……逡巡復醒曰：適到冥司……適見前任吉州牧鍾初，荷大鐵枷，着黃布衫，手足械系。"

王德載

倪岳《青溪漫稿》卷二二《安成王處士（緝）墓表》："始祖德載，李唐時吉州。"

卷一六三　袁州(宜春郡)

隋宜春郡。武德四年平蕭銑，置袁州。天寶元年改爲宜春郡。乾元元年復爲袁州。領縣三：宜春、萍鄉、新渝(喻)。

楊承先　　武德三年(620)

《元龜》卷一九：“武德三年，僞……袁州刺史楊承先……等並首尾來降。”

應智育(應智頊)　　武德中

《光緒江西通志》卷八《職官表》謂：“應智頊，袁州刺史，武德中任，又爲靖州刺史……據《袁州府志》。”按《古今姓氏書辯證》作“應智育，靖州刺史”。

冉仁才　　貞觀十一年？(637？)

《全文》卷二二八張説《河州刺史冉府君(實)神道碑》：“烈考天水郡果公諱仁才……涇、浦、澧、袁、江、永，凡六州刺史……公即果公季子。”冉實卒證聖元年二月十日，享年七十一。按《冉仁才殘墓誌》，貞觀六年爲澧州刺史，十一年遷□州。疑“□州”即袁州。

秦　琢　　高宗時

《宋高僧傳》卷八《唐袁州蒙山慧明傳》：“一説，居士擲衣鉢於磐石曰：‘此衣爲信，豈可力争邪？任君拈去。’明遂手掀，如負釣石，而無舉分，拱立捨斾，則咸亨四年也。以明未捨家曾署諸衛，故有將軍之號矣。宜春太守秦琢奏謚號焉。"

崔玄藉（崔玄籍）　　開耀元年—永淳二年（681—683）

《千唐誌・大周故銀青光禄大夫使持節利州諸軍事行利州刺史崔君（玄藉）墓誌銘并序》（聖曆二年一月二十八日）："開耀元年，除袁州刺史。永淳二年，除文州刺史。垂拱初以公事免。"聖曆二年鑴。又《唐故前國子監大學生武騎尉崔君（韶）墓誌銘并序》（同上）："父玄藉，雅、隴、兗、茂四州長史，歸、蔚、循、袁、文、巴、黃、利等八州諸軍事八州刺史。"

權　毅　　約垂拱時

《隋唐五代墓誌匯編・洛陽卷》第七册《故袁州刺史右監門衛將軍駙馬都尉天水權君（毅）墓誌銘并序》（神龍元年八月十八日）："解褐授蘄州□□□□□□。無何拜袁州刺史。"天授二年卒，年四十五。

杜　某　　約天授初

《楊炯集》卷九《杜袁州墓誌銘》："公諱某，字某……又遷蘇州長史，加中散大夫……我大周誕受萬國，寵綏四方，建官惟賢，垂拱而理，乃命公爲朝議大夫、使持節袁州諸軍事守袁州刺史。"

魏元表　　長壽二年（693）

《光緒江西通志》卷八《職官表》："魏元表，袁州刺史，長壽二年任。"

王方平　　武后時

《隋唐五代墓誌匯編・洛陽卷》第十册《唐故幽州都督壽陽縣男王府君（方字平）墓誌》（開元二十七年二月十日）："公諱方，字平……除袁州刺史，轉道州刺史……登司府少卿，遷幽州都督。"長安元年二月三日卒，春秋七十八。按幽州都督王方平，屢見於典籍及石刻，證知以方平爲名著稱於世。

麻慈力　　久視中

《光緒江西通志》卷八《職官表》："麻慈力，袁州刺史，久視中任。"

樊文器　　武后時？

《全文》卷三四三顏真卿《朝議大夫贈梁州都督上柱國徐府君（秀）神道碑銘》："〔天寶〕十三載秋七月九日終於郡之官舍，春秋七十……夫人南陽縣君樊氏……袁州刺史文器之孫，廬江太守季節之女。"

胡元禮　　武后時？

《雍正江西通志》卷四六秩官（以下簡稱"《雍正江西通志》"）列袁州刺史有胡元禮。按神龍二、三年胡元禮在越州刺史任。

崔　融　　神龍元年（705）

《舊書》本傳："及〔張〕易之誅，融左授袁州刺史。尋召拜國子司業。"《新書》本傳略同。按張易之被誅在神龍元年正月，見《舊書·則天皇后紀》及《中宗紀》。

裴無晦（裴無悔）　　中宗時？

《舊書·裴寬傳》："寬父無晦，袁州刺史。"按《新表一上》南來吳裴氏作"無悔，袁州長史"，未知孰是，姑從《舊書》。又按裴寬仕玄宗朝，疑其父刺袁州或在中宗時。《雍正江西通志》有裴彥晦，謂由員外郎任，疑即裴無晦之訛誤。

馬　建　　約景雲中

《嘉泰吳興志》卷一四郡守題名："馬建，證聖元年自袁州刺史授，遷邛州刺史。《統記》云：太極元年。"今從《統記》。

馬　構　　先天中？

《正德袁州府志》卷六《職官》著録馬構爲袁州刺史，《雍正江西通志》同。按馬構約開元初爲湖州刺史。疑其刺袁在先天中。

許輔乾　　開元初？

《雍正江西通志》列袁州刺史有許輔乾。注：“員外郎。”按《新表三上》安陸許氏：“輔乾，右金吾大將軍。”乃夔州刺史欽寂子。《全文》卷二五二蘇頲有《授許輔乾左羽林將軍制》，皆未及袁州刺史。

李　伉（李沆）　　開元中

《全詩》卷七七五李伉《謫宜陽到荆渚》：“漢江江水水連天，被謫宜陽路幾千。爲問野人山鳥語，問予歸棹是何年？”岑仲勉《讀全唐詩札記》云：“按此詩見《萬首唐人絶句》七二，目録稱：李沆，袁州刺史。宜陽即袁州也。郎官柱吏中、户中均見李沆，前者列王維前，後者列張博濟、吉温前，則玄宗時人。”

盧子真　　約開元中

上圖藏拓片《唐故殿中侍御史隴西李府君夫人范陽盧氏墓誌銘并序》（元和十二年六月二十七日）：“曾祖子真，皇袁、和二州刺史。祖炅，皇大理主簿。父群，皇銀青光禄大夫義成軍節度使兼御史大夫贈工部尚書。夫人即府君長女……以元和十二年五月十六日終於砩鞏縣丞隴西李伯華之官舍，享年三十有五。”按盧群卒貞元十六年，見《舊書·德宗紀下》，其祖刺袁州約在開元中。

張　楚　　開元中

《雍正江西通志》有張楚。注云：“郎中。”按《全文》卷三〇六有張楚，收録《與達奚侍郎書》等文，約玄宗時人。韋瓘《修漢太守馬君廟記》稱：開元中刺史張楚深念功本，爰立祠宇。《郎官柱》户部員外有張楚，在鄭永後，崔懷嶷前。祠部員外有張楚，在高遷、裴春卿後，盧僎、裴積前。

盧昇明 開元中？

《雍正江西通志》列袁州刺史有盧昇明。按《新表三上》盧氏有"昇，福州刺史"。《淳熙三山志》卷二〇作"盧昇明"，天寶二年爲福州刺史。

李 璟 天寶元年（742）

《全文》卷三七一彭構雲小傳："宜春人，天寶中爲刺史李璟所薦，玄宗欲官之，固辭歸里。上元元年卒。"《光緒江西通志》卷八《職官表》："李璟，袁州刺史。《府志》：天寶元年任。"

李適之 天寶五載（746）

《舊書·玄宗紀下》：天寶五載七月，"太子少保李適之貶宜春太守，到任，飲藥死"。又見兩《唐書》本傳，《舊書·韋堅傳》，《通鑑·天寶五載》，《御覽》卷八八五，《廣記》卷三六二引《明皇雜錄》。

房 琯 天寶六載（747）

《舊書》本傳："坐與李適之、韋堅等善，貶宜春太守。歷琅邪、鄴郡、扶風三太守。"《新書》本傳略同。《通鑑·天寶六載》：正月，"給事中房琯坐與適之善，貶宜春太守"。《全文》卷三一八李華《唐丞相太尉房公碑銘》："昔撫宜春，列邦是式。"

鄭 宏 玄宗時？

《雍正江西通志》有鄭宏。按《新表五上》鄭氏有"宏之，定州刺史"。約玄宗時人。

劉秋子 至德中

《御覽》卷三一〇："至德中，宜春郡太守劉秋子率士卒攻賊，兵盡矢窮，秋子張空拳大呼於軍前，戰而勝。詔嘉其忠勇，授淮陽太守。"

鄭 審 乾元中

《舊書·鄭繇傳》："子審，亦善詩詠，乾元中任袁州刺史。"又見

《唐詩紀事》卷一五鄭縡條。《全文》卷八八八徐鍇《先聖廟記》：“蓋天寶中太守房公瑜始立廟於州城北門之外五十步，乾元中太守鄭公審始移中，會昌中又遷於州東。”《太平寰宇記》卷一〇九袁州宜春縣：“西池在縣西，乾元中刺史鄭審所開。”

李　揆　　肅宗時

《雍正江西通志》列袁州刺史有李揆，注云：“字端卿，隴西人。”按《新書》本傳稱肅宗時貶袁州長史，《舊書》本傳未及。

【補遺】徐寶承　　約肅宗、代宗間

《洛陽新獲墓誌107·唐故杭州司兵參軍徐府君季女墓誌銘並序》（會昌五年一月十九日）：“曾王父諱寶承，皇袁州刺史，贈國子祭酒。王父諱岱，貞元中爲給事中，順宗皇帝侍讀，贈禮部尚書、太子少保。皇考諱澹，皇杭州司兵參軍，娶京兆韋氏夫人，即潤州刺史損之孫。”據此，其爲袁州刺史約在肅宗、代宗間。

李　遵　　寶應元年—廣德元年（762—763）

《舊書·代宗紀》：寶應元年八月，“貶太子少傅李遵爲袁州刺史”。永泰元年正月，“前袁州刺史李遵爲太子少保，聽朝朔望”。《全文》卷三九一獨孤及《唐故特進太子少保鄭國李公（遵）墓誌銘》：“肅宗崩，公由太子少傅貶袁州刺史……寶應二年拜鴻臚，尋復加太子少保，貶永州司馬。”

張　澹（張惟清）　　約廣德元年—二年（約763—764）

《全文》卷三一四李華《平原公遺德頌并序》：“公張氏，諱鎬，字從周……公薨於鎮，八州文武吏人老幼途哭家祭……公故吏……尚書刑部員外郎、前袁州刺史張澹惟清……等一十二人，咨余爲頌，撫石而泣。”按張鎬寶應元年十月爲江西觀察使，廣德二年九月卒於任。張澹刺袁州當在此期間。

閻伯璵　　廣德二年（764）

《封氏聞見記》卷九：“閻伯璵爲袁州……袁州先已殘破，伯璵專以惠化招撫，逃亡皆復，鄰境慕德襁負而來……及移撫州，闔州思戀，百姓率而隨之……皆云：從袁州來，隨使君往撫州……到職一年，撫州復如袁州之盛。代宗聞，徵拜户部侍郎。未至而卒。”又見《唐語林》卷一。按《全文》卷四一一常袞《授閻伯璵刑部侍郎等制》稱：婺州刺史閻伯璵可行尚書刑部侍郎，《姓纂》卷五廣平閻氏亦稱“伯璵，刑部侍郎”，又按《全文》卷八七一朱恂《仰山廟記》：“有唐代宗朝廣德末神感夢於太守閻瑜曰……袁之嗇夫，實有所賴。”疑“閻瑜”爲“閻伯璵”之訛奪。則閻伯璵刺袁當在廣德二年。

蕭　定　　大曆元年（766）

《舊書》本傳：“爲元載所擠，出爲祕書少監、兼袁州刺史，歷信、湖、宋、睦、潤五州刺史，所涖有政聲。”《新書》本傳略同。又見《元龜》卷六八四。《全文》卷四三四蕭定《袁州文宣王廟記》：“大曆元祀，定自尚書左司郎中試祕書少監兼此州刺史……大曆二年……律中無射之月兼刺史蕭定記。”《宋高僧傳》卷一四《唐洪州大明寺嚴峻傳》：“〔大曆〕二年春，宜春太守俾僧正馳疏請召。”此“宜春太守”當爲蕭定。

鄭　某　　大曆六年（771）

《光緒江西通志》卷八《職官表》：“鄭失名，袁州刺史，大曆六年任，據《僧至閑甄叔大師塔銘》補。”

李嘉祐　　大曆六、七年（771、772）

《新書·藝文志四》“《李嘉祐詩》一卷”注：“別名從一，袁州、台州二刺史。”又見《唐才子傳》。據傅璇琮考證，大曆六、七年間李嘉祐在袁州刺史任（《唐代詩人叢考·李嘉祐考》）。《全詩》卷一四七劉長卿有《送李員外使還蘇州兼呈前袁州李使君賦得長字袁州即員外之從兄》，卷二四三韓翃有《送王侍御赴江西兼寄李袁州》，卷二四八郎士元有《寄李袁州桑落酒》，卷二七一竇叔向有《酬李袁州嘉祐》，卷八一

五皎然有《酬邢端公濟春日蘇臺有呈袁州李使君兼書并寄辛陽王三
侍御》等。

李　昕?　　大曆中?

北圖藏拓片《唐故銀青光禄大夫行瀛州別駕莫州刺史上柱國申
國公蔡府君（雄）墓誌》（貞元十九年十月二十五日），蔡雄貞元三年二
月十六日卒，春秋五十三。"夫人隴西李氏，則袁州使君昕（?）之仲女
也。居喪禮聞，撫孤成人。"

崔　鼎　　大曆中?

《雍正江西通志》列袁州刺史有崔鼎。按《新表二下》南祖崔氏有
鼎，未署官職，乃縣黎子。又按崔鼎建中二年爲台州刺史。

齊　玥（齊翔）　　大曆中?

《雍正江西通志》有齊翔，按《全詩》卷七九四清晝《建安寺西院喜
王郎中遭恩命初至聯句》有齊翔，當作"齊玥"，見"括州"卷。

柳　渾　　大曆十二年—十四年（777—779）

《舊書》本傳："〔大曆〕十二年，拜袁州刺史。居二年，崔祐甫入
相，薦爲諫議大夫、浙江東西黜陟使。"《新書》本傳略同。又見《柳河
東集》卷八《故銀青光禄大夫右散騎常侍輕車都尉宜城縣開國伯柳公
（渾）行狀》。《全詩》卷一五一劉長卿有《送柳使君赴袁州》。按崔祐
甫入相在大曆十四年五月甲戌，見《新書·宰相表中》。

崔　陲　　建中初—貞元元年（約780—785）

《全文》卷六一〇劉禹錫《檢校吏部郎中兼御史中丞贈太師崔公
（陲）神道碑》："建中初……權知袁州刺史，期月有成，詔書顯揚，就加
真秩，益以金紫。居無何，韓晉公爲丞相……乃傳召之……授檢校户
部郎中兼侍御史。"又卷七五六杜牧《唐故銀青光禄大夫檢校禮部尚
書御史大夫充浙江西道都團練觀察處置等使崔公（鄲）行狀》："父陲，

皇任檢校吏部郎中兼御史中丞、袁州刺史。"按韓滉貞元元年七月拜檢校左僕射、同平章事，使如故。二年春特封晉國公。其年十一月，朝京師。

張　滂　　貞元三年—六年（787—790）

《千唐誌·唐故中大夫户部侍郎兼御史大夫諸道鹽鐵轉運等使清河張公（滂）墓誌銘并序》（貞元十七年九月二十六日）："貞元二年檢校户部員外兼侍御史，勾當浙東西進奉，三年改倉部郎中兼袁州刺史……六年改司農少卿，專知太倉出納……十六年十月十九日寢疾終於位，時年七十六。"戎昱有《贈宜陽張使君》詩，當即張滂。

董　鎮　　貞元十年（794）

《舊書·德宗紀下》：貞元十年"九月辛未朔，以袁州刺史董鎮爲邕管經略使"。

許　峴　　貞元中

《姓纂》卷六高陽北新城縣許氏："峴，袁州刺史。"《新表三上》許氏同。按許峴貞元七年爲饒州司馬，見《會要》卷四五。疑其刺袁州約在貞元後期。

張　愐　　貞元中？

《雍正江西通志》列袁州刺史有張愐，注云："郎中。"按《新表二下》張氏有"愐，洛陽丞"，乃刑部尚書張均子，睿宗、玄宗相張説孫。

齊　總　　元和二年（807）

《光緒江西通志》卷八《職官表》："齊總，袁州刺史。《宜春縣志》：元和二年任。"按貞元十八年齊總在衢州刺史任。

王　涯　　約元和三年—五年（約808—810）

《新書》本傳："元和初，會其甥皇甫湜以賢良方正對策異等，忤宰相,涯坐不避嫌,罷學士,再貶虢州司馬,徙爲袁州刺史。憲宗思之,以兵部員外郎召,知制誥。"《舊書》本傳未及刺袁州事。唯云:"元和三年,爲宰相李吉甫所怒,罷學士,守都官員外郎,再貶虢州司馬。五年,入爲吏部員外。七年,改兵部員外郎、知制誥。"《柳河東集》卷九《唐相國房公德銘之陰》稱:"〔房公〕理袁人,袁人不勝其懷……今刺史太原王涯。"注云:"涯……元和三年徙爲袁州刺史。"《全詩》卷三三二羊士諤有《郡中端居有懷袁州王員外使君》,卷三四四韓愈《祖席前字》詩注:"送王涯徙袁州刺史作。"

李將順　　元和九年（814）

《新表二上》趙郡李氏南祖房:"將順,袁州刺史。"《新書·地理志五》袁州宜春縣:"西南十里有李渠,引仰山水入城,刺史李將順鑿。"《元龜》卷一五一:"〔元和〕九年八月,袁州刺史李將順坐掊擾人,貶道州司戶參軍。"又見卷七〇〇。《會要》卷六八作"九年十二月"。按兩《唐書·呂元膺傳》作"虔州刺史"李將順"貶道州司戶參軍"。疑作"袁州刺史"是。

韓　愈　　元和十四年—十五年（819—820）

《舊書·憲宗紀下》:元和十四年十月丙寅,"潮州刺史韓愈爲袁州刺史"。又《穆宗紀》:元和十五年九月,"以袁州刺史韓愈爲朝散大夫,守國子祭酒,復賜金紫"。又見兩《唐書》本傳,《元龜》卷六七五,《全詩》卷三四一韓愈《別趙子》詩注。《韓昌黎集》卷三一《黃陵廟碑》:"元和十四年春,余以言事得罪,黜爲潮州刺史……其冬,移袁州刺史。明年九月,拜國子祭酒。"又見卷二《新修滕王閣記》,卷八《袁州刺史謝上表》,卷五《袁州祭神文三首》、《祭柳子厚文》注。《全文》卷六八七皇甫湜有《韓愈神道碑》,又卷六三九李翱有《故正議大夫行尚書吏部侍郎韓公行狀》。北圖藏拓片《南海神廣利王廟碑》（元和十五年十月一日）:"使持節袁州諸軍事守袁州刺史韓愈撰。"

王建侯　　元和中?

《芒洛四編》卷六《唐故文林郎試左武衛兵曹參軍彭城劉府君夫

人太原王□□誌銘并序》：“夫人太原王氏……伯父建侯，皇銀青光禄大夫，袁□□□洋等州刺史，封太原縣男。”夫人乾符五年六月二十三日卒，享齡□十四。按建侯元和十二年爲台州刺史。

趙全亮　　長慶中？

《雍正江西通志》列袁州刺史有趙全亮，注云：“郎中。”按《舊書·趙璟傳》稱：“次子全亮，官至侍御史、桂管防禦判官。”未及袁刺。又按趙璟相德宗。

蕭　睦　　約寶曆中

《全文》卷六九三李虞仲《授蕭睦祠部員外郎制》稱：“朝散大夫使持節袁州諸軍事守袁州刺史上柱國蕭睦……可行尚書祠部員外郎。”按兩《唐書·李虞仲傳》，李虞仲寶曆中以兵部郎中知制誥，拜中書舍人，至大和四年出爲華州刺史。此制當爲寶曆初至大和四年前作。蕭睦刺袁約在寶曆中。又按蕭睦長慶初爲鳳州刺史。

韋　建　　大和五年（831）

《光緒江西通志》卷八《職官表》：“韋建……袁州刺史，大和五年任。”按《全詩》卷一五〇劉長卿有《客舍贈別韋九建赴任河南》，《全文》卷三一七李華《三賢論》稱韋建與蕭穎士最善，《會要》卷六七謂貞元五年以前太子詹事韋建爲祕書監致仕，則韋建不可能大和五年尚在世。或此乃另一韋建歟？

盧　萼　　大和六年（832）

《太平寰宇記》卷一〇九袁州宜春縣：“大和六年，〔盧〕萼理縣有善政，郡守闕，攝司馬知州。”

鄭　某　　大和六年（832）

《金石萃編》卷一〇八《大唐袁州萍鄉縣楊岐山故甄叔大師塔銘并序》：“刺史鄭，縣令闕……唐大和六年歲次壬子四月癸亥朔三十壬辰。”

趙　蕃　　大和七年（833）

《廣記》卷九八引《宣室志》：“唐國子祭酒趙蕃，大和七年爲南宫郎……後數日，蕃出爲袁州刺史。”又見《全文》卷七二二趙蕃小傳。

張　述　　大和中

《全文》卷七一七張述小傳：“述，大和朝官司封郎中，出爲袁州刺史。”《郎官柱》司封郎中有張述，在裴肅後，崔鉉前。

孫　結　　文宗時

《雍正江西通志》列袁州刺史有孫結。按《新書·藝文志二》有“孫結《大唐國照圖》一卷”，注：“文宗時人。”

成應元　　會昌二年—三年（842—843）

《全詩》卷五五一盧肇《及第後江寧觀競渡》原注：“寄袁州刺史成應元。”按《登科記考》卷二二、《玉芝堂談薈》卷二，盧肇會昌三年登第（黃震雲提供）。《光緒江西通志》卷八《職官表》：“成應元，袁州刺史。《府志》：會昌中任。”

蘇　球　　大中元年（847）

《正德袁州府志》卷一三鄭王賓《乳洞記》稱：蘇球大中元年爲袁州刺史。《雍正江西通志》列袁州刺史有蘇球。

温　璠　　大中六年（852）

《全文》卷七九一温璠《净觀聖母記》：“大中壬申歲夏五月乙未，詔高平守璠曰：汝在澤以能聞，今輟於袁，宜用前心爲理……鼓雙翼飛波抵鍾陵，及仲月既維舟於觀……時八年三月十五日記。”按大中壬申歲爲大中六年。

顔遐福　　大中十四年—咸通三年（860—862）

《全文》卷八〇二劉驤《袁州城隍廟記》：“大中十四年，太守魯郡顔公遐福理斯郡……洎今未逾二載，百穀豐，萬彙蘇……咸通二年十月二十四日，構斯堂宇……有唐二百四十五祀壬午夏六月三日記。”按壬午爲咸通三年。

張　琮　　咸通初？

《雍正江西通志》列袁州刺史有張琮，注云：“員外郎。”按《新表二下》始興張氏有“琮”，未署官職，乃淪子。《郎官柱》倉部員外有張琮，在郭圓後，郭囿、李詠前。

高　厚　　咸通七年（866）

《全文》卷七六八盧肇《震山巖記》：“宜春郡東五里有山，望之正若冠冕……咸通七年，予罷新安守……與郡守高公遊其下，公名厚……郡民相率言曰：二刺史俱好事者……是歲景戌十一月二十三日謹記。”

衛景溫　　約咸通中

《全詩》卷七七五易思有《郡城放猿獻衛使君》，又有《題袁州龍興寺》。按《正德袁州府志》卷六《職官》記載唐刺史有衛景溫，友人陳尚君謂易思詩中“衛使君”即衛景溫。

于　瓌　　咸通十三年（872）

《舊書・懿宗紀》：咸通十三年五月，“前湖南觀察使于瓌爲袁州刺史”。《通鑑・咸通十三年》：五月“甲申，貶……前湖南觀察使于瓌爲袁州刺史”。

楊　授　　乾符中？

《雍正江西通志》列袁州刺史有楊授。按兩《唐書》本傳未及。唯稱：“黃巢犯京師，僖宗幸蜀，徵拜户部侍郎。”《郎官柱》吏部郎中有楊授,在李磎後,崔胤前。司勳員外在李耀後,趙崇前。

鄧　璠　　中和間

《全詩》卷五四六彭蟾《賀鄧璠使君正拜袁州》:"六年惠愛及黎甿,大府論功俟陟明。尺一詔書天上降,二千石禄世間榮。新添畫戟門增峻,舊躡青雲路轉平。更待皇恩醒善政,碧油幢到郡齋迎。"《光緒江西通志》卷八《職官表》:"鄧璠……袁州刺史,中和間任。"

李　遊　　中和間

《光緒江西通志》卷八《職官表》:"李遊,袁州刺史,中和間任。"

【鍾　傳　　中和間（未之任）】

《光緒江西通志》卷八《職官表》:"鍾傳……撫州刺史,中和間任……又嘗領袁州刺史,未至任。"

何　迎　　光啓中?

《雍正江西通志》列袁州刺史有何迎之,注:"員外郎。"按《登科記考》卷二三:"何迎,《永樂大典》引《宜春志》:何迎,廣明元年登進士第。"

徐公佐　　大順二年（891）

《光緒江西通志》卷八《職官表》:"徐公佐,袁州刺史,大順二年任。"

鍾匡時　　乾寧元年（894）

《新書·鍾傳傳》:"傳以匡時爲袁州刺史,擊馬殷。"《全文》卷九二〇澄玉《疏山白雲禪院記》:"乾寧甲寅歲……時有袁州鍾公,即洪州廉使之子也。"注:"曰時。"按甲寅歲爲乾寧元年。

揭　鎮　　乾寧二年（895）

《光緒江西通志》卷八《職官表》:"揭鎮……袁州刺史,乾寧二年任。”

杜 琄　　天復元年(901)

《光緒江西通志》卷八《職官表》：“杜琄……袁州刺史，天復元年任。”

冷 約　　天祐元年(904)

《光緒江西通志》卷八《職官表》：“冷約，袁州刺史，天祐元年任。”

彭彦章　　天祐初

《十國春秋》本傳：“天祐初，彦章爲袁州刺史，與撫州危全諷等連兵攻洪州。”

待考録

崔 茂

《新表二下》博陵安平第二房崔氏：“茂，袁州刺史。”乃隋恒農太守宣度曾孫，國子司業崔令欽祖父。

李 佋

《新表二上》隴西李氏姑臧房：“佋，袁州刺史。”按其高祖君平，冀州刺史，約唐初人。

崔 操

《雍正江西通志》有崔操，注：“郎中。”按《新表二下》博陵安平大房崔氏有操，檢校郎中，乃武后、中宗相崔玄暐曾孫。又清河大房崔氏有操，未署官職，乃太常博士敩子。《千唐誌·唐故朝議郎行通事舍人京兆杜公夫人崔氏墓誌銘并序》稱“考操，潤州刺史”，夫人卒開元二十七年，未及享齡。

郭　珍

《雍正江西通志》列袁州刺史有郭珍。按《姓纂》卷一〇太原陽曲郭氏有"珍，桂州都督"。

盧處潤

《雍正江西通志》列袁州刺史有盧處潤。按兩《唐書·盧弘正（止）傳》有子虔灌，未知有關否。

李　運

《雍正江西通志》列袁州刺史有李運，注："員外郎。"按《新表二上》趙郡李氏東祖房有"運"，未署官職。父盈；祖敬臣；曾祖思諒，金部郎中；高祖來王，散騎常侍。

張　濟

《雍正江西通志》列袁州刺史有張濟。按《新表二下》始興張氏有"濟"，未署官職。餘悌子。又吳郡張氏有"濟"，未署官職，乃國子祭酒後胤子。

黃　恭

《雍正江西通志》列袁州刺史有黃恭。按《新書·藝文志二》有"黃恭之《孔子系葉傳》二卷"。

鄭　著

《雍正江西通志》列袁州刺史有鄭著。按《新表五上》鄭氏有"著"，未署官職，乃房州司馬元叶子。

韋觀象

《雍正江西通志》列袁州刺史有韋觀象。按《新表四上》韋氏郿公房有"觀"，未署官職，乃圓照子。隋尚衣奉御匡伯姪。又南皮公房有"觀，洛陽尉"，乃陳王傅綱子。

李　宗

《雍正江西通志》列袁州刺史有李宗，注：“員外郎。”按《新表二上》趙郡李氏東祖房有“宗，鄭州參軍”，乃給事中顗子。

按：《正德袁州府志》卷六《職官》記載唐袁州刺史有106人，除已著録者外，尚有：元伯通（無考）、朱子廣（無考）、袁瓚（無考）、元思禮（《雍正江西通志》同，無考）、喬懷（《雍正江西通志》同，無考）、高景琛（無考，或爲“秦琢”之誤）、蘇玉（《雍正江西通志》同，無考）、裴從心（《雍正江西通志》同，無考）、郭仲（《雍正江西通志》同，無考）、楊仲舉（《雍正江西通志》同，無考）、李琓（《雍正江西通志》作“李珖”，無考）、曹明（《雍正江西通志》同，無考）、崔興朝（《雍正江西通志》同，無考）、裴邁（《雍正江西通志》同，無考）、李瑶（《雍正江西通志》同，無考）、盧舟（《雍正江西通志》同，無考）、章譚（《雍正江西通志》同，無考）、李求（《雍正江西通志》作“李球”，無考）、張令望（《雍正江西通志》同，無考）、周儼（《雍正江西通志》同，無考）、盧挺（《雍正江西通志》同，無考）、崔士儉（《雍正江西通志》同，無考）、張廷（《雍正江西通志》作“張挺”，無考）、蔣房（無考）、夏侯贄（《雍正江西通志》同，無考）、杜滄（《雍正江西通志》同，無考）、李元環（《雍正江西通志》同，無考）、裴諒（《雍正江西通志》同，無考）、趙嵩（《雍正江西通志》同，無考）、成全（《雍正江西通志》同，無考）、鄭公著（《雍正江西通志》同，無考）、鍾離侑、張錯、張皋、黃蕚、范昌（以上五人《雍正江西通志》同，無考）、張回（無考）、王琪（無考）、劉信（《舊五代史·劉處讓傳》稱“祖信，累贈太子少保”，未知是否此人）、劉崇景（無考）、姚章（無考）、劉璋（《新表一上》曹州南華劉氏有劉璋，疑非同人）。此外，《雍正江西通志》列袁州刺史未見於其他典籍者尚有房瓌、鄭望夫、衛景温。

卷一六四　鄂州(江夏郡)

隋江夏郡。武德四年平蕭銑，改爲鄂州。天寶元年改爲江夏郡。乾元元年復爲鄂州。領縣四：江夏、永興、武昌、蒲圻。

雷長穎　　*武德四年(621)*

《通鑑·武德四年》：十月"辛卯，蕭銑鄂州刺史雷長穎以魯山來降"。《元龜》卷一二六同。

周和舉　　*武德四年(621)*

《太平寰宇記》卷一一二鄂州蒲圻縣："武德四年，使人王宏讓、刺史周和舉權在陸溪川中爲縣。"

許世緒　　*武德中*

《千唐誌·唐太府卿真定郡公許府君(緒)墓誌銘并序》："於時高祖經綸大寶，初謀伐□之師，太宗翊贊靈圖……除左武候長史……歷司農、太府卿，轉鄂、瓜、豫三州刺史。□入朝，遂□□□。承明謁帝，方獻替於紫廬；鈞天動心，奄□□於金奏。春秋六十三，追贈靈州都督。"末言卒年。顯慶五年遷葬北邙。又《大唐桂州都督府倉曹許君(義誠)墓誌銘并序》(開元三年六月十一日)："祖世緒，唐銀青光禄大夫、太府少卿、兵部侍郎，鄂豫二州諸軍事鄂豫二州刺史，真定郡開國公。"按兩《唐書》本傳未及刺鄂州事。《舊傳》稱："武德中，累除蔡州刺史，封真定郡公，卒。"按"蔡州"即"豫州"。

李道宗　　　貞觀十一年（637）

《舊書‧長孫無忌傳》：貞觀十一年功臣世襲刺史詔：“任城郡王道宗，可鄂州刺史，改封江夏郡王”。《新書》本傳：“徙封江夏，授鄂州刺史。”又見《元龜》卷一二九，《會要》卷四七，《全文》卷六。《舊書》本傳未及。

畢　誠（畢操?）　　　貞觀中

《金石補正》卷七一《大唐利州刺史畢公柏堂寺菩提瑞象頌》：“粵若季父銀青光禄大夫、使持節利州（缺）……郡太守、度支尚書、兗州刺史府君……公之曾祖，（缺）大父皇朝尚舍奉御，蜀、虢二王府長史，台、鄂、滁三州刺史府君。”又見《唐文拾遺》卷一八。岑仲勉《貞石證史‧畢利州及其時代》：“一人而得兼郡太守、度支尚書者，唯在隋爲可能。”認爲畢利州之曾祖乃隋人。蜀、虢均爲唐初親王，如此，則其祖刺台、鄂、滁當在貞觀時。按《姓纂》卷一〇太原畢氏有“唐滁州刺史畢誠”，岑仲勉《姓纂四校記》謂此與《舊書》卷一七七大和中擢進士之畢誠非同人，此乃唐初人，與畢利州之大父時代、世次相符，故謂當即畢誠。然《嘉定赤城志》卷八郡守有“貞觀八年，畢操”，岑氏謂畢利州之大父亦可能是畢操。究竟是父（誠）還是子（操）爲三州刺史，無法斷定。

燕敬嗣　　　約高宗時

上圖藏拓片《大唐故燕府君（紹）墓誌銘》（開元六年五月三日）：“祖寶壽，隋開府儀同三司楚州刺史……父敬嗣，皇朝鄂、鄆二州刺史，昌平郡公。”燕紹七十五歲卒，未言卒年。又見《芒洛續編補》。按其岳父劉文器，代州都督，永徽四年配流峰州，見《元龜》卷六一七。

【補遺】竇義節　　　約高宗時

《洛陽新獲墓誌83‧故朝散大夫國子司業守河東縣令竇伯陽夫人太原郭氏志銘》（貞元十年七月十四日）：“天寶中適扶風竇伯陽爲妻。伯陽貫河南府洛陽縣人也。曾祖諱義節，行鄂州刺史。祖諱誠盈,守青州刺史。父諱庭芝,守陝州刺史、御史中丞。"夫人貞元十年四月廿日卒。

崔行成　高宗時

北圖藏拓片《唐故雍州舒鄠縣丞博陵崔君（訥）墓誌銘并序》（景龍三年二月十五日）:"父行成,皇朝侍御史,歷司勳、考功員外郎,司元大夫,雍州長安縣令,鄂州刺史。"訥卒永淳三年,春秋五十二。按《郎官柱》司勳員外有崔行成。

李　璥　永昌元年（689）

《舊書·李元懿傳》:"子璥,上元初封爲嗣鄭王,官至鄂州刺史。"《新書·李元懿傳》略同。又見《元龜》卷二八一、卷二八四。《通鑑·永昌元年》:十月"己未,殺宗室鄂州刺史嗣鄭王璥等六人"。

王美暢　天授中?

《金石補正》卷五九《北峰塔院銘殘碑》:"我明府君清源縣開國子預茲選矣。公名□,字臣忠……皇朝水部員外、主爵郎中、陳鄂饒潤四州刺史、薛公之孫。"考《新表二中》烏丸王氏有"美暢,字通理,司封郎中、薛公",乃鄭州刺史思泰子。《寶刻叢編》卷八引《集古錄目》有《唐贈益州都督王美暢碑》,謂"官至潤州刺史",由此知"陳鄂饒潤四州刺史、薛公"即王美暢。又按《金石補正》卷四九《王美暢夫人長孫氏墓誌銘》:"聖曆元年,王府君止坐挺災,奠楹俄及。"知美暢卒聖曆元年。其刺鄂或在天授中。

于知微　長壽二年（693）

《全文》卷二〇六姚崇《兗州都督于知微碑》:"長壽二年制授鄂州刺史,無何,又累除道、利二州刺史。化被荊楚,威覃蜀漢。"

馮昭泰　約武后末

《英華》卷九二一張說《故括州刺史贈工部尚書馮公神道碑》:"貶

爲饒州司馬，未行，降使詳覆，拜鄂州刺史……入爲太子家令，兼知內外鑄錢事……河朔淫雨，帝思作乂，俾出檢校邢州刺史……累移睦州刺史……景龍三年六月十三日終於蘇州之逆旅，春秋六十有五。"按馮昭泰景龍元年十月十九日自邢州刺史移睦州刺史。

王山輝　　約中宗時

《千唐誌·大唐故右衛率府親府親衛上騎都尉王君（傑）墓誌銘》（先天元年十月二十五日）："父山輝，鄂、利、吉三州諸軍事三州刺史。"王傑景雲二年八月廿一日卒於吉州館舍，春秋一十七。知王山輝景雲二年在吉州刺史任。則其刺鄂州約在中宗時。

崔羶之　　睿宗時？

《新表二下》許州鄢陵房崔氏："羶之，鄂州刺史。"乃知久之子。其伯父知悌，高宗末爲戶部尚書。

李　邕　　開元初？

《元龜》卷八六二："嗣鄂王邕爲鄂州刺史，丁母憂，起復爲衛尉卿。"按兩《唐書·李鳳傳》稱：神龍初，封鳳嫡孫邕爲嗣虢王，累遷衛尉卿，開元十五年卒。未及鄂刺。《元龜》之"嗣鄂王"當爲"嗣虢王"之誤。又按《寶刻叢編》卷三引《集古錄目》有《唐襄陽牧獨孤冊遺愛頌》，稱"江夏太守李邕撰"；又卷一〇引《集古錄目》有《唐贈太常卿王仁忠碑》，亦稱"江夏太守李邕撰"；按撰碑之李邕當爲李善子，天寶初爲北海太守者，江夏人。非嗣虢王之李邕，因獨孤冊約開元十五、十六年爲襄刺，時嗣虢王邕已卒。疑"太守"二字衍。

盧正道　　開元十四年（726）

《新表三上》盧氏："正道，鄂州刺史。"乃綿州長史安壽子。《全文》卷二六五李邕《中大夫上柱國鄂州刺史盧府君神道碑》："考諱安壽，綿州長史……〔公〕以開元十四年□□□□□□□□□修里之私第。"《金石錄》卷六："《唐鄂州刺史盧府君碑》，李邕撰并行書，天寶元年二月。"又見《寶刻叢編》卷四,《金石萃編》卷八五。《中州金石目》卷三、《寰宇訪碑録》卷三皆作《鄂州刺史盧正道碑》。

盧　翊　　開元十九年(731)

《新表三上》盧氏:"翊,鄂州刺史。"《千唐誌·唐故通議大夫鄂州刺史上柱國盧府君(翊)墓誌銘并序》(開元二十一年十月十六日):"時開元十九年,主上以外臺宣風,頗多缺政,精選良吏,以求人瘼,乃授鄂州刺史。軒車首路,江皋胥悦……歲十月屆於南陽,遘疾彌留,以十四日終於旅次,春秋六十二。"又有《大唐故通議大夫鄂州刺史上柱國盧君夫人清河郡君墓誌銘并序》(開元二十七年八月十二日)。又《唐故滑州司法參軍范陽盧君(初)墓誌銘并序》(大和三年十月二十六日)稱:"鄂州刺史翊府君之孫。"上圖藏拓片《唐故中大夫澧州刺史賜紫金魚袋范陽盧府君(昂)墓誌銘并序》(大和三年十月二十六日):"黄門生鄂州刺史府君諱翊,鄂州生府君諱昂。"昂永泰元年卒,享壽七十。又見《唐故知鹽鐵轉運鹽城監事盧府君(伯卿)墓誌銘并序》(開成五年十一月三十日)。

蕭　諼　　約開元中

《新表一下》蕭氏齊梁房:"諼,鄂州刺史。"乃開元十五年恒州刺史蕭諴弟。

崔　傅　　天寶中?

《新表二下》南祖崔氏:"傅,鄂州刺史。"乃石州刺史崔琨子,武后末司刑卿神慶孫。

康　某　　天寶中

《全詩》卷一二五王維《送康太守》:"城下滄江水,江邊黄鶴樓。朱闌將粉堞,江水映悠悠。鐃吹發夏口,使君居上頭。郭門隱楓岸,候吏趨蘆洲。何異臨川郡,還勞康樂侯。"

董　某　　至德元載—二載(756—757)

《全文》卷三八〇元結《爲董江夏自陳表》：“頃者潼關失守，皇輿不安……及永王承制，出鎮荆南……王初見臣，謂臣可任，遂授臣江夏郡太守。近日王以寇盜侵逼，總兵東下……今諸道節度以爲王不奉詔……臣則王所授官，有兵防禦……今陛下以王室之艱難，寄臣方面。”孫望師《元次山年譜》繫此文爲至德元載末或二載初作。

崔　寓（崔寓）　　至德二載(757)

《會稽掇英總集·唐太守題名》：“崔寓，至德二年自江夏郡太守授；其年六月召拜給事中。”《嘉泰會稽志》略同。疑“崔寓”爲“崔寓”之訛。《李太白文集》卷三〇《武昌宰韓君(仲卿)去思頌碑并序》：“尚書右丞崔公禹稱之於朝。”“禹”，亦即“寓”之訛。詳見嚴氏《僕尚丞郎表》。

韋良宰　　至德二載—乾元二年(757—759)

《李太白文集》卷三〇《天長節使鄂州刺史韋公德政碑并序》：“削平國步，改號乾元……我邦伯韋公……曩者，永王以天人授鉞，東巡無名，利劍承喉以脅從，壯心堅守而不動。房陵之俗，安於泰山；休奕列郡，去若始至。帝召岐下，深嘉直誠。移鎮夏口，救時艱也。”又卷一〇《經亂離後天恩流夜郎憶舊遊書懷贈江夏韋太守良宰》：“夜郎萬里道，西上令人老……良牧稱神明，深仁恤交道……傳聞赦書至，却放夜郎回……君登鳳池去，勿棄賈生才。”按肅宗自至德二載二月幸鳳翔，十月癸亥自鳳翔還長安，見《舊書·肅宗紀》。《碑》稱“帝召岐下……移鎮夏口”，知韋良宰授鄂州必在至德二載。又按李白乾元元年初被流放，約秋天過江夏，次年三月遇赦，返江夏，據上引詩，時韋良宰在鄂州刺史任，任期届滿。

李　某　　乾元二年(759)

《李太白文集》卷一〇《江夏使君叔席上贈史郎中》詩：“鳳凰丹禁里，銜出紫泥書。昔放三湘去，今還萬死餘。”疑此李使君爲韋良宰之後任。

王　政　　上元二年(761)

《韓昌黎集》卷三三《故江南西道觀察使贈左散騎常侍太原王公墓誌銘》："考諱政，襄、鄧等州防禦使、鄂州採訪使，贈工部尚書。"又卷六《王公神道碑銘》略同。《全文》卷三六八賈至《送于兵曹往江夏序》："予謫洞庭，歲三秋矣……馮翊太守王公，移鎮武昌，好賢下士……"按賈至乾元二年秋貶岳州司馬，至上元二年秋爲三秋。又王政於乾元二年由襄州刺史貶饒州長史，見《通鑑》。疑在上元元年王政又升遷同州刺史，上元二年移鄂州。

姜　某　　寶應中？

《唐詩紀事》卷四八韋皋："皋少遊江夏，止於姜使君之館。"《雲溪友議》卷中《玉簫化》："西川韋相公皋，昔遊江夏，止於姜使君之館。"注："姜輔相國之從兄也。"又見《廣記》卷七四引。按兩《唐書·韋皋傳》未及。據《舊書·韋皋傳》，皋卒永貞元年，享年六十一，則當生於天寶四載。其少時遊江夏疑在寶應中。又按姜公輔建中四年入相，見《新書·宰相表中》。

韋延安　　廣德元年(763)

《姓纂》卷二東眷韋氏閬公房："延安，鄂州刺史。"《新表四上》同。《全文》卷三八一元結《別王佐卿序》："癸卯歲，京兆王契佐卿年四十六，河南元結次山年四十五，時次山須浪遊吳中，佐卿須日去西蜀，對酒欲別……主人鄂州刺史韋延安，令四座作詩，命余爲序。"又卷三一五李華《登頭陀寺東樓詩序》："侍御韋公延安，威清江漢。"按癸卯歲爲廣德元年。

穆　寧　　廣德二年—大曆三年(764—768)

《舊書》本傳："廣德初，加庫部郎中……詔以寧爲鄂州刺史、鄂岳沔都團練使及淮西鄂岳租庸鹽鐵沿江轉運使，賜金紫……沔州別駕薛彦偉坐事忤旨,寧杖之致死,寧坐貶虔州司馬,重貶昭州平集尉。"
《舊書‧食貨志下》、《新書》本傳、《元龜》卷四八三略同。《全文》卷四
四〇閻伯瑾《黃鶴樓記》："刺史兼侍御史、淮西租庸使、鄂岳沔等州都
團練使河南穆公名寧……紀茲貞石,時皇唐永泰元年,歲次大荒落月
孟夏庚寅也。"又卷七八四穆員《祕書監致仕穆公(寧)元堂誌》："詔擇
文武全才以守夏口,我於是有專城連率之寄,金印紫綬之寵……居五
年,有詔徵入。"又卷四〇九崔祐甫《廣喪朋友議》："永泰中,於穆鄂州
寧會客席與故湖南觀察韋大夫之晉同宴。"

獨孤問俗　　約大曆四年—七年(約 769—772)

《姓纂》卷一〇獨孤氏(岑仲勉補)："問俗,鄂州刺史、團練觀察。"
《新表五下》獨孤氏："問俗,鄂州刺史。"《全文》卷四一二常袞有《授獨
孤問俗鄂岳等州團練使制》。又卷三一六李華《壽州刺史廳壁記》：
"某年,以兼侍御史揚州司馬獨孤問俗爲壽州刺史……公理州三年,
遷御史中丞、鎮江夏。"又卷三九五李紓《故中書舍人吳郡朱府君(巨
川)神道碑》："濠州獨孤及懸託文契,舉授鍾離縣令兼大理評事,沔鄂
聯帥獨孤問俗忻慕士程,表爲從事……本州牧御史大夫李涵推善里
仁,拜章特徵。"按獨孤及大曆三年至五年在濠州刺史任,李涵大曆七
年至十二年在浙西觀察使任。獨孤問俗屆於兩人之間爲鄂岳,約大
曆四年至七年。

吳仲孺　　大曆八年—十三年(773—778)

《舊書‧代宗紀》：大曆八牛四月"戊午,以太僕卿吳仲孺爲鄂州
刺史、鄂岳沔等州團練觀察使"。《全文》卷三三二楊綰《汾陽王妻霍
國夫人王氏神道碑》："享年七十三,以大曆十二年正月辛未終於平康
里之私第……次女適鄂州觀察使吳仲孺。"又卷三八八獨孤及《送崔
員外還鄂州序》："員外曳朱組,擁使節,將鄂州牧御史中丞吳公之命,
方舟如吳。"《古逸叢書‧太平寰宇記》卷一一三興國軍永興縣稱:唐
大曆十三年觀察使吳仲孺以縣在東北角,百姓往來隔山湖,奏移居富
池深湖側。

李　兼　　大曆十四年—貞元元年(778—785)

《全文》卷四五五趙憬《鄂州新廳記》：大曆十四年，"是年十月，乃命祕書少監兼侍御史李公授之，公名兼……公之莅鄂也，今兹四年……時建中三年十有一月也"。《舊書·德宗紀上》：貞元元年四月"癸酉，鄂岳觀察使李謙(兼)爲洪州刺史、江西都團練觀察使"。《新書·德宗紀》建中四年"三月辛卯，李希烈寇鄂州，刺史李兼敗之"。又見《通鑑·興元元年》正月，《元龜》卷三九八，《唐文拾遺》卷二四。

盧元卿　　貞元元年—二年(785—786)

《全文》卷六八九符載《土洑鎮保寧記》："元年夏四月，國家裂諸侯之地，俾大夫盧公藩壤沔鄂，以江蘄等六大郡屬之。"又卷六八八《答盧大夫書》："貞元元年八月二十五日，野人符載頓首，上書於觀察使大夫盧公。"又卷六九〇《夏日盧大夫席送敬侍御之南海序》："二年春，皇帝以易簡之道，大黜冗吏。詔近臣冠惠文冠者四人，分行郡國以權之……夏四月辛巳，〔監察御史敬公〕至於江夏，六月丁酉，馳於嶺嶠。鄂管連帥御史大夫盧公，闢以高館，羅以籩豆，搜文以餞之，禮也。"

李　竦　　貞元三年—四年(787—788)

《舊書·德宗紀上》：貞元三年正月"辛亥，以户部侍郎李竦爲鄂岳觀察使"。又《德宗紀下》：貞元四年"六月丁丑，鄂岳觀察使李竦卒"。《英華》卷九四四(《全文》卷五二〇)梁肅《侍御史攝御史中丞贈尚書户部侍郎李公(史魚)墓誌》(貞元五年)："〔嗣子〕竦以文藝吏事，歷中書舍人、户部侍郎，天子以爲才任方鎮，加左散騎常侍、知鄂州軍州事，領都團練觀察使。長才厚位，而壽不至，士友痛之。"

何士幹　　貞元四年—十八年(788—802)

《舊書·德宗紀下》：貞元四年六月"乙未，以諫議大夫何士幹爲鄂岳沔蘄黄等州都團練觀察使"。《全文》卷六九一符載《祭何大夫文》："建社擁旄，於鄂之渚……十五餘年，夏水潦清。"又《爲楊廷評祭何大夫文》："聿來沔鄂，十五餘載。"何士幹爲鄂岳觀察，又見《古逸叢書・太平寰宇記》興國永興縣，《元龜》卷一七六，《全文》卷六九〇符載《送崔副使歸洪州幕府序》、《送盧端公歸巴陵兼往江夏謁何大夫序》、《鄂州何大夫創製夏亭詩序》、《中和節陪何大夫會宴序》，《宋高僧傳》卷二九《唐鄂州開元寺玄晏傳》。《隋唐五代墓誌匯編・洛陽卷》第十二册《大唐故侍御史江西道都團練副使鄭府君（高）墓誌》（貞元二十一年正月二十六日）："故鄂岳觀察使何公士幹辟署推官。"

鄭　伸（鄭紳）　貞元十八年—二十年（802—804）

《舊書・德宗紀下》：貞元十八年三月"己巳，以蘄州刺史鄭紳爲鄂州刺史、鄂岳蘄沔觀察使"。《新表五上》鄭氏："伸字君舒，鄂岳觀察使。"按其從父兄弟有係、佐、佑、佋、倰等，名皆從人旁。則《舊紀》之"紳"當正作"伸"。《金石補正》卷六八《唐故朝請大夫守國子祭酒鄭伸碑》："以本官權刺蘄春，貞元十八年授朝散大夫、鄂州刺史、兼御史□丞、鄂□□□□。"又見《全文》卷六八八符載《蘄州新城門頌并序》。

韓　皋　永貞元年—元和三年（805—808）

《全文》卷五六〇韓愈《順宗實録》三：永貞元年五月"乙酉，以尚書左丞韓皋爲鄂岳觀察、武昌軍節度使"。《舊書・順宗紀》：永貞元年五月，"以右丞韓皋爲鄂岳沔蘄等團練觀察使"。《憲宗紀上》：元和三年二月"己丑，以武昌軍節度使韓皋爲潤州刺史、鎮海軍節度、浙西觀察使"。《金石補正》卷六八《唐故朝請大夫守國子祭酒鄭伸碑》："武昌軍節度管内支度營田鄂岳沔蘄安黄等州觀察□□□使……刺史御史大夫上柱國潁川郡開國公韓皋撰……元和二年二月。"又見兩《唐書》本傳，《元龜》卷九四三，《全文》卷七六一褚藏言《竇庠傳》，《羯鼓録》，《因話録》，《唐語林》卷三。按《舊書・劉禹錫傳》稱韓皋出爲湖南觀察使，誤。

郗士美　元和三年—五年（808—810）

《舊書》本傳："出爲鄂州觀察使。元和五年，拜河南尹。"《新書》本傳略同。《舊書・憲宗紀上》：元和五年十二月壬午，"以鄂岳觀察使郤士美爲河南尹"。《全文》卷七二七舒元輿《鄂政記》："高平公以今皇帝三年春出鎮鄂……五年冬十二月下詔徵公尹河南。"又見卷七四七鄭素卿《西林寺水閣院律大德齊朗和尚碑并序》、《千唐誌·大唐故監察御史河南元府君夫人南陽張氏墓誌銘并序》、《廣記》卷四四〇引《闕史》。北圖藏拓片《唐故鄂岳觀察御史裏行上柱國元公（袞）墓誌銘并序》（元和五年三月二十日）："及高平公作爲神州，詔授萬年主簿。未旬日，高平公廉察江夏，又表□公復授監察御史裏行鄂岳觀察推官。"元和四年卒，年五十二。按"高平公"即郤士美。郤士美元和二年至三年爲京兆尹。

吕元膺　元和五年—八年(810—813)

《舊書·憲宗紀上》：元和五年十二月壬午，"以前御史中丞吕元膺爲鄂州刺史、鄂黄岳沔蘄安黄等州觀察使"。又本傳："除鄂岳觀察使，入爲尚書左丞。度支使潘孟陽與太府卿王遂迭相奏論，孟陽除散騎常侍，遂爲鄧州刺史，皆假以美詞。元膺封還詔書，請明示枉直。"《新書》本傳略同。按孟陽之貶在九年二月，則元膺遷左丞當在八年。《英華》卷四六七白居易有《答元膺授鄂岳觀察使謝上表》，注："膺，《集》作'應'，非。"

柳公綽　元和八年—十一年(813—816)

《舊書·憲宗紀下》：元和八年十月"庚寅，以湖南觀察使柳公綽爲岳鄂沔蘄安黄觀察使"。又本傳："〔元和〕八年，移爲鄂州刺史、鄂岳觀察使……十一年，入爲給事中。"《新書》本傳略同。《韓昌黎集》卷一九有《與鄂州柳中丞書》。《唐語林》卷一："僕射柳元公家行爲士大夫儀表……公廉察鄂州，嫁其孤女。"

李道古　元和十一年—十三年(816—818)

《舊書》本傳："由黔中觀察爲鄂岳沔蘄安黄團練觀察使，時元和十一年也。初，以柳公綽在鎮無功，議將代之……憲宗然之，故有此授……元和十三年，入爲宗正卿。"《新書》本傳略同。《韓昌黎集》卷三二《唐故昭武校尉守左金吾衞將軍李公（道古）墓誌銘》："元和九年，以御史中丞持節鎮黔中，十一年來朝，遷鎮鄂州，以鄂岳道兵會平淮西，以功加御史大夫。十三年徵拜宗正。"

李　程　　元和十三年—長慶二年（818—822）

《舊書》本傳："〔元和〕十三年四月，拜禮部侍郎。六月，出爲鄂州刺史、鄂岳觀察使。入爲吏部侍郎。"《新書》本傳略同。《白居易集》卷一七有《行次夏口先寄李大夫》詩，朱金城《白居易年譜》繫於元和十四年二月。《全文》卷六一〇劉禹錫《爲鄂州李大夫祭柳員外文》："予來夏口，忽復三年。"《全詩》卷三四一韓愈《除官赴闕至江州寄鄂岳李大夫》注："李程也。元和十五年，自袁州詔拜國子祭酒，行次盆城作。"詩曰："故人辭禮闈，旌節鎮江圻……別來已三歲，望望長迢遞。"卷三六四劉禹錫有《鄂渚留別李二十一（六）表臣大夫》等詩。表臣，李程字。卞孝萱《劉禹錫年譜》繫於長慶元年。按嚴氏《僕尚丞郎表》謂李程卸鄂岳爲吏侍在長慶二年十二月末至三年春間。

崔元略　　長慶二年—四年（822—824）

《舊書·穆宗紀》：長慶二年十二月癸丑，"以前黔中觀察使崔元略爲鄂岳蘄黄安等州觀察使"。本傳："轉鄂州刺史、鄂岳都團練觀察使。長慶四年，入爲大理卿。"《新書》本傳略同。

崔　植　　長慶四年（824）

《新書》本傳："罷爲刑部尚書，旋授岳鄂觀察使。未幾，遷嶺南節度使。"《舊書·敬宗紀》：長慶四年十月"壬寅，以鄂岳觀察使、檢校兵部尚書崔植檢校吏部尚書，兼廣州刺史、御史大夫，充嶺南節度觀察經略使"。本傳未及。《因話錄》稱："長慶三年，崔相國植由刑部尚書除〔鄂岳〕觀察使。明年冬，牛公實來。"疑年代有誤。

牛僧孺　　寶曆元年—大和四年（825—830）

《舊書·敬宗紀》：寶曆元年正月"乙卯，以〔牛〕僧孺檢校禮部尚書、同平章事、鄂州刺史，充武昌軍節度、鄂岳觀察使”。《文宗紀下》：
大和四年正月“辛卯，以武昌節度使、鄂岳蘄黄安申等觀察處置等使、
金紫光禄大夫、檢校吏部尚書、同中書門下平章事……牛僧孺爲兵部
尚書、同中書門下平章事”。又見兩《唐書》本傳，《御覽》卷二五八。
《大詔令集》卷五三（《全文》卷六八）有寶曆元年七（正）月《牛僧孺武
昌軍節度同平章事制》，又卷四八（《全文》卷六九）《牛僧孺平章事制》
稱：“武昌軍節度……使持節鄂州諸軍事、鄂州刺史、上柱國、奇章郡
開國公牛僧孺……可兵部尚書、同中書門下平章事……大和四年正
月。”《元龜》卷七四同。《全文》卷七二〇李珏《故丞相太子少師贈太
尉牛公（僧孺）神道碑銘并序》：“敬宗年少嗣位……〔公〕三上疏求外
任，上以武昌善地，建節幢兼相印以授之……文宗嗣位二年，公入覲，
詔復相位。”《寶刻叢編》卷八引《集古録目》有《唐崔群先廟碑》，唐武
昌軍節度使牛僧孺撰，文宗大和二年八月立。

元　積　　大和四年—五年（830—831）

《舊書·文宗紀下》：大和四年正月“辛丑，以尚書左丞元積檢校
户部尚書，充昌軍節度、鄂岳蘄黄安申等州觀察使”。五年八月“庚
午，武昌軍節度使、檢校户部尚書元積卒”。又見兩《唐書》本傳，《元
龜》卷七七五，《廣記》卷四九八引《幽閑鼓吹》。《寶刻叢編》卷八引
《京兆金石録》：“《唐武昌節度使元積碑》，唐白居易撰，元（大？）和中
立。”《白居易集》卷七〇《故武昌軍節度處置等使正議大夫檢校户部
尚書鄂州刺史兼御史大夫河南元公墓誌銘并序》：“在越八載……又
以尚書左丞徵還。旋改户部尚書、鄂岳節度使。在鄂三載……大和
五年七月二十二日遇暴疾，一日薨於位。”

崔　郾　　大和五年—九年（831—835）

《舊書·文宗紀下》：大和五年八月“戊寅，以陜虢觀察使崔郾爲
鄂岳安黄觀察使”。九年七月“辛酉，以鄂岳觀察使崔郾充浙西觀察
使”。又見兩《唐書》本傳。《全文》卷七五六杜牧《唐故銀青光禄大夫
檢校吏部尚書御史大夫充浙江西道都團練觀察處置等使崔公（郾）行

狀》：“今上即位四年……除陝虢觀察使……凡二年，改岳鄂安黄蘄申等州觀察使……凡五年，遷浙江觀察使，加禮部尚書……開成元年十月二十日薨於治所。”

高　重　　大和九年—開成三年（835—838）

《舊書·文宗紀下》：大和九年七月辛酉，“以國子祭酒高重爲鄂岳觀察使”。開成三年五月癸未，“以重爲兵部侍郎”。又見《新書》本傳。《重修承旨學士壁記》：“高重，大和七年十月十二日自國子祭酒充侍講學士，九年九月十八日改御史大夫、鄂岳觀察使。”

高　鍇　　開成二年—五年（838—840）

《舊書·文宗紀下》：開成三年五月“癸未，以吏部侍郎高鍇爲鄂岳觀察使，代高重”。又本傳：“〔開成三年〕九月，出爲鄂州刺史、御史大夫、鄂岳觀察使，卒。”《新書》本傳略同。

崔　蠡　　開成五年—會昌二年（840—842）

《千唐誌·唐故朝議郎使持節光州諸軍事守光州刺史賜緋魚袋李公（潘）墓誌銘并序》：“今江夏崔公蠡……並交道之深契也……〔李潘〕以開成五年八月三日染疾於位，歿於弋陽之官舍，享年五十。”《全文》卷七七二李商隱《爲濮陽公陳許舉人自代狀》：“某官崔蠡……蘭省辭榮，竹符出守……既還綸閣，復掌禮闈……今沔水無兵，武昌非險，用爲廉問，尚鬱廟謀。”吴氏《方鎮年表》列於開成五年至會昌二年，從之。兩《唐書》本傳未及。

鄭　朗　　會昌六年—大中元年（846—847）

《新書》本傳：“累遷諫議大夫，爲侍講學士。由華州刺史入拜御史中丞、户部侍郎。爲鄂岳、浙西觀察使，進義武、宣武二節度。”《舊書》本傳未及。按嚴氏《僕尚丞郎表》以爲鄭朗會昌五年末或六年初，由御史中丞遷户侍、判本司事。蓋同年出爲鄂岳觀察使。

盧　商　　大中元年—三年（847—849）

《通鑑·大中元年》：二月，“以盧商爲武昌節度使”。《新書》本傳：“大中元年春旱，詔商與御史中丞封敖理囚繫於尚書省，誤縱死罪，罷爲武昌節度使。以疾解，拜户部尚書，卒。”按《舊書》本傳：“出爲鄂岳觀察使，就加檢校兵部尚書。大中十三年，以疾求代，徵拜户部尚書。其年八月，卒於漢陰驛。”“十三年”當爲“三年”之衍。《全文》卷七六八盧肇《進海潮賦狀》：“故鄂岳節度使盧商自中書出鎮，辟臣爲從事，自後故江陵節度使贈太尉裴休、故太原節度使贈左僕射盧簡求皆將相重臣……奏署門吏。”《全詩》卷五一五朱慶餘有《贈江夏盧使君》；卷五四四劉得仁名下重出。盧使君疑即盧商。

韋　損　　大中四年—六年（850—852）

《會要》卷一九：“大中五年四月，武昌軍節度使、檢校户部尚書韋損奏。”《長安志》卷九立政坊有“河東節度使韋湊家廟”，注：“大中五年，湊孫武昌軍節度使損請重修廟。”

韋　慤　　大中六年—七年（852—853）

《新書·韋保衡傳》：“父慤，宣宗時終武昌軍節度使。”《新表四上》韋氏平奇公房：“慤（慤）字端士，武昌軍節度使。”按《舊書·韋保衡傳》：父慤，“大中四年，拜禮部侍郎。五年選士，頗得名人，載領方鎮節度”。未及刺鄂州事。《全文》卷七六三沈珣《授韋慤鄂岳觀察使制》：“嘉乃良才，俾升節制……興滑臺之詠歌，慰鄂渚之黎庶。”按約大中五、六年韋慤在鄭滑節度使任。

崔　瑶　　大中九年—十一年（855 —857）

《舊書·崔郾傳》：“子瑶……大中六年，知貢舉，旋拜禮部侍郎，出爲浙西觀察使。又遷鄂州刺史、鄂岳觀察使，終於位。”《新書·崔郾傳》略同。《新表二下》崔氏清河小房：“瑶字輼中，鄂岳觀察使。”

張毅夫　　大中十二年—約咸通元年(858—約860)

　　《舊書·宣宗紀》：大中十二年正月，"以中大夫、守京兆尹、上柱國、賜紫金魚袋張毅夫爲鄂州刺史、御史大夫、鄂岳蘄黃申等州都團練觀察使"。

于德孫　　約咸通二年—五年(約861—864)

　　上圖藏拓片《唐故鄂岳團練判官將仕郎試大理評事太原王公(譚)墓誌銘并序》(咸通五年十月二十日)："洎于公德孫廉問江夏，首辟爲觀察判官、大理評事，誠佐四年……咸通五年五月廿四日終於鄂州官舍。"

崔　琯　　咸通七年—九年(866—868)

　　《舊書·崔昭緯傳》："父琯，鄂州觀察使。"按《大詔令集》卷八六《咸通七年大赦》："其河南府水災之後，仍歲飛蝗，想彼蒸人，尤多彫瘵，宜別賜鹽鐵，河陰人運米三萬石，委崔琯充諸色用。"時崔琯當爲河南尹。吳氏《方鎮年表》列崔琯於咸通七年至九年，姑從之。

劉允章　　咸通九年(868)

　　《舊書·懿宗紀》："〔咸通九年〕是歲，鄂岳觀察使劉允章上書言：'龐勛聚徒十萬。'"又本傳："咸通九年，知貢舉，出爲鄂州觀察使、檢校工部尚書，後遷東都留守。黃巢犯洛陽，允章不能拒，賊不之害，坐是廢於家。"《新書》本傳未及。《唐摭言》卷一三："劉允章試《天下爲家賦》，爲拾遺杜裔休駁奏……時允章出江夏，裔休尋亦改官。"又見《唐語林》卷三。

陳　鏞　　咸通末？

　　《淳熙三山志》卷二六："大中元年丁卯盧深榜：陳鏞，字希聲，侯官人，復應史科，終鄂州刺史。"《閩書》卷七五："陳鏞，字希聲，精史傳，文體類西漢，後復應史科，終鄂州刺史。"

韋蟾 乾符元年—四年（874—877）

《全文》卷八九四羅隱《投前夏口韋尚書啓》："間者尚書理兵夏汭，栽柳武昌……某比時嘗駐征橈，仰趨畫戟……而疾恙所牽，依投不暇……今則穎水政成，旋爲故事，中台位闕，已副急徵。"《全詩》卷五八八李頻有《送鄂渚韋尚書赴鎮》；卷六五六羅隱有《上鄂州韋尚書》。韋尚書當即韋蟾。《廣記》卷二七二引《抒情詩》："韋蟾廉問鄂州，及罷任，賓僚盛陳祖席。"按《重修承旨學士壁記》："韋蟾，咸通十年六月□日自職方郎中充……十三年十月十五日加承旨，十一月十五日改御史中丞、兼刑部侍郎出院。"又按《千唐誌·唐故隴西李氏墓誌文》（乾符元年二月七日）稱：嗣子秉誼，"新授鄂州觀察使韋蟾，早以才氣知重，累於名府推薦"。則蟾之出除，當在乾符元年初，或咸通十四年末。又按韋蟾乾符六年三月在尚書左丞任，見《舊書·豆盧瑑傳》。《舊書·韋表微傳》稱："子蟾，進士登第，咸通末爲尚書左丞。""咸通"乃"乾符"之誤。

崔紹 乾符六年—中和四年（879—884）

《新書·杜洪傳》："乾符末，黃巢亂江南，永興民皆亡爲盜，刺史崔紹募民强雄者爲土團軍，賊不敢侵……中和末，〔路審中〕聞紹卒，募士三千入鄂州以守。"《通鑑·中和四年》三月略同。《桂苑筆耕集》卷一〇有《鄂州崔紹大夫別紙》。

【裴澈 中和元年（881）（未之任）】

《新書·宰相表下》：中和元年十一月，"〔裴〕澈爲檢校兵部尚書、鄂岳觀察使"。三年七月，"判度支裴澈爲中書侍郎、同中書門下平章事"。按是時崔紹在任，疑裴澈未之任。

路審中 中和四年—光啓二年（884—886）

《通鑑·中和四年》：三月，"前杭州刺史路審中客居黃州，聞鄂州刺史崔紹卒，募兵三千人入據之"。《光啓二年》：十二月，"安陸賊帥周通攻鄂州，路審中亡去，岳州刺史杜洪乘虛入鄂"。又見《新書·杜洪傳》。

杜　洪　　光啓二年—天祐二年（886—905）

《新書》本傳：“光啓二年，安陸賊周通率兵攻〔路〕審中，審中亡去，洪乘虛入鄂，自爲節度留後，僖宗即拜本軍節度使。”《哀帝紀》：天祐二年“二月，楊行密陷鄂州，武昌軍節度使杜洪死之”。又見《新書・僖宗紀》、《通鑑・光啓二年》十二月、《舊五代史》本傳、《楊行密傳》、《梁太祖紀第三》、《新五代史・鍾傳傳》、《十國春秋・吳太祖世家》。《全文》卷八三三錢翊有《武昌軍節度使杜洪妻晉國夫人進封秦國夫人制》。《景德傳燈錄》卷一五《鄂州清平山令遵禪師傳》：“師自此化導將十稔，至光化中，領徒百餘遊鄂州，從節度使杜洪請，居清平山安樂院。”

【張　濬　　大順二年（891）（未之任）】

《舊書・昭宗紀》：“大順元年十二月壬午朔……丙寅，制特進、中書侍郎、平章事、太原四面行營都統張濬可檢校兵部尚書，兼鄂州刺史、御史大夫，充鄂岳觀察使……庚午，新除鄂岳觀察使張濬責授連州刺史”。又見兩《唐書》本傳。《大詔令集》卷五八有《張濬鄂岳觀察使制》，末署“大順二年正月”。又見《全文》卷九〇。

劉　存　　天祐二年—三年（905—906）

《新書・杜洪傳》：“〔杜洪〕與〔曹〕延祚皆斬於揚州市。以劉存守鄂州。”《通鑑・天祐二年》：二月，“〔楊〕行密以〔劉〕存爲鄂岳觀察使”。又見《十國春秋・吳太祖世家》、本傳。《九國志》本傳：“天祐三年，率舟師攻潭州。”

秦　裴　　天祐三年—四年（906—907）

《九國志》本傳：“授洪州制置使。張顥用事，慮裴爲變，急召歸。及湖口，遇鄂帥劉存與潭軍戰没，復授裴鄂岳觀察使。”按《九國志・劉存傳》稱：“天祐三年，率舟師攻潭州。”

待考録

皇甫某

《雲溪友議》卷下《羨門遠》：“皇甫大夫（或曰‘王相公’也）在夏口日，勤求藝術，衙時有一道士，策杖躡屨，直入戟門……安定公遽起而迎接，道士則傲然不窺……皇甫公判書之末，乃至盡刑。”

裴　胤

《大詔令集》卷五六樂朋龜《裴胤鄂岳觀察使制》：“特進、門下侍郎兼兵部尚書、同中書門下平章事〔裴胤〕……可檢校兵部尚書、御史大夫，充鄂岳州觀察使。”“裴澈”之誤歟？

卷一六五 岳州(巴州、巴陵郡)

隋巴陵郡。武德四年平蕭銑，置巴州。六年改爲岳州。天寶元年改爲巴陵郡。乾元元年復爲岳州。領縣五：巴陵、華容、沅江、湘陰、昌江。

王武宣 貞觀中？

《新表二中》京兆王氏："武宣，岳州刺史。"乃瓜州刺史王直子，秦州刺史長諧兄，高宗、武后時宰相德真父。

楊思禮 貞觀中？

《新表一下》楊氏觀王房："思禮，岳州刺史。"乃隋司隸校尉楊綝子，衛尉少卿思儉弟。其伯父恭仁，相高祖。

高元彧 貞觀中？

《千唐誌·大唐故宣德郎通事舍人高君(備)墓誌銘并序》(天寶四載十月十三日)："曾祖元彧，皇巴陵郡太守。"備卒天寶三載六月四日，春秋四十七。

薛仁方 高宗時？

《新表三下》薛氏："仁方，岳州刺史。"按其子稷，相中宗、睿宗。

楊諲 高宗時？

《楊炯集補遺·梓州官僚贊》有《岳州刺史前長史宏農楊諲贊》。

李素節　　永隆元年(680)

　　《舊書》本傳：“永隆元年，轉岳州刺史，後改封葛王。則天稱制，又進封許王，累除舒州刺史。”《元龜》卷二八一同。《新書》本傳稱：“儀鳳三年，爲岳州刺史。”《舊書·李上金傳》稱：永隆二年二月，素節爲岳州刺史。《通鑑·開耀元年》：二月，“素節爲岳州刺史”。按開耀元年即永隆二年。今從《舊傳》。

郭待舉　　光宅元年(684)

　　《舊書·裴炎傳》：“光宅元年……吏部侍郎郭待舉貶岳州刺史，皆坐殺炎之罪也。”《通鑑·光宅元年》：十二月，“郭待舉貶岳州刺史”。

崔言道　　約武后時

　　《新書二下》鄭州崔氏：“言道，岳州刺史。”乃隋黄門侍郎崔君肅孫；和州刺史思約子。《千唐誌·大唐故朝議郎行岐王府西門祭酒崔府君之墓誌銘并序》(開元七年閏七月五日)：“曾祖君肅……祖思約……使持節壁、□、□(復、和)三州刺史。父言道，皇朝任北門直長……豫州長史，代州長史，岳州刺史，淄州刺史。”府君卒開元七年，春秋六十四。

鄭子況　　約武后時

　　《全詩》卷四九三沈亞之《湘中怨并序》：“亞之自撰解曰：垂拱年中，駕在上陽宫，太學進士鄭生……見一艷女……遂載歸與居，號曰汜人……竟去。後十餘年，生之兄爲岳州刺史……元和十三年，余聞之朋中，因悉補其詞，題之曰《湘中怨》。”《廣記》卷二九八引《異聞集》略同。《岳陽風土記》稱：“沈亞之作《湘中怨》云：鄭子況爲岳陽太守，因上巳日攜家登岳陽樓。”

張　説　　開元四年—五年(716—717)

　　《舊書》本傳：“爲姚崇所構，出爲相州刺史……俄又坐事左轉岳州刺史。"《新書》本傳略同。《太平寰宇記拾遺》卷一岳州巴陵縣："岳陽樓,唐開元四年張説自中書令爲岳州刺史,常與才士登此,有詩百餘篇,列於樓壁。"《岳陽風土記》略同。《元龜》卷一七二："〔開元〕六年二月……岳州刺史燕國公張説爲荆州大都督府長史。"按開元五年已爲荆州長史,《元龜》誤。《全文》卷二二三張説有《岳州刺史謝上表》,卷九一四一行有《答張燕公書》。又見《廣記》卷二三五引《明皇雜録》、卷四七〇引《獨異記》,《大唐新語》卷一二,《唐詩紀事》卷一一韋嗣立條。

牛　肅　　開元中?

《姓纂》卷五涇陽牛氏："肅,岳州刺史。"按開元二十八年牛肅在懷州,見《廣記》卷三六二引《紀聞》。

盧幼臨(盧幼林)　　天寶五載(746)

《舊書·玄宗紀》:天寶五載七月,"〔韋堅〕女婿巴陵太守盧幼臨長流合浦郡"。《韋堅傳》作"盧幼林"。

韋　斌　　天寶五載(746)

《舊書》本傳:"天寶五載,右相李林甫構陷刑部尚書韋堅,斌以親累,貶巴陵太守。"《新書》本傳略同。《通鑑·天寶五載》:七月,"太常少卿韋斌貶巴陵太守"。又見《元龜》卷九四〇。《全文》卷三二六王維《大唐故臨汝郡太守贈祕書監京兆韋公(斌)神道碑銘》:"累貶巴陵太守,稍遷壽春太守,又遷臨汝太守。"

劉　繢(劉瑨、劉緝)　　天寶中

《姓纂》卷五彭城劉氏:"繢,巴陵太守。"乃開元六年工部尚書劉知柔子。《新表一上》劉氏作"緝,巴陵太守"。岑仲勉謂即同一人。按《英華》卷四一六李嶠《封劉瑨彭城縣開國男制》稱"朝散大夫左監察御史劉瑨",又作"劉繢"。

夏侯宋客　　上元元年—廣德元年（760—763）

《全文》卷三八三元結《夏侯岳州表》：“癸卯歲，岳州刺史夏侯公歿於私家……庚子中，公鎮岳州，予時爲尚書郎，在荆南幕府，嘗因廉問到公之州……及公罷歸州里，公家與吾相鄰。”按庚子爲上元元年，癸卯爲廣德元年。《輿地碑記目》卷三《岳州碑記》有《夏侯宋客墓碑》，注云：“夏侯宋客爲岳州刺史，墓碑見在華容鎮北一里，元次山文，事見鄂州舊《圖經》。”又《壽昌軍碑記》有《夏侯宋客墓表》，注云：“唐元結撰，在武昌縣。”

李　蕚　　永泰二年？（766？）

《柳河東集》卷六《岳州聖安寺無姓和尚碑陰記》：“無姓和尚既居是山……趙郡李蕚，辯博人也，爲岳州，盛氣欲屈其道，聞一言服爲弟子。”《柳宗元年譜》定此文作於元和九年。朱玉麒謂《歷世真仙體道通鑑》卷一軒轅皇帝注：“永泰二年，巴陵令康通中得採藥人石季德於洞庭鄉採藥得古鐘，上有篆。岳州刺史李蕚進之。”知李蕚爲岳州刺史在永泰時，非貞元中也。按道藏此説是否可靠，可疑。又按《全文》卷三九四令狐峘《顏真卿墓誌銘》有廬州刺史李蕚，未知是否同一人。

裴　某　　大曆三、四年（768、769）

《全詩》卷二三三杜甫有《陪裴使君登岳陽樓》，浦起龍《少陵編年詩目譜》繫於大曆四年。卷一四七劉長卿《送裴使君赴荆南充行軍司馬》：“月明臨夏口，山晚望巴東。故節辭江郡，寒笳發渚宮。”劉乾謂此“裴使君”爲岳州刺史，即杜甫詩中“裴使君”。詩意謂從巴陵（岳州）經夏口赴江陵。按夏口指江夏，岳州在江夏上游，至江陵不會經江夏。故此裴使君是否即杜詩中之“裴使君”，可疑。

賈　深（賈琛）　　大曆中

《姓纂》卷七長樂賈氏：“深，職方郎中，徐、廬、夔、岳四州刺史。”按《嚴州圖經》卷一題名：“賈琛，大曆三年十月二十五日自廬州刺史拜。”岑仲勉謂“賈琛”即“賈深”。

許子端 大曆中？

《姓纂》卷六安陸許氏：“子端，岳州刺史。”《新表三上》安陸許氏同。乃涼州都督許欽明孫，許戒惑子。

元 持 大曆中

《全文》卷六五四元稹《唐故京兆府盩厔縣尉元君墓誌銘》：“曾曰尚食奉御某。祖曰綿州長史、贈太子賓客某。父曰都官郎中、岳州刺史某……君少孤力學，通五經書……”享年五十五，元和十五年四月某日歸祔。按據《新表五下》元氏，“綿州長史”乃平叔，“都官郎中”乃平叔子持。由《誌》知持嘗爲岳州刺史。按墓主享年五十五，假定卒元和十五年（820），則當生於大曆元年（766），稱“少孤”，則元持約卒於大曆中。按元持大曆二年爲夔州別駕，見杜甫《觀公孫大娘弟子舞劍器行》，其刺岳州當在此之後。

楊 諫 大曆中？

《新表一下》楊氏：“諫，岳州刺史。”按其父慎矜，戶部侍郎，天寶六載卒。又按楊諫開元十八年進士，試《新渾儀賦》；《國秀集》下有永樂丞楊諫詩一首。《精舍碑》有楊諫，在宋少貞後，鄭毓前。

張建封 約建中二年—四年（781—783）

《舊書》本傳：“建中初，〔馬〕燧薦之於朝，楊炎將用爲度支郎中，盧杞惡之，出爲岳州刺史。”《新書》本傳略同。《全文》卷四八九權德輿《徐泗濠節度使贈司徒張公（建封）文集序》：“朝廷以州部要害，選難符守。歷巴陵，陟壽春……加地進祿，察廉三郡；授鉞貞師，蒞於徐方。”按楊炎、盧杞入相均在建中二年二月，見《新書·宰相表中》。又按建中四年建封爲壽州刺史。《全詩》卷二三九錢起有《送張員外出牧岳州》，疑即建封。

韋 繫 約貞元中

《姓纂》卷二京兆杜陵東眷韋氏：“鎔生繫，岳州刺史。”《新表四上》東眷韋氏逍遙公房同。乃韋應物、韋武同祖從兄弟。

路　恕　　約貞元中

《新表五下》路氏："恕，岳州刺史。"乃果客子。按《姓纂》卷八京兆三原路氏稱："梁客，岳州刺史。"岑仲勉《姓纂四校記》謂："梁客"下奪"生恕"兩字無疑。則《新表》之"果客"亦當爲"梁客"之訛誤。按路恕貞元十四年在涪州刺史任，見《元龜》卷七〇〇。

李　俊　　貞元中？

《廣記》卷三四一引《續玄怪錄》："岳州刺史李俊舉進士，連不中第。貞元二年，有故人國子祭酒包佶者，通於主司，援成之……才得岳州刺史，未幾而終。"

程　异　　貞元二十一年（805）

《舊書》本傳："時王叔文用事，由逡放利者皆附之，异亦被引用。叔文敗，坐貶岳州刺史，改郴州司馬。"又《憲宗紀上》：貞元二十一年十一月己卯，"再貶……岳州刺史程异郴州司馬，皆坐交王叔文。初貶刺史，物議罪之，故再加貶竄"。《通鑑·永貞元年》、《元龜》卷一五三同。

竇　庠　　永貞元年（805）

《全詩》卷二七一竇庠《酬韓愈侍郎（御）登岳陽樓見贈》注："時予權知岳州事。"又卷三三七韓愈《岳陽樓別竇司直》注："竇庠時以武昌幕權岳州。愈移江陵法曹，道出岳陽樓作。"岑仲勉《讀全唐詩札記》："按洪氏《韓譜》，永貞元年自陽山令移江陵法曹參軍……既至岳州，別竇司直於岳陽樓……韓是時官法曹耳，其前官監察御史，應正云侍御。"

李　位　　約元和六年前後（約811前後）

《柳河東集》卷一〇《唐故邕管經略招討等使朝散大夫持節都督

邕州諸軍事守邕州刺史李公（位）墓誌銘并序》：“刺岳、信二州……降建州司馬……陟刺泉州……詔以公都督邕州兼御史中丞。”按元和八、九年李位在信州刺史任。

李象古　　約元和十年（約 815）

上圖藏拓片《唐故安南都護充本管經略招討使兼御史中丞李公（象古）墓誌銘并序》（長慶元年十一月九日）：“連剖竹於岳、衡二郡，洽著聲績，聞於朝廷，優詔擢爲都護，領本管經略招討等使。”卒元和十四年八月十九日，春秋五十三。兩《唐書》本傳未及刺岳州事。

盧士瑛　　元和六年（811）

《新表三上》盧氏：“士瑛，岳州刺史。”按其弟士玫長慶中爲太子賓客，寶曆元年卒，見《舊書·盧士玫傳》。【補遺】按《耕耘論叢》（科學出版社 1999 年版 153 頁）引拓本《唐故楚州營田巡官仕郎徐州彭城縣主簿范陽盧府君（處約）墓誌銘並序》（大和九年四月十日）云：“烈考士瑛，少以明經擢第，及壯入仕，遂以廉謹材能聞。貞元中，藩方交闢爲從事。歷留守、浙江西道二府，後爲奉先令、岳州牧。……元和六年，（處約）隨岳州之官。未幾，岳州歿於位。”由此證知盧士瑛爲岳州刺史爲元和六年。又《洛陽新獲墓志122·唐故河南府壽安縣尉清河崔府君（彥方）夫人范陽盧氏墓誌》“朝散大夫、岳州刺史諱士瑛之孫”，亦可補證。

王　堪　　元和十五年（820）

《韓昌黎集》卷三一《黃陵廟碑》：“元和十四年春，余以言事得罪……明年九月，拜國子祭酒，使以私錢十萬抵岳州，願易廟之圮桷腐亘於刺史王堪。”《全文》卷六四九元稹《授齊暎饒州刺史王堪澧州刺史制》：“岳州刺史王堪……可使持節澧州刺史。”

張　愉　　長慶元年（821）

《韓昌黎集》卷三一《黃陵廟碑》：元和十五年“九月，〔余〕拜國子祭酒，使以私錢十萬抵岳州……長慶元年，刺史張愉自京師往”。《白居易集》卷五〇有《李諒除泗州刺史兼團練使張愉可岳州刺史同制》。

韓　常　　寶曆中？

《新表三上》韓氏：“常，岳州刺史。”按其父韓洄興元元年爲兵部侍郎，遷京兆尹。又按《關中金石記》卷四稱：元和十二年十月刻石有祕書丞韓常《謁華嶽廟記》，韋泰正書。

徐希仁　　大和二年（828）

《全文》卷七一九蔣防《汨羅廟記》：“大和二年春，防奉命宜春，抵湘陰，歇帆西渚……郡守東海徐希仁……以予常學古道，熟君臣至理之義，請述始終。”《全詩》卷五一八雍陶有《送徐使君赴岳州》，卷五一一張祜有《將離岳州留獻徐員外》，《全詩補逸》卷九張祜有《題岳州徐員外雲夢新亭十韻》、卷一〇有《和岳州徐員外雲夢新亭二十韻》、卷一一有《旅次岳州呈徐員外》。

杜師仁　　約大和三、四年（約 829、830）

《全文》卷八八八樂史《仙鵝池祈真觀記》：“崇仁縣，古巴陵之府，隋開皇中降爲縣……大和年中，住持道士杜仙興……本郡杜使君師仁聞其名，就觀修黃籙齋。”按杜師仁約大和四年至七年任吉州刺史，八年在隨州刺史任，坐贓賜死。

馮　芫　　大和五年（831）

《廣記》卷一五五引《續定命錄》：“大和五年……時太常丞馮芫除岳州刺史。”按《姓纂》卷一魏郡馮氏有馮芫，乃馮伉子。

李　虞　　開成元年（836）

《廣記》卷四一六引《傳奇》：“開成中，有江叟者多讀道書，廣尋方術，善吹笛……後三年，方得其音律。後因之岳陽，刺史李虞館之。”《雲溪友議》卷下《金仙指》：“岳牧李員外膚，群玉校書者，即岳牧從孫

2317

也。昔來覲謁，曾與宴席……其高概如此，有天下名稱。群玉後過岳陽，題詩曰：'昔年曾接季（李）膺歡……'"按"李員外膺"乃詩中有"李膺"句而誤。陶敏《李群玉考略》謂此岳州刺史即李虞，開成元年在任。《全詩》卷五六八李群玉《自澧浦東遊江表途出巴丘投員外從公虞》，又卷五六九《重經巴丘追感》注："開成初，陪故員外從翁詩酒遊泛。"

李　遠　　約大中初

《北夢瑣言》卷五："唐進士曹唐遊仙詩，才情縹緲，岳陽李遠員外每吟其詩而思其人。"按李遠大中時爲建州刺史，見《新書·藝文志四》注。大中十二年爲杭州刺史。《全詩》卷五二一杜牧有《早春寄岳州李使君李善棋愛酒情地閑雅》，當即李遠。則其刺岳或在大中初。

李　肱　　大中時？

《雲溪友議》卷上《古製興》："文宗元年秋，詔禮部高侍郎鍇，復司貢籍……主司先進五人詩，其最佳者，其李肱乎……然止於岳、齊二牧，未登大任，其有命焉！"按高鍇知貢舉在開成元年、二年，李肱開成二年進士及第，爲狀元，見《登科記考》。又見《唐詩紀事》卷五二。

濮陽公　　咸通四年（863）

《全文》卷八〇二李密思《湘君廟記》："及我使君濮陽公之來也，撫此疲氓，一振仁風……有唐咸通四年癸未五月十八日己卯，朝請郎岳州巴陵縣令李密思撰。"

嚴　某　　約咸通六年（約865）

《唐詩紀事》卷六七袁皓："初登第，過岳陽，悦妓蕊珠，以詩寄嚴使君曰：'得意東歸過岳陽，桂枝香惹蕊珠香。'"按據《登科記考》，袁皓咸通六年進士及第。則嚴使君爲岳州約在咸通中。

崔芸卿　　約咸通九年（約868）

《隋唐五代墓誌匯編·洛陽卷》第十四册《唐故朝散大夫前使持

節澧州諸軍事守澧州刺史柱國清河崔公(字芸卿)墓誌銘并序》(咸通十五年十月二十九日)："累刺黄、岳、曹、澧四郡,中間詔下守登,收不之郡,而改涔陽。"咸通十五年後四月六日卒,享年六十八。

于　琮　　咸通十四年(873)

《舊書·僖宗紀》:咸通十四年九月,"以岳州刺史于琮爲太子少傅"。兩《唐書》本傳未及刺岳州事。

薛　位　　中和三年(883)

《江蘇金石志》卷七《普寧寺鍾銘款》有"朝議郎使持節岳州諸軍事前岳州刺史柱國賜緋魚袋薛位",在第四面,下署"維唐中和三年歲次癸卯九月甲子朔十三日丙子潤州丹楊縣朝□銀青大夫(下泐)"。

韓師德　　中和四年? (884?)

《新書·陳儒傳》:"淮南將張瓊、韓師德據復、岳二州,自署刺史。儒請瓊攝行軍司馬,師德攝節度副使,共擊〔雷〕滿。"《通鑑》追叙此事在光啓元年正月。

杜　洪　　中和四年—光啓二年(884—886)

《通鑑·中和四年》:三月,"〔路審中〕聞鄂州刺史崔紹卒,募兵三千人入據之。武昌牙將杜洪亦逐岳州刺史而代之"。又《光啓二年》:十二月,"安陸賊帥周通攻鄂州,路審中亡去;岳州刺史杜洪乘虚入鄂,自稱武昌留後,朝廷因以授之"。《新書》本傳略同。

鄧進思　　光啓二年—天復二年(886—902)

《通鑑·光啓二年》:十二月,"岳州刺史杜洪乘虚入鄂……湘陰賊帥鄧進思復乘虚陷岳州"。又《天復二年》:十二月,"岳州刺史鄧進思卒,弟進忠自稱刺史"。《九國志·鄧進忠傳》:"會〔黄〕巢弟黄浩領惡少數千,剽劫江左……進思患之,乃與進忠謀率壯士伏山冢間……浩軍大敗……縣以事聞於州,奏授進思岳州刺史。天復中,進思卒。"

鄧進忠 天復二年—三年（902—903）

《新書·昭宗紀》：天復二年，"岳州刺史鄧進思卒，其弟進忠自稱刺史"。《九國志》本傳："天復中，進思卒，進忠襲位。天祐二年，許德勳襲荆南回……〔進忠〕舉族南歸長沙……令權知衡州軍州事。未幾，奏授刺史。"《通鑑·天復三年》：五月，"許德勳還過岳州，刺史鄧進忠開門具牛酒犒軍，德勳諭以禍福，進忠遂舉族遷於長沙"。《考異》據《馬氏行軍記》辨《九國志》稱"天祐二年"之誤。又見《十國春秋·楚武穆王世家》、《許德勳傳》。

許德勳 天復三年—天祐三年（903—906）

《通鑑·天復三年》：五月，"馬殷以德勳爲岳州刺史，以〔鄧〕進忠爲衡州刺史"。《九國志》本傳稱"天祐二年"刺岳，《通鑑考異》已辨其非。《通鑑·天祐三年》："三月乙丑，〔陳〕知新拔岳州，逐刺史許德勳。"又見《十國春秋》本傳、《吳烈祖世家》。

陳知新 天祐三年—四年（906—907）

《通鑑·天祐三年》：三月乙丑，"〔楊〕渥以〔陳〕知新爲岳州刺史"。又《開平元年》：五月，"弘農王以鄂岳觀察使劉存爲西南面都招討使，岳州刺史陳知新爲岳州團練使"。又見《十國春秋·吳烈祖世家》。《九國志》本傳稱："天祐元年……拜岳州刺史。三年，加團練使。"疑時間有誤。

待考録

陳處政

《姓纂》卷三廣宗陳氏："處政，唐岳州刺史。"乃後魏瀛州刺史陳蕭六代孫。

元利濟

《全文》卷九七六闕名《對芝草白兔由刺史善政判》："岳州人王懷

俊幼喪二親，廬於墓側……其地内生芝草兼白兔，刺史元利濟仁明訓俗，善績著聞，廉察使以爲由刺史録奏，懷俊不伏。”

弘農公

《廣記》卷一〇六引《報應記》：“宋衎，江淮人，應明經舉，元和初，至河陰縣，因疾病廢業，爲鹽鐵院書手……妻楊氏甚賢……數歲，相國鄭公絪爲東都留守，乃召衎及楊媛往……故岳州刺史丞相弘農公因睹其事，遂叙之。名曰楊媛徵驗。”

卷一六六　潭州（長沙郡）

隋長沙郡。武德四年平蕭銑，置潭州，設總管府。後改爲都督府。天寶元年改爲長沙郡。乾元元年復爲潭州。領縣六：長沙、湘鄉、衡山、益陽、醴陵、瀏陽。

冉安昌　　約武德四年（約 621）

《姓纂》卷七雲安冉氏："安昌，唐潭州都督。"《英華》卷九二〇張說《唐河州刺史冉府君（實）神道碑》："大父黃國莊公諱安昌，隋啓平城，祚之穀璧；唐分蜀國，瑞以桓珪。其後改封於黃，授信州刺史，歷潭州總管，贈夔州都督。烈考天水郡果公諱仁才，秩金紫光祿大夫，婚皇室漢南縣主，涇、浦、澧、袁、江、永凡六州刺史……公即果公季子。"證聖元年二月十日卒，享年七十一。按武德元年冉安昌爲招慰使，見《太平寰宇記》卷一二二思州。

沈叔安　　武德、貞觀間

《新書·忠義傳上》叙武德以來功臣有"潭州都督、吳興郡公沈叔安"。《寶刻叢編》卷一〇引《京兆金石錄》有《唐潭州都督吳興郡公沈叔安碑》。按《舊書·高麗傳》："〔武德〕七年，遣前刑部尚書沈叔安往冊建武爲上柱國、遼東郡王、高麗王。"又見《唐詩紀事》卷三。叔安贈荆州大都督，諡定，見《會要》卷七九。

李　康　　約貞觀初

《千唐誌·大唐故臨清縣令琅邪王君妻李氏墓誌銘并序》（顯慶

二年十一月十八日）：“夫人諱□，字總持，高平人，姓徐氏……皇運之初，以門著功烈，賜姓李氏云。大父蓋，蘊義含仁……齊伏波將軍、譙郡太守。顯考康，纘慶騰華……大唐散騎常侍、潭州都督、舒國節公。”夫人顯慶二年七月三十日卒，春秋六十七。

李　恪　　貞觀十年（636）

《通鑑·貞觀十年》：二月乙丑，“以元景爲荆州都督……恪爲潭州都督”。兩《唐書》本傳未及。唯稱：貞觀十年徙封吳王，十二年累授安州都督。

唐　儉　　貞觀中

《朝野僉載補輯》：“吏部尚書唐儉與太宗棋，爭道。上大怒，出爲潭州。”兩《唐書》本傳未及。

王立行　　貞觀中？

《全文》卷四四三侯冕《同朔方節度副使金紫光禄大夫試太常卿兼慈州刺史王府君（履清）神道碑》：“五代祖立行，工部郎中，更靈、夏、夔、潭等四府都督。”履清卒大曆十一年正月二十四日。

王奉慈　　永徽元年（650）

《嘉泰會稽志》：“王奉慈，永徽二年正月自潭州都督授；移秦州都督。”

褚遂良　　永徽六年—顯慶二年（655—657）

《舊書·高宗紀》：永徽六年“九月庚午，尚書右僕射、河南郡公褚遂良以諫立武昭儀，貶授潭州都督”。又本傳：“左遷遂良潭州都督。顯慶二年，轉桂州都督。”《新書》本傳、《高宗紀》、《宰相表上》略同。又見《元龜》卷三一五，《通鑑·永徽六年》、《顯慶二年》三月。

【補遺】劉德敏　　顯慶五年（666）

《大唐監察御史裴炎故妻劉氏墓誌銘并序》：“父德敏，見任潭州都督、望都縣開國公。蘊方邵之鈐略，體宣霸之循良。江湘傳來晚之謠，關河結去思之咏。"末署"顯慶五年十一月五日裴炎記"（周紹良、趙超《唐代墓誌匯編續集》，上海古籍出版社2001年版）。證知其時德敏正在潭州都督任。

楊志本　　長安中

《全文》卷二六七嚴識元《潭州都督楊志本碑》："尋除都督潭衡等七州諸軍事潭州刺史……頻奏乞骸之表，制曰：潭州都督楊志本……可聽致仕……維長安四年秋八月十七日薨於州館，享年七十有七。"

裴懷古　　神龍三年（707）

《全詩》卷九七沈佺期《哭蘇眉州崔司業二公并序》："同時郎裴懷古者，作牧潭府。神龍三年秋八月，佺期承恩北歸，途中覯止，訪及故舊。"詩云："長沙遇太守，問舊幾人全。"

唐貞休？　　睿宗時

《金石補正》卷五一《大唐萊州刺史唐府君（貞休）德政碑》："持節萊州諸軍事萊州刺史，公拜受……制加通議大夫、使持節都督……（下缺）……三品，所管州刺史有犯，停務奏聞。"《潛研堂金石文跋尾續》："景雲二年置都督二十四人，察刺史以下善惡，秩比侍御史，貞休除都督，蓋在其時，碑文都督下似是潭字，疑除潭州都督也。"

王子麟　　約先天中

北圖藏拓片《大唐故正議大夫行光禄寺少卿太原王府君（子麟）墓誌銘并序》（開元六年正月十四日）："歷……黃、沔、歙、果四州刺史，左衛中郎將，潭、越貳府都督，光禄少卿。"開元五年十二月十二日卒，春秋五十八。按開元二年由左衛中郎將轉越州都督，遷光禄少卿。

姚元景　　約開元初

《新表四下》陝郡姚氏：“元景，潭州刺史。”按姚元景長安四年九月爲朝散大夫行司農寺丞，見《金石萃編》卷六五《姚元景造像銘》。按《巂州都督姚懿碑》稱：“公後娶劉氏，今紫微令崇、故宗正少卿景之母也。”碑開元三年十月立。

尹正義　　約開元初

《朝野僉載》卷二：“王熊爲澤州都督，府法曹斷掠糧賊，惟各決杖一百，通判，熊曰：‘總掠幾人?’法曹曰：‘掠七人。’熊曰：‘掠七人，合決七百。法曹曲斷，府司科罪。’時人哂之。前尹正義爲都督公平，後熊來替，百姓歌曰：‘前得尹佛子，後得王癲獺……’”又見《廣記》卷二六〇引。按澤州未嘗設都督，王熊乃爲潭州都督。此“澤州”當爲“潭州”之誤。又按尹正義景龍三年自宋州刺史除相州刺史。

王　熊　　約開元四年（約716）

《全詩》卷九一韋嗣立《奉和張岳州王潭州別詩二首并序》：“予昔忝省閣，與岳州張使君説、潭州王都督熊同官聯事。”又卷九八王熊有《奉別張岳州説二首》。又見《唐詩紀事》卷一一韋嗣立、卷一三王熊，《歷代名畫記》卷一〇，《圖繪寶鑒》卷二。按張説開元四年至五年在岳州刺史任。北圖藏拓片《大唐故王府君夫人故贊皇郡太君趙郡李氏墓誌銘并序》（開元十一年十月十日）：“夫人琴瑟中亡，梧桐半死……而子熊等少傾乾蔭，長沐閨慈……熊歷官……申、郢、光、潭四州刺史。夫人初封贊皇郡君，及以子貴，改封太君。而熊也不天，亦既云逝。”夫人卒開元十年九月十四日，年七十七。

梁知微　　約開元五年（約717）

《全詩》卷九八梁知微小傳：“嘗守潭州，與張説相贈答。”有《入朝別張燕公》詩：“華容佳山水，之子厭承明。符竹紆小郡，江湖被德聲。三年計吏入，路指巴丘城。”知其時張説在岳州刺史任。又按梁知微開元中曾爲蘇州刺史。

竇彥澄　　開元十八年（730）

《金石補正》卷五四《麓山寺碑并陰》（開元十八年）：“司馬西河竇公名彥澄……屬以師長闕官，攝行隨手。”《古泉山館金石文編》認爲指竇彥澄時以潭州司馬攝刺史事。

皇甫顗　　開元中？

《全文》卷三八八獨孤及《唐故左補闕安定皇甫公（冉）集序》：“潭州刺史諱顗之子。十歲能屬文，十五歲而老成，右丞相曲江張公深所嘆異……大曆二年遷左拾遺，轉右補闕。”

班景倩　　天寶初

《廣記》卷一一一引《卓異記》：“成珪者，唐天寶初，爲長沙尉……時班景倩爲潭府，嚴察之吏也。”

陳某　　天寶二年（743）

《李太白文集》卷一五有《送長沙陳太守二首》，乃李白天寶二年在長安時作。

柳無忝　　天寶中？

《舊書·柳奭傳》：“開元初，亨孫渙爲中書舍人，表曰：‘臣堂伯祖奭，去明慶三年，與褚遂良等五家同被譴戮。雖蒙遺制蕩雪，而子孫亡没并盡。唯有曾孫無忝，見貫夔州……伏乞許臣伯祖還葬鄉里，其曾孫無忝放歸本貫。’……無忝後歷位潭州都督。”《新書·柳奭傳》略同。《新表三上》柳氏：“無恭，潭州刺史。”“無恭”乃“無忝”之誤。

蘇師道　　天寶十三載—十四載（754—755）

《全文》卷三七一蘇師道《司空山記》：“唐天寶十三年，師道始刺潭州……師道幸承餘烈，敢刻金石而志之，時則十四年冬十月也。”

李　峴　约天寶十四載—至德元載（約 755—756）

《舊書》本傳：“天寶十三載，連雨八十餘日……以雨灾歸咎京兆尹，乃出爲長沙郡太守。”《通鑑·天寶十三載》九月同。按《新書》本傳稱：“出峴爲零陵太守……尋徙長沙。”《全文》卷三二一李華《故相國兵部尚書李峴傳》亦稱“出守零陵”，疑先爲零陵，不久徙長沙。《通鑑·至德元載》：七月“丁卯，上皇制：永王璘充山南東道、嶺南、黔中、江南西道節度都使，以少府監竇紹爲之傅，長沙太守李峴爲都副大使”。又見《御覽》卷八三八，《元龜》卷一二二、卷六七一，《全詩》卷八七八《天寶中京兆謠》，《全文》卷三六六賈至《玄宗幸普安郡制》。

林　披　肅宗時？

《林邵州遺集·續慶圖》：“披字茂彦，天寶十一年擢第，遷潭州刺史、澧州司馬、康州刺史，貶臨汀曹掾，改臨汀令，奏授臨汀別駕知州事……次子蘊，邵州刺史。”按林披在澧州司馬前爲潭州刺史，甚爲可疑。

龐承鼎　上元元年（760）

《舊書·吕諲傳》：“又妖人申泰芝以左道事李輔國，擢爲諫議大夫。輔國奏於道州界置軍，令泰芝爲軍校……潭州刺史龐承鼎忿之，因泰芝入奏，至長沙，縶之。”《新書·嚴郢傳》：“方士申泰芝以術得幸肅宗，遨遊湖、衡間……潭州刺史龐承鼎按治。帝不信，召還泰芝，下承鼎江陵獄……帝卒殺承鼎，流郢建州。”又見《新書·吕諲傳》，《元龜》卷五一五。按吕諲上元元年爲江陵尹，寶應元年建卯月卒。

源　休　上元二年（761）

《舊書》本傳：“京兆尹光輿（譽）之子也。休以幹局，累授監察御史、殿中侍御史、青苗使判官，遷虞部員外郎。出潭州刺史，入爲主客郎中，遷給事中、御史中丞、左庶子。”《全詩》卷二四一元結《寄源休并序》：“辛丑中，元結與族弟源休皆爲尚書郎，在荆南府幕。休以曾任湖南，久理長沙，結以曾遊江州，將兵鎮九江，自春及秋，不得相見，故抒所懷以寄之。"按辛丑歲爲肅宗上元二年。由此知是年春至秋源休在潭州任。

崔　瓘　　永泰元年（765）

《全文》卷三八三元結《崔潭州表》："乙巳歲，潭州刺史崔瓘去官，州人衡州司功參軍鄭洌爲鄉人某等請余爲崔公作表。"按"乙巳歲"爲永泰元年。《新書·地理志五》潭州益陽縣："永泰元年，都督翟灌自望浮驛開新道，經浮丘至湘鄉。"按"翟灌"，當爲"崔瓘"之誤。又見兩《唐書》本傳。

張　謂　　約永泰元年—大曆二年（約 765—767）

《全文》卷三八一元結《别崔曼序》："漫叟年將五十，與時不合，垂三十年……博陵崔曼惑叟所爲，遊而辨之，數月未去，會潭州都督張正言薦曼爲屬邑長，將行。"按張正言乃張謂字。又卷四一二常袞《授張謂太子左庶子制》稱："敕中散大夫前守潭州刺史本州團練守捉使上柱國河内縣開國子賜紫金魚袋張謂……可守太子左庶子。"《直齋書録解題》卷八："《長沙土風碑》一卷，唐潭州刺史河南張謂撰。"《唐才子傳》卷四有《張謂傳》。孫望師《元次山年譜》稱：張謂爲潭州都督，"約在永泰末大曆初年，是時公爲其屬吏也"。傅璇琮《張謂考》稱：大曆二年至四年張謂在潭州任（《唐代詩人叢考》），疑有誤。

陽　濟　　約大曆二年—四年（約 767—769）

《千唐誌·唐故鴻臚少卿貶明州司馬北平陽府君（濟）墓誌銘并序》（貞元十二年七月十三日）："元帥李公光弼領河南，御史大夫王仲昇鎮許蔡，咸請佐幕，以公力焉。後太尉表公爲密州刺史……後拜大理少卿……加御史中丞，出爲潭州刺史，轉衡州刺史……遇觀察使被害，公……遂率部兵遽臨叛境。俄辛京杲至，靖譖害能，貶撫州司馬。"

韋之晉　　大曆四年（769）

《舊書·代宗紀》：大曆四年二月"辛酉，以湖南都團練觀察使、衡州刺史韋之晉爲潭州刺史，因是徙湖南軍於潭州"。《姓纂》卷二東眷韋氏閬公房："之晉，湖南觀察使。"

崔瓘 大曆四年—五年（769—770）

《舊書·代宗紀》：大曆四年"秋七月己巳，以澧州刺史崔瓘爲潭州刺史、湖南都團練觀察使"。五年"夏四月庚子，湖南都團練使崔瓘爲其兵馬使臧玠所殺，玠據潭州爲亂"。又見兩《唐書》本傳，《新書·代宗紀》，《元龜》卷六七三。《全文》卷四一三常袞有《授崔瓘自澧州刺史除湖南觀察使制》。又卷四九八權德輿《唐故江南西道都團練觀察處置等使中散大夫使持節都督洪州諸軍事守洪州刺史兼御史中丞騎都尉崔公神道碑銘并序》："烈考瓘，再爲澧州、潭州刺史，以御史中丞領湖南觀察使。"由此知崔瓘兩任澧州刺史，兩任潭州都督。【補遺】《洛陽新獲墓誌106·崔府君墓誌銘》："祖瓘，皇潭州刺史、御史中丞、湖南觀察使，贈太子少師。……考芘，皇洪州刺史、御史中丞、江南西道觀察使，贈左散騎常侍。"

辛京杲 大曆五年—八年？（770—773？）

《舊書·代宗紀》：大曆五年五月"癸未，以羽林大將軍辛京杲爲潭州刺史、湖南觀察使"。《新書·辛雲京傳》："從弟京杲……歷湖南觀察使，後爲工部尚書致仕。"《全文》卷四一三常袞《授辛杲京湖南觀察使制》："辛杲京……可使持節都督潭州諸軍事行潭州刺史，充湖南都團練守捉及觀察處置使。"作"杲京"，當爲誤倒。又卷七八四穆員《陝虢觀察使盧公（岳）墓誌銘》："始佐湖南觀察之政，前帥韋之晉倚之以清，後帥辛京杲藉之以立。"《姓纂》卷三金城辛氏："雲果，湖南觀察兼御史大夫。""雲果"，乃"京杲"之誤。《廣記》卷一七六引《譚賓錄》："郭氏舊史説：辛雲景曾爲心之吏使，後除潭州都督。""雲景"亦爲"京杲"之誤。《全詩》卷一四九劉長卿有《湖南使還留辭辛大夫》。

獨孤問俗 大曆八年？—十四年（773？—779）

《廣記》卷一五二引《嘉話錄》："趙璟……蓋爲是姚曠女婿，姚與獨孤問俗善，因託之，得湖南判官，累奏官至監察。"《唐語林》卷六同。
按獨孤問俗約大曆四年至七年爲鄂州刺史，疑卸任後不久即爲潭刺；
蕭復大曆十四年爲潭刺，蓋即於是年代問俗。見下條。

蕭　復　　大曆十四年—建中元年(779 — 780)

《舊書·德宗紀上》：大曆十四年閏五月庚寅，"以常州刺史蕭復
爲潭州刺史、湖南團練觀察使"。建中元年正月"己巳，福建觀察使鮑
防、湖南觀察使蕭復讓憲官，從之"。又見兩《唐書》本傳。《全文》卷
五二一梁肅《監察御史李君夫人蘭陵蕭氏墓誌銘》："夫人……享年四
十八而終，時建中元年九月三日也……仲弟御史中丞復……是歲，中
丞由潭州遷左馮翊。"《廣記》卷一五二引《嘉話録》："蕭相復代〔獨孤〕
問俗爲潭州，有人又薦〔趙璟〕于蕭，蕭留爲判官。"《唐語林》卷六同。

李　皋　　建中元年—三年(780—782)

《舊書·德宗紀上》：建中元年四月"壬戌，以衡州刺史、嗣曹王皋
爲潭州刺史、湖南團練觀察使"。三年"冬十月辛亥，以湖南觀察使嗣
曹王皋爲洪州刺史、江西節度使"。又見兩《唐書》本傳，《元龜》卷四
二七。

李　承　　建中三年—四年(782—783)

《舊書·德宗紀上》：建中三年十一月"甲午，以前山南東道節度
使李承爲潭州刺史、湖南觀察使"。四年八月丁未，"湖南觀察使李承
卒"。又見兩《唐書》本傳，《元龜》卷七七七。《匋齋藏石記》卷二八
(《唐文拾遺》卷二三)李藩《趙郡李氏殤女墓石記》(貞元十七年十二
月三日)："祖諱承，皇正議大夫檢校工部尚書兼潭州刺史，贈吏部尚
書，諡曰懿，歷淮西道淮南道黜陟使、河中道山南東道湖南道節度觀
察都防禦都團練等使。"

【孔巢父　　建中四年(783)(未之任)】

《元龜》卷二六九：建中四年九月，"又以新除潭州刺史孔巢父爲

右庶子兼御史大夫，充行軍左司馬”。《舊書》本傳：“尋拜汾州刺史，入爲諫議大夫，出爲潭州刺史、湖南觀察使。未行，會普王爲荆襄副元帥，以巢父爲元帥府行軍司馬、兼御史大夫。”《新書》本傳略同。

趙　憬（趙璟）　　建中四年—貞元二年（783—786）

《舊書·德宗紀》：建中四年十二月“甲子，以湖南觀察留後趙憬爲湖南觀察使”。又本傳：“湖南觀察使李承請爲副使、檢校工部郎中充職。歲餘，承卒，遂知留後事。尋授潭州刺史、兼御史中丞、湖南觀察使，仍賜金紫。居二歲，受代歸京師。”《新書》本傳略同。《廣記》卷一五二引《嘉話録》：“蕭相復代〔獨孤〕問俗爲潭州，有人又薦〔趙璟〕於蕭，蕭留爲判官，至侍御史。蕭入，主留務，有美聲，聞於德宗，遂兼中丞，爲湖南廉使。及李泌入相，不知之。俄而以李元素知璟湖南留務事，而詔璟歸闕。”《唐語林》卷六同。按李泌貞元三年六月丙戌由陝虢觀察入相，見《新書·宰相表中》；而元全柔已於貞元二年四月除潭州，是趙憬離任不得遲於貞元二年四月，《嘉話録》等記載有誤。《全文》卷四九八權德輿《故正議大夫守門下侍郎同中書門下平章事貞憲趙公（憬）神道碑銘并序》：“檢校工部郎中、副湘中七州軍事，居一年，詔領留府，尋踐方伯。以中執法錫金印紫綬。罷職家居。”貞元十三年卒，六十一歲。

元全柔　　貞元二年—三年（786—787）

《舊書·德宗紀上》：貞元二年四月“戊辰，以前黔中觀察使元全柔爲湖南觀察使”。

暢　悦　　貞元三年（787）

《舊書·德宗紀上》：貞元三年五月“丁酉，以左丞暢悦爲湖南觀察使”。

裴　胄　　貞元三年—七年（787—791）

《舊書·德宗紀上》：貞元三年“閏月乙卯，以國子司業裴胄爲潭州刺史、湖南觀察使"。又《德宗紀下》：貞元七年正月"庚辰，以湖南觀察使裴冑爲洪州刺史、江西觀察使"。又見兩《唐書》本傳。

李 衡 貞元七年—八年（791—792）

《舊書·德宗紀下》：貞元七年正月庚辰，"以常州刺史李衡爲潭州刺史、湖南觀察使"。八年二月"己亥，以湖南觀察使李衡爲洪州刺史、江西觀察使"。又見《崔佞傳》。《全文》卷五四五王仲舒《湖南觀察使謝上表》："獨臣領常州一年超居近地。"疑代李衡作，題上奪"代"字。

齊 抗 貞元八年（792）

《舊書·德宗紀下》：貞元八年二月壬午，"以蘇州刺史齊抗爲潭州刺史、湖南觀察使"。本傳："遷諫議大夫。歷處州刺史，轉潭州刺史、湖南都團練觀察使。入爲給事中，又爲河南尹。"《新書》本傳略同。《全文》卷四九九權德輿《唐故中書侍郎同中書門下平章事太子賓客贈户部尚書齊成公（抗）神道碑銘》："遷潭州刺史……擢爲河南尹。"

李 巽 貞元八年—十三年（792—797）

《舊書·德宗紀下》：貞元八年十二月"丁未，以給事中李巽爲潭州刺史、湖南觀察使"。十三年九月甲辰，"以湖南觀察使李巽爲江（洪）州刺史、江西觀察使"。又見兩《唐書》本傳。《全文》卷四九六權德輿《大唐湖南都團練觀察處置等使朝散大夫檢校左散騎常侍持節都督潭州諸軍事潭州刺史李公（巽）遺愛碑銘并序》："貞元八年冬十二月由給事中至於是邦……五年而增秩，六年而進律。"又見卷五〇五《唐故銀青光禄大夫守吏部尚書兼御史大夫充諸道鹽鐵轉運等使李公（巽）墓誌銘并序》。

吕 渭 貞元十三年—十六年（797—800）

《舊書·德宗紀下》：貞元十三年九月甲辰，"以禮部侍郎吕渭爲潭州刺史、湖南觀察使"。十六年"秋七月，湖南觀察使呂渭卒"。又見兩《唐書》本傳，《元龜》卷六五一，《唐詩紀事》卷四七，《姓纂》卷六河東呂氏。《全文》卷四九六權德輿《大唐湖南都團練觀察處置等使朝散大夫檢校左散騎常侍持節都督潭州諸軍事潭州刺史李公（巽）遺愛碑銘并序》："皇帝在宥天下十九歲……歲九月，制詔湖南長帥中執法李公巽爲江西，申命小宗伯呂公謂（渭）爲之代。"《唐文拾遺》卷二七呂溫《唐故湖南團練觀察處置等使通議大夫使持節都督潭州諸軍事守潭州刺史中丞呂府君夫人河東郡君柳氏墓誌銘并序》："〔夫人〕貞元十六年六月庚寅前先公七日棄養於潭州官舍，享年四十有二。"《全文》卷五八九柳宗元《呂侍御恭墓誌銘并序》："延之生渭，爲中書舍人、尚書禮部侍郎，刺湖南七州。"《隋唐五代墓誌匯編·洛陽卷》第十二册《唐故通議大夫使持節都督潭州諸軍事守潭州刺史兼御史中丞充湖南都團練觀察處置等使東平呂府君（渭）墓誌銘并序》（貞元十六年十二月八日）："出爲潭州刺史兼御史中丞，賜紫金魚袋，充湖南都團練觀察使……以十六年七月一日薨於鎮，享年六十有六。"北圖藏拓片《唐故中散大夫祕書監致仕上柱國賜紫金魚袋贈左散騎常侍東平呂府君（讓）墓誌銘并序》（大中十年四月十二日）："皇考諱渭，禮部侍郎、湖南觀察使……府君七歲在潭州，七日之內繼失怙恃。"大中九年卒，年六十二。由此上推，呂讓七歲時正是貞元十六年。

楊　憑　　貞元十八年—永貞元年（802—805）

　　《舊書·德宗紀下》：貞元十八年"九月乙卯朔，以太常少卿楊憑爲潭州刺史、湖南觀察使"。《憲宗紀上》：永貞元年十一月"甲申，以湖南觀察使楊憑爲洪州刺史、江西觀察使"。《廣記》卷七六引《因話録》："侍郎呂渭、楊憑相繼廉問湖南。"《全文》卷六八九符載《長沙東池記》："壬午歲（貞元十八年），皇帝命御史中丞楊公領湖南七郡之地……三年而風俗清。"又卷六九〇《奉送良郢上人遊羅浮山序》："甲申歲（貞元二十年）夏六月，中丞楊公下車長沙之三年也，余自故山扁舟一葉，主人舍我於東館。"又見兩《唐書》本傳，《全文》卷五四四于頔《潭州法華院記》、卷四八七權德輿《户部侍郎舉人自代狀》、卷六〇四劉禹錫《答連州（集作道州）薛郎中論書儀書》，《韓昌黎集》卷二〇《送陳秀才彤序》，《柳河東集》卷二七《潭州楊中丞作東池戴氏堂記》。

薛　苹　永貞元年—元和三年（805—808）

《舊書·憲宗紀上》：永貞元年十一月甲申，"以虢州刺史薛苹爲潭州刺史、湖南觀察使"。又本傳："拜虢州刺史，朝廷以尤課擢爲湖南觀察使，又遷浙江東道觀察使。"《新書》本傳略同。《會稽掇英總集·唐太守題名》："薛苹，元和三年正月自湖南觀察使授。"《嘉泰會稽志》同。

【竇　群　元和三年（808）（未之任）】

《舊書》本傳："〔元和〕三年八月，〔李〕吉甫罷相，出鎮淮南，群等欲因失恩傾之……出爲湖南觀察使。數日，改黔州刺史、黔州觀察使。"《新書》本傳略同。又見《元龜》卷五二二。

李　衆　元和三年—六年（808—811）

《新表二上》李氏姑臧大房："衆字師，湖南團練觀察使、左散騎常侍。"《全文》卷六二八吕溫《湖南都團練副使廳壁記》："元和三年冬，天子命御史中丞隴西李公，以永嘉之清政，京兆之懿則，廷賜大斾，俾綏衡湘……元和五年七月五日，東平吕溫記。"《會要》卷六二："〔元和〕六年九月，以前湖南觀察使李衆爲恩王傅。"《柳河東集》卷三五有《上湖南李中丞干稟食啓》。《寶刻類編》卷五有裴璘書"《左常侍李衆碑》，李絳撰，元和十三年十二月，洛"。又見《金石錄》。

柳公綽　元和六年—八年（811—813）

《舊書·憲宗紀上》：元和六年六月"甲申，以御史中丞柳公綽爲湖南觀察使"。《憲宗紀下》：元和八年十月"庚寅，以湖南觀察使柳公綽爲岳鄂沔蘄安黄觀察使"。又見兩《唐書》本傳，《姓纂》卷七河東解縣柳氏。《全文》卷五八四柳宗元《武岡銘并序》："元和七年四月……時惟潭部戎帥、御史中丞柳公綽，練立將校，提卒五百，屯於武岡。"

張正甫　　元和八年—十一年？（813—816？）

《舊書·憲宗紀下》：元和八年十月己巳，"以蘇州刺史張正甫爲湖南觀察使"。本傳未及。《全詩》卷四一三元稹《盧頭陀詩并序》："元和九年，張中丞領潭之歲，予拜張公於潭。"

韋貫之　　元和十一年—十二年（816—817）

《舊書·憲宗紀下》：元和十一年九月"丙子，新除吏部侍郎韋貫之再貶湖南觀察使"。又本傳："罷爲吏部侍郎。不涉旬，出爲湖南觀察使……罷爲太子詹事，分司東都。"《新書》本傳略同。

袁　滋　　元和十二年—十三年（817—818）

《舊書·憲宗紀下》：元和十二年九月"庚子，以撫州刺史袁滋爲湖南觀察使"。十三年六月"乙丑，湖南觀察使袁滋卒"。又見兩《唐書》本傳。《全文》卷七一七韋辭《修浯溪記》："元公再領道州……今年春，公季子友讓以遜敏，知治術，爲觀察使袁公所厚用……元和十三年二月六日，江州員外司馬韋辭記。"袁公即袁滋。

崔　倰　　元和十三年—十四年（818—819）

《舊書》本傳："遷蘇州刺史，理行爲第一。轉潭州刺史、湖南都團練觀察使……入爲户部侍郎、判度支。"《新書》本傳略同。《元龜》卷六七五誤作"崔俊"。《全文》卷六五四元稹《有唐贈太子少保崔公（倰）墓誌銘》："尋拜蘇州刺史，遷湖南都團練觀察處置使兼御史中丞潭州刺史……憲宗驛召至京城，擢拜户部侍郎判度支。不累月，會上新即位。"上圖藏拓片《唐故潭州湘潭尉崔府君（倚）墓誌銘并序》（元和十五年十月十六日）："公從父弟尚書户部侍郎倰頃廉問湖南。"

崔　群　　元和十四年—十五年（819—820）

《舊書·憲宗紀下》：元和十四年十二月"乙卯，以諫議大夫、守中書侍郎、同中書門下平章事、上柱國、賜紫金魚袋崔群爲潭州刺史、兼御史大夫，充湖南觀察使"。又本傳：元和十四年，"出爲湖南觀察都團練使。穆宗即位,徵拜吏部侍郎"。《新書》本傳略同。又見《元龜》卷三三三,《全文》卷五九,《大詔令集》卷五六《崔群湖南觀察使制》。《宋高僧傳》卷一一《唐長沙東寺如會傳》:"時相國崔公群慕會之風,來謁于門……初,群與皇甫鎛議上憲宗尊號,因被鎛構,出爲湖南觀察,閑豫,歸心於會也。至穆宗長慶癸卯歲終於寺。"

孔 戢　　元和十五年—長慶三年(820—823)

《舊書·穆宗紀》:元和十五年七月"甲辰,以大理卿孔戢爲潭州刺史、湖南觀察使"。本傳:"出爲潭州刺史、湖南觀察使……入爲右散騎常侍,拜京兆尹。"《新書》本傳略同。《韓昌黎集》卷三三《唐正議大夫尚書左丞孔公(戢)墓誌銘》:"長慶四年正月己未,公年七十四告薨於家……公之薨,戢自湖南入爲少府監。"

沈傳師　　長慶三年—寶曆二年(823—826)

《舊書·穆宗紀》:長慶三年"六月,宰相監修國史杜元穎奏:史官沈傳師除鎮湖南"。又《敬宗紀》:寶曆二年五月甲申,"以前湖南觀察使沈傳師爲尚書左丞"。又見兩《唐書》本傳。《全文》卷七五六杜牧《唐故尚書吏部侍郎贈吏部尚書沈公行狀》:"由是出爲湖南觀察使兼御史大夫,凡二歲……江西宣州聯歲水災……自居方伯生殺之任……自宣城入爲吏部侍郎。"《唐語林》卷一:"沈吏部傳師……觀察三郡,去鎮無餘蓄……及出領湖南、江西,奉詔在鎮修《憲宗實錄》,當時榮之。"

劉遵古　　寶曆二年—大和元年(826—827)

《舊書·敬宗紀》:寶曆二年正月"甲午,以衛尉卿劉遵古爲湖南觀察使"。按大和三年五月以左金吾衛大將軍劉遵古爲邠寧節度使,見《舊書·文宗紀上》。

王公亮　　大和元年—二年(827—828)

《舊書·文宗紀上》:大和元年十一月"丁酉,右金吾衛大將軍王公亮爲潭州刺史、湖南觀察使"。上圖藏拓片《唐故滑州匡城縣令王公(虔暢)墓誌銘并序》(咸通八年二月一日)："公亮，貞元六年進士及第⋯⋯官至潭州刺史、御史大夫、湖南都團練觀察使。"

韋　詞(韋辭)　　大和三年—四年(829—830)

《舊書·文宗紀上》：大和三年十月癸亥，"以中書舍人韋辭爲湖南觀察使"。又《文宗紀下》：大和四年十二月"癸丑，湖南觀察使韋辭卒"。本傳："出爲潭州刺史、御史中丞、湖南觀察使。在鎮二年，吏民稱治。大和四年卒。"《新表四上》韋氏南皮公房："詞字踐之，湖南觀察使。"《全文》卷七六四蕭鄴《嶺南節度使韋公(正貫)神道碑》："相國韋公處厚及韋湖南辭皆以學識相高。"

高　重　　大和四年(830)

《舊書·文宗紀上》：大和四年十二月癸亥，"以同州刺史高重爲潭州刺史、兼御史中丞，充湖南觀察使"。《新書》本傳未及。

李　翶　　大和七年—八年(833—834)

《舊書》本傳："〔大和〕五年，出爲桂州刺史、御史中丞，充桂管都防禦使。七年，改授潭州刺史、湖南觀察使。八年，徵爲刑部侍郎。"《新書》本傳略同。《舊書·文宗紀下》：大和八年十二月己亥，"以〔湖南觀察使李〕翶爲刑部侍郎"。《南部新書》丁："李翶在湘潭，收韋江夏之女於樂籍中。"又見《唐語林》卷四。《宋高僧傳》卷一一《唐長沙東寺如會傳》："穆宗長慶癸卯歲，終於寺⋯⋯廉使李翶盡毀近城墳塔，唯留會所瘞浮圖。"

李仍叔　　大和八年—九年(834—835)

《舊書·文宗紀下》：大和八年十二月"己亥，以宗正卿李仍叔爲湖南觀察使，代李翶"。

盧周仁(盧行術)　　大和九年—開成二年(835—837)

《舊書·文宗紀下》：大和九年八月壬寅，"以蘇州刺史盧周仁爲湖南觀察使”。開成二年八月“己巳，以前湖南觀察使盧行術爲陝虢觀察使”。按《元龜》卷八二五：“盧周仁，開成中爲湖南觀察使。奏云：名與再從伯音同，請改名術，從之。”由此知盧周仁與盧行術爲同一人。

李　翊　　開成二年（837）

《舊書·文宗紀下》：開成二年六月丁亥，“以給事中李翊爲湖南觀察使”。

楊嗣復　　開成五年—會昌元年（840—841）

《舊書·武宗紀》：開成五年八月十七日，“門下侍郎、同平章事楊嗣復檢校吏部尚書、潭州刺史，充湖南都團練觀察使”。會昌元年“三月，貶湖南觀察使楊嗣復潮州司馬”。又本傳：“武宗之立……其年秋，李德裕自淮南入輔政。九月，出嗣復爲湖南觀察使。明年……再貶嗣復潮州刺史。”《新書》本傳略同。

盧簡辭　　會昌元年（841）

《新書》本傳：“入授考功員外郎，累擢湖南、浙西觀察使，以檢校工部尚書爲忠武節度使。徙山南東道。”《舊書》本傳未及。按盧簡辭會昌元年爲浙西觀察使。

崔元式　　會昌二年—三年（842—843）

《新書》本傳：“累官湖南觀察使。會昌中，澤潞用兵，遷河中。”按《舊書》本傳未及，唯稱：“會昌三年檢校左散騎常侍、河中尹、河中晉絳觀察使。四年，檢校禮部尚書、太原尹、北都留守、河東節度使。”《全文》卷七七三李商隱《爲滎陽公上宏文崔相公狀》：“某行役以今月二十八日達潭州訖……況兹樂土，嘗扇仁風，式訪顛毛，兼詢憩樹，吏皆攀轅之士，民皆遮道之人。綿以歲時，深在肌骨。”按滎陽公指鄭亞，大中元年李商隱隨鄭亞赴桂管幕。

裴　休　　會昌三年—大中元年(843—847)

《全文》卷八二〇鄭愚《潭州大潙山同慶寺大圓禪師碑銘并序》：
"後湖南觀察使故相國裴公休酷好佛寺，值宣宗釋武宗之禁，固請迎而
出之。"又見《宋高僧傳》卷一一《唐大潙山靈祐傳》。《全詩》卷五六九李
群玉有《長沙陪裴大夫登北樓》、《長沙陪裴大夫夜宴》、《三月五日陪裴
大夫泛長沙東湖》(注云：一作張又新詩)。按《唐詩紀事》卷五四：李群
玉，澧州人。裴休觀察湖南，厚延致之，及爲相，以詩論薦授校書郎。
《全文》卷七七六李商隱《爲滎陽公上宣州裴尚書啓》："待詔漢廷，但成
老大；留歡湘浦，暫復清狂。思如昨夜，又已改歲。"據此《啓》，知大中元
年鄭亞、李商隱過長沙時曾受裴休接待。兩《唐書》本傳未及。

李　回　　大中二年(848)

《通鑑·大中二年》：正月(《舊書·宣宗紀》作大中二年二月)，
"西川節度使李回、桂管觀察使鄭亞坐前不能直吳湘冤，乙酉，回左遷
湖南觀察使"。九月，再貶"湖南觀察使李回爲賀州刺史"。《舊書》本
傳："出爲成都尹、劍南西川節度。大中元年冬，坐與李德裕親善改潭
州刺史、湖南觀察使，再貶撫(賀)州刺史。"《新書》本傳略同。《大詔
令集》卷五八(《全文》卷七九)《李回太子賓客分司東都制》稱："湖南
都團練觀察處置等使、光禄大夫、行潭州刺史、御史大夫 …… 李
回 …… 可行太子賓客，分司東都。大中二年九月。"又卷三〇九《李回
賀州刺史制》稱："湖南都團練觀察處置等使、光禄大夫、行潭州刺
史 …… 李回 …… 是用移謫臨賀 …… 可持節賀州諸軍事賀州刺史。"大
中二年九月。《全文》卷七七六李商隱有《爲湖南座主隴西公賀馬相
公登庸啓》。隴西公即李回。馬相公，指馬植，大中二年正月乙卯同
中書門下平章事，見《新書·宰相表下》。由此知李回大中二年正月
在湖南觀察任。

裴　識　　大中二年—五年(848—851)

《舊書》本傳："大中初，改潭州刺史、御史中丞，充河(湖)南都團
練觀察使。八年，加檢校户部尚書、鳳翔尹、鳳翔隴右節度使。"《新

書》本傳："〔劉〕積平，改司農卿，進湖南觀察使。入拜大理卿。"

崔黯 大中五、六年間（851、852）

《廬山記》卷五："《復東林寺碑銘》，湖南都團練觀察處置等使中大夫使持節都督潭州諸軍事守潭州刺史〔崔黯撰〕，金紫光禄大夫左散騎常侍上柱國河東郡開國公食邑二千户柳公權書，唐大中十一年歲次丁丑四月戊辰朔二十六日癸巳建。"按"潭州刺史"下，"金紫光禄大夫"上奪"崔黯撰"三字。《寶刻叢編》卷一五引《集古録目》沿誤。說見岑仲勉《方鎮年表正補》。《金石補正》卷七五《復東林寺碑殘刻》稱："大中六年二月十四日〔正〕言命以圖及備録訪余爲刻石之文。"知崔黯大中六年在湖南觀察任。兩《唐書》本傳未及。

崔慎由 大中六年—七年（852—853）

《新書》本傳："入爲右拾遺，進翰林學士。授湖南觀察使。召還，由刑部侍郎領浙西。"《舊書》本傳未及。《全文》卷七五○杜牧《賀生擒衡州草賊鄧裴表》："慎由指揮義徒，總齊武士……不經歲時，盡殄豺虺。"按《通鑑·大中六年》：四月，"湖南奏，團練副使馮少端討衡州賊帥鄧裴，平之"。《宋高僧傳》卷一一《唐大潙山靈祐傳》："元和末，隨緣長沙……祐爲遭會昌之澄汰，又遇相國崔公慎由崇重加禮，以大中癸酉歲（七年）正月九日盥漱畢，敷座瞑目而歸滅焉。"《千唐誌·唐故朝議大夫前鳳翔節度副使檢校兵部郎中兼御史中丞楊府君墓誌銘》（乾符三年九月十日）："先是，丞相崔公慎由廉問湘潭，君以版巡奉使，爲崔公之知。"楊府君卒乾符二年六月。《隋唐五代墓誌匯編·北京卷》第二册《唐太子太保分司東都贈太尉清河崔府君（慎由）墓誌自撰》（咸通九年八月二十九日）："歷……中書舍人，潭州刺史兼御史中丞、湖南都團練觀察使，刑部侍郎，兵部侍郎，檢校禮部尚書兼御史大夫浙江西道都團練觀察使。"

李當 大中八年—十年（854—856）

《唐文續拾》卷六魏深《書李當事》："公嘗自中書舍人乘廉車問俗

湖南，他日，宣皇帝注意急徵，值公南風中足，不克見。久之，乃有金貂之拜。洎足力如常，除戶部侍郎，尋出尹河南。"吳氏《方鎮年表》列於大中八年至十年，爲崔慎由後任，姑從之。

崔 罕 大中十年(856)

《東觀奏記》卷中："崔罕爲京兆尹，内園巡官不避馬，杖之五十四，方死。上赫怒……貶河(湖)南觀察使。"按韋澳大中十年五月代崔罕爲京兆尹，見《通鑑考異》。上圖藏拓片《唐故溫州刺史清河崔府君(紹)墓誌銘并序》(乾符四年十一月二十三日)："烈考皇湖南觀察使、御史中丞，贈刑部侍郎府君諱罕。府君於湖南府君爲堂猶子也。湖南府君以無子，遂命府君爲之後。"紹卒乾符丁酉(四年)，四十四歲。

杜 蘊 大中十一年(857)

《唐摭言》卷一三："白中令鎮荆南，杜蘊常侍廉問長沙，請從事盧發致聘焉。"又見《廣記》卷二五一引，《唐詩紀事》卷六六。按白敏中大中十一年正月充荆南節度，見《舊紀》。

韓 琮 大中十二年(858)

《通鑑·大中十二年》：五月辛巳，"湖南軍亂，都將石載順等逐觀察使韓悰(琮)"。《新書·宣宗紀》作大中十二年五月庚辰。又見《東觀奏記》卷下，《唐語林》卷二。

蔡 襲 大中十二年—咸通三年(858—862)

《東觀奏記》卷下："大中十二年後，藩鎮繼有叛亂。湖南都將石再順逐出觀察使韓琮……以右金吾將軍蔡襲爲湖南觀察使。"《唐語林》卷二略同。《新書·懿宗紀》：咸通三年二月，"湖南觀察使蔡襲爲安南經略招討使"。又見《南蠻傳》。

劉 潼 咸通三年(862)

《新書》本傳："出爲朔方、靈武節度使。坐累貶鄭州刺史，改湖南觀察使。召爲左散騎常侍。拜昭義節度使。”按劉潼約大中十一年由朔方節度貶鄭州刺史。咸通三至四年爲昭義節度。

丁 琛 咸通中？

《同治醴陵縣志》卷八：“丁琛，咸通間官諫議大夫、湖南觀察使。”未知可靠否。

李 璋 咸通中？

《新書》本傳：“咸通中，累官尚書右丞、湖南宣歙觀察使。”《舊書》本傳未及。按李璋咸通十三年七月二十七日由尚書左丞出爲宣歙觀察使，見《通鑑》。吳氏《方鎮年表》繫李璋於咸通四至五年。今按《千唐誌·唐范陽盧夫人墓誌銘》（咸通三年正月十六日）稱：“夫朝議郎行起居郎李璋撰。”證知咸通三年尚在起居郎任，四年決無可能爲湖南節度。又《唐故趙郡李夫人墓誌銘并序》（乾符四年八月二十八日）：“王父諱絳，山南西道節度使、檢校司空，贈太傅。大人前宣歙觀察使、兼御史大夫名璋。”《通鑑·咸通十三年》：“七月乙未，以璋爲宣歙觀察使。”皆未及湖南觀察使事。吳氏《方鎮年表》僅據《新書》本傳“累官尚書右（左）丞、湖南宣歙觀察使”，未知《新書》誤否。

李 叢 咸通九年—十年（868—869）

《通鑑·咸通九年》：六月，“桂管觀察使李叢移湖南”。《新書·宗室世系表上》大鄭王房：“湖南觀察使、檢校右散騎常侍叢。”

于 瓖 咸通十年—十三年（869—872）

《舊書·懿宗紀》：咸通十三年五月，“前湖南觀察使于瓖爲袁州刺史”。《全文》卷八九四羅隱有《投湖南于常侍啓》，又卷八九五有《謝湖南于常侍啓》。又卷八九五羅隱《湘南應用集序》：“自己卯至庚寅，一十二年看人變化。去年冬，河南公按察長沙郡……明年，隱得衡陽縣主簿……冬十月，乞假歸覲。”按己卯，大中十三年；庚寅，咸通十一年。兩《唐書》本傳未及。

王　凝　　咸通十三年—十四年（872—873）

《舊書》本傳：“出爲商州刺史。明年，檢校右散騎常侍、潭州刺史、湖南團練觀察使。入爲兵部侍郎，領鹽鐵轉運使。”《新書》本傳：“徙湖南觀察使。僖宗立，召爲兵部侍郎，領鹽鐵轉運使。”《全文》卷八一〇司空圖《故宣州觀察使檢校禮部王公（凝）行狀》：“時宰竟用抗己，内不能平，遂至商於之命……明年，加檢校常侍，廉問湖外，理潭如商……上初即位……徵拜兵部侍郎。”卷八九四羅隱有《投湖南王大夫啓》。

李　庾　　咸通十四年—乾符元年（873—874）

《新書·宗室世系表上》大鄭王房：“湖南觀察使兼御史大夫庾，字子虔。”《唐詩紀事》卷五六鄭畋：“韋保衡、路巖忌宰相劉瞻……責劉驪州司户，命舍人李庾（庾）爲詞……僖宗立，蕭倣輔政，舉瞻自代，召歸朝廷。至湖南，庾（庾）典是郡，是夕庾（庾）飲酖而卒。”《舊書·僖宗紀》：乾符元年七月，“故湖南觀察使李庾贈禮部尚書”。

裴　瓚　　乾符元年—三年（874—876）

《舊書·僖宗紀》：乾符元年“七月，以禮部侍郎裴瓚爲檢校左散騎常侍、潭州刺史、御史大夫、湖南觀察使”。《桂苑筆耕集》卷一八《前湖南觀察使巡官裴璙》：“右件人是某座主侍郎再從弟某，去乾符三年冬到湖南起居座主侍郎之時，見於諸院弟兄中。”又卷七《上吏部裴瓚尚書二》：“湖湘察俗，澄洛尹都……唯求勇退之謀，久阻急徵之詔。”

崔　瑾　　乾符三年—五年（876—878）

《舊書·崔郾傳》：“〔子〕瑾大中十年登進士第，累居使府……咸通十三年，知貢舉，選拔頗爲得人。尋拜禮部侍郎，出爲湖南觀察使。”《新書·崔郾傳》略同。《舊書·王蘐傳》：“乾符初，崔瑾廉察湖南，崔涓鎮江陵，皆辟爲從事。”《新表二下》崔氏清河小房：“瑾字休瑜，湖南觀察使。”《新書·僖宗紀》：乾符五年三月，“湖南軍亂，逐其觀察使崔瑾”。又《黃巢傳》：“〔王仙芝〕進破朗、岳，遂圍潭州，觀察使崔瑾拒却之。"《北夢瑣言》卷一四："至如越州崔璆、湖南崔瑾……狼狽恐懼。"

李　係　乾符六年(879)

《新書·僖宗紀》：乾符六年五月，"泰寧軍節度使李係爲湖南觀察使"。《通鑑·乾符六年》同。按《舊書·僖宗紀》稱：乾符五年"三月，王鐸奏兗州兵馬使李係爲統府左司馬，兼潭州刺史，充湖南都團練觀察使"。疑年月有誤。《通鑑·乾符六年》：十月"癸未，〔黃巢〕抵潭州城下。李係嬰城不敢出戰，巢急攻，一日，陷之，係奔朗州"。又見《新書·黃巢傳》。

李　巢　乾符六年—廣明元年(879—880)

《九國志·鄧處訥傳》："唐乾符中，從閔頊征蠻於安南。黃巢之亂，盜殺潭州觀察使李巢。"《唐摭言》卷一〇："湯篔，潤州丹陽人也……李巢在湖南，鄭續鎮廣南，俱以書奏受惠。"

李　裕　廣明元年—中和元年(880—881)

《新書·僖宗紀》：中和元年"十二月，安南戍將閔頊逐湖南觀察使李裕，自稱留後"。又《鄧處訥傳》："少從江西人閔頊防秋安南，中和元年還，道潭州，逐觀察使李裕。"又見《通鑑·中和元年》。

閔　勖(閔頊)　中和元年—光啓二年(881—886)

《新書·僖宗紀》：中和元年"十二月，安南戍將閔頊逐湖南觀察使李裕，自稱留後"。光啓二年"六月，淮西將黃皓殺欽化軍節度使閔頊"。《通鑑·中和元年》十二月、《光啓二年》六月，皆作"閔勖"。又見《新書·鄧處訥傳》、《九國志·鄧處訥傳》。《桂苑筆耕集》卷八有《湖南閔頊尚書別紙》。

周　岳　光啓二年—景福二年(886—893)

《新書·僖宗紀》：光啓二年六月，"衡州刺史周岳陷潭州，自稱節度使"。又《昭宗紀》：景福二年十二月，"邵州刺史鄧處訥陷潭州，欽化軍節度使周岳死之"。又見《通鑑·光啓二年》七月、《景福二年》十二月。《新書·鄧處訥傳》："淮西將黄皓殺〔閔〕頊。岳聞亂，以輕兵入潭州，自稱欽化軍節度使……積八年，結雷滿爲援，攻岳斬之，自稱留後。"《九國志·鄧處訥傳》略同。《全文》卷八二七陸扆《授周岳湖南節度使制》："具官周岳……嘗鎮湘中之地，克揚閫外之威……俾殿舊邦，用諧衆志……可依前檢校司徒、武安軍節度使。"又《授周岳嶺南西道節度使制》："武安軍節度、湖南觀察處置使、特進、檢校右僕射、食邑三百户周岳……可檢校司空、嶺南西道節度使。"

鄧處訥　　景福二年—乾寧元年（893—894）

《新書·昭宗紀》：景福二年十二月，"邵州刺史鄧處訥陷潭州……自稱留後"。乾寧元年五月，"孫儒將劉建鋒、馬殷陷潭州，武安軍節度使鄧處訥死之"。又見《新書》本傳，《九國志》本傳，《通鑑·景福二年》七月、《乾寧元年》二月，《新五代史·楚武穆王世家》。

【**王　搏**　　乾寧元年（894）（未之任?）】

《舊書·昭宗紀》：乾寧元年"十月庚寅，以中書侍郎、平章事王搏爲湖南節度使"。《新書》本傳未及，未知《舊紀》誤否。

劉建鋒（劉建封）　　乾寧元年—三年（894—896）

《舊書·昭宗紀》：乾寧元年"五月，蔡賊孫儒部將劉建鋒攻陷潭州，自稱湖南節度使"。三年"四月壬午朔，湖南軍亂，殺其帥劉建鋒"。又見《新書》本傳，《昭宗紀》，《新五代史·鄧處訥傳》、《馬殷傳》，《十國春秋·武穆王世家》。《北夢瑣言》卷一二："唐天復中，湖南節度使劉建封（鋒）淫其牽攏官陳之婦。"

【**崔　胤**　　乾寧三年（896）（未之任）】

《新書·宰相表下》：乾寧三年"七月乙巳，〔崔〕胤檢校禮部尚書、同平章事、武安軍節度使……九月乙未，崔胤爲中書侍郎兼户部尚

書、同中書門下平章事”。《昭宗紀》、本傳略同。《大詔令集》卷五四
陸扆有《崔胤武安軍節度平章事制》，“乾寧三年七月”行制。又卷五
〇《崔胤崔遠平章事制》稱：“新授武定（安）軍節度……持節都督潭州
諸軍事兼潭州刺史……崔胤……可守中書侍郎兼户部尚書、同中書
門下平章事、集賢殿大學士……乾寧三年九月。”又見《全文》卷九〇、
卷八二七。《全文》卷八三七薛廷珪《授峽州刺史崔昌遐祕書監制》
稱：“昔以令季作鎮衡湘，願分使符出守荆楚。”又見《北夢瑣言》卷四。

馬　殷　乾寧三年—天祐四年（896—907）

《舊書・昭宗紀》：乾寧三年“四月壬午朔，湖南軍亂，殺其帥劉建
鋒，三軍立其部將權知邵州刺史馬殷爲兵馬留後”。《通鑑・光化元
年》：三月，“以潭州刺史、判湖南軍府事馬殷知武安留後”。《天復二
年》：三月，“加武安節度使馬殷同平章事”。《舊五代史・梁太祖紀
下》：開平元年四月“辛未，武安節度使馬殷進封楚王”。又見兩《五代
史》本傳，《九國志・武穆王世家》，《十國春秋・吳太祖世家》。《全
文》卷八二一盧説有《授李思敬馬殷湖南節度使制》。

卷一六七　衡州(衡陽郡)

隋衡山郡。武德四年平蕭銑，置衡州。天寶元年改爲衡陽郡。乾元元年復爲衡州。領縣六：衡陽、新寧（常寧）、攸、茶陵、耒陽、湘潭。

任公廙　　約貞觀或高宗時
《姓纂》卷五廬江任氏："公廙，衡州刺史。"乃唐初徐州總管任瓌子。瓌卒貞觀三年，其子約仕貞觀至高宗時。

李孝儒　　永徽初？
《輿地碑記目》卷四《洋州碑記》有《唐衡州刺史李公孝儒之碑》，注："永徽三年碑，而墓在真符縣。"

田　某　　龍朔中
《南岳總勝集》卷下："田虛應，字艮逸……母既世，乃遊五峰，放志自適。龍朔中，州牧田侯於衡岳觀建降真堂以居。"

周　某　　高宗時
《千唐誌·唐故衡州刺史長樂公夫人（郭氏）墓誌銘并序》（麟德二年七月三日）："爰及笄年，言歸周氏……長樂公合窆之後，分竹衡陽……哀子静毓等……爰周翠石，式表玄堂。"

公孫亮　　約高宗時

曲石藏《唐故左武衛鄜州大同府折衝都尉公孫府君（孝遷）墓誌銘并序》：“曾祖恪，隨幽州都督。祖亮，唐衡州刺史。父神儼，唐涇州臨涇縣丞……公即臨涇府君之元子也。”孝遷卒開元二十二年，七十三歲。

李敬玄　　永隆元年（680）

《舊書・高宗紀》：調露二年八月“丁巳，鄀州都督李敬玄左遷衡州刺史”。又見兩《唐書》本傳，《舊書・吐蕃傳上》，《新書・高宗紀》、《宰相表上》，《通鑑・永隆元年》。按調露二年即永隆元年。

束　良　　長安末—景龍元年（?—707）

北圖藏拓片《大唐永州刺史束君（良）墓誌銘并序》（景龍三年二月九日）：“又授九成宮總監，攝隴州長史，又授南州刺史，又授衡州刺史，又授永州刺史。”景龍元年九月二日卒荆州邸舍，春秋六十八，景龍三年與夫人太原郡君王氏合葬。北圖藏拓片《唐衡州刺史束府君故夫人太原郡君王氏墓誌銘并序》（開元二十七年十月二十六日）：“繼子姪河南府鄉貢進士漸自叙……逮伯父一同爲宰，始□縣君之拜。逮伯父二千石，復荷郡君之錫……及伯父之薨衡州也，陟□無子儲之斗粟，旅櫬何依……左提右挈，還歸故□，比竟喪事，鄰里稱爲孝婦。嗚呼！開元八年夫人遘疾……其年五月己巳朔五日壬辰，終於陽翟縣師利之伽藍也，春秋六十有四。”束良終永州刺史，此謂終衡州刺史，疑實未赴永州即卒。束良夫人王氏景龍三年前已卒，此王夫人卒開元八年，疑爲後夫人歟？

張重暉　　中宗時？

《全文》卷五〇四權德輿《前京兆府咸陽縣丞權公故夫人清河張氏墓誌銘并序》：“祖重暉，皇朝議大夫、衡州刺史。”夫人貞元十八年夏四月卒，春秋若干。上圖藏拓片《唐故王侍御夫人南陽張氏墓誌銘并序》（開成五年二月十三日）：“曾祖重暉，衡州刺史。”夫人卒元和十二年六月七日，享年五十七。《嘉慶湖南通志》以爲中宗朝衡州刺史。

王　琚　　約開元四年（約 716）

《舊書》本傳：開元二年，"除澤州刺史，削封。歷衡、郴、滑、虢、沔、夔、許、潤九州刺史，又復其封。二十年，丁母憂。"《新書》本傳未及州名。

陳希固　　約開元中

《隋唐五代墓誌匯編·洛陽卷》第十一册《大唐潁川郡夫人三原縣令盧全善故夫人陳氏墓誌銘并序》（天寶四載十一月廿五日）："夫人九歲而孤，爲外王父房州刺史贈太常卿崔敬嗣、外王母金城郡君李氏所字。性仁孝恭友，謙儉聰哲；不資隱括，率自天挺。特爲伯父衢州長史希寂、叔父衡州刺史希固所愛重……始以外王母所歸故東海徐文公，有子曰崑。無幾爲伯父、叔父所奪，改嬪於盧氏。"夫人天寶三載卒，年四十八。

張　況　　開元二十年（743）

《會稽掇英總集·唐太守題名》："張況，開元二十年自衡州刺史授；二十一年移秦州都督。"《嘉泰會稽志》同。

蘇務廉　　天寶二年（743）

《南岳總勝集》卷中："《何尊師得道碑》，唐衡陽太守蘇務廉撰。"又卷下："何尊師者，不知何許人也……天寶二年下元日……遂化，顏色不變……中夕聞雷震聲，即失其所在。衡陽太守蘇務廉文，其碑在銓德觀。"按《新表四上》蘇氏有務廉，未署官職。乃踐義子，高宗相良嗣孫。

王　展　　天寶中

《宋高僧傳》卷二九《唐荆州國昌寺行覺傳附皓玉傳》："又南嶽山釋皓玉者，趙氏之子，上黨人也……衡陽太守王展員外傾重。終時年八十餘，興元中入塔云。"按皓玉興元中入塔，終時年八十餘，其在南嶽數十年。傳稱"衡陽太守王展員外"，則應在天寶中。

柳如芝　玄宗時？

《姓纂》卷七河東解縣東眷柳氏："如芝，衡州刺史。"《新表三上》柳氏同。乃隋侍書御史或玄孫，唐初左庶子紹曾孫。

盧　倕　肅宗時？

《新表三上》盧氏："倕，衡州刺史。"乃開元中杭州刺史盧成務姪。

岑　贊　肅宗時？

《新表二中》岑氏："贊，司門郎中、衡州刺史。"按其祖岑休睿宗時爲商州刺史。

孟　皞　廣德二年—約大曆元年（764—約766）

《元次山集》卷八《茅閣記》："乙巳中，平昌孟公鎮湖南，將二歲矣。以威惠理戎旅，以簡易肅州縣。"按乙巳歲爲永泰元年。又卷三有《題孟中丞茅閣》詩。又卷八《崔潭州表》："乙巳歲，潭州刺史崔瓘去官……公前在澧州，謠頌之聲，達於朝廷……及領此州……於觀察御史中丞孟公奏課又第一。"《新書·方鎮表六》：廣德二年，"置湖南都團練守捉觀察處置使，治衡州"。按《全文》卷五二一梁肅《李舟墓誌》稱："二十餘，以金吾掾假法冠爲孟侯皞湖南從事。"岑仲勉《唐方鎮年表正補》據此謂元結文中之孟公即孟皞。吳氏《方鎮年表》謂孟士源，誤。

韋之晉　大曆二年—四年（767—769）

《元和郡縣志》卷二九道州大曆縣："大曆二年，觀察使韋之晉奏析延唐縣於州東置，因年號爲名。"《舊書·代宗紀》：大曆四年二月"辛酉，以湖南都團練觀察使、衡州刺史韋之晉爲潭州刺史，因是徙湖南軍於潭州"。《全文》卷三一三常袞《加韋之晉御史大夫制》："檢校祕書監兼衡州刺史……韋之晉……可兼御史大夫，餘如故。"《芒洛遺文》卷中《唐故給事郎守永州司馬賜緋魚袋范陽盧府君（嶠）墓誌銘并序》："大曆初，衡州刺史兼御史大夫、湖南觀察處置等使韋公之晉乃休懿表公爲衡州司法參軍。暨韋公下世，後使兼御史大夫隴西辛公京杲奏改邵州司馬，賜緋魚袋。"

陽　濟　大曆四年—五年（769—770）

《千唐誌·唐故鴻臚少卿貶明州司馬北平陽府君（濟）墓誌銘并序》（貞元十二年七月十三日）："太尉（李光弼）表公爲密州刺史，加朝散大夫，攝侍御史……後拜大理少卿……加御史中丞……出爲潭州刺史，轉衡州刺史……遇觀察使被害，公……遂率部兵遽臨叛境。俄辛京杲至，靖譖害能，貶撫州司馬。"《舊書·代宗紀》：大曆五年"夏四月庚子，湖南都團練使崔瓘爲其兵馬使臧玠所殺，玠據潭州爲亂。澧州刺史楊子琳、道州刺史裴虬、衡州刺史楊（陽）濟出軍討玠"。《全詩》卷二二三杜甫《入衡州》詩叙此事。又卷二四五韓翃《寄贈衡州楊使君》："湘竹斑斑湘水春，衡陽太守虎符新。"又卷二八三稱李益作，重出此詩。"衡州楊使君"，當即陽濟。

李　皋　大曆中

《舊書》本傳："上元初，京師旱，米斗直數千，死者甚多。皋度俸不足養，亟請外官，不允，乃故抵微法，貶溫州長史。無幾，攝行州事……改處州別駕，行州事，以良政聞。徵至京，未召見，因上書言道，拜衡州刺史。坐小法，貶潮州刺史。"《新書》本傳略同。《千唐誌·有唐山南東道節度使贈尚書右僕射嗣曹王（李皋）墓銘并序》（貞元八年五月十二日）："其在衡州，爲連帥辛京杲醜正誣劾……獄成，貶潮州刺史……俄而朝議歸正，復守衡州。"按辛京杲大曆五年爲湖南觀察使。

崔　殷　大曆中？

《全文》卷四三八竇從直《唐故河南府司録盧公夫人崔氏墓誌

銘》：“叔曰殷，衡州刺史。”夫人卒元和甲午（九年），享年六十九。按崔殷大曆八年在明州刺史任。

韋　班　　大曆中？

《新表四上》韋氏逍遙公房：“班，衡州刺史。”乃憲宗時宰相韋貫之叔。按《姓纂》卷二京兆杜陵東眷韋氏：“〔班，〕衢州刺史。”“衡”、“衢”字形相近，未知孰是，姑兩存之。按杜甫有《憑韋少府班覓松樹子》、《涪江泛舟送韋班歸京》等詩，其時班尚未爲刺史。

元　湛　　大曆中？

《姓纂》卷四河南洛陽元氏：“湛，試太府卿兼河南尹、衡州刺史。”乃永徽時汾州刺史元武榮曾孫。

李　皋　　大曆十四年—建中元年（779—780）

《舊書》本傳：“拜衡州刺史。坐小法，貶潮州刺史。時楊炎謫官道州，知皋事直，及爲相，復拜衡州。”《新書》本傳略同。《通鑑·大曆十四年》：八月，“初，衡州刺史曹王皋有治行，湖南觀察使辛京杲疾之，陷以法，貶潮州刺史。時楊炎在道州，知其直，及入相，復擢爲衡州刺史”。《舊書·德宗紀上》：建中元年四月“壬戌，以衡州刺史、嗣曹王皋爲潭州刺史、湖南團練觀察使”。又見《御覽》卷二五五，《元龜》卷二六七、卷四二七、卷四七五、卷六七一，《韓昌黎集》卷二八《曹成王碑》。《千唐誌·有唐山南東道節度使贈尚書右僕射嗣曹王（李皋）墓銘并序》（貞元八年五月十二日）：“貶潮州刺史……俄而朝議歸正，復守衡州。”

令狐峘　　約建中二年—貞元三年（781—787）

《舊書》本傳：“建中初，峘爲禮部侍郎，炎執政……乃貶衡州別駕，遷刺史。李泌執政，召拜太子右庶子。”《新書》本傳略同。又見《元龜》卷七一五。《舊書·德宗紀》：建中元年二月“甲寅，貶史館修撰、禮部侍郎令狐峘郴州司馬（按當作‘衡州別駕’）”。韓愈《順宗實録》卷三："峘爲禮部，而〔楊〕炎爲相……德宗以問炎，炎具道所以，德宗怒曰：此奸人，不可奈。欲杖而流之，炎救解，乃黜爲衡州別駕。貞元初，李泌爲相，以左庶子史館修撰徵。"按李泌於貞元三年六月丙戌由陝虢觀察爲中書侍郎、同中書門下平章事，見《新書·宰相表》。令狐峘建中元年二月貶衡州別駕，約次年遷刺史。

賈　蓀　　約貞元初期

《全文》卷八八五徐鉉《大唐故中散大夫使持節泰州諸軍事兼泰州刺史賈宣公（潭）墓誌銘》："五代祖蓀，衡州刺史。"潭卒保大六年，享年六十八。按《姓纂》卷七長樂賈氏："孫，泉州刺史。"乃賈至子。《八閩志》及《閩書》謂貞元初爲泉州刺史。

齊　映　　約貞元五年—七年（約789—791）

《舊書》本傳："〔貞元〕三年正月，貶映夔州刺史，又轉衡州。七年，授御史中丞、桂管觀察使。"《新書》本傳略同。《舊書·德宗紀下》：貞元七年五月"戊子，以衡州刺史齊映爲桂管觀察使"。

陳　曇（陳雲）　　貞元十三年（797）

《舊書·德宗紀下》：貞元十三年"六月己卯朔，以衡州刺史陳雲爲邕管經略使"。《歷代名畫記》卷一〇、《圖繪寶鑒》卷二稱：陳曇，字玄成，貞元十四年官至衡州刺史、邕管經略使兼御史中丞。當即此人。

王　繹　　貞元十四年前（798前）

《元龜》卷一三一："〔貞元〕十四年，贈故衡州刺史王繹洪州都督，以其弟緯故也。"

宇文炫　　貞元十五年前後（799前後）

《輿地碑記目》卷二《衡州神碑》有《東巖記》，注："在合江亭東。貞觀五年，刺史宇文氏記。"又有《西谿記》，注："在合江亭，宇文氏有銘。"按此"宇文氏"即宇文炫，"貞觀五年"當爲"貞元十五年"之誤。

岑仲勉《貞石證史·衡陽宇文炫題字》：“湖南衡陽縣（即舊衡州府城）城外石鼓山，舊題‘西谿’二字，《清泉縣江志》云：‘在石鼓山西谿石壁，字大徑八寸，與東巖寺皆貞觀中刺史宇文炫書。’……余按《姓纂》：宇文融生寬、審。寬，户部員外郎，生炫，刑部郎中……融於開元中相玄宗，其孫當仕貞元，作‘貞觀’者誤。”又云：“《昌黎集》二《合江亭》詩……《韓集點勘》一云：‘邦君實王佐句，宋本下注故相齊映所作，老郎一聯下，注宇文郎中炫又增其制……定公自注之文。’炫嘗爲衡州刺史，且有所題建，得此可以實證……據《韓詩》及《集注》，鄒刺史之前任爲元澄，被楊憑劾去，約知炫之守衡，在貞元十年已後，十八年已前，此刻可附貞元十七年末。”按《輿地紀勝》卷五五衡州景物上：“東巖，在合江亭東，正（貞）觀十五年刺史宇文氏建。”“貞觀”亦爲“貞元”之誤。兹繫於貞元十五年前後。

吳憲忠　　貞元中

《宋高僧傳》卷二九《唐南嶽澄心傳》：“遂止衡嶽，請益之僧摩肩駢足。時太守吳憲忠，請心入州治，謝而不行……貞元十八年壬午十一月示滅。”

元　澄　　貞元十八年後（802後）

《全詩》卷三三七韓愈《合江亭》注：“諸本作《題合江亭寄刺史鄒君》，亭在衡州負郭。”詩云：“中丞黜凶邪，天子閔窮餓。君侯至之初，閭里自相賀。”注：“前刺史元澄無政，廉使楊公中丞奏黜之，朝廷遂用鄒君。”按楊憑貞元十八年爲湖南觀察使，永貞元年十一月由湖南改江西，元澄刺衡州必在此期間。

鄒儒立　　貞元末

《姓纂》卷五南陽新野鄒氏：“儒立，衡州刺史。”《全詩》卷三三七韓愈《合江亭》注：“諸本作《題合江亭寄刺史鄒君》。”即鄒儒立。《韓集考異》云：“公永貞元年七月初自陽山量移江陵，道衡山，詩所以作。”知永貞元年七月儒立已在衡州任。按貞元十七年儒立爲殿中侍御史、武功縣令，見《芒洛續編補遺·鄭淮墓誌》。

李仁鈞　約元和初—五年（？—810）

《韓昌黎集》卷二一《送湖南李正字序》注："或作《送李礎判官正字歸湖南》，礎之父，仁鈞也。"《序》云："貞元中，愈從太傅隴西公平汴州，李生之尊府以侍御史管汴之鹽鐵……今愈以都官郎守東都省，侍御自衡州刺史爲親王長史，亦留此掌其府事。李生自湖南從事請告來覲。於時，太傅府之士惟愈與河南司録周君獨存，其外則李氏父子，相與爲四人。離十三年，幸而集處。"注："時元和六年。自貞元己卯至元和庚寅才十二年耳。此言十三年，豈退之與礎別在戊寅歲乎？"按己卯，貞元十五年；庚寅，元和五年；戊寅，貞元十四年。

吕　温　元和五年—六年（810—811）

《舊書》本傳："〔元和〕五年，轉衡州刺史。"《新書》本傳略同。《全文》卷六三一吕温《衡州祭者里渡溺死百姓文》、《祭侯官十七房叔文》皆稱元和五年衡州刺史吕温。又卷六二五吕温有《衡州刺史謝上表》稱："七月十五日到本州上訖。"《柳河東集》卷四○《祭吕衡州温文》署"元和六年歲次辛卯癸巳朔某日"。又卷九《衡州刺史東平吕君誄》稱："維唐元和六年八月日，衡州刺史東平吕君卒。"又見卷一○《吕侍郎恭墓誌》、卷三六《謝李吉甫相公示手札啓》，《唐會要》卷八五，《元龜》卷四八六，《唐語林》卷二、卷四，《廣記》卷七六引《因話録》，《唐才子傳》卷五《吕温傳》。《全文》卷六○五劉禹錫有《唐故衡州刺史吕君集紀》。《全詩》卷三五二柳宗元有《段九秀才處見亡友吕衡州書迹》，卷三五九劉禹錫有《哭吕衡州時予方謫居》，卷四○三元稹有《哭吕衡州六首》。《千唐誌·唐故承奉郎守大理司直沈府君（中黄）墓誌銘》："夫人東平吕氏，父温，衡州刺史。"岑仲勉《唐史餘瀋·吕温刺道衡二州》對吕温任道州、衡州時間及對《舊傳》"秩滿歸京"語有辨正。

盧　某　約元和七、八年（約 812、813）

《全詩》卷三五二柳宗元《得盧衡州書因以詩寄》。疑爲吕温後任。

令狐權　　元和八年（813）

《宋高僧傳》卷九《唐南嶽觀音臺懷讓傳》："至天寶三載八月十日終于衡嶽，春秋六十八……至〔元和〕八載，衡陽太守令狐權問讓前迹，權捨衣財以充忌齋。自此每歲八月爲觀音忌焉。寶曆中，敕謚大慧禪師。"

李象古　　元和十三年（818）

《舊書》本傳："象古自衡州刺史爲安南都護。元和十四年，爲楊清所殺。"《新書》本傳略同。上圖藏拓片《唐故安南都護充本管經略招討使兼御史中丞李公（象古）墓誌銘并序》（長慶元年十一月九日）："以元和十四祀秋八月十九日遇部將楊湛清構亂于軍、郡，公之室韋氏泊三男二女戕於一刻之間，沉於長江之濱……〔公〕連剖竹於岳、衡二郡，洽著聲績，聞於朝廷，優詔擢爲都護，領本管經略招討等使。"

郭　炯　　元和中

《全文》卷六二〇郭炯小傳："炯，貞元中進士，元和中出爲衡州刺史。"收《西掖瑞柳賦》一篇。

令狐楚　　元和十五年—長慶元年（820—821）

《舊書·穆宗紀》：元和十五年八月"己亥，宣歙觀察使令狐楚再貶衡州刺史"。長慶元年四月"辛卯，以衡州刺史令狐楚爲郢州刺史"。又見兩《唐書》本傳，《通鑑·元和十五年》，《元龜》卷九二〇。《大詔令集》卷五七有《令狐楚衡州刺史制》，《全文》卷六四九作元稹行制。《全文》卷五四〇令狐楚《衡州刺史謝上表》："去年九月十五日於宣州伏奉某月日敕旨貶授臣使持節衡州諸軍事守衡州刺史……以今月十二日到所部上訖。"又見《全文》卷六〇五劉禹錫《唐故相國贈司空令狐公（楚）集序》、《彭陽唱和集後引》。

周　愿　　長慶元年（821）

《白居易集》卷四九《周愿可衡州刺史尉遲銳可漢州刺史薛鯤可

河中少尹三人同制》稱：“前復州刺史周愿……而愿、銳、鯤等前以符竹分領三郡，皆有善政。”

王衆仲　長慶二年（822）

《舊書·王正雅傳》：“正雅從弟重……重子衆仲，登進士第，累官衡州刺史。”《全文》卷八一〇司空圖《故宣州觀察使王公（凝）行狀》：“父衆仲，皇任衡州刺史，贈司空。”《白居易集》卷五三有《王衆仲可衡州刺史制》。按白居易元和十五年十二月二十八日始授主客郎中、知制誥，長慶元年十月十九日轉中書舍人，二年七月出爲杭州刺史。此制必作於長慶元、二年間。按《新表二中》太原大房王氏稱：“衆仲，衢州刺史”，“衢”當爲“衡”之訛。

許　稷　長慶中？

《閩書》卷八一：“許稷，泉州刺史輔乾之孫也……擢貞元進士，歷官比部尚書郎，仕終衡州刺史。”按《登科記考》謂許稷貞元十七年登第。

裴　浰　約大和初—九年（？—835）

《全文》卷六九三李虞仲《授裴浰郭膚等諸州刺史制》：“前守蓬州刺史……裴浰……可守衡州刺史。”按李虞仲寶曆中知制誥，後轉中書舍人，大和四年出爲華州刺史。則此制必寶曆至大和四年間作。《金石補正》卷七二《石鼓山題刻三段·裴刺史等題名》：“衡州刺史裴□，監察御史陳越石，郡從事閻斯，琴客張贄，大和九年九月十日同遊。”疑“裴□”即裴浰。

李　翾　文宗、武宗間？

《新書·宗室世系表下》惠莊太子房：“嘉、衡二州刺史翾。”乃惠莊太子李撝曾孫，嗣申王璹孫，贈國子司業梂子。

蕭　鄴　大中三年（849）

《新書》本傳：“累進監察御史、翰林學士，出爲衡州刺史。大中中，召還翰林，拜中書舍人。"《重修承旨學士壁記》："蕭鄴，大中元年二月二十六日自監察御史裏行充……〔二年〕十一月十三日加知制誥并依前充，二（三？）年九月十四日責授衡州刺史。"

李 侗　大中四年（850）

〔宋〕董逌《廣川書跋》卷八《衡州門記》："《衡州記》：唐大中四年李侗爲刺史，因治郡署，立通門刻石記其封域，所本不見書撰人名，蓋侗所爲也。"

韓 曄（韓煜）　大中時

《南岳總勝集》卷中："石室隱真巖在上清、元陽之間……唐大中年劉元靖先生居之……衡州刺史韓煜捨俸錢爲劉元靖建會真閣。"按明道藏本《南岳總勝集》作"韓曄"，當以此爲正。"煜"當爲清人避諱改，應予回改。

張 覿　咸通九年（868）

《南岳總勝集》卷中："九仙宮在廟東十二里……唐咸通九年衡州刺史張覿具奏置觀額，十年十月敕下，宜依所奏。"

李延澤　乾符中？

《新書·宗室世系表上》大鄭王房："衡州刺史延澤。"按其父李庚，字子虔，咸通十四年爲湖南觀察使。

韋 諸　廣明元年（880）

《嚴州圖經》卷一題名："韋諸，廣明元年八月二十二日自衡州刺史拜。"

徐 顥　中和元年（881）

《通鑑·中和元年》：十二月，"邵溪人周岳嘗與〔雷〕滿獵……聞滿據朗州，亦聚衆襲衡州，逐刺史徐顥，詔以岳爲衡州刺史"。又見

《新書·鄧處訥傳》。《新書·僖宗紀》:乾符六年,"是歲……朗州賊周岳陷衡州,逐其刺史徐顥"。與《通鑑》異。姑從《通鑑》。

周　岳　中和元年—光啓二年(881—886)

《通鑑·中和元年》:十二月,"詔以岳爲衡州刺史"。又《光啓二年》:六月,"衡州刺史周岳發兵攻潭州……岳攻拔州城"。七月,"更命欽化軍爲武安,以衡州刺史周岳爲節度使"。《新書·僖宗紀》:光啓二年六月,"衡州刺史周岳陷潭州,自稱節度使"。又見《九國志·鄧處訥傳》,《新書·鄧處訥傳》。

楊師遠　光化元年(898)

《通鑑·光化元年》:三月,"以潭州刺史、判湖南軍府事馬殷知武安留後。時湖南管内七州,賊帥楊師遠據衡州,唐世旻據永州……殷所得惟潭、邵而已"。《新書·昭宗紀》:光化元年五月,"是月,馬殷陷邵、衡、永三州,刺史蔣勛、楊師遠、唐旻死之"。

鄧進忠　天復三年—天祐四年(903—907)

《通鑑·天復三年》:五月,"許德勳還過岳州,刺史鄧進忠開門具牛酒犒軍,德勳諭以禍福,進忠遂舉族遷於長沙。馬殷以德勳爲岳州刺史,以進忠爲衡州刺史"。又《十國春秋·楚武穆王世家》。《九國志》本傳稱:"天祐二年……令權知衡州軍州事。未幾,奏授刺史。同光中卒。"

待考録

李仁璹

《新表二上》隴西李氏姑臧房:"仁璹,衡州刺史。"乃後魏司農少卿李蕤玄孫。

李迥秀

《朝野僉載》卷三:"張易之爲母阿臧造七寶帳……阿臧與鳳閣侍

郎李迴秀通，逼之也……迴秀畏其盛，嫌其老，乃荒飲無度……出爲衡州刺史。易之敗，阿臧入官，迴秀被坐，降爲衛州長史。”《廣記》卷二三六引“衡州”作“恒州”。兩《唐書》本傳未及刺衡州或恒州事。《新傳》稱坐贓貶盧州刺史，易之誅，貶衡州長史。未知孰是。

吴　降

《光緒浙江通志》卷一二三《選舉志》：“（穆宗長慶進士）吴降，新城人，衡州刺史。”

卷一六八　郴州(桂陽郡)

隋桂陽郡。武德四年平蕭銑，置郴州。天寶元年改爲桂陽郡。乾元元年復爲郴州。領縣八：郴、義章、盧陽(義昌)、平陽、資興、安陵(高亭)、臨武、南平(藍山)。

【顏師古　　貞觀前期(未之任)】

《舊書》本傳："貞觀七年，拜祕書少監，專典刊正……是時多引後進之士爲讎校，師古抑素流，先貴勢，雖富商大賈亦引進之，物論稱其納賄，由是出爲郴州刺史。未行，太宗惜其才……於是復以爲祕書少監。"《新書》本傳略同。

梁　某　　貞觀中

北圖藏拓片《唐故安定郡夫人梁氏墓誌銘并序》(天寶十四載正月十二日)："曾祖□□，郴州刺史。祖玄溢，婺州蘭溪縣令……父暉，唐國子主簿……夫人則主簿之長女也。"天寶十三載卒，春秋五十七。

武平一　　約睿宗時

《全文》卷二六八武平一《徐氏法書記》："平一任郴州日，與太平子薛崇裔(胤)堂兄子崇允連官，說太平之敗，崇裔懷樂毅等七軸，請崇允託其叔駙馬瓛貽岐王，以求免戾，此書因歸邸第。"按《新書》本傳未及平一爲郴州事。

【劉幽求　　開元三年(715)（未之任）】

《舊書》本傳："〔開元〕三年，轉桂陽郡刺史，在道憤恚而卒。"《新書》本傳略同。《通鑑·開元三年》：十一月，"劉幽求自杭州刺史徙郴州刺史，憤恚，甲申，卒於道"。《大詔令集》卷六三《蘇瓌劉幽求配享睿宗廟庭詔》："故尚書右丞相太子少保郴州刺史徐國公幽求……可配享睿宗大聖真皇帝廟庭。"又見《全文》卷二七，《元龜》卷一三三。

王　琚　　約開元五、六年(約717、718)

《舊書》本傳：開元二年，"除澤州刺史，削封。歷衡、郴、滑、虢、沔、虁、許、潤九州刺史，又復其封"。《新書》本傳未及州名。《朝野僉載》卷六："郴州刺史王琚刻木爲獺，沉於水中，取魚引首而出。"又見《廣記》卷二二六引。

趙　珵　　開元十二年(724)

《全文》卷三五四齊光乂《安陵縣石記》："大唐開元十二年冬十月，刺史趙珵奏割郴縣北之二千室置安陵焉……開元十五年歲在丁卯七月辛未朔九日己卯豎此郴州安陵縣石記。"

孫　會　　開元二十九年(741)

《全文》卷三六二孫會《蘇仙碑銘》："巨唐開元二十九年也，特有明詔，追論侳佺，俾發揮聲華，嚴飾祠宅……時郴州太守樂安孫會，文房之士也，遂爲之銘。"按《姓纂》卷四樂安孫氏："會，常州刺史。"《千唐誌·唐故銀青光禄大夫工部尚書致仕孫府君（公乂）墓誌銘》（大中五年七月三日）："父會，皇郴、溫、廬、宣、常五州刺史，贈工部尚書。"公乂卒大中三年，享年八十。又見《丙寅稿·孫瑝志》。【補遺】《唐故御史中丞汀州刺史孫公（鍠）墓誌並序》（咸通十三年八月）："王父諱會，皇侍御史、郴溫廬宣常五州刺史、晋陽縣開國男，贈工部尚書。"（周紹良、趙超《唐代墓誌匯編續集》，上海古籍出版社2001年版）

鄭炅之　　廣德中

《全文》卷四〇九崔祐甫《廣喪朋友議》："永泰中，穆鄂州寧會客席，與故湖南觀察韋大夫之晉同宴，適值有發遠書者，知鄭郴州炅知、龐歙州潗，或以疾而歿，或遇戕於盜。韋氏出涕沱若而言曰：二刺史，之晉之交友也。""炅知"，乃"炅之"之音訛。

崔　偉　　大曆五年（770）

《全詩》卷二三三杜甫有《奉送二十三舅録事（崔偉）之攝郴州》。

楊仲敏　　大曆中

《新表一下》楊氏越公房："仲敏，郴州刺史。"其父寶琳，未署官職；伯父寶應，華州刺史、鴻臚卿，約仕高宗時。《千唐誌·唐故舒州太湖縣丞弘農楊府君（頌）墓誌銘并序》（貞元七年四月十九日）："曾祖、祖，具於郴州府君石記。府君即郴州刺史府君仲敏之第五子也……以大曆九年七月十三日終於官舍……時年廿有九……貞元六年七月十八日，與先父郴州府君衆尊夫人同歸旅櫬，浮於江漢，達於洛汭。"楊頌卒於大曆九年，年僅二十九，其父仲敏當時未必已亡。

崔　俠　　大曆中？

《新表二下》博陵安平大房崔氏："俠，郴州刺史。"按其父藏之開元八年以進士入校麗正書，後終膳部員外郎，見《新書·馬懷素傳》。則俠刺郴州疑在大曆中。

蘇　湯　　大曆中？

《姓纂》卷三趙郡蘇氏："湯，郴州刺史。"《新表四上》同。其祖味玄，膳部員外郎；伯祖味道，相武后。

裴友悌　　大曆中？

《新表一上》東眷裴氏："友悌，郴州刺史。"按其父鼎，開元二十一年自金吾衛將軍移越州刺史，見《會稽掇英總集·唐太守題名》。則友悌刺郴州疑在大曆中。

張 翃　　大曆十二年—十三年(777—778)

《千唐誌·唐故郴州刺史贈持節都督洪州諸軍事洪州刺史張府君(翃)墓誌銘并序》(建中元年二月十四日)：“皇上憂人，選郎爲牧，除郴州刺史。綏輯一年而俗阜人殷，上天降災，大曆十三年九月廿九日薨於公館，享年七十……今上聞之，追贈洪州刺史。”又見《大唐故朝議郎行殿中侍御史賜緋魚袋安定張府君(翔)墓誌銘并序》，翔乃翃之弟。

李 縱?　　約大曆末

《全詩》卷八一六皎然《和李舍人使君紓題雲明府道室》：“桂陽亦是神仙守，分別無嗟兩地分。”友人陶敏謂時李紓在婺刺任，疑刺郴者乃李紓兄李縱。

魏 修(魏循)　　建中時?

《姓纂》卷八西祖魏氏：“修，郴州刺史。”《新表二中》魏氏作“循，郴州刺史”。按其父方進，玄宗時御史大夫，死於天寶末馬嵬之變。

崔 儆?　　建中末—貞元初

《舊書·趙憬傳》：“初，憬廉察湖南，令狐峘、崔儆并爲巡屬刺史……儆久在朝列，所爲或虧法令，憬每以正道制之。峘、儆密遣人數憬罪狀，毁之於朝。及憬爲相，拔儆自大理卿爲尚書右丞……時人多之。”按趙憬建中四年至貞元二年爲潭州刺史、湖南觀察使，令狐峘在此期間正在衡州刺史任，唯崔儆未知爲何州刺史，頗疑即在郴州，姑録之待考。

嚴士元　　約貞元初

《英華》卷九四四穆員《國子司業嚴公墓誌》：“建中宰政怙威，朋家構閼，公以親累貶潮州司户。時泰道長，公議興能，推連州刺史，換彬（郴）州，累加朝議大夫，封馮翊縣男……母弟士良，并襲黄之寄……及聞士良罷歸，公亦陳乞自免……既至京師，復拜國子司業。無何，士良出牧，公悼別加等，忽忽不樂，燕居如失，貞元八年某月某日歸全於長安新昌里之私第，春秋六十有五。”《全詩》卷一八八韋應物《寄二嚴》注：“士良，婺牧。士元，郴牧。”

穆　贊　　貞元六年（790）

《舊書》本傳：“宰臣竇參……怒贊以小事不受指使，遂下贊獄……贊弟賞，馳詣闕，搥登聞鼓。詔三司使覆理無驗，出爲郴州刺史。參敗，徵拜吏部郎中。”《新書》本傳略同，又見《元龜》卷三三八。《全文》卷七八三穆員《尊勝幢記》：“先是兩兄郴州刺史贊、前右補闕貶連州司馬質，從官於遠，員泊弟妹……乃相與鬻衣……貞元六年秋七月七日前侍御史穆員記。”按竇參貞元五年二月入相，八年四月貶郴州别駕，見《新書·宰相表中》。

殷　永　　貞元九年（793）

《全文》卷五〇三權德輿《叔父故朝散郎華州司士參軍府君（隼）墓誌銘并序》：“夫人陳郡殷氏……故給事中、杭州刺史亮，其兄也；今侍御史郴州刺史永，其弟也。”貞元九年作。

李吉甫　　約貞元十八年—十九年（約 802—803）

《舊書》本傳：“及陸贄爲相，出爲明州員外長史，久之遇赦，起爲忠州刺史……六年不徙官，以疾罷免。尋授郴州刺史，遷饒州。”《新書》本傳略同。《全文》卷四九〇權德輿《韋賓客宅宴集詩序》：“太子賓客韋兄……致仕就第……中外族屬、嘗僚貴仕以觴酒祝延、發禮修賀者多矣……外有……絳、郴、和三郡守裴君、李君、□□。”按此郴守李君，當即李吉甫。《金石補正》卷六七《路恕李吉甫題名》：“清河□路恕體仁、朝議大夫前守郴州刺史李吉甫，貞元十九年歲次癸未拾月戊寅朔貳十四日辛丑蒙恩除替，歸赴京闕。”岑仲勉《貞石證史》：“惟是吉甫《饒州刺史謝上表》言：'今月五日，中使劉元晏奉宣聖旨，擢授臣饒州刺史，兼賜官告，仍至當州送上者，臣與元晏以某月二十三日至州上訖。'豈初追赴闕，中復宣旨改授饒州，故文有小異歟？"岑氏又謂路恕乃接替李吉甫爲郴州刺史之後任。今按李吉甫後任乃李伯康，見下條。岑説非是。又按《全文》卷五一二李吉甫有《柳州刺史謝上表》，"柳州"乃"郴州"之誤；卷五七一柳宗元名下又復出此文，《英華辨證》卷五已正之。岑仲勉《讀全唐文札記》亦有辨。

李伯康　　貞元十九年—永貞元年（803—805）

《全文》卷五〇三權德輿《使持節郴州諸軍事權知郴州刺史賜緋魚袋李公（伯康）墓誌銘并序》："〔貞元〕十九年秋七月，拜郴州刺史……奄忽彫落，時永貞元年十月某日甲子，春秋六十三。"《韓昌黎集》卷二二有《祭郴州李使君文》。《全詩》卷三四三韓愈《李員外寄紙筆》注："李伯康也，郴州刺史。"又卷三二三權德輿《郴州換印緘遣之際率成三韻因寄李二兄員外使君》，疑指李伯康。岑仲勉《唐人行第錄》謂指李吉甫，"二兄"乃"三兄"之誤。存參。

梁褒先　　元和二年（807）

《金石補正》卷六七《梁褒先題名》："朝散大夫使持節郴州諸軍事守郴州刺史賜緋魚袋梁褒先，因行春經此石室，續勒修鐫，元和貳年五月十日先記。"又見《寰宇訪碑錄》卷四《侍郎寴題名》。

楊於陵　　元和十一年—十二年（816—817）

《舊書·憲宗紀下》：元和十一年四月"庚戌，貶户部侍郎、判度支楊於陵爲郴州刺史，坐供軍有闕也"。又本傳："貶於陵爲桂陽郡守，量移原王傅。"《新書》本傳略同。又見《元龜》卷五一一。《全文》卷六三九李翱《唐故金紫光禄大夫尚書右僕射致仕楊公（於陵）墓誌銘》："出爲郴州刺史……明年召拜原王傅。"《全詩》卷三五五劉禹錫有《和郴州楊侍郎玩郡齋紫薇花十四韻》、卷三六一劉禹錫有《和南海馬大夫聞楊侍郎出守郴州因有寄上之作》、卷三六三有《和楊侍郎初至郴州紀事書情題郡齋八韻》等，皆指楊於陵。

韓　泰　　長慶元年—四年（821—824）

《舊書·穆宗紀》：長慶元年三月“乙丑，以漳州刺史韓泰爲郴州刺史”。本傳同。《新書》本傳未及。《嚴州圖經》卷一題名：“韓泰，長慶四年六月二十五日自郴州刺史拜。”《金石補正》卷六七《韓泰等題名》：“朝散大夫守睦州刺史韓泰……長慶元年三月自漳州刺史授郴州，四年六月轉睦州，八月九日沿流之任。”又見《寰宇訪碑録》卷四《侍郎篆韓泰題名》。

張師質　　文宗時？

《新表二下》河東張氏：“師質，郴州刺史。”按其父諗，主客員外郎；其伯父張弘靖，相憲宗。

柳　璟　　約會昌中

《新書》本傳：“會昌二年，再主貢部，坐其子招賄，貶信州司馬，終郴州刺史。”《舊書》本傳未及。《新表三上》柳氏：“璟，字德輝，郴州刺史。”

李　珏　　會昌五年（845）

《新書》本傳：“貶江西觀察使，再貶昭州刺史。宣宗立，內徙郴、舒二州，以太子賓客分司東都。”《舊書》本傳未及。《通鑑·會昌六年》：八月，“昭州刺史李珏爲郴州刺史”。《全詩》卷五三四許渾有《聞韶州李相公移拜郴州因寄》、卷五三七有《寄郴州李相公》詩。“韶州”當爲“昭州”之誤。《金石補正》卷七四《華景洞李珏題名》：“郴州刺史李珏、桂管都防禦巡官試祕書省校書郎元充，□會昌五年五月廿六日同遊。時珏蒙恩移郡之任桂陽，校書以京國之舊，邀引尋勝，男前京兆府參軍階、進士潛、譜、揩從行。”由此知《新傳》稱宣宗立徙郴州、《通鑑》稱會昌六年八月爲郴州，均誤。

王　某　　大中初？

《全詩》卷五六九李群玉《哭郴州王使君》：“銀章朱綬照雲驄，六換魚書惠化崇。”今人陶敏云：當是大中初期終於郴州任者。

羊　某　　咸通十年？（869？）

《全詩》卷六〇〇司馬都有《送羊振文歸覲桂陽》，卷六一四皮日休、卷六二六陸龜蒙、卷六三一顏萱均有同題詩。陸詩注：“時使君丈人自毛詩博士出牧。”今人陶敏謂羊某咸通十年爲郴州刺史。

嚴　祁　　咸通十三年（872）

《舊書·懿宗紀》：咸通十三年五月辛巳，“工部尚書嚴祁貶郴州刺史……皆于琮之親黨也，爲韋保衡所逐”。又見《通鑑考異·咸通十三年》五月。

鄭　畋　　乾符初

《新書》本傳：“貶梧州刺史。僖宗立，內徙郴、絳二州，以右散騎常侍召還。”《舊書》本傳未及。

柳　泰　　乾符中

《古刻叢鈔·唐故宣義郎侍御史內供奉知鹽鐵嘉興監事張府君（中立）墓誌銘并序》：乾符六年二月三十日卒，年五十五。“女三人，長適河東柳氏，即前郴州牧泰之第二子”。

董　岳(黃岳)　　乾符六年（879）

《新書·僖宗紀》：乾符六年，“是歲……桂陽賊陳彥謙陷郴州，刺史董岳死之”。《通鑑·乾符六年》同。又見《新書·鄧處訥傳》。按《九國志》作“黃岳”。

陳彥謙　　乾符六年—光化二年（879—899）

《通鑑·光化元年》：三月，“時湖南管內七州，賊帥楊師遠據衡州……陳彥謙據郴州，魯景仁據連州，〔馬〕殷所得惟潭、邵而已”。
《新書·昭宗紀》：光化二年十一月，“馬殷陷郴、連二州，刺史陳彥謙、
魯景仁死之”。《通鑑·光化二年》同。

待考録

周　忻

　　朱玉麒云，《三洞群仙録》卷八：“《仙傳拾遺》：成武丁，桂陽人也，
年十三爲縣宰遣送物上州，州牧周忻異之，留爲文學主簿。”

李存信

　　《舊五代史》本傳：“從入關討王行瑜，加檢校司空，領郴州刺史。”
《新五代史》本傳：“而存信數從征伐，以功領郴州刺史。太祖遣將兵
救朱宣……存信敗……天復二年卒。”按乾寧光化間，陳彥謙據郴州。
如兩《五代史》“郴州”字不誤，則存信爲遙領，其時存信在北方，勢不
能入南方之郴州。

卷一六九　連州（連山郡）

隋熙平郡。武德四年平蕭銑，置連州。天寶元年改爲連山郡。乾元元年復爲連州。領縣三：桂陽、陽山、連山。

區世略　　武德初

《雍正廣東通志》卷一二《職官表》："區世略，連州人，武德初連州刺史。"

朱惠表　　武德中？

《乾隆連州志》載朱惠表爲連州刺史。按朱惠表約武德二年爲河州刺史，見《舊書·高昌傳》。

崔　邈　　貞觀中

《朝野僉載》卷四："唐貞觀中，桂陽令阮嵩妻閻氏極妒……刺史崔邈爲嵩作考詞云：'婦强夫弱，内剛外柔。一妻不能禁止，百姓如何整肅？妻既禮教不修，夫又精神何在？考下，省符解見任。'"又見《廣記》卷二五八。

陳希古　　中宗時？

《朝野僉載》卷一："洛陽縣令（丞）宋之遜性好唱歌，出爲連州參軍。刺史陳希古者，庸人也，令之遜教婢歌。"又見《廣記》卷二〇一引。《新書·宋之遜傳》叙此事，未及刺史名。按之遜乃宋之問弟，曾諂附張易之。疑中宗時由洛陽丞貶連州參軍。

王　晙　中宗時？

《全文》卷六〇六劉禹錫《連州刺史廳壁記》："得前二千石名姓於壁端：宰臣王晙、倅卿劉晃、儒官嚴士元、聞人韓泰僉拜焉……余不佞，從群公之後。"兩《唐書》本傳未及刺連州事，疑爲早年任職。《舊傳》謂"景龍末，累轉桂州都督"，其督桂州之前任連州乎？《雍正廣東通志》謂永徽二年以殿中侍御史爲連州刺史，疑誤。

袁德仁　開元初？

《乾隆連州志》載袁德仁爲連州刺史。按袁德仁景雲二年爲閩州刺史，見《淳熙三山志》。

劉　晃　約開元前期

《全文》卷六〇六劉禹錫《連州刺史廳壁記》有"倅卿劉晃"。按《新書·劉仁軌傳》稱：孫晃，開元中爲給事中。《舊書》誤作"冕"。《姓纂》卷五尉氏劉氏稱："晃，給事中，太常少卿。"《全詩》卷八七張説有《奉和聖製同劉晃喜雨應制》。開元十一年在司勳郎中任，見《舊書·音樂志三》。

尚獻忠　開元中？

《乾隆連州志》載尚獻忠爲連州刺史。按尚獻忠開元中爲泉州刺史，見《閩書》卷五三。

元　瓘　肅宗時？

《乾隆連州志》載元瓘爲連州刺史。按元瓘肅宗時爲廬州刺史，見《千唐誌·元濟誌》。

元　結　約代宗初

《全文》卷六〇七劉禹錫《吏隱亭述》："海陽之名，自元先生。先生元結，有銘其碣。元維假符，余維左遷。"由此知元結曾假守連州。

丘從心　　約大曆初

《隋唐五代墓誌匯編·河南卷·唐故劍南西川節度觀察判官大理司直兼監察御史河南丘公（摸）墓誌銘并序》（大曆十三年丁酉）："後魏文成皇帝第七子臨淮王、征南大將豆真之系孫也。出鎮介國，因而命氏……考從心，朝散大夫，守連州刺史，賜紫金魚袋，贈太常卿……公即連州府君第三子……澤潞節度使涼國公李抱玉以公才奏高平尉……以政舉改左監門兵曹參軍，又轉太子通事舍人。未安喜懼，連州府君即世。"摸卒大曆十年，年五十二。按李抱玉鎮澤潞在寶應元年至大曆十二年。按《乾隆連州志》載唐刺史有丘從心。又按《姓纂》卷五河南丘氏："後魏獻帝七分國人，以弟豆真折爲丘敦氏，封臨淮王，孝文改爲丘氏……行本，隋漢東令，生寶、及。及曾孫從心，生摸、據……"

陸　易　　大曆中？

《乾隆連州志》載陸易爲連州刺史。按陸易爲徐州刺史，見《新表三下》。約大曆中爲建州刺史，見《八閩志》、《閩書》。

李　某　　大曆中？

《全詩》卷一四七劉長卿《送李使君貶連州》："獨過長沙去，誰堪此路愁。秋風散千騎，寒雨泊孤舟。賈誼辭明主，蕭何識故侯。漢廷當自召，湘水但空流。"

郭南金　　大曆中？

《乾隆連州志》載郭南金曾爲連州刺史。按郭南金爲硤州刺史，見《姓纂》。

【王　昂　　大曆十二年（777）（未之任）】

《舊書》本傳："元載誅，貶連州刺史，遣中使監至萬州，過硤江，墜江而卒。"又《代宗紀》：大曆十二年五月"辛酉，貶刑部尚書王昂連州刺史，昂至萬州卒"。又見《元龜》卷四八二。

嚴士元　　約建中時

《英華》卷九四四《國子司業嚴公墓誌》："建中宰政怙威，朋家構閱，公以親累貶潮州司户。時泰道長，公議興能，推連州刺史，換彬（郴）州。累加朝議大夫，封馮翊縣男，旌異政也。"《全文》卷六〇六劉禹錫《連州刺史廳壁記》："儒官嚴士元、閩人韓泰僉拜焉。"

韋光憲　　貞元二年(786)

《全文》卷四五三嚴綬《刺史韋公鐫外祖信安郡王詩記》："今州牧韋公光輔即王之外孫……公次兄光憲貞元二年春拜連山牧，將欲之郡，迂道以會於信安。"

陳　譚　　貞元中

《唐人名畫録》："陳譚攻山水，德宗時除連州刺史，令寫彼處山水之狀，每歲貢獻，野逸不群，高情邁俗，張藻之亞也。"又見《圖繪寶鑑》卷二。

王　察　　約貞元中

《舊書·王徽傳》："祖察，至德二年登進士第，位終連州刺史。"《新表二中》京兆王氏："察，連州刺史。"

韓　泰　　約貞元中

《全文》卷六〇六劉禹錫《連州刺史廳壁記》："儒官嚴士元、閩人韓泰僉拜焉……余不佞，從群公之後。"兩《唐書》本傳未及。按韓泰永貞元年被貶虔州司馬，元和十年由虔州司馬量移漳州刺史，長慶元年由漳州轉郴州，四年由郴州轉睦州，大和元年由睦州轉湖州，約三年由湖州轉常州，卒。則韓泰刺連州當在未貶前，即貞元年間。

元 澄 貞元中

《乾隆連州志》載元澄爲連州刺史。按元澄貞元十八年前後爲衡州刺史，見韓愈詩注。

張 平 貞元中？

《乾隆連州志》載張平爲連州刺史。按張平元和二年在合州刺史任，見元稹《彈奏東川節度使狀》。

李 實 貞元中

《乾隆連州志》載李實爲連州刺史。兩《唐書》本傳未及。按李實約貞元初爲蘄州刺史，貞元末爲京兆尹。

高宏本 貞元、元和間

《乾隆連州志》載高宏本爲連州刺史。按高宏本約元和元年在虔州刺史任。

【劉禹錫 永貞元年(805)(未之任)**】**

《舊書·憲宗紀下》：永貞元年九月己卯，"屯田員外郎劉禹錫貶連州刺史，坐交王叔文也"。十一月"己卯，再貶……連州刺史劉禹錫朗州司馬"。又見兩《唐書》本傳，《通鑑·永貞元年》，《元龜》卷一五三、卷九四五。《全詩》卷三六二劉禹錫《武陵書懷五十韻并序》："永貞元年，余始以尚書外郎出補連山守，道貶爲是郡司馬。"

崔 簡 約元和三年—六年(約808—811)

《新表二下》博陵安平崔氏："簡，連州刺史。"《元龜》卷五二二："盧則爲監察御史，出按連州刺史崔簡，得實。及還，其下吏受觀察使李衆略綾六百匹。"《柳河東集》卷一○《故連州員外司馬凌君權厝志》："年月日(注：元和三年)，尚書都官員外郎和州刺史連州司馬富春凌君諱準，卒於桂陽佛寺。先是六月，告於州刺史崔君曰：余……將不臘而死審矣……及是，咸如其言云。"又卷九《故永州刺史流配驩州崔君權厝志》：“博陵崔君……出刺連、永兩州，未至永，而連之人訴君，御史按章具獄，坐流驩州……元和七年正月二十六日卒……簡，其名；子敬，字。”又卷四一有《祭姊夫崔使君簡文》。《全詩》卷三七〇呂溫有《初發道州答崔三連州題海陽亭見寄絕句》，岑仲勉《唐人行第録》云：“名未詳。”今按呂溫元和三年至五年在道州刺史任，其罷道州時崔簡正在連州任，則崔三當即崔簡。

高霞寓　元和八、九年(813、814)

《廣記》卷二五一引《嘉話録》：“唐劉禹錫牧連州，替高寓，寓後入爲羽林將軍。”《唐語林》卷六作“高霞寓”，注云：“案《唐書·高霞寓傳》，霞寓由歸州刺史入爲右衛大將軍，與劉禹錫之守連州無涉，疑有脱誤。”兩《唐書·高霞寓傳》未及刺連州事。按岑仲勉《唐方鎮年表正補》夏綏條認爲元和至開成間有兩高霞寓，疑《嘉話録》所叙者即另一高霞寓。

劉禹錫　元和十年—十四年(815—819)

《舊書·憲宗紀下》：元和十年三月乙酉，“朗州司馬劉禹錫爲播州刺史……御史中丞裴度以禹錫母老，請移近處，乃改授連州刺史”。又見兩《唐書》本傳，《通鑑·元和十年》，《元龜》卷一四七，《因話録》卷一，《韓昌黎集》卷三二《柳子厚墓誌銘》，《柳河東集》卷二五《送方及師序》。《全文》卷五九九劉禹錫《問大鈞賦》：“始余失臺郎爲刺史，又貶州司馬，俟罪朗州，三見閏月……因作《謫九年賦》以自廣……明年……重領連山郡印綬……居五年不得調。”又見卷六〇〇《連州賀赦表》、卷六〇一《連州刺史謝上表》、卷六〇四《賀赦箋》、卷六〇六《連州刺史廳壁記》、卷六一〇《子劉子自傳》。《全詩》卷三七一呂溫有《郡内書懷寄劉連州竇虔州》，卷三五二柳宗元有《答劉連州邦字》，卷四九二殷堯藩有《送劉禹錫侍御出刺連州》。

蔣　防　寶曆元年(825)

《全文》卷七一九蔣防《連州静福山廖先生碑銘并序》：“長慶末，余自尚書司封郎中知制誥、翰林學士得罪出守臨汀，尋改此郡。”又見

《唐詩紀事》卷四一。《寶刻叢編》卷一九引《復齋碑録》："《唐放生池銘》,寶曆元年四月二十一日刺史蔣防立。"《輿地碑記目》卷三《連州碑記》有《梁廖冲飛昇碑》,注云："刺史蔣防立。"

王某　寶曆中

《全詩》卷四七七李涉《謝王連州送海陽圖》："謝家爲郡實風流,畫得青山寄楚囚。驚起草堂寒氣晚,海陽潮水到牀頭。"熊飛云：從李涉詩看,時涉自謂"楚囚",應是在貶中。李涉一生兩次遭貶,一在元和六年,貶硤州司倉參軍,轉夷陵,長慶初召還；一在寶曆元年,流康州。據詩意,時應在寶曆元年冬或二年春。

鄭涯　大和中？

《乾隆連州志》載鄭涯爲連州刺史。按鄭涯大中間爲山南西、宣武、義武節度使。

李玘　大和中？

《乾隆連州志》載李玘爲連州刺史。按李玘開成四年以司農卿爲福建觀察使,未赴任,見《舊書·文宗紀下》。

趙谷旨　大和四年—七年（830—833）

《千唐誌·唐故國子監禮記博士趙公（谷旨字正卿）墓誌銘》（大和九年四月十日）："故相崔公群嘗尹江陵,高公之才,歸言於執改,除連州刺史……既免郡,浩然有歸故鄉奉墳墓之志……以大和八年十二月十九日寢疾終於京師通化里,享年五十九。"證知其在連州任期屆滿乃歸,當在七年罷任。按崔群大和三年至四年爲江陵尹。

楊敬之　大和九年（835）

《舊書·文宗紀下》：大和九年七月"戊午,貶……户部郎中楊敬之連州刺史"。《新書》本傳："累遷屯田、户部二郎中。坐李宗閔黨,貶連州刺史。"

武興宗　　會昌五年(845)

　　《全文》卷七六一李郱《連山燕喜亭後記》："會昌五年十一月五日,連州刺史武興宗書。"

蘇　滌　　會昌六年(846)

　　《舊書·武宗紀》：會昌六年二月,"貶舒州刺史蘇滌爲連州刺史。滌,李宗閔黨,前自給事中爲德裕所斥,累年郡守,至是李紳言其無政故也"。按大中四年十二月二十四日蘇滌自右丞入爲翰林學士,見《重修承旨學士壁記》。

庾道蔚　　大中十年(856)

　　《重修承旨學士壁記》："庾道蔚,大中……十年正月十四日守本官出院,尋除連州刺史。"又見《東觀奏記》卷中。

盧　肇　　咸通中

　　《全詩》卷五五一盧肇有《被謫連州》、《謫連州書春牛榜子》。小傳云："咸通中,出知歙州,移宣、池、吉三州卒。"岑仲勉《讀全唐詩札記》謂"中間嘗謫連也"。按咸通六、七年盧肇在歙州刺史任。

高　湘　　咸通中？

　　《乾隆連州志》載高湘爲連州刺史。按高湘咸通十一年爲高州刺史,約乾符中爲江西觀察使。

趙　隱　　咸通中？

　　《乾隆連州志》載趙隱爲連刺。兩《唐書》本傳未及。又按乾符二、三年爲浙西觀察使。

【張　濬　　大順元年(890)(未之任)】

　　《舊書·昭宗紀》：大順元年十二月"庚午,新除鄂岳觀察使張濬責授連州刺史"。《通鑑·大順二年》同。《舊書》本傳："尋貶連州刺史，馳驛發遣。行至藍田關不行，留華州依韓建。"《新書》本傳未及刺連州事。

魯景仁　　光化元年（898）

《通鑑·光化元年》：三月，"時湖南管内七州，賊帥楊師遠據衡州……陳彦謙據郴州，魯景仁據連州"。注引《九國志》："魯景仁本從黄巢，以病留連州，遂據之。"《新書·昭宗紀》：光化二年十一月，"馬殷陷郴、連二州，刺史陳彦謙、魯景仁死之"。又見《通鑑·光化二年》十一月記載。

待考録

張　搏

《南部新書》庚："連山張大夫搏好養貓兒，衆色備有，皆自製佳名。"

按：《乾隆連州志》卷五《職官表》載唐連州刺史尚有七十四人：豆盧方（按《新表四下》豆盧氏："寬，禮部尚書"，子方則，未署官職。未知是否此人）、裴龍虎（無考）、歐陽華（無考）、丁善信（無考）、劉敬□（按垂拱二年命左豹韜衛將軍劉敬同討僕固，見《陳拾遺集》卷六。未知是否此人）、常懷度（無考）、楊仁操（無考）、李思（按《新表二上》趙郡李氏東祖房有"思，萊州長史"，知本子。未知是否此人）、趙仁（無考）、婁仁秀（無考）、鄧仁祐（無考）、區德濟（無考）、令狐思遠（無考）、張元暉（無考）、李彦章（無考）、傅廷暉（無考）、歐陽思晦（無考）、王遥之（無考）、馬令哲（無考）、馮九源（無考）、冀鏗（無考）、陶湊（無考）、馮文鼎（無考）、陳景忻（無考）、歐仙芝（無考）、張從源（無考）、唐震（《新表四下》唐氏有"震"，未署官職，昭華子。未知是否此人）、張子騫（無考）、裴子悄（無考）、李極（無考）、杜悰（兩《唐書》有傳，未及連刺）、于闐（無考）、張晤（《新表二下》河間張氏有"晤，懷遠令"，杭州刺史祖政子。未知是否此人）、穆代樞（無考）、王詡（無考）、趙君直

（無考）、施源（無考）、劇孺章（無考）、李咸（中宗時和五代吴越有李咸，時代不合）、穆君虞（無考）、杜輝（無考）、楊自厚（無考）、崔技（無考）、孫頊（《新表三下》孫氏：“頊，右庶子，京兆少尹。”未知是否此人）、李紹（《新表二上》隴西李氏姑臧大房有“紹”，鄆州刺史義璋子，時代較早；又趙郡李氏有“紹，櫟陽尉”，震子；又有“紹，金吾長史”，進思子；又有“紹，鳳翔節度判官”，巽子。未知孰是）、李檜（無考）、白允牟（無考）、崔元脣（無考）、裴詠（無考）、鍾離侑（無考）、張偕（無考）、孫師錫（無考）、崔嵎（無考）、李劭（無考）、元充（《因話録》謂刑部郎中元沛次子充，進士及第。未知是否此人）、章濤（無考）、黄元慎（無考）、蔣行立（無考）。

卷一七〇　道州（營州、南營州、江華郡）

隋零陵郡之永陽縣。武德四年平蕭銑，置營州。五年改爲南營州。貞觀八年改爲道州。十七年廢，併入永州。高宗上元二年，復析永州置。天寶元年改爲江華郡。乾元元年復爲道州。領縣四：營道（弘道）、唐興（延唐）、江華、永陽（永明）。

蕭　繕　　約垂拱三年—永昌元年（約 687—689）

北圖藏拓片《大周故銀青光禄大夫衢州刺史蘭陵公（蕭繕）墓誌并序》（聖曆二年十月十六日）："垂拱元年授中散大夫使持節開州諸軍事開州刺史，轉道州刺史，永昌元年授永州刺史。"聖曆二年卒，春秋九十。

李行褒　　天授元年（690）

《通鑑・天授元年》："道州刺史李行褒兄弟爲酷吏所陷，當族，秋官郎中徐有功固爭不能得。"《新書・徐有功傳》略同。按行褒曾爲代州、梁州刺史。又見《舊書・徐有功傳》。

王方平　　武后時

《隋唐五代墓誌匯編・洛陽卷》第十册《唐故幽州都督壽陽縣男王府君（方字平）墓誌》（開元二十七年二月十日）："公諱方，字平……除袁州刺史，轉道州刺史……登司府少卿，遷幽州都督。"長安元年二月三日終於東都，春秋七十八。按天册萬歲元年在幽州都督任。又

按王方平爲幽州都督,屢見於典籍及石刻,證知乃以方平爲名著稱
於世。

于知微　　約證聖前後

《全文》卷二〇六姚崇《兗州都督于知微(字辯機)碑》:"長壽二
年,制授鄂州刺史。無何,又累除道、利二州刺史,化被荆楚,威覃蜀
漢……授公檢校果州刺史……神功之歲,復除恒、閬二州刺史。"

竇　瓚　　開元中

《姓纂》卷九河南洛陽竇氏:"瓚,道州刺史。"《新表一下》竇氏三
祖房同。按竇瓚開元中爲邠王司馬,見《歷代名畫記》卷二。《全文》
卷四四七竇臮《述書賦下》注亦云:"家伯諱瓚,邠王司馬。"

温　章(温早)　　約開元中

《姓纂》卷四太原祁縣温氏:"章,道州刺史。"《新表二中》温氏作
"早,道州刺史"。乃太宗相温彦博玄孫。其同祖從兄弟曦,仕開
元中。

王師乾　　開元中?

《寶刻叢編》卷一五引《集古錄目》:"《唐王師乾神道碑》,唐中書
侍郎平章事楊綰撰,大理司直張從申書。師乾,字修然,琅邪臨沂人,
官至諫議大夫,廬、循、道三州刺史。碑以大曆十三年立,在句容。"按
《全文》卷三九七王師乾有《王右軍祠堂碑》云:"從十一代孫正議大夫
守越州都督上柱國公士希俊,師乾八從兄也。"希俊景龍四年爲越州
都督,則師乾當爲睿宗至玄宗時人。

和守陽　　開元二十九年(741)

《千唐誌·唐故中大夫使持節江華郡諸軍事江華郡太守上柱國
和府君(守陽)墓誌銘并序》(天寶四載十月十三日):"景龍之歲,以軍
功授義陽別將……以功遷北庭都護府長史,尋遷播川郡太守。居無

幾何，轉北庭副都護……始終十年……遷右清道率兼隴右節度副大使，除隴西郡太守，轉南賓郡太守……遷江華郡太守……凡典四郡，譽重百城。歷事三朝，聲高萬國。”開元廿九年八月廿一日卒，春秋六十五。

秦昌舜　　天寶六載（747）

《會稽掇英總集・唐太守題名》：“秦昌舜，天寶元年自通川郡太守授；六載移江華郡太守。”《嘉泰會稽志》同。

徐履道　　玄宗時

《全文》卷三八二元結《道州刺史廳壁記》：“問之耆老，前後刺史能恤養貧弱，專守法令，有徐公履道、李公廣而已。”又見《金石補正》卷六〇。《湖南通志》卷六七以爲玄宗朝刺史。

李　廣　　至德二載（757）

《舊書・肅宗紀》：至德二載二月，“貶〔李〕廣江華太守”。又見《全文》卷三八二元結《道州刺史廳壁記》，《金石補正》卷六〇。

裴藏之　　肅宗時？

《新表一上》中眷裴氏：“藏之，道州刺史。”乃石州刺史裴大感孫。

竇履信　　寶應元年（762）

《舊書・后妃傳下・肅宗張皇后傳》：“寶應元年四月，肅宗大漸，俄而肅宗崩，太子監國……〔張良娣〕舅鴻臚卿竇履信貶道州刺史。”

敬　羽　　寶應元年（762）

《舊書》本傳：“寶應元年貶爲道州刺史，尋有詔殺之。”《新書》本傳略同。《新表五上》敬氏：“羽，道州刺史。”按《舊書・代宗紀》：寶應元年七月，“賜道州司馬敬羽自盡”。作“司馬”，與兩傳異。

元　結　　廣德元年—大曆三年(763—768)

《新書》本傳:"又參山南東道來瑱府……瑱誅,結攝領府事。會代宗立,固辭,丐侍親歸樊上。授著作郎……久之,拜道州刺史。"《元次山集》卷八《謝上表》原注:"廣德二年道州進。"云:"去年九月敕授道州刺史,屬西戎侵軼,至十二月,臣始於鄂州受敕牒,即日赴任。臣州先被西原賊屠陷,節度使已差官攝刺史,兼又聞奏,臣在道路,待恩命者三月,臣以五月二十二日到州上訖。"卷三《舂陵行序》:"癸卯歲,漫叟授道州刺史。"按癸卯歲,爲廣德元年。又卷九《再謝上表》:"某伏奉某月日敕,再授臣道州刺史,以某月日到州上訖……陛下過聽,重有授任。"原注:"永泰二年進。"按永泰二年即大曆元年。由此知大曆元年元結於道州任內再授道州刺史。又卷三《欸乃曲序》:"大曆丁未中,漫叟以軍事詣都使,還州,逢春水,舟行不進。"知大曆二年丁未春元結尚在道州。又見《新書·南蠻下·西原蠻傳》,兩《唐書·袁滋傳》,《元龜》卷一七四,《全文》卷三八二元結《道州刺史廳壁記》、卷三八四《舜祠表》、卷六二八呂溫《道州刺史廳後記》、卷六〇七劉禹錫《含輝洞述》、卷三四四顏真卿《唐故容州都督兼御史中丞本管經略使元君(結)表墓碑銘并序》。按孫望師《元次山年譜》繫元結於廣德元年至大曆三年刺道州。

【于　邵】　　約大曆三年(約768)(未之任)】

《舊書》本傳:"天寶末進士登科,入爲起居郎,再遷比部郎中,尚二十考第於吏部,以當稱。無何,出爲道州刺史,未就道,轉巴州。"《新書》本傳略同。《全文》卷四二六于邵《與李尚書書》:"去年出守江華,未遑進路,猥當時議,且復拘留。"又卷四二八《送從舅赴陽翟序》:"小子江華罷守,未離縈滯。"

崔　渙　　大曆三年(768)

《舊書·代宗紀》:大曆三年八月,"貶崔渙爲道州刺史"。十二月,"道州刺史崔渙卒"。又見兩《唐書》本傳,《元龜》卷五一一。《全文》卷七八四穆員《相國崔公(渙)墓誌銘》:"享年六十二,以大曆三年冬十有二月二日薨於道州刺史之寢……大曆中，元載顓政，中外附之，公對敭内庭，數其不赦之罪……未幾有道州之役。”又見《全文》卷三四六劉長卿《祭崔相公文》。《全詩》卷一五〇劉長卿有《送劉萱之道州謁崔大夫》，崔大夫，亦指崔涣。

裴 虬 大曆四年—五年（769—770）

《舊書·張建封傳》：“大曆初，道州刺史裴虬薦建封於觀察使韋之晉。”按韋之晉大曆二年至四年七月前爲湖南觀察使。《舊書·代宗紀》：大曆五年四月，“澧州刺史楊子琳、道州刺史裴虬、衡州刺史楊濟出軍討〔臧〕玠”。又見《元龜》卷六九四、卷七二八。《全詩》卷二二三杜甫有《暮秋枉裴道州手札率爾遣興寄近（遞）呈蘇涣侍御》，又有《湘江宴餞裴二端公赴道州》，“裴道州”，即指裴虬。

李 圻 約大曆中

《全詩》卷二七三戴叔倫有《留别道州李使君圻》、卷二七四有《桂陽北嶺偶過野人所居聊書即事呈王永州邕李道州圻》及《將至道州寄李使君》。

王 某 大曆中？

《全詩》卷二九四崔峒有《越中送王使君赴江華》。

李 瓛 約建中時

《元龜》卷一九三：“嗣吳王巘，建中、貞元間，爲道、虔、滁等州刺史，入拜宗正卿。”《新書》本傳未及。

李 萼 約貞元三年（約787）

《全文》卷五一八梁肅《賀蘇常二孫使君鄰郡詩序》：“二孫鄰郡詩者，前道州刺史李萼賀晉陵、吳郡伯仲二守之作也。”按孫成貞元四年七月前在蘇州刺史任，孫會刺常州亦約在貞元初。

許子良　　貞元十三年—十四年（797—798）

《全文》卷六二八呂溫《道州刺史廳後記》："河南元結次山自作道州刺史……〔予〕前年冬……出爲此州……往刺史有許子良者，輒移次山記於北牖下，而以其文代之。"又卷五四〇令狐楚有《爲道州許使君謝上表》，當即許子良。《隋唐五代墓誌匯編·洛陽卷》第十二册《唐故通議大夫使持節都督潭州諸軍事守潭州刺史兼御史中丞充湖南都團練觀察處置等使東平呂府君（渭）墓誌銘并序》（貞元十六年十二月八日）："道州刺史許子良、永州刺史陽履奸贓巨萬，以貨藩罪，公……即日請下按吏之書。"渭卒貞元十六年七月一日，年六十六。

陽　城　　貞元十四年—二十一年（798—805）

《通鑑·貞元十四年》：九月"己巳，左遷〔陽〕城道州刺史"。《永貞元年》：三月"壬申，追……杭州刺史韓皋、道州刺史陽城赴京師"。韓愈《順宗實録》卷二：貞元二十一年三月壬申，"〔追〕前諫議大夫道州刺史陽城赴京師……未聞追詔，而卒於遷所"。又卷四：貞元二十一年七月丙子，贈故道州刺史陽城左常侍。又見兩《唐書》本傳，《元龜》卷一三九、卷六〇〇、卷六七五，《柳河東集》卷九《國子司業陽城遺愛碣》、卷三四《與太學諸生喜詣闕留陽城司業書》，《韓昌黎集》卷一四《太學生何蕃傳》，《全文》卷七六四裴敬《翰林學士李公墓碑》、卷六〇七劉禹錫《含輝洞述》、卷八〇七司空圖《答孫邵書》，《全詩》卷三九七元稹《陽城驛》，《白居易集》卷二《和陽城驛》、卷三《道州民》詩，《唐語林》卷三，《廣記》卷一六七引《乾𦠆子》等。

路　恕　　貞元二十一年（805）

《舊書·憲宗紀上》：貞元二十一年八月"己酉，以道州刺史路恕爲邕管經略使"。兩《唐書》本傳未及。

呂　温　　元和三年—五年（808—810）

《舊書》本傳：元和三年，"乃貶〔竇〕群爲湖南觀察使，羊士諤資州刺史,溫均州刺史。朝議所責太輕,群再貶黔南,溫貶道州刺史。五年,轉衡州"。《新書》本傳略同。《全文》卷六二六吕溫《道州刺史謝上表》:"臣去年十月十七日蒙恩授使持節道州諸軍事守道州刺史……以今月七日到州上訖。"又見卷六二八《道州刺史廳後記》、卷六三一《道州祭百姓鄧助費念文》、卷六二七《代李中丞薦道州刺史吕溫狀》,卷六〇五劉禹錫《唐故衡州刺史吕君集紀》、卷六〇七《含輝洞述》,《柳河東集》卷九《衡州刺史東平吕君誄》、卷四〇《祭吕衡州溫文》、卷三一《與吕道州溫論非國語書》、《答吴武陵論非國語書》,《全詩》卷四七二段弘古《奉陪吕使君樓上夜看花》,《唐才子傳》卷五《吕溫傳》等。岑仲勉《唐史餘瀋·吕溫刺道衡二州》有論辯。《輿地碑記目》卷二《道州碑記》有《道州刺史廳壁後記》,注:"刺史吕溫撰。"

薛景晦(薛伯高)　　元和九年—十三年(814—818)

《新書·藝文志三》"薛景晦《古今集驗方》十卷"注:"元和刑部郎中,貶道州刺史。"《新書》卷一六四歸崇敬等傳贊:"道州刺史薛伯高。"《柳河東集》卷二八《道州毀鼻亭神記》:"元和九年,河東薛公由刑部郎中刺道州。"又卷五《道州文宣王廟碑》:"儒師河東薛公伯高由尚書刑部郎中爲道州。明年二月丁亥,公用牲幣,祭於先聖文宣王之廟。"又見卷二五《送方及師序》、外集卷上《箏郭師墓誌》。《全文》卷六〇七劉禹錫《含輝洞述》:"河東薛公景晦以文無害爲尚書刑部郎中,以訕爲道州刺史。"又《傳信方述》:"余爲連州四年,江華守河東薛景晦以所著《古今集驗方》十通爲贈……元和十三年六月八日,中山劉禹錫述。"又卷六〇四《答道州薛侍郎論方書書》,《劉禹錫集》卷一〇"薛侍郎"作"薛郎中",是。又《答連州薛郎中論書儀書》,《集》"連州"作"道州",是。

裴　液　　元和中?

《新表一上》東眷裴氏:"液,道州刺史、駙馬都尉。"乃殿中丞、駙馬都尉裴徽子。按《新書·諸帝公主傳》稱:代宗女"晉陽公主,下嫁

太常少卿裴液，薨大和時”；又稱：肅宗女郜國公主，下嫁裴徽，又嫁蕭
升。前生子駙馬都尉裴液囚錦州。

陳　諫　　長慶元年（821）

《舊書·穆宗紀》：長慶元年三月乙丑，“循州刺史陳諫爲道州刺
史”。兩《唐書》附《王叔文傳》，均未及刺道州，《新書》謂“終循州刺
史”，《舊書》謂“自台州司馬量移封州刺史，轉通州卒”。上圖藏拓片
《唐故鄉貢進士潁川陳君（宣魯）墓誌》（開成五年四月二十一日）：“父
諫，倉部郎中、道州刺史。君幼孤。”開成五年四月一日卒，享年三十
三。知諫終道州刺史。《舊書》之“通州”爲“道州”之誤。

裴　偓　　大和中？

《全文》卷七五五杜牧《唐故邠府巡官裴君（希顏）墓誌銘》：“皇考
某，終朗州刺史⋯⋯朗州爲鹽屋、河西令，道、朗二州刺史。”希顏大中
二年卒，享年若干，不娶，無子。按《新表一上》東眷裴氏：“希顏，邠府
巡官。”其父“某，朗州刺史”。又按《全文》卷七五四杜牧《自撰墓銘》
稱：“妻河東裴氏，朗州刺史偓之女。”《新表一上》東眷裴氏有裴偓，未
署官職，其祖纘，與朗州刺史某之祖紀，爲同胞兄弟。則朗州刺史某，
當即偓。參見“朗州”卷裴偓條。

李　當　　咸通十三年（872）

《舊書·懿宗紀》：咸通十三年五月“辛巳，敕尚書左丞李當貶道
州刺史”。《金石補正》卷六〇《李當等詩并魏深書事》：“題朝陽洞，義
陽守李當⋯⋯尋出尹河南，移宣□，鎮褒斜，藹然龔黃之理，爲天下
最⋯⋯於時奸臣竊國柄⋯⋯由是出牧於道⋯⋯自道移申，及此拜□
得歸西掖，咸通十四年十一月廿五日，魏深題。”

楊貽德　　乾寧中

《北夢瑣言》卷一二：“唐乾寧中，補闕楊貽德，華族科名⋯⋯未
久，除道州牧。”

蔡　結　　光化元年(898)

《通鑑·光化元年》：三月，"時湖南管内七州，賊帥楊師遠據衡州，唐世旻據永州，蔡結據道州……〔馬〕殷所得惟潭、邵而已"。《新書·昭宗紀》：光化二年七月，"馬殷陷道州，刺史蔡結死之"。

卷一七一　永州（零陵郡）

隋零陵郡。武德四年平蕭銑，置永州。天寶元年改爲零陵郡。乾元元年復爲永州。領縣三：零陵、祁陽、湘源。

强寶質　　約貞觀中

河南博物館藏拓片《輕車都尉强君（偉）墓誌銘并序》（麟德元年十月二十八日）："父寶質，皇朝始平縣令、大理司直、華州別駕、尚書□□□□州都督府長史、尚書兵部郎中、永州諸軍事永州刺史。"强偉卒麟德元年，春秋五十七。又見《故永州强刺史孫妻范陽祖氏之銘》（顯慶六年正月二十四日）。

宋　昉　　約貞觀中

《駱臨海集》卷六《靈泉頌》："有廣平宋思禮，字過庭，皇朝永州刺史昉之嫡孫。"

冉仁才　　約貞觀中

《全文》卷二二八張説《河州刺史冉府君（實）神道碑》："烈考天水郡果公諱仁才……涇、浦、澧、袁、江、永，凡六州刺史……公即果公季子。"冉實卒證聖元年二月十日，享年七十一。《寶刻叢編》卷一九引《復齋碑録》："《唐永州刺史冉仁才碑》，唐張昌齡序，李崇真行書，弟子恂書石，龍朔三年二月十二日立。"拓本殘墓誌："貞元六年除澧州刺史，十一年遷□州刺史……服闋除陵州刺史……遷永州刺史。"四川省博物館謂此即冉仁才墓誌（《考古學報》1980 年第 4 期《四川萬縣唐墓》）。
【補遺】《大周故河州刺史冉府君長子（祖求）墓誌》（永淳二年八月十
一日）：“唐永州刺史天水果公之次孫，大周河州刺史先府君之長子。”
（周紹良、趙超《唐代墓誌匯編續集》，上海古籍出版社 2001 年版）按
河州刺史即冉實，冉實之父即冉仁才。

【唐　臨　　顯慶四年（659）（未之任）】

《元龜》卷八六三：“唐臨除永州刺史，以犯曾祖諱爲辭，改爲潮州
刺史。”按兩《唐書》本傳未及，《舊傳》唯云：“顯慶四年，坐事貶爲潮州
刺史，卒官。”

高履行　　顯慶四年（659）

《通鑑·顯慶四年》：八月乙卯，“高履行貶永州刺史”。《舊書》本
傳：“〔顯慶〕三年，坐與長孫無忌親累，左授洪州都督，轉永州刺史，卒
於官。”《新書》本傳略同。

周萬才　　約高宗時

《姓纂》卷五昭州周氏：“萬才，永州刺史。”其父孝諫，唐樂州刺
史。按《舊書·地理志四》昭州：“隨始安郡之平樂縣。武德四年，平
蕭銑，置樂州……〔貞觀〕八年，改爲昭州。”由此知孝諫爲唐初人。則
萬才刺永州約在高宗時。

孟　嶷　　高宗時？

《隋唐五代墓誌匯編·陝西卷》第三册《大唐故蘄州蘄春縣尉孟
府君（孝立）墓誌銘并序》（開元十五年八月二十日）：“祖嶷，唐永州刺
史，河間公。”孝立卒開元十五年，春秋六十一。

蕭　繕　　永昌元年（689）

北圖藏拓片《大周故銀青光禄大夫衢州刺史蘭陵公（蕭繕）墓誌
并序》（聖曆二年十月十六日）：“永昌元年授永州刺史……遂牧於衢

州者也。"聖曆二年卒,春秋九十。

乙速孤行儼　萬歲通天二年—聖曆二年(697—699)

《全文》卷二三四劉憲《大唐故右武衛將軍上柱國乙速孤府君(行儼)碑銘并序》:"證聖元年,制除使持節萬州諸軍事萬州刺史;萬歲通天元年,制加中大夫;二年,加大中大夫;其年,檢校永州刺史;聖曆二年,授使持節……守夔州刺史。"

束　良　景龍元年(707)

北圖藏拓片《大唐永州刺史束君(良)墓誌銘并序》(景龍三年二月九日):"又授南州刺史,又授衡州刺史,又授永州刺史。"景龍元年九月二日卒,春秋六十八。

徐　堅　約開元初

《全文》卷二九一張九齡《大唐故光禄大夫右散騎常侍集賢院學士贈太子少保東海徐文公神道碑銘并序》:"復以親累出爲絳州,歷永、蘄、棣、衢四郡……開元中……遷祕書監。"開元十七年五月卒。兩《唐書》本傳未及。

賈　某　開元中

上圖藏拓片《唐故朝議郎行節愍太子廟丞洛陽賈府君(栖汭)墓誌銘并序》:"維開元十七年歲次己巳七月己丑朔十四日壬寅……不幸短命。祖正議大夫行石州別駕;父通議大夫行永州刺史。"

張　朏　約天寶五載(約746)

《唐文拾遺》卷一九張同《唐故太中大夫守新定郡太守張公(朏)墓誌銘并序》:"轉定州司馬、邢州長史、朝散大夫涇州別駕……又拜渠州刺史、涪陵郡太守、零陵郡太守、臨川郡太守、新定郡太守……以天寶十載六月廿四日遇疾薨於新定郡官舍,春秋五十有六。"按天寶十載三月十日張朏由撫州刺史移睦州。

李　峴　　天寶十三載（754）

《新書》本傳：“天寶時，累遷京兆尹……出峴爲零陵太守……尋徙長沙。”又見《楊國忠傳》。按《舊書》本傳、《通鑑·天寶十三載》均謂天寶十三載，連雨六十餘日，楊國忠惡其不附己，以雨灾歸咎京兆尹，乃出爲長沙郡太守，未及爲零陵太守事。《通鑑考異·天寶十四載》四月引《唐曆》：“是夏，京兆尹李峴貶零陵太守。”又引《肅宗實録》未及李峴貶零陵事，故《通鑑》從《實録》。《全文》卷三二一李華《故相國兵部尚書梁國公李峴傳》：“再遷爲京兆尹……權臣所排，出守零陵，再遷御史中丞、荆州等五道副元帥，徵爲宗正卿、鳳翔太守。”則《新傳》似不誤。疑貶零陵時間短暫，即徙長沙耳。

宇文審　　約肅宗時

《新表一下》宇文氏：“審，字審，永州刺史。”乃開元時宰相宇文融子。《新書》本傳：“楊國忠顓政，殺嶺南流人，以中使傳口敕行刑，畏議者嫉其酷，乃以審爲嶺南監决處置使，活者甚衆。後終永、和二州刺史。”

韋　采　　約肅宗時

《全文》卷五〇二權德輿《朝散大夫使持節都督容州諸軍事守容州刺史兼侍御史充本管經略招討制置等使戴公（叔倫）墓誌銘并序》：“維貞元五年夏四月，容州刺史……戴公……六月甲申次於清遠峽而薨，春秋五十八……初，公娶京兆韋氏，永州刺史采之女。”《湖南通志》謂憲宗朝永州刺史，誤。

【劉　迥　　約廣德間（未之任）】

《全文》卷五二〇梁肅《給事中劉公（迥）墓誌銘》：“出爲永州刺史，未行，改户部員外郎……大曆初……授公吉州刺史。三載績成，徵拜諫議大夫，遷給事中。”兩《唐書》本傳未及刺永州事。

獨孤愐　　約永泰元年（約765）

《全文》卷三八二元結《朝陽巖銘》：“永泰丙午中，自舂陵詣都使計兵。至零陵，愛其郭中有水石之異，泊舟尋之，得巖與洞，此邦之形勝也……遂以朝陽命之焉。前刺史獨孤愐爲吾蕩闢榛莽，後攝刺史竇泌爲吾創製茅閣，於是朝陽水石，始有勝絕之名。"按永泰丙午，爲永泰二年，即大曆元年。

竇　泌　　大曆元年（766）

見上條。

王　邕（王顗）　　約大曆二、三年（約 767、768）

《全文》卷三五六王邕《後浯溪銘》："歸然峿臺，枕於祈陽。迥然楚方，歸於瀟湘……我牧此郡，契於幽尋。刻銘山岑，敢告煙林。"《唐文拾遺》卷四九懷素《自叙帖》："王永州邕曰：'寒猿飲水撼枯藤，壯士拔山伸勁鐵。'"《全詩》卷二七四戴叔倫有《桂陽北嶺偶過野人所居聊書即事呈王永州邕李道州圻》。按《全詩》卷二〇四"王顗小傳"稱："王顗，永州太守。"收《懷素上人草書歌》一首，注云："一本作王邕詩，今從《統籤》另編。"按作"王邕"是。

王庭璬　　大曆四年（769）

《全文》卷三八〇元結《再讓容州表》："伏奉四月十三日敕，以臣前在容州殊有理政，使司乞留，以遂人望。起復臣守金吾衛將軍員外置同正員兼御史中丞、使持節都督容州諸軍事兼容州刺史，充本管經略守捉使……臣今寄住永州，請刺史王庭璬爲臣進表陳乞以聞。"孫望師《元次山年譜》繫此文爲大曆四年。

盧　某　　約大曆中

《全詩》卷二七六盧綸《送從叔牧永州》："五侯軒蓋行何疾，零陵太守登車日。零陵太守淚盈巾，此日長安方欲春。虎符龍節照歧路，何苦愁爲江海人？"

【田承嗣　　大曆十年—十二年（775—777）（未之任）】

《舊書·代宗紀》：大曆十年四月"乙丑，制：魏博節度使……魏州大都督府長史上柱國雁門郡王田承嗣，可貶永州刺史”。十二年三月“庚午，左降官永州刺史田承嗣復授魏博節度使，官並如故”。又見兩《唐書》本傳，《通鑑·大曆十年》。《大詔令集》卷一一九有《貶田承嗣永州刺史詔》，又卷一二一有《復田承嗣官爵制》，又見《全文》卷四七，《元龜》卷一七六。按是時田承嗣仍在魏州，實未赴任。

李承旺　　約貞元初

《全文》卷五八一柳宗元《永州龍興寺修淨土院記》：“永州龍興寺，前刺史李承旺及僧法林置淨土堂於寺之東偏，常奉斯事，逮今餘二十年。”按柳宗元永貞元年至元和九年在永州司馬任，上推二十年，約在貞元初。

鄭叔則　　貞元五年（789）

《舊書·裴延齡傳》：“出爲昭應令，與京兆尹鄭叔則論辨是非，攻訐叔則之短。時李泌爲相，厚於叔則；中丞竇參恃恩寵，惡泌而佑延齡。叔則坐貶爲永州刺史，延齡改著作郎。”按《舊書·德宗紀下》：貞元五年“二月己丑，貶京兆尹鄭叔則爲永州長史”。作“長史”，與《裴延齡傳》異。《全文》卷七八四穆員《福建觀察使鄭公（叔則）墓誌銘》：“轉京兆尹，理行三載……貶永州長史……旋以非罪拜信州刺史。”亦作“長史”。疑是時無刺史，以長史知州事歟？

陽　履（楊履）　　約貞元十三年—十六年（約797—800）

《通鑑·貞元十六年》：五月，“湖南觀察使河中呂渭奏發永州刺史陽履贓賄”。又見《元龜》卷七〇〇，又卷一八〇作“楊履”。《隋唐五代墓誌彙編·洛陽卷》第十二冊《唐故通議大夫使持節都督潭州諸軍事守潭州刺史兼御史中丞充湖南都團練觀察處置等使東平呂府君（渭）墓誌銘并序》（貞元十六年十二月八日）：“道州刺史許子良、永州刺史陽履奸贓巨萬，以貨藩罪，公……即日請下按吏之書，擒摘如風。”渭卒貞元十六年七月一日。

戎 昱？ 貞元中

《全詩》卷二七〇戎昱有《送零陵妓》。《雲溪友議》卷上《襄陽傑》："初，有客自零陵来，稱戎昱使君席上，有善歌者，襄陽公遽命召焉。戎使君豈敢違命，逾月而至。及至，令唱歌，乃戎使君送妓之什也。"又見《唐語林》卷四。按于頔貞元十四年至元和三年爲襄陽節度，則戎昱貞元後期在永州刺史任。然此説未必可信，姑存疑。

韋 某 永貞元年(805)

《柳河東集》卷三七有《代韋中丞賀元和大赦表》。施子愉《柳宗元年譜》云："按憲宗於元和元年正月改元大赦(《新唐書》卷七)，宗元以永貞元年十一月至永州，則當時之刺史當即次年上賀表之韋某也。"

馮 叙 元和元年(806)

《訪碑録》卷四："《朝陽巖永州刺史馮叙等題名》，柳宗直正書，元和元年三月，湖南零陵。"《柳河東集》卷二八《永州龍興寺修净土院記》："永州龍興寺，前刺史李承晊及僧法林置净土堂於寺之東偏，常奉斯事……今刺史馮公作大門以表其位。"施子愉《柳宗元年譜》疑馮某於元和五年冬至六年春爲永刺，非是。《金石萃編》卷一〇五："永州刺史馮叙、永州員外司馬柳宗元、永州員外司户參軍柴察、進士盧宏禮、進士柳宗直。元和元年三月八日宗直題。"

崔 敏 元和三年—五年(808—810)

《新表二下》崔氏清河小房："敏，永州刺史。"《柳河東集》卷九《唐故朝散大夫永州刺史崔公(敏)墓誌》："維元和五年九月十五日壬子，永州刺史崔公薨於位，享年六十八。"又卷四〇《祭崔君敏文》："出令三載，人無怨讟。"又見《書史會要補遺》。按崔敏五年卒，任職三年，當於元和三年始任。

【崔 簡 元和六年(811)(未之任)】

《柳河東集》卷九《故永州刺史流配驩州崔君權厝誌》："出刺連、

永兩州，未至永，而連之人訴君，御史按章具獄，坐流驩州……元和七年正月二十六日卒……簡，其名；子敬，字。"又卷三五《謝李中丞安撫崔簡戚屬啓》："伏見四月六日敕：刺史崔簡以前任贓罪，決一百，長流驩州。"知六年四月六日立罪配流。又卷四一有《祭姊夫崔使君簡文》。又卷一三《朗州員外司户薛君（巽）妻崔氏墓誌》稱："唐故永州刺史博陵崔簡女。"又見《書史會要》卷五。

韋 彪　　元和七、八年（812、813）

《姓纂》卷二東眷韋氏彭城公房："彪，永州刺史。"《柳河東集》卷三六《上嶺南鄭相公獻所著文啓》："伏見與當州韋使君書……一自得罪，八年於今。"按宗元永貞元年被貶永州司馬，知此文爲元和七年作。又卷三八《代韋使君謝上表》："曠牧守於再秋。"知元和六年四月崔簡流驩州後，至次年始任韋彪爲刺史。又卷二七《永州韋使君新堂記》注："韓本注：刺史韋彪。"又卷三四《答韋中立論師道書》："不意吾子自京師來蠻夷間……僕自謫過以來，益少志慮，居南中九年。"知作於元和八年。岑仲勉《姓纂四校記》："知彪於元和七、八年刺永，其孫中立南來，當是省祖，由是可決《姓纂》稱永州刺史爲彪之見官。"《全詩》卷三五二柳宗元有《韋使君黃溪祈雨見召從行至祠下口號》。

崔 能　　元和九年一十年（814—815）

《舊書》本傳："〔元和〕六年，轉黔中觀察使。坐爲南蠻所攻，陷郡邑，貶永州刺史。穆宗即位，弟從居顯列，召拜將作監。"《新書》本傳未及。《柳河東集》卷五《湘源二妃廟碑》："元和九年八月二十日，湘源二妃廟灾，司功掾守令彭城劉知剛、主簿安邑衛之武，告於州刺史御史中丞清河崔公能。"又卷二七《永州崔中丞萬石亭記》："御史中丞清河男崔公來蒞永州……時元和十年正月五日記。"又見卷八《段太尉逸事狀》、卷一五《起廢谷》、卷二五《送易師楊君序》、卷三一《與史官韓愈致段秀實太尉逸事書》、外集補遺《處士段弘古墓誌》。

韋正武　　元和十四年(819)

《舊書‧憲宗紀下》：元和十四年七月“壬寅，以永州刺史韋正武爲邕管經略使”。

韓　曄　　長慶元年(821)

《舊書‧穆宗紀》：長慶元年三月“乙丑，以……汀州刺史韓曄爲永州刺史……量移也”。又本傳：“量移汀州刺史，又轉永州，卒。”《新書》本傳：“終永州刺史。”《全詩》卷三五九劉禹錫《聞韓賓擢第歸覲以詩美之兼賀韓十五曹長時韓牧永州》，據《新表三上》韓氏，韓賓乃韓曄子。

李　岵(李有裕)　　大和四年(830)

《舊書‧文宗紀下》：大和四年四月“丁巳，貶前齊德滄景等州節度使李有裕爲永州刺史，馳驛赴任”。即李岵。

李　衢　　大和八年(834)

《輿地紀勝》卷五六永州景物下：“紅蕖堂，在東湖。唐大和八年刺史李衢所創。”按開成二、三年李衢在屯田郎中任，見《舊書‧文宗紀下》，《新書‧藝文志二》。

李　坦　　開成五年(840)

《金石補正》卷六八《李坦等題名》：“永州刺史李坦，衡州員外司馬韓益，開成五年九月二十九日。”

張　渾　　會昌中

《白居易集》卷三七《胡吉鄭劉盧張等六賢皆多年壽予亦次焉偶於弊居合成尚齒之會七老相顧既醉甚歡》詩注：“前永州刺史清河張渾，年七十七。”又見《唐詩紀事》卷四九，《全詩》卷四六三張渾小傳。按白居易七老會詩作於會昌五年。【補遺】《唐故永州刺史清河張公(渾)墓誌銘並序》(大中元年二月十八日)：“尋改揚子巡官。……單

車赴都，拜雅州刺史。……復領永州牧，理永益能於理雅，狡蠹姦臟，
剗革略盡。罷永居於洛師，與少傅白公爲嵩少琴酒之侶，遂絶意於宦
途。以會昌六年八月廿三日疾薨於河南府洛陽縣仁風里，年七十六。"
（周紹良、趙超《唐代墓誌匯編續集》，上海古籍出版社 2001 年版）

韋　宙　　大中十年前後（856 前後）

《新書》本傳："盧鈞節度太原，表宙爲副……召拜吏部郎中，出爲
永州刺史……還爲大理少卿。久之，拜江西觀察使。"按盧鈞節度太
原在大中六年至九年，韋宙觀察江西在大中十二年。

鄭　史　　咸通三年（862）

《雲溪友議》卷中《買山讖》："邕州蔡大夫京者……及假節邕交，
道經湘口，零陵鄭太守史，與京同年，遠以酒樂相遲。"又見《唐語林》
卷七，《廣記》卷二七三引，《唐詩紀事》卷六〇鄭谷。按蔡京咸通三年
五月爲嶺南西道節度使，八月被軍士所逐，見《通鑑》。由此知鄭史咸
通三年在永州刺史任。《全詩》卷七二七蔣肱有《永州陪鄭太守登舟
夜宴席上各賦詩》，疑即鄭史。

蕭　某　　約咸通中

《全詩》卷六四〇曹唐有《長安客舍叙（一作懷）邵陵舊宴寄永州
蕭使君五首》。小傳云：曹唐，字堯賓，桂州人，初爲道士，後舉進士不
第。咸通中，累爲使府從事。

孫　繹　　約咸通中

《新表三下》孫氏："繹，本名景章，永州刺史。"乃東都留守孫簡
子，廣明時常州刺史孫徽兄。

崔　沆　　約咸通十四年—乾符元年（約 873—874）

《新書》本傳："僖宗立，召爲永州刺史，復拜舍人，進禮部、吏部二
侍郎。"《舊書》本傳未及。按乾符元年崔沆以中書舍人權知禮部貢

舉,二年五月,正拜禮部侍郎,見《舊書·僖宗紀》。

鄭 蔚　　約乾符末

《新書·鄧處訥傳》:"零陵人唐行旻乘巢亂,脅衆自防,盜永州,殺刺史鄭蔚。"

唐世旻　　乾寧元年—光化元年(894—898)

《通鑑·光化元年》:三月,"時湖南管内七州,賊帥楊師遠據衡州,唐世旻據永州"。五月,"〔馬〕殷引兵趣永州,圍之月餘,唐世旻走死"。《新書·昭宗紀》:光化元年五月,"是月,馬殷陷邵、衡、永州三州,刺史蔣勛、楊師遠、唐旻死之"。朱玉麒云,《搜神記》卷四零陵王:"王姓唐,諱世旻,字昌圖,本零陵人也,世居永州府西南之龍洞。唐昭宗時,盜起,世旻結鄉兵保里閭。劉建鋒舉爲永州刺史。"《舊唐書·昭宗紀》:"〔乾寧元年〕五月,蔡賊孫儒部將劉建鋒攻陷潭州,自稱湖南節度使。"則唐世旻始任永州刺史當在乾寧元年。

李 唐　　光化元年(898)

《通鑑·光化元年》:五月,"〔馬〕殷以李唐爲永州刺史"。又見《十國春秋·楚武穆王世家》。

司空荷　　昭宗時

《舊書·司空圖傳》:"圖無子,以其甥荷爲嗣。荷官至永州刺史。以甥爲嗣,嘗爲御史所彈,昭宗不之責。"《直齋書録解題》卷一九:《司空表聖集》十卷,唐兵部侍郎司空圖表聖撰,咸通十年進士,別有全集,此集皆詩也。其子永州刺史荷爲後記。

楊貽德　　唐末?

《新表一下》楊氏越公房:"貽德字垂裕,永州刺史。"乃乾符初京兆尹楊知至子。

待考録

裴　淑

《新表一上》東眷裴氏：“淑，永州刺史。”乃河州刺史裴守一子。

周　褒

《姓纂》卷五臨川周氏：“褒，永州刺史。”乃申州刺史周寶子。

卷一七二　邵州（南梁州、邵陽郡）

隋長沙郡之邵陽縣。武德四年平蕭銑，置南梁州。貞觀十年改名邵州。天寶元年改爲邵陽郡。乾元元年復爲邵州。領縣二：邵陽、武岡。

趙行德　　約貞觀中

上圖藏拓片《大唐故朝散大夫登州司馬趙府君（巨源）墓誌銘并序》（天寶元年四月二十三日）："曾祖覽，隋安平郡太守，襲池陽公。祖行德，皇江、松、武、邵、婺五州刺史，湘陰縣開國男。"巨源卒天寶元年，春秋九十四。

賈守義　　文明元年（684）

《千唐誌·大唐故朝散大夫使持節邵州諸軍事守邵州刺史上柱國長樂縣開國男賈府君（守義）墓誌銘并序》（垂拱三年二月十五日）："公自出身事主，束髮從官……又授杭州長史，又遷邵州刺史……以文明元年十一月廿四日薨於州府，春秋五十有九。"

唐正心　　約武后時

《新表四下》唐氏："正心，邵州刺史。"按其子穎，開元中爲臨汾尉，上《稽典》一百三十卷，張説奏留史館修史，兼集賢待制，見《新書·藝文志二》。正心刺邵州約當武后時。

李 鷸　　約開元四、五年（約 716、717）

《廣記》卷四七〇引《獨異記》："唐燉煌李鷸，開元中爲邵州刺史，挈家之任……時張説爲岳州刺史。"按張説開元四、五年在岳州刺史任。

李 某　　約肅宗、代宗間

《全詩》卷二五〇皇甫冉有《送李使君赴邵州》。

韓 某　　約大曆中

《全詩》卷二四三韓翃有《送中兄典邵州》。

韋 涵（韋函）　　大曆中？

《新表四上》韋氏小逍遥公房："涵，邵州刺史。"《姓纂》卷二襄陽韋氏作"函，邵州刺史"。乃天寶七載河南尹韋濟子。

王 鍔　　建中元年——三年（780—782）

《舊書》本傳："後嗣曹王皋爲〔湖南〕團練使……使招邵州武岡叛將王國良有功，表爲邵州刺史。及皋改江西節度使，李希烈南侵，皋請鍔以勁兵三千鎮尋陽。"《新書》本傳略同。又見《元龜》卷四二二。按李皋建中元年爲湖南觀察使，三年遷江西節度使。

王 高　　貞元十年（794）

《全文》卷七一三潘滔《文公祠記》："唐貞元十年，上天愆暘，旱魃爲虐……於時州伯太原王公高，縣宰昌黎韓公謹輝，至誠懇請。"

魏懿文（魏皋）　　貞元十三年（797）

《姓纂》卷八東祖魏氏："皋，改名懿文，邵州刺史。"《元龜》卷六七三："魏懿文爲邵州刺史，貞元十三年以懿文有善政，加檢校司門郎中。"

【柳宗元　貞元二十一年(805)(未之任)】

《舊書·憲宗紀上》：貞元二十一年九月己卯，"禮部員外柳宗元貶邵州刺史"。十一月"己卯，再貶……邵州刺史柳宗元爲永州司馬"。又本傳："〔貶〕宗元爲邵州刺史，在道，再貶永州司馬。"《新書》本傳略同。又見《通鑑·永貞元年》，《元龜》卷一五三，《唐才子傳》卷五，《柳河東集》卷二八《永州龍興寺西軒記》、卷一三《先太夫人河東縣太君歸祔誌》、卷三一《答元饒州論春秋書》，《韓昌黎集》卷三二《柳子厚墓誌銘》，劉禹錫《唐故尚書禮部員外郎柳君集記》）。

丁　立　元和三年(808)

《全文》卷七一三潘滔《文公祠記》："元和三年，歲在戊子……旱又甚矣，州牧濟陽丁公立、邑君馮翊莊公齊命官啓告。"

盧　賞　約元和中

《新表三上》盧氏："賞，邵州刺史。"其父盧幼平，永泰中杭州刺史，後爲太子賓客。其子弘宗，約大中、咸通間爲夔州刺史。其孫峻，卒乾寧元年，年五十二。

蕭　革　元和中？

《新表一下》蕭氏齊梁房："革，邵州刺史。"其子鄴，相宣宗。其祖諒，汝州刺史。

林　蘊　寶曆元年(825)

《新書》本傳："滄景程權辟掌書記……蘊遷禮部員外郎。刑部侍郎劉伯芻薦之於朝，出爲邵州刺史。嘗杖殺客陶玄之……復坐贓，杖流儋州而卒。"按劉伯芻元和十年在刑部侍郎任。《直齋書錄解題》卷一六："《林蘊集》一卷，唐邵州刺史林蘊復夢撰。"《全詩》卷三八五張籍有《送邵州林使君》、卷四九六姚合有《送林使君赴邵州》、卷五一五朱慶餘有《送邵州林使君》。按《林邵州遺集·睦州刺史二府君碑》："饒州生府君贈睦州刺史披，朝廷以河南侯莫陳氏有采蘩之德，歸於睦州爲繼室，生邵州刺史……次子邵州刺史蘊……寶曆元年，敬宗皇帝以孝治爲大，詔内外長吏追顯前門，蘊忝剖符竹，被沾雨露，哀榮所感，逮於幽明。"又見《續慶圖》。證知寶曆元年在任。

鄭　紳　　約大和初

《芒洛補遺·唐故邵州鄭使君墓誌》："使君貞元辛未年生，大中景子年殁……烈考嘗繼伯父留守公……歷守漳、邵、□、夔、淄五州，諱紳。留守公諱叔則，建中、貞元之偉人也。使君即淄州之長子，諱珬，字君嚴。"按鄭紳寶曆元年在漳州刺史任。

【杜元穎　　大和三年(829)(未之任)】

《新書》本傳："大和三年，南詔乘虛襲戎、巂等州……遂入成都。已傅城，元穎尚不知……由是貶邵州刺史。議者不厭，斥爲循州司馬。"《舊書》本傳未及刺邵州事。《通鑑·大和三年》：十二月"壬子，貶〔杜〕元穎爲邵州刺史……丁卯，再貶元穎循州司馬"。又見《太平寰宇記》卷一七八。《新書·宰相表下》作"十二月己酉，元穎貶邵州刺史"。

沈　羲　　大和九年(835)

《通鑑·大和九年》：七月，"貶左金吾大將軍沈羲爲邵州刺史"。

鄭　珬　　約大中七年—十年(約 853—856)

《芒洛補遺·唐故邵州鄭使君墓誌》："使君貞元辛未年生，大中景子年殁……諱珬，字君嚴……歷太子中允、鳳翔少尹，改榮州，轉邵州。秩滿臥病，終於滎澤之別墅。"按景(丙)子年乃大中十年。

馬　曙　　約大中時

《東觀奏記》卷中："大理卿馬曙任代北水運使……奴有犯罪，曙笞之，即告於御史臺，稱曙蓄兵器，有異謀。命吏發曙私第，得甲不虛，坐貶邵州刺史。諫官上論，以奴訴郎主，在法不治。上命杖殺曙奴於青泥驛，曙貶嶺外佐，人臣無不感悦。”《郎官柱》金部員外有馬曙，在李弘休、馮韜前。倉部員外在楊魯士後，李行恭前。

楊　嚴　　約咸通八年（約 867）

《舊書》本傳：“〔楊〕收罷相貶官，嚴坐貶邵州刺史。收得雪，嚴量移吉王傅。”《新書》本傳略同。按楊收咸通七年罷知政事，出爲宣歙觀察，次年貶端州司馬。

鄧處訥　　約中和二年—景福二年（約 882—893）

《新書》本傳：“僖宗方在蜀……〔以閔頊〕爲檢校尚書右僕射、欽化軍節度使，以處訥爲邵州刺史。”按中和元年十二月閔頊逐湖南觀察使李裕，見《新書·僖宗紀》。《新書·昭宗紀》：景福二年十二月，“邵州刺史鄧處訥陷潭州，欽化軍節度使周岳死之，處訥自稱留後”。《通鑑·乾寧元年》：二月，“以邵州刺史鄧處訥爲武安節度使”。按處訥景福二年已在潭州。又見《九國志》本傳。

蔣　勛　　乾寧二年—四年（895—897）

《通鑑·乾寧二年》：十一月，“蔣勛求爲邵州刺史，劉建鋒不許，勛乃與鄧繼崇起兵，連飛山、梅山蠻寇湘潭，據邵州，使其將申德昌屯定勝鎮以扼潭人”。《新書·昭宗紀》：光化元年五月，“是月，馬殷陷邵、衡、永三州，刺史蔣勛、楊師遠、唐旻死之”。按《通鑑·乾寧三年》：正月“丁巳，劉建鋒遣都指揮使馬殷將兵討蔣勛，攻定勝寨，破之”。又《乾寧四年》：二月，“張佶克邵州，擒蔣勛”。《新紀》誤。

待考録

韋武威

《姓纂》卷二京兆杜陵西眷韋氏：“〔法〕保兄子武威，邵州刺史。”

辛思禮

《姓纂》卷三隴西狄道辛氏：“思禮，邵州刺史。”《新表三上》辛氏同。乃西魏祕書監辛慶之玄孫，後周主寢上士加陵曾孫，監察御史道源子。

李　岫

《全詩》卷六三四司空圖《月下留丹竈有序》：“詩題五字，乃真仙之詞也。邵陽某縣人……某年中，廉帥上聞，且命鑱其逸迹，藏於郡廨，其後爲刺史李岫所得。今傳於君孫，豈精契之所感致耶？光啓三年秋八月既望，愚獲睹于王官別業。”按唐有三李岫，即《新表二上》李氏姑臧房“岫，殿中侍御史”，乃宗正少卿元爕子，杭州刺史幼公姪。又趙郡李氏東祖房又有李岫，傅璇琮等《唐五代人物傳記資料綜合索引》據《英華》卷三九一孫逖《授李岫司勳員外郎制》及卷三九八《授李岫衛尉少卿制》，考出乃李林甫子。司空圖所指李岫，未知孰是。

卷一七三　朗州(武陵郡)

隋武陵郡。武德四年平蕭銑，置朗州。天寶元年改爲武陵郡。乾元元年復爲朗州。領縣二：武陵、龍陽。

房剴　　約武德中

《新表一下》河南房氏："剴，朗州刺史。"乃周平陽公房巖孫。《芒洛三編·大唐故翼城令饒陽男房府君(基)墓誌銘》："父剴，隨右衛將軍、禮部尚書、崇國公，皇朝朗、淅二州刺史，饒陽男。"

程知節　　約貞觀前期

《大詔令集》卷六二《册程知節改封盧國公文》："維貞觀某年月日甲子，皇帝使某官……持節册命曰……檢校原州都督、宿國公程知節……是用命爾爲使持節朗州諸軍事朗州刺史，改封盧國公。"又見《全文》卷九。兩《唐書》本傳未及。

劉弘基　　貞觀十一年(637)

《舊書》本傳："〔貞觀〕九年，改封夔國公，世襲朗州刺史。例停不行。"又《長孫無忌傳》：貞觀十一年功臣世襲刺史詔："太僕卿、任國公劉弘基可朗州刺史，改封夔國公。"《新書》本傳未及。《會要》卷四七："貞觀十一年六月十五日……太僕卿劉宏基爲朗州刺史。"又見《全文》卷六、《元龜》卷一二九。按功臣世襲刺史詔乃貞觀十一年事，《舊傳》誤。

夏侯絢　　貞觀十三年—二十二年(639—648)

《隋唐五代墓誌匯編·陝西卷》第三冊《唐故使持節睦州諸軍事睦州刺史夏侯府君(絢)墓誌銘并序》(永徽六年十月廿五日)："〔貞觀〕十三年遷使持節朗州諸軍事朗州刺史……廿二年除使持節利州諸軍事利州刺史。"唐臨《冥報記》卷中："〔李〕大安妻夏侯氏，乃郎(朗)州刺史絢之妹。"

張臣合　　顯慶元年—龍朔三年(656—663)

《隋唐五代墓誌匯編·陝西卷》第三冊《大唐故正議大夫使持節兼泉州刺史潞城公(張臣合)墓誌銘并序》(總章元年十一月四日)："顯慶元年授朗州刺史，龍朔三年改授泉州刺史。"

鄧弘慶　　龍朔中

《全文》卷六〇二劉禹錫《夔州論利害第一表》："龍朔中，壁州刺史鄧宏(弘)慶進'平素看精'四字，高宗嘉之……遷宏慶爲朗州刺史。"

蹇　基　　約高宗時

《隋唐五代墓誌匯編·陝西卷》第一冊《唐故撫州南城縣令上柱國蹇府君(思哲)誌銘并序》(景雲元年十一月二日)："父基，皇朝大理正，太子家令，河南縣令，坊、延、朗、利、果五州刺史……公即果州府君之第六子也。"思哲卒景龍三年，春秋六十。又見《蹇思泰墓誌》(開元九年二月七日)、《蹇如珪墓誌》(開元十八年十一月二十二日)。

胡處立　　光宅中(684)

《新書·地理志四》朗州武陵縣注："北有永泰渠，光宅中，刺史胡處立開。"

蘇　瓌　　武后時

《新書》本傳："歷朗、歙二州刺史。"《舊書》本傳未及。《全文》卷二三八盧藏用《太子少傅蘇瓌神道碑》："出爲朗州刺史，轉歙州刺史……檢校冀州刺史，累遷汾、鼎、同、汴、揚、陝，以累最入尚書右丞……遷尚書左丞，又拜侍中、京師留守……轉吏部尚書、東都留守……九爲牧，而循良之績著於州郡。"

李　朴　　約武后時

北圖藏拓片《唐前濮州録事參軍陳公故夫人趙郡李氏墓誌銘并序》（乾元二年十月十六日）："曾祖弘節……祖朴，皇慶、商、黄、朗等州刺史，歷專城而有四，播嘉惠而無俸。父銑，皇朝請大夫鄭州新鄭縣令。"夫人因避地終於越州旅第，年二十九。

敬　暉　　神龍二年（706）

《舊書·中宗紀》：神龍二年"六月戊寅，特進、朗州刺史、平陽郡王敬暉貶崖州司馬"。《通鑑·神龍二年》：三月，"武三思與韋后日夜譖敬暉等不已，復左遷暉爲朗州刺史"。五月，"武三思使鄭愔告朗州刺史敬暉……與王同皎通謀。六月戊寅，貶暉崖州司馬"。兩《唐書》本傳未及。

鄭　某　　約中宗時

《全文》卷二二〇崔融《唐故密亳二州刺史贈安州都督鄭公（仁愷）碑》："有子十一人：長曰愛客，萬州刺史，贈□州刺史；□□□□朝（闕二十字），朗州刺□□。"

李　璡　　開元二十七年（739）

《新書·地理志四》郎州武陵縣注："西北二十七里有北塔堰，開元二十七年，刺史李璡增修。"

田　某　　天寶中

《全詩》卷一四三王昌齡有《答武陵田太守》、《武陵田太守席送司馬盧溪》，當是天寶中昌齡謫龍標尉時所作。

第五琦 寶應元年—廣德元年(762—763)

《舊書》本傳："寶應初，起爲朗州刺史，甚有能政，入遷太子賓客。"《元龜》卷六七七、《新書》本傳略同。《舊書·代宗紀》：廣德元年十月壬辰，"朗州刺史第五琦爲京兆尹、兼御史大夫"。

王 翃 大曆初

《舊書》本傳："〔兄〕翊爲侍郎時，翃自折衝授辰州刺史，遷朗州……大曆五年遷容州刺史、容管經略使。"《元龜》卷六七七同。《新書》本傳："出爲辰州刺史。與討襄州康楚元有功，加兼祕書少監，遷朗州刺史。"按襄州康楚元之亂在乾元二年。《全文》卷四九九權德輿《唐故楚州淮陰縣令王府君（光謙）神道碑銘并序》："公之才子五人……次曰翃……歷辰、朗、容三州刺史……汾州刺史……拜京兆尹。"按翃兄翊廣德元、二年在刑部侍郎任，約廣德二年至永泰元年在吏部侍郎任，見《會要》卷八九及權德輿《王光謙碑》。又按襄州康楚元亂在乾元二年。則王翃刺朗州約在大曆初期。

韋夏卿 大曆五年(770)

《新書·地理志四》朗州武陵縣注："大曆五年，刺史韋夏卿復治槎陂，漑田千餘頃。"兩《唐書》本傳未及。

胡叔清 大曆七年(772)

《全文》卷七三〇温造《瞿童述》："〔大曆〕七年二月，朗州刺史胡叔清招洞源下郡，赴之……"

李國清 大曆十年?—十二年(775?—777)

《舊書·代宗紀》：大曆十年"三月甲午，陝州軍亂，逐觀察使李國清"。十二年二月"丁未，以朗州刺史李國清爲黔州刺史、經略招討觀察使"。疑陝州軍亂後國清即貶朗州。

崔 益 大曆、建中間?

《新表二下》博陵安平大房崔氏："益，朗州刺史。"按其祖玄暐，相武后、中宗。

崔　何　　貞元中？

《新表三下》鄭州崔氏：“何，朗州刺史。”按《全詩》卷二五二崔何與袁傪、王緯、郭澹、高傪、李岑、蘇寓、袁邕等均有《東峰亭同劉太真各賦一物》《喜陸侍御破石埭草寇東峰亭》。時在大曆元年，爲袁傪賓僚。

韋　凜　　貞元中？

《姓纂》卷二東眷韋氏郿公房：“凜，朗州刺史。”其父斌，天寶十四載臨汝太守，降賊。其祖安石，相武后、中宗、睿宗。韋凜刺朗疑在貞元中。

宇文宿　　元和二年（807）

《全文》卷六八四董侹《修陽山廟碑》：“古武陵封壤所至，湘、岳、辰、澧皆附庸之部……永貞元年沅水泛濫，壞及廬舍……三年，旱彌深，郡牧遍走無訴，俗不可以終否，故良牧宇文公得以肆力焉。公名宿，字元明。始至之日，巷鮮居人，有獸奔禽駭之勢。”卞孝萱《劉禹錫年譜》謂宇文宿元和二年刺朗州。

徐　縝　　約元和六、七年（約 811、812）

《姓纂》卷二東海郯州徐氏：“縝，朗州刺史。”乃大曆十二年諫議大夫徐縝子。《全文》卷六〇四劉禹錫《上杜司徒啓》：“近本州徐使君至，奉手筆一函，稱謂不移，問訊加劇。”卞孝萱《劉禹錫年譜》謂此啓元和七年十一月前作，則當爲《姓纂》修撰時見官。《全詩》卷五一〇張祐有《寄朗州徐員外》。

竇　常　　元和七年—十年（812—815）

《舊書》本傳：“元和六年，自湖南判官入爲侍御史，轉水部員外郎。出爲朗州刺史，歷固陵、潯陽、臨川三郡守。”《新書》本傳略同。

《全文》卷七六一褚藏言《竇常傳》：“元和六年，繇侍御史入爲水部員外郎，亦既二歲……出爲朗州刺史，轉固陵、潯陽、臨川三郡，既罷秩東歸……寶曆元年秋寢疾告終於廣陵之白沙別業。”又卷六〇六劉禹錫《武陵北亭記》：“〔元和〕七年冬，詔書以竹使符授尚書水曹外郎竇公常曰：命爾爲武陵守。涖止三月……是歲大穰。明年政成……九月壬午，工告休。”知元和七年竇常授朗州刺史，次年到任，九年作北亭。《全詩》卷三五九劉禹錫有《竇朗州見示與澧州元郎中早秋贈答（一作作）命同作（一作答）》、《朗州竇員外見示與澧州元郎中郡齋贈答長句二篇因以繼和》。卞孝萱《劉禹錫年譜》分別繫於元和九年及十年。

韋　詞（韋辭）　　元和十年—十二年（815—817）

《舊書》本傳：“元和九年，自藍田令入拜侍御史，以事累出爲朗州刺史，再貶江州司馬。”《元龜》卷三二四：“〔韋〕詞嘗爲殿中侍御史，以事累出爲朗州刺史，再貶道州、江州司馬。”《金石萃編》卷一〇八《修浯溪記》：“元和十三年十二月六日，江州員外司馬韋詞記。”又云：“余自朗州刺史，以奉法不謹，謫左於道。去年五月四日，維舟於此，負罪奔迫，不及題記，故於簡餘書之。”岑仲勉《貞石證史·修浯溪記之讀法》云：“詞以九年入爲侍御史，外除朗州，十二年五月，謫道，過浯溪，十三年十二月，量移江州，復出其地，年序先後，史與記兩合。”按元和九、十年間，竇常尚在朗州刺史任。韋詞當爲元和十年繼竇常任者。

韋乾度　　元和十二年（817）

《元龜》卷五二二：“韋乾度元和十二年爲御史中丞，時監察御史韋楚材請按河中觀察使趙宗儒擅用貯備凶荒羨餘錢……於是貶乾度爲朗州刺史。”《全文》卷七二四韋乾度《桃源觀石壇記》：“大唐元和十二祀，睿聖文武皇帝御宇之十有四載，戡定淮蔡之前年，余出爲銅陵郡守。”岑仲勉《讀全唐文札記》云：“憲宗於永貞元年即位，至元和十二年，只得十三載；是歲十月淮蔡平，非前年也；晉之桃源故迹，相傳在朗州，即武陵郡，唐世無銅陵郡之稱……此文之‘十有四載’，應正作‘十有三載’。”

李　翱　　元和十五年—長慶元年（820—821）

《舊書·穆宗紀》：元和十五年六月，“以考功員外郎、史館修撰李翱爲朗州刺史，坐與李景儉相善故也”。《新書·地理志四》朗州武陵縣注：“東北八十九里有考功堰，長慶元年，刺史李翱因故漢樊陂開。”《宋高僧傳》卷一七《唐朗州藥山唯儼傳》：“及〔李景〕儉獲譴，〔李〕翱乃坐此出爲朗州刺史，翱閑來謁儼，遂成警悟。”又見兩《唐書》本傳，《元龜》卷九二五，《唐詩紀事》卷三五，《景德傳燈録》卷一四《澧州藥山惟儼禪師傳》。《全詩》卷三六九李翱有《贈藥山高僧惟儼二首》，注：“時刺朗州。”

温　造　　長慶元年—三年（821—823）

《舊書·穆宗紀》：長慶元年十二月，“〔貶〕起居舍人温造朗州刺史”。又本傳：“〔李〕景儉醉謁丞相，出造爲朗州刺史……居四年，召拜侍御史。”《新書》本傳、《元龜》卷四八一略同。《新書·地理志四》朗州武陵縣注：“又有右史堰，〔長慶〕二年，刺史温造增修。”《御覽》卷七五、《元龜》卷四九七、《會要》卷八九略同。《全文》卷七三〇温造《瞿童述》稱：“予自右史貶武陵守。”又見《新書·藝文志三》。《白居易集》卷六〇《論左降獨孤朗等狀》（長慶元年十二月十一日奏）：“起居舍人温造可朗州刺史。”又卷五〇有《李肇可中散大夫郢州刺史王鎰朗州刺史温造可朝散大夫三人同制》。《全詩》卷三六一劉禹錫有《寄朗州温右史曹長》。《輿地碑記目》卷三《肇慶府碑記》有《李文饒題名》，注：“朗州刺史温造，長慶三年桃源宮題名。”又見《辰州碑記·瞿柏庭記》。

裴　偓　　大和中？

《全文》卷七五四杜牧《自撰墓銘》：“妻河東裴氏，朗州刺史偓之女。先某若干時卒。”又卷七五五杜牧《唐故邕府巡官裴君（希顏）墓誌銘》：“皇考某，終朗州刺史……朗州爲蠡屋、河西令，道、朗二州刺史。”希顏卒大中二年。按《新表一上》東眷裴氏稱：希顏父“某，朗州刺史”，其伯父冕，相代宗。此“某”即裴偓，乃杜牧岳父。東眷裴氏亦有偃，未署官職，乃"某"同祖兄弟。

韓　述　　大和中？

《姓纂》卷四昌黎棘城縣韓氏："述，朗州刺史。"乃太常少卿渾子，韓皋同祖從弟。按《新表三上》韓氏稱："述，都官郎中、閬州刺史。"未知孰是，姑兩存之。

崔　某　　大和六年—八年（832—834）

《全詩》卷三五九劉禹錫有《酬朗州崔員外與任十四兄侍御同過鄙人舊居見懷之什時守吳郡》。按劉禹錫大和六年至八年在蘇州刺史任。

姚中立　　大和九年（835）

《元龜》卷七〇七："姚中立爲萬年縣令，孟琯爲長安縣令，文宗大和九年十一月……貶中立爲郎（朗）州刺史，琯爲硤州刺史。尋再貶中立爲昭州司户參軍，琯爲梧州司户參軍。"按《舊書·羅立言傳》稱："長安縣令孟琯貶硤州長史，萬年縣令姚中立朗州長史。"作"長史"，未知孰是。

【補遺】劉端夫　　大和九年（835）

《輿地紀勝》卷六八《常德府碑記》："唐梁山廟二碑：唐元和四年董侹撰《修陽山廟碑》；唐大和九年刺史劉端夫《賽請陽山神文》。"

郭仲武　　約開成、會昌間

《新表四上》華陰郭氏："仲武，朗州刺史。"乃郭子儀曾孫，郭曖孫，郭釗子。其兄仲文、仲恭、仲詞皆仕至文宗時。

唐　伸　　會昌中？

《南岳總勝集》卷下："劉元靖，武昌人……朗州刺史唐伸妻病，求符於元靖。"《湖南通志》謂唐伸武宗朝朗州刺史。

劉　濛　　大中初

《新書·劉宗經傳》："子濛……宣宗立，〔李〕德裕得罪，濛貶朗州刺史。終大理卿。"

李　訥　　大中九年—十年（855—856）

《新書》本傳："爲浙東觀察使……爲下所逐，貶朗州刺史。召爲河南尹。"《通鑑·大中九年》："九月乙亥，貶李訥爲朗州刺史。"《會稽掇英總集·唐太守題名》："李訥，大中六年八月自華州防禦使授；九年九月貶朗州刺史。"按《嘉泰會稽志》作"貶潮州刺史"，誤。又見《東觀奏記》卷下，《唐語林》卷二。

薛廷望（薛庭望）　　咸通初

《宋高僧傳》卷一二《唐朗州德山院宣鑒傳》："咸通初，武陵太守薛延（廷）望堅請，始居德山……以咸通六年乙酉歲十二月三日……安坐而化。"《景德傳燈錄》卷一五《朗州德山宣鑒禪師傳》："大中初，武陵太守薛廷望再崇德山精舍，號古德禪院。"疑年代誤。按《新表三下》薛氏稱："庭望，字遂之，虢州刺史。"《新書·藝文志三》《續會要》四十卷"注："楊紹復……薛廷望、于珪、于球等撰，崔鉉監修。"

賽宗儒　　咸通十一年（870）

《南楚新聞》："黔南軍校姓賽者，不記其初名……咸通二年蠻寇侵境……仍更名宗儒……戰而大破蠻寇，餘孽皆遁，黔帥表上其功，授朗州刺史。秩滿詣京師，累遷司農卿。"按《全文》卷八〇五陳庶《蠢山廟狀》："范大夫廟在龍陽縣之赤山，山接沅江縣……咸通十一年二月，前使塞中丞施金帛建廟院。"今按龍陽縣屬朗州，"塞中丞"當即"賽中丞"之訛，指賽宗儒。

元虛受　　咸通中？

《姓纂》卷四河南洛陽元氏："虛受，朗州刺史。"乃建中、貞元間黔中觀察使元全柔曾孫。

張　某　　咸通、乾符間？

《全詩》卷六六五羅隱《送朗州張員外》："聖朝綸閣最延才，須牧生命始入来。"

鄭　涔　　乾符中

《三洞群仙録》卷一二："《仙傳拾遺》：張澥，武陵人，幼而好學，常注念於桃源觀，願遇靈仙以希度世。亦仿佛通感，秘而不言。乾符中，鄭涔出牧武陵。"

段彦謨　　廣明元年（880）

《通鑑·廣明元年》：四月，"詔以〔段〕彦謨爲朗州刺史"。《新書·陳儒傳》："廣明元年，以鄭紹業爲荆南節度使，時朗州刺史段彦謨方據荆南，紹業憚之，逾半歲乃至。"又《楊復光傳》："薦彦謨爲朗州刺史。"

崔　翥　　中和元年（881）

《新書·鄧處訥傳》："朗州武陵人雷滿者……荆南節度使高駢擢滿爲禆將……自號'朗團軍'。推滿爲帥，景思爲司馬，襲州，殺刺史崔翥。詔授朗州兵馬留後。"《通鑑·中和元年》："初，高駢鎮荆南，補武陵蠻雷滿爲牙將……逃歸，聚衆千人，襲朗州，殺刺史崔翥，詔以滿爲朗州留後。"按《新書·僖宗紀》：乾符六年，"是歲……荆南將雷滿陷朗州，刺史崔翥死之"。作"乾符六年"事，疑誤。

雷　滿　　中和元年—天復元年（881—901）

《舊五代史》本傳："中和初，擅率部兵自廣陵逃歸於朗……唐朝姑務息兵，即以澧朗節度授之。"《新五代史》本傳略同。《通鑑·中和元年》：十二月，"〔雷滿〕襲朗州，殺刺史崔翥，詔以滿爲朗州留後"。又《景福元年》："〔鄧處訥〕乃結朗州刺史雷滿，共攻潭州。"《舊書·昭宗紀上》：光化三年七月"戊申，制以武貞軍節度……朗州刺史……雷滿檢校太保，封馮翊郡王，餘如故"。《新書·方鎮表四》："光化元年，置武貞軍節度使，領澧、朗、漵三州，治澧州。”按“澧州”乃“朗州”之誤。

雷彥威　　天復元年—約天祐元年（901—約904）

《通鑑·天復元年》：十二月，“武貞節度使雷滿薨，子彥威自稱留後”。又《天復三年》：四月，“〔朱全忠〕遣使語荆南節度使成汭、武安節度使馬殷、武貞節度使雷彥威，令出兵救〔杜〕洪”。五月，“雷彥威狡獪殘忍，有父風，常泛舟焚掠鄰境，荆、鄂之間，殆至無人”。《新書·雷滿傳》：“天復元年卒。子彥威自立。”

雷彥恭　　約天祐元年—四年（約904—907）

《新書·雷滿傳》：“天復元年卒。子彥威自立……弟彥恭，結忠義節度趙匡凝以逐彥威，據江陵。匡凝弟匡明擊之，還走朗州。”《舊五代史·雷滿傳》：“及死，子彥恭繼之。”《新五代史·雷滿傳》：“天祐中，滿卒，子彥恭立……開平元年，馬殷發兵攻彥恭。”按兩傳稱滿卒，彥恭立，均略去彥威繼立、彥恭逐彥威事。《新五代史》稱滿“天祐中卒”，亦誤。《通鑑·開平二年》：五月，“先是，澧州刺史向瓌與彥恭相表裏，至是亦降於楚，楚始得澧、朗二州”。

待考録

裴　喻

《新表一上》中眷裴氏：“喻，朗州刺史。”後魏義陽太守三虎七代孫。

李衆甫

《新表二上》隴西李氏姑臧房：“衆甫，朗州刺史。”

按：據《嘉靖常德府志》卷一二記載朗州刺史尚有崔嗣業（按《新書·地理志四》朗州下謂“聖曆初令崔嗣業開〔津石陂〕”，未稱刺史）、郭丞（無考）、薛巽（元和初爲河北行營于皋謨判官，見《舊書·崔元略傳》;《柳河東集》卷一三有《朗州員外司户薛君（巽）妻崔氏墓誌》,《書史會要》卷五亦謂朗州員外司户薛巽妻崔夫人永州刺史崔簡女,則非朗刺甚明）、田席（無考）、鄭仙客（無考）。此外,又誤將和逢堯、劉禹錫兩司馬列爲刺史。

卷一七四　澧州(澧陽郡)

隋澧陽郡。武德四年平蕭銑，置澧州。天寶元年改爲澧陽郡。乾元元年復爲澧州。領縣四：澧陽、安鄉、石門、慈利。

裴懷感　　武德、貞觀間

《新表一上》東眷裴氏："懷感，澧州刺史。"其同祖從兄弟懷節，貞觀十七年爲洛州刺史。《全文》卷三六九元載《冀國公贈太尉裴冕碑》："曾祖澧州刺史諱懷感。"《嘉慶湖南通志》卷六七稱裴懷感爲高祖朝澧州刺史。

冉仁才　　貞觀六年(632)

《全文》卷二二八張説《河州刺史冉府君(實)神道碑》："烈考天水郡果公諱仁才，秩金紫光禄大夫，婚皇室漢南縣主，涇、浦、澧、袁、江、永，凡六州刺史……公即果公季子……享年七十有一，證聖元年二月十日寢疾終於官舍。"拓本殘墓誌："貞觀六年除澧州刺史，十一年遷□州刺史……服闋除陵州刺史……遷永州刺史。"四川省博物館考證，是即冉仁才墓誌(見《考古學報》1980年第4期《四川萬縣唐墓》)。

張　亮　　貞觀十一年(637)

《舊書·長孫無忌傳》：貞觀十一年功臣世襲刺史詔："相州都督府長史、鄖國公張亮可澧州刺史，改封鄖國公。"又見《全文》卷六太宗《功臣世襲刺史詔》。兩《唐書》本傳未及。

李元則 貞觀十七年—永徽三年（643—652）

《舊書》本傳：“〔貞觀〕十七年，拜澧州刺史。更折節勵行，頗著聲譽。”《新書》本傳略同。又見《元龜》卷二七四、卷二八一。《舊書·高宗紀》：永徽三年四月“甲午，澧州刺史、彭王元則薨”。《通鑑·永徽三年》同。

李 誘 高宗時

《舊書·李元慶傳》：子誘，“官至澧州刺史。永淳中，坐贓削爵”。《新書·李元慶傳》略同。又見《元龜》卷二八一、卷二八四。

王景肅 高宗時？

《全文》卷五〇〇權德輿《故尚書工部員外郎贈禮部尚書王公（端）神道碑銘并序》：“曾祖景肅，皇澧州刺史……〔公〕乾元己亥奄至大病。”

鄧玄挺 光宅元年（684）

《舊書》本傳：“則天臨朝，遷吏部侍郎，既不稱職，甚爲時談所鄙……坐此左遷澧州刺史。在州復以善政聞，遷晉州刺史。”又見《御覽》卷二一五，《元龜》卷六三八。

李 炅 約垂拱中

北圖藏拓片《大唐故江王息故澧州刺史廣平公夫人楊氏墓誌》（開元十九年六月十九日）：“唐祚中缺，宗族遷播，公讁南陬，敕降西掖，爰及外氏，命離夫人。”據《新書·宗室世系表下》江王房：江王元祥有子廣平郡公炅。又據《舊書·李元裕傳》，炅過繼於元裕爲嗣。

婁 蘊 天授二年（691）

《嚴州圖經》卷一題名：“婁蘊，天授二年八月十日自澧州刺史拜。”

尹子産　　中宗時？

《姓纂》卷六河間尹氏：“子産，澧州刺史。”按其同祖從兄元凱，大足元年與修《三教珠英》。

高智静　　開元中

北圖藏拓片《大唐吏部選彭城劉君故妻高氏墓誌銘并序》（天寶八載六月九日）：“君諱娩，字温，渤海蓨人也……祖應，皇進士及第……父智静，皇朝議大夫，榮、禮（澧？）二州刺史，删定格式，中外□□。”高氏天寶五載卒，春秋三十四。按智静開元七年在大理司直任，上《開元後格式》，見《新書·藝文志二》。

崔　曇　　約開元中

《新表二下》博陵安平大房崔氏：“曇，澧州刺史。”乃長安令崔綜之孫，武后、中宗時宰相崔玄暐從弟，當爲開元中人。

沈萬石　　開元中？

《姓纂》卷七吳興縣沈氏：“澧州刺史沈萬石稱：彥後。”《郎官柱》户部員外有沈萬石，在班景倩、嚴嚴後，薛將茂、張昭命、韓朝宗前，約開元中人。

韋　潛　　約開元中

《姓纂》卷二東眷韋氏郿公房：“潛，澧州刺史。”《新表四上》同。乃武德初虞州刺史義節曾孫。

趙良弼　　約天寶、至德間

《山右石刻七》有《唐陝華廬澧撫越廣等州刺史御史中丞嶺南浙東兩道節度使趙良弼碑》，顔真卿撰。按上元元年十月，趙良弼由廬州刺史遷越州刺史、浙東節度使，見《舊書·肅宗紀》。

盧　昂　　約乾元二年—寶應元年（約759—762）

《舊書·盧商傳》：“祖昂，澧州刺史。”《新表三上》盧氏：“昂，澧州刺史。"上圖藏拓片《唐故中大夫澧州刺史賜紫金魚袋范陽盧府君(昂)墓誌銘并序》(大和三年十月二十六日):"擢隋州刺史,改澧州刺史,治四歲而盜息民阜,俗欣所戴。及符節受代,屬時難俯定,國步猶梗。"永泰元年六月十八日卒於郡之東郭別墅。北圖藏拓片《唐故河中少尹范陽盧府君(知宗)墓誌銘并序》(咸通十五年四月二十一日):"曾門犯文宗廟諱(按文宗名昂),皇澧州刺史,贈兵部尚書。大門諱廣,皇河南府河南縣丞,贈司空。先考相國諱商,皇户部尚書,贈太尉。"咸通十五年正月廿九日卒,享年五十九。

崔　瓘(崔灌)　　約寶應元年—二年(約762—763)

《舊書》本傳:"累遷至澧州刺史……居二年,風化大行。"《新書》本傳略同。《元龜》卷六七三:"崔灌爲澧州刺史……二年風化大行……代宗寶應二年優詔特加五階。"《全文》卷三八三元結《崔潭州表》:"乙巳歲,潭州刺史崔瓘去官……公前在澧州,謠頌之聲達於朝廷,褒異之詔與人爲程。"按乙巳歲爲永泰元年。由此知廣德至永泰間崔瓘在潭州刺史任。其初次爲澧刺當在寶應中。

裴　冕　　廣德元年—二年(763—764)

《舊書》本傳:"代宗求舊,拜冕兼御史大夫,充護山陵使。冕以倖臣李輔國權盛,將附之,乃表輔國親昵術士中書舍人劉烜充山陵使判官。烜坐法,冕坐貶施州刺史。數月,移澧州刺史,復徵爲左僕射。"《新書》本傳略同。按肅宗崩於寶應元年四月,冕充護山陵使,當爲是年事,約於是年貶施州,次年移澧州。《舊書·代宗紀》:廣德二年二月"戊寅,以澧州刺史裴冕爲左僕射兼御史大夫,充東都、河南、江南、淮南轉運使"。《全文》卷四五二邵説《代郭令公請雪裴僕射表》:"伏見澧州刺史裴冕明允忠肅……程元振忌其直道剛方,遂加誣構,貶謫荒裔,天下稱冤。"又卷九六二重出此文,作闕名《爲裴令公舉裴冕表》,誤。又見《柳河東集外集》卷下。

【周智光　　大曆二年(767)(未之任)】

《舊書·代宗紀》:大曆二年正月"壬戌,貶〔周〕智光爲澧州刺史”。甲子，“周智光帳下將斬智光并子元耀、元幹三首，傳之以獻”。又見兩《唐書》本傳，《通鑑·大曆二年》正月。

崔　瓘（崔灌）　　永泰元年？—大曆四年（765？—769）

《舊書·代宗紀》：大曆四年“秋七月己巳，以澧州刺史崔瓘爲潭州刺史、湖南都團練觀察使”。又見兩《唐書》本傳，《元龜》卷六七三。《全文》卷四一三常袞有《授崔瓘自澧州刺史除湖南觀察使制》。又卷四九八權德輿《唐故江南西道都團練觀察處置等使中散大夫使持節都督洪州諸軍事守洪州刺史兼御史中丞贈左散騎常侍崔公神道碑銘并序》：“烈考灌（瓘），再爲澧州、潭州刺史，以御史中丞領湖南觀察使。”由此知崔瓘曾兩任澧刺、兩任潭刺。

楊子琳（楊猷）　　大曆四年—九年（769—774）

《新書·崔寧傳》：“〔楊〕子琳者……朝廷以其本謀近忠，故授峽州刺史，移澧州鎮遏使。後歸朝，賜名猷。”《全文》卷七三〇溫造《瞿童述》：“大曆四年，西川潰將楊林爲澧陽守。”《舊書·代宗紀》：大曆五年四月，“澧州刺史楊子琳、道州刺史裴虬、衡州刺史楊濟出軍討〔臧〕玠”。六年四月“乙未，澧州刺史楊子琳來朝，賜名猷”。九年正月，“澧朗兩州鎮遏使、澧州刺史楊猷擅浮江而下，至鄂州。詔許赴汝州，遂溯漢而上，復、郢、襄等州皆閉城拒之”。又見《元龜》卷一七六、卷四三九、卷八二五，《通鑑·大曆五年》、《大曆六年》。

薛伯高　　大曆中？

《全文》卷四一二常袞《授薛伯高少府少監制》：“敕前澧州刺史薛伯高……可守少府少監。”按常袞寶應二年爲翰林學士、考功員外郎中、知制誥，永泰元年爲中書舍人，大曆元年遷禮部侍郎，仍爲學士，大曆十二年爲門下侍郎同中書門下平章事。則此制最遲在大曆十二年前作。則此薛伯高非元和九年至十三年在道州刺史任之薛伯高（景晦）。

李　泌　　大曆十四年—建中二年（779—781）

《舊書·代宗紀》：大曆十四年正月“壬戌，以楚州刺史李泌爲澧
州刺史”。《舊書》本傳：“又爲宰相常袞所忌，出爲楚州刺史。及謝
恩，具陳戀闕，上素重之，留京數月。會澧州刺史闕，袞盛陳泌理行，
可檢校御史中丞，充澧朗硤團練使，重其禮而遣之。無幾，改杭州刺
史，以理稱。”《新書》本傳略同。又見《元龜》卷六七一、卷六七七。
《通鑑·大曆十四年》：正月“壬戌，以李泌爲澧州刺史”。《輿地紀勝》
卷七〇澧州風俗形勝：“城乃李鄯侯改築。”注：“唐戎昱《新城頌》，
在建中二年。”又云：“雖崇澧城，不勞澧人。南樓峨峨，下壓清波。”
注：“同上。戎昱此頌爲刺史李泌作。”知建中二年李泌尚在澧州刺
史任。

閻　宷　　約貞元元年—七年（約785—791）

《全文》卷六八四董侹《閻貞範先生碑》：“先生名宷……拜汝州刺
史……改澧州刺史……星歲七稔……轉吉州刺史……乃上言乞以
皇帝誕慶之辰，度爲武陵桃源觀道士……貞元七年十一月三日，順
化於鍾陵宗華觀。”《全詩》卷一九一韋應物《東林精舍見故殿中鄭
侍御題詩追舊書情涕泗橫集因寄呈閻澧州馮少府》。閻澧州，當即
閻宷。

庾　何　　貞元中？

北圖藏拓片《唐朝散大夫前行尚書司勳員外郎柱國苗紳妻故新
野縣君庾氏夫人墓誌銘并序》（咸通五年六月十八日）：“祖諱何，皇尚
書兵部郎中、澧州刺史……父諱叔潁，皇祕書郎。”夫人卒咸通四年，
享年四十八。按庾何大曆末爲黜陟使，見兩《唐書·崔論傳》，朱泚反
時逃山谷，不臣賊，終兵部郎中，見兩《唐書·庾敬休傳》。

崔　倚　　貞元中？

《新表二下》博陵安平第二房崔氏：“倚，澧州刺史。”乃乾元中同
州刺史崔伯陽子。

韋　彤　　貞元中？

《姓纂》卷二東眷韋氏閬公房："彤，澧州刺史。"《新表四上》同。
按其父元誠，范陽郡倉曹參軍。《全文》卷三九二獨孤及有《唐故范陽
郡倉曹參軍京兆韋公（元誠）墓誌銘》，爲安禄山所殺，永泰二年葬。

杜　倫　　約貞元中

《姓纂》卷六京兆杜氏："倫，水部郎中、澧州刺史。"《新表二上》襄
陽杜氏同。《金石補正》卷七二《唐故同州司兵參軍上柱國京兆杜府
君（行方）墓誌銘并序》（大和七年十一月二日）："曾祖諱元志，杭州刺
史……烈考諱倫……歷憲闈郎署，而後出分符竹。公即澧州儲君之
長子。"大和七年卒，享齡六十。按杜倫貞元十二年爲檢校工部員外
郎，宣武節度判官，見韓愈《贈太傅董公行狀》。

宇文邈　　約貞元中

《匋齋藏石記》卷三四（《金石補正》卷七六）《唐祕書省祕書郎李
君夫人宇文氏墓誌銘并序》（咸通八年八月六日）："祖邈，皇任御史中
丞，左遷澧州刺史，贈太尉。父瓚，見任右散騎常侍……夫人……咸
通甲申歲因丞相今宛陵楊公媒適隴西李郴，任以內事……明年郴改
長安尉……又明年春夫人得疾……是歲丁亥夏四月辛卯，享年叁拾
有壹。常侍公哀慟致疾。"《全詩》卷二八七暢當有《南充謝郡客遊澧
州留贈宇文中丞》，作於暢當離果州時，當即宇文邈。貞元十三年中
丞宇文邈，見《舊書·鄭餘慶傳》。

顔　防　　貞元二十年（804）

《嘉泰吳興志》卷一四郡守題名："顧（顔）防，永貞元年四月自澧
州刺史授；除常州刺史。《統記》作貞元二十年。"

裴　汶　　元和六年—八年（811—813）

《嘉泰吳興志》卷一四郡守題名："元和六年自澧州刺史授；八年
十一月除常州刺史。"

張　署　　約元和八年（約 813）

《全詩》卷三五一柳宗元有《同劉二十八院長（禹錫）述舊言懷感時書事奉寄澧州張員外使君（署）五十二韻之作因其韻增至八十通贈二君子》"褒德符新換"注："自虔州遷澧州。"施子愉《柳宗元年譜》謂此詩乃永貞元年冬至元和九年宗元在永州司馬任內作。《韓昌黎集》卷三〇《唐故河南令張君（署）墓誌銘》："改虔州刺史……改澧州刺史……改河南令。"又卷二二《祭河南張員外文》："權臣不愛，南昌（康）是幹……用遷澧浦，爲人受瘥。"

元　某　　元和九年—十年（814—815）

《全詩》卷三五九劉禹錫有《竇朗州見示與澧州元郎中早秋贈答（一作作）命同作（一作答）》，卞孝萱《劉禹錫年譜》繫於元和九年，時在朗州司馬任上。又《朗州竇員外見示與澧州元郎中郡齋贈答長句二篇因以繼和》、《早春對雪奉寄澧州元郎中》，卞譜繫於元和十年。

李　建（李杓直）　　元和十一年—十四年（816—819）

《舊書》本傳："〔韋〕貫之罷相，建亦出爲澧州刺史。"《新書》本傳略同。《白居易集》卷七《秋日懷杓直》詩注："時杓直出牧澧州。"詩云："憶與李舍人，曲江相近住。"又卷一六《東南行一百韻寄通州元九侍御澧州李十一舍人果州崔二十二使君開州韋大員外》詩"次第出京都"注："十年春，微之移佐通州；其年秋，予出佐潯陽；明年冬，杓直出牧澧州，崔二十二出牧果州，韋大出牧開州。"同卷又有《聞李十一出牧澧州崔二十二出牧果州因寄絕句》、《和李澧州題韋開州經藏詩》。又卷四一《有唐善人墓碑》："唐有善人曰李公，公名建，字杓直，隴西人……公官歷校書郎……澧州刺史。"《全文》卷六五五元稹《唐故中大夫尚書刑部侍郎李公（建）墓誌銘》："會仲兄尚書遜被口語，上疏明白，出刺澧州，入以亞太常……薨年五十八，是歲長慶元年之二月二十有三日也。"

【李景儉　　元和末（未之任）】

《舊書》本傳："元和末入朝，執政惡之，出爲澧州刺史……及延英

辭日，景儉自陳己屈，穆宗憐之，追詔拜倉部員外郎。"《新書》本傳略
同。又見《元龜》卷四八二、卷九四五。

王　堪　　長慶元年（821）

《全文》卷六四九元稹《授齊暎饒州刺史王堪澧州刺史制》稱："岳
州刺史王堪……可使持節澧州刺史。"

李　肇　　長慶元年（821）

《舊書·穆宗紀》：長慶元年十二月，"〔貶〕司勳員外郎李肇澧州
刺史"。《白居易集》卷六○《論左降獨孤朗等狀》（長慶元年十二月十
一日奏）："司勳員外郎李肇可澧州刺史。"又卷五○《李肇可中散大夫
郢州刺史王鎰朗州刺史溫造可朝散大夫三人同制》："敕：朝請大夫、
使持節澧州諸軍事澧州刺史、上柱國、賜紫金魚袋李肇等。"又見《元
龜》卷九一四。

韓　伩　　長慶中

《舊書》本傳："自襄州從事徵拜殿中侍御史，遷刑部員外。求爲
澧州刺史。歲滿受代，宰相牛僧孺鎮鄂渚，辟爲從事。"《新書》本傳未
及。按牛僧孺寶曆元年正月至大和四年正月爲鄂岳觀察使。

韋　某　　約寶曆中

《全詩》卷五二四杜牧《登澧州驛樓寄京兆韋尹》注："尹曾典此
郡。"詩云："一話涔陽舊使君，郡人回首望青雲。"繆鉞《杜牧年譜》繫
此詩於大和元年。

杜　悰　　大和初

《新書》本傳："大和初，由澧州刺史召爲京兆尹，遷鳳翔、忠武節
度使。"又見《新書·諸帝公主·岐陽莊淑公主傳》。《舊書》本傳未及
刺澧州事，唯云："大和六年，轉京兆尹。"按大和五年至七年在京兆尹
任。《全文》卷七五六杜牧《唐故岐陽公主墓誌銘》："憲宗皇帝即位八

年,出嫡女册封岐陽公主,下嫁於今工部尚書判度支杜公悰……不數十年,縉紳間雜然稱尚書有賢婦。尚書旋出爲澧州刺史……尚書在澧州三年……考治行爲天下第一,後爲大司徒、京兆尹、鳳翔節度使。"《雲溪友議》卷中《澧陽宴》誤爲"自忠武軍節度使出澧陽"。《唐語林》卷六、《北夢瑣言》卷三、《南部新書》辛均有杜悰稱平生不如意之一爲任澧州刺史之記載。《全詩》卷五七四賈島《上杜駙馬》"今日澧陽非久駐,佇爲霖雨拜新恩"。

崔　芸　　大和四年前後(830 前後)

《全文》卷七六〇張次宗《薦前澧州刺史崔芸狀》:"前件官……所歷五郡,去皆見思……自理澧陽,課績尤最。"岑仲勉《讀全唐文札記》謂文章全是觀察使語氣,乃張次宗代段文昌作,是。然岑氏謂此文於西川時作,非。時澧州屬荆南節度,當是張次宗在荆南代段文昌作。按《舊書·文宗紀上》,段文昌大和四年至六年爲荆南節度,則崔芸刺澧州約在大和四年前後。《全詩》卷五六九李群玉《送崔使君蕭山禱雨甘澤遽降》,今人陶敏謂"崔使君"疑即崔芸。

艾　乙　　大和、開成間?

《廣記》卷二六五引《北夢瑣言》:"李群玉字文山……常假江陵幕客書,求丐於澧州刺史艾乙。"

崔　珙　　會昌四年(844)

《舊書·武宗紀》:會昌四年六月,"敕責授官銀青光禄大夫、澧州刺史、上柱國、安平郡開國公、食邑二千户崔珙再貶恩州司馬員外置,以珙領鹽鐵時欠宋滑院鹽鐵九十萬貫"。《舊書》本傳:"坐貶澧州刺史,再貶恩州司馬。宣宗即位,以赦召還。"《新書》本傳略同。

張次宗　　約會昌末大中初

《新書》本傳:"李德裕再當國,引爲考功員外郎,知制誥。出澧、明二州刺史,卒。"《舊書》本傳未及。《全詩》卷五二三杜牧有《寄澧州張舍人笛》，當即張次宗。

蔡　京　　大中時？

《全文》卷七六〇蔡京小傳："歷澧、撫、饒三州刺史，咸通中拜嶺南西道節度使。"《全詩》卷四七二蔡京小傳："初爲僧，令狐楚鎮滑臺，勸之學，後以進士舉上第，官御史，謫澧州刺史，遷撫州。"《雲溪友議》卷中《買山讖》："邕州蔡大夫京者……謫居澧州，厲員外玄所辱。稍遷撫州刺史。"

康　璙　　咸通八年—九年（867—868）

《全文》卷七九五孫樵《唐故倉部郎中康公墓誌銘并序》："咸通八年……其年十一月遂貶公爲澧州刺史，明年移鄭州長史。"按《郎官柱》倉部郎中有康璙，勞格謂即此《誌》中之"康公"。

崔芸卿　　咸通十三、十四年（872、873）

《隋唐五代墓誌匯編·洛陽卷》第十四册《唐故朝散大夫前使持節澧州諸軍事守澧州刺史柱國清河崔公（字芸卿）墓誌銘并序》（咸通十五年十月二十九日）："累刺黃、岳、曹、澧四郡，中間詔下守登，收不之郡而改溳陽。洎替免歲餘，自渚宮來京師，逾時遘暑瘼，不數夕，以咸通十五年後四月終於上都靖恭里之僦舍，享年六十八。"

蕭　㒓（蕭佹）　　乾符三年（876）

《全文》卷八一六袁循《修黃魔神廟記》："咸通末歲，今翰林舍人蘭陵公自右史竄黔南……洎公遷於朝……丁酉歲，公從弟㒓自澧陽尹亞西蜀……乾符丁酉歲仲春九日，司户參軍袁循記。"按丁酉歲爲乾符四年。又按《太平寰宇記》卷一四八歸州秭歸縣引此文作"公從弟佹自澧陽尹亞西蜀"。"㒓"、"佹"未知孰是。"今翰林舍人蘭陵公"指蕭遘。《舊書·蕭遘傳》："乾符初，召充翰林學士，正拜中書舍人。"

鄭　祥　　乾符三年(876)

《舊書·僖宗紀》：乾符三年十一月，"揚州左司馬鄭祥爲澧州刺史"。按趙嘏有《送同年鄭祥先輩歸漢南》詩。

李　詢(李絢)　　廣明元年(880)

《通鑑·廣明元年》：十月，"群盜陷澧州，殺刺史李詢、判官皇甫鎮"。《新書·僖宗紀》：乾符六年閏十月，"黃巢陷潭、澧二州，澧州刺史李絢死之"。今從《通鑑》。

吕自牧　　中和元年(881)

《通鑑·中和元年》：十二月，"石門蠻向瓌亦集夷獠數千攻陷澧州，殺刺史吕自牧，自稱刺史"。《新書·僖宗紀》：乾符六年十二月，"權知州事吕自牧死之"。今從《通鑑》。又見《新書·鄧處訥傳》，《新五代史·雷滿傳》。

向　瓌　　中和元年—天祐四年(881—907)

《新書·鄧處訥傳》："石門峒酋向瓌聞〔雷〕滿得志，亦集夷獠數千……陷澧州，殺刺史吕自牧，自稱刺史。"又見《新五代史·雷滿傳》。《通鑑》記此事在中和元年十二月，見上條。《通鑑·開平二年》：五月，"先是，澧州刺史向瓌與〔雷〕彦恭相表裏，至是亦降於楚，楚始得澧、朗二州"。

待考録

霍德信

《姓纂》卷一〇河東霍氏："德信，唐澧州刺史。"

邢思孝

《金石録》卷二六《唐屯留令邢義碑》："邢義，和璞父也。《元和姓纂》云：和璞父名思孝，爲澧州都督，而碑乃云：公諱義，字思義，仕爲

屯留令。"按今本《姓纂》無邢思孝,澧州亦未嘗設都督。疑有誤。又
按邢和璞附見《新書·張果傳》,約開元中人,未及其父。

陳　輔

《澧州續圖經》:"陳輔守澧州日,有道人不避道,輔怒,引問道人。
作詩曰:一個閑身到澧州,却逢太守問因由。"按《新書·藝文志三》有
"陳輔《聿斯四門經》一卷"。

唐思悅

《新表四下》唐氏:"思悅,澧州刺史。"乃延、濮、青、汴、邠等州刺
史唐敏曾孫。

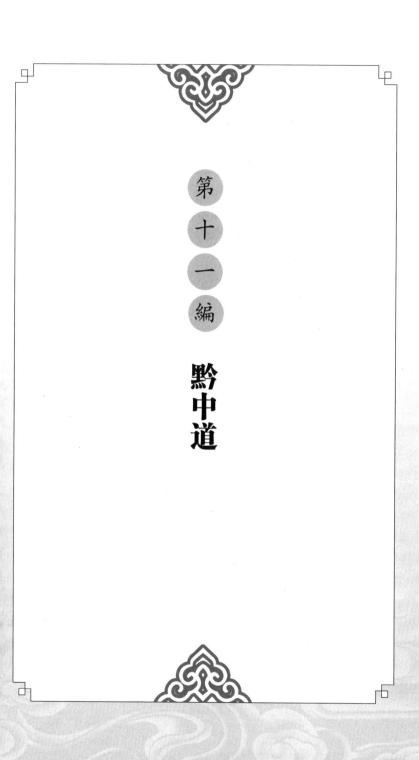

第十一編

黔中道

卷一七五　黔州（黔中郡）

隋黔安郡。武德元年改爲黔州。貞觀四年置都督府。十一年罷都督府。先天二年復置都督府。天寶元年改黔州爲黔中郡。乾元元年復爲黔州。領縣六：彭水、石城（黔江）、洪杜、盈川（洋水）、信寧、都濡。

田世康　　武德四年(621)

《舊書‧蕭銑傳》：“〔武德〕四年，高祖命趙郡王孝恭及李靖率巴蜀兵發自夔州……黔州刺史田世康趣辰州道，黄州總管周法明趣夏口道以圖銑。”《新書‧蕭銑傳》略同。《通鑑‧武德四年》：正月“丙戌，黔州刺史田世康攻蕭銑五州、四鎮，皆克之”。九月，“黔州刺史田世康出辰州道……以擊蕭銑”。

周　護　　貞觀中

昭陵博物館藏許敬宗撰《周護碑》：“出爲黎州刺史，歷遷黔□二府都督……十□年，又爲右武衛將軍……檢校洛州刺史。”顯慶三年葬。又見《考古與文物》1983年第2期引。

李孟嘗　　永徽元年(650)

《新書‧南蠻傳下》：“高宗初，琰州獠叛，梓（祥）州都督謝萬歲、充州刺史謝法興、黔州都督李孟嘗討之。”《通鑑‧永徽元年》：“十二月庚午，梓（祥）州都督謝萬歲、充（充）州都督謝法興與黔州都督李孟嘗討琰州叛獠。"又見《元龜》卷四二五。按《舊書·劉文靜傳》："李孟嘗，趙州平棘人，官至右威衛大將軍。"《新書》本傳略同。

常　何　　永徽三年—四年（652—653）

抄本《大唐故使持節都督黔思費等十六州諸軍事黔州刺史常府君（何）之碑》："永徽三年，遷使持節都督黔思費等十六州諸軍事黔州刺史……以四年五月十六日薨於府館，春秋六十有六。"（《敦煌吐魯番文獻研究論集·敦煌寫本常何墓碑考釋》）

李子和　　顯慶元年（656）

《舊書》本傳："顯慶元年，累轉黔州都督。以年老乞骸骨，許之，加金紫光禄大夫。麟德九（元）年卒。"《新書》本傳略同。《通鑑·顯慶元年》："四月壬子，矩州人謝無靈舉兵反，黔州都督李子和討平之。"《會要》卷四五："建中元年九月五日，史館奏，武德已來，實封陪葬配饗功臣……黔州都督夷國公李季和。"按"李季和"疑即李子和。

謝　祐　　永淳元年（682）

《舊書·李明傳》："永崇（隆）中，坐與庶人〔李〕賢通謀，降封零陵王，徙於黔州。都督謝祐希旨逼脅令自殺。"《新書·李明傳》略同。又見《通鑑·永淳元年》，《廣記》卷二六八。

陳　瓚　　天授二年（691）

《新表一下》陳氏："瓚，黔州刺史。"隋番和令陳酆之子。《千唐誌·大周故陳府君（崇本）墓誌銘并序》："父瓚，見任使持節都督黔辰等四十七州諸軍事黔州刺史、許昌縣開國子……君即許昌公之第三子也，春秋三十有四，粤以天授二年五月廿七日寢疾卒於私第。"

乙速孤行儼　　神龍元年—二年（705—706）

《全文》卷二三四劉憲《大唐故右衛將軍上柱國乙速孤府君（行儼）碑銘并序》："長安三年……守泉州刺史。神龍元年，授使持節都

督黔辰沅等州諸軍事守黔州刺史……神龍二年，墨制授忠武將軍守
右武衛將軍員外置同正員。"

【盧藏用　　開元初（未之任）】

《舊書》本傳："開元初，起爲黔州都督府長史，兼判都督事，未行
而卒。"《新書》本傳略同。《新表三上》盧氏："藏用字子潛，黔州
長史。"

【周利貞　　開元初期（未之任）】

《新書》本傳：開元初，"尋復授珍州司馬。明年，授夷州刺史。黄
門侍郎張廷珪執奏曰……疏入，遂寢。未幾，復授黔州都督，加朝散
大夫。廷珪又表還制書曰……玄宗乃止。會廷珪罷，起爲辰州長
史"。《舊書》本傳未及。

渾　瑊（可朱渾城）　　開元二十六年（738）

《元和郡縣志》卷三〇黔州："開元二十六年又於黔中置採訪處置
使，以都督渾瑊爲使。"按《太平寰宇記》卷一二〇作"都督可朱渾
城爲使"。

蕭希諒　　約開元中

《新表一下》蕭氏齊梁房："希諒，黔州都督。"乃調露元年單于都
護蕭嗣業之孫。

孫　某　　開元、天寶間？

《全詩》卷二九五苗發《送孫德諭罷官（注　作任）往黔州》注："孫
父曾牧此州，因寄家也。"按苗發乃苗晉卿子，大曆十才子之一。

蕭克濟　　約天寶三載—六載（約744—747）

《元和郡縣志》卷三〇黔州："天寶元年改爲黔中郡。六年，都督
蕭克濟以舊城傾欹，移築城於江畔。"按《隋唐五代墓誌匯編·洛陽

卷》第十二册《大唐故太原府祁縣尉黔中道採訪判官南陽樊公（泳）墓誌銘并序》（貞元九年十月三日）：“天寶初，朝臣蕭克濟持節兼黔中採訪使，希公明達吏事，咨爲副車。”樊泳天寶十一載卒，春秋四十七。

趙國珍　　約天寶十載—寶應元年（約 751—762）

《舊書》本傳：“天寶中，以軍功累遷黔府都督，兼本管經略等使。時南蠻閣羅鳳叛，宰臣楊國忠兼劍南節度，遙制其務，屢喪師徒。中書舍人張漸薦國珍有武略，習知南方地形，國忠遂奏用之。在五溪凡十餘年……代宗踐祚，特嘉之，召拜工部尚書。大曆三年九月以疾終。”《新書·南蠻·牂柯傳》略同。又見《元龜》卷四二九。按楊國忠討南詔閣羅鳳乃天寶十載事。《通鑑·至德元載》：五月，“以〔李〕巨爲陳留、譙郡太守，河南節度使，兼統嶺南節度使何履光、黔中節度使趙國珍、南陽節度使魯炅”。《姓纂》卷七諸郡趙氏：“檢校工部尚書、黔中節度、沂國公趙國珍，黔中人。”《輿地碑記目》卷四《黔州碑記》有《唐黔南節度使趙國珍德政碑》，注云：“上元二年立。”《唐代銅鐘》：“四川省黔江縣文化館收藏有一口銅鐘……腹上鐫刻三十八個字：‘金紫光禄大夫、工部尚書、兼黔府都督、御史大夫、持節充本道觀察處置選補等使沂國公趙國琛。’”（《文物》1981 年第 9 期）當即趙國珍。

薛　舒　　寶應元年—大曆十年（762—775）

《新表三下》薛氏大房：“舒字仲和，黔中經略使、河東縣伯。”《全文》卷三七五韋建《黔州刺史薛舒神道碑》：“寶應初……乃拜黔州刺史、黔中經略招討觀察處置等使……作鎮藩翰，永爲長城……以大曆十年四月二十五日薨於溪州之公館，春秋六十有八。”《全詩》卷二七〇戎昱有《哭黔中薛大夫》。

蕭　建　　大曆中？

《新表一下》蕭氏齊梁房：“建，黔中觀察使。”乃衛州刺史守業之孫，高祖相蕭瑀玄孫。

李　樟　　大曆中？

《新書·宗室世系表上》蜀王房："黔州刺史樟。"乃大曆七年至十年福建觀察使椅之弟。

李國清　　大曆十二年—十四年（777—779）

《舊書·代宗紀》：大曆十二年二月"丁未，以朗州刺史李國清爲黔州刺史、經略招討觀察使"。《新書·宗室世系表上》蜀王房："黔中觀察使國清。"《全文》卷三七六任華有《送祖評事赴黔府李中丞使幕序》。李中丞疑即李國清。

李　通　　建中元年—二年？（780—781？）

《舊書·德宗紀上》：建中元年五月"己卯，右金吾衛大將軍李通爲黔州刺史、黔中經略招討觀察鹽鐵等使"。

元全柔　　建中二年—貞元二年（781—786）

《舊書·德宗紀上》：建中二年九月"戊辰，以杭州刺史元全柔爲黔中經略招討觀察等使"。貞元二年四月"戊辰，以前黔中觀察使元全柔爲湖南觀察使"。《姓纂》卷四河南洛陽元氏："全柔，御史中丞、黔中觀察兼御中大夫。"《全文》卷四九〇權德輿《奉送黔中元中丞赴本道序》："中丞頃持邦憲，靈臺坦蕩……以餘杭風政表課第一，故有持節黔中之拜。"

李　模　　貞元二年—四年（786—788）

《舊書·德宗紀上》：貞元二年三月"乙巳，以司農卿李模爲黔中觀察使"。《元龜》卷一五三：貞元四年"八月辛亥，以前黔中觀察使李模爲雅王傅，以其未奉命，擅離所部至京師，示薄懲也"。又見《新書·李從誨傳》。

李　速　　貞元五年（789）

《舊書·德宗紀下》：貞元五年三月乙卯，"以大理卿李速爲黔州刺史、黔州觀察使"。《英華》卷六〇六吕頌《再請入覲表》:"近日已來,楊(或作暢)悦、孫成、李速、裴腆皆在遐裔,相次喪亡。"則李速當爲吕頌前任,卒於是年。

吕　頌　　貞元五年—八年(789—792)

《全文》卷四八〇吕頌《黔州刺史謝上表》:"臣某言,伏奉去年某月日恩敕,授臣使持節都督黔州諸軍事守黔州刺史兼御史中丞……以今年某月日到所部上訖。"又《謝端午賜衣及器物等表》:"臣……謬居藩鎮之榮,獲守黔巫之地。"又《爲張侍郎乞入覲表》:"臣某言,去貞元五年於延英殿賜面辭之日,親奉進止,令臣一考即來者……自到黔中,首末三年。更入新正,即及四載。"據勞格《郎官石柱題名考》卷一及岑氏《方鎮表年正補》考證,"爲張侍郎"四字衍,表當爲吕頌自作。吴氏《方鎮年表》作張濛,誤。又《再請入覲表》:"臣去貞元五年面辭之日,親奉進止,令臣一考即來,臣謬荷聖恩,擢居方鎮,炎瘴之地,首末四年……臣去年十二月已進表陳乞。"

崔　穆　　貞元八年—十一年(792—795)

《舊書·德宗紀下》:貞元八年五月"戊午,以光禄少卿崔穆爲黔州觀察使"。《元龜》卷五八:"〔貞元〕十一年二月,黔中觀察使崔穆爲部人告贓二十七萬貫及他犯,監察御史李直方往黔州覆案。"按貞元十二年崔穆由少府監授晉州刺史。

王　礎　　貞元十一年—十五年(795—799)

《舊書·德宗紀下》:貞元十一年正月"乙未,以祕書少監王礎爲黔中經略觀察使"。十五年"六月己卯,黔中觀察使、御史中丞王礎卒"。《新表二中》烏丸王氏:"礎,黔中觀察使。"上圖藏拓片《大唐故太原王氏夫人(緩)墓誌銘并序》(大和八年二月十五日):"大和七年十二月六日夫人王氏歿於洛陽縣綏福里私第之寢,享年廿七……王父諱礎,擁節黔巫;嚴父磻(璠),今連帥浙右。"《全詩》卷三七七孟郊有《贈黔府王中丞楚》。又見《權載之集》卷二六《唐故長安主簿李君

（少安）墓誌銘》、卷三七《送李十兄判官赴黔中序》。

韋士宗（韋士文、韋士伋）　貞元十五年—十七年（799—801）

《舊書·德宗紀下》：貞元十五年八月“丁酉，以洋州刺史韋士宗爲黔中觀察使”。十七年三月“乙巳，黔中觀察使韋士宗復爲三軍所逐”。《元龜》卷八二五：“韋士伋爲黔中經略觀察使，貞元十六年，改名士宗，又名士文。”

裴　佶　貞元十七年—二十年（801—804）

《舊書·德宗紀下》：貞元十七年四月“辛亥，以諫議大夫裴佶爲黔中觀察使”。又本傳：“會黔中觀察使韋士宗慘酷馭下，爲夷獠所逐，俾佶代之，酋渠自化。其後爲瘴毒所侵，堅請入覲，拜同州刺史。徵入爲中書舍人。”《新書》本傳略同。《全文》卷四九〇權德輿《奉送裴二十一兄閣老中丞赴黔中序》：“裴兄居諫議大夫五年，休問籍甚……壬子，詔書有黔巫長帥之拜。”按岑氏《方鎮年表正補》以爲壬子乃紀日而非紀年。《全詩》卷三二三權德輿有《送黔中裴中丞閣老赴任》。上圖藏拓片《唐故歸州刺史盧公（璠）墓誌銘并序》（元和十四年九月九日）：“德宗後元中，朝有邪臣，竊弄威柄，時工部尚書裴公佶爲諫議大夫，密疏條陳……遂出爲黔中觀察使……續成三載，高視中縣，由是裴公遷同州刺史兼本州防禦使。”

郗士美　貞元二十年—元和二年（804—807）

《舊書·德宗紀下》：貞元二十年“八月戊申，以房（坊）州刺史郗士美爲黔中觀察使”。又《本傳》：“由坊州刺史爲黔州刺史、兼御史大夫、持節黔中經略招討觀察鹽鐵等使……詔書勞慰，加檢校右散騎常侍，封高平郡公，再遷京兆尹。”《新書》本傳略同。北圖藏拓片《唐故鄂岳觀察推官監察御史裏行上柱國元公（袞）墓誌銘并序》（元和五年三月二十日）：“無何，高平公自坊州作鎮黔陽，表授□公監察御史裏行黔中觀察支使。元和二年，高平公自黔南歸闕，公亦隨之。”元袞元和四年卒，年五十二。按高平公即郗士美。《新書》本傳稱“進房州刺史、黔中觀察使"。"房州"乃"坊州"之誤。

李 詞　　元和二年——三年(807—808)

《全文》卷四九四權德輿《黔州觀察使新廳記》:"元和二年夏六月,制詔商州刺史隴西李君以中執法剖符玆土……先尚書嘗繇大農賦政於此,凡七易守臣,而君嗣其職。"按"先尚書"謂李詞父李模,貞元二年由司農卿除黔中觀察使。中換七人而李詞除黔州觀察。

竇 群　　元和三年——六年(808—811)

《舊書·憲宗紀上》:元和三年十月"甲子,以御史中丞竇群爲湖南觀察使,既行,改爲黔中觀察使"。六年九月,"貶黔中觀察使竇群爲開州刺史"。又見兩《唐書》本傳,《元龜》卷五二二。《全文》卷七六一褚藏言《竇群傳》:"出爲黔州觀察使,後以十洞擾亂,准詔用兵翦伐,事平,公坐貶開州刺史。"《韓昌黎集》卷三三《唐故國子司業竇公墓誌銘》:"公一兄三弟:常、群、庠、牟……群以處士徵,自吏部郎中拜御史中丞,出帥黔、容以卒。"《全詩》卷三三二羊士諤有《寄黔府竇中丞》。

崔 能　　元和六年——八年(811—813)

《舊書·憲宗紀上》:元和六年"九月癸巳朔,以蜀州刺史崔能爲黔中觀察使"。又本傳:"〔元和〕六年,轉黔中觀察使。坐爲南蠻所攻,陷都邑,貶永州刺史。"《新書》本傳略同。《新書·憲宗紀》:元和八年"四月己亥,黔州經略使崔能討張伯靖"。

李道古　　元和八年——十一年(813—816)

《舊書·憲宗紀下》:元和八年十月"己巳,以宗正少卿李道古爲黔中觀察使"。又本傳:"由黔中觀察使爲鄂岳沔蘄安黃團練觀察使,時元和十一年也。"《新書》本傳略同。《韓昌黎集》卷二八《曹成王碑》:"子道古……刺利、隨、唐、睦,徵爲少宗正兼御史中丞,以節督黔中……朝京師,改命觀察鄂岳蘄沔安黃。"又卷三二《唐故昭武校尉守左金吾將軍李公(道古)墓誌銘》:"元和九年,以御史中丞持節鎮黔中，十一年来朝，遷鎮鄂州。”

魏義通　　約元和十一年—十四年（約 816—819）

《舊書·憲宗紀下》：元和十四年七月“癸卯，以前黔中觀察使魏義通爲懷州刺史、河陽三城懷孟節度使”。

嚴　謨　　元和十四年—長慶元年（819—821）

《舊書·憲宗紀下》：元和十四年“二月己酉朔，以商州刺史嚴謨爲黔中觀察使”。《唐詩紀事》卷三一韋處厚：“盛山十二詩，韓退之序云……黔州嚴中丞謨爲祕書少監。”按嚴謨長慶元年入爲祕書監。《白居易集》卷三四有《授祕書監嚴謨桂州觀察使制》。

崔元略　　長慶元年—二年（821—822）

《舊書·穆宗紀》：長慶元年正月“癸亥，以左散騎常侍崔元略爲黔州刺史，充黔中觀察使”。二年十二月癸丑，“以前黔中觀察使崔元略爲鄂岳蘄黄安等州觀察使”。又本傳：“穆宗即位，命元略使党項宣撫，辭疾不得，出爲黔南觀察使、兼御史中丞……逾年，轉鄂州刺史、鄂岳都團練觀察使。”《新書》本傳略同。

裴弘泰　　大和元年—五年（827—831）

《舊書·文宗紀上》：大和元年八月甲寅朔，“以太府卿裴弘泰爲黔中經略使、觀察使”。《文宗紀下》：大和五年二月“辛酉，以黔中觀察使裴弘泰爲桂管經略使”。

陳正儀　　大和五年—約八年（831—約 834）

《舊書·文宗紀下》：大和五年二月辛酉，“以前安州刺史陳正儀爲黔中觀察使”。

李　批　　大和九年—約開成三年（835—約 838）

《舊書·文宗紀下》：大和九年五月“戊辰，以金吾大將軍李批爲黔中觀察使"。又見《元龜》卷八六二。

張　沼　開成三年—五年（838—840）

《舊書·文宗紀下》：開成三年十月"己丑，以少府監張沼爲黔中觀察使"。《千唐誌·唐故揚州海陵縣丞張府君（觀）墓誌銘并序》（咸通四年四月廿三日）："開成四年黔南廉使諱沼，君之宗也，以行義超擢奉禮郎，充巡官。"張觀卒咸通癸未歲三月二十九日，享年六十一。又《故京兆韋氏夫人墓誌銘》（大中二年十一月十六日）："夫人南陽張氏……父沼，皇黔府觀察使，贈左散騎常侍。"夫人即張沼之次女，大中二年十月十四日卒，享齡三十三。

馬　植　開成五年—約會昌六年（840—約846）

《舊書》本傳："開成初，遷安南都護、御史中丞、安南招討使……以能政，就加檢校左散騎常侍，加中散大夫，轉黔中觀察使。會昌中，入爲大理卿。"《新書》本傳略同。《東觀奏記》卷上："杜悰……任西川節度，馬植罷黔中方赴闕。至西川，術士一見，謂悰曰……黔中馬中丞，非常人也，相公當厚遇之。"《唐語林》卷六同。《本事詩》："馬植相公罷安南都護，與時宰不通，又除黔南，殊不得意……後自黔南入爲大理卿，遷刑部侍郎。"又見《廣記》卷一三八引。《金石補正》卷六一《浯溪馬植題名》："黔州刺史馬植赴任黔中，後戶部九日過此。"按戶部指盧鈞，開成五年十二月十一日遊浯溪，則馬植題名在開成五年十二月二十日。《白居易集》卷三七有《寄黔州馬常侍》。馬常侍當即馬植。

韋　康　大中元年（847）

《全詩》卷七四六陳陶有《賀容府韋中丞大府賢兄新除黔南經略》。按韋廑大中元年爲容管，見李商隱《爲滎陽公論安南行營將士月糧狀》。又按上圖藏拓片《唐故太原王府君夫人韋氏墓誌銘》（唐□□戊寅中秋十四日，堂弟宣德郎守都水使者元實撰）："夫人幼失所恃，養於季父諱康，皇黔南觀察使，及笄從季父爲楊子令，歸於太原王修本……享年五十六，卒於咸陽縣令之公署。卒之年丁丑（大中十一年？）中秋之五日，葬之年戊寅（大中十二年？）中秋之十四日。"唐中葉後，丁丑非貞元十三，即大中十一，岑氏《姓纂四校記》謂此誌蓋立於大中十二年，則陳陶詩中之黔南經略韋某當即韋康，即韋塵之兄。

南　卓　　大中六年—八年（852—854）

《新書·藝文志二》"南卓《唐朝綱領圖》一卷"注："字昭嗣，大中黔南觀察使。"《寶刻類編》卷六："《黔南觀察使贈左散騎常侍南公碑》，張□夫撰，大中八年，洛。"南公當即南卓。《雲溪友議》卷中《南黔南》："南中丞卓……爲蔡牧……先柳子厚在柳州，吕衡州嘲謔之曰：'柳州柳刺史，種柳柳江邊。'……至南公至黔南，又以故人嘲曰：'黔南南太守，南郡在雲南。'"又見《全詩》卷八七〇。按南卓大中中爲黔南觀察使時，吕溫早已前卒。此決非吕溫作，見卞孝萱《南卓考》（《中華文史論叢》第4輯）。《樂府雜録·羯鼓》："明皇好此伎……黔帥南卓著《羯鼓録》，中具述其事。"

陳君實　　大中、咸通間

《隋唐五代墓誌匯編·陝西卷》第四册《唐故銀青光禄大夫使持節寧州諸軍事守寧州刺史兼御史中丞陳府君（諷）墓誌銘并序》（廣明元年二月十二日）："季父君從，皇任振武節度使。曰君實，皇任黔南節度使。"諷卒乾符六年，享年五十一。按君賞開成五年至會昌三年爲易定節度，君從、君實當在大中、咸通間任節度使。

【補遺】杜子遷　　咸通初

《唐研究》第六卷（2000年）《唐商州刺史杜子遷墓誌銘考釋》引《唐故朝請大夫□□□州諸州事守商州刺史兼御史中丞充本州防禦使上柱國賜紫金魚袋□尚書禮部侍郎杜府君（子遷）墓誌》："出典杭州，改亳州。未幾，除黔中經略觀察使。受代歸漢上，除授商州刺史、充本州防禦使。以咸通四年二月上旬寢疾，至於閏六月廿日終於城

□□莊,享年七十一。"

李 褒　咸通時?

《舊五代史·李懌傳》:"祖褒,唐黔南觀察使。"按此非大中三年任浙東觀察使之李褒,當是另一人。

盧 潘　約咸通四年—七年(約863—866)

《南岳總勝集》卷中:"寶勝寺在廟北……盧瑤(潘)鎮黔南日,奏請以舊書堂爲觀。六年,奏捨莊田屋宇,永充觀内常住。"《會要》卷七一南寧州:咸通六年三月四日,黔中經略使盧潘奏,於清溪鎮置,從之。按盧潘大中九年爲歙州刺史,十三年在廬州刺史任,咸通十年前後爲朔方節度。

魚孟威　約咸通七年—九年(約866—868)

《全文》卷八〇四魚孟威《桂州重修靈渠記》:"咸通九年,余自黔南移鎮於此。"

秦匡謀　約咸通十年—十四年(約869—873)

《新書·康承訓傳》:"馬士舉救泗州,賊解去,進攻賊濠州。是時,又詔黔中觀察使秦匡謀討賊,下招義、鍾離、定遠。"按《舊書·懿宗紀》:咸通十年正月,"將軍秦匡謀爲濠州刺史、本州行營招討使"。疑於是年移黔中。《通鑑·咸通十四年》:五月,"南詔寇西川,又寇黔南,黔中經略使秦匡謀兵少不敵,棄城奔荆南"。《大詔令集》卷一二七《誅黔州刺史秦匡謀敕》:"秦匡謀守鎮四年,嘗無少備,但聞擾侵溪洞,貪冒貨財……委荆南節度使集衆處斬。"

李 坰　約乾符元年—五年(約874—878)

《全文》卷九〇昭宗《授大理卿李坰黔中宣慰使制》:"李坰,國朝名相之令嗣也。文行器業,雅有家風,政事規爲,克紹先志,踐履亟更於中外,練達深得其本根。傾鎮黔江,洽聞善政。四年問俗,五郡懷仁……尋移旌蓋，往理桂林，載揚休聲，屢著嘉績。兩地遺愛，萬人去思。今聞黔巫易帥之時，頗失睦鄰之道……昇爾揆路，爲吾使星。”

高　泰　約乾符六年—廣明元年（約 879—880）

《舊五代史·高劭傳》：“淮南節度使駢之從子也。父泰，黔中觀察使。唐僖宗避敵在蜀，駢鎮淮南爲都統，兼諸道鹽鐵使，兵賦在己，朝廷優假之。”

陳　佑　中和三年（883）

《通鑑考異·中和三年》四月：“《實録》：‘中和三年四月庚子，〔高〕仁厚擒韓秀昇，獻於行在……’據《鄭畋集》，有《覆黔南觀察使陳佑奏涪州韓秀昇謀亂已收管以州候敕旨狀》云：‘秀昇劫害黔府，俘掠帥臣，占據涪陵，扼截江路，邅懷僭安，求作察廉。陳佑爰命毛批部領甲士直趨巢穴，便破城池，迫逐渠魁，剿除逆黨。’”

曹　誠　光啓元年（885）

《舊書·僖宗紀》：光啓元年八月，“制以保鑾都將、檢校司徒，兼黔州刺史、黔中節度觀察等使曹誠檢校太保，兼滄州刺史，充義昌軍節度、滄德觀察等使”。

憙　實　約光啓元年—三年（約 885—887）

《北夢瑣言》卷一二：“蜀朝東川節度許存太師，有功勳臣也。其子承傑，即故黔使君憙實之子，隨母嫁許。”按《攻媿集》卷七六有《跋汪季路所藏書帖·唐僖宗賜憙實敕書》：“治平中，張唐英次功自號黄松子，著《外史檮杌》十卷，載前後蜀事。王建永平四年書張琳始末有云：大順初，憙實爲黔南節度，辟爲推官……以書中言越在巴蜀，又有雖元惡未就誅擒，凶黨並皆逃竄，及已收中闕之言……豈中和間憙實已爲黔南節度，至大順初始辟張琳耶？其詳不可得而知。”按《通鑑·大順元年》稱：正月“乙巳，〔王〕建留永平節度（治邛州）判官張琳爲邛南招安使"。可知張琳大順元年無可能爲黔南判官。今從吳氏《方鎮年表》。

李　鋌　　光啓三年—景福二年（887—893）

《舊書・僖宗紀》：光啓三年正月，"保鑾都將李鋌檢校司空、黔州刺史、黔中節度觀察使"。按《舊書・昭宗紀》稱：景福二年"三月庚子，制以……耀德都頭李鋌爲潤州刺史、鎮海軍節度使"。《通鑑・景福二年》閏五月記載同。

【王　瓌　　景福元年（892）（未之任）】

《舊書・楊復恭傳》："國舅王瓌，頗居中任事，復恭惡之，奏授黔南節度。至吉伯江，覆舟而没。"《新書・后妃・懿宗恭憲皇后王氏傳》："景福初，〔王〕瓌位任寢重，帝亦以外家倚之，爲中尉楊復恭所媢，表爲黔南節度使。瓌之鎮，道吉柏江，復恭密喻楊守亮覆其家。"

【曹　誠　　景福二年（893）（未之任）】

《舊書・昭宗紀》：景福二年"三月庚子，制以……扈蹕都頭曹誠爲黔州刺史、黔中節度使"。《元龜》卷一七八作大順二年三月。《通鑑・景福二年》：閏五月，"以扈蹕都頭曹誠爲黔中節度使……時李茂貞跋扈，上以武臣難制，欲用諸王代之，故誠等四人皆加恩，解兵柄，令赴鎮"。注："後四人不聞至鎮，蓋各有分據者，四人不得而赴也。"

李　鋌　　乾寧二年（895）

楊鉅《翰林學士院舊規・沿革》："乾寧二年十月，李鋌自黔南節相改授京兆尹，兩度諮報中書，使白綾紙。"

王建肇　　乾寧二年—三年（895—896）

《通鑑・文德元年》：四月，"歸州刺史郭禹擊荆南，逐王建肇，建肇奔黔州……久之，朝廷以禹爲荆南節度使，建肇爲武泰節度使"。《乾寧三年》：五月，"荆南節度使成汭以其將許存溯江略地，盡取濱江州縣；武泰節度使王建肇棄黔州，收餘衆保豐都”。《新書·昭宗紀》：乾寧三年五月“庚寅，成汭陷黔州，武泰軍節度使王建肇奔於成都”。又見《十國春秋·前蜀高祖本紀上》。按《新五代史·王建傳》：乾寧三年五月，“黔南節度使王肇以其地降于建”。又按《新書·方鎮表六》：大順元年，“賜黔州觀察使號武泰軍節度”。

趙　武(趙崇)　　乾寧三年—天復二年(896—902)

《通鑑·乾寧三年》：五月，“〔許〕存又引兵西取渝、涪二州，〔成〕汭以其將趙武爲黔中留後”。又見《十國春秋·前蜀高祖本紀上》。《舊書·昭宗紀》：光化三年七月，“以武泰節度、黔中觀察處置等使、光禄大夫、檢校尚書左僕射、黔州刺史、御史大夫、上柱國趙崇封天水縣開國子，食邑五百户”。按趙崇當即趙武。

待考録

李　顔

《神仙感遇傳》卷二：“黔南節度李顔在鎮日，管内有安居山……鄉人上陳李公。”

張君平

《四川通志·職官表》有黔州刺史張君平。

卷一七六　施州(清江郡)

武德元年置施州。天寶元年改爲清江郡。乾元元年復爲施州。領縣二:清江、建始。

歐陽胤　　貞觀中

《全文》卷三四三顏真卿《遊擊將軍左領軍衛大將軍兼商州刺史武關防禦使上柱國歐陽使君(琟)神道碑銘》:"曾祖允(胤)……見賞於太宗……奉使和突厥,不拜虜廷,朝廷嘉之,回封南海郡公,施、光二州刺史。"按《新表四下》歐陽氏:"胤,光州刺史、南海郡公。"

柳然明　　貞觀中?

《姓纂》卷七河東解縣柳氏:"然明,施州刺史。"《新表三上》柳氏同。乃隋黃門侍郎柳謇之子,隋貝州刺史慈明之弟。

劉德智　　高宗時?

《姓纂》卷五彭城劉氏:"德智,施州刺史。"乃隋毗陵太守子將之子。按《新表》作"滁州"。

辛崇階　　高宗時?

《姓纂》卷三隴西狄道辛氏:"崇階,施州刺史。"乃永徽五年參軍辛崇敏之堂兄,魏州刺史辛君昌之姪。

李孝逸　　垂拱二年(686)

《舊書》本傳："垂拱二年，左遷施州刺史。其冬，〔武〕承嗣等又使人誣告孝逸……則天以孝逸常有功，減死配徙儋州。"《新書》本傳略同。《通鑑·垂拱二年》：二月，"右衛大將軍李孝逸既克徐敬業，聲望甚重，武承嗣等惡之，數譖於太后，左遷施州刺史"。

獨孤莊　　武后時

《朝野僉載》卷二："周瀛州刺史獨孤莊酷虐……後莊左降施州刺史，染病，唯憶人肉……歲餘卒。"又見《廣記》卷二六七引。

封　某　　開元、天寶間

朱玉麒云，《道教靈驗記》卷一三施州開元觀鐘驗："施州清江郡開元觀有鐘焉……初有郡民牧牛於郡南田間，忽聞有異聲自地中發……即以事白於郡守。郡守封君怒曰……以其事上聞，明皇有詔編於國史，復命宰臣李林甫寫其奏以頒示天下矣。"又見《雲笈七籤》卷一二〇。據兩《唐書》本傳，李林甫任相，在開元二十三年至天寶十一載(735—752)，則封君任施州刺史當在此期間。

李　鐈(李鎬)　　約天寶中

《新表二上》遼東李氏："鐈字浩，清江、沔陽太守，襲燉煌公。"乃興元元年至貞元二年義成節度李澄之父。《舊書·李澄傳》："父鎬，清江太守，以澄贈工部尚書。"

裴　冕　　寶應元年(762)

《舊書·代宗紀》：寶應元年九月"丙申，右僕射、山陵使裴冕貶施州刺史"。《通鑑·寶應元年》九月同。《舊書》本傳："坐貶施州刺史。數月，移澧州刺史。"《程元振傳》、《新書》本傳略同。又見《元龜》卷四八二、卷六六九、卷九四五。

李　諷　　廣德中

《舊書·李元禮傳》："〔曾孫〕延年嗣，開元二十六年，封嗣徐王……永泰元年，女婿黔中觀察使趙國珍入朝，請以延年子前施州刺史諷爲嗣。"又見《元龜》卷二八四。《新書·宗室世系表下》徐王房："嗣王施州刺史諷。"

裴 某　　約大曆初

《全詩》卷二二一杜甫《寄裴施州》："廊廟之具裴施州。"友人陶敏謂杜詩乃大曆初於夔州作，詩中裴某不知其名。

陳 皆　　貞元中

《千唐誌·唐故中散大夫使持節台州諸軍事守台州刺史上柱國賜紫金魚袋潁川陳公（皆）墓誌銘并序》（貞元二十年二月十五日）："王師平漢南，以公肇經惠迪，就加御史中丞。後牧施、叙二州……朝廷旌能，拜右庶子，金章副焉。貞元十四年遷台州刺史。"十八年十二月十五日卒，享年七十三。二十年二月十五日葬。

南承嗣　　貞元中

《柳河東集》卷五《唐故特進贈開府儀同三司揚州大都督南府君（霽雲）睢陽廟碑》："有子曰承嗣，七歲爲婺州別駕，賜緋魚袋，歷刺施、涪二州。"又卷二三《送南涪州移澧州序》："始由施州爲涪州。"按《新書·南霽雲傳》稱："子承嗣，歷涪州刺史。劉闢叛，以無備謫永州。"

趙 邕　　貞元末？

《乾隆虞鄉縣志》卷一《地輿》："唐中書舍人、贈太子少傅趙良器墓，在五老原西北中正原。吏部侍郎楊綰撰碑，子御史中丞密，施州刺史邕，禮部員外郎薰，工部侍郎縱，侍御史袞并祔。"按《姓纂》卷七河東趙氏有趙邑（當爲"邕"），乃趙良器或趙良弼子。良器開元時官至中書舍人，良弼肅宗時官至陝華等七州刺史。

房 武　　永貞元年？（805？）

《韓昌黎集》卷二四《施州房使君鄭夫人殯表》注："房使君，房武也。武刺施州而夫人卒，殯於江陵，公時爲江陵法曹而作。"又卷二五《興元少尹房君（武）墓誌》：爲"施州刺史……吏民至今思之"。按《新表一下》河南房氏："武，興元少尹。"乃宣歙觀察使房式之兄。按韓愈永貞元年十月始爲江陵法曹參軍，鄭夫人"殯於江陵"，則墓表最早當作於永貞元年。

蔣　郇　　元和七年（812）

《姓纂》卷七東萊膠東蔣氏："郇，施州刺史。"按《芒洛續編·蔣氏子墓誌》："乃元和十一年十月三日也，其家君諱郇，是時貳官陝服，明年秋，始以其櫬歸於邙阜，未至而司馬亦棄養於家。"司馬即郇，官終陝州司馬，施州刺史殆元和七年《姓纂》修撰時見官。

萬　汾　　約大中五年（約851）

《全文》卷七四八杜牧有《李叔玫除太僕卿高証除均州刺史萬汾除施州刺史等制》。

婁傅會　　乾符三年（876）

《舊書·僖宗紀》：乾符三年"六月，敕福建觀察使李播……施州刺史婁傅會……等……李播等九人授官之時，衆詞不可……並宜停任"。又見《全文》卷八八僖宗《停福建觀察使李播等任敕》。

待考録

劉　某

《廣記》卷二六二引《玉堂閑話》："忽有來尋師者，資親表施州刺史劉緘封，衣紫而来。"

卷一七七　溪州(靈溪郡)

天授二年置溪州。天寶元年改溪州爲靈溪郡。乾元元年復爲溪州。領縣二：大鄉、三亭。

竇孝誠　　武后時？

《姓纂》卷九河南洛陽竇氏："孝誠，溪州刺史。"《新表一下》竇氏三祖房同。乃高祖時宰相竇抗之孫。

梁令直　　天寶十四載(755)

《千唐誌・唐故朝散大夫使持節龍溪郡諸軍事守龍溪郡太守上柱國梁君(令直)墓誌銘并序》(天寶十四載三月一日)："特授龍溪郡太守……馭馬初馴，驛道江介，何圖彼郡無福，途失國賢，遂於天寶十四載仲春二月五日薨於使亭里也。時春秋六十七。"頗疑"龍溪郡"爲"靈溪郡"之訛誤，姑著録於此待考。

薛　舒　　約上元中(約760、761)

《全文》卷三七五韋建《黔州刺史薛舒神道碑》："至德初，遷渝州刺史。累遷巫、溪二州刺史……寶應初……乃拜黔州刺史。"

魏從琚　　貞元十三年前(797前)

《舊書・德宗紀下》：貞元十三年十月"丙辰，黔中觀察使奏：'溪州人户訴，被前刺史魏從琚於兩税外，每年加進朱砂一千勬、水銀二百馱，戶民疾苦，請停。'從之"。

田　英　　開成元年—二年（836—837）

《唐文續拾》卷五宇文坤《故銀青光禄大夫使持節溪州諸軍事守溪州刺史田公（英）誌銘并序》："自守郡城，才經二稔……以開成二年丁巳歲暮之杪二旬有八日終於酉陽官舍。"

王　搏　　光化三年（900）

《通鑑·光化三年》：六月"戊辰，貶〔王〕搏溪州刺史"。《新書》本傳："光化三年，罷爲工部侍郎，貶溪州刺史。又貶崖州司户參軍事。"《大詔令集》卷五八（《全文》卷九〇）昭宗《貶王搏溪州刺史制》："工部侍郎王搏……可謫守溪州刺史，所在馳驛發遣……光化二年（三年？）六月。"又《再貶王搏崖州司户制》："溪州刺史王搏，可貶崖州司户參軍員外置同正員。光化三年六月。"

薛昭緯　　約天復中

《舊書》本傳："乾寧中爲禮部侍郎，貢舉得人，文章秀麗。爲崔胤所惡，出爲磑州刺史，卒。"《新書》本傳略同。又見《唐詩紀事》卷六七。按乾寧三年十月，中書舍人薛昭緯爲禮部侍郎，見《舊書·昭宗紀》。光化二年由户部侍郎遷兵部侍郎，見《舊書·昭宗紀》。其後又爲御史中丞，見《全文》卷三八一錢珝《授前兵部侍郎薛昭緯御史中丞制》。其出刺溪州當在此後。

彭士愁　　唐末

《九國志·彭師暠傳》："父士愁，唐末溪州刺史……天福五年，士愁遣使通款於蜀。"

卷一七八　辰州（盧溪郡）

武德四年平蕭銑，置辰州。景雲二年置都督府。開元二十七年罷都督府。天寶元年改爲盧溪郡。乾元元年復爲辰州。領縣五：沅陵、盧溪、溆浦、麻陽、辰溪。

田　獻　　武德中
《元龜》卷一二六：武德二年“七月，蕭銑辰州刺史田獻以州來降”。

裴虔通　　貞觀二年（628）
《舊書·太宗紀上》：貞觀二年六月辛卯，“詔曰：‘……辰州刺史、長蛇縣男裴虔通……除名削爵，遷配驩州。’”《新書·太宗紀》、《通鑑·貞觀二年》六月同。又見《元龜》卷一五二、《全文》卷四太宗《貶裴虔通詔》。

費胤斌　　高宗時
《姓纂》卷八江夏費氏：“允（胤）斌，唐辰州刺史。”《芒洛四編》卷三《□□□□刺史上護軍費府君（胤斌）墓誌銘并序》：“顯慶元年除曹王府司馬，遷長史，兼行梁州都督府長史。尋授使持節巴州諸軍事巴州刺史，轉辰州刺史。”咸亨三年卒，年八十三。

劉齊賢（劉景先）　　光宅元年（684）
《新書·則天皇后紀》：光宅元年十月，“貶劉齊賢爲辰州刺史”。

《新書·宰相表上》：光宅元年十月"丁酉，〔劉〕景先貶辰州刺史"。兩《唐書》本傳作"齊賢"，未及辰刺。上圖藏拓片《周故吉州長史劉君（齊賢）墓誌銘并序》（長安四年）："〔公〕左遷普、辰二州刺史，吉州長史……春秋六十有二薨於溢郡。"

閻虔福（閻敬客）　　約長壽二年（約 693）

《芒洛三編·唐故雲麾將軍右金吾衛將軍上柱國漁陽縣開國子閻公（虔福字敬客）墓誌銘并序》："丁母憂去職，孝思之極，人倫莫比，有制起爲辰州刺史，時年三十八……尋轉檀州刺史，仍爲清邊西道前軍大總管，屬契丹賊帥李盡滅等作亂……春秋五十有二，以神龍三年四月八日遘疾薨於京第。"《千唐誌·大周故唐州司馬上柱國閻府君（基）墓誌并序》（聖曆三年正月廿一日）："聖朝革命，猶未鳴舞。府君之子辰州刺史敬客者，以長河千里之氣，鎮大霍九疑之陽……乃回天睠，改授檀州，仍兼總管。"基卒聖曆二年，春秋七十五。

【韋承慶　　神龍元年（705）（未之任）】

《舊書》本傳："神龍初，坐附推張易之弟昌宗失實，配流嶺表……歲餘，起授辰州刺史，未之任，入爲祕書員外少監，兼修國史。"《新書》本傳略同。《隋唐五代墓誌匯編·陝西卷》第三冊《大唐黃門侍郎兼修國史韋府君（承慶）墓誌銘并序》（神龍二年十二月二十四日）："忽以非罪，殛於循川，天鑒孔明，載從昭雪，制〔授〕辰州刺史。未拜，轉祕書少監兼修國史，并判禮部尚書事。修《則天聖后實錄》成……尋除黃門侍郎。"神龍二年十一月十九日卒，春秋六十七。

程伯獻　　中宗時

《唐故鎮軍大將軍贈户部尚書廣平公程伯獻墓誌銘并序》（開元廿七年正月廿七日）："中宗克平內難……超拜遊擊將軍、右衛郎將知左羽林軍事。尋而椒宮失德……乃出爲辰、珍二州刺史、辯州長史，古、瓊二州司户。"（《文物》1973 年第 7 期）按開元中爲左金吾大將軍，見《舊書·程知節傳》。

王處默　　開元中

上圖藏拓片《唐朝議郎行太府寺南市令朱公故夫人太原王氏（心自在）墓誌銘并序》（天寶五載十月六日）："父處默，皇正議大夫、辰州都督……夫人即府君第十女也。"天寶五載九月三日卒，春秋四十六。

柳　愨　　開元中

《姓纂》卷七河東解縣柳氏："愨，辰州刺史、都督。"《新表三上》柳氏："愨，辰州都督。"乃貝州刺史柳弼之弟。《金石補正》卷五九《唐故朝議郎行忻州司馬柳君（真召）墓誌銘并序》："父愨，朝請大夫、辰州都督……〔公〕以乾元二年十二月廿三日歿於公館，春秋六十有五。"又見《山右冢墓遺文補遺》、《山右金石記四》。

司馬某　　天寶中

《全詩》卷一四三王昌齡有《武陵田太守席送司馬盧溪》，又《留別司馬太守》："辰陽太守念王孫，遠謫沅溪何可論。黃鶴青雲當一舉，明珠吐著報君恩。"當是王昌齡貶龍標尉時作。

王　翃　　廣德二年（764）

《舊書》本傳："兄翊……代宗素重之。及即位，目爲純臣，遷刑部侍郎、御史中丞……大曆二年卒。翃爲侍郎時，翃自折衝授辰州刺史，遷朗州。"按王翊廣德二年在刑部侍郎任，見《會要》卷八九。《新書》本傳："出爲辰州刺史。與討襄州康楚元有功，加祕書少監，遷朗州刺史。"按襄州康楚元之亂在乾元二年八月至十一月。又見《元龜》卷六七七。《全文》卷四九九權德輿《唐故楚州淮陰縣令贈尚書右僕射王府君（光謙）神道碑銘并序》："公之才子五人……次曰翃……歷辰、朗、容三州刺史……汾州刺史……拜京兆尹……貞元十二年檢校禮部尚書、東都留守。"按其兄翊約廣德二年冬爲吏侍。

李昌峊　　大曆八年（773）

《全文》卷四一三常袞《授李昌峊辰錦等州團練使制》："試光禄

卿、前兼海州刺史李昌岠……可試祕書監、使持節都督辰州諸軍事辰州刺史。”《中興間氣集》卷上韓翃有《送辰州李中丞》。按“李中丞”疑即李昌岠。《舊書·代宗紀》：大曆八年九月“戊戌，以辰錦觀察使李昌巙爲桂州刺史、桂管防禦觀察使”。按《新書·宗室世系表上》大鄭王房：“辰錦觀察使昌岠”、“荊南節度使檢校工部尚書昌巙”，則昌岠與昌巙顯爲兄弟兩人，辰錦觀察使當爲昌岠終官，昌巙未嘗爲辰錦觀察使。頗疑《舊書·代宗紀》有奪文，疑當爲：“以〔李昌岠爲〕辰錦觀察使，李昌巙爲桂州刺史、桂管防禦觀察使。”如此，疑團冰釋矣。

宇文準　大曆中？

《姓纂》卷六河南洛陽宇文氏：“準，辰州刺史。”乃天寶十三載《山陰述》作者宇文顥之子。

鄭某　建中時？

《全詩》卷二七〇戎昱有《送辰（一作新）州鄭使君》，或爲戎昱之前任。

戎昱　建中四年—興元元年（783—784）

《新書·藝文志四》“《戎昱集》五卷”注：“衛伯玉鎮荊南從事，後爲辰州、虔州二刺史。”又見《唐詩紀事》卷二八。《全詩》卷二七〇戎昱小傳：“建中中，爲辰、虔二州刺史。”考《全詩》卷二七〇戎昱有《辰州建中四年多懷》，又《辰州聞大駕還宫》云：“自慚出守辰州畔，不得親隨日月旗。”知建中四年、興元元年戎昱在辰州刺史任。按《唐才子傳》卷三《戎昱傳》稱：“歷虔州刺史。至德中，以罪謫爲辰州刺史”，誤。

房孺復　貞元七年？—十年（791？—794）

《舊書·德宗紀下》：貞元十年六月“甲寅，以辰州刺史房孺復爲容管經略使”。本傳：“坐貶連州司馬……久之，遷辰州刺史，改容州刺史、本管經略使。"《新書》本傳未及。《全詩》卷二七一竇常有《奉寄辰州房使君郎中》，當即房孺復。劉乾謂竇常《奉寄辰州房使君郎中》詩末聯"新年只可三十二，却笑潘郎白髮生"指房孺復。孺復《酬竇大閑居見寄》詩末聯"煩君强著潘年比，騎省風流詎可齊"即答竇常。據《舊書·房孺復傳》，孺復卒貞元十三年九月，年四十二。則三十二歲時爲貞元三年，孺復已在辰州，是始刺之年，或貞元二年歟？按孺復約貞元四、五年在杭州刺史任，據《舊書》本傳，後貶連州司馬，久之遷辰州刺史，則不可能在貞元二、三年爲辰刺甚明，計之其始任辰刺不得早於貞元七年。

李　蓬　　約大中、咸通間

《新表二上》趙郡李氏東祖房："〔絳之弟〕經，司農少卿；生瑜、旷、況、璩、義、揖……旷，江陵少尹，生琚、蓬、防。蓬，辰州刺史。"

待考録

元文俊

《姓纂》卷四河南洛陽元氏："文俊，辰州刺史。"乃郴州刺史元利貞之叔。

卷一七九　錦州（盧陽郡）

垂拱二年置錦州。天寶元年改錦州爲盧陽郡。乾元元年復爲錦州。領縣五：盧陽、招諭、渭陽、萬安（常豐）、洛浦。

甘元琰　　神龍中

上圖藏拓片《大唐故錦州參軍上柱國太原王府君（庭芝）墓誌銘并序》（開元七年十一月六日）："往以神龍之歲，蠻陬跋扈，敕江南西道討擊使、錦州刺史甘元琰差君分統戎伍，不逾旬月，殲厥渠魁，以功授上柱國。"開元七年十月廿日卒，春秋四十有四。

趙　潔　　開元十一年—十二年（723—724）

《千唐誌・大唐故錦州刺史趙府君（潔）墓誌文并序》（開元十二年二月）："垂拱中，武舉及第……時蠻陬作梗，制擇修良，授公使持節錦州諸軍事錦州刺史……公之薨年，春秋六十有七。"

皇甫恂　　開元十三年（725）

《舊書・李業傳》："〔開元〕十三年，帝嘗不豫，業妃弟内直郎韋賓與殿中監皇甫恂私議休咎。事發……左遷皇甫恂爲錦州刺史。"《新書・李業傳》略同。又見《元龜》卷四七。按《通鑑》記此事在開元八年十月，未知孰是。姑從《舊傳》。

胡　某　　元和中？

《全詩》卷三八四張籍有《同錦州胡郎中清明日對雨西亭宴》。詩云："郡内開新火，高齋雨氣清……政閑方宴語，琴築任遙情。"

＊ **范居實** 昭宗時

　　《舊五代史》本傳："及昭宗還京……遙領錦州刺史，又遷左龍驤馬軍都指揮使……從征淮南回，改登州刺史……開平元年，用軍於潞州。"又見《元龜》卷三四六。

卷一八〇　巫州（沅州、潭陽郡、敘州）

　　貞觀八年置巫州。天授二年改爲沅州。開元十三年改沅州爲巫州。天寶元年改爲潭陽郡。乾元元年復爲巫州。大曆五年改爲叙州。領縣三：龍標、朗溪、潭陽。

張祖令　　約貞觀中

　　《新表二下》河間張氏："祖令，巫州刺史。"乃隋絳丞張惠寶姪。

韓　符　　約高宗時

　　《姓纂》卷四昌黎棘城縣韓氏："符，巫州刺史。"《新表三上》同。《全文》卷五〇七權德輿《太中大夫守國子祭酒韓公(洄)行狀》："曾祖符，皇潭陽郡太守。"洄卒貞元十年，年六十三。又卷五三〇顧況《檢校尚書左僕射同中書門下平章事韓公(滉)行狀》同。

劉行實　　約武后初

　　《姓纂》卷五弘農劉氏："行實，巫州刺史。"按《舊書·史務滋傳》稱：天授中，雅州刺史劉行實及弟渠州刺史行瑜等並爲侍御史來子珣誣以謀反誅。

獨孤思行　　景龍中？

　　《隋唐五代墓誌匯編·陝西卷》第三册《故洋州刺史獨孤府君(思行)墓誌銘并序》(開元十四年七月二十六日)："俄遷虞候率，渭、沅、開、洋刺史。”先天二年六月廿六日卒。計其時疑在景龍時爲沅州刺史。

鄭 愔　　景雲元年（710）

《通鑑·景雲元年》：七月，“時〔鄭〕愔自祕書少監左遷沅州刺史，遲留洛陽以俟〔譙王〕重福”。

薛 舒　　約乾元中（約 758、759）

《全文》卷三七五韋建《黔州刺史薛舒神道碑》：“至德初，遷渝州刺史……累遷巫、溪二州刺史……寶應初……乃拜黔州刺史。”

高 某　　大曆初？

《越中金石記》卷一《重刻葉處士墓誌》：“鄉貢進士東海麋簡撰，故巫州刺史孫高師立書。”“按此誌與《重刻銅山湖記》一碑兩面刻之。湖記末云：‘大中三年八月十一日鐫記，書匠同前。’所謂同前者，即指此誌，則亦大中三年所勒矣。書者高師立，題故巫州刺史孫。考巫州置於貞觀，中廢，復，至大曆五年改叙州，嗣後無巫州之名。其孫與大中年亦約略相值。”

陳 皆　　貞元中

《千唐誌·唐故中散大夫使持節台州諸軍事守台州刺史潁川陳公（皆）墓誌銘并序》（貞元二十年二月十五日）：“王師平漢南，以公肇經惠迪，就加御史中丞。後牧施、叙二州……朝廷旌能，拜右庶子，金章副焉。貞元十四年遷台州刺史。”十八年卒，享年七十三。

張九宗　　元和五年（810）

《輿地碑記目》卷四《叙州碑記》有《韋南康記工碑》，注云：“在江西舊州治岸溉，元和五年，刺史張九宗立碑，碑陰載南康謝賜表，碑至今字畫大半磨滅。”

田文雅　　大中後期

《隋唐五代墓誌匯編·陝西卷》第二册《使持節昭州諸軍事守昭州刺史上柱國（田文雅）墓誌銘并序》（咸通二年正月十三日）："官至彭城宰、太子□□司議郎，更遷兩郡太守……薨於昭州也……公任叙州刺史日，縣君（元氏）薨變，公官滿日，與幼小護歸權殯塋側。"

李　防　　大中、咸通間？

《新表二上》趙郡李氏東祖房："防，潚州刺史。"乃憲宗相李絳姪孫，江陵少尹李旷子，辰州刺史李蓬弟。

韋君卿　　咸通十三年（872）

《通鑑考異·咸通十三年》引《續寶運録》："五月十四日……又貶叙州刺史韋君卿愛州崇平縣尉。"

卷一八一　費州（涪川郡）

　　隋黔安郡之涪川縣。貞觀四年分思州之涪川、扶陽二縣置費州。天寶元年改爲涪川郡。乾元元年復爲費州。領縣四：涪川、多田、扶陽、城樂。

裴　瑀　　約高宗、武后間

　　《新表一上》西眷裴氏：“瑀，費州刺史。”乃齊壺關令謁之曾孫，裴通孫。

狄光嗣　　開元中

　　《廣記》卷四二七引《廣異記》：“費州蠻人，舉族姓費氏……開元中，狄光嗣爲刺史，其孫博望生於官舍。”《新書》本傳未及。按開元四年八月四日狄光嗣爲河南北捕蝗使，見《舊書·五行志》。

范味虛　　肅宗時？

　　《隋唐五代墓誌匯編·陝西卷》第四册《唐故南陽范府君（顏）墓誌銘并序》（元和元年正月十七日）：“祖諱味虛，正議大夫、檢校費州刺史、上柱國……公即費州府君第二子。”貞元十三年卒，享年七十一。

嚴　郢　　建中三年（782）

　　《新書》本傳：“然〔盧〕杞用郢敗〔楊〕炎，内忌郢才，因按蔡廷玉

事，殺御史鄭詹，出郢爲費州刺史。"《通鑑·建中三年》：四月壬午，
"貶〔嚴〕郢費州刺史"。按《舊書·盧杞傳》稱"貶郢爲驩州刺史"。
《舊書·德宗紀上》稱"貶御史大夫嚴郢爲費州長史"，今從《新傳》及
《通鑑》。

裴行立　元和四年(809)

《元龜》卷六九九："裴行立爲費州刺史。憲宗元和四年閏三月
敕：行立違制書迂路詣觀察使，宜罰一月俸料。觀察使郗士美不舉
奏，罰一季俸。"《新書》本傳未及。

張　某　大中九年(855)

北圖藏拓片《唐安定張氏亡女墓誌銘并序》(大中九年十月二十
六日)："得舊姻武陽李持……持願遵前期。遂以從祖伯涪川太守第，
卜日禮定，指途赴調，以就和鳴。天不與壽，是歲秋七月十四日蒼卒
遘疾奄終於孟州河陽縣之別墅，甲子二十二春矣。"

高　彦　乾寧三年(896)

《吳越備史》卷一《武肅王》："〔乾寧〕丙辰三年春正月，敕授費州
刺史高彦、夷州刺史沈夏並檢校司空。"

卷一八二　夷州(義泉郡)

　　隋明陽郡綏陽縣。武德四年於思州寧夷縣置夷州。貞觀元年州廢。四年復於黔州都土縣置夷州。十一年移治綏陽縣。天寶元年改爲義泉郡。乾元元年復爲夷州。領縣五:綏陽、都土、義泉、洋川、寧夷。

昝敬本　　約高宗前期
　　《芒洛四編》卷四《大周絳州稷山縣右豹韜衛翊□□郎將昝君(斌)墓誌銘并序》(長壽二年八月二十八日):"大父悦,隨任衛州汲縣令⋯⋯父敬本,唐任雲、夷二州刺史,上柱國、永城縣開國公。"昝斌卒長壽二年,春秋五十六。

竇孝臻　　約武后時
　　《姓纂》卷九河南洛陽竇氏:"孝臻,夷州刺史。"《新表一下》竇氏三祖房同。乃高祖時宰相竇抗孫,貞觀中宗正卿竇誕子。

趙　揆　　約中宗時
　　《姓纂》卷七趙氏:"揆,夷州刺史。"其父崇嗣,約高宗時爲虞部郎中、商州刺史。

【周利貞　　約開元二年(約 714)(未之任)】
　　《新書》本傳:"開元初,詔:'利貞及滑州刺史裴談、饒州刺史裴栖

2468

貞……皆酷吏，宜終身勿齒。'尋復授珍州司馬。明年，授夷州刺史，黃門侍郎張廷珪執奏曰……疏入，遂寢。未幾，復授黔州都督。"《舊書》本傳未及。

楊 濬　開元二十四、二十五年(736、737)

《舊書・裴耀卿傳》："〔開元〕二十四年，拜尚書左丞相……時夷州刺史楊濬犯贓處死，詔令杖六十，配流古州。"《新書・裴耀卿傳》略同。《通鑑・開元二十五年》："五月，夷州刺史楊濬坐贓當死，上命杖之六十，流古州。"《會要》卷六八作開元二十四年五月。《全文》卷二九七裴耀卿有《論夷州刺史楊濬決杖表》，又見卷四七九許孟容《唐故侍中尚書右僕射贈司空文獻公裴公神道碑銘并序》。按《新表一下》楊氏觀王房有"濬"，未署官職，乃武后相執柔子。

薛 舒　天寶中

《全文》卷三七五韋建《黔州刺史薛舒神道碑》："天寶初……拜大理寺丞……終忤權而獲罪……無何，授金州司馬，遷夷州刺史……至德初，遷渝州刺史。"

沈 夏　乾寧三年(896)

《吳越備史》卷一《武肅王》："〔乾寧〕丙辰三年春正月，敕授費州刺史高彥、夷州刺史沈夏並檢校司空。"

卷一八三　播州（郎州、播川郡）

隋牂柯郡牂柯縣。貞觀九年置郎州。十一年，州廢。十三年置播州。景龍四年設都督府。先天二年罷都督府。天寶元年改爲播川郡。乾元元年復爲播州。領縣三：遵義、芙蓉、帶水。

元仁師　　貞觀二十年（646）

《隋唐五代墓誌匯編·洛陽卷》第六册《唐故郎州都督元府君（仁師）墓誌銘并序》（調露元年十月二日）："擢授嘉州刺史，又遷郎州都督……春秋五十，以貞觀廿年十二月十六日終於郎州之官舍。"

任懷玉　　永徽二年（651）

《元龜》卷九八六："〔永徽〕二年，朗州白水蠻反叛，寇麻州之界江鎮，遣左領軍趙孝祖爲朗州道總管，與朗州都督任懷玉率兵討之。"按《新書·南蠻下》作"郎州"，是。朗州未曾設置都督。

李孝同　　約龍朔中

《全文》卷九九二闕名《右衛將軍贈左武衛大將軍代州都督柱國淄川公李府君（孝同）碑》："顯慶二年授使持節普州諸軍事普州刺史……俄以他事坐爲士伍，尋授播州刺史，舉計入朝，詔復本官……乾封二年，遷右衛將軍。"

竇德宗　　約高宗時

《姓纂》卷九河南洛陽竇氏："德宗，播州刺史。"《新表一下》竇氏三祖房同。乃寶嶷孫，唐初寶軌、寶琮從姪。

孟　廓　　約武后時

《千唐誌・唐故朝請大夫趙州長史孟府君（貞）墓誌銘并序》（開元二年三月十五日）："祖才，隨穀州刺史。父廓，皇朝□大夫、播州刺史。"孟貞開元二年二月卒，春秋四十九。

和守陽　　開元中

《千唐誌・唐故中大夫使持節江華郡諸軍事江華郡太守上柱國和府君（守陽）墓誌銘并序》（天寶四載十月十三日）："景龍之歲，以軍功授義陽別將……以功遷北庭都護府長史。尋遷播川郡太守。居無幾何，轉北庭副都護……始終十年……轉隴西郡太守。"開元二十九年卒，春秋六十五。

皇甫惟明　　天寶五載（746）

《舊書・玄宗紀》：天寶五載正月癸酉，"隴右節度使皇甫惟明貶播川太守。尋決死於黔中"。《新書・玄宗紀》："天寶五載七月，殺括蒼郡太守韋堅、播川郡太守皇甫惟明。"又見兩《唐書・韋堅傳》，《通鑑・天寶五載》正月。

【劉禹錫　　元和十年（815）（未之任）】

《舊書・憲宗紀下》：元和十年三月乙酉，"朗州司馬劉禹錫爲播州刺史……御史中丞裴度以禹錫母老，請移近處，乃改授連州刺史"。又見兩《唐書》本傳，《通鑑・元和十年》三月，《韓昌黎集》卷三二《柳子厚墓誌銘》。

卷一八四　珍州（夜郎郡）

　　貞觀十六年置。天寶元年改爲夜郎郡。乾元元年復爲珍州。領縣三：夜郎、麗皋、樂源。

邢文偉　　天授元年（690）

　　《舊書》本傳："天授初，内史宗秦客以奸贓獲罪，文偉坐附會秦客，貶授珍州刺史。"《新書》本傳略同。《新書·宰相表上》：天授元年十月"辛未，〔邢〕文偉貶珍州刺史"。又見《通鑑·天授元年》十月，《元龜》卷七七七、卷九〇九、卷九二五。

程伯獻　　中宗時

　　《唐故鎮軍大將軍行右衛大將軍贈户部尚書廣平公（程伯獻）墓誌銘并序》（開元二十七年正月二十七日）："中宗克平内難……尋而椒宫失德，乃出爲辰、珍二州刺史，辯州長史。"（《文物》1973 年第7 期）

卷一八五　溱州（溱溪郡）

貞觀十六年置溱州。天寶元年改爲溱溪郡。乾元元年復爲溱州。領縣二：榮懿、扶歡。

杜景儉（杜景佺）　　天册萬歲元年（695）

《新書》本傳：“會李昭德下獄，景佺苦申救。后以爲面欺，左遷溱州刺史。”又《宰相表上》：萬歲登封元年“正月戊子……景佺溱州刺史”。《通鑑·天册萬歲元年》同。又見《朝野僉載》卷一，《廣記》卷二一六引《御史臺記》。按《舊書》本傳作“秦州刺史”，疑誤。

杜望之　　中宗時？

《姓纂》卷六京兆杜氏：“望之，溱州刺史。”《新表二上》襄陽杜氏同。乃成州刺史崇允孫。

鍾紹京　　開元二年（714）

《通鑑·開元二年》：七月，“果州刺史鍾紹京心怨望，數上疏妄陳休咎；乙巳，貶溱州刺史”。兩《唐書》本傳未及。

卷一八六　南州（僰州、南川郡）

武德二年置。三年改爲僰州。四年復爲南州。天寶元年改爲南川郡。乾元元年復爲南州。領縣二：南川、三溪。

杜　舉　　貞觀十四、十五年（640、641）

《千唐誌·唐故南州刺史杜府君（舉）志文并序》（天授二年二月七日）："隨大業五年對策……又除麟、宕、忻、鄯、南五州諸軍事五州刺史。"貞觀十五年九月二十日薨於荆府，春秋五十五。上圖藏拓片《大周故滄州弓高縣令杜季方墓誌》："父舉，唐宋州柘城縣令，渝州別駕，麟、宕、忻、鄯、南等州刺史。"季方卒永昌元年九月二十一日，春秋六十六。

袁士政　　貞觀中？

《姓纂》卷四華陰袁氏："士政，唐南州刺史。"《新表四下》袁氏同。《韓昌黎集》卷二七《袁氏先廟碑》："隋左衛大將軍諱温，去官居華陰。武德九年以大蕘薨，始葬華州。左衛生南州刺史諱士政。"

束　良　　長安中

北圖藏拓片《大唐永州刺史束君（良）墓誌銘并序》（景龍三年二月九日）："又授九成宮總監，攝隴州長史，又授南州刺史，又授衡州刺史，又授永州刺史。"景龍元年卒，春秋六十八。

染師將　神龍中

《金石續編》卷六《龍興觀道德經并陰側》：“大唐景龍二年正月，易州龍興觀爲國敬造《道德經》五千文……前南州刺史染師將息上柱國伏安。”

元　直　中宗時？

《姓纂》卷四河南洛陽元氏：“直，南州刺史。”乃高宗時舒州刺史元思哲姪。

馬士會　開元中？

《芒洛四編》卷六《唐故太子司議郎盧府君（寂）墓誌銘并序》（貞元九年十月二十六日）：“父光遠，京兆府奉先縣丞。妣扶風馬氏，父士會，南州刺史。公奉先之次子也。”貞元九年五月八日卒，享年八十一。

唐虞景　開元十八年（730）

《輿地碑記目》卷四《南平軍碑記》有《南州石像頌》，注：“乃開元十八年十二月丙戌中大夫使持節南州諸軍事守南州刺史上柱國晉昌唐虞景所造盧舍那石像也。”

【王　建　乾寧四年（897）（未之任）**】**

《新五代史》本傳：乾寧四年五月，“詔建罷兵，建不奉詔，乃責授建南州刺史，以郯王爲鳳翔節度使，李茂貞代建爲四川節度使。茂貞拒命，乃復建官爵”。《通鑑·乾寧四年》：六月“甲寅，貶〔王〕建南州刺史”。又見《新書·昭宗紀》，《十國春秋·前蜀高祖本紀上》。

卷一八七　思州（務州、寧夷郡）

　　武德四年，以隋巴東郡之務川置務州。貞觀四年改務州爲思州。天寶元年改爲寧夷郡。乾元元年復爲思州。領縣三：務川、思王、思邛。

【李乾祐(李爽)　　顯慶中(未之任)】

　　拓本《大唐故銀青光禄大夫守司刑太常伯李公(爽字乾祐)墓誌銘并序》："顯慶之初，言歸京洛……蒙授朝請大夫守思州刺史。丹帷未駕，紫渥復及，授中大夫使持節守都督交、峰、愛三州驩州都督府等諸軍事交州刺史……尋除滄州刺史……乾封二年，特崇綸璽，授銀青光禄大夫司刑太常伯。"總章元年七月四日卒，春秋七十六。兩《唐書》附《李昭德傳》，未及思州刺史。

賈　某　　貞元中？

　　《全文》卷四九○權德輿《送循州賈使君赴任序》："使君嘗以司直佐黔陽，黔陽之政舉；又以贊善守寧夷，寧夷之人乂；乃今以周行慰薦，詔領海豐。"

葉　某　　唐末

　　《全詩》卷八三一貫休有《寄景判官兼思州葉使君》。

待考録

元　鼎

《姓纂》卷四河南洛陽元氏："鼎，思州刺史。"乃魏彭城王勰八代孫。

卷一八八　業州（舞州、鶴州、龍標郡、獎州）

　　長安四年，以沅州之夜郎、渭溪二縣置舞州。開元十三年改爲鶴州。二十年又改爲業州。天寶元年改爲龍標郡。乾元元年復爲業州。大曆五年更名獎州。領縣二：夜郎（峨山）、渭溪。

　　暫闕

第十二編

山南東道

卷一八九　襄州(襄陽郡)

隋襄陽郡。武德四年平王世充,改爲襄州,置山南道行臺。七年罷行臺爲都督府。貞觀六年廢都督府。天寶元年改爲襄陽郡。乾元元年復爲襄州。領縣七:襄陽、安養(臨漢、鄧城)、穀城、義清、南漳、率道(宜城)、樂鄉。

李　瑗　　*武德四年(621)*

《新書》本傳:"武德時,例王,累遷山南東道行臺右僕射。與河間王孝恭合討蕭銑,無功,更爲幽州都督。"《舊書》本傳未及。

李孝恭　　*武德六年—七年(623—624)*

《舊書》本傳:"〔武德〕六年,遷襄州道行臺尚書左僕射……及輔公祏據江東反,發兵寇壽陽,命孝恭爲行軍元帥以擊之。七年,孝恭自荆州趣九江。"《新書》本傳未及。

劉　瞻　　*武德七年(624)*

《文館詞林》卷四五九李百藥《荆州都督劉瞻碑銘》:"〔武德〕五年,拜襄州道行臺兵部尚書,仍持節山南道巡撫大使……又以本官檢校襄州都督襄州刺史。尋除司農卿……八年,以趙王爲安州大都督,又以本官檢校安州大都督府長史。又權檢校荆州大都督府長史。"

崔君肅　　武德七年？（624？）

《千唐誌・大唐故朝議郎行岐王府西閣祭酒崔府君之誌銘并序》（開元七年閏七月五日）："曾祖君肅，隨任職方侍郎，太子内舍人，司□□□、工部侍郎；唐銀青光禄大夫、襄州刺史，贈鴻臚卿。"府君卒開元七年，春秋六十四。上圖藏拓片《大唐故魏州冠氏縣令清河崔君（羨）墓誌并序》（開元十八年正月二十一日）："曾祖君肅，皇朝黄門侍郎、秦王府長史、襄州刺史，贈鴻臚卿……祖思約，皇朝祠部郎中、曹王府長史、壁復和三州刺史。"羨卒開元十七年，春秋六十九。按兩《唐書・崔元綜傳》："祖君肅，武德中爲黄門侍郎、鴻臚卿。"未及襄州刺史。北圖藏拓片《大周故中大夫行并州盂縣令崔府君（哲）墓誌銘并序》（久視元年十月廿八日）："祖君肅，□黄門侍郎、秦王府長史、使持節襄州諸軍事襄州刺史，贈鴻臚卿。"哲卒久視元年七月，年六十九。

劉　瞻　　武德八年—貞觀二年（625—628）

《文館詞林》卷四五九李百藥《荆州都督劉瞻碑銘》："〔武德〕八年，以趙王爲安州大都督，又以本官檢校安州大都督府長史。又權檢校荆州大都督府長史，其年又檢校襄州都督。貞觀二年檢校荆州都督。"

尉遲敬德　　貞觀三年（629）

《舊書》本傳："〔貞觀〕三年，出爲襄州都督。八年，累遷同州刺史。"《新書》本傳略同。《全文》卷一五二許敬宗《唐并州都督鄂國公尉遲公碑》："貞觀四年，授襄都鄧淅唐五州都督、襄州刺史。"又見昭陵博物館藏《大唐故司徒并州都督上柱國鄂國忠武公尉遲府君墓誌之銘》，《元龜》卷四〇六。《隋唐五代墓誌匯編・陝西卷》第三册《大唐故開府儀同三司鄂國公尉遲君（敬德）墓誌銘并序》（顯慶四年四月十四日）："除襄州都督襄都鄧淅唐五州諸軍事襄州刺史。"

張公謹　　貞觀六年（632）

《舊書》本傳："貞觀元年，拜代州都督……轉襄州都督……卒官。”《新書》本傳略同。《新表二下》魏郡張氏：“公謹字弘慎，襄州總管、鄰襄公。”《通鑑·貞觀六年》：“四月辛卯，襄州都督鄒襄公張公謹卒。”《舊書·方伎·一行傳》：“姓張氏……襄州都督鄰國公公謹之孫也。”又見《元龜》卷一三八、卷一四一。《寶刻叢編》卷三引《復齋碑錄》有釋法琳撰《唐襄州刺史鄒襄公張公謹碑》，貞觀七年七月立。北圖藏拓片《大周故朝散大夫益州大都督府郫縣令張君（愃）墓誌銘》（神功元年十月二十二日）：“祖公謹，屬隨原鹿走……唐朝授公右武候長，隋、鄒、虞三州別駕……泉州、慶州、定襄三總管……代、襄二州都督。”又《有唐故燉煌張公（季鞏）并夫人元氏墓誌銘并序》（元和十五年十一月四日）：“祖公謹，襄州刺史。父協，揚州海陵縣令……公則海陵府君第二子也。”永貞元年卒，年八十九。

李 愔 貞觀七年（633）

《舊書》本傳：“〔貞觀〕七年，授襄州刺史。十年，改封蜀王，轉益州都督。”又見《元龜》卷二八一，《會要》卷五。《新書》本傳未及。

李 惲 貞觀十一年（637）

《舊書·李元景傳》：“〔貞觀〕十一年，定制元景等為代襲刺史。詔曰：‘……襄州刺史蔣王惲……其所任刺史，咸令子孫代代承襲。’尋又罷代襲之制。”《新書·李元景傳》同。又見《全文》卷六《荊王元景等子孫代襲刺史詔》，《會要》卷四六。兩《唐書》本傳未及。《大詔令集》卷三四岑文本《冊洺州刺史鄭王惲改封蔣王文》：“洺州刺史鄭王惲……是用命爾為使持節襄州諸軍事襄州刺史，改封蔣王。”

吉 謙 貞觀中？

《千唐誌·大唐故朝請大大尚書司勳郎中吉公（渾）墓誌銘并序》：“曾祖謙，驃騎大將軍、襄州刺史。祖哲，忠、歸、易三州刺史。父頊，吏部侍郎、同中書門下平章事，贈御史大夫。”按吉哲武后時為易州刺史，坐賕當死，頊往見武承嗣，見《新書·吉頊傳》，《朝野僉載》卷五。則哲父謙疑仕貞觀中。

李　慎　　貞觀十七年—永徽元年（643—650）

《舊書》本傳："〔貞觀〕十七年，遷襄州刺史……永徽元年，拜左衛大將軍。二年，授荆州都督。"《新書》本傳略同。《元龜》卷二六八："〔貞觀〕二十二年十月……襄州刺史紀王慎來朝。"又見卷二七七、卷二八一，《會要》卷五。

李元裕　　顯慶三年（658）

《舊書》本傳："高宗時，又歷壽、襄二州刺史，兗州都督。麟德二年薨。"《新書》本傳未及。又見《元龜》卷二八一。《大詔令集》卷三七《册鄧王元裕襄州刺史文》："維顯慶三年歲次戊午正月甲申朔二十八日辛亥，皇帝若曰……壽州刺史上柱國鄧王元裕……命爾爲使持節襄州諸軍事襄州刺史。"又見《全文》卷一四。

封道弘　　龍朔中？

《金石録》卷四："《唐襄州刺史封公碑》，撰人姓名殘缺，宋之愻正書，垂拱元年十月。"又見《寶刻叢編》卷三引。勞格《郎官石柱題名考》卷一："《襄陽耆舊傳下》：龍朔中，襄州刺史封道洪（弘）改尹怦闆爲南陔里，張柬之爲之記。"按《襄陽耆舊傳》乃晋人習鑿齒作，何得記唐人事？疑勞格誤。又按《姓纂》卷一渤海蓚縣封氏："道弘，右司郎中，虢州刺史。"《新表一下》封氏同。

李靈夔　　高宗時

《元龜》卷二八一："魯王靈夔……永徽六年轉隆州刺史，後歷襄、絳、滑、定等州刺史，垂拱元年授邢州刺史。"《舊書》本傳唯云"後歷絳、滑、定等州刺史"，未及襄州。《新書》本傳稱"頻歷五州刺史"。按弘道元年靈夔在絳州刺史任。

長孫湛　　高宗時？

《新表二上》長孫氏："湛，襄州刺史。"乃長孫無忌子。

李元軌　　垂拱元年(685)

《舊書》本傳:"垂拱元年,加位司徒,尋出爲襄州刺史,轉青州。"《新書》本傳略同。

李千里(李仁)　　永昌元年(689)(不知州事)

《舊書·李恪傳》:"有子四人:仁、瑋、琨、璟……永昌元年,授〔仁〕襄州刺史,不知州事。後改名千里。天授後,歷唐、廬、許、衛、蒲五州刺史。"又見《通典》卷三三《州郡下》,《元龜》卷二八一。《新書》本傳未及。《隋唐五代墓誌匯編·陝西卷》第三册《大唐故左金吾衛大將軍廣益二州大都督上柱國成王(千里)墓誌銘并序》(景雲元年十一月二十五日):"乃授使持節襄廬二州諸軍事二州刺史……累遷許、衛二州刺史……改牧蒲坂……神龍四年七月五日遇害,春秋六十有六。"按神龍無四年,疑有誤。

高正臣　　武后時?

《新表一下》高氏:"正臣,襄州刺史。"《全詩》卷七二收其《晦日置酒林亭》及《晦日重宴》,注云:"是宴凡二十一人,皆以華字爲韻,陳之昂爲之序。"唱和者有崔知賢、韓仲宣、周彥昭、高球、弓嗣初、高瑾、王茂時、徐皓、長孫正隱、高紹、郎餘令、陳嘉言、周彥暉、高嶠、劉友賢、周思鈞等。

皇甫知常　　武后時

《全文》卷二四〇宋之問《爲皇甫懷州讓官表》:"剖符南峴,既惑民謠;作鎮西河,未寬人隱。二邦爲政,撫熊軾而無功;八使回軒,同鶴鳴而有薦。……更延今寵,山陽大郡,河内名區。"按"南峴"即指襄州。《千唐誌·巨唐故□監門衛長史安定皇甫公(慎)墓誌銘并叙》(開元十九年四月七日):"父知常,汾、懷、汴等六州刺史。"與"作鎮西河"(汾州刺史)及懷州合;慎卒開元十九年三月二日,其父約仕武后時,與"皇甫懷州"時代亦相合。則"皇甫懷州"當即知常,其刺襄州當在刺汾州前。又按《全文》卷八三五錢珝名下又重出此文。錢珝乃唐末人,當爲誤收。

元玄敬　　約武后時

《姓纂》卷四河南洛陽元氏:"雄生元敬,襄州刺史。"乃隋魏州刺史元通孫。按《千唐誌》有《唐朝議大夫婺州武義縣令元玄慶墓誌》,稱"父雄,唐朝滕王府主簿"。知玄慶乃元敬之兄弟。岑仲勉《姓纂四校記》疑元敬之"元"當作"玄",是。玄慶卒大足元年,則玄敬刺襄州亦約在武后時。

韋知藝　　武后末?

《新表四上》西眷韋氏平齊公房:"知藝,襄州刺史。"《姓纂》卷二作"儀州刺史"。其父懷敬,龍朔中官右奉裕衛率。

張柬之　　神龍元年—二年(705—706)(不知州事)

《舊書·中宗紀》:神龍元年七月"乙未,以特進、漢陽郡王張柬之爲襄州刺史,仍不知州事"。二年六月戊寅,"特進、襄州刺史、漢陽郡王張柬之〔貶〕新州司馬,並員外置,長任,舊官封爵並追奪"。又見兩《唐書》本傳,《元龜》卷四八、卷一三三,《通鑑·神龍元年》七月、《神龍二年》五月。

韓思復　　約景龍初

《新書》本傳:"坐爲王同皎所薦,貶始州長史。遷滁州刺史……徙襄州。入拜給事中。帝作景龍觀,思復諫曰……不見省。"《舊書》本傳未及。按王同皎被殺在神龍二年。

崔　湜　　景龍三年—景雲元年(709—710)

《舊書·中宗紀》:景龍三年"夏五月丙戌,崔湜、鄭愔坐贓,湜貶襄州刺史,愔貶江州司馬"。《新書·中宗紀》《宰相表上》及《通鑑·景龍三年》同。又見《元龜》卷三三八、卷六三八、卷六九七。《通鑑·先天元年》:"初,崔湜爲襄州刺史,密與譙王重福通書,重福遺之金帶。重福敗，湜當死，張説、劉幽求營護得免。"按譙王重福謀反伏誅乃景雲元年七月至八月事。又見兩《唐書》本傳。《全詩》卷五四崔湜有《景龍二年余自門下平章事削階授江州員外司馬尋拜襄州刺史春日赴襄陽途中言志》，"二年"疑爲"三年"之誤。

封全禎　　景雲二年—約開元元年（711—約 713）

《隋唐五代墓誌匯編·河北卷·唐故銀青光禄大夫行大理少卿上柱國渤海縣開國公封公（禎，字全禎）墓誌銘并序》（開元九年十一月六日）："朝廷初置連率，拜襄州都督，按察山南道。使停，加銀青光禄大夫，累遷澤、括、常三州諸軍事三州刺史，以連最善績，入爲大理少卿。"享年八十二。未言卒年。按始置節度使在景雲二年四月。

陳正觀　　約開元初

《姓纂》卷三河東桑泉陳氏："正觀，潞、襄二州刺史。"《全文》卷二五〇蘇頲《授陳正觀將作少監制》："正議大夫前襄州刺史上柱國陳正觀……可依前件。"按蘇頲玄宗初爲中書侍郎，加知制誥。開元四年遷紫微侍郎、同紫微黃門平章事。此制當作於開元四年前。又按《廣記》卷四三九引《廣異記》謂陳正觀天寶中卒。

李守禮　　開元三年（715）

《舊書》本傳："開元初，歷虢、隴、襄、晉、滑六州刺史。"《元龜》卷二八一同。《新書》本傳未及州名。《大詔令集》卷三五《邠王守禮兼襄州刺史制》："司空兼隴州刺史邠王守禮……可使持節襄州諸軍事兼襄州刺史……開元三年十二月九日。"又見《全文》卷二一。

楊慎交　　約開元六年前（約 718 前）

《全文》卷二九二張九齡《故特進贈兗州都尉駙馬都尉觀國公楊公（慎交）墓誌銘并序》："復出爲亳、襄、陳、鄧四州刺史……開元十二年四月遘疾薨……春秋五十。"

裴　觀　　開元六年—八年(718—720)

《元龜》卷一六二：“〔開元〕八年五月，置十道按察使。八月，以……襄州刺史裴觀爲梁州都督，山南道按察使。”按《寶刻叢編》卷三有《唐裴觀德政碑》，唐賈昇撰，僧湛然八分書，開元八年立，在峴山。

靳　恒　　開元九年—十一年(721—723)

《曲江集》卷一二《故襄州刺史靳公(恒)遺愛碑銘并序》：“至於是邦也……三年而頌之如父母……開元十二年，以理迹尤異，廉使上達，天子嘉之，稍遷陝州刺史。”據《寶刻叢編》卷三、《金石補正》卷五二，石刻實作開元十一年。《唐摭言》卷六引王泠然上書相國燕公稱：“必欲舉御史中丞，莫若舉襄州刺史吳靳。”《全文》卷二九四王泠然《論薦書》同。《唐詩紀事》卷二○王泠然作“靳能”。岑仲勉《唐集質疑》謂此書開元十一年作，“吳靳”即“靳恒”。

韓思復　　約開元十二年—十三年(約 724—725)

《新書》本傳：“拜黃門侍郎。帝北巡，爲行在巡問賑給大使。遷御史大夫……徙太子賓客，進爵伯。累遷吏部侍郎。復爲襄州刺史，治行名天下。代還，仍拜太子賓客。卒，年七十四，諡曰文。”《舊書》本傳未及，唯云“十三年卒”。按玄宗北巡在開元十一年春，三月已還京師。

崔志廉　　開元十三年(725)

《新書·許景先傳》：“〔開元〕十三年，帝自擇刺史，景先由吏部侍郎爲刺史治虢州……鴻臚少卿崔志廉襄州。”《元龜》卷六七一：“開元十三年……崔志廉以鴻臚少卿爲襄州刺史。”《唐詩紀事》卷二、《全詩》卷三作“開元十六年”，誤。《千唐誌·唐故信王府士曹崔君(傑)墓誌銘并序》(大曆十三年十月十二日)：“父志廉，銀青光禄大夫、太子左庶子，歷洺、魏、襄、澤、仙等五州刺史……公即仙州之長子也。”傑卒天寶十一年十月丙午，享年五十一。

獨孤册　　約開元十五、十六年（約 727、728）

《金石録》卷七："《唐襄州刺史獨孤册遺愛頌》，李邕撰，蕭誠行書。"又見《寶刻叢編》卷三引《集古録目》。《全文》卷三七八王士源《孟浩然集序》："華陰太守鄭倩之、〔太〕守河南獨孤策（册）率以浩然爲忘形之交。"《唐詩紀事》卷二三孟浩然略同。《全詩》卷一六〇孟浩然有《同獨孤使君東齋作》，又有《陪獨孤使君同與蕭員外證登萬山亭》，"同"當爲"册"之訛。今人陶敏謂約開元十五、六年獨孤册爲襄州刺史。

元彦冲　　開元二十二年（734）

《會稽掇英總集·唐太守題名》："元彦冲，開元二十二年自襄州刺史授。"《嘉泰會稽志》同。按開元二十年九月出給事中元彦冲爲邠州刺史，見《會要》卷八二。

韓朝宗　　開元二十二年—二十四年（734—736）

《新書》本傳："開元二十二年，初置十道採訪使，朝宗以襄州刺史兼山南東道……坐所任吏擅賦役，貶洪州刺史。"《元龜》卷九二九："韓朝宗爲荆州刺史，兼判襄州刺史，山南道採訪使，玄宗開元二十四年九月，鄧州南陽縣令李泳擅興賦役……泳之爲令也，朝宗所薦，乃貶爲洪州刺史。"《全文》卷二八三張九齡《貶韓朝宗洪州刺史制》稱："荆州大都督府長史兼判襄州刺史事……韓朝宗。"又卷三七八王士源《孟浩然集序》稱："本郡守昌黎韓朝宗。"《全詩》卷一六〇孟浩然有《韓大使東齋會岳上人諸學士》。

宋　鼎　　開元二十四年—二十五年（736—737）

《元和郡縣志》卷二一隨州唐城縣："開元二十四年採訪使宋鼎奏置。"《曲江集》卷二稱襄州刺史宋鼎。按韓朝宗於開元二十二年至二十四年爲荆州大都督府長史兼襄州刺史，宋鼎繼任當亦兼襄刺。自張九齡繼宋鼎爲荆州長史，始不兼襄州刺史。《唐詩紀事》卷二二："鼎，明皇時刺襄州。云：張丞相九齡與余有孝廉校理之舊，又代余爲荆州。余改漢陽，仍兼按使。"又見《全詩》卷一一三。按開元二十三年十二月，宋鼎在潞州刺史任；開元二十七年由廣州刺史遷潞州長史。

馬某　　　開元中

《敦煌唐人寫本唐詩選》王昌齡有《奉和盧明府九日峴山宴馬二使君崔員外張郎中》。岑氏《唐人行第錄》謂"名不詳"。《全詩》卷一六〇孟浩然名下重出此詩，題爲《盧明府九日峴山宴袁（一作馬）使君張郎中崔員外》。

姚某　　　開元中

《全詩》卷一六〇孟浩然有《陪姚使君題惠上人房》。

郭崇默　　　開元中

《姓纂》卷一〇諸郡郭氏："崇默，襄州刺史。"其兄崇禮，約開元十八年在濟州刺史任。

蕭籍　　　開元中？

《新表一下》蕭氏齊梁房："籍，襄州刺史。"乃高祖相蕭瑀之曾孫、衛州刺史蕭守業之子。按《全文》卷六七五蕭籍小傳稱："長慶中義武軍行軍司馬，遷御史中丞，出爲襄州刺史。"按長慶中襄州刺史無蕭籍，疑爲另一人。《全文》誤。

宋遙　　　約開元末

《千唐誌・上黨郡大都督府長史宋公（遙）墓誌銘并序》（天寶七載正月十一日）：天寶六載卒於上黨，年六十五。又云："遷司勳員外郎，度支郎中，拜中書舍人，除御史中丞……户部、禮部、吏部、再户部四侍郎，左丞；出博平、滎陽、絳、魏、陳留、襄陽，貶武當七郡太守；河北、河南、山南三採訪；上黨郡大都督府長史。"按開元二十三年在魏州刺史任。開元二十九年在吏侍任，見兩《唐書・苗晉卿傳》。天寶二年自吏部侍郎貶武當太守，見《會要》卷七二。

厙狄履溫　　天寶初

《寶刻叢編》卷三襄州引《金石録》：“《唐厙狄履溫遺愛頌》，唐周擇從撰，蕭誠書，天寶三載正月。”

衛　玠　　天寶三載？（744？）

《寶刻叢編》卷三襄州引《訪碑録》：“《唐襄陽牧衛玠遺愛頌》，唐李邕撰，蕭誠書，天寶中立。”

韋　陟　　約天寶四載（約 745）

《舊書》本傳：“李林甫忌之，出爲襄陽太守，兼本道採訪使，又改陳留採訪使。”《新書》本傳略同。《元龜》卷七〇〇：“〔韋〕陟自天寶初自吏部侍郎出爲襄陽、鍾離、義陽三郡太守。”又見卷六三八。《全詩》卷一三四李頎《送皇甫曾遊襄陽山水兼謁韋太守》，當即韋陟。按嚴氏《僕尚丞郎表》據《石臺孝經題名》謂四載九月尚在吏部侍郎任，是年冬或明年出爲襄陽太守。

陸景融　　約天寶五、六載（約 746、747）

《舊書·陸象先傳》：“〔象先弟〕景融，歷大理正、滎陽郡太守、河南尹、兵吏部侍郎、左右丞、工部尚書、東都留守、襄陽郡太守、陳留郡太守，並兼採訪使。”《新書》本傳未及。按天寶四載在東都留守任。

裴　寬　　約天寶八載（約 749）

《舊書》本傳：“及韋堅構禍，寬又以親累貶爲安陸別駕員外置……累遷東海太守、襄州採訪使、銀青光禄大夫，轉馮翊太守，入拜禮部尚書。十四載卒，年七十五。”《新書》本傳未及。按韋堅構禍事在天寶五載。

張九皋　　約天寶九載（約 750）

《舊書·張九齡傳》：“弟九皋，自尚書郎歷唐、徐、宋、襄、廣五州刺史。”《新書·張九齡傳》未及。《全文》卷三五五蕭昕《唐銀青光禄大夫嶺南五府節度經略採訪處置等使攝御史中丞張公(九皋)神道碑》:"遂遷襄陽太守,兼山南東道採訪處置使…乃除南海太守,兼五府經略採訪處置等使……秩滿遷殿中監……以天寶十四載四月二十日疾亟薨於西京……春秋六十有九。"又卷四四〇徐浩《唐尚書右丞相中書令張公(九齡)神道碑》:"仲弟九皋,宋、襄、廣三州刺史。"按天寶八載九皋在宋州任。

李 憕　天寶十載(751)

《新書》本傳:"天寶初,除清河太守。舉美政,遷廣陵長史……徙彭城太守……連徙襄陽、河東,並兼採訪處置使。"《舊書》本傳未及。《全文》卷四三三陸羽《陸文學自傳》:"屬禮部郎中崔公國輔出守竟陵郡,與之遊處凡三年,贈白驢、烏犎牛一頭。……白驢、烏犎牛,襄陽太守李憕見遺。"《寶刻叢編》卷三襄州引《集古錄目》有《唐放生池石柱銘》:"天寶十載,李憕爲襄陽太守,父老李君秀等,請以襄陽、臨溪兩縣江水近城者爲放生池,止人漁釣。"

張 愿　天寶中?

《新書·張柬之傳》:"子愿、漪。愿仕至襄州刺史。"《全詩》卷一三八儲光羲《同張侍御(郎)宴北樓》:"今之太守古諸侯,出入雙旌垂七旒。……西山漠漠崦嶻色,北渚沉沉江漢流。"當爲襄陽太守,當即張愿。

源 洧　天寶十四載(755)

《舊書》本傳:"天寶中,爲給事中,鄭州刺史,襄州刺史、本道採訪使。及安禄山反,既犯東京,乃以洧爲江陵郡大都督府長史、本道採訪防禦使、攝御史中丞,以兵部郎中徐浩爲襄州刺史、本州防禦守捉使以禦之。洧至鎮卒。"《新書》本傳略同。

徐 浩　天寶十四載—十五載(755—756)

《舊書》本傳:"安禄山反,出爲襄陽太守、本郡防禦使,賜以金紫之服。蕭宗即位，召拜中書舍人。”《新書》本傳略同。《全文》卷四四五張式《大唐故銀青光祿大夫彭王傅上柱國會稽郡開國公東海徐公（浩）神道碑銘》：“除襄州刺史，建斾即路，皇情乃寤……乃加本州防禦使……及京師失守，翠輦西巡成都……靈武奉繼……召公詣行在所，拜中書舍人。”又見《宣和書譜》卷三，《中州金石記》卷三。《全詩》卷一三八儲光羲有《奉別長史庾公太守徐公應召》。“太守徐公”，當即徐浩。

崔伯陽　　至德元載？（756？）

《全文》卷三六七賈至《授竇紹山南東道防禦使制》：“侍御史崔伯陽可襄陽防禦使，餘如故。”按崔伯陽至德二載爲御史中丞，河西隴右宣慰使。乾元元年在同州刺史任。

韓　洪　　約至德元載（約756）

《全文》卷三六七賈至《授韓洪山南東道防禦使等制》：“敕襄陽太守韓洪……可山南東道防禦使。”兩《唐書》本傳未及。按賈至天寶末爲中書舍人。

李　峘　　至德元載—二載（756—757）

《全文》卷三六六賈至《授李峘武部侍郎制》：“前襄陽太守李峘……可行武部侍郎。”兩《唐書》本傳未及。唯云：“玄宗幸蜀，峘奔赴行在，除武部侍郎，兼御史大夫。”《舊書·肅宗紀》：至德二載正月“甲寅，以襄陽太守李峘爲蜀郡長史、劍南節度使”。

魏仲犀　　至德二載（757）

《舊書·肅宗紀》：至德二載正月甲寅，“將作少監魏仲犀爲襄陽、山南道節度使”。又《魯炅傳》：“炅收合殘卒，保南陽郡，爲賊所圍……又使偏將豫州刺史武令珣等攻之，累月不能克。武令珣死，又令田承嗣攻之。潁川太守來瑱、襄陽太守魏仲犀合勢救之。”又見《通鑑·至德二載》五月。《新書·方鎮表四》：至德二載，“升襄陽防禦使爲山南東道節度使，領襄、鄧、隋、唐、安、均、房、金、商九州，治襄州”。

魯　炅　　至德二載（757）

《舊書》本傳：“至德二年五月十五日，率衆持滿傅矢突圍而出南陽，投襄陽……朝廷因除御史大夫、襄陽節度使……十二月，策勳行賞，詔曰：‘特進、太僕卿、南陽郡守、兼御史大夫、權知襄陽節度事、上柱國、金鄉縣公魯炅……可開府儀同三司、兼御史大夫，封岐國公，食實封二百戶，兼京兆尹。’”《新書》本傳略同。又見《會要》卷四五。《全文》卷三六七賈至有《授魯炅襄陽郡防禦使制》。《大詔令集》卷一二三《至德二載收復西京大赦》：“特進、太僕卿、南陽太守、御史大夫權知襄陽事金鄉縣公魯炅……可開府儀同三司。”又見《全文》卷三九〇獨孤及《唐故開府儀同三司試太常卿懷州刺史楊公（承仙）遺愛碑頌并序》，卷五二一梁肅《冠軍大將軍檢校左衛將軍開國男安定梁公（慎）墓誌銘并序》，卷七八五穆員名下又重出此文。

王　翊　　約乾元元年（約758）

《舊書·王翃傳》：“兄翊，乾元中累官至京兆少尹。性謙柔，淡於聲利，自商州刺史遷襄州刺史、山南東道節度觀察等使。入朝，充北蕃宣慰使，稱職，代宗素重之。及即位，目爲純臣，遷刑部侍郎、御史中丞。……大曆二年卒。”《新書·王翃傳》略同。《新表二中》太原王氏誤作“正雅，山南東道節度使”。

王　政　　乾元二年（759）

《舊書·肅宗紀》：乾元二年“八月乙亥，襄州偏將康楚元逐刺史王政，據城自守”。《新書·肅宗紀》作“乙巳”。《通鑑·乾元二年》：“八月乙巳，襄州將康楚元、張嘉延據州作亂，刺史王政奔荆州。楚元自稱南楚霸王。……戊午，上使將軍曹日昇往襄州慰諭康楚元，貶王政爲饒州長史。”又見兩《唐書·韋倫傳》《杜鴻漸傳》，《元龜》卷四五三、卷六九四。《韓昌黎集》卷三三《故江南西道觀察使太原王公（仲舒）墓誌銘》：“考諱政，襄鄧等州防禦使、鄂州採訪使，贈工部尚書。”

又卷三二《神道碑銘》略同。

【張光奇　乾元二年(759)(未之任)】

《通鑑‧乾元二年》：八月戊午，"以司農少卿張光奇爲襄州刺史；〔康〕楚元不從"。

崔光遠　乾元二年(759)

《舊書‧韋倫傳》："荆襄二州平，詔除崔光遠爲襄州節度使。"

史　翽　乾元二年—上元元年(759—760)

《舊書‧肅宗紀》：乾元二年十二月"甲寅，以御史大夫史翽爲襄州刺史，充山南東道節度、觀察處置等使"。三年四月"戊申，襄州軍亂，殺節度使史翽，部將張維瑾據州叛"。又見《新書‧肅宗紀》《通鑑‧上元元年》。《全文》卷三四四顔真卿《唐故容州都督兼御史中丞本管經略使元君(結)表墓碑銘并序》："充山南東道節度參謀……時張瑾殺史翽於襄州，遣使請罪，君爲奏聞。"

【韋　倫　上元元年(760)(未之任)】

《舊書》本傳："乾元三年，襄州大將張瑾殺節度使史翽作亂，乃以倫爲襄州刺史、兼御史大夫、山南東道襄鄧等十州節度使……倫受命未行，改秦州刺史、兼御史中丞、本州防禦使。"《新書》本傳略同。

來　瑱　上元元年—寶應元年(760—762)

《舊書‧肅宗紀》：乾元三年四月"己未，以陝州刺史來瑱爲襄州刺史，充山南東道襄鄧等十州節度、觀察處置等使"。又本傳："以瑱爲襄州刺史、兼御史大夫……上元三年，肅宗召瑱入京。瑱樂襄州，將士亦慕瑱之政，因諷將吏、州牧、縣宰上表請留之，身赴詔命，行及鄧州，復詔歸鎮。肅宗聞其計而惡之……遂以瑱檢校户部尚書、兼御史大夫、安州刺史，充淮西申、安、蘄、黄、光、沔節度觀察。"《新書》本傳略同。

裴 茙 寶應元年（762）

《舊書》本傳：“〔來〕瑱移襄州，又爲瑱行軍司馬，瑱遇之甚厚。及瑱淮西之敗，逗留不行，茙密表聞奏。朝廷以瑱掌重兵，惡之，密詔以茙代瑱爲襄州刺史，充防禦使……時瑱亦奉詔依舊任……因與瑱兵交戰，茙大敗……瑱追擒之……寶應元年七月，敕曰：‘前襄州刺史裴茙……宜除名，長流費州。’”《舊書·代宗紀》：寶應元年七月“乙酉，襄州刺史裴茙長流費州，賜死於藍田驛”。又見《元龜》卷一七六。

來 瑱 寶應元年（762）

《舊書·代宗紀》：寶應元年五月“壬寅，以來瑱復爲襄州刺史、山南東道節度使”。九月，“以山南東道節度使來瑱爲兵部尚書、同中書門下平章事，節度如故”。二年正月“壬寅，制開府儀同三司、行兵部尚書、同中書門下平章事、充山南東道節度觀察處置等使、上柱國、潁國公來瑱削在身官爵，長流播州，尋賜死於路”。又見兩《唐書》本傳。

梁崇義 廣德元年—建中二年（763—781）

《舊書·來瑱傳》：“聞瑱死……朝廷授〔梁〕崇義節度使、兼御史中丞以代瑱。”《通鑑·廣德元年》：“三月甲辰，以〔梁〕崇義爲襄州刺史、山南東道節度留後。”《元龜》卷一七六同。《舊書·代宗紀》：寶應二年“三月甲辰朔，襄州右兵馬使梁崇義殺大將李昭，據城自固，乃授崇義襄州刺史、山南東道節度使”。又《德宗紀上》：建中二年八月“壬子，淮寧軍節度使李希烈攻襄陽，誅梁崇義，斬其同惡三十餘人”。《大詔令集》卷一一八及《全文》卷四二一楊炎《諭梁崇義詔》稱：“金紫光禄大夫檢校刑部尚書襄州刺史山南東道節度使梁崇義……今予命爾檢校户部尚書同中書門下平章事，餘並如故。”又見《全文》卷六八九符載《鄧州刺史廳壁記》。

李 承 建中二年—三年（781—782）

《舊書·德宗紀上》：建中二年九月“甲子，以晉絳觀察使李承爲襄州刺史、山南東道節度觀察等使”。三年十一月“甲午，以前山南東道節度使李承爲潭州刺史、湖南觀察使”。又見兩《唐書》本傳，《元龜》卷七七七，《新表二上》趙郡李氏。《金石補正》卷六七《趙郡李氏殤女墓石記》（貞元十七年十二月三日）：“祖諱承，皇正議大夫檢校工部尚書兼潭州刺史……歷淮西、淮南道黜陟使、河中道、山南東道、湖南道節度觀察都防禦都團練使。”

賈　耽　　建中三年—興元元年（782—784）

《舊書·德宗紀上》：建中三年“十一月己卯，以山南西道節度使賈耽檢校工部尚書、兼襄州刺史、山南東道節度使”。興元元年四月甲寅，“以前山南東道節度使賈耽爲工部尚書”。又見兩《唐書》本傳。《全文》卷四七八鄭餘慶《左僕射賈耽神道碑》：“拜梁州刺史……在鎮三年，遷檢校工部尚書、襄州刺史。”又卷七八四穆員《京兆少尹李公（佐）墓誌銘》：“與舅氏克鈞期於境上，克鈞日涕泣於襄陽節度使賈公。”賈公即賈耽。

樊　澤　　興元元年—貞元三年（784—787）

《舊書·德宗紀上》：興元元年正月“丙申，以山南東道行軍司馬樊澤爲襄州刺史、山南東道節度使”。貞元三年閏五月癸亥，“以山南東道節度使樊澤爲江陵尹、荆南節度使”。又本傳：“尋代賈耽爲襄州刺史、兼御史大夫、山南東道節度使。”可證樊澤爲賈耽後任，此爲第一次任襄州刺史。又見《新書》本傳，《元龜》卷一一九，《大詔令集》卷一二一《放李希烈將士還本道詔》，《全文》卷七四七奚敬元《唐左羽林軍大將軍史公（用誠）神道碑》。《全文》卷六八八符載《上襄陽楚大夫書》：“伏觀大夫起自堯山宰……不十數年，佩虎符握龍節。”按《舊書·樊澤傳》，歷官與之合，“楚”殆即“樊”之誤。

李　皋　　貞元三年—八年（787—792）

《舊書·德宗紀上》：貞元三年閏五月“癸亥，以荆南節度使、檢校户部尚書、嗣曹王皋爲襄州刺史、山南東道節度、襄鄧郢安隨唐等州觀察使”。又《德宗紀下》：貞元八年二月“乙丑，山南東道節度使、檢校户部尚書嗣曹王皋薨”。又見兩《唐書》本傳，《元龜》卷一一九，《韓昌黎集》卷二八《曹成王（李皋）碑》，《全文》卷七一三許志雍《唐故江南西道觀察判官監察御史裏行太原王公（叔雅）墓誌銘》。《寶刻叢編》卷三引《復齋碑録》：“《唐襄州新學記》……貞元五年六月建。碑陰題山南東道節度嗣曹王皋等十三人名銜。”上圖藏拓片《唐故安南都護充本管經略招討使兼御史中丞李公（象古）墓誌銘并序》（長慶元年十一月九日）：“公，太宗文皇帝之六代孫，襄州節度、户部尚書、嗣曹王贈太師皋之子也。”《千唐誌》有《有唐山南東道節度使贈尚書右僕射嗣曹王（李皋）墓銘并序》（貞元八年五月十二日），又有《唐故嗣曹王（李皋）妃清河崔氏墓誌銘并序》（貞元十三年八月十七日）。

樊　澤　　貞元八年—十四年（792—798）

《舊書·德宗紀下》：貞元八年二月“丙子，以荆南節度使樊澤爲襄州刺史、山南東道節度使”。十四年九月“己酉，山南東道節度使、檢校尚書右僕射、襄州刺史樊澤卒”。又本傳：“復代曹王皋爲襄州刺史、兼御史大夫、山南東道節度使。”此即爲第二次任襄州刺史、山南東道節度使。《隋唐五代墓誌匯編·洛陽卷》第十二册《大唐故太原府祁縣尉黔中道採訪判官南陽樊公（泳）墓誌銘并序》（貞元九年十月三日）：“季子澤，今爲禮部尚書、御史大夫，分閫漢南，再兼襄州刺史。”證知貞元九年正在任。又見《新書》本傳，《元龜》卷一一九、卷一七六，《姓纂》卷四南陽湖陽縣樊氏。《全文》卷六三一吕温有《代齊常侍祭樊襄陽文》。《千唐誌·有唐山南東道節度使贈尚書右僕射嗣曹王（李皋）墓銘并序》（貞元八年五月十二日）：“山南東道節度觀察處置等使朝請大夫檢校禮部尚書襄州刺史兼御史大夫上柱國上黨縣開國男南陽樊澤篆。”上圖藏拓片《唐故朝議大夫唐州長史兼監察御史劉府君（密）墓誌銘并序》（大和六年七月十九日）：“〔公〕東遊濟漢，揖漢南節度樊公澤。”

于　頔　　貞元十四年—元和三年（798—808）

《舊書·德宗紀下》：貞元十四年九月“丙辰，以陝虢觀察使于頔爲襄州刺史、山南東道節度使"。又《憲宗紀上》：元和三年九月"庚寅，以山南東道節度使于頔守司空、同平章事"。又見兩《唐書》本傳，《全文》卷五一二李吉甫《柳州刺史謝上表》、卷七二五高鉄《論于頔謚疏》、卷七二九王彦威《贈太保于頔謚議》、卷七六一褚藏言《竇群傳》、卷六〇四劉禹錫《爲京兆李尹答于襄州第一書》、《爲京兆李尹答于襄州第二書》、卷六二七吕温《代竇中丞與襄陽于相公書》，《韓昌黎集》卷一七《與于襄陽書》，《宋高僧傳》卷一九《唐簡州慈雲寺待駕傳》，《南部新書》己，《芒洛遺文》卷中《唐故懷州録事參軍清河崔府君（秤）故夫人滎陽鄭氏合祔墓誌銘并序》，上圖藏拓片《唐故朝請大夫唐州長史兼監察御史劉府君（密）墓誌銘并序》（大和六年七月十九日）、《唐朝散大夫檢校太子詹事襄州節度押衙兼管内諸州營田都知兵馬使及車坊使卜府君（璀）墓誌銘并序》（長慶二年十一月十六日），《廣記》卷二三七引《傳載》。《全詩》卷三七七孟郊有《獻襄陽于大夫》。《寶刻叢編》卷三引《集古録目》有《唐王粲石井欄記》："貞元十七年，于頔爲節度，又爲之記……貞元十七年六月立。"

裴　均　元和三年—六年（808—811）

《舊書·憲宗紀上》：元和三年九月庚寅，"以右僕射裴均檢校左僕射、同平章事、襄州長史，充山南東道節度使"。六年五月"丙午，前山南東道節度使、檢校左僕射、平章事裴均卒"。又見《新書》本傳。上圖藏拓片《唐故朝請大夫唐州長史兼監察御史劉府君（密）墓誌銘并序》（大和六年七月十九日）："貞元十五年，于公頔節度漢南……元和六年，裴均相國領鎮。"《全文》卷六二八吕温《裴氏海昏集序》："以大忠升藩屏……理荆之政，篆在樂石；定蜀之武，藏在册府；漢南之化，方洽於人。"裴氏當即裴均。

李夷簡　元和六年—八年（811—813）

《舊書·憲宗紀上》：元和六年四月"庚午，以户部侍郎、判度支李夷簡檢校禮部尚書、襄州大都督府長史、山南東道節度使"。《憲宗紀下》：元和八年正月"癸未，以山南東道節度使李夷簡檢校户部尚書、成都尹，充劍南西川節度使”。《新書》本傳略同。《全文》卷七九九皮日休《劉棗强碑》：“故相國隴西公夷簡之節度漢南也……先生由是爲漢南相府賓冠。”

袁　滋　元和八年—九年(813—814)

《舊書·憲宗紀下》：元和八年正月癸未，“以户部尚書袁滋檢校兵部尚書、襄州刺史，充山南東道節度使”。九年九月“丙戌，以山南東道節度使袁滋檢校兵部尚書，兼江陵尹、荆南節度使”。兩《唐書》本傳略同。《全文》卷六六一白居易有《除袁滋襄陽節度使制》，當非白氏作。《全文》卷四九一權德輿有《送袁尚書相公赴襄陽序》。

嚴　綬　元和九年—十年(814—815)

《舊書·憲宗紀下》：元和九年九月丙戌，“以荆南節度使嚴綬檢校司空、襄州刺史、山南東道節度使”。十年十一月“乙亥，以山南東道節度使嚴綬爲太子少保”。又見兩《唐書》本傳，《大詔令集》卷一一八《招諭蔡州詔》，《全文》卷六五五元稹《故金紫光禄大夫檢校司徒兼太子少傅嚴公行狀》，《宋高僧傳》卷五《唐代州五臺山清凉寺澄觀傳》，卷一九《唐昇州莊嚴寺惠忠傳附圓寂傳》，上圖藏拓片《唐故朝散大夫檢校太子詹事襄州節度押衙兼管内諸州營田都知兵馬使及車坊使卜府君(瓗)墓誌銘并序》(長慶二年十一月六日)。

李　遜　元和十年—十一年(815—816)

《舊書·憲宗紀下》：元和十年“冬十月庚子，始析山南東道爲兩節度，以户部侍郎李遜爲襄州刺史，充襄復郢均房節度使”。又見兩《唐書》本傳，《全文》卷七五五杜牧《唐故處州刺史李君(方元)墓誌銘并序》。

鄭　權　元和十一年—十二年(816—817)

《舊書·憲宗紀下》：元和十一年七月丁丑，“以河南尹鄭權爲襄州刺史，充山南東道節度使”。又本傳：“〔元和〕十一年，代李遜爲襄州刺史、山南東道節度使。十二年，轉華州刺史、潼關防禦、鎮國軍使。"《新書》本傳略同。

李　愬　　元和十二年—十三年（817—818）

《舊書·憲宗紀下》：元和十二年十一月丙戌朔，"隨唐節度使、檢校左散騎常侍李愬檢校尚書左僕射、襄州刺史，充山南東道節度、襄鄧隨唐復郢均房等州觀察等使"。十三年五月"戊戌，以山南東道節度使李愬爲鳳翔尹、鳳翔隴右節度使"。兩《唐書》本傳略同。又見《元龜》卷三八五，《唐語林》卷四。《會要》卷七八："〔元和〕十三年二月，襄陽節度使李愬奏。"《大詔令集》卷六〇、《全文》卷五八憲宗有《授李愬山南東道節度使制》，《元龜》卷一二八稱此制爲元和十二年十二月。《柳河東集》卷三八有《代李愬襄州謝上表》，卷三六有《上襄陽李愬僕射獻唐雅詩啓》。上圖藏拓片《唐朝散大夫檢校太子詹事襄州節度押衙兼管内諸州營田都知兵馬使及車坊使卜府君（瓘）墓誌銘并序》（長慶二年十一月十六日）："及僕射李公領襄陽……又補宜陽栅都知兵馬使。"

孟　簡　　元和十三年—十四年（818—819）

《舊書·憲宗紀》：元和十三年五月"丙午，以户部侍郎孟簡檢校工部尚書、襄州刺史、山南東道節度使"。又本傳："出爲襄州刺史、山南東道節度使。十四年，敕於穀城縣置群牧，命曰臨漢監，令簡充使。……是歲，改授太子賓客，分司東都。"《新書》本傳略同。上圖藏拓片《唐朝散大夫檢校太子詹事襄州節度押衙兼管内諸州營田都知兵馬使及車坊使卜府君（瓘）墓誌銘并序》（長慶二年十一月十六日）："元和十三年，節度使尚書孟公又補充襄唐兩州營田兵馬使。"《宋高僧傳》卷一五《杭州靈隱山道標傳》："故與之深者有……滑毫節制盧公群、襄陽節制孟公簡。"

李逢吉　　元和十五年—長慶二年（820—822）

《舊書·穆宗紀》：元和十五年正月"丁巳，以劍南東川節度使李逢吉爲襄州刺史,充山南東道節度使"。長慶二年三月癸巳,"以前山南東道節度使李逢吉爲兵部尚書"。又見兩《唐書》本傳。《全文》卷六四七元稹《追封李逢吉母王氏等制》:"使持節襄州刺史李逢吉母贈平陽郡太夫人王氏等,皆朕公卿之母也。"

牛元翼　　長慶二年—三年(822—823)

《舊書·穆宗紀》:長慶二年二月"丙寅,以前成德軍節度使牛元翼檢校工部尚書、襄州刺史,充山南東道節度觀察、臨漢監牧等使"。三年五月,"山南東道節度使牛元翼卒"。《新書》本傳略同。又見《元龜》卷一七七。《全文》卷六四三王起《銀青光禄大夫使持節梓州諸軍事兼梓州刺史充劍南東川節度副大使知節度事馮公神道碑并序》:"天子以深州刺史牛元翼納忠效順,詔除襄州節度使,時重圍不解。"北圖藏拓片《唐故山南東道節度押衙光禄大夫檢校太子賓客前行鄧州長史兼侍御史弘農縣開國男楊公(孝直)墓誌銘并序》(大和九年四月二十五日):"長慶二年,牛尚書元翼□深州圍歸闕……洎鎮漢南,即日奏公鄧州長史,仍隸軍府。"孝直大和九年三月廿五日卒,春秋八十五。

柳公綽　　長慶三年—寶曆二年(823—826)

《通鑑·長慶三年》:"五月壬申,以尚書左丞柳公綽爲山南東道節度使。"《舊書·文宗紀上》:寶曆二年十二月"丙辰,以山南東道節度使柳公綽爲刑部尚書"。按《新書》本傳稱:"寶曆元年,入爲刑部尚書。"《新書》本傳略同。又見《元龜》卷六九一。《全文》卷七一九蔣防有《授柳公綽襄州節度使制》。

李逢吉　　寶曆二年—大和二年(826—828)

《舊書·敬宗紀》:寶曆二年十一月"甲申,以右僕射、同平章事李逢吉檢校司空、同平章事,兼襄州刺史,充山南東道節度使、臨漢監牧使"。又《文宗紀上》:大和二年十月癸酉,"〔以寶易直〕代李逢吉。以逢吉爲宣武軍節度使,代令狐楚"。兩《唐書》本傳略同。《芒洛遺文》

卷中《唐故桂管都防禦觀察等使桂州刺史兼御史大夫劉公（栖楚）墓誌》（大和二年五月十二日）："山南東道節度管内觀察處置、臨漢監牧等使……使持節襄州諸軍事兼襄州刺史上柱國涼國公食邑三千户李逢吉纂。"栖楚大和元年八月卒。

竇易直　　大和二年—四年（828—830）

《舊書·文宗紀上》：大和二年十月"癸酉，以尚書右僕射、同平章事竇易直檢校左僕射、同平章事，充山南東道節度使、臨漢監牧等使，代李逢吉"。又《文宗紀下》：大和四年九月"丙戌，以前山南東道節度使竇易直爲尚書左僕射"。按《舊書》本傳稱："〔大和〕五年，入爲左僕射，判太常卿事。"《新書》本傳不著年月。又見上圖藏拓片《唐故朝議郎檢校□□□□□□襄州别駕上柱國韓昶自爲墓誌銘并序》。

裴　度　　大和四年—八年（830—834）

《舊書·文宗紀下》：大和四年九月"壬午，以守司徒、平章軍國重事、晉國公裴度守司徒，兼侍中，充山南東道節度使"。八年三月"庚午，以山南東道節度使裴度充東都留守，依前守司徒、兼侍中"。兩《唐書》本傳略同。

王　起　　大和八年—九年（834—835）

《舊書》本傳："〔大和〕八年，檢校右僕射、襄州刺史，充山南東道節度……九年，就加銀青光禄大夫……八月，詔拜兵部侍郎，判户部事。"《新書》本傳略同。《舊書·文宗紀下》：大和九年"八月甲戌朔，以户部侍郎李翱檢校禮部尚書，充山南東道節度使，代王起；以起爲兵部尚書，判户部事"。

李　翱　　大和九年—開成元年（835—836）

《舊書·文宗紀下》：大和九年"八月甲戌朔，以户部侍郎李翱檢校禮部尚書，充山南東道節度使，代王起"。又本傳："檢校户部尚書、襄州刺史，充山南東道節度使。會昌中，卒於鎮。"《新書》本傳略同。

《宋高僧傳》卷一七《唐朗州藥山惟儼傳》：“翱乃坐此出爲朗州刺史……末由户部尚書、襄州刺史，充山南東道節度使。”《千唐誌·唐劍南東川節度副使朝議郎檢校尚書屯田員外郎兼侍御史柱國賜緋魚袋支訢妻滎陽鄭氏墓誌銘并序（乾符三年五月十四日）：“侍御娶漢南節度使李文公翱之嫡女。”又見《全文》卷六八七皇甫湜《諭業》，《唐語林》卷四，《廣記》卷一八一引《摭言》。

殷　侑　　開成元年—二年（836—837）

《舊書·文宗紀下》：開成元年七月“辛卯，刑部尚書殷侑檢校右僕射，充山南東道節度使”。二年三月“甲申，以山南東道節度使殷侑爲太子賓客分司”。兩《唐書》本傳略同。

李　程　　開成三年—四年（838—839）

《舊書·文宗紀下》：開成二年三月“甲戌，以左僕射李程爲山南東道節度使”。又本傳：“〔開成〕二年三月，檢校司徒，出爲襄州刺史、山南東道節度使。卒。”《新書》本傳略同。《樊南文集補編》卷五有《上漢南李相公狀》。《全詩補逸》卷一一張祜有《戊午年感事書懷二百韻謹寄獻太原裴令公淮南李相公漢南李僕射宣武李尚書》。按戊午年爲開成三年，“李僕射”即李程。

牛僧孺　　開成四年—會昌元年（839—841）

《舊書·文宗紀下》：開成四年八月“癸亥，以左僕射牛僧孺檢校司空、同平章事，兼襄州刺史，充山南東道節度使”。《通鑑·會昌元年》：閏九月，“以前山南東道節度使、同平章事牛僧孺爲太子太（少）師”。又見兩《唐書》本傳，《金石録》卷三〇《唐牛僧孺碑》，《全文》卷七二〇李珏《故丞相太子少師贈太尉牛公（僧孺）神道碑銘并序》，卷七五五杜牧《唐故太子少師奇章郡開國公贈太尉牛公墓誌銘并序》，卷七一〇李德裕《周秦行紀論》，卷七四一韓昶《自爲墓誌銘并序》。

盧　鈞　　會昌元年—四年（841—844）

《舊書》本傳：“會昌初，遷襄州刺史、山南東道節度使。四年，誅劉稹，以鈞檢校兵部尚書，兼潞州大都督府長史、昭義節度、澤潞邢洺磁觀察等使。”《新書》本傳略同。《通鑑·會昌三年》：“七月，以山南東道節度使盧鈞爲昭義節度招撫使。”《會昌四年》：八月，“罷盧鈞山南東道，專爲昭義節度使”。《全文》卷七〇七李德裕《宰相與盧鈞書》：“聖上以尚書廉簡奉公，和惠恤下，所至之地，皆有能名……故輟自漢南，撫寧上黨。”《寶刻叢編》卷三引《集古録目》：“《唐王粲石井欄記》……又《別記》：唐會昌二年，節度使盧鈞復理粲舊井，別作新井欄而記之。”又見《全文》卷七九五孫樵《復召堰籍》，《廣記》卷五四引《神仙感遇傳》。

鄭　肅　　會昌四年—五年（844—845）

《新書》本傳：“出爲檢校禮部尚書、河中節度使……召爲太常卿。遷山南東道節度使。五年，以檢校尚書右僕射、同中書門下平章事。”《舊書》本傳未及。《新書·宰相表下》：會昌五年“七月，山南東道節度使、檢校尚書右僕射鄭肅本官同中書門下平章事”。《通鑑·會昌五年》七月同。

盧簡辭　　大中元年—二年（847—848）

《舊書》本傳：“大中初，轉兵部侍郎、檢校工部尚書、許州刺史、御史大夫、忠武軍節度使，遷檢校刑部尚書、襄州刺史、山南東道節度使，卒。”《新書》本傳略同。《新表三上》盧氏：“簡辭字子策，山南東道節度使。”《樊南文集補編》卷六有《上漢南盧尚書狀》，卷八有《獻襄陽盧尚書啓》。

高元裕　　大中二年—六年（848—852）

《舊書》本傳：“〔大中〕二年，檢校吏部尚書、襄州刺史、加銀青光禄大夫、渤海郡公、山南東道節度使。入爲吏部尚書，卒。”《新書》本傳：“拜山南東道節度使……在鎮五年，復以吏部尚書召，卒於道。”

《全文》卷七四八杜牧《高元裕除吏部尚書制》："前山南東道節度管内觀察處置等使……使持節襄州諸軍事兼襄州刺史……高元裕……可守吏部尚書。"卷七六四蕭鄴《大唐故吏部尚書渤海高公（元裕）神道碑》："檢校吏部尚書、山南西（東）道節度觀察等使……爲州五歲……大中四（六）年夏六月二十日，次於鄧，無疾暴薨，享年七十六。"《廣記》卷二七八引《集異記》："襄陽節度使高元裕……大中二年，由天官尚書授鉞漢南。"

李景讓　　大中六年—十年（852—856）

《舊書》本傳："大中朝，爲襄州刺史、山南〔東〕道節度使，入爲吏部尚書。十一年，轉御史大夫。"《新書》本傳略同。《全文》卷七六三沈珣《授李景讓襄州節度使制》："天平軍節度使李景讓……宜遷仁於南國。"卷七八六溫庭筠有《謝襄州李尚書啓》。《舊書·宣宗紀》：大中八年三月，"以山南東道節度使、檢校户部尚書、襄州刺史、上柱國、酒泉縣開國子、食邑三百户李景讓爲吏部尚書"。按《輿地紀勝》卷八二襄陽府稱："唐羊公及改墮淚碑，大中九年李景遜（讓）重立，碑在峴山。"又"《唐蜀丞相諸葛公碑》，大中三年李景遜撰，今在隆中"。《寶刻叢編》稱李景讓撰，大中十年立。嚴氏《僕尚丞郎表》以爲《舊紀》之"八年三月"當爲"十年三月"之訛。《隋唐五代墓誌匯編·洛陽卷》第十四册《唐故處士李府君（寧）墓誌銘并序》（大中十年四月二十五日）："堂姪銀青光禄大夫檢校兵部尚書兼襄州刺史御史大夫充山南東道節度觀察處置使上柱國酒泉縣開國男景讓撰。"李寧大中十年二月十日卒，證知大中十年景讓尚在襄州刺史任。

徐　商　　大中十年—咸通元年（856—860）

《舊書》本傳："拜中書舍人、户部侍郎判本司事，檢校户部尚書、襄州刺史、山南東道節度等使。入爲御史大夫。咸通初，加刑部尚書，充諸道鹽鐵轉運使。"《新書》本傳略同。《全文》卷八三懿宗《授徐商崔瑛節度使制》："檢校户部尚書，兼河中尹、御史大夫、上柱國……徐商……可檢校户部尚書，兼襄州刺史、御史大夫，充山南東道節度管內觀察處置等使。"卷七二四李騭《徐襄州（商）碑》："大中十年春，今丞相東海公自蒲移鎮於襄。四十年（應作"十四年"），詔徵赴闕。今天子咸通五年，公爲御史大夫，自始去襄於兹六年矣。"《唐語林》卷二："段郎中成式……退居於襄陽，溫博士庭筠亦謫隨縣尉，節度使徐太師留在幕府。"徐太師即徐商。《通鑑·大中十二年》：十月，"初，山南東道節度使徐商，以封疆險闊，素多盜賊，選精兵數百人別置營訓練，號捕盜將。及湖南逐帥，詔商討之。商遣捕盜將二百人討平之"。

蔣　係　　咸通元年—二年（860—861）

《舊書》本傳："俄檢校户部尚書、鳳翔尹，充鳳翔隴節度使，入爲兵部尚書。以弟伸爲丞相，懇辭朝秩，檢校尚書左僕射、襄州刺史、山南東道節度使。"《新書》本傳："懿宗初，拜兵部尚書，以弟伸位丞相，懇辭，乃檢校尚書右僕射，節度山南東道，封淮陽郡公。徙東都留守，卒。"《寶刻叢編》卷三襄州："《隋興國寺碑并陰》，大興國寺銘，隋李德林撰。……懿宗朝，州刺史蔣係請復寺爲延慶寺，從之。"又卷七引《訪碑錄》："《唐襄州刺史薛係先廟碑》，唐鄭處晦撰，柳公權正書，咸通二年。"按"薛"殆爲"蔣"之訛。

鄭　涯　　咸通二年—四年（861—863）

《通鑑·咸通二年》："冬十月，以御史大夫鄭涯爲山南東道節度使。十一月，加同平章事。"《全文》卷七九宣宗《授鄭涯山南東道節度使制》："金紫光禄大夫、御史大夫、上柱國、滎陽郡公鄭涯……可檢校尚書右僕射，守襄州刺史、御史大夫，充山南東道節度使、管內觀察處置等使。"卷七二八封敖《批鄭涯謝上表》："是用授之鈇鉞，鎮以荆蠻，壓江漢之上游，總吴蜀之都會……知已下車，故多勞止。"按咸通四年秋洛中大水時鄭涯留守洛師，見《劇談錄》。

崔　鉉　　約咸通四年—五年（約863—864）

《舊書》本傳："〔大中〕九年，檢校司徒、揚州大都督府長史，進封魏國公、淮南節度使。……咸通初，移鎮襄州。咸通八年，徐州戍將龐勛自桂管擅還，道途剽掠。鉉時爲荆南節度。”《新書》本傳：“咸通初，徙山南東道、荆南二鎮。”

盧　耽　　約咸通六年—九年（約865—868）

《通鑑·咸通九年》：“九月戊戌，以山南東道節度使盧耽爲西川節度使。”《郎官柱》左司郎中有盧眈，在柳喜、裴寅後，韋退之前。

裴　坦　　約咸通十年—十二年（約869—871）

《寶刻叢編》卷三引《集古録目》：“《唐社稷壇記》，唐容管經略推官皮日休撰，國子監（闕）學博士裴光遠八分，山南東道節度使裴坦新修州之社稷壇，以咸通十二年刻此記。”又引《復齋碑録》：“《唐新創池臺六詠》，唐裴坦撰；正書，無名氏，咸通十一年立，刻於聞喜亭記碑陰。”《新書》本傳未及。《全詩》卷八二八貫休《寄大願和尚》注：“時裴公出守鍾陵，與師同行……裴公鎮襄陽，頻使迎取，師堅不往。”

盧　耽　　咸通十二年—十三年（871—872）

《通鑑·咸通十二年》：“七月，以兵部尚書盧耽同平章事，充山南東道節度使。”

于　琮　　咸通十三年（872）

《舊書·懿宗紀》：咸通十三年二月“丁巳，制以尚書右僕射、門下侍郎、同平章事于琮檢校司空、襄州刺史，充山南東道節度觀察處置等使”。《新書·宰相表下》同。《通鑑·咸通十三年》作“三月丁巳”。《舊書·懿宗紀》：咸通十三年五月“丙子，制開府儀同三司、檢校尚書左僕射、兼襄州刺史、御史大夫、充山南西（東）道節度觀察等使于琮可正議大夫、守普王傅，分司東都”。又見《新書》本傳。《舊書》本傳未及。

楊知溫　　咸通十三年—十四年（872—873）

《舊書》本傳：“入爲翰林學士、户部侍郎，轉左丞。出爲河南尹、陝虢觀察使。遷檢校兵部尚書、襄州刺史、山南東道節度使。"吴氏《方鎮年表》列於咸通十三年至十四年，姑從之。

于　琮　乾符元年—三年（874—876）

《舊書·僖宗紀》：咸通十四年"十一月，以光禄大夫、守太子少傅、駙馬都尉于琮檢校尚書左僕射，兼襄州刺史、御史大夫，充山南東道節度觀察等使"。《通鑑》作乾符元年正月。《新書》本傳："〔韋〕保衡敗，僖宗以太子少傅召。未幾，復爲山南〔東道〕節度使，入拜尚書右僕射。"《舊書》本傳未及。今從《通鑑》。

李　福　乾符三年—六年（876—879）

《舊書》本傳："乾符初，以檢校右僕射、襄州刺史、兼御史大夫，充山南東道節度。四年……就加檢校司空、同平章事。歸朝，終於太子太傅。"《新書》本傳略同。《通鑑·乾符三年》：七月，"詔山南東道節度使李福選步騎二千守汝、鄧要路"。《乾符五年》：正月，"〔楊知温〕遣使告急於山南東道節度使李福"。二月，"加山南東道節度使李福同平章事，賞救荆南之功也"。

劉巨容　乾符六年—光啓元年（879—885）

《通鑑·乾符六年》：十月，"以山南東道行軍司馬劉巨容爲節度使"。《中和四年》：十一月，"山南東道節度使劉巨容奔成都"。按《新書·僖宗紀》：光啓元年四月，"秦宗權陷襄州，山南東道節度使劉巨容奔於成都"。《新書·趙德諲傳》亦云："光啓初，與秦誥、鹿晏弘合兵攻襄州，節度使劉巨容奔成都。"證知劉巨容光啓元年纔離任。又見《新書》本傳，兩《五代史·馮行襲傳》。《寶刻叢編》卷三引《集古録目》："唐新立《鎮南將軍劉表廟碑》，唐陵州刺史劉權撰并書……僖宗時，山南東道節度使劉巨容常夢見之，故爲立廟，巨容自稱裔孫。碑以廣明二年立。"《唐摭言》卷一五："薛能尚書鎮彭門，時溥、劉巨容、周岌俱在麾下。未數歲，溥鎮徐，巨容鎮襄，岌鎮許。"

趙德諲　　光啓元年—景福元年（885—892）

《新書》本傳：“光啓初，與秦誥、鹿晏弘合兵攻襄州，節度使劉巨容奔成都。〔秦〕宗權假德諲山南東道節度留後……明年……舉地附朱全忠……加忠義軍節度使。宗權平，加中書令，封淮安郡王，卒。”又見《舊五代史·趙匡凝傳》《新五代史·梁太祖紀上》。《通鑑·景福元年》：二月，“忠義節度使趙德諲薨，子匡凝代之”。

趙匡凝　　景福元年—天祐二年（892—905）

《通鑑·景福元年》：二月，“忠義節度使趙德諲薨，子匡凝代之”。《光化二年》：十一月，“加忠義節度使趙匡凝兼中書令”。《天祐二年》：九月甲子，“是夕，匡凝焚府城，帥其族及麾下士沿漢奔廣陵”。又見《舊書·昭宗紀》，《新書》本傳，《舊五代史》本傳，《梁太祖紀二》，《十國春秋·吳太祖世家》《前蜀本紀上》，《全文》卷八三三錢珝《襄州節度使趙匡凝妻豫章郡君羅氏可進封燕國夫人制》。

楊師厚　　天祐二年—四年（905—907）

《舊五代史·梁太祖紀》：天祐二年九月，“荊、襄二州平。帝以都將賀瓌權領荊州，楊師厚權領襄州，即表其事”。開平元年十月，“山南東道節度使楊師厚進納趙匡凝束第書籍”。又見《通鑑·天祐二年》九月。兩《五代史》本傳略同。

待考録

李　石

《唐語林》卷四：“崔魏公鉉與江西李侍郎騭，同在李相石襄陽幕中。鉉自下追入，不二年拜丞相。騭時在幕，爲李相草賀書。”兩《唐書》本傳未及。

卷一九〇　鄧州（南陽郡）

隋南陽郡。武德二年改爲鄧州。三年置總管府。四年廢總管府。天寶元年改爲南陽郡。乾元元年復爲鄧州。領縣七：穰、南陽、新野、向城、新城（臨湍）、内鄉、菊潭。

吕子臧　　武德元年（618）

《舊書》本傳："及煬帝被殺，高祖又遣其婿薛君倩賚手詔諭旨，子臧乃爲煬帝發喪成禮，而後歸國，拜鄧州刺史，封南陽郡公……〔朱〕粲果率兵圍之……於是率其麾下赴敵而死。"《新書·高祖紀》：武德元年十月"壬午，朱粲陷鄧州，刺史吕子臧死之"。又見《新書》本傳，《通鑑·武德元年》六月、十月，《元龜》卷四二五、卷七六二。

雷四郎（曹四郎?）　　武德三年（620）

《新書·高祖紀》：武德三年四月"辛酉，王世充陷鄧州，總管雷四郎死之"。《元龜》卷四二五作"曹四郎"，"武德三年九月"戰死。

子　剛　　武德三年（620）

《元龜》卷一二六：武德三年"八月庚子，鄧州豪執王世充所署刺史子剛來降"。《通鑑·武德三年》：八月，"鄧州土豪執王世充所署刺史來降"。未言姓名。

陳君賓 貞觀元年—二年（627—628）

《舊書》本傳：“貞觀元年，累轉鄧州刺史。……二年，天下諸州並遭霜澇，君賓一境獨免。……其年，入爲太府少卿，轉少府少監。”《新書》本傳略同。又見《元龜》卷六七三、卷八二五。《全文》卷九太宗有《勞鄧州刺史陳君賓詔》。

李　鳳 貞觀五年—十年（631—636）

《舊書》本傳：“〔貞觀〕七年，授鄧州刺史。……十年，徙封虢王，歷虢、豫二州刺史。”又見《新書》本傳，《元龜》卷二八一。《大唐故使持節青州諸軍事行青州刺史虢莊王（鳳）墓誌銘并序》：“貞觀五年，有詔除使持節鄧州諸軍事鄧州刺史。……十年詔曰……可改封虢王，食邑如故，仍授使持節虢州諸軍事虢州刺史。”（《唐李鳳墓發掘簡報》，《考古》1977年第5期）則《舊傳》及《元龜》之“七年”當爲“五年”之誤。

李元裕 貞觀十年（636）

《舊書·李元景傳》：貞觀十一年，定制元景等爲代襲刺史，稱“鄧州刺史鄧王元裕”。《新書·李元景傳》同。又見《舊書》本傳，《元龜》卷二八一，《會要》卷四六。《新書》本傳未及。《大詔令集》卷三五岑文本《鄧王元裕等除官制》稱：“鄶王元裕……可使持節鄧州諸軍事鄧州刺史，改封鄧王……貞觀十年正月。”又《鄧王元裕等刺史制》：“鄧州刺史鄧王元裕……可梁州刺史。”又見《全文》卷四、卷六。

張玄素 貞觀末期

《舊書》本傳：“〔貞觀〕十八年，起授潮州刺史，轉鄧州刺史。永徽中，以年老致仕。”《新書》本傳略同。

李元祥 麟德元年前（664前）

《大詔令集》卷三七《册江王元祥郴州刺史文》：“維麟德元年歲次甲子正月己酉朔二十二日庚午，皇帝若曰……鄧州刺史上柱國江王元祥……是用命王爲使持節郿州諸軍事郿州刺史，勳封並如故。"《全文》卷一五四作上官儀文。兩《唐書》本傳未及鄧州。

顔　振　　約高宗時

《唐代墓誌彙編·大唐故秦州都督府士曹參軍（瑤）墓誌銘并序》（景龍四年四月四日）："皇朝鄧州刺史振之孫，延州都督府長史思之子……天喪顔子，今也身亡。"以景龍四年二月三日卒，春秋廿有二。按《唐文拾遺》作"鄭州"，今兩存以備考。

王德本　　高宗時？

《新表二中》京兆王氏："德本，鄧州刺史。"其弟德真，相高宗、武后。疑其刺鄧在高宗時。

趙崇道　　高宗時？

《姓纂》卷七趙氏："崇道，太僕少卿、鄧州刺史。"乃貞觀十二年蒲州刺史趙元楷子，疑仕高宗時。

趙崇孝　　高宗時？

《姓纂》卷七趙氏："崇孝，鄧州刺史。"乃趙崇道弟。

楊守柔　　高宗時？

《新表一下》楊氏越公房："守柔，鄧州刺史。"乃隋安、溫二州刺史楊文偉孫。

楊承緒　　高宗、武后時？

《新表一下》李氏觀王房："承緒，鄧州刺史。"乃隋司隸校尉楊綝孫，岳州刺史楊思禮子。

辛義同　　約武后時

《千唐誌·唐故鼎州三原縣令盧府君夫人辛氏墓誌銘并序》（開

元十六年十月二十三日）：“曾祖宣，隨吏部侍郎……祖偓武，唐太常卿、洺州刺史……父義同，屯田郎中、鄧州刺史……夫人即使君之第七女也……春秋六十有五，以開元五年六月終於河南之歸德里第。”按《姓纂》卷三天水辛氏稱“義同，屯田郎中”，未及刺鄧州事。

楊　亮　　中宗時？

《新表一下》楊氏觀王房：“亮字季昭，鄧州刺史。”其兄楊再思，相武后、中宗。

崔先意　　中宗時？

《新表二下》博陵安平第二房崔氏：“先意，鄧州刺史。”乃永淳中越州都督崔承福子。《全文》卷六三一吕温《銀青光禄大夫守工部尚書致仕博陵崔公（涼）行狀》：“祖諱先意，皇朝朝議大夫、鄧州刺史。”元和三年四月撰。

裴　倦　　睿宗時

《全文》卷五〇六權德輿《唐故正議大夫衛尉少卿聞喜縣開國伯裴君（會）墓誌銘并序》：“贈司空倦，歷給事中、杭鄧二州刺史，君之王父也。”按《咸淳臨安志》謂裴倦中宗時爲杭州刺史。【補遺】《華夏考古》2000年第3期《唐中眷裴氏墓誌叢釋》引《唐故杭州長史臨汾縣男裴公（括）墓誌銘並序》（大曆二年五月廿四日）：“大父倦，金紫光禄大夫、杭州刺史，贈司空。”又引《大唐故揚州大都督府右司馬護軍河東縣開國男食邑三百户裴公（寰）墓誌銘並序》（開成五年十一月六日）：“曾祖諱倦，給事中，杭、鄧二郡守，贈司空。”

姚　彝　　開元初

《新表四下》陝郡姚氏：“彝，鄧、海二州刺史。”乃姚崇子。《全文》卷二七三崔沔《朝議大夫光禄少卿虢縣開國子吳興姚府君神道碑》：“除君隴州刺史，未到官……乃拜鄧州刺史兼檢校商州運漕……以開元四年歲次景辰八月二十六日遘疾終於東都……春秋四十。”《中州金石記》卷二稱：“《光禄少卿姚彝神道碑》，開元五年四月立，崔沔撰，徐嶠之正書。”

李　撝（李成義）　　開元五年（717）

《舊書》本傳：“開元二年，帶司徒兼幽州刺史……歷鄧、虢、絳三州刺史。”又《玄宗紀上》：開元五年十一月，“司徒兼鄧州刺史、申王撝兼虢州刺史”。《新書》本傳未及。

封無待　　開元八年（720）

《千唐誌·大唐鄧州刺史封公故夫人趙國贊皇郡君李氏墓誌銘并序》：“何圖專城赴職，故劍先淪……開元八年九月廿五日終於揚州司馬之官舍。嗣子希奭，奉靈輿而歸洛浦。”證知時鄧州刺史“封公”正“赴職”。按《姓纂》卷一渤海蓨縣封氏：“踐一生無待，刑部郎中。無待生希奭。”《新表一下》封氏亦稱：“無待，刑部郎中。”子希奭。證知希奭父爲封無待，即此州刺史封公。

【補遺】薛　儆　　開元初

拓本《唐銀青光禄大夫駙馬都尉上柱國汾陰郡開國公贈兖州都督薛君（儆）墓誌銘》（開元九年七月）：“拜駙馬都尉、殿中少監，睍親也。加銀青光禄大夫、太僕少卿、上柱國、汾陰公，邑二千，封五百，懋功也。轉岐州刺史，告身御書，明宏也。……換太常少卿，比賢也。……旋拜右常侍，肆其閑養，至誠也。有累授澤鄧二州刺史……除鄆州刺史，踴而不起，無以襲命，綸旨薦及，迫於鴻恩，因乞絳州別駕，以侍松梓，孝也。禮終，轉汾州別駕，遘疾於郡，來朝鎬都，開元八年十二月·七日，春秋卅二，薨於安業里，命也。”（山西省考古研究所《唐代薛儆墓發掘報告》，科學出版社 2000 年版）

楊慎交　　約開元十年（約 722）

《全文》卷二九二張九齡《故特進贈兖州督都駙馬都尉觀國公楊公（慎交）墓誌銘并序》：“復出爲亳、襄、陳、鄧四州刺史。”開元十二年四月卒，春秋五十。按《新書・諸帝公主・長寧公主傳》稱："開元十六年，慎交死"，疑誤。又按長寧公主乃中宗女。

裴參玄　　開元中

《新表一上》中眷裴氏："參玄，鄧州刺史。"《全文》卷二二八張說《贈太尉裴公（行儉）神道碑》："長孫參元，官至涇、鄧二州刺史。"

薛　儆　　約開元中

《新表三下》薛氏："儆，鄧州刺史，駙馬都尉。"乃天寶末汝南太守薛愿之叔。按《新書・諸帝公主・鄎國公主傳》："下嫁薛儆，又嫁鄭孝義。"乃睿宗女。

王　琚　　開元末

《舊書》本傳："〔開元〕二十二年，起復右庶子，兼巂州刺史，又改同、蒲、通、鄧、蔡五州刺史。天寶後，又爲廣平、鄴郡二太守。"《新書》本傳未敘州名。《宋高僧傳》卷九《唐均州武當山慧忠傳》："薄遊吳楚，以至于順陽川焉。卜居黨子之林泉，四十餘祀……開元年中，刺史前中書侍郎開國公王琚，司馬太常少卿趙頤貞……上奏玄宗，徵居香剎，則龍興寺也。"按順陽川屬鄧州地。

李思順？　　開元、天寶間

《全文》卷三二三蕭穎士《爲南陽尉六舅上鄧州趙王箋》："某惶恐叩頭使君節下，小人以蹇淺之姿，承命下吏。"按《舊書・太宗諸子・趙王福傳》："中興初，封蔣王惲孫思順爲嗣趙王。"《新書・太宗諸子・趙王福傳》："無子，神龍初，以蔣王惲孫思順嗣王。"由此證知，蕭穎士文中的"鄧州趙王"疑即思順。

寇　洋　　天寶初

《千唐誌・唐故廣平郡太守恒王府長史上谷寇府君（洋）墓誌銘并序》（天寶七載十一月三十日）："歷吉舒二州刺史，南陽、廣平二郡太守……晚加衰疾，屢表懇辭，由是除恒王府長史。將行，以天寶七載六月十五日薨於外館，春秋八十有四。"又見《唐故朝散大夫守陝州大都督府左司馬上柱國上谷寇公（章）墓誌銘并序》（大中四年正月六日）。

元彦沖　天寶十二載（753）

《元龜》卷六六四："元彦沖玄宗時爲陳留郡太守，充河南道處置採訪使。天寶十二載坐失移官，詔曰……可使持節南陽郡太守。"

魯炅　天寶十五載—至德二載（756—757）

《舊書》本傳："〔天寶〕十五載正月，拜炅上洛太守，未行，遷南陽太守、本郡守捉使，仍充防禦使。尋兼御史大夫，充南陽節度使……炅在圍中一年，救兵不至……至德二年五月十五日，率衆持滿傅矢突圍而出南陽，投襄陽……朝廷因除御史大夫、襄陽節度使。"《全文》卷三六七賈至《授魯炅襄陽郡防禦使制》稱"南陽太守魯炅"。又卷六八九符載《鄧州刺史廳壁記》稱："天寶十五年春，魯炅自商州刺史御史中丞領是州牧……其明年……詔加御史大夫襄鄧節度，復牧我壘。"又見兩《唐書·玄宗紀》，《新書》本傳，《通鑑·至德元載》正月、五月，《會要》卷四五，《元龜》卷八七、卷一二八、卷四四三，《大詔令集》卷一二三，《全文》卷四四《至德二載收復兩京大赦》，《全文》卷三九〇獨孤及《唐故開府儀同三司試太常卿懷州刺史贈太子少傅楊公（承仙）遺愛碑頌并序》、卷五二一梁蕭《冠軍大將軍檢校左衛將軍安定梁公（慎初）墓誌銘并序》等。《新書·方鎮表四》：至德元載，"襄陽、南陽二郡皆置防禦守捉使，尋升南陽防禦爲節度使"。

來瑱　至德元載（756）

《舊書》本傳："魯炅敗於葉縣，退守南陽，乃以瑱爲南陽太守，兼御史中丞，充山南東道節度防禦處置等使以代炅。尋以嗣虢王巨爲御史大夫、河南節度使，因奏炅能守南陽，詔各復本位。"《新書》本傳略同。《全文》卷六八九符載《鄧州刺史廳壁記》："至德初，寇讎滅定，潁國公來瑱以御史大夫代魯公之政。"

魯　炅　　乾元元年—二年（758—759）

《新書》本傳："乾元元年，又加淮西節度、鄧州刺史。"按《舊書》本傳稱"上元二年，爲淮西襄陽節度使、鄧州刺史"，誤。《舊書·肅宗紀》：乾元二年四月"甲辰，以鄧州刺史魯炅爲鄭州刺史，充陳、鄭、潁、亳節度使"。《通鑑·乾元二年》四月同。

李　長　　乾元二年—約上元二年（759—約761）

《全文》卷五二〇梁肅《明州刺史李公（長）墓誌銘》："大曆七年冬十月甲子，前明州刺史李公寢疾終於晉陵之無錫私館……丞相韋見素表公可用牧民，詔攝安州刺史，考績既成，真拜均州治中，遷鄧州。康允之叛，南土大擾，公會諸將，以王命討不臣……由是歷隨、曹、婺三州。"按"康允之叛"當指乾元二年襄州康楚元之亂。

來　瑱　　寶應元年（762）

《舊書》本傳："上元三年……以瑱爲鄧州刺史，充山南東道襄、鄧、唐、復、郢、隨等六州節度，餘並如故。俄而淮西節度王仲昇與賊將謝欽讓戰於申州城下，爲賊所虜……遂以瑱檢校戶部尚書、兼御史大夫、安州刺史，充淮西申、安、蘄、黃、光、沔節度觀察，兼河南陳、豫、許、鄭、汴、曹、宋、潁、泗十五州節度觀察使……寶應元年五月，代宗即位，因復授瑱襄州節度、奉義軍渭北兵馬等使，官如故，潛令裴茙圖之。"《新書》本傳略同。《元龜》卷四三四："來瑱爲山南節度使鄧州刺史，元年建丑月，瑱奏斬汝州逆賊五千餘衆。"

李進超　　大曆中

上圖藏拓片《贈祕書少監趙郡李府君（休）墓誌銘并序》（大曆十三年七月十七日）："天寶九載九月十一日遘疾終於平盧官舍，春秋五十五。……長子進超，皇朝鄧、衛二州刺史、開府儀同三司、行左金吾衛大將軍。"

劉　問　　大曆中？

《匋齋藏石記》卷三三《有唐故成都府司録參軍劉公（繼）墓誌銘并序》：“維大中四年五月五日歿於位……享年七十有九……曾王父問，鄧州刺史。”

姚　憺　　大曆中？

《新表四下》陝郡姚氏：“憺，淮寧節度押衙，攝鄧州刺史。”乃姚崇曾孫。

崔溫之　　大曆中？

《新表二下》博陵安平大房崔氏：“溫之，鄧州刺史。”約貞元十二年尚書右丞崔儆叔。

藺　杲　　建中二年（781）

《舊書·梁崇義傳》：建中二年，“乃加崇義同平章事……兼授其禆將藺杲爲鄧州刺史，遣御史張著賷手詔徵之……藺杲奉詔書，又不敢發，馳詣崇義請命，崇義益疑懼，對著號哭，不受詔”。《新書·梁崇義傳》略同。又見《通鑑·建中二年》四月。

王　某　　貞元二年（786）

《全文》卷六八九符載《鄧州刺史廳壁記》：“景寅歲，皇帝厭亂，淮西始定……是時，天子尤寶鄧爲咽喉之地……詔尚書金部郎中王公綏而治之……朞年而政成……自貞元二年夏五月，郡公名氏品秩……亦列叙其次……五年八月十五日記。”按景（丙）寅歲，即貞元二年。

許仲容　　約貞元前期

《姓纂》卷六安陸許氏：“仲容，鄧州刺史。”《新表三上》同。乃乾元中鄭滑節度使許叔冀子，元和四年試大理評事許志雍父。

張　莒　　約貞元前期

《柳河東集》卷一二《先君石表陰先友記》：“〔張〕式至河南尹，〔張〕莒鄧州刺史。”《廣記》卷二五六引《嘉話録》：“慈恩題名，起自張莒。”

閻　涉（閻陟？）　　約貞元前期

《姓纂》卷五《閻氏》：“涉，鄧州刺史。”乃至德二載睦州刺史閻敬愛子。按韋應物有《酬閻員外陟》詩。

【崔　適　　貞元十二年（796）（未之任）】

《全文》卷五〇二權德輿《朝散大夫使持節饒州諸軍事守饒州刺史上柱國崔君（適）墓誌銘并序》：“貞元十一年……拜倉部郎中……明年，改鄧州刺史，廑蓋將行，又换鄱陽。”貞元十四年卒。

元　洪　　貞元十六年（800）

《舊書·于頔傳》：“鄧州刺史元洪，頔誣以賕罪奏聞，朝旨不得已爲流端州，命中使監焉。至隋州棗陽縣，頔命部將領士卒數百人劫洪至襄州，拘留之……頔又表洪其責太重，復降中使景忠信宣旨慰諭，遂除洪吉州長史，然後洪獲赴謫所。”《新書·于頔傳》略同。又見《通鑑·貞元十六年》五月。

周　澈　　約貞元中

《姓纂》卷五江陵周氏：“澈，鄧州刺史。”按大曆末進士及第，見《權載之集》卷二三《周渭墓誌》。

楊同遴　　約貞元中

《千唐誌·唐故知鹽鐵福建院事監察御史裏行王府君（師正）墓誌銘并序》（大和二年十月十四日）：“年十四，中丞府君（父）棄養……調補汝州郟城縣尉；袟謝，鄧之守楊公同遴以軍從事辟之。”大和二年卒，年四十九。

梁崇嗣　　貞元中？

《隋唐五代墓誌匯編·陝西卷》第四冊《唐銀青光禄大夫檢校國子祭酒前兼彭州别駕御史大夫孫公夫人梁氏墓誌銘并序》（咸通十一年二月二十七日）："曾祖崇嗣，皇鄧州刺史兼御史中丞。祖伯倫，皇曹州刺史，御史大夫。嚴考叔明，皇攝濮州刺史。"夫人卒咸通十一年，享年三十五。

潘　某　　貞元、元和間？

《全詩》卷三一六武元衡有《送鄧州潘使君赴任》。

崔　詠　　元和五年（810）

《舊書·憲宗紀上》：元和五年八月"癸巳，以鄧州刺史崔詠爲邕州刺史、本管經略使"。又見《元龜》卷六八〇。

張正甫　　約元和五年—七年（約810—812）

《白居易集》卷五五《張正甫蘇州刺史制》稱："鄧州刺史張正甫……可蘇州刺史。"《舊書》本傳未及。按元和八年十月正甫由蘇州刺史遷湖南觀察使。又按白居易元和六年四月丁母憂，退居渭村，此制須作於元和六年四月前，然元和六年至七年范傳正在蘇州任，正甫必爲七年接范傳正任者，則由鄧州移蘇州必在元和七年。然則，此制當非白居易作。

渾　鎬　　約元和七、八年（約812、813）

《新書》本傳："歷鄧、唐二州刺史，有政譽。元和中，延州沙院部苦邊吏貪，震擾不安……乃仜鎬延州。會討王承宗，而義武節度使任迪簡病不能軍，以鎬將家可用，乃遷檢校右散騎常侍、義武軍節度副使。俄代迪簡爲使。"《元龜》卷一二〇稱："渾鎬歷延、唐、鄧刺史，及討王承宗……乃令代迪簡爲帥。"歷官次序與《新傳》異。《舊書》本傳未及鄧州，唯稱"歷延、唐二州刺史"。

王 遂 元和九年（814）

《舊書》本傳：“累遷至鄧州刺史。以曉達錢穀，入爲太府卿。”《新書》本傳略同。《元龜》卷六九九：“王遂爲鄧州刺史，元和九年，御史臺奏：遂輒詣觀察使，有違前後敕文，遂坐罰一季俸。”按《會要》卷五八及《元龜》卷四五九並謂元和十五年，太府少卿王遂與户部侍郎判度支潘孟陽以私忿各移職，遂爲鄧州刺史，大誤。兩《唐書·吕元膺傳》稱：潘孟陽與王遂迭相奏論，遂除鄧州刺史，時吕元膺爲尚書左丞，封還詔書。按元膺元和九年在左丞任。又按王遂元和十一年爲宣歙觀察使。

李 愬 元和十一年—十二年（816—817）

《舊書·憲宗紀下》：元和十一年十二月“甲寅，以閑厩宫苑使李愬檢校左散騎常侍，兼鄧州刺史，充唐隨鄧等州節度使”。《全文》卷五八憲宗《授李愬山南東道節度使制》：“唐隨鄧等州節度觀察處置等使通議大夫檢校左散騎常侍使持節鄧州諸軍事兼鄧州刺史御史大夫賜紫金魚袋李愬……可銀青光禄大夫檢校尚書左僕射、使持節襄州諸軍事兼襄州刺史御史大夫充山南東道節度。”《大詔令集》卷六〇作《李愬移鎮加官階爵邑制》，《元龜》卷一二八稱此爲元和十二年十二月丙辰朔壬戌制。又見兩《唐書》本傳，《元龜》卷三八九，《全文》卷六〇〇劉禹錫《賀收蔡州表》、卷七四七奚敬元《唐左羽林大將軍史公（用誠）神道碑》，《唐語林》卷四。

陸 亘 元和十三年？（818？）

《舊書》本傳：“自虞部員外郎出爲鄧州刺史。其後入爲户部郎中、祕書少監、太常少卿，歷刺充、蔡、號、蘇四郡，遷越州刺史、浙東團練觀察等使。”《新書》本傳未及。按大和三年陸亘爲浙東觀察使。

劉 礎 元和十五年（820）

《金石補正》卷七二劉礎《唐幽州節度衙前兵馬使王公夫人故隴西李氏墓誌銘并序》（大和六年五月八日）稱：“〔夫人〕有女一人，早歸於礎。元和之末，穆宗篡位，礎自幽州戎倅作牧南陽，夫人愛女隨焉。"《匋齋藏石記》卷三一、《唐文拾遺》卷二八同。

渾　鏻　　約長慶元年（約 821）

《白居易集》卷四九有《兵部郎中知制誥馮宿侍御史裴注義武軍行軍司馬御史中丞蕭籍饒州刺史齊照鄧州刺史渾鏻並可朝散大夫制》。兩《唐書》本傳未及。

李　肜　　長慶中

《舊書・敬宗紀》：長慶四年"三月庚戌朔，貶司農少卿李肜吉州司馬，以前爲鄧州刺史，坐贓百萬，仍自刻德政碑故也"。又見《元龜》卷六九五、卷七〇〇。

狄兼謨　　約寶曆中

《新書》本傳："歷刑部郎中，蘄、鄧、鄭三州刺史。"《舊書》本傳未及。《元龜》卷六九："開成二年二月……狄兼謨奏本司事，帝亦以三郡（鄧、唐、隋）訪之……以兼謨嘗爲鄧州刺史。"

王　堪　　開成初

《新書・李固言傳》："〔李〕訓敗，文宗頗思之，復召爲平章事，仍判戶部。群臣請上徽號……固言因白鄧州刺史王堪、隋州刺史鄭襄尤無狀。"《元龜》卷六九記此爲開成二年二月事。

周　某　　會昌中？

《樊南文集補編》卷八有《謝鄧州周舍人啓》。

薛　淙　　大中五年？（851？）

《全文》卷七四九杜牧《薛淙除鄧州任如愚除信州虞藏玘除邛州刺史等制》稱："前使持節坊州諸軍事守坊州刺史薛淙等……可依前件。"按此制與除蘇莊制並大中五年冬至六年冬杜牧爲考功郎中知制誥及中書舍人時所作，未知孰爲先。

蘇　莊　　大中六年？（852?）

《全文》卷七四八杜牧《竇宏餘加官依前台州刺史蘇莊除鄧州刺史制》稱："前使持節虔州諸軍事守虔州刺史……蘇莊……可使持節鄧州諸軍事守鄧州刺史。"

【李　回　　大中時（未之任）】

《唐摭言》卷二："大和初，李相回任京兆府參軍，主試，不送魏相公暮，深銜之。會昌中，回爲刑部侍郎……後回謫牧建州，暮大拜，回有啓狀，暮悉不納……於是爲魏相極力鍛成大獄。時李相已量移鄧州刺史，行次九江，遇御史鞫，却回建陽，竟坐貶撫州司馬，終於貶所。"又見《廣記》卷四九八引。兩《唐書》本傳未及刺建州及移鄧州事。又按魏暮大中五年同平章事，至十一年出爲西川節度使，見《新書·宰相表下》。

薛弘宗　　大中九年（855）

《新書·韋澳傳》："爲學士時，帝嘗曰：'朕每遣方鎮刺史，欲各悉州郡風俗者，卿爲朕撰一書。'澳乃取十道四方志，手加紬次，題爲《處分語》。後鄧州刺史薛弘宗中謝，帝敕戒州事，人人驚服。"又見《通鑑·大中九年》五月，《東觀奏記》卷中，《唐語林》卷二。

魏　鑣　　大中十三年（859）

北圖藏拓片《唐故留守李大使夫人曲氏墓誌銘并序》（大中十三年十二月十五日）："朝議郎使持節鄧州諸軍事守鄧州刺史柱國賜緋魚袋魏鑣撰。"

鄭　誠　　約咸通六年—八年（約 865—867）

《閩書》卷七二："鄭誠，字申虞……累官國子司業，刑部郎中，郢、安、鄧三州刺史。"按《淳熙三山志》卷二六《人物類一·科名》稱："會昌二年壬戌鄭顥榜：鄭諴，字申虞，閩縣人，歷刑部郎中，郢、安、定三州刺史。”“定”當爲“鄧”之誤。按《全文》卷八二三黄滔《代鄭郎中上興道鄭相啓》：“洎夫郢俗褰帷，穰城建隼，連叩竹使，尤愧棠陰。”“穰城”即指鄧州，由此知由郢刺换鄧刺，按鄭諴咸通四年爲郢刺。

趙　戎　　中和元年（881）

《舊書·僖宗紀》：中和元年“三月辛亥，黄巢陷鄧州，執刺史趙戎”。又見《通鑑·中和元年》。

國　湘　　光化元年（898）

《舊書·昭宗紀》：光化元年“八月戊午，陷鄧州，執刺史國湘”。又見《趙匡凝傳》，《通鑑·光化元年》八月。

待考録

劉欽忠

《姓纂》卷五弘農劉氏：“欽忠，鄧州刺史。”

李　筌

《雲溪友議》卷上《南陽録》：“李筌郎中爲荆南節度判官，集《閫外春秋》十卷……筌後爲鄧州刺史……一夕，三更，東南隅忽見異氣……重令於村落搜訪之，乃得牧羊胡婦一子……則安禄山生於南陽，異人先知之矣。”

薛　晃

《新表三下》薛氏：“晃，鄧州刺史。”乃普州刺史薛昭孫。

卷一九一　唐州（顯州、淮安郡）

隋淮安郡。武德四年改爲顯州，置總管。五年又分置唐州。七年改爲都督府。貞觀元年罷都督府。九年改顯州爲唐州。天寶元年改爲淮安郡。乾元元年復爲唐州。天祐三年朱全忠徙治泌陽，改名泌州。領縣七：比陽、慈丘、桐柏、平氏、湖陽、方城、上馬（泌陽）。

田　瓚　　武德三年（620）

《舊書‧高祖紀》：武德三年六月“甲寅，顯州長史田瓚殺行臺尚書令楊士林，叛附於王世充”。《通鑑‧武德三年》：六月，“〔王〕世充以〔田〕瓚爲顯州總管”。九月“癸酉，王世充顯州總管田瓚以所部二十五州來降……丙戌，以田瓚爲顯州總管，賜爵蔡國公”。又見《元龜》卷一二六。

鄭福祥　　約貞觀中

《金石補正》卷五三《大唐故寧州豐義縣令鄭府君（溫球）墓誌銘并序》：“曾祖遜，隨鴻臚卿、河南公。祖福祥，皇唐州刺史。”溫球卒開元十四年七月二十九日，年五十八。其祖約仕貞觀中。又見《唐文拾遺》卷一八。

周仲隱　　貞觀二十一年—二十三年（647—649）

上圖藏拓片《大唐故上柱國通直散騎常侍使持節唐州諸軍事唐州刺史平輿縣開國公周府君（仲隱）墓誌銘并序》：“〔貞觀〕廿一年，改授使持節唐州諸軍事唐州刺史,封如故。……以貞觀廿三年正月廿日薨於官舍,春秋六十七。"按《姓纂》卷五潯陽周氏稱:"仲隱,唐平州刺史。"

樂彥瑋　　約龍朔中

《舊書》本傳:"顯慶中,爲給事中……彥瑋尋丁憂,起爲唐州刺史。及入辭,高宗記其言直,復拜東臺舍人。"《新書》本傳未及,唯云:"麟德元年,以西臺侍郎同東西臺三品。"

元義端　　高宗時

《唐長安城郊隋唐墓·大周定王掾獨孤公故夫人元氏墓誌銘并序》:"父義端,唐尚乘、尚食二奉御,唐、易、魏三州刺史。"元氏卒儀鳳二年八月三日,春秋廿七。長安二年遷窆。

王德玄　　約高宗、武后間

《新表二中》京兆王氏:"德玄,倉部郎中、唐州刺史。"《全文》卷三三一楊綰《汾陽王妻霍國夫人王氏神道碑》:"曾祖德玄,銀青光祿大夫唐州刺史。"夫人享年七十二,大曆十二年正月辛未卒。

李上善　　天授元年(690)

《嚴州圖經》卷一題名:"李上善,天授元年九月九日自唐州刺史拜。"

李千里(李仁)　　天授中

《舊書》本傳:"後改名千里。天授後,歷唐、廬、許、衛、蒲五州刺史。"《新書》本傳未及。又見《元龜》卷二八一。

高　詢　　中宗時?

《全詩》卷九六沈佺期有《餞高唐州詢》。又卷五四崔湜有《餞唐州高使君赴任》,卷六九韋元旦,卷七三蘇頲,卷七六徐彥伯,卷八七張説，卷九二李乂，卷九三盧藏用、岑羲、馬懷素，皆有同題詩。

劉知柔　　睿宗時？

《舊書》本傳：“歷荆、揚、曹、益、宋、海、唐等州長史、刺史，户部侍郎，國子司業，鴻臚卿，尚書右丞，工部尚書，東都留守。”《新書》本傳未及。按嚴氏《僕尚丞郎表》謂開元元年由荆州長史遷户部侍郎。

侯莫陳起　　約開元前期

《姓纂》卷五河南侯莫陳氏：“起，唐州刺史。”乃開元時右羽林軍長侯莫陳超兄。

白知節　　開元十三年(725)

《元和郡縣志》卷二一唐州泌陽縣：“貞觀元年廢，入湖陽縣。開元十三年，刺史白知節奏復置。天寶元年改爲泌陽。”

李適之　　開元中

王得臣《麈史》卷中《碑碣》：“予元祐丁卯，假守唐州。唐時治今比陽縣，後徙泌陽，今治是也。按開元間李適之嘗爲唐州刺史，既去，有德政碑，乃張九皋之文……予嘗閲之。因求諸新舊史，皆不載適之爲是州刺史，不知何也。”

李如玉　　約開元中

《新書・宗室世系表上》蜀王房：“唐州刺史、隴西縣男如玉。”按其祖奉慈，武德初封渤海王，顯慶中累遷原州都督，薨。見《舊書・李博乂傳》。

李　浦　　約開元末期

《李太白文集》卷三〇《虞城縣令李公(錫)去思頌碑并序》：“父浦，郢、海、淄、唐、陳五州刺史，魯郡都督，廣平太守。”

張思鼎　　開元末期

《千唐誌・大唐故朝散大夫使持節唐州諸軍事守唐州刺史張公（思鼎）墓誌銘并叙》（天寶三載閏二月八日）：“遷比部郎中……改唐州諸軍事唐州刺史，加朝散大夫……非辜而黜，貶清源郡長史。無何，恩許復職……未召拜，以天寶初載歲次敦牂七月二旬有六日遘癘虐疾終於郡之官舍，春秋六十七。”

張九皋　　天寶初期

《舊書・張九齡傳》：“弟九皋，自尚書郎歷唐、徐、宋、襄、廣五州刺史。”《新書・張九齡傳》未及。《全文》卷三五五蕭昕《唐銀青光禄大夫嶺南五府節度經略採訪處置等使攝御史中丞張公（九皋）神道碑》：“及元昆出牧荆鎮，公亦隨貶外臺，遂歷安康、淮安、彭城、睢陽四郡守。”天寶十四載卒，春秋六十有六。按其兄張九齡開元二十五年出爲荆州大都督府長史。

蘇　顏　　天寶中

《姓纂》卷三郱西蘇氏：“顏，淮安太守，左武衛將軍。”《新表四上》同。乃蘇頲弟。

薛　融　　天寶中

《千唐誌・唐故河南府密縣丞河東薛府君（迅）墓誌銘并序》（貞元十七年十一月十二日）：“先考諱融，皇中大夫、淄川、上洛、淮安、清河郡四太守……公即清河府君之第五子也……天寶十三載，州舉孝廉，弱冠擢第……俄及家艱，哀過於禮。屬幽燕叛换。”貞元十七年卒，春秋七十九。據此，則生於開元十　年，天寶十三載時已三十二歲，不可言弱冠，恐年齡有誤。

崔　暉　　代宗時？

《新表二下》崔氏清河大房：“暉，唐州刺史。”乃宣宗時宰相崔龜從曾祖。

鄭文簡 大曆中

《宋高僧傳》卷二九《唐懷安郡西隱山進平傳》：“後至唐州，遂居西隱山。刺史鄭文簡請入城，闡揚宗旨。示滅年八十一，大曆十四年三月入塔。”

劉子驥 約建中時

《全文》卷六五四元稹《唐故使持節萬州諸軍事萬州刺史劉君墓誌銘》：“子驥官至銀青光禄大夫唐州刺史，與周增等謀潰李希烈，覺，皆殺之。君實唐州之長子。”

薛　翼 貞元二年（786）

《新書·德宗紀》：貞元二年“七月，李希烈將薛翼以唐州降”。《元龜》卷一六五：貞元二年“七月，以……薛翼爲唐州刺史”。

竇　群 元和元年（806）

《舊書》本傳：“憲宗即位，轉膳部員外，兼侍御史知雜，出爲唐州刺史。節度使于頔素聞其名……奏留充山南東道節度副使、檢校兵部郎中、兼御史中丞，賜紫魚袋。宰相武元衡、李吉甫皆愛重之，召入爲吏部郎中。”《新書》本傳略同。又見《元龜》卷七二九，《全文》卷七六一褚藏言《竇群傳》，《唐才子傳》卷四。

李道古 約元和四年—六年（約809—811）

《舊書》本傳：“歷利、隨、唐、睦四州刺史，由黔中觀察爲鄂岳河蘄安黄團練觀察使，時元和十一年也。”《新書》本傳略同。又見《元龜》卷二九八，《宋高僧傳》卷一〇《唐唐州紫玉山道通傳》。《嚴州圖經》卷一題名：“李道古，元和六年六月三日自唐州刺史拜。”《韓昌黎集》卷三二《唐故昭武校尉守左金吾衛將軍李公（道古）墓誌銘》：“憲宗即位，選擇宗室，遷尚書司門員外郎，以選爲利、隨、唐、睦州刺史，遷少宗正。元和九年，以御史中丞持節鎮黔中。”又卷六《曹成王碑》略同。

渾　鎬　　約元和七年（約 812）

《舊書》本傳：“歷延、唐二州刺史。”《新書》本傳：“歷鄧、唐二州刺史。”《元龜》卷一二〇：“渾鎬歷延、唐、鄧州刺史，及討王承宗……及令代〔任〕迪簡爲〔義武軍〕帥。”

田秀誠（田進誠）　　元和九年（814）

《全文》卷四八二林蘊《上宰相元衡宏靖論兵書》：“昨者制置，已得其人：則陳許李光顏，安州李聽，唐州田秀誠，切忠的立（？）。”按武元衡元和八年至十年爲相，張弘靖元和九年至十一年爲相。李光顏元和九年爲陳許節度，李聽元和九年爲安州刺史。《新書·李吉甫傳》：“後田弘正以魏歸，吉甫知魏人謂田進誠才，而唐州乃蔡喉衿，請拔進誠爲刺史，以臨賊境，且慰魏心。”按田弘正以魏歸國在元和八年二月。疑進誠即秀誠。

令狐通　　約元和十年（約 815）

《隋唐五代墓誌匯編·洛陽卷》第十四册《唐故棣州刺史兼侍御史燉煌令狐公（梅）墓誌銘并序》（大中十年四月二十二日）：“皇考歷宿、陳、壽、淄、唐、泗等六郡太守，官兼御史中丞，唐、陳二州皆經再授。凡專城之任者八，贈右散騎常侍，諱通。公即先公常侍第二子也。”大中八年卒，年六十二。按令狐通元和九年由泗刺遷壽州，十五年在淄州任。

高霞寓　　元和十年—十一年（815—816）

《舊書·憲宗紀下》：元和十年十月庚子，“以右羽林將軍高霞寓爲唐州刺史，充唐隨鄧節度使”。十一年“秋七月丁丑，貶隨唐節度使高霞寓爲歸州刺史”。又見兩《唐書》本傳。上圖藏拓片《唐朝散大夫檢校太子詹事襄州節度押衙兼管内諸州營田都知兵馬使及車坊使卜府君（璀）墓誌銘并序》（長慶二年十一月十六日）：“元和十一年蔡師反側，王命以尚書高公充唐隨等州節度使。”北圖藏拓片《唐沔王府諮議參軍張公（侔）墓誌銘并序》（大和三年十月二十三日）：“公之元舅司徒高公……諱霞寓，嘗隨族父崇文平劍南西川寇難，論功第一，徵拜衞將軍，尋授振武軍節度使，又轉唐鄧、邠寧慶道節度使。"

袁 滋　　元和十一年(816)

《舊書·憲宗紀下》：元和十一年七月丁丑，"以荊南節度使袁滋爲唐州刺史、彰義軍節度使、申光唐蔡隨鄧州觀察使，權以唐州爲理所"。又見兩《唐書》本傳、《吳元濟傳》。

陽　旻(楊旻)　　元和十一年(816)

《舊書·憲宗紀下》：元和十一年七月"戊寅，以隨州刺史楊旻爲唐州刺史，充行營都知兵馬使。以〔袁〕滋儒者，故復以旻將其兵"。《新書》本傳："王師討吳元濟，以唐州刺史提兵深入二百里……以功加御史中丞。容州西原蠻反，授本州經略招討使，擊定之。"又見《新書·袁滋傳》《西原蠻傳》。《元龜》卷一二〇作"以徐州刺史楊旻爲唐州刺史兼御史中丞"，誤。

李進誠　　元和十二年(817)

《通鑑·元和十二年》：三月"戊子，〔李〕愬引兵至文城西五里，遣唐州刺史李進誠將甲士八千至城下，召秀琳"。

令狐通　　約元和十三年—十四年(約818—819)

《隋唐五代墓誌彙編·洛陽卷》第十四冊《唐故棣州刺史兼侍御史燉煌令狐公(梅)墓誌銘并序》(大中十年四月二十二日)："皇考歷宿、陳、壽、淄、唐、泗等六郡太守，官兼御史中丞，唐、陳二州皆經再授。凡專城之任者八，贈右散騎常侍，諱通。"此當爲"再授"。

桂仲武　　元和十四年(819)

《舊書·憲宗紀下》：元和十四年十月"丙寅，以唐州刺史桂仲武爲安南都護"。又見《李象古傳》，《新書·西原蠻傳》，《通鑑·元和十四年》十月。

韋　彪　　約元和十五年(約 820)

《白居易集》卷五〇有《唐州刺史韋彪授王府長史楊歸厚授唐州刺史劉旻授雅州刺史制》。《新表四上》東眷韋氏彭城公房:"彪,唐州刺史。"

楊歸厚　　長慶元年(821)

《白居易集》卷五〇有《楊歸厚授唐州刺史制》。按歸厚元和十四年在萬州刺史任。長慶四年在壽州刺史任。《全文》卷六一〇劉禹錫《祭虢州楊庶子文》:"五剖竹符,皆有聲績。南湘潛化,巴人啞啞;比陽布和,戰地盡闢;壽春武斷,姦吏奪魄。"比陽,即指唐州。《全詩》卷三五五劉禹錫有《春日寄楊八唐州二首》、卷三六一有《寄唐州楊八歸厚》。

王　翼　　寶曆、大和間?

《千唐誌・唐故正議大夫守殿中監致仁上柱國賜紫金魚袋太原王府君(翼)墓誌銘并序》(大和八年正月二十日):"次任檢校大理少卿兼侍御史權知唐州刺史。"大和七年卒,享年八十六。

趙　蕃　　開成二年(837)

《元龜》卷六九:"〔開成〕二年二月,帝御紫宸殿謂宰臣曰:且聞外郡甚有無政處,卿亦知否……唐州是趙蕃否……狄兼謨曰……唐州趙蕃,未聞有過。"又見卷一〇四。

崔　某　　開成五年(840)

《白居易集》卷三五有《送唐州崔使君侍親赴任》詩,《全詩》卷三五七劉禹錫有《洛中送崔司業使君扶侍赴唐州》。朱金城《白居易年譜》及卞孝萱《劉禹錫年譜》皆繫於開成五年。

蔣　係　　會昌中

《新書》本傳:"開成末,轉諫議大夫。宰相李德裕惡李漢,以係友婿，出爲桂管觀察使，人安其治。復坐贓貶唐州刺史。宣宗立，召爲給事中、集賢殿學士判院事。”《舊書》本傳未及唐州，餘同。

鄭　某　　大中八年（854）

上圖藏拓片《曹州刺史崔鞏墓誌》（大中九年二月二十三日）：“今唐州尚書鄭公初拜尹京，志在求理，飽君才實，奏充京兆司録。”大中八年十一月十二日卒。按大中八年前姓鄭之京兆尹可考者最遲爲鄭復，開成四年在任。未知是否此人。

楊　戴　　咸通八年（867）

《千唐誌·唐故鄉貢進士南陽郡張公（曄）墓誌銘》（咸通十一年十一月十二日）：“又今尚書右司郎中楊戴爲淮安太守時，制一叙獎公之文曰：‘張氏子用古調詩應進士舉，大中十三年，余爲監察御史，自臺暮歸，門者執一軸曰：張某文也。閱於燈下……余遂矍然掩卷，不知所以爲激嘆之詞……中第二紀，爲明時御史，張子尚困於塵坌，猶是相校，得無愧於心乎？’”張曄咸通十一年卒，春秋五十五。《全詩》卷五五九薛能有《寄唐州楊郎中》，當即楊戴。據友人陶敏考證，楊戴刺唐在咸通八年。

楊　磻　　咸通十二年（871）

《千唐誌·唐唐州楊使君第四女墓誌銘并序》（楊安期撰，咸通十二年五月二十七日）：“管管，小字也，實嚴君之第四女……以咸通十二年四月二十有三日，寢疾卒於唐州之官舍，享年廿有一。”按《新表一下》楊氏越公房：“安期，字樂全。”其父名“磻，字後隱，水部郎中”，證知此楊安期“嚴君”之“楊使君”爲楊磻。

趙匡凝　　中和時？—景福元年（？—892）

《舊五代史》本傳：“匡凝以父功爲唐州刺史……及德諲卒，匡凝自爲襄州留後，朝廷即以旄鉞授之。”《新書》本傳略同。按《通鑑·景福元年》：二月，“忠義節度使趙德諲薨，子匡凝代之”。

趙匡璠　景福元年—光化元年(892—898)

《舊五代史·梁太祖紀二》:光化元年"七月,帝遣氏叔琮率師伐之。未幾,其泌州刺史趙璠越壔來降"。又見《趙匡凝傳》,《元龜》卷一八七。《新書·趙匡凝傳》作"趙匡璠"。

孫審符　天祐三年(906)

《會要》卷七一:"唐州……天祐三年四月,刺史孫審符奏,移理所於泌陽縣焉。"

待考録

李　批

《全詩》卷五二四杜牧有《寄唐州李批(一作玭,誤)尚書》。按大和九年至開成三年在黔中任,李批會昌元、二年在兗州刺史任,三、四年在平盧節度任,大中元、二年在廣州任,三、四年在鳳翔任。吳氏《方鎮年表》謂唐州疑爲襄州之誤,然無根據。

卷一九二　隋州（漢東郡）

　　隋漢東郡。武德三年改爲隋州。天寶元年改爲漢東郡。乾元元年復爲隋州。領縣四：隋、光化、棗陽、唐城。

徐　毅　　武德三年（620）

　　《通鑑·武德三年》：十二月"辛丑，王世充隨州總管徐毅舉州降"。《元龜》卷一二六同。

王　裕　　武德初期

　　《舊書·王方翼傳》："祖裕，武德初隋州刺史，裕妻即高祖妹同安大長公主也。"又見《新書·王方翼傳》《同安公主傳》。

唐　懿　　武德中？

　　《新表四下》唐氏："懿，字君德，隋、相二州刺史。"乃後周儀同三司唐永之孫。岑仲勉《貞石證史·新唐書世系表之唐貞休》謂懿當仕於唐初。

來　志　　貞觀中？

　　上圖藏拓片《大唐元府君故夫人來氏（香兒）墓誌銘并序》（天寶六載四月四日）："曾祖志，隨州刺史；祖□，蘭州長史；父貞，衛州衛縣丞。夫人即衛縣府君之元女也。"天寶五載卒，春秋四十四。

元　濬　　貞觀中？

北圖藏拓片《大唐京兆府美原縣丞元府君（復業）墓誌銘》（廣德元年八月十四日）：“曾祖濬，皇隨州刺史、左武衛大將軍、襲雲寧公；祖乾直，泗州刺史；父思莊，朝散大夫右肅政臺侍御史……府君，侍御之第四子也。”復業卒開元二十八年，春秋六十。

張崇基　　貞觀中？

北圖藏拓片《大唐故銀青光禄大夫太僕卿上柱國張府君（去逸）墓誌銘并序》（天寶七載九月十七日）：“祖崇基，皇隨、延二州刺史；考守讓，皇銀青光禄大夫涇州刺史贈凉州都督。”去逸卒天寶七載，春秋五十六。

尤知欽　　高宗時

《嚴州圖經》卷一題名：“尤知欽，□□□年二月十九日自隨州刺史拜。”其前爲乾封元年之高擇言，其後爲永隆元年之高真行。

劉崇術　　垂拱元年（685）

《姓纂》卷五彭城劉氏：“崇術，隨州刺史。”乃貞觀中梁州都督德敏子。《新表一上》劉氏同。《千唐誌·唐故昌平縣開國男天水趙君（字承慶）墓誌銘并序》：“以垂拱元年正月十三日薨於私第，春秋廿有三……□婚劉氏，結影夜臺，夫人即隨州刺史之□女。”“隨州刺史”疑即劉崇術。

李上金　　永昌元年—天授元年（689—690）

《舊書》本傳：“永昌元年，授太子左衛率，出爲隨州刺史。”又《則天皇后紀》：載初元年七月“丁亥，殺隨州刺史澤王上金”。又見《通鑑·天授元年》七月，《元龜》卷二九五。《新書》本傳未及刺隨州事。

于復業　　約證聖中

《全文》卷二四二李嶠《授于復業太子中允制》：“新除朝議大夫守

隨州刺史于復業……可守太子中允，散官如故。"按李嶠神功元年閏十月前在鳳閣舍人任。《郎官柱》主客郎中有于復業，在王叔偲後，郭元振前。

于大猷 聖曆元年—二年（698—699）

《姓纂》卷二河南洛陽于氏："大猷，隨州刺史。"《全文》卷二三七《明堂令于大猷碑》："聖曆元年，除使持節隨州諸軍事隨州刺史……聖曆二年，制除雍州明堂縣令。"

王希儁 約武后末

《全文》卷二九三張九齡《故太僕卿上柱國華容縣男王府君墓誌銘并序》（咸通八年二月一日）："俄遷隨州刺史……再領遂、綿二州刺史……乃拜相州刺史。景雲歲……遂作越州都督。"上圖藏拓片《唐故滑州匡城縣令王公（虔暢）墓誌銘并序》（咸通八年二月一日）："秦漢以降，代光史册；及國朝則材冠群英、名高華省曰守真……實生希儁，官隨、遂、綿、相、越五州刺史，有政術，爲良二千石……謚貞公。"北圖藏拓片《唐故潞府參軍博陵崔公夫人琅邪王氏墓誌銘并序》（元和十四年四月二十六日）："曾王父希儁，皇銀青光禄大夫隨遂綿相越五州刺史，京兆尹，太僕卿，華容縣開國男，謚曰貞公。"夫人卒元和十四年，享年八十。

喬侃 中宗時？

《全詩》卷九五沈佺期有《送喬隨州侃》。按《舊書》本傳唯云："開元初爲兗州都督"，未及刺隨州事。

源㫬 睿宗時？

上圖藏拓片有《唐故□持節隨州諸軍事隨州刺史河南源公（㫬）墓誌銘并序》（開元十年三月一日），開元十年二月九日卒，春秋八十。《芒洛四編》卷五《大唐故汴州尉氏縣尉楊府君夫人河南源氏墓誌銘并序》（開元二十九年五月二十三日）："父㫬，皇朝隨州刺史……夫人即隨州府君元女也。”開元廿九年五月四日卒，享年六十七。

李　敬　　約開元初

《千唐誌·唐故莊州都督李府君墓誌銘并序》（開元十二年十二月十一日）：“君諱敬，字守禮，隴西成紀人也……授隨州刺史，又除莊州都督。”開元十年七月三十日卒，春秋七十四。

李　鋭　　約開元中

《新書·宗室世系表上》蔡王房：“隨州刺史鋭。”乃唐初漢陽王李瓌曾孫，兗州長史李沖寂孫，中部郡太守李惇堂兄。

楊　濯　　約開元中

《新表一下》楊氏觀王房：“濯，隋州刺史。”乃開元中朔方節度使楊執一子。《全詩》卷一六〇孟浩然《唐城館中早發寄楊使君》，疑即楊濯。

宋　尚　　約天寶初

《舊書·宋璟傳》：“子昇，天寶初太僕少卿。次尚，漢東太守。”《新書》本傳、《新表五上》宋氏同。《姓纂》卷八廣平宋氏：“〔尚，〕隨州刺史。”奪“尚”字，應補。《全文》卷三四三顏真卿《有唐開府儀同三司行尚書右丞相上柱國贈太尉廣平文貞公宋公（璟）神道碑銘》：“公有七子……尚，漢東太守。”璟薨開元二十五年，享年七十五。

王忠嗣　　天寶七載—八載（748—749）

《舊書》本傳：天寶六載“十一月，貶漢陽太守。七載，量移漢東郡太守。明年，暴卒，年四十五”。又見《新書》本傳，《元龜》卷八二五。《全文》卷三六九元載《朔方河東河西隴右節度使御史大夫贈兵部尚書太子太師清源公王府君（忠嗣）神道碑銘并序》：“黜守沔上，没於漢東。”

盧　昂　　約乾元中

上圖藏拓片《唐故中大夫澧州刺史賜紫金魚袋范陽盧府君（昂）墓誌銘并序》（大和三年十月二十六日）：“自郎將謫鄧州司馬，以勞錫金紫貴階，擢隋州刺史，改澧州刺史，治四歲而盜息民阜，俗欣所戴。及符節受代，屬時難俯定，國步猶梗……以永泰元年六月十八日傾背於郡之東郭別墅，享壽七十。”

鄭元久　　蕭宗時？

《唐故崇陵挽郎滎陽鄭府君（紹方）墓誌銘并序》（太常少卿裴次元撰）：“高祖乾瓚，皇京兆府金城令；生監察御史、隨州刺史元久；隨州生皇鴻臚寺丞、贈左贊善大夫景之；贊善生烈考皇尚書倉部員外郎澍；君即倉部之元子也。”紹方元和四年卒，四十二歲（《河南偃師杏園村的六座紀年唐墓》，《考古》1986 年第 5 期）。

李　長　　約上元、寶應間

《全文》卷五二〇梁肅《明州刺史李公（長）墓誌銘》：“大曆七年冬十月甲子前明州刺史寢疾終……歷隨、曹、婺三州，三州輯寧，徵傅韓王……出爲梓州，又換明州……享年七十。”

劉福遊　　約大曆四年（約 769）

《隋唐五代墓誌匯編·陝西卷》第一冊《元從朝散大夫行内侍省内常侍員外置同正員孫公故妻彭城郡夫人劉氏墓誌銘》（大曆七年七月二十三日）：“九兄福遊，隨、饒兩州刺史。十一兄福仙，左衛將軍。七姊魚軍容之妻，國夫人也。”卒年二十八。

劉長卿　　建中元年—三年（780—782）

《姓纂》卷五諸郡劉氏：“長卿，隨州刺史。”《全文》卷九一七清晝《贈包中丞書》：“隨州劉使君長卿，前殿中皇甫侍御曾嘗所稱耳。”又卷四九〇權德輿《秦徵君校書與劉隨州唱和詩序》：“故隨州劉君長卿……彼漢東守嘗白以爲五言長城。”按《劉隨州集》卷四有《行營酬呂侍御時尚書問罪襄陽軍次漢東境上》詩，據傅璇琮考證：“尚書”指檢校禮部尚書淮西節度使李希烈，“問罪襄陽”指建中二年六月李希烈征討襄州梁崇義，時劉長卿在漢東任（《唐代詩人叢考·劉長卿事迹考辨》）。又見《新書·藝文志四》，《唐語林》卷四，《宋高僧傳》卷一五《唐杭州靈隱山道標傳》。蔣寅考證：據《全詩》卷一四八劉長卿《登遷仁樓酬子婿李穆》，證知其在春日赴任。又據《全詩》卷一五一劉長卿《聞虞沔州有替將歸上都登漢東城寄贈》，虞當任沔州在建中元年，故證知長卿於建中元年春始任隋州刺史。

李　佐　　約建中三年（約782）

《全文》卷七八四穆員《京兆少尹李公（佐）墓誌銘》：“三遷至監察御史……又遷中（申？）州刺史，戎師作亂，移公隋州。其後僭逆，以公先奉太夫人在外，疑焉，折簡招公……元凶使其徒來劫。”按“戎師作亂”疑指李希烈，乃建中三年事。

曹季昌？　　建中四年（783）

《新書·德宗紀》：建中四年八月“乙卯，希烈將曹季昌以隨州降”。按頗疑曹季昌即李惠登之誤，參下條。

李惠登　　建中四年—貞元二十年（783—804）

《舊書》本傳：“李希烈反，授惠登兵二千，鎮隨州。貞元初，舉州歸順，授隨州刺史、兼御史中丞……二十年間，田疇闢，戶口加……及于頔爲山南東道節度，以其績上聞，加御史大夫，升其州爲上。”又《伊慎傳》，“〔李〕希烈死，李惠登爲賊守隋州，慎飛書招諭，惠登遂以城降，因密奏惠登可用，詔授隨州刺史”。《新書》本傳、《伊慎傳》略同。又見《通鑑·貞元元年》四月，《御覽》卷二五八，《元龜》卷一六五、卷四二六、卷六七三、卷六七七，《國史補》卷中，《唐語林》卷二。《會要》卷六八：“貞元二十年，贈故隨州刺史李惠登洪州都督。”《全文》卷四九八權德輿《唐故光祿大夫檢校尚書右僕射兼右衛上將軍南充郡王贈太子太保伊公（慎）神道碑銘并序》：“〔興元〕二年五月引兵攻隨……表僞署刺史李惠登爲之刺史。"

李道古 約元和二年—三年（約 807—808）

《舊書》本傳："歷利、隋、唐、睦四州刺史，由黔中觀察爲鄂岳沔蘄安黃團練觀察使，時元和十一年也。"《新書》本傳略同。又見《元龜》卷二九八。《韓昌黎集》卷三二《唐故昭武校尉守左金吾衛將軍李公（道古）墓誌銘》："憲宗即位，選擇宗室，遷尚書司門員外郎，以選爲利、隨、唐、睦州刺史，遷少宗正。元和九年，以御史中丞持節鎮黔中。"卷六《曹成王碑》同。

李 程 元和三年—七年（808—812）

《新書》本傳："元和三年，出爲隨州刺史，以能政賜金紫服。李夷簡鎮西川，辟成都少尹。"《舊書》本傳未及。《重修承旨學士壁記》："李程……〔元和〕三年七月二十三日知制誥，其年出院，授隨州刺史。"《白居易集》卷五四《除李程郎中制》稱"隨州刺史李程"，又卷五五《李程行軍司馬制》稱："隋州刺史李程……漢南大郡，守之五年，頗著良能，宜當選獎……可御史中丞、劍南西川行軍司馬。"按李夷簡爲西川節度在元和八年正月癸未，見《舊書·憲宗紀下》。

陽 旻 約元和十年—十一年（約 815—816）

《舊書·憲宗紀下》：元和十一年七月"戊寅，以隨州刺史楊旻爲唐州刺史，充行營都知兵馬使"。《新書》本傳未及隨州。

史 旻？ 元和十二年（817）

《通鑑·元和十二年》：十月"辛未，李愬命馬步都虞候、隨州刺史史旻留鎮文城"。疑"史旻"爲"陽旻"之誤。按陽旻於十一年七月已由隨州遷唐州，十二年三月唐州刺史乃李進誠，見《通鑑》。疑其時陽旻又由唐州遷隨州歟？

周君巢 元和十五年（820）

《全詩》卷三四四韓愈《自袁州還京行次安陸先寄隨州周員外》原

注：“周君巢也。時爲隨州刺史。”詩云：“行行指漢東，暫喜笑言同。”又有《寄隨州周員外》。按韓愈自袁州還京，時在元和十五年末。又按《姓纂》卷五江陵周氏：“君巢，循州刺史。”疑“循州”爲“隋州”之誤。

李　愿　　長慶二年（822）

《舊書》本傳：長慶二年“七月四日夜，〔汴州〕牙將李臣則、薛志忠、秦鄰等三人宿直，突入寶緩帳中，斬緩首以徇。愿聞有變，與左右數人露髮而走……愿坐貶隨州刺史……入爲左金吾衛大將軍”。《新書》本傳略同。又見《元龜》卷九一七。《通鑑·長慶二年》：七月“丙午，貶李愿爲隨州刺史”。

李　繁　　約長慶末—寶曆初

《舊書》本傳：“泌之故人爲宰相，左右援拯，後得累居郡守，而力學不倦。罷隨州刺史，歸京師，久不承恩。韋處厚入相，厚待之。寶曆二年六月，敬宗降誕日，御三殿，特詔兵部侍郎丁公著、太常少卿陸亘與繁等三人抗浮圖道士講論。”按韋處厚寶曆二年十二月同中書門下平章事。又見《新書》本傳，《元龜》卷二。《全詩》卷三四二韓愈《送諸葛覺往隨州讀書》注：“李繁時爲隨州刺史，宰相泌之子也。”詩云：“鄴侯家多書，插架三萬軸。……行年五十餘，出守數已六。”

嚴公弼　　約寶曆中

《元龜》卷六八三：“嚴公弼爲隨州刺史，亡母墓在沔州，爲盜所發，公弼奔赴沔州，隨州百姓耆老相率見觀察使柳公綽，稱公弼在州甚有惠政。公綽上言，却令守本官，以從人欲，可之。”按柳公綽長慶三年至寶曆二年在山南東道節度使任。

杜師仁　　大和八年（834）

《舊書·文宗紀下》：大和八年九月，“隨州刺史杜師仁前刺吉州，坐贓計絹三萬匹，賜死於家”。按《姓纂》卷六京兆杜氏稱：“師仁，吉州刺史。”《新表二上》襄陽杜氏誤作“師古，吉州刺史”。

鄭襄　　大和末—開成中

《新書·李固言傳》："〔李〕訓敗，文宗頗思之，復召爲平章事，仍判户部。群臣請上徽號……固言因白鄧州刺史王堪、隋州刺史鄭襄尤無狀。"《元龜》卷六九以此爲開成二年二月事。又見卷一〇四。

李敬彝　　會昌中？

《千唐誌·唐故鄆州壽張縣尉李君（珪）墓誌銘兼序》（大中七年七月二十日）："祖宣，皇吉州刺史。烈考敬彝，皇隋州刺史……治郡如治家，故衢人、閩人、隨人仰其蘇活。"李珪卒大中七年五月十五日，享年三十五。按《新書·鄭注傳》稱敬彝終衢州刺史。

令狐緒　　大中元年（847）

《舊書》本傳："緒以蔭授官，歷隨、壽、汝三郡刺史。"《御覽》卷二五八、《新書》本傳同。《通鑑·大中元年》：六月，"上曰：'〔令狐楚〕有子乎？'〔白敏中〕對曰：'長子緒今爲隨州刺史。'"又見《東觀奏記》卷上。《全文》卷七五九令狐緒《請停汝郡人碑頌表》："臣伏睹詔書，以臣刺汝州日粗立政勞，吏民求立碑頌，尋乞追罷。臣任隨州日，郡人乞留，得上下考。"

李某　　大中時？

《全詩》卷五五三姚鵠有《隨州獻李侍御二首》。按姚鵠會昌三年進士登第，咸通十一年至十三年在台州刺史任。此詩疑大中時作。

韓乂　　咸通初

上圖藏拓片《唐故長殤男子韓勤潭墓誌》（咸通二年十月二十一日）稱："朝議郎前隨州刺史賜緋魚袋韓乂撰。"

李庚　　咸通中

《隋唐五代墓誌匯編·洛陽卷》第十四册《唐故湖南觀察巡官前同州郃陽縣尉樂安孫府君（絢）墓誌銘并序》（乾符二年四月九日）：

“故湖南李大夫庾知府君文學德行，□之交友。間任大諫日，表請府君爲匭使判官，授崇文館校書郎。明年亞相左遷隨州，府君未成考秩，遂棄官命駕，李公辟充軍事判官……後李公拜湖外，爲勢所排……府君就觀察巡官。”乾符二年卒，年六十五。按咸通十四年至乾符元年在湖南觀察使任，卒于任。

崔休徵　　乾符四年（877）

《舊書·僖宗紀》：乾符四年“八月，賊陷隨州，執刺史崔休徵”。《新書·僖宗紀》略同。又見《通鑑·乾符四年》八月。

趙匡璘（趙琳）　　光化元年（898）

《新書·昭宗紀》：光化元年七月丙申，“〔朱全忠〕又陷隋州，執刺史趙匡璘”。又見《舊五代史·趙匡凝傳》，《通鑑·光化元年》七月。《舊五代史·梁太祖紀二》及《元龜》卷一八七作“趙琳”。

閻　寶　　約天祐初

《舊五代史》本傳：“自梁祖陳師河朔，爭霸關西，寶與葛從周、丁會、賀德倫、李思安各爲大將，統兵四出，所至立功，歷洺、隨、宿、鄭四州刺史。天祐六年，梁祖以寶爲邢洺節度使。”

待考録

竇　昱

《姓纂》卷九河南洛陽竇氏：“昱，隨州刺史。”《新表一下》竇氏三祖房同。乃潤州刺史竇孝諶曾孫，鳳州刺史昻兄。

吕仁宗

《古今姓氏書辯證》卷二三吕氏：“青生臣，上柱國。唐隨州刺史仁宗，即其後也。”

卷一九三　郢州（富水郡）

武德四年於長壽縣置郢州。貞觀元年廢郢州。十七年於京山縣復置郢州。天寶元年改爲富水郡。乾元元年復爲郢州。領縣三：京山、長壽、富水。

段偃師　　約武德中

《舊書·段志玄傳》：“父偃師……從高祖起義，官至郢州刺史。”《新書·段志玄傳》略同。《芒洛遺文》卷上《唐故左驍衛朔陂府折衝都尉段府君（會）墓誌銘》：“祖琰，北齊平陵縣令；父偃師，皇朝散騎常侍郢州刺史、益都縣開國公。”

杜正倫　　約貞觀中

《新書》本傳：“太子（承乾）廢，坐受金帶，流驩州。久之，授郢、石二州刺史。顯慶元年，擢黃門侍郎，兼崇賢館學士，進同中書門下三品。”《舊書》本傳未及。

柳　震　　貞觀中？

《姓纂》卷七河東解縣柳氏：“震，郢州刺史。”按《新表三上》柳氏作“鄆州刺史”。乃高宗時尚書右丞柳範之兄。

田仁會　　永徽中

《舊書》本傳：“永徽二年，授平州刺史……轉郢州刺史……五遷勝州都督。”又見《御覽》卷二五八，《元龜》卷六八一，《廣記》卷一六二引《廣德神異録》，《全詩》卷八七四《鄆州人歌》注。《新書》本傳未及。

李懷儼　　約乾封中

《舊書》本傳：“歷蘭臺侍郎，受制檢校寫四部書進内，以書有污，左授鄆州刺史。後卒於禮部侍郎。”按《新書·藝文志二》“《晉書》一百三十卷”注：“房玄齡、褚遂良……李懷儼、張弘智等脩，而名爲御撰。”又按《會要》卷三五稱：“乾封元年十月十四日，上以四部群書傳寫謬，並亦缺少，乃詔東臺侍郎趙仁本、兼蘭臺侍郎李懷嚴（儼）、兼東臺舍人張文瓘等，集儒學之士刊正，然後繕寫。”知乾封元年李懷儼在蘭臺侍郎任，其刺鄆約在此後一二年内。

長孫昭　　約高宗前期

《姓纂》卷七河南洛縣（陽）長孫氏：“昭，鄆州刺史。”《新表二上》同。乃後周大司徒長孫覽孫，長孫寬子。

李　璠　　約咸亨初

《新書·宗室世系表下》濮王房：“房、鄆、台三州刺史嗣王璠。”按《新書·李愔傳》：“咸亨初……以子璠嗣王。璠，武后時謫死歸誠州。”又按咸亨四年爲台州刺史，見《嘉定赤城志》。

李　璥　　咸亨四年（673）

《金石萃編》卷五八《鄭惠王石塔記》：“先皇子孫勒諸貞石。嗣鄭王鄆州刺史璥……咸亨四年十月八日檢校功德僧洪滿建。”按兩《唐書·李元懿傳》並稱：子璥，嗣鄭王，官至鄂州刺史，未及鄆州。

盧承基　　高宗時

《千唐誌·太原府少尹上柱國范陽盧君（明遠）墓誌銘并序》（天寶六載十月十九日）：“王父承基，位至鄆州刺史。考元莊，位至嘉州刺史……公即嘉州府君之第三子也。”天寶五載十二月卒，年五十八。

《芒洛四編》卷五《大唐故譙郡城父縣尉盧府君（復）墓誌銘》（天寶九載二月十三日）："曾祖承基，皇朝主客郎中、郢州刺史。"盧復天寶八載卒，春秋三十六。又見卷六《唐故太子司議郎盧府君（寂）墓誌銘并序》（貞元九年十月二十六日）。按《新表三上》盧氏稱"承基，主客郎中"，乃高宗相承慶弟，雍、揚二州長史承業兄。又按貞觀二十年閏三月盧承基在主客郎中任，見《會要》卷六三。【補遺】《中原文物》1988年3期刊有《盧元衡墓誌》稱："父承基，襄、宋二州長史，郢州刺史。"

韓　祐　　武后時？

《柳河東集》卷一一《故溫縣主簿韓君（慎）墓誌》："傳世至今唐侍中諱瑗……侍中兄子郢州刺史諱某。"《新表三上》韓氏："某，郢州刺史。"乃韓瑗兄子，韓慎曾祖。按《姓纂》卷四南陽堵（赭）縣韓氏有韓祐，據岑仲勉《姓纂四校記》考證，祐當爲慎曾祖，即爲郢州刺史者。

袁恕己　　神龍二年（706）

《通鑑·神龍二年》：三月，"武三思與韋后日夜譖敬暉等不已，復左遷……袁恕己爲郢州刺史"。《舊書·中宗紀》：神龍二年六月戊寅，"特進、郢州刺史袁恕己〔貶〕竇州司馬"。《通鑑·神龍二年》六月同。兩《唐書》本傳未及。

王　熊　　約景雲中

北圖藏拓片《大唐故王府君夫人贊皇郡太君趙郡李氏墓誌銘并序》（開元十一年十月十日）："夫人琴瑟中亡，梧桐半死……而子熊等少傾乾蔭，長沐閨慈……熊歷官……申、郢、光、潭四州刺史。夫人初封贊皇郡君，及以子貴，改封太君。而熊也不天，亦既云逝。"夫人卒開元十年，年七十七。按王熊約開元四年在潭刺任。

蔣安遇　　睿宗時？

《姓纂》卷七義興蔣氏："安遇，郢州刺史。"按其父蔣儼，約總章時爲蒲州刺史。

李　某　　開元初？

《全詩》卷七三蘇頲有《餞鄆州李使君》。

張去奢　　約開元十六、十七年（約 728、729）

西安碑林《大唐故少府監范陽縣伯張公（去奢）墓誌銘并序》（天寶六載十月七日）：“出爲鄆、沁二州刺史。”卒天寶六載，春秋六十。《全文》卷三二六王維《京兆尹張公德政碑》：“惟皇御極二十載……乃得我賢京兆焉……受命之始，先聲已振……其牧鄆也，人有不若德，戮之不爲暴。”

李　浦（李琬、李俌、李輔）　　開元中

《李太白文集》卷三〇《虞城縣令李公（錫）去思頌碑并序》：“父浦，鄆、海、淄、唐、陳五州刺史。”

唐　瑊　　約玄宗時

《新表四下》唐氏：“瑊，鄆、陵二州刺史。”按其祖唐敏，高宗時爲延、濮、青、汴、邠等州刺史。

宋　悅　　肅宗、代宗間？

《姓纂》卷八廣平宋氏：“悅，工部員外、鄆州刺史。”《新表五上》同。乃天寶中兵部侍郎宋鼎子。

盧　沇　　約大曆八、九年（約 773、774）

《新表三上》盧氏：“沇，鄆、亳二州刺史。”上圖藏拓片《唐故朝散大夫豪鄆二州刺史上柱國盧府君夫人隴西李氏墓誌銘并序》（永貞元年十月二十日）：“府君諱沇，字子衡……歷蕭山、海陵二縣令，大理評事，監察御史，豪、鄆二州刺史。”大曆九年卒，行年六十三。

崔　嬰　　大曆、建中間？

《舊書·崔戎傳》：“祖嬰，鄆州刺史。”《新表二下》博陵安平大房

崔氏："嬰，鄂州刺史。"乃天寶中馮翊太守崔璘子。按崔戎卒文宗時，疑其祖仕至代宗末或德宗初。

雍 某　建中初？

《全詩》卷二八五李端有《送雍鄂州》。岑仲勉《郎官石柱題名新考訂》疑爲雍惟良，然惟良無官鄂州之史料。陶敏疑"雍"爲"郎"之誤，指郎士元。

郎士元　興元元年（784）

《極玄集》卷上郎士元："字君冑，天寶十五年進士，與錢起齊名，歷拾遺，終郢州刺史。"又見《新書·藝文志四》，《唐詩紀事》卷四二，《唐才子傳》卷三。《全詩》卷二三七錢起有《寄鄂州郎士元使君》，卷二四四韓翃有《送鄂州郎使君》，卷二九二司空曙有《送郎使君赴鄂州》。《全詩續補遺》卷五引《輿地紀勝》卷八四錢起有《送元使君》詩云："鄂門將咫尺，龍節莫夷猶。"疑"元使君"爲"郎士元使君"之誤。熊飛云，士元有《送崔侍御往容州宣慰》："秦原獨立望湘川，擊隼南飛向楚天。……荊門曉色兼梅雨，桂水春風過客船。"（《全詩》卷二四八）據詩時士元應在鄂送崔某至容州宣慰。據《舊紀》等載籍，德宗興元元年（784）正月，曾遣使往諸道宣慰。說明興元元年士元在鄂州。盧綸有《送郎士元使君赴鄂州》："賜衣兼授節……高興應難遂，元戎有大勳。"（《全詩》卷二八一）此"元戎"應指襄州刺史、山南東道節度使。從代宗廣德元年至貞元三年，襄州先後有梁崇義、李承、賈耽、樊澤四人，前三人皆不足道，唯樊澤在建中末討平李希烈叛亂過程中功勳卓著，故這位有大勳之元戎非樊澤莫屬。樊澤興元元年正月出守襄州，韓翃、盧綸送郎士元赴鄂州詩所示之節候均在春，疑士元與樊澤爲同時任命。

李 曾　貞元三年（787）

《元龜》卷七〇一："李曾爲蓋屋令，貞元三年五月詔，以……曾爲鄂州刺史，錄善政也。"又見《御覽》卷二五五。

鄭　某　　貞元十年（794）

《全文》卷六一九劉丹《西郭橋記》：“我州尊滎陽鄭公，權衡以心，利劍在手，辭北闕以作牧，褰赤帷以御人……京兆韋于屈爲宰，服黄綬於鄂渚，綰銅章於郢上……予名竊佐州……甲戌之歲建卯戊午之日，且題且記，告於守者。”按甲戌歲爲貞元十年。

鄭正則　　貞元十六年（800）

《新表五上》南祖鄭氏：“正則，郢州刺史。”《全文》卷二九一符載《尚書比部郎中蕭府君（存）墓誌銘》：“今相國齊公抗，河南尹張式……鄭郢州正則……投分許與期於莫逆。”按齊抗貞元十六年九月同中書門下平章事，見《新書·宰相表中》。

許仲輿（許叔載）　　貞元十八、十九年（802、803）

《全文》卷四九〇權德輿《送水部許員外出守郢州序》：“故叔載以文術而居郎位，以吏理而分郡節……宜乎典水曹而牧郢人也。”《韓昌黎集》卷一九《送許郢州序》注：“或作《許使君刺郢州序》，仍注‘仲輿’二字……公貞元十八年上于頔書，故云：愈嘗以書自通於于公頔，此序十九年作矣。”按《姓纂》卷六晉陵許氏有“仲輿，國子司業”。按仲輿字叔載。或作“志雍”，非。《全詩》卷三一七武元衡有《酬陸員外歙州許員外郢州二使君》，按陸員外指陸傪，貞元十八年拜歙州刺史，卒於道。許員外當指仲輿。

房　凝　　元和中？

《新表一下》房氏：“凝字玄儉，郢州刺史。”乃房玄齡六代孫，房遺愛五代孫。

令狐楚　　長慶元年（821）

《舊書·穆宗紀》：長慶元年四月“辛卯，以衡州刺史令狐楚爲郢州刺史”。又本傳：“量移郢州刺史，遷太子賓客，分司東都。”《新書》本傳未及郢州。《全文》卷六〇五劉禹錫《唐故相國贈司空令狐公

（楚）集序》："旋又貶衡州刺史，移郢州，轉太子賓客，分司東都。"

王 鎰 長慶元年（821）

《舊書·穆宗紀》：長慶元年十二月，"〔貶〕刑部員外郎王鎰郢州刺史"。《白居易集》卷六〇《論左降獨孤朗等狀》（長慶元年十二月十一日奏）："刑部員外郎王鎰，可郢州刺史。"又卷五〇有《李肇可中散大夫郢州刺史王鎰朗州刺史溫造可朝散大夫三人同制》。又見《元龜》卷九一四。按《白居易集》卷二〇有《郢州贈別王八使君》詩，岑仲勉《唐人行第錄》謂"名未詳"。疑即王鎰。

王茂元 約長慶中

《樊南文集》卷一《爲濮陽公陳情表》："俄分竹使，隼旟楚峽；出以分憂，熊軾鄖城。"注："此云鄖城，斷不指均，而當指郢矣。"《樊南文集補編》卷一二《祭外舅贈司徒文》："乃乘驄馬，來臨秭歸……遷去鄖城，乃臨蔡壤……容山至止，朗寧去思。"注："此當歷守郢州而移蔡州。"

馮 定 寶曆元年—二年（825—826）

《舊書》本傳："寶曆二年，出爲郢州刺史……尋除國子司業，河南少尹。"《新書》本傳略同。《元龜》卷一五三："寶曆元年六月，郢州長壽縣尉馬洪沼告刺史馮定奪人妻及將闕官職田禄粟糶貸收錢入己等事。"《全文》卷六八敬宗有《停郢州刺史馮定官制》。

李 祥（李詳） 大和五年（831）

《全文》卷七三七沈亞之《郢州修明真齋詞》："大唐大和五年歲次辛亥二月十五日己卯，明真大齋主朝請大夫守郢州刺史李祥（詳）與謫臣郡客將史等頓首稽首。"

崔 耿 開成二年（837）

《輿地碑記》卷三《郢州碑記》有《唐毗沙門天王祠堂記》，注云：

"開成丁巳，鄆州刺史崔耿撰。"按"丁巳"爲開成二年。

韋　庸　　開成中

《閩書》卷五三："〔韋〕庸自鄆州刺史兼檢校尚書祠部郎拜官〔泉州刺史〕，留心民瘼，轉溫州刺史，鴻臚少卿。右開成中任。"

令狐從　　開成、會昌間

毛鳳枝《關中金石文字存逸考》卷五《令狐紞墓誌銘》："皇綿州昌明縣令贈司空諱崇亮之曾孫，皇太原府功曹參軍贈太尉諱承簡之孫，皇鄆州刺史諱從之第三子。"紞卒咸通八年五月二日，享年四十七。按《新表五下》令狐氏："從，膳部郎中。"乃令狐楚弟。按《全詩》卷五四九趙嘏《送令狐郎中赴鄆州》："佐幕才多始拜侯，一門清貴動神州。霜蹄曉駐秦雲斷，野旆晴翻鄆樹秋。……大馮罷相吟詩地，莫惜頻登白雪樓。""大馮"指令狐楚，罷相後曾刺鄆。此"令狐郎中"當即令狐從。熊飛以爲令狐定，誤。

樂　坤　　會昌中？

《雲溪友議》卷下《訊岳靈》："樂坤員外，素名冲，出入文場多蹇。元和十二年，而起歸耕之思。乃辭知己東邁，夜禱華岳廟……中夜忽寐，一青綬人檢簿書報云：'來年有樂坤及第，坤名已到冥簿，不見樂冲也。'冲遂改名坤。果如其說。……夢中稱官歷四資，郡守而已。乃終於鄆州，神甚靈也。"又見《廣記》卷三〇七引。按樂坤開成末在復州刺史任。

魏　謩　　會昌末　大中元年（？—847）

《舊書》本傳："宣宗即位，白敏中當國，量移鄆州刺史，尋換商州。"《新書》本傳略同。按白敏中會昌六年五月同中書門下平章事。

陳修古　　大中初？

《唐文續拾》卷六澹轢《范陽盧君妻京兆澹氏墓誌銘》："予娶潁川

陳氏，生夫人，即予之長女也……伯舅諱修古，亦由□官歷復、郢二州刺史……大中五年，予掌白馬□書奏，遇范陽盧槙，遂妻焉。"又見《芒洛四編》卷六。

許 渾 約大中八年（約854）

《新書·藝文志四》："許渾《丁卯集》二卷"，注："字用晦，圉師之後。大中睦州、郢州二刺史。"又見《唐詩紀事》卷五六，《唐才子傳》卷七。

鄭 誠 咸通四年（863）

《新書·孟浩然傳》："初，王維過郢州，畫浩然像于刺史亭，因曰浩然亭。咸通中，刺史鄭誠謂賢者名不可斥，更署曰孟亭。"《全文》卷七九七皮日休《郢州孟亭記》："四年，滎陽鄭公誠（誠）刺是州……咸通四年四月三日記。"《新書·藝文志四》"鄭誠集"注："卷亡。字申虞，福州閩縣人。大中國子司業，郢、安二州刺史，江西節度副使。"

待考録

陸 徹

《姓纂》卷一〇河南洛陽陸氏："徹，郢州刺史。"乃周大司空陸騰玄孫。其子欽嗣，鄆州刺史；欽義，忠州刺史。

李夷吾

《嘉慶湖北通志》卷四八《職官一》列唐郢州刺史有李夷吾，未知何據。按《新表二上》漢中李氏稱："夷吾，竟陵太守。"未見有郢刺記載。

韓 閏

《宋高僧傳》卷八《唐郢州大佛山香育傳》："入富水大佛山，勁節安禪，卯前一食。州將韓閏篤欽其道，堅召山山，育稱疾而已。因是黑白之衆渴仰歸依，韓使君輜車繼運，供施交騈。"

盧　嶷

《新表三上》盧氏："嶷，鄧州刺史。"乃荆州刺史盧大道曾孫，右金吾將軍盧辣子。

李　篆

《新書·宗室世系表上》蜀王房："鄧州刺史宗正少卿篆。"乃浙西長史嗣金孫，涇陽尉栩子。

卷一九四　復州（竟陵郡）

隋沔陽郡。武德五年改爲復州，治竟陵縣。貞觀七年移治沔陽。天寶元年改爲竟陵郡。乾元元年復爲復州。寶應二年又移治竟陵縣。領縣三：沔陽、竟陵、監利。

崔思約　　約貞觀中

北圖藏拓片《大周故中大夫行幷州盂縣令崔府君（哲）墓誌銘幷序》（久視元年十月二十八日）："父思約，祠部郎中，壁、復、和三州刺史。"哲卒久視元年，享年六十九。上圖藏拓片《大唐故魏州冠氏縣令崔君（羨）墓誌銘幷序》（開元十八年正月二十一日）："祖思約，皇朝祠部郎中，曹王府長史，壁、復、和三州刺史。"崔羨開元十七年卒，春秋六十九。又《大唐故潁王府士曹參軍崔府君（傑）墓誌銘幷序》（天寶十載五月二日）："曾祖思約，皇朝祠部郎中，壁、復、和三州刺史。"按《新表二下》鄭州崔氏稱："思約，和州刺史。"乃隋黃門侍郎君肅子。《郎官柱》度支郎中有崔思約，在楊弘文後，元大士前。

張文琮　　貞觀中

《全文》卷二一六陳子昂《唐故袁州參軍李府君妻張氏墓誌銘》："父某，唐戶部侍郎，復、亳、建三州刺史。尚書北斗，始贊於南宮；方岳專城，終榮於獨坐。"按《舊書·張文琮傳》稱："貞觀中爲持（治）書侍御史。三遷亳州刺史……永徽初……徵拜戶部侍郎。從母弟房遺愛以罪貶授房州刺史，文琮作詩祖餞；及遺愛誅，坐是出爲建州刺

2556

史。"《新書·張文琮傳》略同。歷官與《張氏誌》合，唯未及刺復州，疑張氏父即文琮，兩傳從略。

崔大質　　高宗時？

《新表二下》清河小房崔氏："大質，復州刺史。"乃後魏太子舍人、樂安郡守崔寅曾孫。公華子。

于敬之　　高宗時？

《姓纂》卷二河南洛陽于氏："敬之，復州刺史。"《新表二下》同。乃隋右翊衛大將軍仲文姪孫。相州刺史敏直從祖兄弟。

李　晫　　永隆中

《舊書·李元祥傳》："子永嘉王晫，永隆中，爲復州刺史。以禽獸其行，賜死於家。"又見《元龜》卷二八一。《新書·李元祥傳》未及。

李　晈　　高宗、武后間？

《新書·宗室世系表下》江王房："武陽郡王、復州刺史晈。"乃江安王元祥子，永嘉郡王晫弟。按《新書·李元祥傳》："七子，晫爲永嘉王……晈爲武陽王，餘皆爵公。"未及刺復州事。

狄仁傑　　垂拱四年(688)

《舊書》本傳："初，越王之亂，宰相張光輔……還都，奏仁傑不遜，左授復州刺史。入爲洛州司馬。天授二年九月丁酉，轉地官侍郎、判尚書、同鳳閣鸞臺平章事。"《新書》本傳略同。又見《通鑑·垂拱四年》九月，《元龜》卷六七四，《大唐新語》卷四。

高光復　　武后時

《千唐誌·唐故銀青光祿大夫行光祿少卿上柱國渤海郡開國公高府君(慸)墓誌銘并序》(開元十八年)："父光復，皇朝吏部員外、吏部郎中、檢校復州刺史……會越王貞以誅錯爲名，勒兵觀釁，亦既部署，先威斧質，復州府君時爲吏部郎，計無所從。"懲卒開元十七年，春秋六十六。

張懷禮　　武后、中宗間？

《朝野僉載》卷一："瀛州人安縣令張懷禮、滄州弓高令晉行忠……二人皆應舉，懷禮授左補闕，後至和、復二州刺史。"

李　測　　睿宗時？

《新書·宗室世系表上》蔡王房："復州刺史測。"乃高宗時益州長史李崇義子。

盧季恂　　開元八年（720）

《全文》卷二八玄宗《貶蕭執珪盧季恂崔璟等詔》："通議大夫、前守復州刺史盧季恂……可恩州司馬。"《元龜》卷七〇〇："蕭執珪爲嵐州刺史，盧季恂爲復州刺史，崔璟爲銀州刺史，開元八年並坐貶。"

鄭庭玉　　約開元中

《新表五上》鄭氏："庭玉，復州刺史。"乃高宗時密州刺史鄭仁愷孫。

李行肅　　開元中？

《新書·宗室世系表下》紀王房："復州刺史行肅。"乃紀王慎孫，淄州刺史行淳弟，宣歙觀察使行穆兄。

李齊物　　天寶五載（746）

《舊書》本傳："齊物與右相李適之善，適之爲林甫所構貶官，齊物坐謫竟陵太守。"《新書》本傳略同。又《陸羽傳》："復州竟陵人……天寶中，州人酺，吏署羽伶師，太守李齊物見，異之，授以書，遂盧火門山。"《通鑑·天寶五載》：七月，"河南尹李齊物貶竟陵太守"。《全文》卷三四二顏真卿《金紫光祿大夫守太子太傅兼宗正卿李公（齊物）神道碑銘》：“屬左相李公適之、尚書裴公寬、京兆尹韓公朝宗與公爲飛語所中，公遂貶竟陵郡太守……量移安康。”《全詩》卷七九五周願詩句：“八十年前棠樹陰，竟陵太守公先人。”注：“願與竟陵陸羽嘗佐嶺南連帥李復幕府……復父齊物先亦爲竟陵守。”又見《全文》卷六二〇周願《牧守竟陵因遊西塔著三感説》，《廣記》卷四五七引《廣異記》。

崔國輔　　天寶中

《全文》卷四三三陸羽《陸文學自傳》：“天寶中……邑吏召予爲伶正之師……後負書於火門山鄒夫子別墅，屬禮部郎中崔公國輔出守竟陵郡，與之遊處凡三年。”按《新書・藝文志四》有《崔國輔集》，注云：“應縣令舉，授許昌令，集賢直學士、禮部員外郎。坐王鉷近親貶竟陵郡司馬。”稱“司馬”，未知孰是。《新表二下》崔氏清河青州房：“國輔，禮部員外郎。”

李夷吾　　天寶中

《新表二上》趙郡李氏漢中房：“夷吾，竟陵太守。”乃高宗時宰相安期孫。餘杭太守力牧、壽春太守容成弟。按《全文》卷二八二李夷吾小傳：“夷吾，睿宗時官竟陵太守。”按睿宗時不當稱太守，依世次視之，夷吾當在天寶中仕至竟陵太守。

韋　勉　　玄宗時？

《姓纂》卷二東眷韋氏郎公房：“勉，復州刺史。”《新表四上》同。乃隋隴州刺史韋津曾孫，韋陟、韋斌再從兄弟，疑仕於玄宗時。

崔慎微　　玄宗時？

《新表二下》博陵安平大房崔氏：“慎微，復州刺史。”乃隋泗州長史子博曾孫。

岑　靖　　肅宗時？

《新表二中》岑氏：“靖，復州刺史。”乃國子司業岑獻之孫，中宗、睿宗相岑羲姪孫。

盧 虔　　約貞元十一年（約795）

《全詩》卷三七七孟郊有《自商行謁復州盧使君虔》，卷三七八有《送盧虔端公守復州》，卷三七九有《贈竟陵盧使君虔別》。按《舊書·盧從史傳》：“父虔……歷御史府三院、刑部郎中、江汝二州刺史、祕書監。”未及爲復州。白居易有元和四年《祭盧虔文》。按《丙寅稿·祕書監盧虔神道碑跋》：“河南尹鄭叔則表爲王屋縣尉，仍辟留守從事。俄遷監察御史，拜殿中侍御史，遷侍御史知雜事，尋除復州刺史，改江州刺史。”按盧虔貞元十八年在汝州刺史任，約十四年爲江州刺史。

崔 某　　約貞元中

《韓昌黎集》卷二〇《贈崔復州序》：“崔君爲復州，其連帥則于公。崔君之仁足以蘇復人，于公之賢足以庸崔君。有刺史之榮而無其難爲者，將在於此乎？”按于頔爲山南節度使在貞元十四年至元和三年。又按《嘉慶湖北通志》卷四八《職官一》列唐復州刺史有崔訏，注云“有傳”。未知何據。

【姜公輔？　　永貞元年（805）（未之任）】

《柳河東集》卷一二《先君石表陰先友記》：“姜公輔……後以罪貶爲復州刺史，卒。”注：“貞元八年十一月，貶公輔爲吉州別駕。順宗立，拜復州刺史，未就官，卒。”按兩《唐書》本傳並謂貶泉州別駕。順宗立，拜吉州刺史，未就官卒。未及刺復州事。疑注誤。

李 宙　　元和七年前（812前）

《柳河東集》外集卷上《筝郭師墓誌》：“吳王宙刺復州，或以告，乃延入……會宙貶賀州，遂以來。”注：“太宗子吳王恪，恪子琨，琨子祗，祗子巘，巘子宙，皆嗣爲吳王。”《元龜》卷七〇〇：“李宙爲丹王府長史，元和七年以前任復州刺史，坐贓貶爲賀州司户參軍。”

鄭　群　　元和八年（813）

《全文》卷五三八裴度《劉府君（太真）神道碑銘并序》："公之徽
烈，將示於來裔。而高碑未刻，良允繼没。於是門生之在朝廷者……
在藩牧者……復州刺史鄭群。"此文元和八年作。《韓昌黎集》卷三二
《唐故朝散大夫尚書庫部郎中鄭君（群）墓誌銘》："〔裴〕均卒，李夷簡
代之，因以故職留君。歲餘，拜復州刺史。遷祠部郎中。"按李夷簡元
和六年代裴均爲山南東道節度使。

周　愿　　元和十一年？—十四年？（816？—819？）

《全文》卷六二〇周愿《牧守竟陵因遊西塔著三感説》："愿與……
扶風馬公曩時俱爲南海連率隴西李公復從事……今扶風公……續鎮
南海，而愿才貌單薄亦爲刺史……隴西先人諱齊物……嘗爲竟陵
守……愿以散拙忝公先人之州，往爲子寮，今爲父郡。"按馬總元和八
年至十一年爲嶺南節度使。《白居易集》卷四九《周愿可衡州刺史尉
遲鋭可漢州刺史薛鯤可河中少尹三人同制》稱："前復州刺史周
愿……等，前以符竹，分領三郡，皆有善政，達於朝廷，舉課考能，無愧
是選。"

許志雍　　元和十四年（819）

《元龜》卷四九七："〔元和〕十四年五月，御史臺奏，據山南東道觀
察使孟簡狀奏稱：得復州刺史許志雍狀，請於復、郢二州界内修築鄭
敬古堤。"

張仲方　　約長慶初

《舊書·張九皋傳》：曾孫仲方，"〔李〕吉甫之黨惡之，出爲遂州司
馬。稍遷復、曹、鄭三郡守"。本傳謂"復州司馬"。《新書》本傳未及。
《白居易集》卷七〇《唐故銀青光禄大夫祕書監張公（仲方）墓誌銘并
序》："出爲遂州司馬，移復州司馬。俄遷刺史，改曹州刺史……鄭州
刺史。"按仲方長慶四年至寶曆二年在鄭州刺史任，約長慶三年爲曹
州刺史。

李從簡 開成初

《新書・宗室世系表下》讓皇帝房："濠、復等州刺史從簡。"《元龜》卷六六四："李從簡文宗開成初爲左金吾衞將軍兼御史中丞，將命虜庭，不能專對，貶復州刺史。"

樂 坤 開成末

《全文》卷七一〇李德裕《周秦行紀論》："余嘗聞太牢氏（原注：涼國李公常呼牛僧孺曰太牢）……太牢作鎮襄州日，判復州刺史樂坤賀武宗監國狀曰：閑事不足爲賀。"按牛僧孺開成四年至會昌元年爲山南東道節度使。

杜寶符 會昌二年（842）

《千唐誌・唐故京兆杜氏夫人墓誌》（會昌三年八月）："唐丞相黃裳之孫，竟陵太守寶符之長女……會昌二年秋，太守終竟陵，夫人丁父喪，毀滅號泣，過乎嗣子。"又《唐故文林郎國子助教楊君（宇）墓誌銘》（大中五年十一月二日）："夫人京兆杜氏，故相國黃裳之孫，復州刺史寶符之女。"按《吕衡州集》卷七《故河中節度使杜公（黃裳）夫人李氏墓誌銘》（元和三年）稱：有子五人，次曰寶符，前河南府參軍。

陳修古 會昌中？

《唐文續拾》卷六澹轔《范陽盧君妻京兆澹氏墓誌銘》："予娶潁川陳氏，生夫人，即予之長女也……伯舅修古，亦由□官歷復、鄖二州刺史，皆以背碑覆局得名，故夫人自幼少知書，敏悟得中外之風……大中五年，予掌白馬□書奏，遇范陽盧槙，遂妻焉。"

宇文臨 大中三年（849）

《重修承旨學士壁記》："宇文臨，大中元年十二月八日自禮部郎中充……三年九月十四日，責授復州刺史。"

鄭孺復 大中時

《新表五上》南祖鄭氏："孺復，復州刺史。"乃德宗時宰相鄭綑曾

孫。按其伯父鄭顥，大中十三年檢校禮部尚書、河南尹。其父頊，乾
符二年三月在侍御史任，六年三月在刑部郎中任，見《舊書·僖宗
紀》。其兄承休，大中三年自果州刺史遷睦州刺史，見《嚴州圖經》。

董元素　　咸通中

《新書·地理志四》復州竟陵縣注：“有石堰渠，咸通中刺史董元
素開。”

張　瓌　　光啓元年(885)

《通鑑·光啓元年》：正月，“淮南將張瓌、韓師德叛高駢，據復、岳
二州，自稱刺史。〔陳〕儒請瓌攝行軍司馬，師德攝節度副使，將兵擊
雷滿……瓌還兵逐儒而代之”。又見《新書·陳儒傳》。

卷一九五 荆州（江陵郡、江陵府）

隋南郡。武德初蕭銑所據。四年平銑，改爲荆州。五年置大總管府。七年改大總管府爲大都督府。貞觀二年降爲都督府。龍朔二年升爲大都督府。天寶元年改爲江陵郡。乾元元年三月復爲荆州大都督府。上元元年九月置南都，以荆州爲江陵府，長史爲尹。領縣七：江陵、枝江、當陽、長林、石首、松滋、公安。

李　靖　　武德四年(621)

《舊書》本傳："〔武德〕四年……詔命檢校荆州刺史，承制拜授。"《新書》本傳略同。

李孝恭　　武德五年—七年(622—624)

《舊書》本傳："〔蕭〕銑於是出降。高祖大悦，拜孝恭荆州大總管……六年，遷襄州道行臺尚書左僕射……及輔公祏據江東反，發兵寇壽陽，命孝恭爲行軍元帥以擊之。七年，孝恭自荆州趣九江。"《新書》本傳略同。《通鑑·武德四年》：十月，"孝恭送〔蕭〕銑於長安……竟斬於都市。詔以孝恭爲荆州總管；李靖爲上柱國，賜爵永康縣公，仍使之安撫嶺南，得承制拜受"。又《武德五年》：四月，"以襄州總管趙郡王孝恭爲荆州總管"。《會要》卷六八："江陵府：武德四年，平蕭銑，始置大總管，以趙郡王孝恭爲之。"又見《舊書·林士弘傳》，《元龜》卷二七七、卷二八一、卷六七八。

李　瓊　　武德七年（624）

《舊書》本傳：“拜左武候將軍，轉衛尉卿，代兄孝恭爲荆州都督……貞觀四年，拜宜州刺史。”《新書》本傳略同。《會要》卷六八：“江陵府……〔武德〕七年二月十八日改爲大都督府，以濮〔漢〕陽王瓊爲之。”又見《元龜》卷二八一、卷七七一。《大慈恩寺三藏法師傳》卷一：“法師年滿二十，即以武德五年於成都受具……益都經論研綜既窮，更思入京詢問殊旨……不能遂意，乃私與商人結侣。泛舟三峽，沿江而遁，到荆州天皇寺……時漢陽王以盛德懿親，作鎮於彼，聞法師至，甚歡，躬申禮謁。”

劉　瞻　　貞觀二年—五年（628—631）

《文館詞林》卷四五九李百藥《荆州都督劉瞻碑銘》：“貞觀二年，又檢校荆州都督；五年詔除使持節都督荆、硤、岳、朗、澧、東松六州諸軍事荆州刺史……以年月日薨於府舍，春秋若干。”

武士彠　　貞觀五年—九年（631—635）

《舊書》本傳：“又歷利州、荆州都督。貞觀九年卒官。”又見兩《唐書·則天皇后紀》、《新書》本傳、《忠義傳》、《通鑑·貞觀十一年》十一月，《元龜》卷一三八、卷六八一，《姓纂》卷六沛國武氏。《全文》卷二四九李嶠《攀龍臺碑》：“大周無上孝明皇帝諱某，字某……貞觀元年，拜……利州都督……五年，改授荆峽澧朗岳果松等七州諸軍事荆州大都督……九年，唐高祖崩……帝因舉聲大哭，嘔血而崩……時年五十九。”《輿地碑記目》卷二《江陵府碑記》有《唐武士彠都督荆州碑》。

李元景　　貞觀十年（636）

《舊書》本傳：“〔貞觀〕十年，徙封荆王，授荆州都督。十一年，定制元景等爲代襲刺史。”《新書》本傳略同。又見《通鑑·貞觀十年》二月、《貞觀十一年》六月，《會要》卷四六。《大詔令集》卷三四（《全文》卷九）有《册荆州都督荆王元景文》。又卷三五（《全文》卷六）《荆王元景等子孫世襲刺史制》稱：“荆州刺史荆王元景。”貞觀十一年六月。

杜　隆　　貞觀中

《寶刻叢編》卷八引《京兆金石録》有《唐荆州長史杜隆碑》，貞觀十四年立。

裴懷節　　貞觀中

《隋唐五代墓誌匯編・山西卷・大唐宮府大夫兼檢校司馭少卿裴公（皓）墓誌銘并序》（龍朔三年十月五日）："父懷節……皇朝授秦王府録事參軍，轉太子詹事丞，門下給事中，爲揚、荆二大都督府司馬，遷荆府長史，徵拜工部侍郎、太子少詹事、太常少卿，銀青光禄大夫行揚州都督府長史兼越王府長史，除洛州諸軍事洛州刺史。"皓卒龍朔二年，年五十五。《全文》卷五〇一權德輿《唐故朝議郎使持節温州諸軍事温州刺史充静海軍使河東裴府君（希先）神道碑銘》："四代祖懷節，皇給事中、工部侍郎、荆揚二州大都督府長史、洛州刺史。"按貞觀十七年在洛州刺史任。

權文誕　　約貞觀中

《韓昌黎集》卷三〇《唐故相權公（德輿）墓碑》："至平凉公文誕，爲唐上庸太守、荆州大都督府長史。"《全文》卷五〇一權德輿《唐故東京安國寺契微和尚塔銘并序》："和尚俗姓權氏……曾祖文誕，皇銀青光禄大夫、涪常二州刺史、荆州都督府長史。"和尚卒建中二年九月六日，年六十二。按《新表五下》權氏："文誕，涪、常二州刺史，平凉公。"未及荆州長史。乃隋儀同郿城公權榮子，憲宗時宰相權德輿五代祖。

李　緯　　貞觀中

《全文》卷二〇一李尚一《開業寺碑并序》："開業寺者……李公捨山第之所立也……公諱裔……曾孫緯，皇朝宗正、衛尉、司農三寺卿，金紫光禄大夫荆州大都督府長史，幽州都督……懷、洛、蒲三州刺史。"按李緯貞觀二十一年在洛州刺史任。

宋　紹　　貞觀中？

《山右金石記》卷一〇：“《唐宋慶墓誌銘》，天寶三年七月……曾祖紹，荆州刺史。”

長孫義莊　　貞觀中？

《姓纂》卷七河南洛縣（陽）長孫氏：“義莊，荆州刺史。”《新表二上》長孫氏作“義莊，邢州刺史”。乃汴州總管長孫敬弟；長孫無忌之叔。

王　儼　　約貞觀末

北圖藏拓片《大唐隴西李公夫人墓誌銘并序》（光啓二年七月五日）：“夫人即周靈王太子晉以近諫廢黜，降爲庶人，時人號曰王家，子孫因以命氏……至於皇朝光禄卿檢校荆州長史儼，是其後也。”按《新表二中》京兆王氏：“儼，工部侍郎。”乃隋柱國、龍門莊公王述孫。又按永徽五年王儼在工部侍郎任，見《元龜》卷一〇五、卷一六一。

李　慎　　永徽二年—四年（651—653）

《舊書》本傳：“〔永徽〕二年，授荆州都督。累除邢州刺史。”又見《元龜》卷二八一。《新書》本傳未及。《續高僧傳》卷二〇《荆州四層寺釋法顯傳》：“永徽三年十二月八日，夢身坐寶殿授四衆戒，四覺漸疾，至四年正月十一日午時遷化……荆州都督紀王，夙傳歸戒，欽仰清暉，命右記室郭瑜銘之於彼。”又《荆州神山寺釋玄爽傳》：“以永徽三年十月九日遷神山谷……紀王作鎮，將修追聖廢寺，綱總須人。”

薛大鼎　　永徽四年—五年（653—654）

《舊書》本傳：“永徽四年，授銀青光禄大夫、行荆州大都督府長史。明年卒。”《新書》本傳略同。又見《會要》卷七九。

長孫祥　　顯慶二年（657）

《千唐誌·唐故刑部尚書長孫府君（祥）墓誌銘》（上元二年二月

二十八日）："尋轉御史大夫，又遷刑部尚書……檢校荆州長史，又除常州刺史，累授□臺（下泐）……以顯慶四年□□□日，因事卒於雍州界，春秋六十一。"《通鑑·顯慶四年》：四月，"〔長孫〕祥，無忌之從父兄子也，前此自工部尚書出爲荆州長史"。嚴氏《僕尚丞郎表》謂顯慶二年由刑尚出爲荆州長史。

李　慎　　顯慶五年（660）

《全文》卷一五四上官儀《册紀王慎荆州都督文》："維顯慶五年歲次庚申某月某朔某日甲子，皇帝若曰……左衛大將軍、澤州刺史、上柱國、紀王慎……命爾爲使持節都督荆峽岳朗等四州諸軍事荆州刺史，大將軍、上柱國、紀王，勳封並如故。"

獨孤卿雲（獨孤雲卿）　　龍朔二年（662）

《會要》卷六八："〔江陵府：〕龍朔二年十二月十八日，又改爲大都督府，以獨孤雲卿爲之。"按《姓纂》卷一○京兆獨孤氏（岑仲勉補）："卿雲，右屯衛大將軍。"岑仲勉《姓纂四校記》謂《會要》之"雲卿"當爲"卿雲"之誤。又按卿雲龍朔三年五月爲右武衛將軍，在青海道行軍大總管鄭仁泰率領下屯涼州備吐蕃，見《通鑑》。

獨孤騰雲（獨孤滕雲）　　高宗前期

《姓纂》卷一○京兆獨孤氏（岑仲勉補）："滕雲，荆府長史，廣武公。"乃卿雲之兄。按《李太白文集》卷三○《虞城縣令李公（錫）去思頌碑并序》："曾祖騰雲，皇朝廣、茂二州都督，廣武伯。"未及荆府長史。岑仲勉《姓纂四校記》謂《姓纂》之"滕雲"即"騰雲"之誤。

沈　緝　　約高宗前期

《姓纂》卷七吳興武康縣沈氏："緝，荆州刺史。"乃武德七年刑部尚書沈叔安堂姪。

杜君綽　　高宗前期？

《舊書·忠義傳上》叙武德貞觀以來功臣有"荆州都督、懷寧郡公

杜君綽”。《會要》卷四五：“總章元年三月六日詔：太原元從、西府舊
臣……荆州都督杜君綽。”

鄭乾獎　　高宗前期？

《全文》卷二二八張説《大唐中散大夫行淄州司馬鄭府君神道
碑》：“蒲陽太守大濟之孫，荆州刺史乾獎之子。”神龍二年卒，享年七
十九。

李安期　　乾封二年（667）

《舊書・高宗紀》：乾封二年八月“丙辰，東臺侍郎李安期出爲荆
州大都督府長史”。《新書・宰相表上》作“八月辛亥”。《通鑑・乾封
二年》同。又見兩《唐書》本傳，《新書・忠義傳上》，《元龜》卷七七五、
卷八一〇。

杜行敏　　約高宗時

《舊書・杜佑傳》：“曾祖行敏，荆、益二州都督府長史，南陽郡
公。”《全文》卷五〇五權德輿《唐丞相金紫光禄大夫守太保致仕贈太
傅岐國公杜公（佑）墓誌銘并序》、卷四九六《大唐銀青光禄大夫檢校
司徒同中書門下平章事太清宫及度支諸道鹽鐵轉運等使崇文館大學
士杜公（佑）淮南遺愛碑銘并序》同。《姓纂》卷六京兆杜氏：“行敏，常
州刺史，荆、益二長史，南陽襄公。”按貞觀十七年兵曹杜行敏執齊州
都督齊王祐而降，見《舊書・太宗紀下》。則行敏爲荆府長史約在高
宗時。

紀　及　　高宗時？

《姓纂》卷六天水上邽紀氏：“及，荆州刺史。”乃隋翼州刺史士騰
子。按《新表五上》作“廓州刺史”。未知孰是，姑兩存之。

馬吳阤　　高宗時？

《姓纂》卷七陝郡馬氏：“吳阤，唐監門將軍、荆州長史。”按其孫馬

崇，開元二年爲左羽林將軍。

夏侯處信　　高宗時？

《朝野僉載》卷一：“夏侯處信爲荆州長史。”又見《廣記》卷一六五引。《姓纂》卷五魏郡南郭氏：“處信，都官郎中、荆州長史。”岑仲勉《姓纂四校記》謂“南郭”當爲“夏侯”之誤。按其父雄，刑部郎中；武德四年有泗州刺史夏侯雄才，見《太平寰宇記》卷一六。岑仲勉疑即處信父雄。處信孫銛，景龍二年及第，見《會要》卷七六；開元二十一年官給事中，見《元龜》卷四六九。則處信當仕高宗時。《郎官柱》倉部員外有夏侯□，趙鉞審定爲處信。在謝祐後，格輔元前。

陳　弘　　高宗時？

《姓纂》卷三長城陳氏：“弘，荆州刺史。”乃陳宜都王、隋鴻臚少卿叔明孫。按《新表一下》陳氏作“宏，邢州刺史”，未知孰是，姑兩存之。

盧大道　　高宗時？

《新表三上》盧氏：“大道，荆州刺史。”按其子盧粲，兩《唐書》有傳，中宗時官給事中，開元初卒祕書少監。

李　慎　　永淳元年（682）

《隋唐五代墓誌匯編·陝西卷》第三冊《大唐故曹州刺史韋府君夫人晉原郡君王氏墓誌銘并序》（永淳元年七月十八日）：“皇弟左衛大將軍荆州大都督上柱國紀王慎。”紀王即李慎。

蘇良嗣　　永淳元年（682）

《舊書》本傳：“高宗時遷周王府司馬……深爲高宗所稱，遷荆州大都督府長史……永淳中，爲雍州長史。”《新書》本傳略同。《通鑑·永淳元年》：七月，“上遣宦者緣江徙異竹，欲植苑中……過荆州，荆州長史蘇良嗣囚之，上疏切諫”。又見《元龜》卷一〇一、卷五四三，《大唐新語》卷七。

李　晦　　約光宅元年（約 684）

《全文》卷九九二闕名《大唐故秋官尚書河間公（李晦）碑》：“及高宗晏駕……授户部尚書……屬揚楚橫逆，淮海稱兵……乃持節鎮荆州，兼檢校長史。”永昌元年二月卒。按高宗崩於弘道元年，“揚楚橫逆”當指徐敬業反，事在光宅元年。兩《唐書》本傳未及。

杜慎行　　垂拱中

《新表二上》濮陽杜氏：“慎行，荆、益二州長史。”《全文》卷三六九元載《故相國杜鴻漸神道碑》：“垂拱中，大父慎行，荆州長史，以文武式南邦。”又卷四二二楊炎《安州刺史杜公（鵬舉）神道碑》：“大父唐蘇州司馬諱義寬。蘇州生皇建平侯、荆益二州大都督府長史諱慎行。”

張　雄　　約武后初期

《朝野僉載》卷五：“德州刺史張訥之一白馬，其色如練，父雄爲荆州刺史常乘。雄薨，子敬之爲考功郎中，改壽州刺史，又乘此馬。敬之薨，弟訥之從給事中、相府司馬改德州刺史，入爲國子祭酒，出爲常州刺史，至今猶在。計八十餘年，極肥健，行驟脚不散。”按訥之神龍二年四月在給事中任，見《匋齋藏石記》卷二一神龍二年四月五日刻石。

崔神福　　約武后時

《新表二下》南祖崔氏：“神福，荆州長史。”按其兄神基，相武后。《郎官柱》倉部郎中有崔神福，在裴琰之後，李晉客前。

楊元琰　　約聖曆中

《舊書》本傳：“載初中，累遷安南副都護，又歷蘄、蒲、晉、魏、宣、許六州刺史，涼、梁二都督，荆府長史……長安中，張柬之代元琰爲荆州長史。”《新書》本傳略同。又見《元龜》卷六七七、卷六八六，《通鑑·神龍元年》正月。《全文》卷二四〇宋之問《爲楊許州讓右羽林將軍表》：“未盈一紀，連刺九州：西涼本六部之樞，南荆乃九州之會，蒲藩關左之重鎮，魏郡山東之奥區。”即楊元琰。

張柬之　　約聖曆中—久視元年（?—700）

　　《舊書》本傳：“神功初，出爲合州刺史，尋轉蜀州刺史……後累拜荆州大都督府長史。長安中，召爲司刑少卿。”《新書》本傳略同。又見《舊書·狄仁傑傳》，兩《唐書·楊元琰傳》，《新書·李嶠傳》，《元龜》卷三二四，《通鑑·久視元年》九月。《會要》卷五三：“長安二年，則天令狄仁傑舉賢，仁傑舉荆州長史張柬之。”按《舊書·狄仁傑傳》及《通鑑·久視元年》，仁傑卒久視元年九月，則仁傑舉柬之最遲在久視元年。《會要》誤。《全文》卷三一三孫逖《太子少傅李公（嶠）墓誌銘》：“解褐授荆州枝江縣丞……深爲州牧張漢陽所器重。”張漢陽即指張柬之。

司徒亨　　武后時？

　　《隋唐五代墓誌匯編·山西卷·唐故路氏夫人司徒氏墓誌銘并序》：“夫人司徒氏……父均……伯亨，唐任荆州長史。”夫人開元八年十一月三日卒。

沈成業　　武后時？

　　《姓纂》卷七吳興武康縣沈氏：“成業，漢、荆州刺史。”乃武德、貞觀間潭州都督沈叔安孫。

薛季昶　　神龍元年—二年（705—706）

　　《新書》本傳：“預誅〔張〕易之等功，進戶部侍郎。五王失柄，出季昶荆州長史，貶儋州司馬。”《舊書》本傳未及荆州長史，謂“自桂州都督授儋州司馬”。《朝野僉載》卷三：“薛季昶爲荆州長史，夢貓兒伏臥於堂限上，頭向外……未旬日，除桂州都督、嶺南招討使。”又見《廣記》卷二七七引。由此知先貶荆州長史，再貶桂州，又貶儋州司馬。按誅張易之等事在神龍元年正月，五王失柄罷知政事在是年五月，七月出張柬之爲襄州刺史，二年正月出敬暉、桓彥範、袁恕己等爲刺史。則季昶貶荆州長史，約五月五王罷知政事時事，約五王貶刺史時，季昶再貶桂州，二年六月，五王貶流時，季昶又貶儋州司馬。

姚　崇　　景龍中?

《唐語林》卷一:"姚元之牧荆州。受代日,民吏泣擁遮不使去。"按兩《唐書》本傳均未及,未知誤否。

元　暕　　約景龍中

《全文》卷二六八武平一《東門頌并序》:"東門者,前刺史崔(霍)公庭玉……所創構也……使君名璵,字庭玉……遷荆州户曹參軍……前長史尚書左丞元暕、後長史吏部尚書崔日用咸加殊禮。"按景龍二年元暕在尚書左丞任,見《全文》卷二五七蘇頲《章懷太子良娣張氏神道碑》。《郎官柱》司勳員外有元暕,在李恒一、馮光嗣後,盧萬碩、嚴杲前。

*　**李　業**　　約景雲二年—開元二年(約 711—714)

《新書》本傳:"進王薛,爲羽林大將軍、荆州大都督。以好學授祕書監。開元初,進太子少保,即拜太保,累歷州刺史。"《大詔令集》卷三五《岐王範華州刺史等制》:"荆州大都督兼祕書監薛王業……可使持節同州諸軍事兼同州刺史,祕書監勳封如故……開元二年十月二十九日。"又見《全文》卷二一。《舊書》本傳未及。唯云:"睿宗即位,進封薛王,加封滿一千户,拜祕書監,兼右羽林大將軍。俄轉宗正卿……開元初,歷太子太保、同涇幽衛虢等州刺史。"

崔日知　　約景雲二年(約 711)

《新書》本傳:"遷洛州司馬,會譙王重福之變,官司逃,日知獨率吏卒助屯營擊賊,以功加銀青光禄大夫。遷殿中少監……授荆州長史,四遷京兆尹。"《舊書》本傳未及。

崔日用　　約先天元年—開元元年(約 712—713)

《舊書》本傳:"歷婺、汴二州刺史,兗州都督,荆州長史。因入奏事,言:'太平公主謀逆有期。'"《新書》本傳略同。《通鑑·開元元年》:六月,"荆州長史崔日用入奏事,言於上曰:'太平謀逆有日……'

上以爲然。以日用爲吏部侍郎”。

薛　玉　　開元元年(713)

《全文》卷九八八闕名《渾儀銘并序》："景雲三年，奉敕重令修造。使銀青光禄大夫檢校將作少監楊務廉，與……荆州都督、祕書監兼右衛率薛玉……等，首末共營各盡其思，至先天二年歲次赤奮若成。"按《新表三下》薛氏有"玉"，未署官職，乃安州刺史薛福孫，似時代較後。

劉知柔　　開元元年(713)

《舊書》本傳："歷荆、揚、曹、益、宋、海、唐等州長史、刺史，户部侍郎，國子司業，鴻臚卿，尚書右丞，工部尚書，東都留守。"《新書》本傳未及。《全文》卷二六四李邕《唐贈太子少保劉知柔神道碑》："出荆府長史，復户部，徙同、宋二州，揚、益二府。"嚴氏《僕尚丞郎表》謂開元元年由荆州長史遷户侍。

陽　嶠　　約開元元年—二年(約713—714)

《舊書》本傳："睿宗即位，拜尚書右丞……又歷魏州刺史，充兗州都督，荆州長史，爲本道按察使，所在以清白聞。魏州人詣闕割耳，請嶠重臨其郡，又除魏州刺史。"《新書》本傳略同。又見《全文》卷六八三。

任昭理　　開元四年(716)

《大詔令集》卷一〇四蘇頲《遣王志愔等各巡察本管内制》："諸道按察使……荆州長史任昭理、秦州都督楊虛受……宜令各巡本管内人……開元四年七月六日。"

張　説　　開元五年—六年(717—718)

《新書》本傳："坐累徙岳州……遂遷荆州長史。俄以右羽林將軍檢校幽州都督。"《舊書》本傳未及。《全文》卷二二三張説《荆州謝上表》："伏奉二月二十五日制書，除臣荆州大都督府長史……以今月十七日到州上訖……一辭庭闕，已涉五年。"又卷二三三《祭城隍文》：
"維大唐開元五年歲次丁巳四月庚午朔二十日己丑，荆州大都督府長
史上柱國燕國公張説，謹以清酌之奠，昭告於城隍之神。"又《祭殷仲
堪羊叔子文》："維開元六年歲次戊午正月日，荆州大都督長史燕國公
范陽張某……敢昭告於晉羊、殷二荆州之神。"又見《祭城門文》，《廣
記》卷二三五引《明皇雜録》。按《元龜》卷一七二："〔開元〕六年二
月……岳州刺史燕國公張説爲荆州大都督府長史。""六年"當爲"五
年"之誤。

盧　逸　開元八年(720)

《新表三上》盧氏："逸，給事中、荆府長史。"《元龜》卷一六二：
"〔開元〕八年五月，置十道按察使。八月，以……荆州長史盧逸充山
南道按察使。"

李元綜　約開元前期

《姓纂》卷七北海朱虚縣丙氏："元綜，屯田郎中、荆州長史。"其曾
祖丙粲，與唐高祖有舊，因姓犯諱，賜姓李氏。《新表二上》同。按其
父道廣，相武后；其弟元紘，相玄宗；則元綜爲荆州長史約在開元中。

宋之遜　開元前期？

《姓纂》卷八弘農宋氏："之望，改名之遜，荆州刺史。"乃宋之問
弟。按《新書·宋之問傳》叙弟之愻僅官連州參軍，未及荆州刺史，未
知《姓纂》誤否。

韋虛心　開元十三年—十四年(725—726)

《舊書》本傳："後遷御史中丞，左、右丞，兵部侍郎，荆、揚、潞長史
兼採訪使。"《新書》本傳略同。又見《元龜》卷六八九，《全文》卷三一
三孫逖《東都留守韋虛心神道碑》。《會要》卷七四："〔開元〕十三年十
二月，封嶽回，以選限所迫，宇文融上策請吏部置十銓。"注："禮部尚
書蘇頲……荆州長史韋虛心……等十人。"《新書·宇文融傳》稱："帝

封太山還，融以選限薄冬，請分吏部爲十銓。有詔融與禮部尚書蘇
頲……荆州長史韋虛心……分總。"《封氏聞見記》卷三記此爲開元十
四年事。

* 李　璘（李澤）　　開元十五年（727）

《舊書·玄宗紀》：開元十五年五月，"永王澤爲荆州大都督……
並不出閣"。又本傳："〔開元〕十五年五月，遙領荆州大都督。二十年
七月，加開府儀同三司，改名璘。"《新書》本傳略同。又見《大詔令集》
卷三六及《全文》卷二二《授慶王潭等諸州都督制》，《元龜》卷二七七、
卷二八一，《會要》卷七八。

杜　暹　　開元十七年（729）

《舊書·玄宗紀》：開元十七年六月甲戌，"黄門侍郎杜暹爲荆州
大都督府長史"。又見兩《唐書》本傳，《新書·宰相表中》，《通鑑·開
元十七年》，《元龜》卷三二二、卷三三三。《大詔令集》卷五七有《杜暹
荆州長史李元紘曹州刺史制》，《全文》卷二三作《罷杜暹李元紘平章
事制》。

陸象先　　約開元十八年（約 730）

《全文》卷三一九李華《荆州南泉大雲寺故蘭若和尚碑》："元老太
保陸公象先、名臣韓京兆朝宗、宋兵部鼎、韋刑部虛舟僉契慈緣而承
善誘，如其仁哉。"天寶十年卒，享齡七十九。兩《唐書》本傳未及爲荆
州長史。然韓朝宗、宋鼎、韋虛舟皆曾爲荆州長史，則陸象先亦當曾
爲荆州長史者。《全詩》卷八七張説有《同賀八送兖公赴荆州》，兖公
即陸象先。賀八乃賀知章。按《通鑑考異·開元十八年》引《實錄》：
"閏六月，以太子少保陸象先爲荆州長史。"

【孫　俊　　開元中（未之任）】

《姓纂》卷四清河孫氏："俊，荆府長史、樂安子。"《新表三下》孫氏
同。乃開元二年延州刺史孫佺弟；幽州都督孫佺兄。《寶刻叢編》卷

四引《訪碑録》："《唐荆州都督府長史孫公碑》，唐張嘉貞撰，子庭諷書，開元二十六年立。"【補遺】《洛陽新獲墓誌54·故荆州大都督府長史上柱國樂安縣開國伯孫公（俊）之碑並序》（開元二十九年正月十日）："除公安北都護。……改靈州都督。……又授公邢州刺史。……頃以荆州申奏，歲頻不稔，百姓不寧。……令公力疾卧理荆州。……行未達於□部，疾將□□，恩制追還……以其年八月丁□日薨於河南寬政里之私第也，春秋六十有三。"據此誌可知實未到任。

韓朝宗 開元二十二年—二十四年（734—736）

《新書》本傳："累遷荆州長史。開元二十二年，初置十道採訪使，朝宗以襄州刺史兼山南東道……坐所任吏擅賦役，貶洪州刺史。"《元龜》卷一六二稱：開元二十三年二月，"荆州長史韓朝宗爲山南道採訪使"。又卷九二九："韓朝宗爲荆州刺史兼判襄州刺史山南道採訪使，玄宗開元二十四年九月，鄧州南陽令李泳擅興賦役……泳之爲令也，朝宗所薦，乃貶爲洪州刺史。"《全文》卷三二七王維《大唐吳興郡別駕前荆州大都督府長史山南東道採訪使京兆尹韓公（朝宗）墓誌銘》："除許州刺史，荆州大都督府長史山南採訪使，坐南陽令，貶洪州都督。"又卷二八三張九齡《貶韓朝宗洪州刺史制》："荆州大都督府長史兼判襄州刺史事……韓朝宗……可使持節都督洪州諸軍事洪州刺史。"《李太白文集》卷二六有《與韓荆州書》。

宋 鼎 開元二十四年—二十五年（736—737）

《姓纂》卷八廣平宋氏："鼎，兵部侍郎、荆州長史。"《唐詩紀事》卷二二宋鼎《贈張丞相并序》："張丞相九齡與余有孝廉校理之舊，又代余爲荆州。余改漢陽，仍兼按察使。"又見《全詩》卷一一三。《全文》卷三一九李華《荆州南泉大雲寺故蘭若和尚碑》："元老陸公象先、名臣韓京兆朝宗、宋兵部鼎、韋刑部虛舟僉契慈緣，而承善誘。"按宋鼎開元二十七年由廣州刺史遷潞州長史。《全詩》卷四九張九齡有《酬宋使君見贈之作》《酬宋使君見詒》。

張九齡　　開元二十五年—二十八年（737—740）

《舊書·玄宗紀》：開元二十五年四月“甲子，尚書右丞相張九齡以曾薦引周子諒，左授荆州長史”。又見兩《唐書》本傳、《元龜》卷九一六。《通鑑·開元二十五年》：四月“甲子，貶九齡荆州長史”。又《開元二十八年》：二月，“荆州長史張九齡卒”。《全詩》卷一一三宋鼎《贈張丞相序》：“張丞相與予有孝廉校理之舊，又代余爲荆州。”同卷崔頌有《和張荆州九齡晨出郡舍林下》，卷一四一王昌齡有《奉贈張荆州》。《全文》卷二八八張九齡有《荆州謝上表》、卷二八九有《謝加章綬狀》，又卷四四〇徐浩《唐尚書右丞相中書令張公（九齡）神道碑》：“累貶荆州長史……開元二十八年春拜掃南歸，五月七日構疾薨於韶州曲江之私第，享年六十三。”《曲江集》附録開元二十七年七月二十日《封始興縣伯制》稱“金紫光禄大夫荆州大都督府長史上柱國始興縣開國子張九齡”。又見《全文》卷三五五蕭昕《唐銀青光禄大夫嶺南五府節度經略採訪處置等使攝御史中丞張公（九皋）神道碑》、卷四〇九崔祐甫《廣喪朋友議》、卷六二九吕温《張荆州畫讚并序》、卷七二七舒元輿《牡丹賦有序》。

韋虛舟　　約天寶四載（約745）

《舊書》本傳：“自御史累至户部、司勳、左司郎中，歷荆州長史，洪、魏州刺史兼採訪使，多著能政。入爲刑部侍郎。”《新書》附《韋虛心傳》，未及荆州長史。《全文》卷三一九李華《荆州南泉大雲寺故蘭若和尚碑》：“元老陸公象先、名臣韓京兆朝宗、宋兵部鼎、韋刑部虛舟僉契慈緣，而承善誘，如其仁哉。天寶十年既望，北首右脇卧，入禪定，中夜而滅，享齡七十九……刑部韋侍郎時臨荆州，躬護喪事。”知韋虛舟天寶十載在刑部侍郎任。又據《全文》卷三一三孫逖《韋虛心碑》，天寶元年虛舟在左司郎中任。則其爲荆州長史約在天寶四載前後。

王俶　　天寶中？

《新表二中》琅邪王氏：“俶，荆州刺史。”乃武后時宰相王方慶孫。

庾光先　　天寶十四載(755)

《姓纂》卷六新野庾氏：“〔光〕先，吏部侍郎、荊州長史、採訪使。”
《宋高僧傳》卷一七《唐越州焦山大曆寺神邕傳》：“倏遇祿山兵亂，東
歸江湖，經歷襄陽，御史中丞庾光先出鎮荊南，邀留數月。”則時當在
天寶十四載。《全詩》卷一三八儲光羲《奉別長史庾公太守徐公應
召》：“酆鎬頃霾晦，雲龍召我賢。”即指安祿山之亂。陶敏謂“長史庾
公”即指庾光先。《隋唐五代墓誌匯編·陝西卷》第四册《唐故左金吾
判官前華州司户參軍李公故夫人新野庾氏墓誌銘并序》（大和六年正
月十八日）：“曾祖光先，皇中書舍人、御史中丞、荊州採訪使、吏部侍
郎，贈太子太師。”庾氏卒大和四年，享年十九。

源　洧　　天寶十四載(755)

《舊書·玄宗紀下》：天寶十四載十二月，“以永王璘爲山南節度
使，以江陵長史源洧副之”。又本傳：“及安祿山反，既犯東京，乃以洧
爲江陵郡大都督府長史、本道採訪防禦使，攝御史中丞……洧至鎮
卒。”《新書》本傳略同。又見《通鑑·天寶十四載》十二月。《姓纂》卷
四源氏。《元龜》卷二四及《全文》卷三五四小傳作“源涓”，誤。

劉　彙　　天寶十五載(756)

《舊書·李琦傳》：“天寶十五年六月，玄宗幸蜀，在路除琦爲廣陵
大都督，仍領江南東路及淮南、河南等路節度支度採訪等使，以前江
陵大都督府長史劉彙爲之副……琦竟不行。”又見兩《唐書》本傳，《通
鑑·至德元載》，《元龜》卷一二二。

李　璘　　天寶十五載—至德二載(756—757)

《舊書·玄宗紀下》：天寶十五載七月丁亥詔：“永王璘江陵府都
督，統山南東路、黔中、江南西路等節度大使。”《新書·玄宗紀》稱“江
陵大都督永王璘”。《舊書·肅宗紀》：至德二載二月，“永王璘兵敗，
奔於嶺外，至大庾嶺，爲洪州刺史皇甫侁所殺”。又見兩《唐書》本傳。
《元龜》卷一二二、卷二八一，《會要》卷五，《全文》卷三六六賈至《玄宗

幸普安郡制》。

李 峴 天寶十五載（756）

《新書》本傳：“永王爲江陵大都督，假峴爲長史。”《舊書》本傳未及。《大詔令集》卷三六《命三王制》：“以長沙郡太守李峴爲都副大使，仍授江陵郡大都督府長史，兼御史中丞……天寶十五載七月十五日。”《全文》卷三六六賈至《玄宗幸普安郡制》同。《通鑑・至德元載》：十一月，“敕璘歸覲於蜀；璘不從。江陵長史李峴辭疾赴行在”。又見《元龜》卷七五九。

竇 紹 約至德元載（約756）

《姓纂》卷九河南洛陽竇氏：“紹，給事中，荆州長史。”《新表一下》竇氏同。《全文》卷三六七賈至《授竇紹山南東道防禦使等制》：“永王傅竇紹……可江陵防禦使。”

韋元甫 約至德二載（約757）

《全文》卷四三四韋元甫《謝加銀青光禄大夫表》：“先帝委臣以荆南江西之寄，特加朝散，廉察兩道。”按乾元二年韋元甫已在江西任。

季廣琛 乾元元年（758）

《舊書・肅宗紀》：乾元元年五月，“以荆州長史季廣琛赴河南行營會計討賊於河北”。

張惟一 乾元元年（758）

《千唐誌・唐故中大夫守桂州刺史兼御史中丞充桂州本管都防禦經略招討觀察處置等使孫府君（成）墓誌銘并序》（貞元六年五月七日）：“乾元初，荆州長史張惟一授荆州江陵縣尉。”證知其年在任。《舊書・吕諲傳》：“先是，張惟一爲荆州長史，已爲防禦使，陳希昂爲司馬……自是軍政歸于希昂。”按乾元二年春惟一已在華州刺史任。

張　鎬　乾元元年—二年（758—759）

《舊書·肅宗紀》：乾元元年五月"戊子，以河南節度、中書侍郎、平章事張鎬爲荆州大都督府長史、本州防禦使"。又本傳："肅宗以鎬不切事機，遂罷相位，授荆州大都督府長史……尋徵爲太子賓客，改左散騎常侍。"《新書》本傳略同。又見《新書·宰相表中》，《元龜》卷三三三，《封氏聞見記》卷九。《全文》卷三九〇獨孤及《唐故洪州刺史張公（鎬）遺愛碑并序》："拜公荆州大都督府長史。明年……授太子賓客。"

杜鴻漸　乾元二年（759）

《舊書》本傳："兩京平，遷荆州大都督府長史、荆南節度使。襄州大將康楚元、張嘉延盜所管兵，據襄州城叛，刺史王政遁走。嘉延南襲荆州，鴻漸聞之，棄城而遁。"《新書》本傳略同。又見《通鑑·乾元二年》九月。

魏仲犀　乾元二年？（759？）

《姓纂》卷八西祖魏氏："仲犀，比部員外，華州刺史，江陵長史、荆南節度。"按天寶十五載仲犀由華州刺史遷梁州長史。

吕　諲　上元元年—寶應元年（760—762）

《舊書·肅宗紀》：上元元年八月"丁丑，以太子賓客吕諲爲荆州大都督府長史、澧朗硤忠五州節度觀察處置等使"。又本傳：上元元年"七月，授諲荆州大都督府長史、兼御史大夫……諲至治所，上言請於江陵置南都。九月，敕改荆州爲江陵府"。《新書》本傳略同。《會要》卷六八："上元元年九月七日，改爲江陵府，稱南都，以吕諲爲尹。"《全文》卷三八三元結《吕公表》："上元二年，置都於荆州，爲江陵府，使舊相東平吕公爲江陵尹，兼御史大夫……公理荆南三年，年五十一，薨於官。"又見《元龜》卷五九五、卷六七四、卷八二〇，《全文》卷三八一元結《舉吕著作狀》、卷四〇九崔祐甫《故常州刺史獨孤公（及）神道碑銘并序》。卷三七二嚴郢有《駁太常擬故相國江陵尹謚議》，卷三八六獨孤及有《故江陵尹兼御史大夫吕諲謚議》《駁太常擬故相國江陵尹謚議》。《輿地碑記目》卷二《江陵府碑記》有《唐江陵尹吕諲廟碑》《唐江陵尹吕公表》，注引《集古録》云："唐元結撰，顧誠書八分，碑以肅宗元年立。"《隋唐五代墓誌匯編·山西卷·唐故中大夫趙王府諮議參軍吕府君（懷俊）墓誌銘并序》（寶應二年閏正月二日）："加以棠棣之華，當代傑立，故□也，江陵節度兼御史大夫諲。"

李 峴　　寶應元年—廣德元年（762—763）

《舊書》本傳："代宗即位，徵峴爲荆南節度、江陵尹，知江淮選補使。入爲禮部尚書，兼宗正卿。"《新書》本傳略同。《舊書·代宗紀》：廣德元年"八月，以荆南節度使李峴爲宗正卿"。《元龜》卷六二九："寶應初，李峴爲江陵尹，知江淮選補使。"《全文》卷三二一李華《故相國兵部尚書梁國公李峴傳》："遷爲御史大夫、江陵尹……入爲禮部尚書。"

【顔真卿　　廣德元年（763）（未之任）】

《舊書》本傳："代宗嗣位，拜利州刺史，遷戶部侍郎，除荆南節度使，未行而罷。"《新書》本傳略同。《全文》卷三三六顔真卿《謝荆南節度使表》："伏奉二十七日恩制，除臣江陵尹、兼御史大夫，充荆南節度觀察處置使。"又卷三三八顔真卿《乞御書題額恩敕批答碑陰記》："真卿……廣德元年秋八月拜江陵尹、兼御史中丞，充荆南節度觀察處置等使，未行，受代，轉尚書右丞。"又卷五一四殷亮《顔魯公行狀》："廣德元年，又加金紫光禄大夫，充荆南節度觀察處置使，遲留未行，爲密近所誣，遂罷前命。代宗幸陝，公扈從至行在，除尚書右丞。"

衛伯玉　　廣德元年—大曆十一年（763—776）

《舊書》本傳："廣德元年冬，吐蕃寇京師，乘輿幸陝。以伯玉有幹略，可當重寄，乃拜江陵尹、兼御史大夫，充荆南節度觀察等使……大曆初，丁母憂，朝廷以王昂代其任，伯玉譖諷將吏不受詔，遂起復以本官爲荆南節度等使……大曆十一年二月入覲，以疾卒於京師。"《新書》本傳略同。《舊書・代宗紀》：大曆十一年“二月癸亥，荆南節度使衞伯玉卒於京師”。《全文》卷四六代宗《封衞伯玉城陽郡王制》：“開府儀同三司檢校工部尚書兼江陵尹御史大夫充荆南節度觀察處置等使上柱國芮國公衞伯玉，可封陽城郡王。”《大詔令集》卷六一同。又見《元龜》卷一二九。《全詩》卷二〇〇岑參有《送江陵泉少府赴任便呈衞荆州》，又見卷二二三杜甫《惜别行送向卿進奉端午御衣之上都》、卷二三二杜甫《江陵望幸》詩注，《廣記》卷一六〇引《續定命録》。

【王　昂　大曆五年(770)(未之任)】

《舊書》本傳：“大曆五年六月，爲江陵尹，兼御史大夫，充荆南節度觀察使，代衞伯玉。昂既行，伯玉諷大將軍楊猷等拒昂，乞留伯玉，詔許之。昂復檢校刑部尚書，知省事。”又見《元龜》卷一七六。

張延賞　大曆十一年—十四年(776—779)

《舊書・代宗紀》：大曆十一年四月“己卯，以前淮南節度使、揚州大都督府長史、御史大夫張延賞爲江陵尹、兼御史大夫，充荆南節度使”。又《德宗紀上》：大曆十四年十一月，“以荆南節度使、檢校禮部尚書、兼江陵尹、御史大夫張延賞檢校兵部尚書兼成都尹、御史大夫、劍南西川節度度支營田觀察等使”。又見兩《唐書》本傳，《元龜》卷六七七。

庾　準　建中元年—二年(780—781)

《舊書・德宗紀上》：建中元年三月“甲戌，以前司農卿庾準爲江陵尹，兼御史中丞、荆南節度使”。二年二月乙未，“以前荆南節度使庾準爲左丞”。又見兩《唐書》本傳。《姓纂》卷六新野庾氏：“準，尚書左丞、江陵尹、荆州節度使。”《全詩》卷二四四韓翃《送故人赴江陵尋庾牧》：“主人持節拜荆州。”據陶敏考證，庾牧即指庾準。

李昌巙　建中二年—三年(781—782)

《舊書・德宗紀上》：建中二年二月乙未，“以桂管觀察使李昌巙爲江陵尹、兼御史大夫、荆南節度等使"。《新書·宗室世系表上》大鄭王房："荆南節度使、檢校工部尚書昌巙。"《劉禹錫集》卷九《復荆門縣記》："其肇允經營，實王孫昌巙居荆以表之，命行名建而綌構之弗暇。"

張伯儀　建中三年—貞元元年(782—785)

《舊書·德宗紀上》：建中三年三月戊戌，"以嶺南節度使張伯儀檢校兵部尚書，兼江陵尹、御史大夫、荆南節度等使"。《新書》本傳："擢睦州刺史。後爲江陵節度使……李希烈反，詔與賈耽、張獻甫收安州。戰不利……伯儀收散卒還。久之，除右龍武統軍。卒。"又見《舊書·李復傳》。按《舊書·樊澤傳》稱："〔貞元〕三年，代張伯儀爲荆南節度觀察等使、江陵尹，兼御史大夫。"又見《元龜》卷一一九。據《舊紀》，樊澤所代者乃李皋，非張伯儀，《樊澤傳》誤。

李皋　貞元元年—三年(785—787)

《舊書·德宗紀上》：貞元元年四月"丁丑，以江西節度使嗣曹王皋爲江陵尹、荆南節度使"。三年閏五月"癸亥，以荆南節度使、檢校户部尚書、嗣曹王皋爲襄州刺史、山南東道節度、襄鄧郢安隨唐等州觀察使"。又見兩《唐書》本傳，《元龜》卷二六七、卷六七八，《唐語林》卷六。《全文》卷七八五穆員《嗣曹王故太妃鄭氏墓誌銘》："大唐貞景寅歲秋七月乙酉，荆南節度觀察使、户部尚書、御史大夫、江陵尹、嗣曹王皋奉先太妃滎陽鄭氏之喪歸。"《芒洛續補》同。《全文》卷七八五穆員《爲留守賈尚書祭嗣曹王故太妃文》："維年月日某官某乙……敬祭於荆南節度觀察使、户部尚書，兼御史大夫、嗣曹王故太妃之靈。"

樊澤　貞元三年—八年(787—792)

《舊書·德宗紀上》：貞元三年閏五月癸亥，"以山南東道節度使樊澤爲江陵尹、荆南節度使"。又《德宗紀下》：貞元八年二月"丙子，以荆南節度使樊澤爲襄州刺史、山南東道節度使"。又見兩《唐書》本傳,《元龜》卷一一九,《全文》卷六九一符載《祭樊司空文》。

裴　冑　貞元八年—十九年(792—803)

《舊書・德宗紀下》:貞元八年二月丙子,"以江西觀察使裴冑爲江陵尹,荆南節度使"。十九年"五月辛亥,荆南節度使、檢校工部尚書、江陵尹裴冑卒"。又見兩《唐書》本傳,《元龜》卷一七六。《全文》卷六九一符載《荆州城東天皇寺道悟禪師碑》:"時江陵尹裴公稽首問法致禮迎至。"按裴公疑即裴冑。《十國春秋・孫光憲傳》:"先是,唐元和中,裴宙鎮荆州,掘地得一石。規模悉仿江陵城制,命徙置他所,輒淫雨不止,仍復舊處,天乃霽。"按宙、冑音近,疑即"冑"之訛。"元和"亦疑爲"貞元"之誤。

裴　均　貞元十九年—元和三年(803—808)

《舊書・德宗紀下》:貞元十九年五月"乙未,以荆南行軍司馬裴筠(均)爲江陵尹,兼御史大夫、荆南節度使"。又《憲宗紀上》:元和三年四月"丁丑,以荆南節度使裴均爲右僕射,判度支"。《全文》卷五〇〇權德輿《尚書度支郎中正平節公裴公神道碑銘并序》:"有子曰均,以御史大夫、工部尚書尹正荆門,節制上游。"又卷六〇六劉禹錫《復荆門縣記》:"永貞元年,江陵尹裴公政成上游……〔元和〕三年,公以介圭入覲。"又見《新書》本傳,《全文》卷六二八呂温《裴氏海昏集序》,卷六四〇李翱《故東川節度使盧公傳》,卷六八六皇甫湜《荆南節度判官廳壁記》等。

趙　昌　元和三年(808)

《舊書・憲宗紀上》:元和三年四月"乙亥,以嶺南節度使趙昌爲江陵尹,荆南節度使"。又本傳:"元和三年,遷鎮荆南,徵爲太子賓客。及得見,拜工部尚書、兼大理卿。歲餘,讓卿守本官。六年,除華州刺史。"《新書》本傳略同。《白居易集》卷五四《除趙昌檢校吏部尚書兼太子賓客制》:"檢校兵部尚書、兼江陵尹、上柱國、天水郡開國公趙昌……可檢校吏部尚書兼太子賓客。"《柳河東集》卷二二《送趙大秀才往江陵謁趙尚書序》:"宗人以碩德崇功由交廣臨荆州。"又見《唐語林》卷四,《北夢瑣言》卷八。

趙宗儒　　元和三年—六年（808—811）

《舊書》本傳：“元和初,檢校禮部尚書,判東都尚書省事、兼御史大夫,充東都留守、畿汝都防禦使。入爲禮部、户部二尚書,尋檢校吏部尚書,守江陵尹、兼御史大夫,荆南節度營田觀察等使……六年,又入爲刑部尚書。”《新書》本傳略同。《舊書·憲宗紀上》：元和六年四月己卯,“以前荆南節度使趙宗儒爲刑部尚書”。又見《韓昌黎集》卷二九《唐故虞部員外郎張府君（季友,字孝權）墓誌銘》、外集卷四《河南府同官記》注。《柳河東集》卷三五有《賀趙江陵宗儒辟符載啓》；卷三六有《上江陵趙相公寄所著文啓》。《國史補》卷中：“憲宗問趙相宗儒曰：‘人言卿在荆州,毬場草生,何也?’”

嚴　綬　　元和六年—九年（811—814）

《舊書·憲宗紀上》：元和六年三月“丁未,以檢校右僕射嚴綬爲江陵尹、荆南節度使”。《憲宗紀下》：元和九年九月丙戌,“以荆南節度使嚴綬檢校司空、襄州刺史、山南東道節度使”。又見兩《唐書》本傳。《全文》卷六五五元稹《故金紫光禄大夫檢校司徒兼太子少傅鄭國公嚴公行狀》：“拜荆南節度……等使、兼江陵尹……累歲,遷山南東道節度……兼襄州刺史。”卷七一三崔黃中《觀風驛新井記》：“元和六載,我司空鄭公節度荆南……三年,政閑事簡。”《柳河東集》卷三六有《上江陵嚴司空獻所著文啓》。

袁　滋　　元和九年—十一年（814—816）

《舊書·憲宗紀下》：元和九年九月“丙戌,以山南東道節度使袁滋檢校兵部尚書,兼江陵尹、荆南節度使”。十一年秋七月丁丑,“以荆南節度使袁滋爲唐州刺史、彰義軍節度使、申光唐蔡隨鄧州觀察使,權以唐州爲理所”。又見兩《唐書》本傳。《寶刻叢編》卷八引《京兆金石録》有《唐荆南節度使袁滋先廟碑》。

裴　武　元和十一年—長慶元年(816—821)

《舊書·憲宗紀下》：元和十一年秋七月丁丑，"以華州刺史裴武爲江陵尹，充荆南節度使"。上圖藏拓片《唐故歸州刺史盧公(璠)墓誌銘并序》(元和十四年九月九日)："元和戊戌歲(十三年)正月，盧公以簡易慈惠之化牧秭歸，己亥歲(十四年)七月朔旦，終於官……廉使副丞相裴公悼公懿迹之不可追也。"《全文》卷六四八元稹《授裴武司農卿制》："自華至荆，無非劇地；鈐轄豪右，衣食縈嫠。"【補遺】《唐故銀青光禄大夫、檢校户部尚書、使持節鄆州諸軍事、守鄆州刺史，充天平軍節度、鄆曹濮等州觀察處置等使、御史大夫、上柱國、弘農郡開國公、食邑二千户弘農楊公(漢公)墓誌銘並序》(咸通二年十一月廿日)："廿九登進士第……其秋辟鄜坊裴大夫武府，得試秘書省校書郎。……裴大夫守華州，以試協律署鎮國軍判官。裴大夫移鎮荆南，以節度掌書記請之。……丁太尉府君憂……服闋，荆南裴大夫復請爲從事。"(周紹良、趙超《唐代墓誌匯編續集》，上海古籍出版社2001年版)

王　潛　長慶元年—大和三年(821—829)

《舊書·穆宗紀》：長慶元年正月癸卯，"以涇原節度使王潛檢校兵部尚書、江陵尹，充荆南節度使"。又《文宗紀上》：大和三年二月"甲寅，荆南節度使王潛卒"。《新書》本傳略同。《宋高僧傳》卷一一《唐南嶽西園蘭若曇藏傳附荆州永泰寺釋靈象傳》："長慶元年住百家巖寺。未幾，徙步江陵，太守王潛請居永泰寺。大和三載六月二十三日，終於住寺。"又見《因話録》卷六，《北夢瑣言》卷一二，《廣記》卷八四引《補録記傳》。

崔　群　大和三年—四年(829—830)

《舊書·文宗紀上》：大和三年"二月辛亥朔，以兵部尚書崔群爲荆南節度使"。四年三月"甲辰，以前荆南節度使崔群檢校右僕射，兼太常卿"。又見兩《唐書》本傳。《全文》卷六九三李虞仲《授崔群右僕射兼太常卿制》："前荆南節度……江陵尹……崔群……可檢校尚書右僕射。"《金石録》卷三〇《唐丞相崔群碑跋》："其自荆南節度使召拜檢校左僕射、太常卿，遂爲吏部尚書以卒。"

段文昌　　大和四年—六年（830—832）

《舊書・文宗紀下》：大和四年三月"癸卯，以淮南節度使段文昌檢校尚書左僕射、同中書門下平章事，兼江陵尹，充荆南節度使"。六年十一月"乙卯，以荆南節度使段文昌爲劍南西川節度使，依前檢校左僕射、同平章事"。又見兩《唐書》本傳，《玉泉子》，《唐語林》卷六，《北夢瑣言》卷三。《全文》卷六一七段文昌《修仙都觀記》："大和庚戌歲（四年），自淮南移鎮荆門。"

崔　珤　　大和六年—八年（832—834）

《舊書・文宗紀下》：大和六年十二月戊辰，"以尚書右丞崔珤爲江陵尹、荆南都團練觀察使"。又本傳："〔大和〕六年十二月，出爲江陵尹、御史大夫、荆南節度使。八年，入爲兵部侍郎。"《新書》本傳略同。

韋　長　　大和九年—開成三年（835—838）

《白居易集》卷三二《偶吟》詩云："韋荆南去留春服，王侍中來乞酒錢。"按韋荆南即指韋長。朱金城《白居易年譜》繫此詩於大和九年："據白氏此詩所云，則長之赴荆南似在九年春，'王侍中'爲王智興……《舊唐書・文宗紀》：大和九年五月'癸酉，以河中節度使王智興爲宣武軍節度使，依前守太傅，兼侍中'。則白氏此詩必智興赴宣武任過洛時所作。"《舊書・文宗紀下》：開成三年正月"丁丑，以前荆南節度使韋長爲河南尹"。

李　石　　開成三年—會昌三年（838—843）

《舊書・文宗紀下》：開成三年正月"丙子，以中書侍郎、同中書門下平章事李石爲荆南節度使，依前中書侍郎、平章事"。又《武宗紀》：會昌三年十月，"以荆南節度使、檢校右僕射、同平章事李石可檢校司空、平章事，兼太原尹、北都留守，充河東節度、管内觀察等使"。《大

詔令集》卷五三有《李石荆南節度同平章事制》。《元龜》卷三二二、
《全文》卷七〇同。又見兩《唐書》本傳,《新書·宰相表下》,《通鑑·
會昌三年》十月,《唐摭言》卷一五,《唐語林》卷一。

鄭　涯　　約會昌四年—六年(約 844—846)

《英華》卷四六七封敕《批鄭涯謝上表》:"内庭西掖,留重價於雄
文;憲府南宮,藹餘芳於嘉話。出入更踐,便藩寵榮,所莅有聲,溢於
聞聽。是用授之鈇鉞,鎮以荆蠻,壓江漢之上游,總吴蜀之都會。"按
會昌三年七月鄭涯在兵侍任,見《舊紀》;會昌六年五月在尚書左丞
任,見《舊書·禮儀志五》。

李德裕　　會昌六年(846)

《舊書·宣宗紀》:會昌六年四月辛未,"以特進、守太尉、門下侍
郎、同平章事、上柱國、衛國公、食邑二千户李德裕檢校太尉、同平章
事、江陵尹、荆南節度使"。十月,"以荆南節度使李德裕爲東都留
守"。又見兩《唐書》本傳,《新書·宰相表下》,《元龜》卷三二二。《通
鑑·會昌六年》稱四月任,九月改。《大詔令集》卷五三(《全文》卷七
九)有《李德裕荆南節度平章事制》。《唐語林》卷七:"宣宗即位於大
極殿時,宰臣李德裕行册禮……後二日,遂出爲荆南節度使。"

鄭　肅　　會昌六年—大中三年(846—849)

《新書·宰相表下》:會昌六年"九月,〔鄭〕肅本檢校官、荆南節度
使"。又見《通鑑·會昌六年》九月。《新書》本傳:"宣宗即位,遷中書
侍郎,罷爲荆南節度使。卒,贈司空。"《舊書》本傳稱"復爲河中節度
使",疑誤。《樊南文集補編》卷三有《爲滎陽公上荆南鄭相公狀》
三篇。

崔　鉉?　　大中四年(850)

《唐摭言》卷二:"荆南解比號'天荒'。大中四年,劉蜕舍人以是
府解及第。時崔魏公作鎮,以破天荒錢七十萬資蜕。"按《舊書·崔鉉

傳》，大中九年崔鉉封魏國公，崔鉉鎮荆南乃咸通六年至九年事。據《新書・宰相表下》，大中三年至九年崔鉉正在相位。未嘗外任。是否遙領，姑存疑。

盧　商？　大中四年—五年（850—851）

北圖藏拓片《唐故朝議郎河南府壽安縣令賜緋魚袋渤海高府君（瀚）墓誌銘并序》（大中十年五月二十四日）：“故相國江州李公在相位，一見深國士之遇……相國節制庸蜀……相國廉問湘中，復以本官奏充觀察支使。府罷，故致政少傅盧公方鎮荆門，辟署節度判官，歲滿，轉侍御史内供奉。今祕監楊公代鎮，復以本官奏充舊職。”大中十年卒，春秋三十八。按“今祕監楊公”指楊漢公，《新書・楊漢公傳》：“繇户部侍郎拜荆南節度使，召爲工部尚書。或劾漢公治荆南有貪贓，降祕書監。”吳氏《方鎮年表》繫楊漢公大中五年至八年爲荆南節度。盧某當在大中四年至五年間爲荆南節度。《舊書・盧商傳》：“出爲鄂岳觀察使，就加檢校兵部尚書。大中十三年，以疾求代，徵爲户部尚書。其年八月卒於漢陰驛，時年七十一。”《新書》本傳：“大中元年春……罷爲武昌軍節度使。以疾解。拜户部尚書，卒。”吳氏《方鎮年表》以爲《舊傳》之“十三年”爲“三年”之誤。今據此墓誌，對照《舊傳》，竊疑盧商大中四年由鄂岳轉荆南，後以太子少傅致仕，大中十年正在致仕中，十三年徵拜户部尚書，卒。《舊傳》漏荆南節度而已。

楊漢公　大中五年—八年（851—854）

《東觀奏記》卷中：“工部尚書楊漢公前任荆南節度使，以不廉聞，公議益喧，左遷祕書監。制曰：‘考三代之績，爾最無聞；致多士之嘲，人言未息……’舍人沈詢詞也。”《新書》本傳：“由户部侍郎拜荆南節度使，召爲工部尚書。或劾漢公治荆南有貪贓，降祕書監。稍遷國子祭酒。宣宗擢爲同州刺史。”《舊書》本傳未及。《全詩》卷五七〇李群玉有《重陽日上渚宮楊尚書》。吳氏《方鎮年表》繫於大中五年至八年，從之。【補遺】《楊漢公墓誌銘並序》（咸通二年十一月廿日）：“遷桂州觀察使兼御史中丞。廉問峻整，部内清肅。轉浙東觀察使、御史大夫。……入拜給事中，遷户部侍郎，出爲荆南節度、檢校禮部尚書。"(周紹良、趙超《唐代墓誌匯編續集》，上海古籍出版社 2001 年版)按漢公爲荆南節度使兼荆州刺史。

蘇　滌　　大中八年—十一年(854—857)

《舊書·宣宗紀》：大中八年五月，"以户部侍郎、翰林學士承旨、上柱國、武功縣開國子、食邑三百户蘇滌檢校兵部尚書，兼江陵尹、御史大夫，充荆南節度管内觀察處置等使"。十一年二月，"以荆南節度使、銀青光禄大夫、檢校兵部尚書，兼江陵尹、御史大夫、上柱國、武功郡開國男、食邑三百户蘇滌爲太常卿"。

白敏中　　大中十一年—十三年(857—859)

《舊書·宣宗紀》：大中十一年正月，"以劍南西川節度副大使、知節度事……兼成都尹、上柱國、太原郡開國公、食邑二千户白敏中以本官兼江陵尹，充荆南節度、管内觀察處置等使"。又本傳："〔大中〕十一年二月，檢校司徒、平章事、江陵尹、荆南節度使。懿宗即位，徵拜司徒、門下侍郎、平章事，復輔政。"《新書》本傳略同。《新書·宰相表下》：大中十三年"十二月丁酉，檢校司徒兼太子太師、同平章事、荆南節度使白敏中守司徒"。又見《東觀奏記》，《唐摭言》卷一三，《唐語林》卷七。《全文》卷八九六羅隱《説石烈士》。【補遺】《文物》1998 年第 12 期《唐皇甫煒夫人白氏墓誌考釋》引《皇甫氏夫人墓誌銘並序》(咸通六年七月三十日)："夫人姓白氏，其先代太原人也。……父敏中，即今相國，節制荆門，司徒公也。……大中五年，司徒守司空、兼門下侍郎、同中書門下平章事、兼邠寧節度使、京西諸軍都統。……大中六年，以檢校司徒、平章事移鎮西蜀。"

蕭　鄴　　大中十三年—咸通三年(859—862)

《新書·宰相表下》：大中十三年"十一月戊午，〔蕭〕鄴檢校尚書右僕射、同平章事、荆南節度使"。又本傳："懿宗初，罷爲荆南節度使，仍平章事，進檢校尚書左僕射，徙劍南西川。"《大詔令集》卷五四

（《全文》卷八三）有《蕭鄴荆南節度平章事制》。

裴 休　咸通三年—五年（862—864）

《新書》本傳：“復起歷昭義、河東、鳳翔、荆南四節度。卒，年七十四。”《舊書》本傳未及。《英華》卷四五二有《授裴休荆南節度使制》。《全文》卷七六八盧肇《進海潮賦狀》：“自後故江陵節度使贈太尉裴休、故太原節度使贈左僕射盧簡求皆將相重臣，知臣苦心。”又《宣州新興寺碑銘》：“裴公諱休……凡三拜廉察，五授節旄……揆路既長乎百辟，荆門復平乎水土。公降由辛未，歸以甲申（咸通五年）。”吳氏《方鎮年表》列於咸通三年至五年，從之。

崔 鉉　咸通六年—九年（865—868）

《舊書》本傳：“咸通八年，徐州戍將龐勛自桂管擅還，道途剽掠。鉉時爲荆南節度，聞徐州兵至湖南，盡率州兵，點募丁壯，分扼江、湘要害……朝議壯之。卒於江陵。”《新書》本傳：“咸通初，徙山南東道、荆南二鎮。”《北夢瑣言》卷三：“崔魏公鉉鎮荆南，滎陽（鄭愚）除廣南節制，經過，魏公以常禮延遇。”《唐語林》卷三略同。

徐 商　咸通十年（869）

《舊書·懿宗紀》：咸通十年正月癸亥，“以門下侍郎、兼刑部尚書、同平章事徐商檢校兵部尚書、江陵尹、荆南節度使”。《元龜》卷三二二同。《新書·宰相表下》及《通鑑·咸通十年》作六月。《新書》本傳：“〔咸通〕四年，進同中書門下平章事，出爲荆南節度使，累進太子太保，卒。”按《舊書》本傳稱：“〔咸通〕六年罷相，檢校右僕射、荆南節度觀察等使。入爲吏部尚書，累遷太子太保。”疑年代有誤。又見《舊書·王徽傳》。

杜 悰　咸通十年—十一年（869—870）

《舊書·懿宗紀》：咸通十年十二月，“敕荆南節度使杜悰：‘據司天奏，有小字星氣經歷分野，恐有外夷兵水之患”。按杜悰當有兩次任荆南，此爲第一次。

【劉　瞻　咸通十一年(870)（未之任）】

《舊書·懿宗紀》：咸通十一年“九月丙辰，制以正議大夫、守中書侍郎、兼刑部尚書、同平章事、充集賢殿大學士……賜紫金魚袋劉瞻檢校刑部尚書、同平章事，兼江陵尹，充荆南節度等使……制出之夜……劉瞻再貶康州刺史”。又見兩《唐書》本傳，《新書·宰相表下》，《元龜》卷三二二，《唐語林》卷七。《大詔令集》卷五四有《劉瞻荆南節度平章事制》，署“咸通十一年九月”。

劉　異　咸通十一年—十三年(870—872)

《隋唐五代墓誌匯編·河南卷·唐張氏墓記》（咸通十四年十一月三日）：“咸通五年有劉異自鳳翔節度使移鎮於許，始面張氏，八年納而貯於別館。從余罷許，憩於洛，官於朝。十一年又從余出鎮荆南，十三年余得罪分司東洛，十四年十月十七日張氏歿於東都履信里，享年二十四……咸通十四年十一月三日劉異記。”

杜　悰　咸通十三年—十四年(872—873)

此爲第二次。《新書》本傳：“以檢校司徒爲鳳翔、荆南節度使，加兼太傅。會黔南觀察使秦匡謀討蠻，兵敗，奔於悰，悰因之，劾不能伏節，有詔斬之。悰不意其死，駭愕得疾卒。”《南楚新聞》：“太傅、邠國公杜悰節度江陵，咸通十四年，黔南廉使秦匡謀以蠻寇大舉，兵力不敵，來奔……悰怒遣縶之……請誅之……其年六月十三日殺秦匡謀，七月十三日悰乃薨。”又見《北夢瑣言》卷三，《唐語林》卷六。

路　巖　咸通十四年(873)

《通鑑·咸通十四年》：“十一月戊辰，徙〔路〕巖荆南節度使”。十二月，“再貶路巖爲新州刺史”。又見兩《唐書》本傳。《北夢瑣言》卷三：“唐路侍中巖……鎮成都日，委執政於孔目吏邊咸……移鎮渚宮日，於合江亭離筵贈行雲等《感恩多》詞，至今播於倡樓也。”

崔　涓　　乾符元年(874)

《舊書·王蕘傳》："乾符初，崔瑾廉察湖南，崔涓鎮江陵，皆辟爲從事。"兩《唐書》本傳未及。

楊權古　　乾符三年(876)

《舊書·僖宗紀》：乾符三年"六月，敕福建觀察使李播、荆州刺史楊權古⋯⋯黄州刺史計信卿等⋯⋯並宜停任"。《全文》卷八八僖宗《停福建觀察使李播等任敕》："荆州刺史楊權古⋯⋯等九人，授官之時，衆詞不可⋯⋯並宜停任。"

楊知温　　乾符三年—五年(876—878)

《舊書·僖宗紀》：乾符四年"十一月，賊王仙芝率衆渡漢，攻江陵，節度使楊知温嬰城拒守⋯⋯十二月，賊陷江陵之郛，知温窮蹙，求援於襄陽⋯⋯賊盡焚荆南郛郭而去"。《通鑑·乾符四年》："十二月，"王仙芝寇荆南，節度使楊知温⋯⋯不知兵"。《乾符五年》：正月，"知温見士卒拒戰⋯⋯遣使告急於山南東道節度使李福⋯⋯仙芝聞之，焚掠江陵而去"。又見《新書·楊汝士傳》，《新表一下》楊氏越公房。

高　駢　　乾符五年(878)

《通鑑·乾符五年》：正月"庚戌，以西川節度使高駢爲荆南節度使兼鹽鐵轉運使"。六月，"王仙芝餘黨剽掠浙西，朝廷以荆南節度使高駢先在天平有威名，仙芝黨多鄆人，乃徙駢爲鎮海節度使"。《新書》本傳："徙駢劍南西川節度⋯⋯進位檢校司徒，封燕國公，徙荆南節度⋯⋯授駢鎮海節度使。"按《舊書》本傳稱："進位檢校尚書右僕射、江陵尹、荆南節度觀察等使。乾符四年，進位檢校司徒、潤州刺史、鎮海軍節度、浙江西道觀察等使。"《舊五代史·雷滿傳》稱："唐廣明初，王仙芝焚劫江陵，是時朝廷以高駢爲節度使，駢擢滿爲裨將。"年代皆誤。《全文》卷八一一胡曾有《賀高相公除荆南啓》。

王　鐸　　乾符六年(879)

《新書·僖宗紀》：乾符六年四月，"王鐸爲荆南節度使、南面行營招討都統"。十一月"辛酉，黄巢陷江陵，殺李迢……十二月壬辰，克江陵。是月，貶王鐸爲太子賓客，分司東都"。又見《新書》本傳、《宰相表下》，《通鑑·乾符六年》四月。按《舊書·僖宗紀》稱：乾符五年二月，"乃以王鐸檢校司徒，兼侍中、門下侍郎、江陵尹、荆南節度使，充諸道兵馬都統"。《舊書》本傳、《元龜》卷三二二、卷三二三皆作五年。《北夢瑣言》："唐乾符中，荆州節度使、晉公王鐸，後爲諸道都統。"

宋　浩　　乾符六年—廣明元年(879—880)

《通鑑·廣明元年》："初，劉巨容既還襄陽，荆南監軍楊復光以忠武都將宋浩權知府事。"按劉巨容還襄陽事在乾符六年末，見《通鑑》。《新書·僖宗紀》：廣明元年正月"戊寅，荆南監軍楊復光、泰寧軍將段彦謨殺其守將宋浩"。

常　滋　　廣明元年(880)

《新書·僖宗紀》：廣明元年正月"戊寅，荆南監軍楊復光、泰寧軍將段彦謨殺其守將宋浩，以常滋爲節度留後"。

鄭紹業　　廣明元年—中和元年(880—881)

《通鑑·廣明元年》：四月，"以工部侍郎鄭紹業爲荆南節度使"。又《中和二年》：十二月，"初，朝廷以鄭紹業爲荆南節度使，時段彦謨方據荆南，紹業憚之，逾半歲，乃至鎮。上幸蜀，召紹業還，以彦謨爲節度使"。《新書·陳儒傳》略同。《英華》卷三八七劉崇望《授鄭紹業工部尚書制》稱："出守荆門，頗聞理聲。"

段彦謨　　中和元年—二年(881—882)

《通鑑·中和二年》："初……上幸蜀，召〔鄭〕紹業還，以〔段〕彦謨爲節度使。彦謨爲朱敬玫所殺，復以紹業爲節度使。"《新書·僖宗紀》：中和二年六月“己亥，荆南監軍朱敬玫殺其節度使段彥謨”。又見《通鑑·中和二年》六月，《新書·陳儒傳》，《古今姓氏書辯證》卷二二似先氏。

李 燧 中和二年（882）

《新書·僖宗紀》：中和二年六月“己亥，荆南監軍朱敬玫殺其節度使段彥謨，少尹李燧自稱留後”。《通鑑·中和二年》六月、《新書·陳儒傳》略同。

【鄭紹業 中和二年（882）（未之任）】

《通鑑·中和二年》：八月，“以兵部侍郎、判度支鄭紹業同平章事，兼荆南節度使”。十二月，“〔段〕彥謨爲朱敬玫所殺，復以紹業爲節度使。紹業畏敬玫，逗留不進，軍中久無帥；至是，敬玫署押牙陳儒知府事”。《新書·陳儒傳》略同。《新表五上》鄭氏：“紹業，荆南節度使。”

陳 儒 中和二年—光啓元年（882—885）

《通鑑·中和二年》：十二月，“〔朱〕敬玫署〔荆南節度〕押牙陳儒知府事”。又《中和三年》：九月，“以荆南留後陳儒爲節度使”。又《光啓元年》：正月，“雷滿屢攻掠荆南，儒重賂以却之。淮南將張瓌、韓師德叛高駢……儒請瓌攝行軍司馬，師德攝節度副使，將兵擊雷滿……瓌還兵逐儒而代之”。《新書》本傳：“〔朱〕敬玫署儒領〔荆南〕府事。明年，遷檢校工部尚書，爲節度使。進檢校右僕射……〔張〕瓌引兵逐儒。”

張 瓌 光啓元年—三年（885—887）

《通鑑·光啓元年》：正月，“〔陳〕儒請〔張〕瓌攝行軍司馬，〔韓〕師德攝節度副使，將兵擊雷滿……瓌還兵逐儒而代之”。《新書·僖宗紀》作中和四年十二月。《光啓三年》：十二月“癸巳，秦宗權所署山南東道留後趙德諲陷荆南，節度使張瓌留其將王建肇守城而去”。《新書·僖宗紀》作"節度使張瓌死之"。

王建肇　　光啓三年—文德元年(887—888)

《通鑑·光啓三年》:十二月"癸巳,奏宗權所署山南東道留後趙德諲陷荆南,節度使張瓌留其將王建肇守城而去"。《文德元年》:四月,"歸州刺史郭禹擊荆南,逐王建肇"。

成　汭(郭禹)　　文德元年—天復三年(888—903)

《通鑑·文德元年》:四月,"歸州刺史郭禹擊荆南,逐王建肇……詔以禹爲荆南留後……久之,朝廷以禹爲荆南節度使……禹奏復姓名爲成汭"。《景福元年》:"九月,加荆南節度使成汭同平章事。"《乾寧四年》:"七月,加荆南節度使成汭兼侍中。"《光化二年》:七月,"加荆南節度使成汭兼中書令"。《新書·昭宗紀》:天復三年"五月壬子,荆南節度使成汭及楊行密戰於君山,死之"。又見《舊書·昭宗紀》,《新書》本傳,《舊五代史》本傳、《梁太祖紀三》,《十國春秋·吳太祖世家》。《全文》卷八四一鄭準有《約荆南節度使成汭乞歸本姓表》。

【孔　緯　　大順元年(890)(未之任)】

《舊書·昭宗紀》:大順元年十二月丙寅,"以開府儀同三司、門下侍郎、同平章事……孔緯檢校司徒,兼江陵尹、荆南節度觀察處置等使。庚午……新除荆南節度使孔緯責授均州刺史"。又見兩《唐書》本傳。按《大詔令集》卷五八《孔緯荆南節度使制》作"大順二年正月";《新書·宰相表下》亦作"大順二年正月庚申"。

【孫惟晟(孫惟晟、孫惟最)　　景福二年(893)(未之任)】

《舊書·昭宗紀》:景福二年"三月庚子,制以……宣威都頭孫惟晟爲江陵尹、荆南節度使,并加特進、同平章事……時朝議以〔李〕茂貞傲侮王命,武臣難制……故罷五將之權,兼以平章事悦其心"。又見《元龜》卷一七八。兩《五代史·孫德昭傳》作"惟晟"。按是時五將實未之任。

雷彦恭 天復三年（903）

《新書・昭宗紀》：天復三年五月，“武貞軍節度使雷彦威之弟彦恭陷江陵”。《十國春秋・趙匡凝傳》：“成汭死，雷彦恭襲取荆南，匡凝遣其弟匡明逐彦恭。”

趙匡明 天復三年—天祐二年（903—905）

《新書・昭宗紀》：天復三年“十月，忠義軍將趙匡明陷江陵，自稱留後”。天祐二年九月，“朱全忠陷江陵，留後趙匡明奔於成都”。又見《通鑑・天復三年》十月、《天祐二年》九月，《新五代史・趙匡凝傳》，《十國春秋・趙国凝傳》《前蜀高祖本紀》《武信王世家》。

＊趙匡凝 天祐元年（904）

《舊書・昭宗紀》：天祐元年六月，“荆南襄州忠義軍節度、開府儀同三司、檢校太師、中書令、江陵尹、襄州刺史、上柱國、楚王、食邑六千戶趙匡凝宜備禮冊命”。《十國春秋》本傳：“〔朱〕全忠表匡凝荆襄節度使，以匡明爲荆南留後。”

賀　瓌 天祐二年—三年（905—906）

《通鑑・天祐二年》：九月“戊辰，朱全忠以楊師厚爲山南東道留後，引兵擊江陵；荆南牙將王建武遣使迎降。全忠以都將賀瓌爲荆南留後”。《天祐三年》：十月，“武貞節度使雷彦威屢寇荆南，留後賀瓌閉城自守；朱全忠以爲怯，以潁州防禦使高季昌代之”。又見《舊五代史・梁太祖紀二》。

高季昌 天祐三年—四年（906—907）

《通鑑・天祐三年》：十月，“武貞節度使雷彦威屢寇荆南，留後賀瓌閉城自守；朱全忠以爲怯，以潁州防禦使高季昌代之”。《舊五代史・梁太祖紀三》：開平元年五月，“荆南高季昌進瑞橘數十顆”。

待考録

元　欽

《姓纂》卷四河南洛州元氏：“欽，荆州刺史。”乃蘇州刺史志儉兄；元和末杭州刺史元覿高祖。

高榮朗

《寶刻叢編》卷八引《京兆金石録》有《唐荆州刺史高榮朗碑》。

東陽助（東鄉助）

《直齋書録解題》卷一：“《周易物象釋疑》一卷，唐東陽助撰，《唐志》作東鄉助，館閣書目又云：守江陵尹。”

蘇　遇

《舊書·李紳傳》：“敬宗初即位，〔李〕逢吉快紳失勢，慮嗣君復用之……會荆州刺史蘇遇入朝……衆問計於遇。”

卷一九六　均州（武當郡）

隋武當郡。武德元年改爲均州。貞觀元年廢均州。八年復置均州。天寶元年改爲武當郡。乾元元年復爲均州。領縣三：武當、鄖鄉、豐利。

姚　簡　貞觀三年？（629？）

《珂雪齋近集》卷一《遊太和記》："自唐貞觀中均州守姚簡禱雨，有五龍見於此。"朱玉麒云，按宋董素皇撰《玄天上帝啓聖録》卷一甘霖應禱："記云：大唐貞觀間，歲值苦旱，八潮辰除持償，禱於天下名山大川。是時，武當軍節度使姚簡奉命躬詣武當紫宵宮齋醮致禱。"元劉道明集《武當福地總真集》卷下古今明達："姚太守傳記：名簡，字易夫，隋人也。佐唐太守，出爲武當節度。貞觀中天下大旱，飛蝗遍起。敕禱名山，俱未感應。姚君被命詣武當肅醮。"據《舊唐書·太宗紀》：貞觀三年"六月戊寅，以旱，親録囚徒。遣長孫無忌、房玄齡等祈雨於名山大川，中書舍人杜正倫等往關內諸州撫慰，又令文武官各上封事"。又《册府元龜》卷二六感應："太宗貞觀三年三月，旱……六月，終南等數縣蝗。"因知貞觀中因旱而禱於名山大川，又既旱且蝗者，唯貞觀三年。姚簡之任均州刺史當在是年。按貞觀三年時無均州，頗可疑。

馬　懿　貞觀時？

《姓纂》卷七扶風茂陵馬氏："懿，唐均州刺史，襄陽公。"《新表二下》馬氏略同。乃西魏上柱國扶風公馬岫曾孫，梁襄州主簿馬喬卿孫，右武候大將軍君才子。

崔玄暐　　神龍二年（706）

《通鑑·神龍二年》：三月，“〔左遷〕崔玄暐爲均州刺史”。五月，“武三思使鄭愔告……均州刺史崔玄暐與王同皎通謀”。《舊書·中宗紀》：神龍二年六月戊寅，“特進、均州刺史、博陵郡王崔玄暐〔貶〕白州司馬”。

【李重福　　景龍中（不視事）】

《舊書》本傳：“神龍初……左授濮州員外刺史，轉均州，司防守，不許視事。”又見《通鑑·神龍元年》《景龍三年》。《景雲元年》：七月，“〔鄭愔〕潛過均州，與刺史譙王重福及洛陽人張靈均謀舉兵誅韋氏，未發而韋氏敗，重福遷集州刺史。”《宋高僧傳》卷二三《唐漢東山光寺正壽傳》：“時譙王重福者，中宗次子也。神龍初，韋庶人譖云‘與張易之兄弟構成重潤之罪’，遷均州刺史……及韋氏被誅，睿宗即位，轉集州刺史。”

朱崇慶　　约睿宗時

《千唐誌·大唐故銀青光禄大夫湖州刺史朱公（崇慶）墓誌銘并序》（開元十三年九月十七日）：“拜魏、汴二州長史……轉遷均州刺史、通州刺史，又拜洪州都督兼知江南西道按察使……轉婺州刺史。以公正忤詔使，左貶虔州刺史……加銀青光禄大夫湖州刺史……地有九州，公典六矣。”開元十三年卒，享年六十六。

何延之　　開元十年（722）

《全文》卷三〇一何延之《蘭亭始末記》：“僕開元十年四月二十七日任筠州刺史，蒙恩許拜掃至都。”按開元十年無筠州，《法書要録》引《蘭亭始末記》正作“均州刺史”。

張九章　　約開元二十五年（約737）

《全詩》卷四八張九齡有《初秋憶金均兩弟》。按《全文》卷三五五蕭昕《張九皋碑》稱：“及元昆出牧荆鎮，公亦隨貶外臺，遂歷安康、淮安、彭城、睢陽四郡。”安康即金州，知九齡詩中“金〔州〕弟”指九皋。則均州當指九章，史籍失載。九齡詩云：“江渚秋風至，他鄉離別心。……憂喜嘗同域，飛鳴忽異林。”當作於荆州。九齡自開元二十五年四月貶荆州長史，二十八年夏卒。詩必作於二十五年至二十七年之某年初秋。

宋　遥　　天寶二年（743）

《舊書·苗晉卿傳》：“天寶二年春……〔宋〕遥爲武當郡太守。”《新書·苗晉卿傳》略同。又見《通鑑·天寶二年》正月，《元龜》卷一五二、卷六三八，《會要》卷七四。《千唐誌·上黨郡大都督府長史宋公（遥）墓誌銘并序》（天寶七載正月十一日）：“擢監察御史……出博平、滎陽、絳、魏、陳留、襄陽，貶武當七郡太守，河北、河南、山南三採訪，上黨郡大都督府長史。”

李　長　　肅宗時

《全文》卷五二〇梁蕭《明州刺史李公（長）墓誌銘》：“肅宗在岐……詔攝安州刺史，考績既成，真拜均州治中，遷鄧州。”大曆七年十月卒。疑其時均州無刺史，以治中理州事歟？

李　洧　　肅宗時？

《新書·宗室世系表下》紀王房：“均州刺史洧。”乃紀王慎曾孫，宋州刺史李莊孫，汴州節度使李行褘子。《郎官柱》吏部員外有李洧，在李廙後，崔倫前。

蕭　孚　　約肅宗時

《新表一下》蕭氏齊梁房：“孚，均州刺史。”乃絳州刺史蕭仲豫子。玄宗相蕭嵩姪。

盧傳禮　　大曆中？

《新表三上》盧氏："傳禮，均州刺史。"乃隋澤州内部長、晉州別駕寶素玄孫。

陳　皆　　建中時

《千唐誌・唐故中散大夫使持節台州諸軍事守台州刺史潁川陳公(皆)墓誌銘并序》(貞元二十年二月十五日)："授大理評事、觀察支使，遷監察御史、節度判官，轉殿中侍御史，拜均州刺史。王師平漢南，以公肇經惠迪，就加御史中丞。後牧施、叙二州……〔梁〕崇義其後戎心方啓，負固不朝，公惕其邪謀，願理他郡，由是有武當之拜……其後希烈以蔡□叛命，鄧郊不開，公自均部抵商顏開火炬山以通運路。"貞元十八年卒，享年七十三。按梁崇義建中二年被誅。李希烈建中四年據鄧州。

裴叔猷　　約貞元中

《新表一上》南來吳裴氏："叔猷，均州刺史。"乃元和中桂管經略使裴行立伯父。《柳河東集》卷一一《故試大理評事裴君墓誌》："裴氏之昭曰贈户部尚書諱某，穆曰起居郎諱某，生均州刺史諱某(注：諱叔猷)。均州……長子曰某……元和十四年月日，終于河南敦厚里。"

殷　某　　約貞元中

《全文》卷四九一權德輿《送司門殷員外出守均州序》："春二月，武當耆老相率詣丞相府，請以司門郎殷君爲郡。相府嘉之……先是，君嘗佐廉問於漢南，會是邦缺守，乘傳權領。"

【吕　溫　　元和三年(808)(未之任)】

《舊書》本傳："〔元和〕三年，〔李〕吉甫爲中官所惡，將出鎮揚州，溫欲乘其有間，傾之……乃貶〔竇〕群爲湖南觀察使，羊士諤資州刺史，溫均州刺史。朝議以所責太輕，群再貶黔南，溫貶道州刺史。"《新書》本傳略同。又見《元龜》卷五二二。《唐才子傳》卷五《吕溫傳》誤爲"筠州"。

宇文宿　　元和中

《姓纂》卷六濮陽宇文氏："宿，均州刺史。"《新表一下》宇文氏同。按元和二年宇文宿爲朗州刺史。

盧　鈞　　大和中？

《廣記》卷五四引《神仙感遇傳》："唐相國盧公鈞，進士射策爲尚書郎，以疾出爲均州刺史……後出鎮漢南之明年，二十三年矣。"按兩《唐書》本傳未及刺均州事。唯云：元和四年進士擢第，大和中歷尚書郎，出爲常州刺史，會昌初爲山南東道節度使。

李　潘　　開成二年（837）

《千唐誌・唐故朝議郎使持節光州諸軍事守光州刺史李公（潘）墓誌銘兼序》（開成五年十二月二十四日）："既王公（承元）謝位，中書舍人崔公蠡……薦於有司，制授均州刺史……徵拜侍御史……出爲江陵少尹，轉光州刺史。"開成五年卒，享年五十。又見《唐故光州刺史李府君博陵崔夫人玄堂誌銘并序》（咸通十一年十二月五日）。按大和七年十二月王承元卒於平盧節度使任；崔蠡開成二年爲中書舍人，見《舊書・崔蠡傳》。

韋正貫　　會昌中

《新書》本傳："擢累司農卿。坐尚食乏供，貶均州刺史。久之，進壽州團練使。宣宗立，以治當最，拜京兆尹、同州刺史。"《全文》卷七六四蕭鄴《嶺南節度使韋公（正貫）神道碑》："累貶均州刺史……今上即位，以理行徵拜京兆尹。"

高　証　　約大中五年（約851）

《全文》卷七四八杜牧有《李叔玫除太僕卿高証除均州刺史萬汾除施州刺史等制》。

鄭　某　　約大中時

《全詩》卷五〇九顧非熊有《酬均州鄭使君見送歸茅山》。按《新書・藝文志四》：“《顧非熊詩》一卷”，注：“況之子，大中盱眙簿，棄官隱茅山。”則鄭某刺均州當在大中時。

孫　瑝　　約大中末

北圖藏拓片《唐故御史中丞汀州刺史孫公（瑝）墓誌銘并序》（咸通十二年十二月五日）：“後黜刺武當……深爲本道節度使徐公商□□。入爲員外都官郎。”瑝卒咸通十二年，享年五十四。按徐商大中十年至咸通元年爲山南東道節度使。

盧　軺　　約咸通十年—十二年（約869—871）

《隋唐五代墓誌匯編・洛陽卷》第十四册《唐故朝議郎使持節均州諸軍事守均州刺史范陽盧府君（軺）墓誌銘》（咸通十四年十月七日）：“有唐咸通十二年歲次辛卯六月十七日，前均州刺史范陽盧公以疾終於襄州遵讓里之第，享年六十有七。公諱軺，字子致……公有二千石之才，思得治一郡，時宰用爲均州牧。下車之後，惠化殊最。”

吕　曄（吕燁）　　中和中

《舊五代史・馮行襲傳》：“中和中，僖宗在蜀，有賊首孫喜者，聚徒數千人欲入武當，刺史吕曄惶駭無策略……行襲擊喜仆地，仗劍斬之……山南節度劉巨容以功上言，尋授均州刺史。”《新五代史・馮行襲傳》略同。又見《元龜》卷八七九。《通鑑》記此事在中和四年十二月。

馮行襲　　光啓元年（885）

《新書・僖宗紀》：光啓元年四月，“武當賊馮行襲陷均州，逐其刺史吕燁。”《新書》本傳：“行襲擊〔孫〕喜，斬之，衆皆潰。行襲乘勝逐刺史吕燁，據均州，巨容因表爲刺史。”《通鑑・中和四年》：十二月，“詔以馮行襲爲均州刺史”。又見兩《五代史》本傳，《元龜》卷八七九。

孔　緯　　大順元年—乾寧二年（890—895）

《舊書·昭宗紀》：大順元年十二月庚午，"新除荆南節度使孔緯責授均州刺史，並馳驛赴任"。又見兩《唐書》本傳。《通鑑·大順二年》：正月，"詔再貶孔緯均州刺史"。《乾寧二年》：六月"辛卯，以前均州刺史孔緯、綉州司户張濬並爲大子賓客"。

馮行襲　　天祐二年—四年（905—907）

《通鑑·天祐二年》：十二月，"戎昭節度使馮行襲復取金州……更以行襲領武安軍"。注云："按《考異》則'武安軍'當作'武定軍'。"按《舊書·哀帝紀》：天祐二年十二月"壬寅，戎昭軍奏收復金州，兵火之後，井邑殘破，請移理所於均州，從之。仍改爲武定軍"。

待考録

盧玄明

《新表三上》盧氏："玄明，均州刺史。"乃後魏濟州刺史盧尚之之五世孫。

卷一九七　房州（房陵郡）

隋房陵郡。武德元年改爲遷州，又於竹山縣置房州。貞觀十年廢遷州，自竹山移房州治於廢州城。天寶元年改爲房陵郡。乾元元年復爲房州。領縣四：房陵、永清、竹山、上庸。

權文誕？　　　武德初？

《韓昌黎集》卷三〇《唐故相權公（德輿）墓銘》："至平涼公文誕，爲唐上庸太守、荆州大都督府長史。"

柳崇禮　　　貞觀中

《姓纂》卷七河東解縣東眷柳氏："崇禮，房州刺史。"《新表三上》同。其父誑，約爲隋代人。按《隋唐五代墓誌匯編·陝西卷》第四册《唐故坊州中部縣令柳府君夫人河東薛氏合袝墓誌銘并序》（丁卯歲十一月四日）："曾祖諱崇禮，官至房州刺史。"柳府君卒癸巳歲（天寶十二載？），春秋六十三。疑"丁卯歲"爲貞元三年。按崇禮唐初爲關中道行軍司馬，見兩《唐書·淮安王神通傳》。

長孫龕　　　貞觀中？

《姓纂》卷七河南洛縣（陽）長孫氏："龕，房州刺史。"《新表二上》同。乃隋長孫覽子。

柳　楷　　　貞觀中？

《新表三上》柳氏："楷，濟、房、蘭、廓四州刺史。"《柳河東集》卷一一《故大理評事柳君墓誌》：“其小宗曰楷，至於唐，刺濟、房、蘭、廓四州。”

房遺愛 永徽三年—四年（652—653）

《通鑑·永徽三年》：十一月，“〔房〕遺愛坐出爲房州刺史”。《舊書·高宗紀》：永徽四年正月“丙子，新除房州刺史、駙馬都尉房遺愛……謀反。二月乙酉，遺愛、〔薛〕萬徹、〔柴〕令武等並伏誅”。《元龜》卷一五二：“永徽四年二月甲申……房州刺史、駙馬都尉房遺愛……等坐謀反……並斬。”又見《新書》本傳，《元龜》卷九二五。

李 忠 顯慶元年—五年（656—660）

《舊書》本傳：“顯慶元年，廢忠爲梁王，授梁州都督……其年，轉房州刺史……五年，廢爲庶人。”《新書》本傳略同。《通鑑·顯慶五年》：六月，“房州刺史梁王忠……又數自占吉凶，或告其事，秋七月乙巳，廢忠爲庶人，徙黔州，囚於承乾故宅”。又見《元龜》卷二八一。《大詔令集》卷三九及《全文》卷一五四上官儀有《黜梁王忠庶人詔》。

李 璠 約總章時

《新書·宗室世系表下》濮王房：“房、郢、台三州刺史嗣王璠。”《新書·李愔傳》稱：“以子璠嗣王。璠，武后時謫死歸誠州。”按咸亨四年李璠在台州刺史任。

薛 瓘 咸亨二年（671）

《新書·諸帝公主·城陽公主傳》：“麟德初，瓘歷左奉宸衛將軍。主坐巫蠱，斥瓘房州刺史，主從之官。咸亨中，主薨而瓘卒。”《會要》卷六：“咸亨二年五月十六日，城陽公主薨。公主初適杜荷，坐承乾事誅，公主改適薛瓘……瓘後爲房州刺史，公主隨之。及薨，雙柩齊引而還。”又見《元龜》卷四七。《寶刻叢編》卷九引《京兆金石錄》有《唐駙馬都尉房州刺史薛瓘碑》，咸亨中立。

李　瑒　　约高宗時

《千唐誌·大唐河南府河陽縣丞上柱國龐夷遠妻李氏墓誌銘并序》（開元十年十月五日）："高祖神通，出自太祖光皇帝後，唐受命，封淮安王……曾祖孝詧……祖瑒，歷房、忠、易三州刺史，封狄道郡公。父延明。"按《新書·宗室世系表上》大鄭王房神通孫無名瑒者，當爲失載。

崔敬嗣　　垂拱初

《舊書·崔光遠傳》："祖敬嗣，好樗蒱飲酒。則天初，爲房州刺史。中宗爲盧陵王，安置在州，官吏多無禮度，敬嗣獨以親賢待之。"《新書·崔光遠傳》略同。又見《元龜》卷一七二、卷八五五，《新表二下》博陵崔氏第三房，《廣記》卷一一七引《譚賓錄》，《南部新書》戊。《金石錄》卷二五有《周崔敬嗣墓誌》，卒證聖元年。《千唐誌·故朝散大夫守鄆州司馬盧府君（思莊）墓誌銘并序》（開元十五年九月三日）："夫人博陵崔氏，故房州刺史敬嗣之女也。"《隋唐五代墓誌匯編·洛陽卷》第十一册《大唐潁川郡大人□□縣令盧全善故夫人陳氏墓誌銘并序》（天寶四載十月二十五日）："夫人九歲而孤，爲外王父房州刺史贈太常卿崔敬嗣、外王母金城郡君李氏所字。"夫人卒天寶三載，春秋四十八。

張知謇　　天授中

《舊書》本傳："知謇，天授後歷房、和、舒、延、德、定、稷、晉、洺、宣、貝十一州刺史……初，知謇爲房州時，中宗以盧陵王安置房州，制約甚急。知謇與董玄質、崔敬嗣相次爲刺史，皆保護，供擬豐贍，中宗德之。"《新書》本傳略同。又見《元龜》卷六八九，《通鑑·神龍元年》九月追叙。

崔玄質　　武后時

《舊書·張知謇傳》："中宗以盧陵王安置房州，制約甚急。知謇與董玄質、崔敬嗣相次爲刺史，皆保護。"《新書·張知謇傳》略同。

康希銑　　約武后末

　　《全文》卷三四四顏真卿《銀青光禄大夫海濮饒房睦台六州刺史上柱國汲郡開國公康使君(希銑)神道碑銘》：“轉饒州，入爲國子司業，以言事貶房州，轉睦州，遷台州……開元初入計至京。”按神龍二年在睦州刺史任。

甘元琰　　神龍二年(706)

　　《千唐誌・唐贈太子中舍人丹陽甘府君(基)墓誌》(神龍二年七月一日)稱：“長子房州刺史元琰，次子鴻臚卿元柬，少子元瑜。”

李重茂　　開元二年(714)

　　《舊書》本傳：“開元二年，轉房州刺史。”又《玄宗紀上》：開元二年七月，“房州刺史、襄王重茂薨於梁州，謚曰殤帝”。又見《通鑑・開元二年》七月。

杜元迤　　約開元前期

　　《姓纂》卷六京兆杜氏：“元迤，房州刺史。”按其弟杜元逞，先天二年光禄少卿；杜元道，太僕少卿。

柳　約　　開元前期？

　　《姓纂》卷七河東解縣柳氏：“約，房州刺史。”《新表三上》柳氏同。乃濟、房、蘭、廓四州刺史柳楷孫。

裴令温　　開元中？

　　《新表一上》南來吳裴氏：“令温，房、豫、陝三州刺史。”乃隋散騎常侍裴正曾孫。

韋景駿　　開元十七年—二十年(729—732)

　　《姓纂》卷二東眷韋氏郿城公房：“景駿，房州刺史。”《舊書》本傳：“〔開元〕十七年，遷房州刺史……二十年，轉奉先令，未行而卒。”又見

《韋述傳》，《新書》本傳。《全文》卷五〇六權德輿《唐故太常卿贈刑部尚書韋公（渠牟）墓誌銘并序》：“祖景駿，房州刺史。”又卷三四四顏真卿《京兆尹御史中丞梓遂杭三州刺史劍南東川節度使杜公（濟）神道碑銘》：“夫人京兆韋氏曰平仲，房州刺史景駿之孫。”

盧全操　　開元二十三年（735）

《新表三上》盧氏：“全操，房州刺史。”《千唐誌·大中大夫使持節房州□□□州刺史上柱國魏縣開國子盧府君（全操）墓誌銘并序》（開元二十三年九月十八日）：“以父諱改澤州別駕……未三載陟房州刺史……以開元廿三年五月七日遘疾終於官舍，春秋五十有四。”又見《唐故房陵郡太守盧府君夫人弘農郡君楊氏墓誌銘并序》（天寶十一載十月二十九日）、《唐故兗州鄒縣尉盧君（仲容）墓誌銘并序》（乾元二年二月十二日）。

李踐由　　約開元末期

《全文》卷三一〇孫逖《授李踐由安州別駕李惟可鄂州別駕制》：“前使持節房州諸軍事守房州刺史上輕車都尉李踐由……可守安州都督府別駕。”按卷九〇昭宗名下又重出此制，誤。

王燾　　天寶中

《全文》卷三九七王燾《外臺祕要方序》：“〔余〕出入臺閣二十餘載……以婚姻故貶守房陵，量移大寧郡。”《新書》本傳未及。《千唐誌·唐故知鹽鐵福建院事監察御史裏行王府君（師正）墓誌銘并序》（大和二年十月十四日）：“皇朝給事中，房陵、大寧、彭城□□郡太守，累贈工部尚書、太子少師燾，公之皇祖也。”師正卒大和二年，年四十九。按天寶十一載至十四載王燾在鄴郡太守任。

韋良宰　　至德中

《李太白文集》卷三〇《天長節使鄂州刺史韋公德政碑并序》：“曩者，永王以天人授鉞，東巡無名，利劍承喉以脅從，壯心堅守而不動。

房陵之俗，安於泰山；休奕列郡，去若始至。帝召岐下，深嘉其誠。移鎮夏口，救時艱也。"又卷一〇《經亂離後天恩流夜郎憶舊遊書懷贈江夏韋太守良宰》詩："帝子許專征，秉旄控强楚。……惟君固房陵，誠節冠終古。"按"永王東巡""帝召岐下"皆爲至德中事。

李國貞（李若幽） 　至德二載—乾元元年（757—758）

《全文》卷五〇一權德輿《唐故通議大夫守户部尚書兼御史大夫持節充朔方鎮西北庭興平陳鄭等州行營兵馬及河中節度都統處置使兼管内觀察使權知絳州刺史李公（國貞）神道碑銘并序》："天寶末，林胡覆三川，犯秦關，詔除殿中侍御史……換房陵太守……徵拜長安縣令……改秦州刺史，成命中止，復爲長安令。尋遷汴州刺史，未及行，復輟，爲京兆少尹……公本諱若幽，上元中……錫嘉名以更焉。"兩《唐書》本傳未及爲房陵太守事。

焦大冲 　約肅宗、代宗間

《隋唐五代墓誌匯編・陝西卷》第四册《唐故通議大夫行内侍省内侍伯員外置同正員廣陵焦府君（仙芝）墓誌銘并序》（會昌四年十月二十三日）："曾王父諱大冲，皇房州刺史。王父諱奉超，興元元從、輔國大將軍、右衛大將軍員外置同正員兼内侍省内侍知省事。"仙芝卒會昌三年，享年七十三。

張　綯 　大曆中？

《新表二下》河間張氏："綯，房州刺史。"按其兄張參，國子司業，《全詩》卷二三九錢起有《送張參及第還家》。其高祖約通，約貞觀中爲曹州刺史。

李　位 　貞元十二年（796）

《新表二上》隴西李氏姑臧房："位，房州刺史。"《元龜》卷六七三："李位爲房州刺史，貞元十二年以位有善政，加檢校兵部郎中。"

崔　述　　貞元十二年—十七年（796—801）

《新表二下》博陵崔氏第二房：“述，字元明，房州刺史。”《全文》卷五〇三權德輿《唐故給事郎使持節房州諸軍事守房州刺史崔公（述）墓誌銘并序》：“貞元十二年，出爲房州刺史……十七年秋九月辛酉感疾捐館舍，春秋五十七。”又卷五〇九《祭房州崔使君文》：“維貞元十七年歲次辛巳十一月……姪女婿……權某……敬祭於故房州崔十一叔之靈……六年刺舉，千里清澄。”

李　逞　　約貞元中

《金石補正》卷八《符載妻李氏墓誌》：“衛尉卿昇之孫，吏部尚書暠之堂姪孫，房州刺史逞之女……春秋三十六，以貞元十一年三月十二日疾卒於尋陽……元和七年八月七日……祔于皇先姑之側。”又見《匋齋藏石記》卷二九，《唐文拾遺》卷二八。《全文》卷六九一符載《祭外舅房州李使君文》：“昔公典郡，歸江之涘，小子旋蜀，道途舍此。”

薛公幹　　元和十一年（816）

《舊書·憲宗紀下》：元和十一年九月辛未，“〔貶〕度支郎中薛公幹爲房州刺史”。又見《元龜》卷九三三。

盧行簡　　開成二年（837）

《舊書·文宗紀下》：開成二年八月“乙丑，房州刺史盧行簡坐賕杖殺”。

李匡文　　昭宗時

《因話録》卷五：“古者三公開閣，郡守比古之侯伯，亦有閣，所以世之書題有閣下之稱。”注：“近見房州刺史李使君所著《資暇集》，亦與此說相符耳。”按《新書·藝文志三》有“李匡文《資暇》三卷”，又《藝文志二》“李匡文《兩漢至唐年紀》一卷”，注：“昭宗時宗正少卿。”

顧德昇　　天祐三年（906）

《隋唐五代墓誌匯編·洛陽卷》第十五册《司徒前守右驍□大將軍吳興顧府君（德昇）墓誌銘并序》（應順元年正月二十日）："天祐丙寅歲，權知房州軍州事，尋授檢校司徒守房州刺史。"長興四年十一月十日卒，享年六十五。按天祐丙寅即天祐三年。

待考録

竇藥師

《姓纂》卷九河南洛陽竇氏有"房州刺史竇藥師"，岑仲勉《姓纂四校記》云：藥師時代未詳。

周克構

《姓纂》卷五永安周氏："克構，房州刺史。"《新表四下》同。乃唐初嘉州刺史孝節五代孫。

牛知業

《全文》卷八二九李明啓《柱國牛公新築州城創建公署記》："隴西司空牛公名知業，字子英……公之先太師威公，佐命元勳……已載於青史……初授司空公房州刺史……比離郡日…百姓攀卧擁軾，匍匐相與殆千百人……去歲……乃命公帥本軍分總柄戎……自右羽林統軍……檢校司空，授寧州牧。"

卷一九八 峽州（夷陵郡）

隋夷陵郡。武德初改爲峽州。貞觀九年由下牢戍徙治陸抗故壘。天寶元年改爲夷陵郡。乾元元年復爲峽州。領縣五：夷陵、宜都、長陽、遠安、巴山。

許　紹　　武德二年(619)

《舊書》本傳："大業末，爲夷陵郡通守……王世充篡位，乃率黔安、武陵、澧陽等諸郡遣使歸國，授峽州刺史，封安陸郡公……趙郡王孝恭之擊蕭銑也，復令紹督兵以圖荆州，會卒於軍。"《通鑑·武德二年》：二月甲寅，"詔以〔許〕紹爲峽州刺史"。又見《新書》本傳，兩《唐書·蕭銑傳》《李靖傳》，《通鑑·武德三年》十一月、十二月，《元龜》卷三五七、卷三六九，《新表三上》安陸許氏。按《姓纂》卷六安陸許氏稱"紹，唐陝州刺史"，《元龜》卷一四一、卷一七二亦稱"陝州刺史"，均爲"峽州刺史"之誤。

許智仁　　武德中

《舊書》本傳："尋繼其父（紹）爲峽州刺史。"《新書·許紹傳》："智仁，初以勳授封孝昌縣公。紹卒，繼守夷陵，終涼州都督。"

薛　範　　約貞觀初

《全文》卷三六二徐季鴒《屯留令薛僅善政碑》："曾祖範，隋本州州都(?)，皇朝峽州刺史。祖文度，曹州刺史。"

姚　懿（姚善意）　　顯慶中

《全文》卷三二八胡皓《巂州都督贈幽州都督吏部尚書謚文獻姚府君（懿，字善意）碑銘并序》：“乃除常州長史，亦堅以疾辭。尋除硤州刺史……龍朔初，邛蠻作梗，乃除公使持節巂州都督……以二年十二月一日終於官舍，春秋七十有三。”又見卷二七三崔沔《朝議大夫光禄少卿虢縣開國子吳興姚府君神道碑》。《金石萃編》卷七一《姚彝神道碑》：“祖善意，皇朝銀青光禄大夫、峽州刺史，巂、□二州都督。”

【補遺】趙師立　　高宗時

《洛陽新獲墓誌35・大周故邵州邵陽縣令趙府君（行本）墓誌銘並序》（聖曆二年二月十一日）：“父師立，唐朔、峽、銀、蔚四州刺史，瀘、松二州都督。”

王師順　　武后時

《千唐誌・大唐故朝議大夫行洋州長史上柱國王府君（震）墓誌銘并序》（景龍三年十月二十六日）：“父師順，監察御史、倉部員外郎、司門郎中、硤州刺史、雍州司馬。”王震卒神龍三年三月十六日，年五十九。按《新書・王仲丘傳》稱：“祖師順，仕高宗，議漕輸事有名當時，終司門郎中。”咸亨三年王師順爲監察御史，見《舊書・食貨志下》。《隋唐五代墓誌匯編・洛陽卷》第七册《王師順墓誌》（神功元年十月二十二日）：“又除司門郎中……有制授公洪州都督府長史……又遷硤州刺史……可雍州司馬。”萬歲通天二年卒，春秋七十八。

鄭　勉　　開元六年（718）

《通鑑・開元六年》：十一月，“宋璟奏儀州司馬鄭勉有才略……請除硤州刺史”。按《新表五上》鄭氏：“勉，紫微舍人。”乃千牛長史玄縱子。

盧　昭　　開元中？

《新表三上》盧氏：“昭，峽州刺史。”司農卿萬石子。刑部尚書正己三從叔。

竇承孝　約天寶中

《新表一下》竇氏三祖房：“承孝，夷陵太守。”乃武威郡都督竇懷哲子。

李巨　天寶末

《舊書》本傳：“〔天寶〕六載，御史中丞楊慎矜爲李林甫、王鉷構陷……以巨與〔史〕敬忠相識，坐解官，於南賓郡安置，又起爲夷陵郡太守。”《新書》本傳：“天寶五載，出爲西河太守……貶義陽司馬。明年……又坐免官……召拜夷陵太守。”《通鑑·至德元載》：五月，“太常卿張垍薦夷陵太守虢王巨有勇略……以巨爲陳留譙郡太守”。又見《元龜》卷八四六。

郭南金　肅宗時？

《姓纂》卷一〇京兆郭氏：“南金，硤州刺史。”按其曾祖郭敬宗，約高宗時爲濮州刺史。

劉伯華　大曆初

《全詩》卷二三〇杜甫有《寄劉峽州伯華使君四十韻》，《讀杜心解》列於大曆二年杜甫在夔州時作。《全文》卷四二七于邵《送峽州劉使君忠州李使君序》：“國有戎事，今兹十年。外姦内宄，略無寧歲……涼秋八月，言辭北闕。”又卷五四二令狐楚《爲人作奏貶晉陽縣主簿姜鉢狀》：“右臣劉氏堂外生，即故硤州刺史伯華嫡孫，左補闕某第三女，是臣亡叔庶子絳州刺史勛外孫。”按此狀當爲令狐楚貞元十一年至十六年在太原幕爲節度使李説所作。

楊子琳　大曆四年(769)

《新書·崔寧傳》：“始，寧入朝，留其弟寬守成都，楊子琳乘間起瀘州，以精騎數千襲據其城……既敗，收餘兵沿江而下……遂入夔州，殺別駕張忠，城守以請罪。朝廷以其本謀近忠，故授峽州刺史，移澧州鎮遏使。後歸朝，賜名猷。"《通鑑·大曆四年》：二月"乙巳，以〔楊〕子琳爲峽州團練使"。又見《元龜》卷一七六。按《舊書·代宗紀》：大曆四年"二月乙巳，以瀘州刺史楊子琳爲陝州刺史"。"陝州"當爲"峽州"之訛。《元龜》卷八二五誤同。

薛　珏　　大曆中

《舊書》本傳："遷楚州刺史、本州營田使……爲觀察使誣奏，左授硤州刺史，遷陳州刺史。建中初，上分命使臣黜陟官吏，使淮南李承以珏楚州之去煩政簡，使山南趙贊以珏硤州之廉清，使河南盧翰以珏之肅物，皆以陟狀聞，加中散大夫，賜紫。"《新書》本傳略同。又見《元龜》卷六七三。

李　舟　　建中初？

《全文》卷五二一梁肅《處州刺史李公（舟，字公受）墓誌銘》："起家除陝州刺史，換處州刺史。"按陶敏謂"陝州"爲"硤州"之誤。

李　某　　貞元中？

《全文》卷六四〇李翱《祭硤州李使君文》："身喪遠郡，不逢世用……我知子能，一十八年。"

王仲舒　　元和五年（810）

《舊書》本傳："元和五年，自職方郎中知制誥……京兆尹楊憑爲中丞李夷簡所劾，貶臨賀尉。仲舒與憑善，宣言於朝，言夷簡掎摭憑罪，仲舒坐貶硤州刺史。"《新書》本傳略同。又見《元龜》卷八八二。《韓昌黎文集》卷七《唐故江南西道觀察使中大夫洪州刺史兼御史中丞太原王公（仲舒）神道碑銘》："元和初……徵拜吏部員外郎……出爲峽州刺史，轉廬州，未至，丁母夫人憂。服除，又爲婺州……就加金紫，轉蘇州。"長慶三年卒，年六十二。又《故江南西道觀察使太原王公（仲舒）墓誌銘》略同。

韋顗　元和十一年(816)

《元龜》卷九三三：“張宿爲左補闕，元和中韋貫之爲相……宿以利口得幸於憲宗……卒爲所構，誣以朋黨，罷爲吏部侍郎，不涉旬出爲湖南觀察使，又以出吏部郎中韋顗爲峽州刺史，刑部郎中李正辭爲金州刺史。”按《舊書·憲宗紀下》：元和十一年九月“辛未，貶吏部侍郎韋顗爲陝州刺史”。按是時“陝州”爲觀察使治所，當爲“峽州”之誤。“侍郎”亦爲“郎中”之誤。兩《唐書》本傳未及。《全詩》卷四七七韋涉《寄峽州韋郎中》，即指韋顗。

杜黃中　約元和中

《新表二上》京兆杜氏：“黃中，峽州刺史。”乃憲宗時宰相杜黃裳弟。

王建侯?　長慶中?

《芒洛四編》卷六《唐故文林郎試左武衛兵曹參軍彭城劉府君夫人太原王氏墓誌銘并序》：“伯父建侯，皇銀青光禄大夫、袁□□□洋等州刺史。封太原縣男。”夫人卒乾符五年六月二十三日，享齡□十四。按“洋”字前疑爲“硤”字。又按元和十二年王建侯爲台州刺史，見《嘉定赤城志》卷八郡守。

劉坦　約大和五年(約831)

《元龜》卷三〇七：“〔劉坦〕大和三年任隴州刺史，於本道節度使禮不恭，爲其所舉，降爲果州刺史。又潛入京，詔下臺司鞫問，翌日放歸私第，尋除硤州刺史，馳驛赴任。”

崔某　大和八年(834)

《白居易集》卷三一有《送劉五司馬赴任硤州兼寄崔使君》詩，朱金城《白居易集箋校》卷三一繫此詩於大和八年。

孟琯　大和九年(835)

《元龜》卷七〇七：“姚中立爲萬年縣令，孟琯爲長安縣令，文宗大和九年十一月……貶中立爲郎（朗）州刺史，瑄爲硤州刺史。尋再貶中立爲昭州司户參軍，瑄爲梧州司户參軍。"按《舊書·羅立言傳》稱："長安縣令孟瑄貶硤州長史，萬年縣令姚中立朗州長史。"作"長史"，未知孰是。

董昌齡 開成元年（836）

《舊書·魏謩傳》："前邕管經略使董昌齡枉殺録事參軍衡方厚，坐貶溆州司户。至是量移硤州刺史，謩上疏論之曰……疏奏，乃改爲洪州别駕。"《新書·魏謩傳》略同。《元龜》卷一〇一："開成元年正月，以叙州司户參軍董昌齡爲硤州刺史。"又見卷五四七。《全文》卷七六六魏謩有《論董昌齡量移硤州刺史疏》。

田　某 大中、咸通間

《全詩》卷五八九李頻有《黔中罷職過峽州題田使君北樓》。按李頻大中八年進士，乾符二年爲建州刺史，卒於任。其任職黔中或在大中、咸通間。

盧　某 咸通十二年（871）

《全文》卷八九五羅隱《湘南應用集序》："自己卯至庚寅一十二年看人變化，去年冬河南公按察長沙郡……明年隱得衡陽縣主簿。時硤州盧侍御自龍城至。"按己卯爲大中十三年，庚寅爲咸通十一年。河南公爲于瓌。《舊書·懿宗紀》：咸通十三年五月，"前湖南觀察使于瓌爲袁州刺史"。

潘　章 光啓二年（886）

《新書·陳儒傳》："〔光啓〕二年，〔秦〕宗權遣趙德諲攻〔張〕瓌，瓌求救於歸州刺史郭禹，禹率峽州刺史潘章解圍。"

李　授 約光啓末

《全文》卷八一二劉崇望有《授前峽州刺史李授光禄少卿制》。按劉崇望約光啓二年六月至龍紀元年正月在翰林學士知制誥任。

馮　藻　乾寧二年（895）

《全詩》卷六八四吳融有《和峽州馮使君題所居》。按孫光憲《北夢瑣言》卷九《馮藻慕名》：“唐馮藻……遂三十舉方就仕，歷官卿、監、峽牧，終於騎省。”據門人劉芳瓊考證，吳融詩中“峽州馮使君”即馮藻，乾寧二年任。今從之。

崔昌遐　乾寧三年（896）

《全文》卷八三七薛廷珪《授峽州刺史崔昌遐制》：“具官崔昌遐，昔以令季作鎮衡湘，願分使符出守荆楚，輟之祕府，委之夷陵……可正議大夫守祕書監。”勞格《讀書雜識》卷一云：“考《宰相表》，胤罷相鎮武安在乾寧三年七月，復相在是年九月，據《制》云云，蓋胤罷相，昌遐自祕書監出刺峽州，胤復相後，昌遐復自峽州入爲祕書監也。”

陸　扆　乾寧三年—四年（896—897）

《舊書·昭宗紀》：乾寧三年九月“丁酉，制中書侍郎、集賢殿大學士、判户部事陸扆責授硤州刺史，崔胤怒扆代己，誣奏扆黨庇茂貞故也”。又《本傳》：“〔乾寧〕四年二月，復授工部尚書。”又見《新書·昭宗紀》、《宰相表下》、本傳、《通鑑·乾寧三年》九月，《北夢瑣言》卷六，《南部新書》辛。

趙匡明　約光化、天復間

《舊五代史·趙匡凝傳》：“匡凝弟匡明……以軍功歷綉、峽二州刺史。”《元龜》卷四三八：“趙〔匡〕明唐末以軍功歷肅、峽二州刺史，其兄凝領襄州，表明爲荆南留後。”按《通鑑·天復三年》：十月，“匡凝表其弟匡明爲荆南留後”。

孫　肇　天復三年（903）

《全詩》卷六八〇韓偓《奉和峽州孫舍人肇荆南重圍中寄諸朝士

二篇時李常侍洵嚴諫議龜李起居殷衡李郎中冉皆有繼和余久有是債今至湖南方暇牽課》。按韓偓天復三、四年間在湖南。

待考録

盧　誧

《新表三上》盧氏：“誧，峽州刺史。”乃後魏中書侍郎盧道舒六世孫。

卷一九九　歸州（巴東郡）

　　武德二年割夔州之秭歸、巴東二縣置歸州。天寶元年改爲巴東郡。乾元元年復爲歸州。領縣三：秭歸、巴東、興山。

獨孤義恭　　約武德中

　　《全文》卷二七八劉待價《朝議郎行兗州都督府方與縣令上護軍獨孤府君（仁政）碑銘并序》：“祖義恭……唐秦王府倉曹參軍事，荊王府長史……温汾歸婺四州諸軍事婺州刺史、上柱國、高平縣開國侯。”仁政卒景龍三年，春秋七十七。按温汾歸婺四州相距遥遠，疑當作“温汾歸婺四州諸軍事四州刺史”。

執失思力　　龍朔中

　　《新書》本傳：“龍朔中，以思力爲歸州刺史，卒。”

崔玄藉（崔玄籍）　　乾封元年（666）

　　《千唐誌·大周故銀青光禄大夫使持節利州諸軍事行利州刺史崔君（玄藉）墓誌銘并序》（聖曆二年一月二十八日）：“乾封元年，加中散大夫守歸州刺史，尋檢校荊州大都督府司馬……咸亨元年，除蔚州刺史。”又《唐故前國子監大學生武騎尉崔君（韶）墓誌并序》：“父玄藉，雅、隴、兗、茂四州長史，歸、蔚、循、袁、文、巴、黄、利等八州諸軍事八州刺史。”

寇志覽 高宗時

《姓纂》卷九馮翊寇氏："志覽，唐洛州功曹，歸州刺史。"《千唐誌·唐故廣平郡太守恒王府長史上谷寇府君（洋）墓誌銘并序》（天寶七載十一月三十日）："王父諱志覽，皇歸州刺史。"又《大唐故前鄉貢明經上谷寇君（釗）墓誌銘并序》（開元十一年十月二十七日卒）："烈曾祖皇朝大中大夫歸州刺史諱覽；烈祖皇朝通議大夫行曹州長史上柱國諱思遠；朝議郎見任大理寺主簿上柱國洋之世嫡也。"上圖藏拓片《唐故處士上谷寇公（因）墓誌銘并序》（天寶十三載十二月三日）："歸州刺史埒昌侯覽之曾孫，曹州長史思遠之孫，太原榆次丞潯之元子也。"又見《千唐誌·有唐朝議郎守尚書工部郎中寇公（錫）墓誌銘并序》（大曆十三年四月二十七日）。北圖藏拓片《唐故河南府告成縣主簿上谷縣開國子寇公（鐈）墓誌銘并序》（天寶二年三月六日）："曾祖牧歸州府君諱覽。"鐈卒天寶二年，春秋四十二。

李 琮 高宗時

《全文》卷二三〇張說《贈陳州刺史義陽王（李琮）神道碑》："文帝之孫，紀王之子……總角，封義陽郡王；弱冠，拜歸州刺史。又守檀州，又撫沂州……王運中微，投於南海……某年月日遘六道酷吏，薨於桂林之野，春秋五十……季子豫州刺史行休……迎喪遠裔，開元四年二月至桂林。"

董寄生 儀鳳二年（677）

《輿地碑記目》卷三《歸州碑記》有《唐元元皇帝像及唐銅鐘》，注云："在郡北龍興觀，內有元皇帝像。及唐儀鳳二年，歸州刺史董寄生所造銅鐘，重十斤。"

吉 哲 武后時

《千唐誌·大唐故朝請大夫尚書司勳郎中吉公（渾）墓誌銘并序》："祖哲，忠、歸、易三州刺史。父頊，吏部侍郎、同中書門下平章事，贈御史大夫。"按《新書·吉頊傳》稱："父哲為易州刺史，坐賕當死，項往見武承嗣……承嗣爲表貸哲死，遷項龍馬監。"吉哲刺歸州當在刺易州前。

賈敬宗　　約武后、中宗間

《新表五下》賈氏："敬忠，歸州刺史。"乃隋成州長史賈處静子，長安中滑州刺史敬言弟。

趙彦昭　　景雲元年(710)

《新書》本傳："睿宗立，出爲宋州刺史，坐累貶歸州。"《全文》卷一八睿宗有《貶趙彦昭歸州刺史制》，《元龜》卷一五二稱此爲"景雲元年九月制"，又見《元龜》卷九四五。

鄭　諶　　開元中

《芒洛四編》卷五《唐故太中大夫使持節青州諸軍事青州刺史上柱國滎陽鄭公（諶）墓誌銘并序》："佐徐、曹、許三州，守歸、楚、萊三郡……拜青州刺史，仍聽致仕……居數歲，以開元廿二年十一月十五日寢疾薨於河南洛陽審教里之第。"享年八十四。

【補遺】郭仙芝　　約開元中

《洛陽新獲墓誌83·故朝散大夫國子司業守河東縣令竇伯陽夫人太原郭氏志銘》（貞元十年七月十四日）："祖諱元景，朝議大夫行渠州刺史。父諱仙芝，朝散大夫行歸州刺史。"

許　詵　　肅宗時？

《姓纂》卷六安陸許氏："詵，歸州刺史。"《新表三上》同。乃萬歲通天元年夔州長史許欽寂孫，光禄卿許輔乾子。

孔巢父　　大曆中

《舊書》本傳："大曆初，澤潞節度使李抱玉奏爲賓幕，累授監察御史，轉殿中、檢校庫部員外郎，出授歸州刺史。建中初，涇原節度留後孟皞表巢父試祕書少監，兼御史中丞、行軍司馬。”《新書》本傳未及。

邵　説　　建中三年(782)

《舊書·德宗紀上》：建中三年五月“丁亥，貶太子詹事邵説歸州刺史，卒於貶所”。又見兩《唐書》本傳，《元龜》卷八四三、卷九四五。

元　偕　　貞元中？

《姓纂》卷四河南洛陽元氏：“偕，歸州刺史。”《新表五下》同。乃通州刺史元愷子。按其兄元偉，韋應物、李端均有贈詩。

崔　敏　　約元和初

《柳河東集》卷九《唐故朝散大夫永州刺史崔公墓誌》：“維元和五年九月十五日壬子，永州刺史崔公薨於位……拜歸州刺史……遷永州刺史、朝散大夫。”又卷四〇《祭崔君敏文》：“久次推能，二州繼牧。”注：“謂爲歸州刺史，遷永州。”按崔敏元和二年至五年在永州刺史任。

韓　中　　約元和中

《新表三上》韓氏：“中，歸州刺史。”乃德宗時宰相韓滉姪，興元元年兵部侍郎、京兆尹韓洄子。

高霞寓　　元和十一年(816)

《舊書·憲宗紀下》：元和十一年“秋七月丁丑，貶隨唐節度使高霞寓爲歸州刺史”。又見兩《唐書》本傳，《通鑑·元和十一年》七月，《元龜》卷四四〇、卷四四三。

盧　璠　　元和十三年—十四年(818—819)

上圖藏拓片《唐故歸州刺史盧公(璠)墓誌銘并序》：“元和戊戌歲正月，盧公以簡易慈惠之化牧秭歸，己亥歲七月朔旦終於官……以九月九日葬於邙山大墓。”按戊戌爲元和十三年，己亥爲十四年。《千唐誌·唐故京兆府涇陽縣尉范陽盧君（踐言）墓銘序》（大中元年閏三月七日）：“烈考諱璠，歸州刺史。”會昌六年卒，享年四十八。北圖藏拓片《唐故宣州宣城縣尉范陽盧府君（宏）并夫人博陵崔氏墓誌銘并序》（咸通二年三月二十八日）：“考璠，進士擢第，終歸州牧，府君即第二子也。”又見大中十二年二月二十七日誌。

王茂元　　元和十四年(819)

《全文》卷六八四王茂元《楚三閭大夫屈先生祠堂銘》：“元和十五年，余刺建平之再歲也。”按歸州在晉朝稱建平郡。《樊南文集補編》卷一二《祭外舅贈司徒公文》：“旋衣朱紱，入謁皇闈。乃乘驄馬，來臨秭歸……遷去郢城，乃臨蔡壤……容山至止，朗寧去思。”“秭歸”即歸州。兩《唐書》本傳未及。

杜叔良　　長慶二年(822)

《舊書·穆宗紀》：長慶二年正月“壬子，貶〔杜〕叔良爲歸州刺史，以獻計誅幽鎮無功，而兵敗喪所持旌節也”。《通鑑·長慶二年》同。又見《新書·王廷湊傳》，《元龜》卷四四三。

張德翁　　約大中六年(約852)

《全文》卷七四九杜牧有《張德翁除歸州刺史李承訓除福昌縣令盧審矩除陽翟縣令等制》。

鄭某　　約大中時

《全詩》卷五三六許渾有《和常秀才寄簡歸州鄭使君借猿》。

崔某　　乾符四年(877)

《全文》卷八一六袁循《修黃魔神廟記》：“咸通末歲，今翰林舍人蘭陵公自右史竄黔南，秋八月二十七日，溯三峽，次秭歸……公積悸而寢，夢神人赤髮碧眸……丁酉歲，公從弟兟自澧陽尹亞西蜀，路出祠下，以囊金致公，意謂前制不專，請別修敬，太守清河公承命感異，親營之……循以學官讁秭歸，奉太守命，弗敢讓所記。乾符丁酉歲仲春九日，司户參軍袁循記。”又見《太平寰宇記》卷一四八秭歸縣引《紫極宫黄魔神廟記》。按“丁酉歲”爲乾符四年。《全詩》卷六七三周朴有《春中途中寄南巴（一作巴東）崔使君》，當即此人。

成　沔（郭禹）　　光啓元年—文德元年（885—888）

《新書》本傳：“更姓名爲郭禹……後詣荆南節度使陳儒降，署裨校……禹乃襲歸州，入之，自稱刺史……昭宗拜禹荆南節度留後，始改名沔，復故姓。”《通鑑·光啓元年》：正月“庚申，〔郭禹〕襲歸州，據之，自稱刺史。禹，青州人成沔也，因殺人亡命，更其姓名”。又《文德元年》：四月，“歸州刺史郭禹擊荆南，逐王建肇，建肇奔黔州。詔以禹爲荆南留後”。又見《新書·陳儒傳》《趙德諲傳》，《九國志·王宗播傳》。

于　某　　乾寧初

《廣記》卷九八引《北夢瑣言》：“秭歸郡草聖僧懷濬者，不知何處人，唐乾寧初到彼……刺史于公以其惑衆，繫而詰之。”又見《宋高僧傳》卷二二《晉巴東懷濬傳》，《唐詩紀事》卷七四僧懷濬條，《全詩》卷八二五懷濬《上歸州刺史代通狀二首》注。

待考録

賈楚珪

《姓纂》卷七河東賈氏：“楚珪，歸州刺史。”乃大理丞德達子。

魏　恒

《姓纂》卷八東祖魏氏：“恒，歸州刺史。”乃刑部郎中宗敏子。

卷二〇〇　夔州（信州、雲安郡）

隋巴東郡。武德元年改爲信州。二年改信州爲夔州，置總管府。貞觀十四年爲都督府。後罷都督府。天寶元年改爲雲安郡。至德元年於雲安置七州防禦使。乾元元年復爲夔州。領縣四：奉節、雲安、巫山、大昌。

李瑗　　武德元年(618)

《舊書》本傳：“武德元年，歷信州總管，封盧江王。九年，累遷幽州大都督。”《新書》本傳未及。又見《元龜》卷二八一。《通鑑·武德二年》：正月“己巳，〔楊士林〕帥漢東四郡遣使詣信州總管盧江王瑶（瑗？）請降”。

冉安昌　　武德元年(618)

《全文》卷二二八張説《河州刺史冉府君(實)神道碑》：“大父黄國莊公諱安昌，隋啓平城，祚之穀璧；唐分蜀國，瑞以桓珪，其後改封於黄，授信州刺史，歷潭州總管，贈夔州都督。”

李孝恭　　武德二年—五年(619—622)

《舊書》本傳：“武德二年，授信州總管……三年，進爵爲王。改信州爲夔州，使拜孝恭爲總管。”《新書·高祖紀》：武德四年，“是秋，夔州總管、趙郡王孝恭率十二總管兵以討蕭銑”。《通鑑·武德四年》：“二月辛卯，改信州爲夔州，以孝恭爲總管。”又《武德五年》：四月，“以夔州總管趙郡王孝恭爲荆州總管”。又見兩《唐書·蕭銑傳》,《新書》本傳,《元龜》卷二七七、卷二八一、卷三六五。

韋雲起　　武德五年(622)

《舊書》本傳:“〔武德〕四年,授西麟州刺史,司農卿如故。尋代趙郡王孝恭爲夔州刺史,轉遂州都督。”《新書》本傳未及。

温彦博　　武德八年(625)

《元龜》卷四四三:“武德八年……夔州都督、行軍長史、中書侍郎温彦博爲虜所執。”按兩《唐書》本傳未及夔州都督,未知《元龜》卷誤否。

許道坤?　　武德中?

《廣記》卷一一二引《報應録》:“唐乾符中,有僧忘其名號……因下峽,泊舟白帝城。夜深群動息,持念之際,忽覺有腥穢之氣。見水面有一人,漸逼船來。僧問之。曰:‘某非人也。姓許名道坤,唐初爲夔牧,以貪殘暴虐,殁受業報,爲灩澦堆龍王三千年,於今二百四十年矣。’”

黄君漢　　貞觀六年前(632 前)

《唐文拾遺》卷一四引《文館詞林》卷四五九李百藥《夔州都督黄君漢碑銘并序》:“以貞觀六年薨於州館,春秋五十有二。”《寶刻叢編》卷五許州引《集古録目》:“《唐黄君漢碑》,唐東宫左庶子李百藥撰,不著書人名氏。君漢,字景雲,東郡胙縣人,羅刹之子。唐初,官至夔州都督,封虢國公,碑以貞觀六年立。”

張長遜　　貞觀十一年前(637)

《舊書》本傳:“及竇軌率巴蜀兵擊王世充,以長遜檢校益州行臺左僕射,歷遂、夔二州總管,所在皆有惠政。貞觀十一年卒。”《新書》本傳略同。《新書·忠義傳上》稱“夔州都督、息國公張長遜”。又見

《會要》卷四五。

齊善行　　貞觀十二年(638)

《舊書・太宗紀下》:貞觀十二年二月"甲子,夜郎獠反,夔州都督齊善行討平之"。又見《新書・太宗紀》,《通鑑・貞觀十二年》二月,《新書・南蠻下・南平獠傳》。

崔客王　　約貞觀中

上圖藏拓片《大唐故曹州成武縣丞博陵崔氏府君(文脩)改葬墓誌銘并序》(大曆六年八月二十九日):"高祖客王,皇朝夔府都督。大王父諱民英,皇襲封大中大夫守汴州刺史陳留縣侯……先府君……開元廿八年元月廿九日遇疾不瘳崩背官舍。"嗣子崔批叙文。

王立行　　約貞觀中

《全文》卷四四三侯冕《同朔方節度副使金紫光禄大夫試太常卿兼慈州刺史王府君(履清)神道碑》:"五代祖立行,工部郎中,更靈、夏、夔、潭等四府都督。"履清卒大曆十一年。

許欽寂?　　萬歲登封元年(696)

《新表三上》安陸許氏:"欽寂,夔州刺史。"按《姓纂》卷六安陸許氏:"欽寂,夔州長史。"《舊書》本傳亦稱"萬歲登封年爲夔州都督府長史",疑《新表》誤。《元龜》卷三七三又誤作"欽明"。

乙速孤行儼　　聖曆二年—三年(699—700)

《全文》卷二三四劉憲《大唐故右衛將軍上柱國乙速孤府君(行儼)碑銘并序》:"聖曆二年,授使持節都督夔、歸、忠、萬、渝、涪、蕭等七州諸軍事守夔州刺史。三年,授……廣州刺史。"

楊令深　　約開元初期

《全文》卷六九一符載《犀浦縣令楊府君(鷗)墓誌銘》:"楊府君春

秋三十九，以大曆十四年冬十月卒於郫縣之私第……漢、潤、夔、濮等六州刺史令深之孫。”按《新表一下》楊氏觀王房：“令深，商州刺史。”乃濟、汝二州刺史孝仁姪。

王 某 開元初期？

《寶刻叢編》卷八引《京兆金石録》有《唐夔州都督王公碑》，唐邢（闕）撰，陸堅書，開元六年。

王 琚 約開元十四年前後（約726前後）

《舊書》本傳：開元二年，“除澤州刺史……歷衡、郴、滑、虢、沔、夔、許、潤九州刺史”。《新書》本傳未及。

程伯獻 約開元十八年前後（約730前後）

《唐故鎮軍大將軍行右衛大將軍贈户部尚書廣平公（程伯獻）墓誌銘并序》（開元廿七年正月二十七日）：“天子展巡狩之儀……命公兼知礦騎營使。至東岱，又攝左千牛大將軍……上又親謁五陵，以公爲營幕置頓使……乃出爲夔州刺史，無何换仙州刺史。尋召入復拜右金吾大將軍，以久疾轉太子詹事。”開元二十六年十二月卒（《從河南碑刻談古代石刻書法藝術》，《文物》1973年第7期）。

張景遵 開元二十七年（739）

《嘉泰吳興志》卷一四郡守題名：“開元二十一年自夔州刺史授；改清道府率。《統記》云：二十七年。”

陳 履 約玄宗時

《姓纂》卷三長城陳氏：“履，華州、夔州刺史。”按《新表》作“履華、夏州刺史。”乃陳豫章王叔英玄孫。

李 鍊 至德二載—乾元元年（757—758）

《全文》卷六〇六劉禹錫《夔州刺史廳壁記》：“至德二年，命嗣道王鍊爲太守,賜之旌節,統硤中五郡軍事。乾元初,復爲州……尋罷,以支郡隸江陵。"《大詔令集》卷三八賈至《嗣道王鍊雲安等五郡節度等使制》:"嗣道王鍊……可充雲安、夷陵、南浦、南平、巴東等五郡節度採訪處置防禦等使。至德二年正月五日。"又見《全文》卷三六七。按李鍊,兩《唐書》附李元慶傳,並未及節度事。《新書·方鎮表四》:至德二載,"升夔州防禦使爲夔峽節度使"。乾元元年,"廢夔峽節度使"。

唐　論　　乾元二年(759)

《舊書·地理志二》夔州:"乾元元年,復爲夔州。二年,刺史唐論請升爲都督府,尋罷之。"又見《大平寰宇記》卷一四八。

王　崟　　約廣德中—大曆二年(約763—767)

《錢注杜詩》卷一八(《全詩》卷二三三)有《奉送王信州崟北歸》,錢注:唐武德元年,改巴東郡爲信州。二年,又改信州爲夔州。蓋杜甫用舊名。朱注:"王以郎官出守夔州,今罷郡歸朝。"疑爲柏貞節前任。

柏貞節(柏茂琳)　　約大曆二年(約767)

《全文》卷三五九杜甫有《爲夔府柏都督謝上表》,又卷四一三常袞《授柏貞節夔忠等州防禦使制》:"使持節邛州諸軍事兼邛州刺史……柏貞節……可使持節都督夔州諸軍事兼夔州刺史。"據岑仲勉《唐集質疑》考證,柏貞節即柏茂琳改名。《舊書·代宗紀》:大曆元年八月,"邛南防禦使、邛州刺史柏茂林爲邛南節度使"。《新書·方鎮表四》:大曆元年,"置邛南防禦使,治邛州,尋升爲節度使,未幾廢。置劍南西山防禦使,治茂州,未幾廢"。則柏貞節除夔州約在大曆元年末或二年初。《杜甫集》有《覽柏中丞除官制詞載歌絲綸》、《覽鏡呈柏中丞》、《陪柏中丞觀宴將士二首》等,皆指柏貞節。

鄭叔清　　大曆中

《新表五上》鄭氏:"叔清字貽慶,夔州都督。"乃貞元十八年至二十年鄂岳觀察使鄭伸之父。《金石錄》卷九有《唐鄭叔清碑》，貞元九年七月。

賈　深（賈琛）　　大曆中

《姓纂》卷七長樂賈氏："深，職方郎中，徐、廬、夔、岳四州刺史。"按《嚴州圖經》卷一稱"賈琛，大曆三年十月二十五日自廬州刺史拜"，作"琛"。《全文》卷三一八李華《淮南節度使崔公（圓）頌德碑》稱：祕書省少監兼廬州刺史長樂賈深。

崔光緒　　大曆中？

《新表二下》博陵安平大房崔氏："光緒，夔州刺史。"乃隋泗州長史崔子博玄孫，復州刺史慎微子。

班　震　　大曆末？

《姓纂》卷四扶風平陵班氏："震，夔州刺史。"《全詩》卷二五〇皇甫冉有《送夔州班使君》，卷二七六盧綸名下又重出此詩，文字稍有異同。又卷二九二司空曙亦有同題詩。據傅璇琮《皇甫冉皇甫曾考》，皇甫冉約卒大曆四、五年間，則此詩當非皇甫冉作。

齊　映　　貞元三年（787）

《舊書·德宗紀上》：貞元三年正月壬子，"中書舍人、平章事齊映貶夔州刺史"。又見兩《唐書》本傳，《新書·德宗紀》《宰相表中》，《通鑑·貞元三年》正月，《歷代名畫記》卷一〇。《全文》卷四四三李舟《與齊相國書》："忽承足下出守夔國，於蒼生之望則爲不幸，爲足下謀之則名遂身退。"

【戴叔倫　　貞元五年（789）（未之任）】

《全文》卷五〇二權德輿《朝散大夫使持節都督容州諸軍事守容州刺史戴公（叔倫）墓誌銘并序》："維貞元五年夏四月，容州刺史、經略使、侍御史、譙縣男戴公至部之三月，以疾受代，回車甌駱。六月甲

申,次於清遠峽而薨,春秋五十八……容人被逾月之教;夔人聞詔而
歡,承訃而哀,不及蒙其澤。"《新書》本傳未及。

盧　復　貞元中?

《新表三上》盧氏:"復,夔州刺史。"乃貞觀中常州刺史盧幼孫曾
孫,乾符末陝府觀察盧渥祖。按《全詩》卷二九二司空曙有《送盧使君
赴夔州》,卷五九五劉駕詩重出,據佟培基《全唐詩重出詩考》辨明爲
司空曙所作,當指盧復。

唐　次　貞元十九年—永貞元年(803—805)

《舊書》本傳:"〔貞元〕八年,〔竇〕參貶官,次坐出爲開州刺史。在
巴峽間十餘年,不獲進用……改夔州刺史。"又《憲宗紀上》:永貞元年
八月丙寅,"夔州刺史唐次爲吏部郎中,並知制誥"。《新書》本傳:"改
夔州刺史。憲宗立,召還。"又見《元龜》卷六〇七。《全文》卷四九〇
權德輿《唐使君盛山唱和集序》:"十九年冬,既受代,轉遷於夔……理
盛山十二年,其屬詩多矣。"又卷五〇九權德輿《祭唐舍人文》:"維元
和元年……敬祭於禮部郎中知制誥唐君之靈……君自左史進居臺
郎……俄出守遐方,盛山、雲安,風水迢遞,屈此二郡,俄然半世。"

馬平陽　元和八年(813)

《舊書・憲宗紀下》:元和八年十二月"庚寅,以夔州刺史馬平陽
爲邕管經略使"。《元龜》卷七〇〇:"馬平陽爲夔州刺史。元和十年
以貪虐貶爲韶州司户。"按馬平陽八年已離夔州,當是在邕管任發現
在夔州貪虐事,由邕管貶韶州司户。

盧　專　約元和中

《千唐誌・唐故汴州雍丘縣尉清河崔府君(樅)墓誌銘并序》(大
和二年二月廿八日):"享年五十五,時大和元年三月廿五日也……夫
人范陽盧氏,故夔州刺史專之衆女。"又見大中七年八月二十六日之
合祔誌。按元和十三年盧專在合州刺史任。

竇　常　　約元和十一年—十四年（約 816—819）

《舊書》本傳：“元和六年，自湖南判官入爲侍御史，轉水部員外郎。出爲朗州刺史，歷固陵、潯陽、臨川三郡守。”《新書》本傳作“歷朗、夔、江、撫四州刺史”。《全文》卷七六一褚藏言《竇常傳》：“元和六年由侍御史入爲水部員外郎，既二歲……出爲朗州刺史，轉固陵、潯陽、臨川三郡，既罷秩東歸……寶曆元年秋寢疾告終於廣陵。”又見《韓昌黎集》卷三三《唐故國子司業竇公（牟）墓誌銘》，《唐才子傳》卷四。《全詩》卷三五九劉禹錫有《夔州竇員外使君見示悼妓詩顧余嘗識之因命同作》，《竇夔州見寄寒食日憶故姬小紅吹笙因和之》。按卷三七一吕温《郡內書懷寄劉連州竇夔州》，詩題有誤，因吕温卒於元和六年，劉禹錫亦未至連州任。又按竇常、王承弁、劉禹錫相繼爲夔刺，計之約在此時。

王承弁　　約元和末—長慶二年（？—822）

《舊書·穆宗紀》：長慶二年正月“乙未，以夔州刺史王承弁爲安南都護、本管經略招討使”。

劉禹錫　　長慶二年—四年（822—824）

《新書》本傳：“乃易連州，又徙夔州刺史。”《舊書》本傳未及。朱刻本《劉禹錫集》卷一四《夔州刺史謝上表》末題：“長慶二年正月五日。”《全詩》卷三六三劉禹錫《歷陽書事七十韻并引》：“長慶四年八月，余自夔州轉歷陽。”《全文》卷六〇二有《夔州論利害第一表》、《夔州論利害第二表》，又見卷六〇三《奏記丞相府學事》、卷六〇四《賀皇太子箋》、卷六〇六《夔州刺史廳壁記》、卷六一〇《子劉子自傳》。《輿地碑記目》卷四《夔州碑記》有《唐夔州刺史廳壁記》，注云：“長慶二年五月一日，刺史中山劉禹錫撰，今見存。”《劉賓客嘉話錄》：“予與竇丈及王承昇（弁）同在朗州日，共歡宴，後三人相代爲夔州，亦異矣。”

鄭　紳　　約大和中

《芒洛補遺·唐故邵州鄭使君（瑤）墓誌》：“使君貞元辛未年生，

大中景子年殁……烈考嘗繼伯父留守公……歷守漳、邵、□、夔、淄五州，諱紳。留守公諱叔則，建中、貞元之偉人也。使君即淄州之長子，諱珪，字君嚴。"按鄭紳寶曆元年在漳州刺史任。

張　諷　大和九年(835)

《舊書·文宗紀下》：大和九年七月戊午，"貶吏部郎中張諷夔州刺史"。又見《元龜》卷四八一。

李貽孫　會昌五年(845)

《寶刻叢編》卷一九引《集古録目》："《唐都督府記》，唐夔州刺史李貽孫撰……碑以會昌五年十一月立。"又引《金石録》："《唐神女廟詩》，唐李貽孫撰，正書，無名，會昌五年九月。"又見《輿地碑記目》卷四。按《全文》卷五四四李貽孫有《夔州都督府記》，署會昌五年十一月十三日建。李貽孫刺夔，又見《酉陽雜俎》續集卷八，陸游《入蜀記》卷六。

孫　堯　約大中時

《新表三下》孫氏："堯，夔州刺史。"乃常州刺史孫會之孫。按其從兄弟毂，大中時爲河南尹；碧，咸通時汀州刺史。

盧弘宗　約大中、咸通間

《唐末盧峻墓誌銘》："父諱弘宗，夔州刺史。"盧峻卒乾寧元年，五十二歲(《考古與文物》1983年第1期)。按《新表三上》盧氏有弘宗，未署官職。其父賞，邵州刺史；其祖幼平，永泰中杭州刺史，終太子賓客。

游　符　約咸通時

《雲溪友議》卷下《雜嘲戲》："夔州游使君符，邀客看花而不飲，至今荆襄花下斟茶者，吟此戲焉。"又見《全詩》卷八七〇盧肇《嘲游使君》注。

盧虔灌　　約咸通、乾符間

《北夢瑣言》卷三：“薛保遜……授澧州司馬，凡七年不代……盧虔灌罷夔州，以其爲姊妹夫，徑至澧陽慰省。”又見《廣記》卷二六六引。按兩《唐書》附《盧弘正（止）傳》，乃弘正子，未及刺夔事。

毛　湘　　約景福中

《新書·成汭傳》：“〔秦〕宗權餘黨常厚攻夔州。是時，西川節度使王建遣將屯忠州，與夔州刺史毛湘相脣齒，厚屯白帝。”

劉昌美　　乾寧中

《新書·成汭傳》：“汭率〔許〕存乘二軍之間攻之……存入夔州……即使司馬劉昌美守夔。”《九國志·王宗播傳》：“秦宗權上蔡別將常厚以數千人由均、房來夔州，刺史毛湘棄城遁去，保白帝……〔郭禹（成汭）〕留行軍劉昌美守夔州。”《北夢瑣言》卷七：“唐乾寧中，劉昌美典夔州，時屬夏潦……劉昌美兩典夔州。”又見《廣記》卷三一二引。

王宗矩（侯矩）　　天復三年（903）

《通鑑·天復三年》：十月，“初，夔州刺史侯矩從成汭救鄂州，汭死，矩奔還……王建復以矩爲夔州刺史，更其姓名曰王宗矩”。

待考録

丘玄素

《寶刻叢編》卷一九引《集古録》：“《唐丘玄素神女廟記》，唐夔州刺史丘玄素詩一首，無刻石年月。”（《全文》七一三丘元素小傳稱荆州刺史）

卷二〇一　萬州（浦州、南浦郡）

隋巴東郡之南浦縣。武德二年置南浦州。八年廢南浦州。其年復立浦州。貞觀八年改爲萬州。天寶元年改爲南浦郡。乾元元年復爲萬州。領縣三：南浦、武寧、梁山。

冉仁才　　約貞觀初期

《全文》卷二二八張説《河州刺史冉府君（實）神道碑》："烈考天水郡果公諱仁才，秩金紫光禄大夫，婚皇室漢南縣主，涇、浦、澧、袁、江、永，凡六州刺史……公即果公季子……享年七十有一，證聖元年二月十日寢疾於官舍。"按仁才貞觀六年爲澧州刺史。

周仲隱　　貞觀六年—十一年（632—637）

上圖藏拓片《大唐故上柱國通直散騎常侍使持節唐州諸軍事唐州刺史平輿縣開國公周府君（仲隱）墓誌銘并序》（貞觀廿三年十月廿五日）："貞觀六年，改授浦州諸軍事浦州刺史……十一年，遷雅州諸軍事雅州刺史……廿一年，改授使持節唐州諸軍事唐州刺史。"貞觀廿三年正月廿日卒，春秋六十九。

乙速孤行儼　　證聖元年—萬歲通天二年（695—697）

《全文》卷二三四劉憲《大唐故右衛將軍上柱國乙速孤府君（行儼）碑銘并序》："證聖元年，制除使持節萬州諸軍事萬州刺史，萬歲通天……二年……檢校永州刺史。"【補遺】《大□中大夫使持節萬州諸軍事萬州刺史上□□乙速孤行儼故夫人□□□□賀若氏之墓誌銘並序》（萬歲通天元年）（周紹良、趙超《唐代墓誌匯編續集》，上海古籍出版社 2001 年版），墓誌殘闕過甚。

鄭愛客　　武后時

《全文》卷二二〇崔融《唐故密亳二州刺史贈安州都督鄭公（仁愷）碑》：“有子十一人：長曰愛客，萬州刺史，贈（闕）州刺史；（闕四字）朝（闕二十字）朗州刺（闕二字）……次子固忠，定、潞、許三州刺史……次子慈明……曹州刺（闕）。”

李謙順　　約開元中

《隋唐五代墓誌匯編·山西卷·大唐版授本郡上黨郡司馬李府君（謙順）誌銘并序》（天寶六年四月十六日）：“初授萬州刺史，次任嘉州刺史，改授本郡司馬。歷官雖居三正，褰帷未闡六條。”天寶六載卒，年九十七。

崔令欽　　約肅宗時

《全詩》卷一四八劉長卿有《寄萬州崔使君令欽》：“時艱方用武，儒者任浮沉。”似安史之亂中作。崔令欽爲禮部員外郎，見《英華》卷八六一李華《潤州天鄉寺故大德雲禪師碑》及卷八六二李華《潤州鶴林寺故徑山大師碑銘》。開元中爲左金吾倉曹，見《全文》卷三九六《教坊記序》。

賀若璿　　代宗初？

《全文》卷三九一獨孤及《唐太府少卿兼萬州刺史賀若公故夫人河南郡君元氏墓誌銘》：“年十四嫁河南賀若璿，璿積功勞，剖符爲郡。夫人輔佐，以副笄宜室……永泰元年三月某日終於渠州，享年若干……大曆二年二月二十二日反葬於京兆鄠縣之某原。”

鮮于炅　　大曆元年（766）

《全詩》卷二三一杜甫《送鮮于萬州遷巴州》注：“鮮于炅乃仲通

子,有父風。"《全文》卷三四三顏真卿《中散大夫京兆尹漢陽郡太守贈太子少保鮮于公(仲通)神道碑銘》:天寶十四載終於官舍,春秋六十有二。"有子六人……叔曰萬州刺史炅……作牧萬州,政績尤異,有詔遷祕書少監,尋又改牧巴州。"

李元系　大曆中

《新書·宗室世系表下》蔣王房:"萬州刺史元系。"乃橋陵令李羨之子,杭州刺史李構姪。

張獻弼　約大曆六年—八年(約771—773)

《隋唐五代墓誌匯編·洛陽卷》第十二册《忠州刺史張公(獻弼)墓誌銘并序》(大曆十一年三月二十四日):"時陽城王河東衛公曰伯玉……奏太府卿,參以軍事……居無何,牧於萬,遷於忠,並兼本州團練守捉使。"大曆乙卯(十年)卒於忠州官舍,春秋四十五。又第十三册《邕州本管經略招□□□□邕州刺史兼御史大夫張公(遵)墓誌銘》(大和五年二月三日):"父獻弼,皇忠、萬二州刺史兼本州團練使,贈工部尚書。"遵卒大和四年,享年六十二。

韓　協　興元元年?(784?)

《柳河東集》卷一一《故温縣主簿韓君(慎)墓誌》:"傳世至今唐侍中諱瑗……侍中兄子鄆州刺史諱某,某生御史著作郎諱某,某生尚書庫部郎中、萬州刺史諱某……君,萬州長子也。"《新表三上》韓氏稱:"某,萬州刺史",即本柳集。按韋應物有《對雨寄韓庫部協》《答韓庫部協》詩,知韓協曾爲庫部郎中。岑仲勉《姓纂四校記》卷四謂此萬州刺史即韓協。《全文》卷四二八于邵《送楊倓南遊序》:"弘農楊倓世以文藝登甲乙科……其外,則韓萬州爲知舊……興元之元季夏之望,河南于邵詞。"按此"韓萬州"亦當爲韓協。則韓協似興元元年在萬州任。

韋士南　約貞元前期

《姓纂》卷二東眷韋氏郿公房:"士南,萬州刺史。"《新表四上》同。

按其弟士文，貞元十六、十七年爲黔中經略使。

苗 拯 貞元十五年(799)

《舊書·德宗紀下》：貞元十五年七月"戊午，貶諫議大夫苗拯萬州刺史"。又見《舊書·嚴礪傳》，《元龜》卷四八一。《金石錄》卷九："《唐萬州刺史苗拯碑》，張粲撰，王嶠八分書，苗端題額，順宗永貞元年二月。"又見《寶刻叢編》卷二〇引。

李 裁 元和中

《蜀中名勝記》卷二三萬州引《碑目》："《大雲寺碑》，有唐僧《圓澤傳》，及元和間萬州守李裁書《聖業院碑》，在周溪大江之濱三生石旁。"

楊歸厚 元和十四年—十五年(819—820)

《白居易集》卷一一有《初到忠州登東樓寄萬州楊八使君》《南賓郡齋即事寄楊萬州》詩；卷一八有《寄胡餅與楊萬州》《題郡中荔枝詩十八韻兼寄萬州楊八使君》《和萬州楊使君四絕句》等等。按白居易元和十四年三月二十八日抵忠州。知上述詩皆作於是年或次年。又卷五〇《唐州刺史韋彪授王府長史楊歸厚授唐州刺史劉旻授雅州刺史制》稱："以歸厚文行器能，辱在巴峽，勵精爲理，績茂課高，區區萬州，豈盡所用？且移大郡，稍展其才。"《全文》卷六一〇劉禹錫《祭虢州楊庶子文》："五剖符竹，皆有聲績。南湘潛化，巴人啞啞。""南湘"，當從宋浙本《劉禹錫集》作"南浦"，即萬州（南浦郡）。

李元喜 長慶二年(822)

《舊書·穆宗紀》：長慶二年九月"丁巳，以萬州刺史李元喜爲安南都護"。

劉 頗 長慶三年(823)

《全文》卷六五四元稹《唐故使持節萬州諸軍事萬州刺史劉君

（頗）墓誌銘》："君所善元稹爲宰相……亟薦之，稹竟不能用。尋除萬州刺史……竟以長慶三年某月日卒所。"

裴　某　大中十年(856)

《輿地碑記目》卷四《梁山軍碑記》有《梁山驛唐碑》，注云："題云《令長新誡之記》，乃明皇御製，梁山令尹茂元，得此誡於萬州守河東裴公而刻之，乃大中十年也。"

盧　肇　咸通末

《全文》卷七六八林韞《撥鐙序》："韞咸通末爲州刑掾，時盧陵盧肇罷南浦太守歸宜春。"

張　造　光啓二年(886)

《九國志》本傳："及再幸襃中，以扈從功，授萬州刺史，道阻不能去。會〔王〕建起兵閬中，以造爲行軍司馬。"《通鑑·光啓二年》：四月，"〔楊〕復恭斥〔田〕令孜之黨，出王建爲利州刺史，晉暉爲集州刺史，張造爲萬州刺史，李師泰爲忠州刺史"。又見《新書·成汭傳》，《十國春秋》本傳。

王宗播（許存）　乾寧三年(896)

《九國志》本傳："〔郭〕禹至萬州，賞功，以宗播爲萬州刺史，宗播不得志。居歲餘，禹遣人偵之，見宗播不治州務……遣卒三百襲之，宗播逾垣夜遁……宗播奔成都，〔王〕建得之甚喜，命以所部屯蜀州，賜姓名。"《通鑑·乾寧三年》："五月，"荆南節度使成汭與其將許存溯江略地，盡取濱江州縣……存又引兵西取渝、涪二州，汭以其將趙武爲黔中留後，存爲萬州刺史"。又見《新書·成汭傳》，《十國春秋·前蜀高祖本紀上》、本傳。

張　武　天祐元年(904)

《通鑑·天祐元年》："五月，"萬州刺史張武作鐵絙絶江中流，立柵於兩端，謂之'鎖峽'"。又見《十國春秋·前蜀高祖本紀上》。

馬　冉　　唐末

　　《全詩》卷七二七馬冉小傳:"唐末萬州刺史,詩一首。"《蜀中名勝記》卷二三萬縣:"唐刺史馬冉詩云:南溪有仙澗,咫尺非人間。泠泠松風下,日暮空蒼山。"

待考録

江子建

　　《姓纂》卷一汝陰江氏:"唐萬州刺史子建,世居潁川。"

卷二〇二　忠州（臨州、南賓郡）

武德元年置臨州。貞觀八年改臨州爲忠州。天寶元年改爲南賓郡。乾元元年復爲忠州。領縣五：臨江、豐都、南賓、墊江、清水（桂溪）。

獨孤晟　　武德中

《雲笈七籤》卷一一九《忠州平都山仙都觀取太平經驗》："忠州平都山仙都觀，陰真人鎮山太平經，武德中刺史獨孤晟取經欲進，舟行半日……晟即命所由墊江路陸行進經。"按武德五年春，獨孤晟爲殿內少監帥師討苑君璋，見《舊書·突厥傳上》。

盧君胤　　約貞觀初

《新表三上》盧氏："君胤，忠州刺史。"乃常州刺史盧幼孫之父。

陳　蕃　　約貞觀中

《姓纂》卷三長城陳氏："蕃，唐忠州刺史。"《新表一下》陳氏："蕃字承廣，忠州刺史。"乃陳後主之孫、隋昌陽令陳莊之子。

盧承業　　永徽中

《舊書》本傳："貞觀末，官至雍州長史、檢校尚書左丞……俄坐〔盧〕承慶事左遷忠州刺史。顯慶初，復爲雍州長史。"《芒洛四編》卷三《大唐故銀青光禄大夫行揚州大都督府長史魏縣子盧公（承業）墓誌銘并序》：“今上嗣曆，拜雍州司馬，仍遷長史……出爲忠州刺史……復爲雍州司馬，頃除長史……咸亨二年龍集辛未八月廿四日薨於官舍，春秋七十有一。”

裴懷炅（裴懷奨）　約高宗前期

北圖藏拓片《大唐故魏國太夫人河東裴氏（覺）墓誌銘并序》（景龍三年七月十九日）：“父懷炅，皇朝燕然都護府司馬、幽州大都督府司馬、忠州諸軍事、忠州刺史。”夫人卒景龍三年，春秋六十六。又《大唐故銀青光禄大夫衛尉卿扶陽縣開國公護軍韋公（頊）墓誌銘并序》（開元六年七月二十九日）：“夫人河東裴氏……皇燕然都護府司馬、幽州大都督府司馬、忠州刺史懷奨之子。”韋頊卒開元四年，年八十一。“燕然都護府”高宗龍朔三年改名瀚海都督府，證知懷炅必在此前爲司馬，其女卒景龍三年，其婿卒開元四年，由此計之，其爲忠州刺史約在高宗時。

李　瑒　約高宗時

《千唐誌·大唐河南府河陽縣丞上柱國龐夷遠妻李氏墓誌銘并序》（開元十一年十月五日）：“夫人姓李氏……高祖神通……祖瑒，歷房、忠、易三州刺史，封狄道郡公。”

韋承徽　約高宗時

《姓纂》卷二京兆杜陵東眷韋氏：“〔彦〕師，撫州刺史，生承徽，忠州刺史。”《新表四上》韋氏逍遥公房：“承徽，忠州刺史。”

吉　哲　武后時

《千唐誌·大唐故朝請大夫尚書司勳郎中吉公（渾）墓誌銘并序》（先天年間）：“祖哲，忠、歸、易三州刺史。父頊，吏部侍郎、同中書門下平章事。”按《廣記》卷二四〇稱：天后時，太博吉頊，父哲，易州刺史，坐贓死。

王守廉　　約開元初

《全文》卷二五二蘇頲《授王守廉申王府長史制》："朝議大夫、守忠州刺史、上騎都尉王守廉……可申王府長史。"按王守廉開元十九年由太子家令貶溪州司户，見《舊書·王毛仲傳》。

薛　銚　　開元中

《新表三下》薛氏："銚，忠州刺史。"乃杭州刺史薛瑩之子。

和守陽　　開元中

《千唐誌·唐故中大夫使持節江華郡諸軍事江華郡太守上柱國和府君（守陽）墓誌銘并序》（天寶四載十月十三日）："景龍之歲，以軍功授義陽別將……以功遷北庭都護府長史，尋遷播川郡太守，居無幾何，轉北庭副都護……始終十年……遷右清道率兼隴右節度副大使，除隴西郡太守，轉南賓郡太守……遷江華郡太守……凡典四郡，譽重百城。"開元二十九年八月卒，年六十五。

康昭遠　　天寶十三載（754）

《唐詩紀事》卷二明皇條："又《送忠州太守康昭遠等》詩云……"《寶刻叢編》卷一九引《復齋碑録》："《唐明皇送太守康公詩》，唐明皇御製，并行書，古篆額，天寶十三年二月建。"又云："《唐御製御書詩刻石記》，唐南賓太守康昭遠謹述，天寶十三年甲午二月七日癸酉建。"《全詩》卷三明皇帝有《送忠州太守康昭遠等》。

第五琦　　乾元二年—上元元年（759—760）

《新書·肅宗紀》：乾元二年"十一月庚午，貶第五琦忠州刺史"。《宰相表中》同。又見《元龜》卷四八三。《宋高僧傳》卷一九《唐京兆抱玉傳》："宰臣第五琦與玉相善……琦乾元二年十月貶忠州刺史，寶應初入爲太子賓客，至京尹，玉皆預言。"按《舊書·肅宗紀》，《通鑑·乾元元年》、《上元元年》作"忠州長史"，兩《唐書》本傳亦稱長史。《大詔令集》卷五七有《第五琦忠州長史制》，稱："正議大夫行尚書户部侍

郎同中書門下平章事……第五琦……可忠州長史……乾元二年十一
月。”又《第五琦長流夷州制》：“正議大夫忠州長史……第五琦……可
除名長流夷州……乾元三年二月。”

韋　倫　　寶應元年（762）

《舊書》本傳：“代宗即位，起爲忠州刺史，歷台、饒二州。以中官
吕太一於嶺南矯詔募兵爲亂，乃以倫爲韶州刺史、兼御史中丞、韶連
郴三州都團練使。”《新書》本傳略同。

杜　某　　永泰元年（765）

《全詩》卷二二九杜甫有《宴忠州使君姪宅》。按永泰元年春夏
間，杜甫離蜀南下，秋，至忠州，詩當作於此時。

李　某　　大曆初

《全文》卷四二七于邵《送峽州劉使君忠州李使君序》：“國有戎
事，今兹十年，外奸内宄，略無寧歲……凉秋八月，言辭北闕。”

韋　萬　　大曆中？

《姓纂》卷二東眷韋氏彭城公房：“萬，忠州刺史。”乃長安二年河
東主簿韋元晨之孫。《新表四上》韋氏彭城公房同。

盧　杞　　大曆中

《舊書》本傳：“遷殿中侍御史、膳部員外郎，出爲忠州刺史。至荆
南，謁節度使衛伯玉，伯玉不悦。杞移病歸京師，歷刑部員外郎、金部
吏部二郎中。”《新書》本傳略同。按衛伯玉廣德元年至大曆十一年爲
荆南節度。

張獻弼　　大曆九年—十年（774—775）

《隋唐五代墓誌匯編·洛陽卷》第十二册《忠州刺史張公（獻弼，
字渾望）墓誌并序》（大曆十一年三月二十四日）：“時陽城王河東衛公

曰伯玉□□□……奏太府卿參以軍事……居無何，牧於萬，遷於忠，並兼本州團練守捉使。”大曆乙卯（十年）卒于忠州官舍，春秋四十五。又第十三册《邕州本管經略招□□□□邕州刺史兼御史大夫張公（遵）墓誌》（大和五年二月三日）：“父獻弼，皇忠、萬二州刺史兼本州團練使，贈工部尚書。”遵卒大和四年八月六日，年六十二。

劉　晏　　建中元年(780)

《舊書·德宗紀上》：建中元年二月“己酉，貶尚書左僕射劉晏爲忠州刺史”。七月“己丑，忠州刺史劉晏賜自盡”。《新書·德宗紀》、《通鑑·建中元年》同。又見兩《唐書》本傳，《舊書·食貨志下》，《會要》卷八七，《新書·藝文志二·史部》“劉氏《洞史》二十卷”注，《因話録》卷四，《國史補》，《酉陽雜俎續集》卷四，《唐語林》卷二。《大詔令集》卷一二六，《全文》卷五四德宗有《賜劉晏自盡敕》。《唐摭言》卷一三稱“貞元中，劉忠州任大夫科選，多濫進”，疑即劉晏，“貞元中”誤。

房　式　　約貞元五年（約789）

《舊書》本傳：“出入〔李〕泌門，爲其耳目。及泌卒，再除忠州刺史，韋皋表爲雲南安撫使，兼御史中丞。”《新書》本傳，《元龜》卷三三七略同。《輿地碑記目》卷四《忠州碑記》有《唐刺史房公式善狀碑》。按李泌卒貞元五年。《全文》卷七二四韋乾度《駁左散騎常侍房式謚議》：“式自忠州刺史故太師奏授劍南西川度支副使後，兼御史中丞，又剖符蜀州，是時貞元十八年也。”又見《元龜》卷五九六。《太平寰宇記》卷一四九忠州臨江縣：“前刺史房式嘉其幽絶，特置蘭若。”

李吉甫　　約貞元十一年—十七年（約795—801）

《舊書》本傳：“及陸贄爲相，出爲明州員外長史，久之遇赦，起爲忠州刺史。時贄已謫在忠州……及吉甫到部，與贄甚歡……六年不徙官，以疾罷免。尋授郴州刺史，遷饒州。”《陸贄傳》、《新書》本傳略同。又見《舊書·段文昌傳》，《元龜》卷三二一、卷八八五，《北夢瑣言》卷八。《通鑑·永貞元年》：“〔陸〕贄之秉政也，貶駕部員外郎李吉甫爲明州長史，既而徙忠州刺史。"按陸贄貞元八年四月入相，十年十二月罷爲太子賓客，見《新書·宰相表中》；十一年四月壬戌貶爲忠州別駕，見《通鑑》。李吉甫爲忠刺約在貞元十一年至十七年。《全文》卷五一二李吉甫有《忠州刺史謝上表》。《韓昌黎集》卷二《送靈師》："開忠二州牧，詩賦時多傳。失職不把筆，珠璣爲君編。""開州牧"謂唐次，貞元八年至十九年在任。"忠州牧"謂李吉甫。韓詩作於貞元十九年。

薛　延　　約貞元十八年（約 802）

《舊書·陸贄傳》："贄秉政，貶駕部員外郎李吉甫爲明州長史，量移忠州刺史……後有薛延者，代吉甫爲刺史，延朝辭日，德宗令宣旨慰安。"《新書·陸贄傳》略同。

蘇　弁　　貞元二十一年（805）

韓愈《順宗實錄》卷二：貞元二十一年三月壬申，"蘇弁爲忠州刺史。追故相、忠州刺史陸贄"。按陸贄未嘗爲忠州刺史。疑"刺史"二字衍。按蘇弁貞元十二年在度支郎中任，見《會要》卷五九；十三年二月除戶侍判度支，見《舊書·德宗紀下》。

韋德載　　元和中

《白居易集》卷六九《祭中書韋相公文》："敬祭於故中書侍郎平章事、贈司空韋公德載……元和中，出守開、忠二郡日，公先以《喻金鑛偈》相問，往復再三。"

龐　説　　元和十年（815）

《元龜》卷七〇〇："龐説爲忠州刺史。元和十年，貶爲端州司戶。"

李　宣　　元和十一年（816）

《舊書·憲宗紀下》：元和十一年九月"辛未，貶……屯田郎中李宣爲忠州刺史"。又見《元龜》卷九三三。《全詩》卷四一五元積有《憑李忠州寄書樂天》，白居易有《謝李六郎中寄新蜀茶》詩，岑氏《唐人行第錄》謂指李宣。

李景儉　　元和十三年（818）

《舊書》本傳：“累轉忠州刺史。元和末入朝。”《新書》本傳略同。又見《元龜》卷四八一。《韓昌黎集》卷二一《韋侍講盛山十二詩序》：“忠州白使君爲中書舍人，李使君爲諫議大夫。”李使君指李景儉。

白居易　　元和十三年—十五年（818—820）

《舊書》本傳：“〔元和〕十三年冬，量移忠州刺史。”《新書》本傳略同。《白居易集》卷六一《忠州刺史謝上表》：“臣以去年十二月十一日伏奉敕旨，授臣忠州刺史，以今月二十八日到本州，當日上訖……元和十四年三月二十八日。”又卷一七有《自江州司馬授忠州刺史仰荷聖澤聊書鄙誠》詩。又見卷二〇《商山路有感并序》，卷四三《東林寺經藏西廊記序》《三遊洞序》等等。《樊南文集》卷八《刑部尚書致仕贈尚書右僕射太原白公（居易）墓碑銘》：“言〔武〕元衡死狀不得報，即貶江州，移忠州刺史。穆宗用爲司門員外。”《廬山記》卷五《唐廬山興果寺律大德湊公塔碣銘并序》稱：“忠州刺史白居易纂，僧雲皋書，長慶二年閏十月一日建，大中八年七月十五日重立。”

王玄同　　元和十五年—長慶二年（820—822）

《千唐誌·大唐故袁州宜春縣尉隴西李府君墓誌銘并序》（長慶二年五月七日）：“子聟朝請郎、使持節忠州諸軍事守忠州刺史、賜緋魚袋王玄同撰。維大唐元和十五年龍集庚子十一月甲午朔十六日己酉有宜春郡宜春縣尉李府君遘疾捐館於邑之官舍，春秋五十七……長女適忠州刺史王玄同。”

吳武陵　　長慶中？

《舊書·吳汝納傳》：“故韶州刺史武陵兄之子。武陵進士登第，有史學……自尚書員外出爲忠州刺史，改韶州，坐贓貶潘州司户卒。”

《新書》本傳未及。《金石補正》卷七一《隱山李渤等題名》：“《宏簡錄·武陵傳》：長慶初曾擢戶部員外郎，刺韶之前嘗刺忠州。”

李　佐　　大和中？

《全文》卷七五五杜牧《唐故歙州刺史邢君（群）墓誌銘并序》：“大和（中）三年六月八日，卒於東都思恭里，年五十……前夫人隴西李氏，忠州刺史佐次女。今夫人南陽張氏，壽州刺史植女。”

蘇　滌　　大和九年（835）

《舊書·文宗紀下》：大和九年七月戊午，“〔貶〕考功郎中、皇太子侍讀蘇滌忠州刺史”。又見《元龜》卷四八一。按大中八年至十一年蘇滌爲荆南節度使。

薛元賞　　會昌六年（846）

《通鑑·會昌六年》：四月“甲戌，貶工部尚書、判鹽鐵轉運使薛元賞爲忠州刺史”。

李貽孫　　大中初？

《廣川書跋》卷八《陰真人詩》：“酆都宮陰真人祠刻詩三章，唐貞元中刺史李貽孫書。”按酆都屬忠州。又按李貽孫大中五年至七年爲福建觀察使，此“貞元”當爲“大中”之誤。

裴　閱　　大中五年（851）

《全文》卷七四九杜牧《裴閱除溫州刺史伊實除獻陵臺令等制》：“前使持節忠州諸軍事守忠州刺史、上柱國裴閱等……可依前件。”

李　遠　　大中時

《唐才子傳》卷七：“宣宗時，宰相令狐綯進奏擬〔李〕遠杭州刺史……至果有治聲……後歷忠、建、江州三州刺史，仕終御史中丞。”按大中十二年爲杭州刺史，見《通鑑》。

陳　佹(陳佹)　　中和元年(881)

《輿地碑記目》卷四《忠州碑記》有《唐豐都三官堂碑》,注云:"唐中和元年,忠州刺史陳佹撰。"按《蜀中名勝記》卷一九"豐都縣"引作"唐中和元年忠州刺史陳佹",近是。疑《輿地碑記目》訛。

李師泰　　光啓二年(886)

《通鑑·光啓二年》:四月,"〔楊〕復恭斥令孜之黨,出王建爲利州刺史,晉暉爲集州刺史,張造爲萬州刺史,李師泰爲忠州刺史"。又見《十國春秋》本傳。

成希戩　　約乾寧、光化間

《全文》卷八三二錢珝有《授成希戩忠州王進誠嚴州刺史制》。按《新書·錢珝傳》:"宰相王摶薦知制誥,進中書舍人。摶得罪,珝貶撫州司馬。"又按《新書·宰相表下》:乾寧三年十月"戊午,王摶爲吏部尚書、同中書門下平章事"。光化三年"六月,摶罷爲工部侍郎"。則錢珝知制誥必在乾寧、光化間。

張　彦　　唐末?

《廣記》卷四〇一引《北夢瑣言》:"亂離之後,州將皆武人,競於貪虐。蜀將張彦典忠州,暴惡尤甚。"

待考録

陸欽義

《姓纂》卷一〇河南洛陽陸氏:"欽義,忠州刺史。"乃鄆州刺史欽嗣弟,郢州刺史陸徹子。

李季回

《新表二上》隴西李氏姑臧房:"季回,忠州刺史。"

李素價

　　《金石補正》卷三三《忠州刺史李素價題名》稱："忠州刺史李素價妻曹敬造。"

陳　憲

　　《四川通志·職官表》有忠州刺史陳憲。

卷二○三　金州（安康郡、漢陰郡）

隋西城郡。武德元年改爲金州。三年置總管府。天寶元年改爲安康郡。至德二年二月改爲漢陰郡。乾元元年復爲金州。領縣六：西城、安康（漢陰）、洵陽、黃土（淯陽）、石泉、平利。

達奚某　　武德中？

《王子安集佚文·唐故度支員外郎達奚公墓誌并序》：“父金州總管，上柱國，襲封鄭國公……惟公青皋載響，赤野騰靈……隋大業中以良家子調補右千牛……遷除度支員外郎。”按武德中有博州刺史達奚恕，見《舊書·馬周傳》，未知有關否。

乙弗武　　約貞觀中

《姓纂》卷一○乙弗氏：“隋右庶子遺恩生武，唐金州刺史，義昌令。”

李元亨　　貞觀二年—六年（628—632）

《舊書》本傳：“貞觀二年，授散騎常侍，拜金州刺史……六年薨。”《新書》本傳略同。《通鑑·貞觀六年》：“六月己亥，金州刺史、酆悼王元亨薨。”又見《元龜》卷二七七、卷二八一。《寶刻叢編》卷一○引《京兆金石錄》有《唐金州刺史酆悼王元亨碑》。

楊令本　　貞觀中？

《舊書·后妃傳上》：“玄宗楊貴妃，高祖令本，金州刺史。”

段志玄 貞觀十一年—十二年（637—638）

《舊書》本傳："〔貞觀〕十一年，定世封之制，授金州刺史，改封褒國公。十二年，拜右衛大將軍。"《長孫無忌傳》略同。《新書》本傳未及。《元龜》卷一二九："貞觀十一年六月戊辰……左驍衛大將軍段志玄爲金州刺史，改封褒國公。"又見《全文》卷六《功臣世襲刺史詔》、卷九及《大詔令集》卷六二《册段志玄改封褒國公文》，《會要》卷四七。《全文》卷九九一闕名《唐故輔國大將軍右衛大將軍揚州都督褒忠壯公段公碑》："公諱□，字志元……特（持）□金□諸軍事金州刺史……以貞觀十六年□月十八日薨於京師醴泉里第，春秋四十五。"

李元嬰 貞觀十五年—永徽三年（641—652）

《舊書》本傳："〔貞觀〕十五年，賜實封八百户，授金州刺史……〔永徽〕三年，遷蘇州刺史。"《新書》本傳略同。又見《元龜》卷二八一、卷六三五，《會要》卷五、卷八一。《姑蘇志》卷三《古今守令表上》："滕王元嬰，永徽三年自金州刺史遷蘇州，又轉洪州都督。"

盧貞松（豆盧貞松） 約高宗前期

《寶刻叢編》卷九引《京兆金石録》有《唐金州刺史盧貞松碑》，無年月。《長安志》卷一六昭陵陪葬丞郎三品五十三："金州刺史盧貞松。"按《會要》卷二一昭陵陪葬名氏有"金州刺史虞正松"，"虞"當爲"盧"之訛。又按《姓纂》卷九昌黎棘城豆盧氏："貞松，宗正卿，中山公。"《新表四下》豆盧氏同，疑即此人。考豆盧，唐高祖時曾改爲盧氏，貞松時尚未復姓，故稱盧貞松；其孫已復姓，故稱豆盧建。

李元祥 高宗時

《舊書》本傳："高宗時，又歷金、鄜、鄭三州刺史。"又見《元龜》卷二八一。《新書》本傳未及。

盧元哲 高宗時？

《新表三上》盧氏："元哲，金州刺史。"其弟琪之孫，約玄宗時爲刑侍。

韓　偕　　儀鳳二年（677）

《祖堂集》卷三懷讓和尚："姓杜氏，金州人也。初生之時，有六道白氣，應於上象。儀鳳二年四月八日生，感此瑞氣，刺史瞻見，奏聞高宗……時金州太守韓偕，具録奏上。"

李　緒　　垂拱四年（688）

《通鑑·垂拱四年》："絳州刺史韓王元嘉……元軌子金州刺史江都王緒……密有匡復之志……〔九月，〕及〔李〕貞敗，太后欲悉誅韓、魯等諸王。"又見兩《唐書·李元軌傳》，《元龜》卷二八一，《圖繪寶鑑》卷二，《宣和畫譜》卷一三，《歷代名畫記》卷一○。

李成裕　　開元十五年（727）

叢刊本《曲江集》附録《授洪州刺史制》："大中大夫前行尚書都官郎中上柱國始藏縣開國子李成裕……可使持節金州諸軍事守金州刺史，散官勳封如故……開元十五年三月十三日。"

李行正　　開元中

《新書·宗室世系表下》紀王房："金州刺史行正。"乃紀王慎之孫，復州刺史李行蕭之弟。按《金石録》卷六有《唐亳州刺史李行正碑》，開元十九年九月。

樊　弘　　約開元中

《千唐誌·大唐故朝散大夫太子左贊善大夫南陽樊府君（况）墓誌銘并序》（貞元九年十月一日）："祖弘，皇太中大夫、金州刺史。父元珍，皇太中大夫光州別駕。公，第二子也。"大曆十年五月三日卒，享年七十。又見《大唐故太原府祁縣尉南陽樊公（泳）墓誌銘并序》（貞元九年十月三日）。

鄭　曒　　開元中？

《全文》卷六三一呂溫《故唐太子舍人李府君夫人滎陽鄭氏墓誌銘》：“大父曒，正議大夫，金、衢二州刺史。”夫人卒貞元十九年，降生五十有四。

薛　繪　　開元中？

《全文》卷六〇九劉禹錫《福建等州都團練觀察處置使福州刺史薛公(謇)神道碑》：“王父繪……刺三郡：金、密、綿。皆以治聞……〔謇〕元和十年某月日薨於位，年六十七。”其祖父刺金州疑在開元中。

張九皋　　約開元二十五年（約 737）

《全文》卷三五五蕭昕《唐銀青光禄大夫嶺南五府節度經略採訪處置等使攝御史中丞張公(九皋)神道碑》：“及元昆(九齡)出牧荆鎮，公亦隨貶外臺，遂歷安康、淮安、彭城、睢陽四郡……遷襄陽太守……南海太守……秩滿遷殿中監。”天寶十四載四月二十日卒，春秋六十六。按《全詩》卷四八張九齡有《初秋憶金均兩弟》，金州弟當指九皋。詩云：“江渚秋風至，他鄉離別心。……憂喜嘗同域，飛鳴忽異林。”約開元二十五年至二十七年秋作於荆州。

苗晉卿　　天寶二年—三載（743—744）

《舊書》本傳：天寶二年，“晉卿貶爲安康郡太守。天寶三載閏二月，轉魏郡太守，充河北採訪處置使”。《新書》本傳略同。又見《通鑑·天寶二年》正月癸亥，《元龜》卷一五二、卷六三八、卷六七七、卷六八〇、卷六八三、卷八二〇，《會要》卷七四。《全文》卷三二六王維《魏郡太守河北採訪處置使上黨苗公(晉卿)德政碑》：“公先自吏部侍郎出爲安康太守，某載月日詔以公爲魏郡太守、河北道採訪處置使。”

李齊物　　天寶中

《全文》卷三四二顏真卿《金紫光禄大夫守太子太傅兼宗正卿李公(齊物)神道碑銘》：“屬左相李公適之、尚書裴公寬、京兆尹韓公朝宗與公爲飛語所中,公遂貶竟陵郡太守……量移安康……轉漢陽、蘄春……天寶末拜將作監。"兩《唐書》本傳未及。

李　權　　天寶十四載—乾元元年(755—758)

《新書·宗室世系表上》大鄭王房:"金州刺史權。"乃泗州刺史李孟犨之子。《金石萃編》卷七九《華嶽題名·張惟一等祈雨記》:"乾元元年自十月不雨,至於明年春,朝散大夫、使持節華州諸軍事、檢校華州刺史、平原郡開國男、賜紫金魚袋張惟一……於西嶽金天王廟祈請……時二月十日題記,前金州刺史李權書。"又見《關中金石記》卷三,《書史會要》卷五,《書小史》卷一〇。《全文》卷三七一李輈《泗州刺史李君(孟犨)神道碑》(大曆元年十一月十四日遷窆)稱:"有子六人,長曰權,故金州刺史。"按《全詩》卷一三九儲光羲《留別安慶李太守》:"過客來自北,大軍居在西。"乃安史之亂時儲光羲往江漢途中作。唐無安慶郡,當爲"安康郡"之訛,此"李太守"當即李權。則安史之亂時李權正在安康郡太守任。

左　振　　上元二年(761)

《元次山集》卷七《左黃州表》:"乾元己亥,贊善大夫左振出爲黃州刺史……居三年,遷侍御史,判金州刺史。將去黃,人多去思,故爲黃人作表。"按乾元己亥爲乾元二年,居三年當爲上元二年。

鄭伯邕　　約代宗前期

《新表五上》鄭氏:"伯邕,金州刺史。"按其弟叔清,夔州都督。其姪鄭伸,貞元十八年爲鄂岳觀察使。

高弘諒　　大曆四年(769)

《隋唐五代墓誌匯編·陝西卷》第四冊《唐故金州刺史兼諸軍事充本州團練使金紫光禄大夫試太常卿上柱國渤海郡開國伯高府君(弘諒)墓誌銘并序》(大曆五年十月二十八日):大曆四年十二月廿八日卒,享年四十七。

孫道平 大曆十二年(777)

《新書·卓英璘傳》：“家金州，州人緣以授官者亦百餘……〔元〕載誅，英璘盜庫兵據險以叛……刺史孫道平禽殺之。詔給復其州二年。”《通鑑·大曆十二年》：六月，“〔卓〕英璘遂據險作亂……乙巳，金州刺史孫道平擊擒之”。

盧 慈(盧慈) 約大曆、建中間

《舊書》本傳：“累授閬州録事參軍，監察、殿中侍御史，侍御史，金州刺史。宰相楊炎遇之頗厚，召入左司郎中、京兆少尹，遷大尹。”《元龜》卷九四五作“盧慈”。

李 融 興元初

《元龜》卷八二○：“李融，興元初爲金州刺史，兼防禦使，州人懷之，刻石紀政。”

姜公輔 貞元元年(785)

《會要》卷七一：“金州……石泉縣：聖曆元年改爲武安縣，神龍元年改爲石泉縣，後廢。貞元元年十二月，刺史姜公輔請復置，從之。”《元和郡縣圖志闕卷逸文》卷一引《記勝》亦作“貞元元年”。唯《太平寰宇記》卷一四一金州石泉縣作“永貞元年”，誤。兩《唐書》本傳未及。

李 縱 貞元中？

《新表二上》趙郡李氏南祖房：“縱，金州刺史。”乃乾元元年浙東節度使李希言子。

鄭 賈 貞元十一年—十二年(795—796)

《元龜》卷六七三：“鄭賈爲金州刺史。貞元十二年，以賈有能政，加檢校司勳郎中。”《千唐誌·唐金州刺史鄭公故夫人范陽盧氏墓誌銘并序》：“有唐貞元十有一年歲次乙亥十有二月甲子朔，八日辛卯，

金州刺史鄭公夫人范陽盧氏終於官舍,粤以十二年景子三月癸巳朔
廿九日辛酉歸祔鄭氏之先塋。"疑即鄭賈。

鄭太穆　　貞元中

《雲溪友議》卷上《襄陽傑》:"鄭太穆郎中爲金州刺史,致書於襄
陽于司空頔。"又見《廣記》卷一七七引,《唐語林》卷四。未知鄭賈與
鄭太穆爲一人,抑二人。

韋士勛　　貞元二十一年(805)

《嚴州圖經》卷一題名:"韋士勛,貞元二十一年四月二十二日自
金州刺史拜。"

張仲方　　元和三年(808)

《舊書·張九皋傳》:曾孫仲方,"後〔高〕郢爲御史大夫,首請仲方
爲御史。歷金州刺史"。據《舊書》本傳,"仲方坐吕温貢舉門生,出爲
金州刺史"。《新書》本傳同。又見《元龜》卷九二五。按《舊書·吕温
傳》,吕温被貶事在元和三年。《白居易集》卷七〇《唐故銀青光禄大
夫祕書監曲江縣開國伯贈禮部尚書范陽張公(仲方)墓誌銘并序》:
"歷殿中、轉侍御史,倉部員外郎,金州刺史……出爲遂州司馬,移復
州司馬,俄遷刺史。改曹州刺史。"

元　積　　元和五年?(810?)

《全文》卷六五五元積《告祀曾祖文》:"逮小子積,冒華覥榮,當立
廟以事先人於京師,會值譴出,未果修構。宗子積,牧民於金,復不克
以上牲陪祀。"疑元和五年元積貶江陵上曹時作。

裴　墐　　元和中

《柳河東集》卷九《唐故萬年令裴府君(墐)墓碣》:"刺金州……陟
萬年令……再謫道州、循州爲佐掾。會赦,量移吉州長史。元和十二
年秋七月日,病痁泄卒。"《元龜》卷六九九:"裴墐爲金州刺史,以上供

違旨條限，爲度支所奏，罰一季俸料。"

李正辭　　元和十一年(816)

《舊書·憲宗紀》：元和十一年九月辛未，"〔貶〕刑部郎中李正辭爲金州刺史……言與韋貫之朋黨故也"。又見《元龜》卷九三三。

竇易直　　元和十二年—十三年(817—818)

《舊書·憲宗紀下》：元和十二年九月"己亥，貶京兆尹竇易直爲金州刺史，以鞫獄得贓不實故也"。按《元龜》卷五七作"荊州刺史"，誤。《舊書》本傳："貶易直金州刺史……〔元和〕十三年六月，遷宣州刺史、宣歙池都團練觀察等使。"《新書》本傳略同。

鄭　朝　　元和中？

《新表五上》鄭氏："朝，金州刺史。"乃鄭餘慶從弟。

李　翱　　長慶元年(821)

《新書·宗室世系表下》小鄭王房："陳留郡公、金州刺史、虞部郎中翱。"乃元和中宰相李夷簡之兄；李宗閔之父。按《舊書·李宗閔傳》稱："穆宗即位，拜中書舍人。時翱自宗正卿出刺華州，父子同時承恩制，人士榮之。長慶元年，子婿蘇巢於錢徽下進士及第，其年，巢覆落。宗閔涉請託，貶劍州刺史。"疑翱與宗閔同時受貶，由華刺改金刺。《白居易集》卷五五《李翱虞部郎中制》："金州刺史李翱……可尚書虞部郎中。"《全詩》卷五七三賈島有《贈李金州》，疑即李翱。

殷　彪　　長慶元年(821)

《白居易集》卷四八《楊子留後殷彪金州刺史兼侍御史河陰令韋同憲授南鄭令韋弁授絳州長史三人同制》。江蘇鎮江焦山碑林藏石刻《唐故朝散大夫使持節明州諸軍事守明州刺史上柱國陳郡殷府君墓誌銘并序》(寶曆二年六月廿五日)："長慶初，拜金州刺史，兼侍御史，又遷明州刺史。"寶曆元年卒，享年七十七。當即殷彪。

姚　合　　約大和七、八年(約 833、834)

　　《唐才子傳》卷六:"寶應(曆)中,除監察御史,遷户部員外郎,出爲金、杭二州刺史。"《全詩》卷五五四項斯有《贈金州姚合使君》,卷五四三喻鳧有《送賈島往金州謁姚員外》,卷五五六馬戴有《寄金州姚使君員外》,卷八一三僧無可有《陪姚合遊金州南池》(《又玄集》卷下題作《金州夏晚陪姚員外遊》)、《金州别姚合》。兩《唐書》本傳未及。

李　涇　　文宗時?

　　《芒洛遺文五編》卷六《唐故太子司議郎李府君(璩,字子玉)墓誌銘并序》(咸通十二年八月十一日):"〔元善〕爲襄州録事參軍,贈太尉。太尉生涇,爲金州刺史。金州娶博陵崔氏,生府君。"府君卒咸通十二年,享年五十八。

李弘慶　　開成四年(839)

　　《新表二上》趙郡李氏:"弘慶,金州刺史。"《千唐誌·唐故朝議郎使持節光州諸軍事守光州刺史賜緋魚袋李公(潘)墓誌銘兼序》(開成五年十二月二十四日):"故長安令崔瑝、金州刺史從父弘慶、主客郎中蕭傑交舉自代。"李潘開成五年八月三日卒,享年五十。《全文》卷七六〇李弘慶小傳:"開成中,檢校太子庶子、金州刺史,兼御史中丞。"北圖藏拓片《大慈恩寺大法師基公塔銘并序》(開成四年五月十六日):"朝散大夫、檢校太子左庶子、使持節金州諸軍事、守金州刺史、兼御史中丞、輕車都尉、賜紫金魚袋李弘慶撰。"

牛　蔚　　大中時

　　《舊書》本傳:"大中初,爲右補闕,屢陳章疏,指斥時病,宣宗嘉之……尋改司門員外郎,出爲金州刺史,入拜禮、吏二郎中。"《新書》本傳略同。《郎官柱》吏部郎中有牛蔚,在皇甫鉷後,穆仁裕前。

牛　循　　乾符二年(875)

　　《舊書·僖宗紀》:乾符二年七月,"吏部員外郎牛循爲金州刺史"。

束鄉勵 乾符三年(876)

《舊書·僖宗紀》:乾符三年五月,"金州刺史束鄉勵爲嘉州刺史"。

崔　某 廣明元年(880)

《廣記》卷八五引《王氏見聞録》:"金統水在金州,巢寇犯闕之年,有崔某爲安康守。大駕已幸岷峨,惟金州地僻,户口晏如。"

楊守亮 光啓二年—三年(886—887)

《舊書·僖宗紀》:光啓二年"六月己酉朔,以扈蹕都將楊守亮爲金州刺史、金商節度、京畿制置使。守亮率師二萬趨金州"。《通鑑·光啓三年》:正月,"金商節度楊守亮爲山南西道節度使"。

楊守宗 光啓三年(887)

《舊書·僖宗紀》:光啓三年正月乙亥,"扈蹕都頭楊守宗爲金州刺史、金商節度等使"。

盧　某(唐某) 光啓中?

《全詩》卷七二一李洞《送盧(一作唐)郎中赴金州》:"雲明天(一作添)嶺高,刺郡輟仙曹。"此盧(唐)郎中當是由尚書某曹郎官出守金州。李洞生卒年不詳。熊飛謂此詩約在遊梓州時所寫,暫疑置光啓中。

李繼臻 景福二年(893)

《舊五代史·馮行襲傳》:"李茂貞遣養子繼臻竊據金州,行襲攻下之,因授金州防禦使。"《新五代史·馮行襲傳》:"李茂貞兼領山南,遣子繼臻守金州,行襲逐之,遂據金州。"按李茂貞景福二年十月兼鎮山南,見《通鑑》。

馮行襲 乾寧初—天祐二年(?—905)

《新書》本傳:"鳳翔李茂貞養子繼臻據金州,行襲攻拔之,昭宗即授金州防禦使。時山南西道節度使楊守亮將襲京師，道金、商，行襲逆戰破之，就擢戎昭軍節度使……天祐二年，王建遣將王思綰攻行襲……行襲奔均州。”又《哀帝紀》：天祐二年“五月，王建陷金州，戎昭軍節度使馮行襲奔於均州。六月，行襲克金州。”又見兩《五代史》本傳，《通鑑·光化元年》正月、《天祐二年》九月，《十國春秋·王宗朗傳》《前蜀高祖本紀上》。《全文》卷八一八張元晏《授馮行襲昭信軍節度使制》稱：“使持節金州諸軍事守金州刺史……馮行襲……可某官。”卷八三三錢珝有《授金州刺史馮行襲檢校太子少保仍封長樂縣開國子加食邑制》。按《新書·方鎮表四》：光化元年，“升昭信軍防禦爲節度使”。

王宗朗（全師朗）　天祐二年（905）

《通鑑·天祐二年》：九月“丙子，〔馮〕行襲棄金州，奔均州；其將全師朗以城降。王建更師朗姓名曰王宗朗，補金州觀察使”。十二月，“西川將王宗朗不能守金州，焚其城邑，奔成都。戎昭節度使馮行襲復取金州”。又見《十國春秋》本傳、《前蜀高祖本紀上》。

馮行襲　天祐二年（905）

《通鑑·天祐二年》：天祐二年十二月，“戎昭節度使馮行襲復取金州，奏請‘金州荒廢，乞徙理均州’，從之”。

馮　恭　天祐二年（905）

《新書·馮行襲傳》：“〔王〕宗朗不能守，焚郭邑去。〔朱〕全忠以行襲不足禦建，遣別將屯金州。行襲議徙戎昭軍於均州，以金、房爲隸。全忠以金人不樂行襲，以馮恭領州，置防禦使而廢戎昭軍。”

王宗朗　天祐三年—四年（906—907）

《十國春秋》本傳：“金州復爲〔馮〕行襲所取，宗朗不能守，奔成都。已而蜀兵又克金州，仍以宗朗爲刺史。”《廣記》卷四二五引《錄異記》：“蜀庚午歲，金州刺史王宗朗奏洵陽縣洵水畔有青烟廟。”按“庚午”爲後梁開平四年（910）。

待考録

苻遷敵？（苻子珪？）

《姓纂》卷二苻氏：“後周襄州刺史龍居公苻猛，臨渭人；玄孫遷敵，唐金州刺史；苻子珪，弟太子舍人璋。”岑仲勉《姓纂四校記》云：金州刺史如屬遷敵，則子珪無官歷；反之，則遷敵無官歷。頗疑“苻”字是“生”字訛。按子珪約開元十八年爲定州別駕，見《全文》卷九一四釋具《大忍寺門樓碑》。

鄭体遠（鄭休還）

《嘉泰吴興志》卷一四郡守題名：“鄭休還，垂拱元年自金州刺史授，遷越州都督。《統記》云：景雲元年自太常少卿授，遷滑州刺史。”

林　嵩

《淳熙三山志》卷二六：“乾符二年乙未鄭合敬榜：林嵩，字降臣，長溪人，終金州刺史。”

卷二〇四　商州（上洛郡）

隋上洛郡。武德元年改爲商州。天寶元年改爲上洛郡。乾元元年復爲商州。領縣六：上洛、豐陽、洛南、商洛、上津、安業。

泉彦宗　　武德元年（618）

《新書·高祖紀》：武德元年十月"己亥，盜殺商州刺史泉彦宗"。

王　湛（王諶）　　武德中

《楊炯集》卷八《瀘州都督王湛神道碑》："高祖受禪……稍遷虞部郎中。丁烈侯艱（武德四年），尋起爲隴西別駕，商、鄜二州刺史。"《全文》卷二一五陳子昂《申州司馬王府君墓誌》："父諶，唐虞部郎中，荆州大都督府司馬，商、壁、鄜、許、冀五州刺史，加銀青光禄大夫、瀘州都督。"

劉元立　　武德、貞觀間？

《姓纂》卷五弘農劉氏："元立，商州刺史。"乃隋大業八年尚書右丞劉士龍之子。

李　義　　約貞觀中

《全文》卷二九九張嘉貞《趙州癭陶令李懷仁德政碑》："父義，持節彤、松、商、恒四州長史、使持節都督丹州、松州、商州、恒州等州諸軍事恒（四？）州刺史。"懷仁永徽元年以宗室子弟敕授朝議郎，行瘦陶縣令。

蕭　瑀　　貞觀二十年—二十一年(646—647)

《舊書・太宗紀下》：貞觀二十年"冬十月，前太子太保、宋國公蕭瑀貶商州刺史"。《新書・太宗紀》、《宰相表上》同。《通鑑・貞觀二十年》作九月。按《元龜》卷三三三作"貞觀元年十二月"，誤。《舊書》本傳："二十一年，徵授金紫光禄大夫，復封宋國公。"《新書》本傳略同。又見《元龜》卷八二一，《全文》卷八太宗《貶蕭瑀手詔》。

周道務　　貞觀二十二年—二十三年(648—649)

昭陵博物館藏《大唐故臨川郡長公主墓誌銘并序》（永淳元年十二月二十五日）："駙馬周道務……廿二年，駙馬出牧商甸，作鎮嶢關。明年，太極升遐，公主自商州來赴。"按《新書》本傳唯稱歷營州都督，未及出牧商州事。

于永寧　　約高宗前期

《姓纂》卷二河南洛陽于氏："永寧，商州刺史。"《新表二下》于氏同。《全文》卷九九五闕名《唐故延州膚施縣令上柱國于公(士恭)墓誌銘兼序》（開元十五年七月十五日）："曾祖宣道，隋左衛率，皇涼甘肅瓜沙五州諸軍事涼州刺史、成安子。祖永寧，皇商州刺史，增(贈)建平公。"士恭卒開元十四年九月，春秋六十六。《隋唐五代墓誌匯編・陝西卷》第三册《大周故隰州刺史建平公于公(遂古)墓誌銘并序》（聖曆二年四月一日）："父永寧，隋冀州司馬，唐許王友、雍邠二府司馬，使持節商州諸軍事商州刺史、建平公。"遂古卒聖曆元年，春秋七十五。

柳　範　　高宗時

《芒洛遺文・故薛府君夫人河南郡君柳氏墓誌銘并序》（開元六年八月二十九日）："考範，皇朝尚書右丞，商、蔚、淄、雅、婺五州刺史，揚州大都督府長史。"按兩《唐書》本傳唯稱：貞觀中爲侍御史。高宗時,歷尚書右丞,揚州大都督府長史。未及爲商刺事。又按貞觀十一年爲侍御史,見《會要》卷六一。

段嗣道　　武后時

《姓纂》卷九段氏:"嗣道,司僕少卿、裔州刺史。"按《舊書·職官志三》太僕寺:"龍朔改爲司馭寺,光宅爲司僕寺,神龍復也。"則嗣道仕武后朝。又按唐無裔州,"裔州"當爲"商州"之訛。

楊言成　　約武后時

《新表一下》楊氏越公房:"言成,商州刺史。"其叔祖楊纂仕貞觀時。

趙崇嗣　　約武后時

《姓纂》卷七趙氏:"崇嗣,虞部郎中、商州刺史。"按《英華》卷四一五李嶠有《授趙崇嗣南由縣令等制》。《郎官柱》金部員外有趙崇嗣,在唐不占後,夏侯亮前。

李　朴　　約武后時

北圖藏拓片《唐前濮州録事參軍陳公故夫人趙郡李氏墓誌銘并序》(乾元二年十月六日):"曾祖弘節……祖朴,皇慶、商、黄、朗等州,歷專城而有四,播嘉惠而無侔。父銑,皇朝請大夫鄭州新鄭縣令。"夫人年廿九,因避地終於越州旅第。

韋　弼　　中宗時?

《新表四上》韋氏龍門公房:"弼,字國楨,商州刺史。"《全詩》卷九七沈佺期有《送韋商州弼》。《全文》卷六三○吕温《故太子少保京兆韋府君(夏卿)神道碑》:"大王父諱某,皇朝萊、濟、商三州刺史。"韋夏卿卒元和元年三月,年六十四。

岑　休(岑仲休)　　睿宗時

《舊書·岑羲傳》:"睿宗即位,出爲陝州刺史。復歷刑部、户部二尚書，門下三品，監修國史……時羲兄獻爲國子司業，弟翔爲陝州長史，休爲商州刺史。"《新書·岑羲傳》作"仲休"。

李法静　睿宗時？

《新表二上》隴西李氏武陽房："法静，商州刺史。"乃李大亮之從姪孫。

姚　某　約開元初

《全文》卷二七三崔沔《朝議大夫光禄少卿虢縣開國子吴興姚府君神道碑》："除君隴州長史，未到官……乃拜鄧州刺史、兼檢校商州……以開元四年歲次景辰八月二十六日遘疾終於東都……春秋四十。"

高　紹　約開元初期

《全文》卷二五一蘇頲《授慕容珣吏部郎中等制》："正議大夫、行商州刺史、上柱國、申國公高紹，可行尚書主爵郎中。"

侯莫陳涉　約開元十年（約 722）

《嘉泰吴興志》卷一四郡守題名："侯莫陳涉，神龍二年自睦州刺史授；遷商州刺史。《統記》云：開元九年。"

楊令深　約開元中

《新表一下》楊氏觀王房："令深，商州刺史。"按楊令深約開元初在潤州刺史任。

陳　光　開元末？

《新書·陳子昂傳》："子光……終商州刺史。"《全文》卷七三二趙儋《大唐劍南東川節度觀察處置等使户部尚書兼御史大夫梓州刺史鮮于公爲故拾遺陳公（子昂）建旌德之碑》："有子二人，並進士及第。長曰光，官至膳部郎中、商州刺史。"按陳光開元二十五年爲太子司議郎，見《金石萃編》卷七《大温國寺進法師塔銘》。

盧　廙　　約玄宗時

《新表三上》盧氏：“廙，商州刺史。”按《郎官柱》金部員外有盧廙，在陸景融後，袁仁敬前。《精舍碑》殿中侍御史兼内供奉亦有盧廙，在李如璧後，陳希烈前。約玄宗時人。

裴延慶　　天寶三載（744）

《新表一上》西眷裴氏：“延慶，商州刺史、聞喜公。”乃高祖時宰相裴世矩孫。《李太白文集》卷一八有《春陪商州裴使君遊石娥溪》詩。疑即裴延慶。按李白天寶三載離京路經商州，詳見拙著《李白叢考·李白兩入長安及有關交遊考辨》。

何　某　　天寶六載（747）

《全文》卷四〇三楊齊宣《晉書音義序》：“余内弟東京處士何超字令升之所纂也。令升，即仲舅商州府君之子。惟我仲舅，實蘊多才……剖符行節，宏闓帝猷……巨唐天寶六載，天王左史弘農楊齊宣字正衡序。”

薛　融　　天寶中

《千唐誌·唐故河南府密縣丞河東薛府君（迅）墓誌銘并序》（貞元七年十一月十二日）：“先考諱融，皇中大夫、淄川、上洛、淮安、清河郡四太守……公即清河府君之第五子也……天寶十三載，州舉孝廉，弱冠擢第。”

李　某　　天寶中

《全詩》卷一二七王維有《送李太守赴上洛》。

【魯　炅　　天寶十五載（756）（未之任）】

《舊書》本傳：“〔天寶〕十五載正月，拜炅上洛太守。未行，遷南陽太守、本郡守捉,仍充防禦使。"《新書》本傳略同。《全文》卷六八九符載《鄧州刺史廳壁記》:天寶十五載春,魯炅自商州刺史御史中丞領是州牧。

歐陽珫　約至德元載—二載(約756—757)

《全文》卷三四三顏真卿《遊擊將軍左領軍衛大將軍兼商州刺史歐陽使君(珫)神道碑銘》:"至德元載,君以當郡防禦士至新野芙蓉鄉,遇賊合戰,斬其將,犯圍而入。〔魯〕炅壯而德之,賊圍解,加遊擊將軍……兼南陽郡司馬,遷左驍衛將軍兼上洛郡太守,充武關防禦使……逆賊悉力來攻……遂陷賊庭……執送洛陽。今天子收復兩京,僅得脱禍。"《新表四下》歐陽氏:"珫,商州刺史。"《金石録》卷八:"《唐商州刺史歐陽珫碑上》,顏真卿撰并書,大曆十年十月。"又見《寶刻叢編》卷五引《集古録目》。

王難得　至德二載(757)

《通鑑·至德二載》:十月"壬子,興平軍奏:破賊於武關,克上洛郡。"胡三省注:"時王難得領興平軍。"

王　翊　約乾元元年(約758)

《舊書》本傳:"乾元中累官至京兆少尹……自商州刺史遷襄州刺史、山南東道節度觀察等使。"《新書》本傳未及。

李　奐　乾元元年—二年(758—759)

《舊書·肅宗紀》:乾元元年九月"庚寅,大舉討安慶緒於相州。命朔方節度郭子儀……興平節度李奐……等九節度之師"。二年四月,"以商州刺史、興平軍節度李奐兼豫許汝等州節度使"。《新書·宗室世系表上》蔡王房:"濟北郡公、衢黄二州刺史兼防禦使、興平軍節度使、御史中丞奐。"又見《唐語林》卷八。按《新書·方鎮表四》:"至德元載,置興平軍節度使,領上洛、安康、武當、房陵四郡,治上洛郡。""上元二年,廢興平軍節度。"

韋　倫　　乾元二年(759)

《舊書·肅宗紀》：乾元十年十一月"甲子朔，商州刺史韋倫破康楚元，荊襄平"。《通鑑·乾元二年》同。《舊書》本傳："屬東都、河南並陷賊，漕運路絕，度支使第五琦薦倫有理能，拜商州刺史，充荊襄等道租庸使……荊襄二州平，詔除崔光遠爲襄州節度使，徵倫爲衛尉卿。旬日，又以本官兼寧州刺史、招討處置等使。"《新書》本傳、《杜鴻漸傳》略同。又見《元龜》卷四六八、卷六九四，《御覽》卷三三二。

鮮于叔明(李叔明、鮮于晉)　　上元元年—二年(760—761)

《新書》本傳："東都平，拜洛陽令，招徠遺民，號能吏。擢商州刺史、上津轉運使，遷京兆尹。"《舊書》本傳未及。《全文》卷三三七顏真卿《鮮于氏離堆記》："君弟京兆尹叔明……乾元改號上元之歲秋八月……叔明時刺商州。"又卷四二三于邵《唐劍南東川節度使鮮于公(晉)經武頌》："牧商於，人歌父母，有詔加金商均房等州觀察使、處置使，又入爲京兆尹。"又見卷三四三顏真卿《中散大夫京兆尹漢陽郡太守贈太子少保鮮于(仲通)神道碑銘》，《唐文續拾》卷四韓雲卿《鮮于氏里門碑并序》。

左　振(左震)　　寶應元年(762)

《國史補》卷上："肅宗以王璵爲相，尚鬼神之事，分遣女巫遍禱山川……至黃州，左震爲刺史……曳巫者斬之階下……朝廷厚加慰獎，拜震商州刺史。"按乾元元年至上元二年左振尚在黃州刺史任，其遷商州當在寶應元年。

盧　浦　　廣德元年(763)

《全文》卷三九二獨孤及《唐故商州錄事參軍鄭府君(密)墓誌銘》："商州刺史盧浦……條奏，遂以本官兼商州錄事參軍。御史中丞王延昌表公才任御史，奏未下，會疾終於位，春秋五十，是歲廣德元年八月七日也。"

殷仲卿　　大曆二年—三年（767—768）

《舊書·代宗紀》："〔大曆〕三年二月癸巳，商州兵馬使劉洽殺其刺史殷仲卿。"又見《元龜》卷四三七。

吳仲孺　　約大曆五、六年間（約 770、771）

《全文》卷四二四于邵《爲商州吳仲儒（孺）中丞讓起復表》："況聖恩一昨用臣之意，本爲子儀奏聞。"按大曆八年四月，吳仲孺由太僕卿爲鄂岳觀察使，其爲商刺約在此前。

李國清　　大曆九年（774）

《舊書·代宗紀》：大曆九年十一月"庚子，以商州刺史李國清爲陝州大都督府長史，充陝州觀察使"。《全詩》卷二四五韓翃《送李中丞赴商州》，疑即李國清。

馬　燧　　大曆十年（775）

《舊書·代宗紀》：大曆十年二月甲申，"前隴右節度副使、隴州刺史馬燧爲商州刺史，充本州防禦使"。十月"癸亥，以商州刺史馬燧檢校左散騎常侍、河陽三城使"。又見兩《唐書》本傳，《元龜》卷一四八，《御覽》卷三三四。《全文》卷五〇七權德輿《司徒兼侍中上柱國北平郡王贈太傅馬公（燧）行狀》："授商州刺史……未旬日……特拜左散騎常侍……是歲大曆十年也。"

烏崇福　　大曆十二年（777）

《舊書·代宗紀》：大曆十二年四月"壬寅，以前商州刺史烏崇福爲安南都護、本管經略使"。

武良臣　　大曆中？

《姓纂》卷六沛國武氏："良臣，商州刺史。"《新表四上》同。乃武攸歸孫。按攸歸卒武后時，見《新書·武承嗣傳》，則其孫刺商疑在大曆中。

姚明敭　建中二年(781)

《舊書·德宗紀上》：建中二年十一月丁丑，“以商州刺史姚明敭爲陝州長史、本州防禦、陸運使”。

謝良輔　建中四年(783)

《舊書·德宗紀》：建中四年十月，“商州軍亂，殺其刺史謝良輔”。《通鑑·建中四年》十月同。又見《元龜》卷一三九。

李　佐　貞元二年(786)

《元龜》卷六七三：“李佐爲商州刺史，德宗貞元二年以能政，特賜金紫。”《全文》卷七八四穆員《京兆少尹李公（佐）墓誌銘》：“鑾駕還京……是時梁汴阻隔，漕運不至，逆將跋扈，屯於近郊……擇全才領商於之地，以闢南門，於是有刺史、防禦、中丞之命……無何，授桂管觀察經略使……累以親老陳乞，故有亞尹之拜。”又《監察御史裴府君墓誌銘》：“初命左領軍衛倉曹參軍，倅商州刺史李佐戎事，遷同官縣丞。李侯移鎮桂林，統帥南服，表公爲監察御史。”

李西華　貞元七年(791)

《新書·地理志一》商州：“貞元七年，刺史李西華自藍田至内鄉開新道七百餘里。”又見《元龜》卷六七八，《會要》卷八六。

房茂長　貞元中

《全文》卷六二三韋渠牟《商山四皓畫圖贊并序》：“故人清河房茂長刺商山，成簡靜之化，曰：隱居之類也。畫兹圖以貽予。”

李　汶　貞元十三、十四年(797、798)

《全文》卷五九三柳宗元《祭李中丞文》（貞元二十年五月二十二日）：“乃刺於商，虎節登山……有詔徵還，丞我御史……終始七載，不忘祗勤。”卒於貞元二十年，上推七年，當爲貞元十三、十四年。按《新書·宗室世系表上》大鄭王房有“御史中丞汶”，乃天寶中文部侍郎李晔子,證知柳宗元文中爲商州刺史之"李中丞"即李汶。又按《國史補》卷上《張宏毅過驛》:"李汶爲商州刺史,渭南尉張宏毅過商州,汶意謂必來干我,以請饋□。"當即此人。友人蔣寅謂權德輿《送商州崔判官序》即送崔入李汶幕。

崔 芃　約貞元、元和間

《全文》卷四九八權德輿《唐故江南西道都團練觀察處置等使中散大夫使持節都督洪州諸軍事守洪州刺史兼御史中丞騎都尉崔公神道碑銘并序》:"元和七年冬十一月某甲子啓手足於郡舍……君……商、常二州刺史。"按崔公當即崔芃;元和六年八月由常刺遷江西觀察,次年十一月卒於任,見《舊紀》。

李 詞　元和二年(807)

《全文》卷四九四權德輿《黔州觀察使新廳記》:"黔中爲楚西南……元和二年夏六月制詔商州刺史隴西李君以中執法剖符兹土。"

杜 兼　元和二年—三年(807—808)

《舊書》本傳:"元和初,入爲刑部、吏部郎中,拜給事中,除金商防禦使,旋授河南少尹、知府事,尋正拜河南尹。"《新書》本傳未及。《韓昌黎集》卷二六《故中散大夫河南尹杜君(兼)墓誌銘》:"遂爲給事中,出爲商州刺史、金商防禦使,改河南少尹、行大尹事,半歲拜大尹。元和四年十一月二十二日疾暴薨,年六十。"《柳河東集》卷一四《杜兼對》略同。《全詩》卷三二三權德輿有《送商州杜中丞赴任》,當即杜兼。又卷二一〇皇甫曾名下重出此詩,按皇甫曾約卒於貞元元年,與杜兼不相及,疑誤。

元義方　元和三年—四年(808—809)

《舊書·憲宗紀上》:元和四年四月,"以商州刺史元義方爲福建觀察使"。《新書》本傳:"歷虢、商二州刺史、福建觀察使。"

董　溪　　元和五年—六年（810—811）

《新表五下》董氏："溪，商州刺史。"本傳未及。《韓昌黎集》卷二九《唐故朝散大夫商州刺史除名徙封州董府君（溪）墓誌銘》："兵誅恒州，改度支郎中，攝御史中丞，爲糧料使。兵罷，遷商州刺史……受垢除名，徙封州，元和六年五月十二日死湘中。"按元和四年十月討伐王承宗，五年七月赦承宗。

蕭　曾　　元和七年（812）

《隋唐五代墓誌匯編·陝西卷》第二册《唐朝請郎前行陝州大都督府文學李瞻亡妻蘭陵蕭氏墓誌》（元和七年八月二十二日）："父曾，任商州刺史……夫人□商州之長女也。"元和七年六月終於商州官舍，享年二十三。又見《唐故通直郎行□神武軍兵曹參軍李府君（瞻）墓銘》（長慶三年正月五日）。

嚴　謨　　元和十四年（819）

《舊書·憲宗紀下》：元和十四年"二月己酉朔，以商州刺史嚴謨爲黔中觀察使"。

卞　佺　　元和中？

《全文》卷七六一褚藏言《竇常傳》："大曆十四年舉進士，與故吏部侍郎奚陟、商州牧卞佺、祕校獨孤授同年上第。"

劉遵古　　元和中

《白居易集》卷四八《王公亮可商州刺史制》："吾前命劉遵古、張平叔爲商州刺史，繼有善政，人用乂安。"

張平叔　　元和末

《白居易集》卷四九《張平叔可京兆少尹知府事制》："商州刺史張平叔……可京兆少尹知府事。"

王公亮　　長慶元年（821）

《白居易集》卷四八有《王公亮可商州刺史制》。《全詩》卷三八五張籍有《贈商州王使君》，卷五一五朱慶餘有《商州王中丞留吃枳殼》。《會要》卷三六："長慶元年十一月，商州刺史王公亮，進新撰《兵書》一十八卷。"又見《新書·藝文志三》，《唐詩紀事》卷四〇。

于　敖　　約長慶三年—四年（約 823—824）

《舊書》本傳："元和六年，真拜監察御史。轉殿中，歷倉部、司勳二員外，萬年令，拜右司郎中，出爲商州刺史。長慶四年，入爲吏部郎中。其年，遷給事中。"《新書》本傳未及。

獨孤密　　大和元年—二年（827—828）

《隋唐五代墓誌匯編·陝西卷》第二册《幼妹娥娘墓誌》（大和二年正月十九日）："娥娘，女之小字也。姓獨孤氏，大和元年十一月夭于商州……商州刺史充本州防禦使密之次嫡女。"

李景讓　　大和中

《舊書》本傳："大和中，爲尚書郎，出爲商州刺史。開成二年，入朝爲中書舍人。"《新書》本傳："沈傳師觀察江西，表以自副。歷中書舍人，禮部侍郎，商、華、虢三州刺史。"

李　福　　約開成中

《舊書》本傳："累遷尚書郎，出爲商、鄭、汝、潁四州刺史。大中時，檢校工部尚書、滑州刺史、兼御史大夫，充義成軍節度、鄭滑潁觀察使。"

吕　述　　約會昌中

《新書·藝文志二》："吕述《黠戛斯朝貢圖傳》一卷。"注："字脩業，會昌祕書少監，商州刺史。"《樊南文集》卷六有《祭吕商州文》，馮浩注謂指吕述。《寶刻叢編》卷一〇引《集古録目》："《唐商於驛路記》，唐翰林學士承旨韋琮撰，太子賓客柳公權書，祕書省校書郎李商隱篆額，商州刺史吕公（碑不著名）移建州之新驛，碑以大中元年正月立。”

南　卓　　會昌末

《全詩》卷五四七朱景玄有《題吕食新水閣兼寄南商州郎中》，岑仲勉《讀全唐詩札記》謂指南卓。卞孝萱《南卓考》謂會昌末至大中四年先後爲商、蔡、婺等州刺史。

崔　珙　　約大中元年（約847）

《新書》本傳：“宣宗立，徙商州刺史，以太子賓客分司東都，起爲鳳翔節度使。”《舊書》本傳未及。

魏　謩　　大中元年—二年（847—848）

《舊書》本傳：“宣宗即位，白敏中當國，量移郢州刺史，尋換商州。二年，内徵爲給事中，遷御史中丞。”

司空輿　　大中時

《新書·藝文志三》：“司空輿《發焰録》一卷”，注：“圖父，大中時商州刺史。”又見《唐才子傳》卷八《司空圖傳》。兩《唐書·司空圖傳》未及。

崔　黯　　大中時

王禹偁《小畜集》卷八《西暉亭》詩注：“仙娥峰下，大中年刺史崔黯所造。”又云：“丹水在亭前。”丹水在商州，詩爲貶商州團練副使時作。知崔黯曾爲商州刺史。崔黯，兩《唐書》有傳，《舊傳》云：“會昌中，爲諫議大夫。”按黯大中三年爲江州刺史。

崔　碣　　約大中時

《新書》本傳：“武宗方討澤潞，碣建請納劉稹降，忤旨，貶鄧城令。稍轉商州刺史。擢河南尹、右散騎常侍，再爲河南尹。”

鄭裔綽　　大中十三年（859）

《新書》本傳：“遷給事中。楊漢公爲荊南節度使，坐貪沓，貶祕書監，尋拜同州刺史，裔綽與鄭公輿封還制書……帝變色。翌日，貶〔裔綽〕商州刺史。”又見《楊漢公傳》，《唐語林》卷一。《東觀奏記》卷中記此爲大中十三年事。

【補遺】杜子遷　　咸通四年（863）

《唐研究》第六卷（2000 年）《唐商州刺史杜子遷墓誌銘考釋》引《唐故朝請大夫□□□州諸州事守商州刺史兼御史中丞充本州防禦使上柱國賜紫金魚袋□尚書禮部侍郎杜府君（子遷）墓誌》：“出典杭州，改亳州。未幾，除黔中經略觀察使。受代歸漢上，除授商州刺史、充本州防禦使。以咸通四年二月上旬寢疾，至於閏六月廿日終於城□□莊，享年七十一。”

鄭　愚　　約咸通初

《新書·陸希聲傳》：“商州刺史鄭愚表爲屬。”按咸通二、三年鄭愚爲桂管觀察使；三、四年爲嶺南西道觀察使；其刺商約在此前。

劉　蛻　　約咸通中

《北夢瑣言》卷三：“唐劉舍人蛻，桐廬人，早以文學應進士舉……歷登華貫，出典商於。”《廣記》卷一八四引《摭言》：“劉纂者，商州劉蛻之子也。亦善爲文。乾寧中，寒栖京師。”《全詩》卷八二七貫休有《上劉商州》。按《新書·藝文志四》著錄“劉蛻《文泉子》十卷”。注云：“字復愚，咸通中書舍人。”

王　凝　　約咸通十二年（約 871）

《舊書》本傳：“出爲商州刺史。明年，檢校右散騎常侍、潭州刺史、湖南團練觀察使。”《新書》本傳略同。又見兩《唐書·司空圖傳》。《全文》卷八一〇司空圖《故宣州觀察使檢校禮部王公（凝）行狀》：“時宰竟用抗己內不能平，遂至商於之命……明年，加檢校常侍廉問湖外,理潭如商。"按王凝咸通十三、十四年爲湖南觀察使。

王　樞　　乾符元年(874)

《通鑑·乾符元年》:十二月,"商州刺史王樞以軍州空窘,減折糴
錢,民相帥以白梃毆之,又毆殺官吏二人。朝廷更除刺史李誥到官,
收捕民李叔汶等三十餘人,斬之"。

李　誥　　乾符元年(874)

見上條。按《新表二上》江夏李氏有"誥,字思翰",乃李師稷子。
疑即其人。

張　同　　乾符三年(876)

《舊書·僖宗紀》:乾符三年九月,"商州刺史張同爲諫議大夫"。

盧知猷　　約乾符中

《舊書》本傳:"入拜兵部郎中,賜緋魚,改吏部郎中、太常少卿。
出爲商州刺史。徵拜給事中,轉中書舍人。僖宗幸山南,襄王僞署,
乃避地金州。"《新書》本傳未及。

宋　巖　　中和元年(881)

《通鑑·中和元年》:四月,"賊所署同州刺史王溥、華州刺史喬
謙、商州刺史宋巖聞〔黄〕巢棄長安,皆率衆奔鄧州,朱温斬溥、謙,釋
巖,使還商州"。

楊守信　　光啓中?

《舊書·楊復光傳》:"諸假子……守信,商州防禦使。"

李存權　　天復元年(901)

《通鑑·天復元年》:十一月,"以前商州刺史李存權知華州"。

程景思 天祐元年？（904？）

《全文》卷八一〇司空圖《華帥許國公德政碑》："其始，王之入守京室也，商州程景思乘虛掩襲，欲恣攻凌。"據《通鑑》，天祐元年三月乙卯，"以長安爲佑國軍，以韓建爲佑國節度使"。疑是時程景思爲商州刺史。

待考録

皇甫元凱

《姓纂》卷五安定朝那縣皇甫氏："元凱，商州刺史。"

公孫欽

《姓纂》卷一河南公孫氏："欽，洋、商等州刺史。"

李 涓

《新表二上》隴西李氏姑臧房："涓，商州刺史。"

盧日新

《新表三上》盧氏："日新，商州刺史。"乃常州刺史盧建父。高宗相盧承慶姪曾孫。

郭 某

《姓纂》卷一〇京兆郭氏："曾孫，商州刺史；求，校書郎。"按岑仲勉《姓纂四校記》云：求（球）以元和二（三？）年制科及第，十一年自藍田尉、史館修撰充學士，則謂元和六、七年間，彼方充正九品之校書郎，歷階正合。復次，嗣本官。貞觀中，其玄孫似非遲至元和初始入仕。知"曾孫"之下、"求"之上，均有奪文。

杜 晦（杜巫）

《廣記》卷七二引《玄怪録》："杜巫尚書年少未達時，曾於長白山遇道士……後任商州刺史。"《神仙感遇傳》卷五作"杜晦"。

第十三編

山南西道

卷二〇五　梁州（褒州、漢中郡、興元府）

隋漢川郡。武德元年改爲梁州，置總管府。七年改總管爲都督。貞觀六年廢都督府。八年又置。十七年又罷。顯慶元年復置都督府。開元十三年改梁州爲褒州，依舊都督府。二十年又爲梁州。天寶元年改爲漢中郡，仍爲都督府。乾元元年復爲梁州。興元元年六月升爲興元府。領縣五：南鄭、褒城、城固、西縣、金牛。

李安遠　　*武德元年(618)*

《會要》卷六八興元府："武德元年六月十九日，置總管府，以李安遠爲之。"兩《唐書》本傳未及。

陳　政　　*武德二年(619)*

《通鑑·武德二年》：五月"癸巳，梁州總管山東道安撫副使陳政爲麾下所殺，攜其首奔王世充。政，茂之子也"。胡注："《隋書·陳茂傳》：政歸唐，卒於梁州總管。不言死於山東。《通鑑》當是據《實錄》諸書，但見時山東無梁州，或者政先爲梁州總管，後安撫山東而死也。"所釋合於情理。又見《元龜》卷四三七、卷六七一。

龐　玉　　*武德二年(619)*

《通鑑·武德二年》：十月"癸卯，以左武候大將軍龐玉爲梁州總管"。《會稽掇英總集·唐太守題名》："總管龐玉，武德元年十二月自右衛將軍授，武德二年七月拜梁州都督。"《新書·南蠻下·南平獠傳》：“巴州山獠王多馨叛，梁州都督龐玉梟其首。”又見《元龜》卷三六五。

張　某　　武德中

《匋齋藏石記》卷二二《唐故□陽縣開國男行□州司兵參軍事張府君(思道)墓誌并序》(開元九年十月十日)：“祖隋胡、勝二州刺史，皇朝梁州總管，謚曰順。”思道卒如意元年十月二十八日，春秋五十四。又見《唐文拾遺》卷六五，《金石補正》卷五一。

韓文通　　武德七年(624)

《會要》卷六八：“〔武德〕七年二月二十八日，〔梁州〕改爲都督府，以韓文通爲之。”

竇　誕　　貞觀元年(627)

《舊書》本傳：“出爲梁州都督。貞觀初，召拜右領軍大將軍，轉大理卿、莘國公。”《新書》本傳略同。《隋唐五代墓誌匯編·陝西卷》第三册《大唐故光禄大夫工部尚書使持節都督荆州刺史駙馬都尉上柱國蕭□□竇公(誕)墓誌銘》(貞觀二十二年八月)：“貞觀元年，除使持節都督梁集洋巴興壁六州諸軍事梁州刺史。”

竇　軌　　貞觀元年(627)

《會要》卷二四：“貞觀元年十一月，梁州都督竇軌請入朝。”按《舊書》本傳稱：“授益州大都督，加食邑六百户。貞觀元年，徵授右衛大將軍。二年，出爲洛州都督。”《新書》本傳略同。皆未及都督梁州事。疑《會要》之“竇軌”或爲“竇誕”之誤。

元白澤　　約貞觀前期

《新書·元萬頃傳》：“祖白澤，仕至梁、利十一州都督，封新安公。”《姓纂》卷四河南洛陽元氏：“澤，唐梁州都督。”《隋唐五代墓誌匯編·洛陽卷》第六册《□□□□□□法曹參軍劉君故妻元氏墓誌銘并序》(調露元年十月十四日)："曾祖白澤,皇朝梁州都督、新安公。"

李孝恭　貞觀初期

《金石録》卷二三《唐河間元王(孝恭)碑跋》："以碑考之,自宗正遷禮部尚書,坐事免。尋復舊任。俄授梁州都督,改晉州刺史,與司空〔長孫〕無忌等同時册拜觀州刺史,世世承襲。"按《新書》本傳稱:"歷涼州都督、晉州刺史。""涼州"乃"梁州"之誤。

李元昌　貞觀十年—十六年(636—642)

《舊書》本傳:"貞觀五年,授華州刺史,轉梁州都督。十年,改封漢王……十六年,元昌來朝京師……潛伺間隙。十七年,事發,太宗弗忍加誅,特赦免死。"《新書》本傳略同。又見兩《唐書・李元景傳》,《全文》卷六《荆王元景等子孫代襲刺史詔》,《元龜》卷二六八、卷二八一,《通鑑・貞觀十年》二月。《全文》卷一五〇岑文本《册漢王元昌文》:"維貞觀十二年四月己卯,皇帝使某副使某持節册命曰……惟爾使持節都督梁、洋、集、畢四州諸軍事、梁州刺史漢王元昌……是用錫以茅賦,備兹典册。"《大詔令集》卷三四同。

李元裕　貞觀十七年(643)

《舊書》本傳:"〔貞觀〕十一年,改封鄧王……歷鄧、梁、黃三州刺史。"又見《元龜》卷二八一。《新書》本傳未及。《全文》卷四《授鄧王元裕等刺史制》:"鄧州刺史鄧王元裕……可梁州刺史。"《大詔令集》卷三五同。與舒王元名授許州刺史同制。按元名貞觀十七年刺許,元裕亦當於是年刺梁。

李　恪　貞觀二十三年(649)

《舊書・高宗紀上》:貞觀二十三年九月甲寅,"前安州都督、吳王恪爲司空兼梁州刺史"。又本傳:"高宗即位,拜司空、梁州都督……永徽中,會房遺愛謀反,遂因事誅恪,以絶中外。"《新書》本傳略同。又見《元龜》卷二八一。

李 惲　　永徽三年（652）

《舊書》本傳："永徽三年，除梁州都督。惲在安州，多造器用服玩……爲有司所劾，帝特宥之。後歷遂、相二州刺史。"《新書》本傳略同。又見《元龜》卷二八一、卷二九八。《會要》卷五："蔣王惲自安州都督除梁州。"

李 忠　　顯慶元年（656）

《舊書》本傳："顯慶元年，廢忠爲梁王，授梁州都督……其年，轉房州刺史。"《新書》本傳略同。又見《通鑑·顯慶元年》正月，《元龜》卷二八一、卷四八二。《大詔令集》卷三一、《全文》卷一二《降太子忠爲梁王詔》："皇太子忠……可封梁王，食邑二萬戶、持節都督梁洋集壁四州諸軍事梁州刺史……梁州乃置都督府。顯慶元年正月。"《會要》卷六八："興元府……永徽七年正月六日，置都督府，以梁王忠爲之。"按永徽無七年，當即顯慶元年。

李 明　　顯慶四年—麟德元年（659—664）

《舊書》本傳："顯慶中，授梁州都督。後歷虢、蔡、蘇三州刺史。"《新書》本傳未及。《大詔令集》卷三七《冊曹王明梁州都督文》："維顯慶四年歲次己未九月乙亥朔二十九日癸卯，皇帝若曰……曹王明……是用命爾爲使持節都督梁、洋、壁、集等四州諸軍事梁州刺史。"又《冊曹王明虢州刺史文》："維麟德元年歲次甲子正月己酉朔二十二日庚午，皇帝若曰……惟爾梁州都督上柱國曹王明……是用命爾爲使持節虢州諸軍事虢州刺史。"《全文》卷一四同。又見《元龜》卷二八一。

李 福　　總章三年（670）

《大詔令集》卷三七《冊趙王福梁州都督文》："維總章三年歲次庚午二月甲辰朔九日壬子，皇帝若曰……隰州刺史上柱國趙王福……命爾爲使持節都督梁壁洋集四州諸軍事梁州刺史。"《全文》卷一四同。昭陵博物館藏《大唐故贈司空荆州大都督上柱國趙王（李福）墓誌銘并序》(咸亨元年十二月二十七日)：“遷隰州刺史……詔除梁州都督……以咸亨元年九月十三日薨於梁州之官第，春秋卅有七。”又見《舊書・高宗紀》，兩《唐書》本傳，《元龜》卷二八一。

裴玄本　　高宗時

《新表一上》中眷裴氏：“玄本，梁州都督，永福公。”乃隋營州司馬、永福公裴世節之子。按《大唐新語》卷七稱：裴玄本爲户部郎中，時左僕射房玄齡疾甚，隨例候玄齡。《隋唐五代墓誌匯編・陝西卷・唐故九華觀主□師藏形記》(永貞元年八月六日)：“姪朝議郎行祕書省著作佐郎上柱國張岡撰。叔母譙郡□(裴)氏，即睿宗真皇帝之外孫，蔡國長公主之季女。祖玄本，□(梁)州刺史。父鎮，不仕。”□師卒貞元二十一年，年七十六。

劉德敏　　高宗時

《姓纂》卷五彭城劉氏：“德敏，梁州都督。”《新表一上》同。乃隋毗陵郡通守劉通之子。【補遺】按劉德敏顯慶五年在潭州都督任，其爲梁州當在其後，應爲高宗時。

金庾信　　高宗時？

《唐文拾遺》卷六八金庾信小傳稱：新羅人，“舒玄子，官上州將軍、梁州都督、征西大將軍。平百濟、滅高勾麗，皆其功，卒年七十九”。

陶大舉　　儀鳳四年(679)

《全文》卷九一二靈廓《唐宣州刺史陶府君德政碑》：“儀鳳四年，授中大夫、使持節都督四州諸軍事梁州刺史……至調露元年，授使持節恒州諸軍事守恒州刺史。”據《江蘇金石志》卷四，“陶府君”爲陶大舉。按儀鳳四年六月改元爲調露元年。

李義琛　　永淳初(682)

《舊書・李義琰傳》：“義琰從祖弟義琛，永淳初，爲雍州長史。時關輔大饑，高宗令貧人散於商、鄧逐食。義琛恐黎人流轉，因此不還，固爭之。由是忤旨，出爲梁州都督，轉岐州刺史。"按《新書》本傳稱："左遷黎州都督，終岐州刺史。"

李元嬰　　弘道元年—文明元年(683—684)

《舊書》本傳："弘道元年，加開府儀同三司，兼梁州都督。文明元年薨。"《新書》本傳略同。又見《元龜》卷二八一。《通鑑·光宅元年》："四月，開府儀同三司、梁州都督滕王元嬰薨。"

李行褒　　武后初

《舊書·韓休傳》："伯父大敏，則天初爲鳳閣舍人。時梁州都督李行褒爲部人誣告，云有逆謀，則天令大敏就州推究……竟奏雪之。"《新書·韓休傳》略同。

李　琨　　武后時

《舊書》本傳："則天朝歷淄、衛、宋、鄭、梁、幽六州刺史，有能名。聖曆中，嶺南獠反，敕琨爲招慰使。"又見《元龜》卷二八一。《新書》本傳未及。《新書·宗室世系表下》吳王房："淄、衛、宋、鄭、梁、幽六州刺史贈吳王琨。"

楊元琰　　武后時

《舊書》本傳："載初中，累遷安南副都護，又歷蘄、蒲、晉、魏、宣、許六州刺史，涼、梁二都督，荆府長史……長安中，張柬之代元琰爲荆州長史。"又見《元龜》卷六七七。《新書》本傳未及。

崔玄暐　　神龍元年(705)

《通鑑·神龍元年》：五月，"尋又以〔崔〕玄暐檢校益州長史、知都督事，又改梁州刺史"。兩《唐書》本傳未及。

楊隆禮(楊崇禮)　　約神龍、景龍間

《舊書·楊慎矜傳》："父隆禮，長安中天官郎中，神龍後，歷洛、

梁、滑、汾、懷五州刺史……景雲中，以名犯玄宗上字，改爲崇禮。開元初，擢爲太府少卿。"又見《元龜》卷八二五。

張嘉貞　　約睿宗時

《新書》本傳："長安中，御史張循憲使河東……引拜監察御史……累遷兵部員外郎……進中書舍人。歷梁、秦二州都督，并州長史。"按《舊書》本傳稱："歷秦州都督、并州長史……開元初，因奏事至京師。"未及都督梁州事。

源乾曜　　約先天元年（約 712）

《舊書》本傳："景雲中，累遷諫議大夫……尋出爲梁州都督。開元初……太常卿姜皎薦乾曜公清有吏幹……乃拜少府少監，兼邠王府長史。"《新書》本傳略同。

張守潔　　開元四年（716）

《大詔令集》卷一〇四蘇頲《遣王志愔等各巡察本管内制》："諸道按察使……秦州都督楊虛受、梁州都督張守潔……宜令各巡本管内人……開元四年七月六日。"

蕭　嵩？　　開元五年？—八年？（717？—720？）

北圖藏拓片《唐故朝散大夫國子司業上柱國開君（休元）墓誌銘并序》（開元二十一年十一月九日）："廿一，鄉貢明經擢第，其年預大成。君一覽千言，成誦於口，因經拾紫，易如取芥，故時論以爲榮。尋轉婺州蘭溪丞，秩滿，調補梁州兵曹參軍。時中令蕭公作牧斯郡，按察劍外，唯賢是舉。以君清白在躬，禮義由己，拔自曹掾，昇爲判官……蕭公入爲鴻臚卿，移按河北，奏君從事如初……蕭公任賢之譽，時議允歸，古來所謂得人者昌，吾見之於公也。"開元二十一年卒，享年五十五。由此上推，開休元生於儀鳳四年。二十一歲鄉貢及第時爲聖曆二年，其任梁州兵曹參軍最遲不過開元初。又按開元二十一年蕭姓爲中書令者爲蕭嵩。稽兩《唐書》本傳，皆未及梁州刺史與鴻臚卿。蕭嵩神龍元年調補洺州參軍，景雲元年爲醴泉尉，開元初爲中書舍人，開元三、四年在宋州刺史任，開元十一年爲尚書左丞。若"蕭公"爲蕭嵩，則當在開元五至八年爲梁州都督，開休元於此時爲梁州兵曹參軍。

裴　觀　　開元八年—十年（720—722）

《元龜》卷一六二："〔開元〕八年五月，置十道按察使。八月，以襄州刺史裴觀爲梁州都督、山南道按察使。"又卷六二六：開元十年，"山南按察使梁州都督裴觀爲右衛將軍"。

霍廷玉　　開元十年（722）

《元龜》卷六二六："開元十年……又以江南道按察使、宣州刺史霍廷玉爲右驍騎將軍、山〔南〕道按察使、梁州都督。"按開元十七年在河南尹任。

李　暢　　約開元十一年前後（約 723 前後）

《隋唐五代墓誌匯編·洛陽卷》第九册《唐正議大夫使持節相州諸軍事守相州刺史上柱國贊皇縣開國子李公（暢）墓誌銘并序》（開元十八年七月九日）："外出爲虔州刺史……服闋拜吉州刺史，復如虔州之政。轉衢州刺史……又轉梁州刺史……又轉徐州刺史……轉瀛州刺史。"開元十八年拜相州刺史，未到官卒。按開元元年爲虔州刺史，見《舊書·李嶠傳》。

李擇言　　約開元十四、十五年（約 726、727）

《舊書·李勉傳》："父擇言，爲漢、襄、相、岐四州刺史、安德郡公，所歷皆以嚴幹聞。在漢州，張嘉貞爲益州長史、判都督事……而引擇言同榻。"又見《御覽》卷二五五。按張嘉貞開元十二、十三年在益州任。

韓朝宗　　開元十八年（730）

《太平寰宇記》卷三三興元府褒城縣："唐開元十八年，按察使韓朝宗自縣西四十里故縣移在白土店置。"

宋　詢　　開元二十三年(735)

《元龜》卷一六二:開元二十三年二月"辛亥,初置十道採訪處置使……梁州刺史宋詢爲山南西道採訪使"。

張　某　　開元中?

《國秀集》卷中崔顥有《贈梁州張都督》。又見《全詩》卷一三〇。

韋令儀　　約開元中

《姓纂》卷二京兆杜陵東眷韋氏:"令儀,司門郎中、梁州都督。"《唐文拾遺》卷二七吕温《唐故銀青光禄大夫京兆尹兼御史大夫上柱國贈吏部尚書京兆韋公(武)神道碑銘并序》:"曾祖皇朝金紫光禄大夫、尚書左右僕射、同中書門下三品諱待價……祖銀青光禄大夫、梁州都督諱令儀。"

司馬垂　　約天寶中

《全文》卷三四四顏真卿《京兆尹御史中丞梓遂杭三州刺史劍南東川節度使杜公(濟)神道碑銘》:"補梁州南鄭主簿,州主司馬垂爲山南西道探訪使,引在幕下。俄丁内艱。終制,轉許州長社尉。楊光翽都督隴西,奏公爲法曹。皇甫侁採訪江西,奏公爲推官。"按司馬垂天寶十四載爲魏郡太守。

韋南金　　約天寶八、九載(約749、750)

《嘉泰吴興志》卷一四郡守題名:"韋南金,天寶八年自睦州刺史授;遷梁州刺史。《統記》云:七年。"

韋幼成　　天寶十載(751)

《新表四上》韋氏南皮公房:"幼成,山南採訪使。"《全文》卷三九〇獨孤及《唐故朝議大夫申王府司馬上柱國贈太常卿韋公(縝)神道碑銘并序》：“孟子幼成……天寶十年，自尚書兵部郎中出守漢中，兼山南西道採訪處置使；移典河內，河內人至今頌之。”《千唐志・唐故淮南道採訪支使河東郡河東縣尉滎陽鄭府君(宇)墓誌銘并序》(天寶十二載十二月二十四日)：“山南採訪使韋幼成待賢分任，公則當仁，有敕兼充山南採訪支使……及使主遣官，公亦隨牒歸任……復爲淮南支使。”天寶十二載□月十一日卒，年四十五。

* 楊國忠　　　天寶十一載(752)

《舊書》本傳：“〔天寶〕十載，國忠權知蜀郡都督府長史，充劍南節度副大使、知節度事……尋兼山南西道採訪。十一載，南蠻侵蜀，蜀人請國忠赴鎮……不數月召還。會〔李〕林甫卒，遂代爲右相，兼吏部尚書……劍南節度、山南西道採訪、兩京出納租庸鑄錢等使並如故。”《新書》本傳未及。《大詔令集》卷四五《楊國忠右相制》：“權知太府卿兼蜀郡長史……兼山南西道採訪處置使……關內道及京畿採訪處置使、上柱國弘農縣開國伯楊國忠……可守右相……仍判度支……本道兼山南西道採訪處置使……天寶十一載十一月。”

司空襲禮　　　天寶十二載(753)

《全文》卷九九九鄭回《南詔德化碑》：“天寶十一載……爲贊普鍾元年。二年……漢帝又命漢中郡太守司空襲禮、內使賈奇俊帥師再置姚府。”

韋　贊?　　　天寶中?

《寶刻叢編》卷七引《京兆金石録》：“《唐梁郡太守韋贊碑》。”按唐無梁郡，疑即梁州。

裴　泛　　　玄宗時

《新表一上》南來吳裴氏：“泛，梁州刺史。”乃玄宗時宰相裴耀卿子。

李　瑀　　天寶十五載—乾元元年(756—758)

《舊書》本傳:"天寶十五載,從玄宗幸蜀,至漢中,因封漢中王,仍加銀青光禄大夫、漢中郡太守。"又見《元龜》卷二八一。《通鑑·至德元載》:六月丙午,"以隴西公〔李〕瑀爲漢中王、梁州都督、山南西道採訪、防禦使"。按乾元元年七月丁亥,册命迴紇可汗曰英武威遠伽闕可汗,以上幼女寧國公主妻之,以殿中監漢中王瑀爲册禮使,見《通鑑》。《新書》本傳謂以特進、太常卿持節册拜迴紇威遠可汗。

李栖筠　　乾元元年—二年(758—759)

《新書》本傳:"三遷吏部員外郎,判南曹。時大盜後,選簿亡舛,多僞冒,栖筠判折有條,吏氣奪,號神明。遷山南防禦觀察使。"會〔李〕峴去相,栖筠坐所善,除太子中允,衆不直,改河南令。"按李峴乾元二年五月罷相,見《新書·宰相表中》。

李希言　　約乾元二年—上元元年(約759—760)

《嘉泰會稽志》:"李希言,乾元元年自禮部侍郎授;移梁州。"

李　揖　　上元元年?(760?)

《唐孝子故廬州參軍李府君(存)墓誌》:"大王〔父〕揖,皇户部侍郎、同州刺史、山南西道採訪使,贈户部尚書。王父嚴,皇饒州樂平縣尉。存即殿中府君第三子。"(《河南偃師杏園村的兩座唐墓》,《考古》1984年第10期)按李揖至德元載十月在户部侍郎任,見《通鑑》及《舊唐書·房琯傳》。

高武光　　上元二年—寶應元年(761—762)

《全文》卷四四四盧虔《御史中丞晉州刺史高公(武光)神道碑》:"入朝,蕭宗詔復位羽林……時奴剌拔我鳳州……於是乎始有剖符之寄,公之始至,克黜戎難,靖安西人,逾月政成……其年秋,有詔遷梁州刺史、山南西道觀察使。寶應初,以今上之命,命公救濯於絳。"按奴剌寇鳳州事在上元二年二月,見《通鑑》。

李　勉　　寶應元年(762)

《舊書》本傳："累爲河東節度王思禮、朔方河東都統李國貞行軍司馬。尋遷梁州都督、山南西道觀察使。"又《肅宗紀》：寶應元年建辰月"甲午，党項奴刺寇梁州，刺史李勉棄郡走"。《通鑑·寶應元年》、《新書·西域上·党項傳》同。又見《新書》本傳，《元龜》卷六七四、卷八七一。

臧希讓　　寶應元年—廣德元年(762—763)

《新書·西域上·党項傳》："〔上元三年〕又攻梁州，刺史李勉走……詔臧希讓代勉爲刺史。"《通鑑·寶應元年》：建辰月，"以邠州刺史河西臧希讓爲山南西道節度使"。《元龜》卷一三九："〔寶應元年〕八月，梁州刺史臧希讓上言，南鄭縣百姓李貞古孝行彰聞。"又見《舊書·西戎·党項羌傳》，《會要》卷九八，《元龜》卷七五七。《太平寰宇記》卷一八四作"臧希尚"。

張獻誠　　廣德二年—大曆三年(764—768)

《舊書》本傳："三遷檢校工部尚書，兼梁州刺史，充山南西道觀察使。廣德二年十月，擒南山賊帥高玉以獻。"又《代宗紀》：永泰二年二月"癸丑，以山南西道節度使、梁州刺史張獻誠兼充劍南東川節度使"。大曆三年"四月戊寅，以山南西道節度使、鄧國公獻誠爲檢校户部尚書，以疾辭位也"。按《新書》本傳亦作大曆三年。《舊書》本傳作大曆二年四月，誤。又見《元龜》卷一六九。《隋唐五代墓誌匯編·洛陽卷》第十二册《唐故開府儀同三司檢校户部尚書知省事贈太子太師鄧國公張公(獻誠)墓誌銘并序》(大曆四年二月三日)："永泰初，特拜梁州刺史、山南西道節度等使。"

張獻恭　　大曆三年—十四年(768—779)

《舊書·代宗紀》：大曆三年四月戊寅，"右羽林將軍張獻恭爲梁州刺史、兼御史中丞，充山南西道觀察使"。又本傳："代〔張〕獻誠爲梁州刺史、兼御史中丞，充山南西道節度觀察使。大曆十二年七月，獻恭破吐蕃萬餘衆於岷州。建中二年正月,加檢校兵部尚書,爲東都留守。"《新書》本傳略同。《全文》卷四一一常袞《授張獻恭御史中丞制》:"敕開府儀同三司行梁州刺史……張獻恭……可行御史中丞。"《千唐誌·大唐故監察侍御史河南元府君(袞)夫人南陽張氏墓誌銘并序》(某年十一月十四日):"父獻恭,吏部尚書,節制山南西道,東都留守,贈尚書左僕射。"

李抱玉　　大曆五年—六年(770—771)

《舊書·代宗紀》:大曆五年正月辛卯,"鳳翔節度使李抱玉判梁州事,充山南西道節度使"。《新書·代宗紀》:"〔大曆〕六年二月壬寅,李抱玉罷山南西道副元帥。"《舊書》本傳:"又兼山南西道節度使、河西隴右山南西道副元帥,判梁州事,連統三道節制,兼領鳳翔、潞、梁三大府,秩處三公。抱玉以任位崇重,抗疏懇讓司空及山南西道節度、判梁州事,乞退授兵部尚書。上嘉其謙讓,許之。"《新書》本傳略同。又見《大詔令集》卷五九,《全文》卷四一三常袞《授李抱玉河西等道副元帥制》,《全文》卷三七九李抱玉有《讓副元帥及山南節度使表》。

賈　耽　　大曆十四年—建中三年(779—782)

《舊書·德宗紀上》:大曆十四年"十一月辛未,以鴻臚卿賈耽爲梁州刺史、山南西道節度觀察使"。建中三年"十一月己卯,以山南西道節度使賈耽檢校工部尚書、兼襄州刺史、御史大夫、山南東道節度使"。又見兩《唐書》本傳。《全文》卷四七八鄭餘慶《左僕射賈耽神道碑》:"拜梁州刺史……在鎮三年,遷檢校工部尚書、襄州刺史。"

嚴　震　　建中三年—貞元十五年(782—799)

《舊書·德宗紀上》:建中三年十一月己卯,"以興鳳團練使嚴震爲梁州刺史、山南西道節度使"。興元元年六月"癸丑,詔以梁州爲興元府……加興元尹嚴震檢校右僕射"。又《德宗紀下》:貞元十二年正月乙丑,"興元節度使嚴震、魏博田緒、西川韋皋並加檢校左僕射、同中書門下平章事”。十五年六月“癸巳，山南西道節度使、檢校尚書左僕射、平章事嚴震卒”。又見兩《唐書》本傳，《元龜》卷一七六，《會要》卷六八，《權載之集》卷二一《唐故山南西道節度營觀察處置等使兼興元尹嚴公（震）墓誌銘并序》，《千唐誌·唐故朝散大夫光禄卿致仕崔公（廷）□□□》。

嚴　礪　　貞元十五年—元和元年（799—806）

《舊書·德宗紀下》：貞元十五年“秋七月乙巳，以興州刺史、興元都虞候嚴礪爲興元尹、兼御史大夫、山南西道節度度支營田觀察等使”。又《憲宗紀上》：元和元年九月，“戊戌，以山南西道節度使嚴礪爲梓州刺史、劍南東川節度使”。兩《唐書》本傳略同。《全文》卷四九七權德輿《唐故劍南東川節度副大使知節度事使持節梓州諸軍事兼梓州刺史嚴公（礪）神道碑銘并序》：“公從祖兄太師馮翊忠穆王政成於梁……太師既没，德宗命公爲代……勤身七歲，積用大洽，就加禮部尚書……元和元年，遷尚左僕射。三蜀既平，拜梓州刺史。”又見《姓纂》卷五廣漢嚴氏，《大詔令集》卷一一八《招諭討劉闢詔》，《柳河東集》卷二六《興州江運記》。

柳　晟　　元和元年—三年（806—808）

《舊書·憲宗紀上》：元和元年九月戊戌，“以將作監柳晟檢校工部尚書，兼興元尹，充山南西道節度使”。《會要》卷六一：元和三年三月，“御史中丞盧坦舉奏：前山南西道節度使柳晟……一昨歸朝，固違明旨，復修貢獻”。又見兩《唐書》本傳。《全文》卷七三八沈亞之《爲漢中宿賓撰其故府君行狀》：“公諱晟……元和初，西蜀叛，既誅，遂拜工部尚書，兼御史大夫，持節帥漢中。”

裴　玢　　元和三年—七年（808—812）

《舊書·憲宗紀上》：元和三年二月“癸丑，以鄜坊節度使裴玢爲興元尹、山南西道節度使”。又《憲宗紀下》：元和七年二月“辛亥，山南西道節度使裴玢卒”。本傳同。又見《元龜》卷六七九。按《新書》

本傳稱：“元和二年，徙山南西道。”誤。《金石録》卷九：“《唐興元節度使裴玢碑》，裴度撰，劉遵古行書，元和九年十一月。”又見《寶刻叢編》卷八引。

趙宗儒　　元和七年—九年（812—814）

《舊書·憲宗紀下》：元和七年正月“己巳，以刑部尚書趙宗儒檢校吏部尚書、興元尹、山南西道節度使”。九年三月“辛酉，以太子少傅鄭餘慶檢校右僕射、興元尹、山南西道節度使，代趙宗儒，〔以宗儒〕爲御史大夫”。按兩《唐書》本傳稱：歷山南西道、興元尹，九年召拜御史大夫、河中尹。《舊傳》稱八年爲興元尹，誤。

鄭餘慶　　元和九年—十一年（814—816）

《舊書·憲宗紀下》：元和九年三月“辛酉，以太子少傅鄭餘慶檢校右僕射、興元尹、山南西道節度使”。又本傳：“〔元和〕九年，拜檢校右僕射，兼興元尹，充山南西道節度觀察使，三歲受代。十二年，除太子少師。”《新書》本傳略同。又見《元龜》卷七七一。《韓昌黎集》卷二九《貞曜先生墓誌銘》：“唐元和九年……貞曜先生孟氏卒……遂以書告興元尹故相〔鄭〕餘慶。”又見《酉陽雜俎》前集卷一四。

權德輿　　元和十一年—十三年（816—818）

《舊書·憲宗紀下》：元和十一年“十月丁巳，以刑部尚書權德輿檢校吏部尚書，兼興元尹，充山南西道節度使”。十三年八月“戊寅，前山南西道節度使權德輿卒”。兩《唐書》本傳同。又見《全文》卷五四德宗《贈權倕尚書禮部郎中敕》，卷四八六權德輿《請追贈先祖故羽林軍録事參軍狀》、《緣遷祔請令子弟營護狀》、卷五〇六《先公先太君靈表》、卷五〇八《告王考禮部府君文》、卷六九五蕭籍有《祭權少監文》。《千唐誌·權氏殤子墓誌銘并序》（元和十二年七月壬寅）：“大父德輿，山南西道節度使、扶風郡公。”《寶刻叢編》卷八引《集古録目》之《唐章敬寺百巖大師碑》：“唐興元尹、山南西道節度使權德輿撰，尚書右僕射鄭餘慶書……碑以元和十三年立。”

崔　從　　元和十三年—長慶元年（818—821）

《舊書·憲宗紀下》：元和十三年八月“戊午，以尚書右丞崔從爲興元尹、山南西道節度使”。又《穆宗紀》：長慶元年十月，“以山南西道節度使崔從爲尚書左丞”。又見兩《唐書》本傳，《全文》卷七六四蕭俛《大唐故吏部尚書渤海高公（元裕）神道碑》。【補遺】《洛陽新獲墓誌100·唐故隴西郡夫人李氏墓誌銘》：“皇唐大和四年閏十二月十五日，檢校右僕射淮南節度使清河崔公夫人隴西郡夫人李氏終於揚州官舍。……夫人年十七歸於清河崔公。……清河公由憲丞再遷廉察陝服，四遷制興元，由興元入爲尚書左丞，出拜鄜坊節度。凡三年，入除吏部侍郎，太常卿，東都留守。……大和二年罷留守。……明年征詣長安，拜淮南節度使。”按此“崔公”當爲崔從。

烏重胤　　長慶元年—二年（821—822）

《舊書·穆宗紀》：長慶元年十月丙戌，“授〔烏〕重胤檢校司徒、興元尹、充山南西道節度使”。二年十月“戊辰，興元節度使烏重胤來朝，移授天平軍節度使”。本傳略同。又見《元龜》卷一二○。按《新書》本傳稱：重胤爲橫海軍節度使，討王廷湊，久不進兵，穆宗詔杜叔良代之，以重胤爲太子少保。長慶末，以檢校司徒、同中書門下平章事爲山南西道節度使，召至京師，改節天平軍。《金石錄》卷二九《唐烏重胤碑跋》曰：“以碑考之，重胤爲橫海節度也。長慶元年徙爲山南西道，周歲徵入，改節天平軍……重胤之罷橫海即移興元，未嘗拜太子少保……又其帥興元時未嘗兼宰相。”《新書》誤。

韋　綬　　長慶二年—三年（822—823）

《舊書·穆宗紀》：長慶二年閏十月庚寅，“韋綬爲興元尹，充山南西道節度使”。三年八月，“興元節度使韋綬卒”。兩《唐書》本傳略同。又見《會要》卷三二。《遼居稿·唐韋氏小女子墓誌銘并序》（咸通十一年六月六日）：“祖綬，皇興元節度使、贈右僕射。”《寶刻叢編》卷八引《集古錄》：“《唐山南節度韋綬碑》，唐中書侍郎平章事牛僧孺撰，給事中子敖書……碑以長慶三年立。”

裴　度　　長慶三年—寶曆二年（823—826）

《新書·宰相表中》：長慶三年“八月癸卯，〔裴〕度守司空、山南西道節度使”。《通鑑·長慶三年》八月同。《舊書·敬宗紀》：寶曆二年二月“丁未，以山南西道節度觀察處置等使……興元尹、上柱國、晉國公裴度守司空、同平章事，復知政事”。又見兩《唐書》本傳，《元龜》卷七三，《全文》卷六八、《大詔令集》卷四八敬宗《授裴度司空平章事制》，《唐語林》卷一。《太平寰宇記》卷一三七通州三同縣：“寶曆元年，山南節度裴度奏廢。”

王　涯　　寶曆二年—大和三年（826—829）

《舊書·敬宗紀》：寶曆二年二月“丁卯，以禮部尚書王涯檢校左僕射，爲山南西道節度使”。又《文宗紀上》：大和三年正月“己酉，以前山南西道節度使王涯爲太常卿”。兩《唐書》本傳略同。又見《元龜》卷四八八，《全文》卷六〇八劉禹錫《唐興元節度使王公先廟碑》，《會要》卷八四。

李　絳　　大和三年—四年（829—830）

《舊書·文宗紀上》：大和三年正月“甲辰，以太常卿李絳檢校司空、兼興元尹、山南西道節度使”。又《文宗紀下》：大和四年二月“戊午，興元軍亂，節度使李絳舉家被害”。《新書》本傳略同。又見《新書·文宗紀》，《元龜》卷六九。《千唐誌·唐故趙郡李夫人墓誌銘并序》（乾符四年八月二十八日）：“王父諱絳，山南西道節度使、檢校司空、贈太傅。”夫人卒乾符四年，享年二十九。北圖藏拓片《唐范陽盧夫人墓誌》（咸通三年正月十六日）：“夫人年十九歸今起居郎李璋，璋趙郡贊皇人。元和中相國累檢校司空、興元節度、贈人傅諱絳謚貞公之季子。”按“元和中”爲“大和中”之誤。《隋唐五代墓誌匯編·洛陽卷》第十五册《唐故禮部尚書致仕趙郡李公（德休）墓誌銘并序》（長興三年正月三日）：“祖絳，皇任山南西道節度使，累贈中書令……考璋，皇宣歙池等州觀察使，累贈太保。”德休卒長興二年，享年七十四。按《舊書》本傳：“〔大和〕二年，檢校司空，出爲興元尹、山南西道節度使。"與《舊紀》異。

溫　造　　大和四年—五年（830—831）

《舊書·文宗紀下》：大和四年二月"庚申，以左丞溫造爲興元節度使"。五年四月己丑，"以〔溫〕造爲兵部侍郎"。兩《唐書》本傳略同。又見《元龜》卷一二〇，《金石續編》卷一一《溫佶神道碑》。《全文》卷七一文宗有《授溫造山南西道節度等使詔》。

李載義　　大和五年—七年（831—833）

《舊書·文宗紀下》：大和五年四月"己丑，以李載義爲山南西道節度，依前守太保、同平章事，代溫造"。七年六月"乙巳，以山南西道節度使李載義爲太原尹、北都留守、河東節度使，依前守太保、同平章事"。兩《唐書》本傳略同。又見《元龜》卷一三四。

李宗閔　　大和七年—八年（833—834）

《舊書·文宗紀下》：大和七年六月"乙亥，以中書侍郎、平章事李宗閔檢校禮部尚書、同平章事，兼興元尹、山南西道節度使"。八年十月"庚寅，以山南西道節度使、檢校禮部尚書、同平章事……李宗閔可中書侍郎、同中書門下平章事"。兩《唐書》本傳略同。又見《新書·宰相表中》，《元龜》卷七四。《大詔令集》卷四八（《全文》卷六九）《李宗閔平章事制》："山南西道節度管內觀察處置等使兼興元尹……李宗閔……自出鎮漢中，既周星律……是宜再陟中樞，直修袞職……大和八年六月。"《全文》卷七五五杜牧《唐故東川節度檢校右僕射兼御史大夫贈司徒周公墓誌銘》稱"李宗閔以宰相鎮漢中"。

【李德裕　　大和八年（834）（未之任）】

《舊書·文宗紀下》：大和八年十月"甲午，以銀青光禄大夫、守中書侍郎、平章事李德裕檢校兵部尚書、同平章事、興元尹，充山南西道節度使……丙午，以新除興元節度使李德裕爲兵部尚書"。兩《唐書》本傳略同。又見《新書·宰相表中》。

王源中　　大和八年—九年（834—835）

《舊書·文宗紀下》：大和八年十一月"癸丑，以禮部尚書王源中檢校户部尚書，充山南西道節度使"。九年十月，"以前山南西道節度使王源中爲刑部尚書"。《新書》本傳略同。《全文》卷七六一褚藏言《竇鞏傳》："元和二年舉進士，與今東都留守左僕射孫公簡、故吏部侍郎興元節度使王公源中……同年上第。"

李固言　　大和九年—開成元年（835—836）

《舊書·文宗紀下》：大和九年九月"丁卯，以門下侍郎、同平章事李固言爲興元尹、山南西道節度使"。開成元年四月"甲午，詔以山南西道節度使、檢校兵部尚書李固言爲門下侍郎、同中書門下平章事"。兩《唐書》本傳、《新書·宰相表下》略同。又見《元龜》卷三二二。《大詔令集》卷四九、《全文》卷七〇《李固言平章事制》："檢校兵部尚書、兼興元尹、御史大夫、山南西道節度使管内觀察處置等使李固言……可守門下侍郎、同中書門下平章事。開成元年四月。"《劉禹錫集》卷八《山南西道節度使廳壁記》："去年夏四月，今丞相趙郡公徵還泰階，遂命左僕射燉煌公往踐其武……開成二年歲在丁巳春二月某日記。"

令狐楚　　開成元年—二年（836—837）

《舊書·文宗紀下》：開成元年四月甲午，"以左僕射、諸道鹽鐵轉運使令狐楚檢校左僕射，爲山南西道節度使"。二年十一月"丁丑，興元節度使令狐楚卒"。兩《唐書》本傳略同。又見《元龜》卷七七五。《劉禹錫集》卷三九《彭陽唱和集後引》："開成元年，公鎮南梁，予以太子賓客分司東都。"《全文》卷六〇五劉禹錫《唐故相國贈司空令狐公（楚）集序》："爲檢校左僕射、興元尹……開成二年十一月十二日薨於漢中官舍，享年七十。"

鄭澣　　開成二年—四年（837—839）

《舊書·文宗紀下》：開成二年十一月"丁亥，以刑部尚書鄭澣爲山南西道節度使"。四年閏正月"丁未，興元節度使鄭澣卒"。兩《唐書》本傳略同。又見《元龜》卷六七六、卷七七一。《新表五上》鄭氏：
"澣，本名淳，興元節度使。"《全詩》卷四九六姚合有《送鄭尚書赴興
元》，當即鄭澣。

歸　融　　開成四年—會昌元年（839—841）

《舊書·文宗紀下》：開成四年二月"辛酉，以吏部侍郎歸融檢校
禮部尚書，充山南西道節度使"。本傳作"三年"，疑誤。《新書》本傳：
"出爲山南西道節度使，徙東川。"又見《全文》卷六〇六劉禹錫《山南
西道新修驛路記》，《唐語林》卷四。

崔　珙　　會昌元年—三年（841—843）

《舊書》本傳："會昌中，遷銀青光祿大夫、檢校吏部尚書、興元尹，
充山南西道節度使。"《新書》本傳："會昌中，終山南西道節度使。"按
《新書·崔珙傳》："會昌二年，進位尚書左僕射。明年，以兄珙喪，被
疾求解，以所守官罷。"《新書·武宗紀》：會昌三年二月"辛未，崔珙
罷"。則崔珙當於會昌三年初卒於興元節度任。又按《舊書》本傳稱：
"以弟珙罷相貶官，珙亦罷鎮歸東都。五年卒。"疑誤。《新表二下》博
陵安平崔氏第二房："珙字從律，山南西道節度使。"《全文》卷六九八
李德裕《贈崔珙左僕射制》稱："故山南西道節度使……興元尹、御史
大夫、上柱國崔珙。"

孫　簡　　約會昌三年—四年（約843—844）

《新書》本傳："會昌初，遷尚書左丞……歷河中、興元、宣武節度
使，檢校尚書右僕射、東都留守。"《隋唐五代墓誌匯編·洛陽卷》第十
三冊《唐故銀青光祿大夫檢校司空兼太子少師分師東都上柱國樂安
縣開國侯孫公（簡）墓誌銘并序》（大中十□年）："遷鎮節制河中……
入拜尚書左丞……加太中大夫，出鎮山南西道、檢校户部尚書。"按會
昌元年六月在河中節度任，見《會要》卷九三；二年十月在尚書左丞
任，見《會要》卷五八。

王　起　　會昌四年—大中元年(844—847)

《通鑑·會昌四年》:四月"戊寅,以左僕射王起同平章事,充山南西道節度使"。《舊書》本傳:"出爲興元尹,兼同平章事,充山南西道節度使……在鎮二年,以老疾求代,不許。大中元年,卒於鎮。"《新書》本傳略同。《舊書·武宗紀》:會昌六年二月,"丁丑,左拾遺王龜以父興元節度使起年高,乞休官侍養,從之"。又《宣宗紀》:會昌六年四月,"山南西道節度使王起檢校司空"。《金石録》卷一〇:"《唐山南西道節度使王起碑》,李回撰,柳公權正書,大中元年四月。"《寶刻叢編》卷一〇引《集古録目》略同。又見《舊五代史·王權傳》,《全文》卷七六八盧肇《進海潮賦狀》,上圖藏拓片《唐故監察御史河南府登封縣令吳興沈公(師黃)墓誌》。

鄭　涯　　大中二年—三年(848—849)

《匋齋藏石記》卷三四《唐故萬年縣尉直弘文館李君(畫)墓誌銘》(大中十年六月):"年廿九登上第,其明年冬,以博學宏詞科爲敕頭。又明年春,授祕書省校書郎。今中山鄭公涯爲山南西道節度,時以君座主孫熟聞其理行,願置於賓筵,奏章請試本官充職。"大中九年卒,年三十八。由此證知其二十九歲時爲會昌六年,"明年"爲大中元年,"又明年"爲大中二年。北圖藏拓片《唐故興元府南鄭縣丞扶風馬府君(攸)墓誌銘并序》(大中十一年二月廿二日):"復任南鄭縣,亦辦厥曹。又梁帥鄭公涯以公在京洛馳吏政,亦委以曹戎。"攸大中八年卒,年四十九。《會要》卷八六:"大中三年十一月,山南西道節度使鄭涯……等奏,當道先准敕,新開文川谷路。"又見《全文》卷七九四孫樵《興元新路記》。

封　敖　　大中三年—約八年(849—約854)

《舊書·宣宗紀》:大中三年二月,"以太常卿封敖檢校兵部尚書,爲興元尹、山南西道節度使"。又本傳:"〔大中〕四年,出爲興元尹、御史大夫、山南西道節度使,歷左散騎常侍。十一年,拜太常卿,出爲淄青節度使。"《新書》本傳:"大中中,歷平盧、興元節度使。"《會要》卷八六："〔大中四年〕八月，山南節度使封敖奏，當道先准詔令臣檢討，却修置斜谷路者。"《通鑑·大中六年》：二月，"山南西道節度使封敖奏巴南妖賊言辭悖慢，上怒甚"。《全文》卷七七七李商隱《爲興元裴從事賀封尚書加官啓》："伏以蓬、果凶徒，遂爲逋寇……尚書四丈機在掌中，兵存堂上，爰擇幕府，俾帥軍行。"按大中五年十月，蓬、果群盜寇掠三川。六年二月，王贄弘討平之，見《通鑑》。

蔣 係 大中八年—十一年(854—857)

《舊書》本傳："轉吏部侍郎，改左丞。出爲興元節度使。入爲刑部尚書。"《新書》本傳略同。《全文》卷七七九李商隱《劍州重陽亭銘并序》："侯蔣氏，名侑……伯氏南梁，重弓二矛，古有魯衛，惟我之曹……大中八年九月一日，太學博士河南李商隱撰。"按伯氏謂蔣係，南梁謂興元，知蔣係大中八年爲興元尹。《舊書·宣宗紀》：大中十一年十月，"以山南西道節度使、中散大夫、檢校禮部尚書、興元尹、上柱國、賜紫金魚袋蔣係權知刑部尚書"。《姓纂》卷七義興蔣氏(岑仲勉《姓纂四校記》根據《古今姓氏書辯證》二七補)："係，檢校左僕射、興元節度。"

盧 鈞 大中十一年—十三年(857—859)

《舊書·宣宗紀》：大中十一年九月，"以銀青光禄大夫、檢校司空、兼太子太師、上柱國、范陽郡開國公、食邑二千户盧鈞爲檢校司空、同中書門下平章事、興元尹，充山南西道節度等使"。《舊書》本傳謂由興元尹"入爲太子太師，卒"。《新書》本傳謂由興元尹遷檢校司徒，爲東都留守。按《新傳》是。大中十三年盧鈞爲東都留守。

柳仲郢 約大中十三年—約咸通元年(約859—約860)

《新書》本傳："大中十二年，辭疾，以刑部尚書罷使，轉户部，轉河東縣男，爲山南西道節度使。南鄭令權弈以罪，仲郢杖之，六日死，貶雷州刺史。頃之，以太子賓客分司東都，起爲虢州刺史。"按《舊書》本傳稱："咸通初，轉兵部……俄出爲興元尹、山南西道節度使。"疑年代誤。《宋高僧傳》卷二一《唐興元府梁山寺上座亡名傳》："開成中忽作大餅，招集徒衆……時右僕射柳仲郢任梁府，親往禮重。”

苗　恪　　咸通元年—三年？（860—862？）

《重修承旨學士壁記》：“苗恪，大中十一年正月十五日自庫部郎中充……十四年十一月八日改檢校工部尚書、山南西道節度使，兼御史大夫。”

李從晦　　咸通三年—五年？（862 — 864？）

《舊書·懿宗紀》：咸通三年“九月，以户部侍郎李〔從〕晦檢校工部尚書，兼興元尹、山南西道節度使”。《新書》本傳：“歷京兆尹、工部侍郎、山南西道節度使。又以最就進銀青光禄大夫。卒，年六十三。”又《宗室世系表上》大鄭王房：“興元節度使、檢校工部尚書從晦，字含章。”

蕭　鄴　　咸通五年—八年（864—867）

《通鑑·咸通五年》：二月“甲申，前西川節度使蕭鄴左遷山南西道節度使”。《新書》本傳：“下遷檢校右僕射、山南西道觀察使。歷户部、吏部二尚書，拜右僕射。還，以平章事節度河東。”吴氏《方鎮年表》列於咸通五年至八年，從之。

李　當　　咸通九年—十一年（868—870）

《金石補正》卷六〇《李當等詩并魏深書事》：“尋出尹河南，移宣歙，鎮襃斜，徵拜天官氏。歲餘，除尚書左丞。”嚴氏《僕尚丞郎表》謂咸通十一年李當由山南西道節度入遷吏侍。咸通十二年三月在吏部侍郎任，見《舊紀》。又見《唐語林》卷二，《北夢瑣言》卷三、卷八，《廣記》卷五二、卷八〇。

王　宗　　咸通十二年—乾符元年（871—874）

《舊書·王處存傳》：“父宗，自軍校累至檢校司空、金吾大將軍、左街使，遙領興元節度。”《新書·王處存傳》《新五代史·王處直傳》

略同。按王處存乾符六年即拜義武軍節度使，乾寧二年卒於鎮。又按吳氏《方鎮年表》列於咸通十二年至乾符元年，并云"唐自至德至咸通，非親王、宰相，無遥領節鎮者"，故謂此遥領即正任。

牛 蔚 约乾符二年—四年（約 875—877）

《舊書》本傳："歷工、禮、刑三尚書。咸通末，檢校兵部尚書、興元尹、山南西道節度使。在鎮三年。"《新書》本傳略同。《新表五上》安定牛氏："蔚字大章，檢校兵部尚書、興元尹。"按《舊書·僖宗紀》：乾符元年十二月，"權知工部尚書牛蔚爲禮部尚書"。又《杜讓能傳》："咸通十四年登進士第……宰相王鐸鎮汴，奏爲推官……丁母憂，服闕，淮南節度使劉鄴辟掌記室，得殿中，賜緋。牛蔚鎮興元，奏爲節度判官。"劉鄴乾符元年十月鎮淮南，則蔚鎮梁在乾符中，《舊傳》稱"咸通末"，誤。

吳行魯 約乾符四年—六年（約 877—879）

《舊書·牛蔚傳》："檢校兵部尚書、興元尹、山南西道節度使。在鎮三年……以神策將吳行魯代還。"《新書·牛蔚傳》略同。《北夢瑣言》卷三："唐吳行魯尚書……禦蠻有功，歷東、西川、山南三鎮節旄。"

鄭延休 乾符六年？—廣明元年？（879？—880？）

《新表五上》鄭氏："延休，山南西道節度使。"乾符五年在河陽節度使任。

牛 叢（牛勖） 廣明元年—中和三年（880—883）

《通鑑·廣明元年》：四月，"牛勖爲山南西道節度使"。又《中和三年》："十二月，〔鹿晏弘〕至興元，逐節度使牛勖。勖奔龍州西山。"《新書·僖宗紀》：中和三年"十二月，忠武軍將鹿晏弘逐興元節度使牛勖，自稱留後"。按兩《五代史·王建傳》《十國春秋·前蜀高祖本紀》皆作"牛叢"。

鹿晏弘　　中和三年—四年(883—884)

《通鑑・中和三年》:十二月,"〔鹿〕晏弘據興元,自稱留後"。又《中和四年》:"春正月,以鹿晏弘爲興元留後。"十一月,"又遣禁兵討晏弘,晏弘棄興元走"。又見兩《五代史・王建傳》、《十國春秋・前蜀高祖本紀》。《元龜》卷一七八:"中和四年正月,制授鹿晏洪(弘)山南西道興元節度管内觀察處置使、興元尹。"

石君涉　　光啓元年—二年(885—886)

《舊書・僖宗紀》:光啓二年正月,"時興元節度使石君涉聞車駕入關,乃毀徹棧道,柵絶險要,車駕由他道僅達"。三月"壬午,興元節度使石君涉棄城入朱玫軍内"。又見《通鑑・光啓二年》二月、三月。

盧　渥　　光啓二年—三年(886—887)

《通鑑・光啓二年》:三月戊戌,"以尚書左丞盧渥爲户部尚書,充山南西道留後"。《全文》卷八〇九司空圖《故太子太師致仕盧公(渥)神道碑》:"駕回,未幾,又徒步扈從於寶鷄⋯⋯至襃中⋯⋯乃拜公户部尚書,領興元留事、知節度事⋯⋯累授保傅,尋以檢校司徒致仕。"天祐二年九月十日卒,享年八十六。

楊守亮　　光啓三年—景福元年(887—892)

《通鑑・光啓三年》:正月,"金商節度使楊守亮爲山南西道節度使"。又《文德元年》:十二月"丁亥,以韋昭度爲行營招討使,山南西道節度使楊守亮副之"。《舊書・昭宗紀》:景福元年"十一月辛丑,鳳翔、邠寧之衆攻興元府,陷之,山南西道節度使楊守亮與前左軍中尉楊復恭、判官李巨川突圍而遁"。《通鑑・景福元年》作八月。又見《十國春秋・前蜀高祖本紀》。按《舊書・僖宗紀》作光啓二年七月兼興元尹,充山南西道節度等使。又見《舊五代史・王建傳》,兩《五代史・李茂貞傳》。

【徐彦若　　景福元年(892)(未之任)】

《舊五代史・李茂貞傳》:"茂貞與王行瑜討平之(楊守亮)。詔以宰相徐彦若鎮興元。茂貞違詔,表其假子繼徽爲留後,堅請旄鉞,昭宗不得已而授之。"兩《唐書》本傳未及。

李繼密(李繼徽)　景福元年—約乾寧二年(892—約895)

《舊書·昭宗紀》:景福元年"十一月辛丑,鳳翔、邠之衆攻興元府,陷之……李茂貞表其子繼密知興元府事"。《通鑑·景福元年》作"八月",《舊五代史·李茂貞傳》作"繼徽"。

【李茂貞　景福二年(893)(未之任)】

《舊書·昭宗紀》:景福二年七月"癸未,制以鳳翔隴州節度使、檢校太尉、中書令、鳳翔尹……李茂貞爲興元尹、山南西道節度等使……十一月,制以鳳翔節度使李茂貞守中書令,進封秦王、兼興元尹、山南西道節度使"。又見《通鑑·景福二年》十月,《元龜》卷一七八,《北夢瑣言》卷一四。《新五代史》本傳:"昭宗乃徙茂貞爲山南西道節度使,以宰相徐彦若鎮鳳翔,茂貞不奉詔。"

李茂莊　約乾寧二年—光化元年(約895—898)

《全文》卷八三三錢珝《册贈李茂莊太師文》:"故山南節度使、開府儀同三司、檢校太傅、兼侍中、興元尹李茂莊……今遣某官某等册爾爲太師。"又見《大詔令集》卷六三。按景福二年七月,茂莊以天雄節度加同平章事。乾寧三年三月,李繼徽自天雄留後爲節度,見《通鑑》。則茂莊移山南西道在乾寧三年以前。

【李茂貞　乾寧三年(896)(未之任)】

《通鑑考異·乾寧三年》引程匡柔《唐補記》:乾寧三年五月,"朝廷除覃王爲鳳翔節度使,除茂貞爲興元節度使,茂貞拒命不發,亦無向闕之心"。《考異》謂茂貞移鎮興元乃景福二年事,《唐補紀》誤。岑仲勉《從王涣墓誌解決了晚唐史一兩個問題》認爲《唐補紀》不誤,而《通鑑考異》誤(《金石論叢》)。

李繼密　　光化元年—天復二年(898—902)

　　《通鑑·光化元年》：五月，"以武定節度使李繼密爲山南西道節度使"。又《天復二年》：八月，"西川兵請假道於興元，山南西道節度使李繼密遣兵戍三泉以拒之⋯⋯王宗播攻馬盤寨，繼密戰敗，奔還漢中。西川軍乘勝至城下，王宗滌帥衆先登，遂克之。繼密請降，遷於成都"。又見《十國春秋·前蜀高祖本紀》。《全文》卷八二一鄭璘有《授李繼密山南西道節度使制》。《新五代史·前蜀世家·王建》作"李繼業"。

王宗滌　　天復二年(902)

　　《通鑑·天復二年》：八月，"詔以王宗滌爲山南西道節度使⋯⋯〔王〕建召宗滌至成都⋯⋯命親隨馬軍都指揮使唐道襲夜飲之酒，縊殺之"。《新書·昭宗紀》作"王萬弘"。又見《新五代史·王建傳》，《十國春秋·前蜀高祖本紀》。

王宗賀　　天復二年—天祐二年(902—905)

　　《通鑑·天復二年》：八月，"〔王〕建以指揮使王宗賀權興元留後"。《十國春秋·前蜀高祖本紀》：天復五年"秋八月，王遣前山南西道節度使王宗賀等將兵擊昭信節度使馮行襲於金州"。又本傳："天復二年，山南西道節度使王宗滌以罪死，高祖命宗賀權興元留後。居數年，將兵擊馮行襲於金州。"

卷二〇六　鳳州（河池郡）

隋河池郡。武德元年改爲鳳州。天寶元年改爲河池郡。乾元元年復爲鳳州。領縣四：梁泉、兩當、河池、黄花。

楊思訥　　約貞觀中

《新表一下》楊氏觀王房："思訥，鳳州刺史。"乃高祖時宰相楊恭仁之子。

李義範　　永徽二年（651）

《唐文續拾》卷一四闕名《大唐司空開府儀同三司揚州荆州二大都督并州大總管上柱國襄邑恭王之碑銘》："王諱神符……以永徽二年五月薨於私第……子……鳳州刺史、廣川縣公義範……等，并擢秀藩。"

辛文粲　　約高宗時

《新表三上》辛氏："文粲，鳳州刺史。"乃北齊都官尚書韋愻之孫。按《姓纂》卷三隴西狄道辛氏："愻，北齊都官尚書；生文粲，鳳州刺史。"疑世系有誤。

【補遺】裴　同　　約高宗時

《唐研究》第五卷（1999年版）《西安新發現唐裴伷先墓誌考述》引《故銀青光禄大夫、守工部尚書、上柱國、翼城縣開國公贈江陵郡大都督裴府君（仙先）墓誌銘並序》（天寶三載閏二月八日）："大父同，鳳州刺史，贈秦州都督。"

林游楚　　武后時

《姓纂》卷五濟南鄒縣林氏："游楚，自萬泉令應變理陰陽科第二等，擢夏官郎中，出鳳、陳、邠三州刺史。"

劉　悦　　約武后時

《全文》卷五彭城劉氏："悦，鳳州刺史。"《新表一上》劉氏同。乃唐初梁州都督劉德敏之子。

韋仁爽　　約武后時

《新表四上》韋氏平齊公房："仁爽，鳳州刺史。"乃武后時宰相韋弘敏之弟。按《姓纂》卷二京兆杜陵西眷韋氏稱仁爽爲韋弘敏之從父，疑誤。

李承嗣　　約武后時

《新表二上》趙郡李氏東祖房："承嗣，鳳州刺史。"乃隋淮陽令李元卿之孫。

甘元柬　　武后末？

《隋唐五代墓誌匯編·洛陽卷》第十五冊《大唐故鴻臚卿兼檢校右金吾大將軍上柱國贈兵部尚書曹國公甘府君（元柬）墓誌文》："中書舍人盧藏用撰。""起君爲…塞州刺史……遷長安令……未幾，出爲鳳州刺史。是歲，湟中雜種誘詄西南夷蜂合蟻聚，將陷寶蜀，朝廷駭爲，乃命君持節攘遏。"無卒年、享年及葬年。爲節愍太子所殺。按神龍中爲鴻臚卿，詭附武三思，見《舊書·武三思傳》；二年二月在鴻臚卿任，見《千唐誌·唐贈太子中舍人丹陽甘府君（基）墓誌》（神龍二年七月一日）。其兄元琰神龍中爲錦州、房州刺史。又按節愍太子重俊殺武三思在神龍三年七月，其黨與甘元柬被殺亦當在此時。

吳處敬 開元八年（720）

《元龜》卷五五四：“〔開元〕八年，詔其（吳兢）父鄭州長史處敬爲鳳州刺史，仍聽致仕，以兢修國史故也。”

韋 鎬 約開元中

《姓纂》卷二東眷韋氏彭城公房：“鎬，鳳州刺史。”按《新表四上》東眷韋氏彭城公房作“鎬，興州司馬”。乃貞觀中舒、密二州刺史韋慶植之孫，閬州刺史韋珽之子。

李 注 天寶中

《新表二上》趙郡李氏東祖房：“注，河池郡太守。”乃衛州刺史李嘉祚之子。

蕭 恍 上元二年（761）

《舊書·肅宗紀》：上元二年二月，“党項……陷鳳州，殺刺史蕭恍”。又見《新書·肅宗紀》《西域上·党項傳》，《通鑑·上元二年》二月。

高武光 上元二年（761）

《全文》卷四四四盧虔《御史中丞晉州刺史高公（武光）神道碑》：“入朝，肅宗詔復位羽林……時奴刺拔我鳳州……於是乎有剖符之寄。公之始至，克黜戎難，靖安西人，逾月政成……其年秋有詔遷梁州刺史。”

吕日將 寶應元年（762）

《新書·代宗紀》：寶應元年“九月戊子，鳳州刺史吕日將及党項羌戰於三嗟谷，敗之”。

蔣 澈 約代宗時

《姓纂》卷七東萊膠東蔣氏：“澈，鳳州刺史。”乃開元十七年魏州刺史蔣欽緒之子。

嚴　震　　約大曆四年—建中三年（約 769—782）

《舊書》本傳："山南西道節度使又奏爲鳳州刺史，加侍御史，丁母憂罷。起復本官，仍充興、鳳兩州團練使，累加開府儀同三司、兼御史中丞……在鳳州十四年，能政不渝。建中三年，代賈耽爲梁州刺史、兼御史大夫、山南西道節度觀察等使。"《新書》本傳略同。又見《元龜》卷六八四、卷八六二，《唐詩紀事》卷三二。《全文》卷五〇五權德輿《唐故山南西道節度營田觀察處置等使兼興元尹嚴公（震）墓誌銘并序》："遷鳳翔（州）刺史，充本道節度副使……建中三年……拜梁州刺史。"《金石萃編》卷六六《佛頂尊勝陀羅尼石幢讚并序》："開府儀同三司、試祕書監、使持節鳳州諸軍事兼鳳州刺史、兼御史中丞，充興鳳兩州都團練使、同山南西道節度副使、上柱國、□□縣開國侯□（嚴）震敬造并撰文及書。"大曆十三年二月十八日建立。

李儇伯　　約貞元中

《新書·宗室世系表上》蜀王房："鳳州刺史儇伯。"乃大曆十二年至十四年黔中觀察使李國清之堂弟。

竇　昷　　約貞元中

《姓纂》卷九河南洛陽竇氏："昷，鳳州刺史。"《新表一下》竇氏三祖房同。乃潤州刺史竇孝諶之曾孫，衛尉少卿竇希瓂之孫，隋州刺史竇昱之弟。

裴　佾　　約貞元中

《新表一上》南來吳裴氏："佾，鳳州刺史。"乃興元元年户部侍郎裴腆之弟。

馬　勛　　貞元中

《舊書·嚴礪傳》：貞元十五年"七月，超授興元尹，兼御史大夫，山南西道節度、支度、營田、觀察使……礪在位貪殘，士民不堪其苦。素惡鳳州刺史馬勛，誣奏貶賀州司户"。礪卒元和四年三月。《新書·嚴礪傳》略同。《新書・馬植傳》："馬植字存之，鳳州刺史勛子也。"

李 某　　約元和十二年（約817）

《全詩》卷四三二白居易《感逝寄遠》題下注："寄通州元侍御、果州崔員外、澧州李舍人、鳳州李郎中。"按元和十年三月元稹爲通州司馬、十一年九月崔韶爲果州刺史、同年李建爲澧州刺史。朱金城《白居易集校注》繫此詩於約元和十一至十三年。

蕭 睦　　長慶元年（821）

《全文》卷六四八元稹《授蕭睦鳳州周載渝州刺史制》："敕：前劍南三川榷鹽判官、殿中侍御史、内供奉蕭睦……可鳳州刺史。"

姚克柔　　大中五年（851）

《全文》卷七四九杜牧《姚克柔除鳳州刺史等制》："前使持節利州諸軍事守利州刺史上柱國姚克柔等……可依前件。"

李弘讓　　大中時？

《新書・宗室世系表下》惠莊太子房："鳳、齊、乾、婺、安五州刺史弘讓。"乃惠莊太子李撝玄孫。

韓 瞻　　大中十一年—十二年（857—858）

《東觀奏記》卷下："〔夏侯〕孜爲右丞，以職方郎中裴誠、虞部郎中韓瞻俱聲績不立，談諧取容，誠改太子中允，瞻改鳳州刺史。"又見《唐語林》卷三。按夏侯孜大中十一年爲尚書右丞，見《舊書》本傳。又按《嚴州圖經》："韓瞻，大中十二年四月七日自雁州刺史兼本州鎮遏使拜。""雁州"當爲"鳳州"之訛。由此知韓瞻大中十一年至十二年爲鳳州刺史。

盧方乂　　咸通初

《舊書・柳仲郢傳》："咸通初，轉兵部……俄出爲興元尹、山南西道節度使。鳳州刺史盧方乂以輕罪決部民，數日而斃，其妻列訴，又旁引他吏，械繫滿獄……〔仲郢〕罰方乂百直。”

郭弘業　　乾符元年—二年（874—875）

《舊書·僖宗紀》：乾符二年正月，“以鳳州刺史郭弘業爲左金吾將軍”。

楊　晟　　光啓二年（886）

《通鑑·光啓二年》：正月，“置感義軍於興、鳳二州，以楊晟爲節度使，守散關”。五月，“朱玫遣其將王行瑜將邠寧、河西兵五萬追乘輿，感義節度使楊晟戰數却，棄散關走，行瑜進屯鳳州”。又見《新書》本傳。

滿　存　　光啓二年—景福元年（886—892）

《通鑑·光啓二年》：“十二月戊寅，諸軍拔鳳州，以滿存爲鳳州防禦使。”又《文德元年》：七月，“升鳳州爲節度府，割興、利州隸之，以鳳州防禦使滿存爲節度使、同平章事”。又《景福元年》：七月“己巳，李茂貞克鳳州，感義節度使滿存奔興元”。《舊五代史·李茂貞傳》作“大順二年”，誤。《元龜》卷四五四作“浦存”，亦誤。又見《新書·昭宗紀》《楊守亮傳》，《九國志·王宗滌傳》。

崔　澤　　乾寧三年（896）

《舊書·昭宗紀》：乾寧三年正月，“以尚書右丞崔澤爲鳳州刺史”。

待考録

賀婁行本

《姓纂》卷九河南賀婁氏：“後魏廣陵王賀婁伏蓮生大拔蒙，曾孫行本，唐鳳州刺史、梁公。”

卷二〇七 興州（順政郡）

隋順政郡。武德元年改爲興州。天寶元年改爲順政郡。乾元元年復爲興州。領縣三：順政、長舉、鳴水。

羅 順　　武德初
《舊書‧羅道琮傳》："祖順，武德初爲興州刺史。"

李懷鳳（李德鳳）　　貞觀初
《廣記》卷二九八引《冥報録》："唐河東柳智感，以貞觀初爲長舉縣令，一夜暴死，明旦而蘇。説云：始忽爲冥官所追……可權判録事……智感權判三年，其吏部來告曰……公不復判矣。智感至州，因告刺史李德鳳。"按《冥報記》卷下作"李懷鳳"，未知孰是。

朱道奇　　貞觀中？
北圖藏拓片《唐故通議大夫行廣州都督府長史上柱國朱府君（齊之）墓誌銘并序》（開元五年十月七日）："曾祖模，隋淮陽太守。祖道奇，岐州司馬、梁州長史、興州牧。父緘，歷鄜城令、原州司馬。"齊之卒開元二年，春秋六十二。

李君球　　龍朔三年（863）
《舊書》本傳："龍朔三年，高宗將伐高麗，君球上疏諫曰……書奏不納。尋遷蔚州刺史，未行，改爲興州刺史。累遷揚州大都督府長史。”

牛元璋　　約高宗時

《姓纂》卷五涇陽牛氏：“元璋，興州刺史。”乃唐初原州長史牛遵之子。

劉　寂　　神龍二年（706）

《姓纂》卷五梁郡劉氏：“寂，唐興州刺史。”《千唐誌·大唐故通議大夫使持節興州諸軍事興州刺史上柱國劉府君（寂）墓誌銘并序》（神龍二年十一月三十日）：“歷職十四政，入登尚書郎，出撫郡國，位至通議大夫，沔、興二州刺史……春秋七十有二，神龍二年四月八日遘疾卒於興州官舍。”

郜元暕　　景龍時？

曲石藏《唐故潁王府録事參軍郜君（崇烈）墓誌銘并序》：“皇考元暕，皇朝兵部郎中，興、慶二州刺史……君則使君之冢子也。”崇烈卒開元二十八年，六十四歲。

温慎微　　約開元初

《全文》卷二五三蘇頲《授温慎微揚府司馬制》：“中散大夫、守興州刺史、輕車都尉温慎微……可守揚州大都督府司馬。”

薛玄嘉　　開元中？

《新表三下》薛氏：“玄嘉，興州刺史。”乃懷州刺史懷讓姪。

盧守直　　開元中？

《新表三上》盧氏：“守直，興州刺史。”《千唐誌·唐故桂州刺史兼御史中丞孫府君故夫人范陽郡君盧氏墓誌銘并序》（永貞元年十一月五日）：“夫人年十有八歸於府君……今之論甲門者，曰興州刺史守直，曰長樂太守昇明，即夫人之伯祖叔祖也……王父諱旻，爲鳳州别駕。父諱宗，爲鄧州南陽令……初府君廉省桂林，天實降禍……〔夫人〕以永貞元年九月八日傾背於洛陽之康俗里，享年五十六。"按其叔祖昇明天寶二年爲長樂太守。

房　渙　　天寶八載（749）

《唐文續拾》卷四房渙小傳："渙，天寶中興州刺史。"又《翠峰亭記》："天寶八載三月二十日，□□房渙自書。"《金石萃編》卷九一《房史君翠峰亭題記》："太原王，□□□。人名□，□□仁。□□□，□□□。書中郎，守武興。郡四境，山嶙峋。構新亭，連嘉賓。曰翠峰，景實真。唐天寶，房史君。上賜宴，刊堅珉。亭之右，名不泯。"又見《隋唐石刻拾遺》卷上。

王　某？　　約天寶中

《全文》卷九八七引闕名《房史君翠峰亭題記》："太原王，（闕三字）。人名（闕三字）仁。（闕六字。）書中郎，守武興。"接"太原王"下泐，《唐文續拾》卷四謂此題記王某當是繼房渙守郡者，未必可信。

崔　復　　約大曆中

《新表二下》博陵崔氏第三房："復，興州刺史。"乃睿宗、玄宗時宰相崔日用之再從姪孫，崔宗之再從姪。《郎官柱》倉部員外有崔復，在徐炅後，皇甫銛前。

嚴　礪　　建中末—貞元十五年（?—799）

《舊書》本傳："歷職山南西道節度都虞候、興州刺史、兼監察御史。貞元十五年，嚴震卒，以礪權留府事。"《新書》本傳略同。《全文》卷四九七權德輿《唐故劍南西川節度副大使知節度事使持節梓州諸軍事兼梓州刺史嚴公（礪）神道碑銘并序》："建中末……俄拜興州刺史。"《柳河東集》卷二六《興州江運記》："御史大夫嚴公（礪）牧於梁五年……曰：吾嘗爲興州。"

辛　祕　　約貞元、元和間

《姓纂》卷三金城辛氏："祕，興州刺史。"乃太原尹辛雲京之子。

鄭公逵　　元和末

《白居易集》卷五三有《興州刺史鄭公逵授王府長史李循授興州刺史同制》。

李　循　　長慶初

見上條。

韋行規　　開成二年（837）

《酉陽雜俎》續集卷二："興州有一處名雷穴，水常半穴，每雷聲，水塞穴流，魚隨流而出……韋行規爲興州刺史時，與親故書，説其事。"又見《廣記》卷四六五引。按《新書·藝文志三》有"韋行規《保生月録》一卷"。《輿地碑記目》卷四《沔州碑記》有《唐刺史行記》，注云："興州刺史常行規，河中府參軍裴思南，處士劉彷，進士孟元旗，大唐開成三年。"友人閻琦見告：今陝西漢中略陽縣靈巖寺摩崖石刻題名："興州刺史韋行規、河中府參軍裴思猶、進士孟元樵，大唐開成二年丁巳歲十二月十九日同遊此。"證知《輿地碑記目》之"常行規""開成三年"，當爲"韋行規""開成二年"之誤，又《酉陽雜俎》之韋行規，當即此人。

郭宗元　　大中五年（851）

《全文》卷七四九杜牧有《郭瓊除渠州郭宗元除興州等刺史等制》。

王宗浩　　天復二年（902）

《通鑑·天復二年》：十月，"王建攻拔興州，以軍使王宗浩爲興州刺史"。又見《十國春秋·前蜀高祖本紀》、本傳。

卷二〇八　利州（益昌郡）

隋義城郡。武德元年改爲利州。二年置總管府。七年改爲都督府。貞觀六年罷都督府。天寶元年改爲益昌郡。乾元元年復爲利州。領縣七：綿谷、義清（胤山）、嘉川、葭萌、益昌、景谷、三泉。

李　琛　　武德初

《新書》本傳："武德初，始王，歷利、蒲、絳三州總管。宋金剛陷澮州，稽胡多叛，詔琛鎮隰州。"《舊書》本傳未及。

元白澤　　武德中

《新書·元萬頃傳》："祖白澤，武德中，仕至梁、利十一州都督，封新安公。"

崔　樞　　武德中

《新表二下》許州鄢陵崔氏："樞，利州刺史。"乃隋本州主簿子今子，峽（陝）州刺史義直父。按崔樞武德元年以洧州降。

羅　壽（李壽）　　武德末—貞觀元年（？—627）

《舊書·羅藝傳》："太宗即位，拜開府儀同三司，而藝懼不自安，遂於涇州詐言閱武，因追兵，矯稱奉密詔入朝……其左右斬藝，傳首京師，梟之於市。復其本姓羅氏。藝弟壽，時爲利州都督，緣坐伏誅。"《新書·羅藝傳》略同。《通鑑·貞觀元年》：正月，"〔李藝〕弟壽，爲利州都督，亦坐誅”。

李孝常　　貞觀元年（627）

《舊書·太宗紀上》：貞觀元年十二月“戊申，利州都督義安王孝常、右武衛將軍劉德裕等謀反，伏誅”。《新書·太宗紀》，《通鑑·貞觀元年》十二月同。又見《元龜》卷九二二。《全文》卷二四九李嶠《攀龍臺碑》：“利州都督義安王孝常稱亂劍南……孝常誅死，餘黨分竄……太宗博訪郡寮，咸以爲非帝（武士彠）不可。”

武士彠　　貞觀元年—五年（627—631）

《舊書》本傳：“武德中，累遷工部尚書，進封應國公，又歷利州、荊州都督。貞觀九年卒官。”《新書》本傳略同。《全文》卷二四九李嶠《攀龍臺碑》：“大周無上孝明皇帝諱某字某……貞觀元年，拜利隆始靜西龍等六州諸軍事利州都督……五年，改……荊州大都督。”《通鑑·貞觀五年》：十二月“己亥，朝集使利州都督武士彠等復上表請封禪”。又見《元龜》卷三五，《會要》卷七，《姓纂》卷六沛國武氏，《大唐新語》卷一三，《廣記》卷二二四引《譚賓錄》。

白士通　　約貞觀五、六年（約 631、632）

《舊書·白居易傳》：“北齊五兵尚書之仍孫。建生士通，皇朝利州都督。”《新表五下》白氏：“士通，利州都督。”《白居易集》卷四六《太原白氏家狀二道故鞏縣令白府君事狀》：“曾祖諱士通，皇朝利州都督。”又見卷七〇《唐故溧水縣令太原白府君墓誌銘并序》。

高甑生　　貞觀八年—九年（634—635）

《新書·太宗紀》：貞觀八年“十二月辛丑……利州刺史高甑生爲鹽澤道行軍總管，以伐吐谷渾”。九年三月“乙酉，高甑生及羌人戰，敗之”。《通鑑·貞觀八年》十二月記載同。又見《舊書·西戎·吐谷渾傳》《李靖傳》，《元龜》卷三八九、卷九三三、卷九八五等。

姜行基　　約貞觀中

北圖藏拓片《大唐故梓州通泉縣令王君夫人姜氏墓誌并序》（咸亨五年二月二日）："祖謨，皇朝金紫光禄大夫、秦州都督、長道縣開國公……父行基，皇朝刑部郎中，太子僕，隰、利二州刺史，襲長道縣開國公。"夫人春秋五十七，卒於婺州永□縣官邸。

崔　樞　　貞觀中？

《新表二下》崔氏許州隔陵房："樞，利州刺史。"乃隋本州主簿子令之子，峽州刺史義直之父。

夏侯絢　　貞觀二十二年—永徽元年（648—650）

《隋唐五代墓誌匯編・陝西卷》第三册《唐故使持節睦州諸軍事睦州刺史夏侯府君（絢）墓誌銘并序》（永徽六年十月廿五日）："〔貞觀〕廿二年除使持節利州諸軍事利州刺史……永徽元年改使持節涪州諸軍事、涪州刺史。"

周仁廓　　約高宗時

《千唐誌・大唐故朝議郎行監察御史周府君（誠）墓誌銘并序》（開元二十七年正月二十八日）："曾祖和舉，左散騎常侍、宣州刺史。皇□（祖）仁廓，利州□史。先父紹，金州西城縣丞……君即西城府君第二子也。"誠卒開元二十五年四月十七日，春秋五十五。

騫　基　　約高宗時

《隋唐五代墓誌匯編・陝西卷》第一册《唐故撫州南城縣令上柱國騫府君（思哲）誌銘并序》（景雲元年十一月二日）："父基，皇朝大理正，太子家令，河南縣令，坊、延、朗、利、果五州刺史……公即果州府君之第六子也。"思哲卒景龍三年，春秋六十。又見《騫思泰墓誌》（開元九年二月七日）、《騫如珪墓誌》（開元十八年十一月二十二日）。

鮮于匡紹　　約高宗、武后間

《姓纂》卷五漁陽鮮于氏:“匡紹,閬、同、河、利四州刺史。”按《元龜》卷六七三:“鮮于紹爲隆州刺史,高宗儀鳳中,爲同州刺史。”蓋即此人。

李元名　　永昌元年(689)

《新書》本傳:“垂拱中,徙鄭州……進加司空。武后時,〔子〕亶爲丘神勣所構,繫詔獄死,元名坐遷利州,尋被殺。”按《舊書》本傳未及,唯稱:“永昌年,與子亶俱爲丘神勣所陷,被殺。”

于知微　　約證聖元年(約 695)

《全文》卷二〇六姚崇《兖州都督于知微碑》:“長壽二年,制授鄂州刺史。無何,又累除道、利二州刺史。化被荆楚,威覃蜀漢……有果州流溪縣丞邢曇之等,聞公政術……因使入京,乃以父老等狀上請,情詞懇到……天心乃降優旨,授公檢校果州刺史……神功之歲,復除恒、閬二州刺史。”

崔玄藉(崔玄籍)　　萬歲通天二年(697)

《新表二下》鄭州崔氏:“玄籍,利州刺史。”《千唐誌·大周故銀青光禄大夫使持節利州諸軍事行利州刺史上柱國清河縣開國子崔君(玄藉)墓誌銘并序》(聖曆二年一月二十八日):“萬歲通天元年,加銀青光禄大夫。二年,除利州刺史。”聖曆元年三月十四日卒,春秋七十九。又見其夫人李氏墓誌(同上)。《唐故至孝右率府翊衛清河崔君墓誌銘并序》:“君諱歆,字仲俊……唐秦王府庫真、上大將軍善福之孫,大周銀青光禄大夫、利州刺史、清河公玄藉之第二子也。”春秋二十五,調露元年九月十六日卒。又見《唐故國子監大學生武騎尉崔君(韶)墓誌銘并序》(聖曆二年一月二十八日)。

蕭　鈛　　約武后時

《全文》卷三九六楊休烈《大唐濟度寺故大德比丘尼惠源和尚神空誌銘》:“大師諱惠源,俗姓蕭氏,蘭陵人也……父諱鈛,給事中、利

州刺史……開元二十五年秋九月二日……怡然歸寂……時大師享年
七十有六。"

畢　某　　延和元年(712)

《唐文拾遺》卷一〇畢彦□《大唐利州刺史畢公柏堂寺菩提瑞象
頌并序》："粤若季父銀青光禄大夫使持節利州(闕)……太守、度支尚
書、兗州刺史府君……公之曾祖。(闕)大父皇朝尚舍奉御、蜀號二王
府長史、台鄂滁三州刺史府君。"據岑仲勉《貞石證史·畢利州及其時
代》考證，畢利州之曾祖爲隋代人，大父任蜀，號二王府長史，台、鄂、
滁三州刺史者，爲唐初人。甚是。然謂畢利州爲畢正義，則誤。《姓
纂》卷一〇太原畢氏："唐滁州刺史畢諴，生操。操生正表、正則、正
義。正表生重華，綿州刺史；生彦雄。正義，大理正。"《頌》之作者畢
彦□，與彦雄當爲同輩，其季父當與重華同輩，甚或即爲重華。正義
爲其叔祖輩，與文義不合。今《頌》文猶見"天下聖帝"字，此爲睿宗延
和元年六月乙卯給武后所上追尊號，見兩《唐書·睿宗紀》。至八月
壬寅，又"追號天后聖帝爲聖后"，見《新書·睿宗紀》。此後皆以"聖
后"稱武后。由此證知，此《頌》作於延和元年六月至八月之間。

王山輝　　中宗時

上圖藏拓片《大唐故右衛率府親府親衛上騎都尉王君(傑)墓誌
銘并序》(先天元年十月二十五日)："父山輝，鄂、利、吉三州諸軍事三
州刺史……君……以景雲二年八月廿一日終於吉州館舍，春秋一十
有七。"又見《千唐誌》。

屈突季將　　開元十八年(730)

《金石苑》卷二《唐千佛崖屈突季將造像記》："大唐開元十八年歲
次庚午朝議大夫守利州刺史屈突季將敬造。"

程思奉　　約開元中

《新表五下》程氏："思奉，利州刺史。"乃憲宗時宰相程异之曾祖父。

王思旭　　約天寶中

《千唐誌·王府君（敬仲）墓誌》（寶曆二年十月二十七日）："祖中散大夫使持節益昌郡諸軍事守益昌郡太〔守〕諱思旭，夫人京兆杜氏。父朝議大夫試光禄寺丞上柱國諱莫，夫人彭城劉氏。"敬仲卒寶曆二年三月廿一日，享年六十八。

【顔真卿　　寶應元年（762）（未之任）】

《舊書》本傳："代宗嗣位，拜利州刺史，遷户部侍郎，除荆南節度使，未行而罷。"《新書》本傳："代宗立，起爲利州刺史，不拜，再遷吏部侍郎。"《全文》卷三九四令狐峘《光禄大夫太子太師上柱國魯郡開國公顔真卿墓誌銘》："代宗即位，移利州刺史，未之任，拜户部侍郎。"又見《舊書·劉晏傳》，《元龜》卷四六四，《全文》卷三三六顔真卿《謝户部侍郎表》、卷三三八《乞御書題額恩敕批答碑陰記》、卷三四一《正議大夫行國子司業上柱國金鄉縣開國男顔府君神道碑銘》、卷五一四殷亮《顔魯公行狀》，《廣記》卷三二引《戎幕閑譚》、《玉堂閑話》。

崔　寧（崔旰）　　寶應元年—永泰元年（762—765）

《舊書》本傳："寶應初，蜀中亂，山賊擁絕縣道，代宗憂之。嚴武薦旰爲利州刺史，既至，山賊遁散，由是知名。嚴武爲劍南節度，赴鎮過利州，心欲辟旰爲部將……武至劍南，遣〔張〕獻誠奇錦珍貝……武乃遣獻誠書求旰，獻誠然之，令旰移疾去郡。旰乃之劍南，武奏爲漢州刺史。"《新書》本傳略同。又見《元龜》卷四二二。《通鑑·永泰元年》：十月，"初，劍南節度使嚴武奏將軍崔旰爲利州刺史……及武再鎮劍南，賂山南西道節度使張獻誠以求旰……武以爲漢州刺史"。

陳　璋　　大曆中？

《白居易集》卷四六《襄州別駕府君事狀》："夫人潁川陳氏，陳朝宜都之後。祖諱璋，利州刺史。考諱潤，坊州鄜城縣令……〔夫人〕以府君彭城之功，封潁川縣君，元和六年四月三日殁於長安宣平里第，享年五十七。"

趙　儋　　大曆中？

《姓纂》卷七諸郡趙氏："利州刺史趙儋，絳州人。"按大曆六年趙儋爲梓州刺史鮮于叔明撰《右拾遺陳公碑》，署銜爲前監察御史趙儋，見《陳伯玉集》卷一〇。《全文》卷七三二趙儋小傳謂長慶中爲鄜坊節度使，誤。大和九年鄜坊節度有趙儋，疑爲另一人。

【唐良臣　　建中末（未之任）】

《舊書・李晟傳》："晟以〔李〕懷光反狀已明，緩急宜有所備，蜀、漢之路，不可壅也，請以禆將趙光銑爲洋州刺史，唐良臣爲利州刺史……各將兵五百以防未然。上初納之，未果行。無何，吐蕃請以兵佐誅〔朱〕泚，上欲親總六師，移幸咸陽。"《新書・李晟傳》略同。又見《元龜》卷四〇五。

趙　珉　　貞元初

北圖藏拓片《大唐故左武衛翊府左郎將趙府君夫人漁陽縣太君鮮于氏墓誌銘并序》（貞元四年十一月二十二日）："及長子珉都督利州諸軍事，太君授封漁陽縣……長子珉，中散大夫檢校太府少卿兼果州刺史，成紀縣開國男。"

狄博濟　　貞元九年前（793前）

《元龜》卷一三一："〔貞元九年〕詔曰：前利州刺史狄博濟……可衛尉少卿。"又見《全文》卷五二德宗《授狄博濟衛尉少卿詔》。

沈長源　　貞元中

《全詩》卷三四九歐陽詹《益昌行并序》："貞元年中，天子以工部郎中、興元少尹吳興陸（一作次）公長源牧利州，其爲政五年。"岑仲勉《讀全唐詩札記》云："檢葛氏本實作吳興沈公長源，沈字漫漶，故類'次'也。吳興爲沈氏之望。"按陸長源未嘗典利州。

李道古　　元和初

《舊書》本傳："歷利、隨、唐、睦四州刺史，由黔中觀察爲鄂岳沔蘄安黃團練觀察使，時元和十一年也。"《新書》本傳略同。又見《元龜》卷二九八。《韓昌黎集》卷二八《曹成王(李皋)碑》："元和初，以子道古在朝，更贈太子少師……道古，進士，司門郎，刺利、隨、唐、睦，徵爲少宗正。"又卷三二《唐故昭武校尉守左金吾衛將軍李公(道古)墓誌銘》："憲宗即位，選擇宗室，遷尚書司門員外郎，以選爲隨、利、睦州刺史，遷少宗正。元和九年，以御史中丞持節黔中。"

王仲周　　約元和中

上圖藏拓片《原武縣令京兆王公墓誌銘并序》(景福四年十月十七日)："祖諱仲周，進士及第，任利、明、台三州刺史，國子祭酒，□□□刺史。父巘，任河南府密縣令。有子五人，公處其長……公自唐大中中以文章自□，鄉里見推……咸通中任鄭州中牟縣令……景福元年歲次壬□二月二十四日終於滑州私第，享年五十有八。"按《新表二中》京兆王氏："仲周，攝監察長史。"乃太子右庶子王定子，王逢弟，越州刺史王密姪。又按王仲周元和四年爲明州刺史，長慶二年爲台州刺史。北圖藏拓片《唐故安南都護充本管經略招討使兼御史中丞李公(象古)墓誌銘并序》(長慶元年十一月九日)："朝議大夫守將作少監輕車都尉……王仲周撰。"證知長慶元年在將作少監任。

郭　瓛　　寶曆、大和年間

《全文》卷六九三李虞仲《授裴洌郭瓛等諸州刺史制》："前守通州刺史、賜緋魚袋郭瓛……可守利州刺史。"按《舊書・李虞仲傳》："寶曆中，考制策甚精，轉兵部郎中，知制誥，拜中書舍人。大和四年，出爲華州刺史、兼御史大夫。"則此制當作於寶曆、大和年間。

李行樞　　開成中

《宣室志》卷一〇："開成中，有隴西李生，爲利州錄事參軍……生以贓罪聞於刺史……刺史即李行樞也。"又見《廣記》卷四五八引。

崔　朴　　約會昌初

《新書・何易于傳》："爲益昌令……刺史崔朴常乘春與賓屬泛舟

出益昌旁。"《全文》卷七九五孫樵《書何易子》："何易于嘗爲益昌令，縣距刺史治所四十里，城嘉陵江南，刺史崔朴嘗乘春自上游……泛舟東下，直出益昌旁……〔易于〕治益昌三年……改綿州羅江令，其治視益昌。是時故相國裴公刺史綿州……會昌五年，樵道出益昌，民有能言何易于治狀者。"

姚克柔　　約大中五年（約851）

《全文》卷七四九杜牧《姚克柔除鳳州刺史韋承鼎除櫟陽縣令王仲連贊善大夫等制》："前使持節利州諸軍事守利州刺史上柱國姚克柔等……可依前件。"

杜　倉　　大中十一年（857）

《四川通志·職官表》有利州刺史杜倉。《舊書·宣宗紀》：大中十二年二月，"貶前利州刺史杜倉爲賀州司户"。則約大中十一年在任。

安從義　　咸通中？

《舊五代史·安重榮傳》："祖從義，利州刺史。父全，勝州刺史……重榮……唐長興中，爲振武道巡邊指揮使。"

王　珙　　光啓二年前（886前）

《舊五代史·王建傳》："以建爲壁州刺史……建不安其郡……寇閬州，陷之，復攻利州，刺史王珙棄城而去。"《新五代史·王建傳》略同。又見《元龜》卷二二三。按王珙光啓三年在陝州刺史任。

王　建　　光啓二年—三年（886—887）

《通鑑·光啓二年》：四月，"〔楊〕復恭斥〔田〕令孜之黨，出王建爲利州刺史"。《光啓三年》：三月，"山南西道節度使楊守亮忌利州刺史王建驍勇，屢召之。建懼，不往"。又見《十國春秋·前蜀高祖本紀》。

李繼顒　　乾寧二年(895)

《新書·昭宗紀》:乾寧二年十一月"丁丑,王建陷利州,刺史李繼顒死之"。《通鑑·乾寧二年》:十一月"丁丑,雅州刺史王宗侃攻拔利州,執刺史李繼顒,斬之"。又見《十國春秋·前蜀高祖本紀》《王宗侃傳》。

李繼忠　　天復二年(902)

《新書·昭宗紀》:天復二年二月,王建陷利州,昭武軍節度使李繼忠奔於鳳翔。《通鑑·天復二年》:二月,"西川兵至利州,昭武節度使李繼忠棄鎮奔鳳翔"。又見《十國春秋·前蜀高祖本紀》。

王宗偉　　天復二年(902)

《通鑑·天復二年》:二月,"王建以劍州刺史王宗偉爲利州制置使"。又見《十國春秋·前蜀高祖本紀》及本傳。

待考録

李建永

《四川通志·職官表》有利州刺史李建永。

卷二〇九　洋州（洋川郡）

隋漢川郡之西鄉縣。武德元年割梁州三縣置洋州。天寶元年改爲洋川郡。乾元元年復爲洋州。領縣五：西鄉、黄金、興道、洋源、華陽（真符）。

崔信明　　貞觀初

《廣記》卷三二七引《五行記》："貞觀初，崔信明爲洋州。"按兩《唐書》皆有崔信明傳，年代相近，唯稱：貞觀六年，應詔舉，授興世丞。遷秦川令，卒。未知《廣記》有誤，抑或兩《唐書》之崔信明爲另一人。

元務整　　貞觀前期

《隋唐五代墓誌匯編・陝西卷》第一册《唐尚衣奉御唐君妻故河南縣君元氏（萬子）墓誌銘并序》（顯慶三年正月十四日）："父務整，祥州刺史。"夫人卒顯慶二年，未言享年。按唐無祥州，當爲"洋州"之訛。又《大唐故殿中少監上柱國唐府君（河上，字嘉會）墓誌銘并序》（儀鳳三年二月十四日）："與夫人元氏合葬於昭陵莒公之舊塋，禮也。夫人河南人，洋州使君務整之第二女。"

趙　節　　貞觀十七年（643）

《舊書・李承乾傳》："尋與漢王元昌……洋州刺史趙節、駙馬都尉杜荷等謀反。"《通鑑・貞觀十七年》：三月，"漢王元昌亦勸太子反……太子許之。洋州刺史開化公趙節，慈景之子也……預其反謀”。四月“乙酉，詔廢太子承乾爲庶人……趙節、杜荷等皆伏誅”。
《千唐誌·唐陪戎校尉趙君（臣）墓誌銘》（儀鳳二年）：“祖諱□（節？），
任洋州刺史……父諱威，任宋城令。”

韋　師　　貞觀中

《隋唐五代墓誌匯編·洛陽卷》第六册《大唐故使持節懷州諸軍
事懷州刺史上柱國臨都縣開國男京兆韋公（泰真）墓誌銘并序》（垂拱
四年一月十三日）：“父師，皇朝度支、倉部郎中，虢王府司馬兼虢州
別駕，漢王府長史，洛州都督府司馬，洋、博二州刺史。”泰真爲第二
子，卒垂拱三年，春秋六十一。【補遺】《唐故洛州録事參軍京兆韋
君（崇禮）墓誌銘並序》（乾封三年正月十八日）：“父師，皇朝洋、博
二州刺史。”（周紹良、趙超《唐代墓誌匯編續集》，上海古籍出版社
2001 年版）

韋寡尤　　貞觀中？

《姓纂》卷二京兆杜陵東眷韋氏：“寡尤，洋州刺史。”《新表四上》
韋氏逍遙公房同。乃隋通事舍人韋福獎之子，湖州刺史韋璋之父。

宇文懷志　　貞觀中？

《姓纂》卷六河南洛陽宇文氏：“懷志，洋州刺史。”乃宇文運之子，
宇文儉之弟。

黑齒常之　　高宗時

《新書》本傳：“龍朔中，高宗遣使招諭，乃詣劉仁軌降。累遷左領
軍員外將軍、洋州刺史。儀鳳二年，從李敬玄、劉審禮擊吐蕃。”《舊
書》本傳未及。

唐嘉會　　高宗時

《新表四下》唐氏：“嘉會，洋州刺史。”乃禮部尚書唐儉之子。按
《隋唐五代墓誌匯編·陝西卷》第一册《大唐故殿中少監上柱國唐府

君（河上，字嘉會）墓誌銘并序》（儀鳳三年二月十四日）："又遷忻州刺史……上元三年以公爲殿中少監。"儀鳳三年正月六日卒，年六十五。未及爲洋州刺史，唯言其岳父元務整爲洋州刺史。未知《新表》誤否。按《寶刻叢編》卷九引《京兆金石録》有《唐殿中監唐嘉會碑》。《郎官柱》度支郎中有唐嘉會，在裴昭後，李守一前。

盧微明　　約武后時

《新表三上》盧氏："微明，洋州刺史。"乃黔州長史盧藏用之兄。按《新書·盧藏用傳》稱：與兄徵（微？）明偕隱居終南、少室二山。《精舍碑》有盧微明，在王皙後，楊元瑶、張嵩前。

獨孤思行　　約先天元年—二年（約 712—713）

《新表五下》獨孤氏："思行，洋州刺史。"按《隋唐五代墓誌匯編·陝西卷》第三册《故洋州刺史獨孤府君（思行）墓誌銘》（開元十四年七月二十六日）："俄遷虞候率，渭、沇、開、洋刺史。"先天二年六月卒，未言享年。又見《古今姓氏書辯證》卷一〇。乃萬歲通天元年魏州刺史獨孤思莊之弟。

賈　曾　　開元五、六年（717、718）

《舊書》本傳："開元初，復拜中書舍人……與蘇晉同掌制誥，皆以詞學見知，時人稱爲'蘇賈'。曾後坐事，貶洋州刺史。開元六年，玄宗念舊，特恩甄叙，繼歷慶、鄭等州刺史。"《新書》本傳略同。《元龜》卷一七二："〔開元〕六年二月……洋州刺史賈曾爲慶州刺史。"

崔　珍　　約開元中

《新表二下》第二房崔氏："珍，洋州刺史。"上圖藏拓片《唐故大理評事博陵崔府君（倚）墓誌銘有序》（元和二年十二月十三日）："王父諱珍，洋州刺史。皇考諱綰，隴州刺史……府君即隴州府君之季子也。"崔倚卒元和元年三月十五日，享年六十七。

李全璧　　開元中？

《新表二上》趙郡李氏東祖房："全璧，洋州刺史。"乃沂州刺史李志之子。

楊日休　　至德二載(757)

《舊書·安禄山傳》："〔至德二載，〕有詔以〔阿史那〕承慶爲太保、定襄郡王……楊日休洋州刺史。"

武　徹　　代宗時

《姓纂》卷六沛國武氏："徹，洋州刺史。"《新表四上》武氏同。按《廣記》卷一五〇引《前定録》："寶應二年，户部郎中裴諝出爲廬州刺史，郡有二遷客，其一曰武徹，自殿中侍御史貶爲長史。"《精舍碑》有武徹，在楊翃後，常著前。

趙　匡　　約大曆中

《新書·啖助傳》："助門人趙匡、陸質，其高第也……匡者，字伯循，河東人，歷洋州刺史……大曆時，助、匡、質以《春秋》，施士匄以《詩》……皆自名其學。"《姓纂》卷七河東趙氏："匡，洋州刺史。"《全文》卷六二六吕温《代國子陸博士進集注春秋表》："臣……以故洋州刺史趙匡爲益友，考左氏之疏密，辨公、穀之善否。"又卷四五五張薦《答權載之書》："奉榮問蒙示相國崔公往復書……相國於薦，中表丈人行也。寶應中，相國丈……時與故刑部劉尚書、趙洋州、户部兄弟同客是邑。"趙洋州，當即趙匡。《直齋書録解題》卷三："《春秋集傳纂例》十卷、《辨疑》七卷，唐給事中吴郡陸質伯淳撰。初，潤州丹陽主簿趙郡啖助叔佐明《春秋》，傳洋州刺史河東趙匡伯循，質從助及伯循，傳其學……助卒，質與其子异繕録以詣伯循，請損益焉，質隨而纂會之。大曆乙卯(十年)，書成。"按趙匡大曆五年官於宣歙使府，其年冬，隨使府遷鎮浙東，見《全文》卷六一八陸淳《春秋例統序》。則其爲洋刺約在大曆中。

【趙光銑 建中末(未之任)】

《舊書·李晟傳》:"晟以〔李〕懷光反狀已明……請以裨將趙光銑爲洋州刺史,唐良臣爲利州刺史,晟子婿張彧爲劍州刺史,各將兵五百以防未然。上初納之,未果行。"《新書·李晟傳》略同。又見《元龜》卷四〇五。

王 澄 約興元元年(約784)

《新表二中》琅邪王氏:"澄,洋州刺史。"乃武后時宰相王綝之曾孫,郴州刺史王晞之孫,定州刺史王備之子。其弟沐,貞元四年爲明州刺史。《全文》卷五〇四權德輿《朝議大夫洋州刺史王君(澄)夫人博陵縣君崔氏祔葬墓誌銘并序》:"洋州刺史琅邪王君澄之嘉偶……洋州捐館二十年而夫人歿於櫟陽之別墅,時貞元十九年秋七月某甲子,蓋年五十一。"

韋士宗 貞元十五年(799)

《舊書·德宗紀下》:貞元十五年八月"丁酉,以洋州刺史韋士宗爲黔中觀察使"。

竇 頊 德宗時?

《姓纂》卷九河南洛陽竇氏:"頊,洋州刺史。"《新表一下》竇氏三祖房同。乃駙馬都尉、莘安公竇誕之玄孫,右武衛將軍竇鎮之子。

韋 顥 貞元中?

《姓纂》卷二東眷韋氏彭城公房:"顥,洋州刺史。"《新表四上》韋氏彭城公房同。乃殿中侍御史韋元晨之孫,駙馬都尉韋力仁之父。《郎官柱》金部郎中有韋顥,在韋頌後,史牟、韓皋前;金部員外在蕭存後,蕭曾、鄭敬前。

于尹躬(于允躬) 元和六年(811)

《唐詩紀事》卷三二:"〔于尹躬〕元和間爲中書舍人,坐其弟皋漢

(謨)以贓獲罪,左授洋州刺史。"《白居易集》卷五四《貶于尹躬洋州刺史制》:"中書舍人于尹躬,其弟皋謨,贓污狼藉。雖無從坐之法,合當失教之責……俾居近郡,兹謂得中。"按于皋謨坐贓流春州,賜死,事在元和六年五月,見《通鑑》。又按《姓纂》卷二河南洛陽于氏:"允躬,中書舍人、洋州刺史。"允躬即尹躬。

羊士諤　元和十年—十二年(815—817)

《全文》卷六一六孟簡《建南鎮碣記》:"太山諫卿……出爲巴州刺史……理行居最。再移資州,如巴之政。今復爲洋州……〔元和〕十年十月十日建。"據勞格《郎官石柱題名考》卷一一,太山諫卿即羊士諤。《嚴州圖經》卷一題名:"羊士諤,元和十二年三月五日自祥(洋)州刺史拜。"

許季同　元和十四、十五年(819、820)

《韓昌黎集》卷二一《韋侍講盛山十二詩序》:"通州元司馬爲宰相,洋州許使君爲京少兆,忠州白使君爲中書舍人。"按"洋州許使君"疑即許季同,元和十五年爲京兆少尹。又按《唐詩紀事》卷三一韋處厚:"盛山十二詩,韓退之序云:'……凡十人,及此韋侯爲中書舍人……洋州許使君康佐爲京兆,忠州白使君居易爲中書舍人。'"考兩《唐書·許康佐傳》,未及爲洋刺、京兆等事,蓋《紀事》誤。

元　佑　元和十五年(820)

《全文》卷六四九元稹《授元佑洋州刺史制》:"朝散大夫、守京兆〔少〕尹、上騎都尉元佑……可使持節洋州刺史。"

楊　潛　長慶二年(822)

《白居易集》卷四八《楊潛可洋州刺史李繁可遂州刺史史備可濛州刺史制》:"敕:朝散大夫、守尚書金部郎中、上柱國楊潛……可使持節洋州諸軍事守洋州刺史。"按長慶元年楊潛在汾州刺史任。

張武均　　寶曆元年（825）

《舊書・敬宗紀》：寶曆元年六月“丙戌，將作監張武均出爲洋州刺史，坐贓犯也”。《元龜》卷六二五：“張武均穆宗時爲將作監，長慶四年十二月，百姓童大和……稱：供光陵材木，武均不給價值，出爲洋州刺史，稱疾不謝，爲憲司所糾，再黜循州司馬。”

王建侯　　大和初？

《芒洛四編》卷六《唐故文林郎試左武衛兵曹參軍彭城劉府君夫人太原王氏墓誌銘并序》（乾符六年二月二十四日）：“夫人太原王氏……伯父建侯，皇銀青光禄大夫，袁、□、□、□、洋等州刺史，封太原縣男。”夫人卒乾符五年六月二十三日，享年□十四。按王建侯元和十二年在台州刺史任。

崔　侑　　大和九年（835）

《舊書・文宗紀下》：大和九年七月“戊午，貶工部侍郎、充皇太子侍讀崔侑爲洋州刺史”。《元龜》卷四八一作“崔祐”。

于興宗　　大中時

《唐詩紀事》卷五三：“大中時，〔于興宗〕以御史中丞守綿州，後爲洋川節度。”又劉璐：“洋州于中丞，頃牧左綿，題詩越王樓上，朝賢繼和，輒課四韻。”又見《全詩》卷五六四。

【補遺】劉　略　　約大中時

《洛陽新獲墓誌116・唐故朝請大夫守衛尉卿柱國分司東都賜紫金魚袋劉公（略）墓誌銘並序》（咸通九年閏十二月一日）：“少師生我先公尚書諱元鼎……歷官大理卿兼御史大夫，慈、蔡、壽、絳四郡，贈兵部尚書。……貞元十七年生公於潞尚書公從事之府也。……公以少習筆硯，思展志學……遷太僕少卿，轉太府少卿，寺亞昇賢，朝端毓德。……遂出爲洋州、濮州二刺史。到郡則搖扇宣風，褰帷問俗。……擢授衛尉卿，賜紫金魚袋。……咸通九年十月十八日薨於永通門外別墅。享年六十有九。”

韓　復　　大中、咸通間？

《新表三上》韓氏："復，洋州刺史。"其伯祖韓滉，相德宗；父韓述，都官郎中、閬州刺史。

曹　鄴　　咸通時？

《新書·藝文志四》"《曹鄴傳》三卷"注："字鄴之，大中進士第，洋州刺史。"《唐詩紀事》卷六〇："〔曹〕鄴，字業之，大中進士也，以祠部郎中知洋州。"《唐才子傳》卷七《曹鄴傳》："大中四年張温琪榜中第，仕至洋州刺史。"《全詩》卷六七四鄭谷有《送祠部曹郎中鄴出守洋州》。

裴　拙　　乾符二年(875)

《舊書·僖宗紀》：乾符二年五月，"國子司業裴拙爲洋州刺史"

葛　佐　　約中和中

《舊五代史·馮行襲傳》："中和中……有賊孫喜者，聚徒數千人欲入武當……行襲擊喜仆地……尋授均州刺史……洋州節度使葛佐奏辟爲行軍司馬。"《新五代史·馮行襲傳》："山南節度使劉巨容表行襲均州刺史。是時僖宗在蜀……洋州葛佐辟行襲行軍司馬。"

李茂貞(宋文通)　　光啓三年(887)

《舊書·僖宗紀》：光啓三年正月乙亥，"扈蹕都頭李茂貞爲檢校左僕射、洋州刺史、武定軍節度使"。七月"丙子，制以武定軍節度使、檢校尚書左僕射，兼洋州刺史、御史大夫、上柱國、隴西郡公、食邑一千五百户李茂貞檢校司空、同平章事，兼鳳翔尹、鳳翔隴右節度等使"。《通鑑·光啓三年》略同。《舊五代史》本傳："本姓宋，名文通……朱玫之亂，唐僖宗再幸興元，文通扈蹕山南，論功第一，遷檢校太保、同平章事、洋蓬壁等州節度使，賜姓，名茂貞……車駕還京，以茂貞爲鳳翔節度使。"《新五代史》本傳略同。

楊守忠　　文德元年—景福元年(888—892)

《舊書·楊復光傳》："諸假子……守忠，洋州節度使。"《新書·楊守亮傳》：“〔楊〕復恭又以假子守貞爲龍劍節度使，守忠爲武定軍節度使。”《通鑑·大順二年》：八月，“〔楊復恭〕假子龍劍節度使守貞、武定節度使守忠不輸貢賦，上表訕薄朝廷”。又《景福元年》：三月，“〔楊〕守貞、守忠軍至，無所歸，盤桓綿、劍間……癸亥，西川將李簡邀擊守忠於鍾陽”。《舊五代史·李茂貞傳》：“自是茂貞恃勳恣橫……既而逐涇原節度使張球、洋州節度使楊守忠……皆奪其地，奏請子弟爲牧伯，朝廷不能制。”又見《九國志·李簡傳》，《全文》卷八一九韋昌謀《靈應廟記》。

李繼密　　景福二年—光化元年（893—900）

《通鑑·光化元年》：五月，“以武定節度使李繼密爲山南西道節度使”。《英華》卷四五八鄭璘《授李繼密山南西道節度使制》：“向公服於吏事……刺隴坻而師必樂隨，鎮洋州而人皆自便。”又見《全文》卷八二一。

李繼顔　　光化元年（900）

《英華》卷四五七張玄晏《授李思敬武〔定〕軍李繼顔保大軍節度使制》：“具官李思敬……李繼顔……今則俾之迭處，用叶厥宜。”

李思敬（拓拔思敬）　　光化元年—天復二年（900—902）

《英華》卷四五七張玄晏《授李思敬武〔定〕軍李繼顔保大軍節度使制》：“具官李思敬……李繼顔……今則俾之迭處，用叶厥宜。”《通鑑·天復二年》：九月“戊申，武定節度使李思敬以洋州降王建”。《新五代史·王建傳》略同。又見《十國春秋·前蜀高祖本紀》。

蘇　檢　　天復二年（902）

《新書·盧光啓傳》：“初，光啓執政，韋貽範、蘇檢相繼爲宰相。貽範字垂憲，以龍州刺史貶通州，檢爲洋州刺史。二人奔行在……檢初拜中書舍人，貽範薦於〔李〕茂貞，即拜工部侍郎、同中書門下平章事。”按蘇檢天復二年六月拜相。

馮行襲　　天祐元年（904）

《舊五代史》本傳：“天祐元年，兼領洋州節度使……遷匡國軍節度使。”《新書》本傳未及。

王宗綰　　天祐二年（905）

《通鑑·天祐二年》：十一月，“昭宗之喪，朝廷遣告哀使司馬卿宣諭王建……西川掌書記韋莊爲建謀，使武定節度使王宗綰諭卿曰：‘蜀之將士，世受唐恩……’卿乃還。”又見《十國春秋·前蜀高祖本紀》、《十國春秋》本傳。

待考録

楊　蔚

《北夢瑣言》卷四：“唐楊蔚使君典洋州，道者陳休復每到州，多止於紫極宮。弘農甚思一見，而穎川輒便他適……穎川呼人爲卿，乃謂州牧曰：‘卿三爲刺史。’了更無言。州牧不懌，以其曾典兩郡，至此三也。自是常以見任爲終焉之所。爾後秩滿無恙，不喻其言。無何，又授此州，亦終考限。罷後又除是郡，凡三任，竟殞於是邦。三爲刺史之説，果在於此乎？楊公季弟玭爲愚話之。”又見《廣記》卷一五八引。

公孫欽

《姓纂》卷一河南公孫氏：“孫彦藻，唐通州刺史、昌平公。安生欽，洋、商等州刺史。”按疑有闕文。

李　聰

《新表二上》隴西李氏姑臧房：“聰，洋州刺史。”乃司門員外郎李昕之子。

卷二一〇　通州（通川郡）

隋通川郡。武德元年改爲通州。三年置總管府。後改都督府。貞觀五年廢都督府。天寶元年改爲通川郡。乾元元年復爲通州。領縣七：通川、永穆、三岡、石鼓、東鄉、宣漢、新寧。

張士貴　　武德初

《大唐故輔國大將軍荆州都督虢國公張公（士貴）墓誌銘并序》："義寧二年，隱太子之東討也……授第一軍總管……尋被召入京奉見……乃拜通州刺史。鳴謙自牧，坐樹辭功。"（《考古》1978 年第 3 期）兩《唐書》本傳未及。

獨孤修法　　約武德中

《姓纂》卷一〇獨孤氏（岑仲勉補）："修法，通州刺史。"乃武德四年定州刺史獨孤修德之兄。

任　瓌　　約武德九年—貞觀三年（約 626—629）

《舊書》本傳："隱太子之誅也，瓌弟璨時爲典膳監，瓌坐左遷通州都督。貞觀三年卒。"又見《元龜》卷八一九。《新書》本傳稱貞觀四年卒。

李桐客　　貞觀初

《舊書》本傳："貞觀初，累遷通、巴二州，所在清平流譽。"《新書》

2742

本傳略同。又見《元龜》卷六七七。

蔣 歔　　貞觀中

《隋唐五代墓誌匯編·陝西卷》第三册《大唐故朝散大夫上護軍行魏州武聖縣令蔣府君（義忠）墓誌銘并序》（景雲二年二月二十七日）：“祖歔，皇朝使持節通州諸軍事通州刺史。”義忠卒神龍二年，年六十。

韋元整　　貞觀中

《隋唐五代墓誌匯編·陝西卷》第三册《大唐故益州大都督府成都縣令韋府君（綝）墓誌并序》（永昌元年五月二十一日）：“考元整，皇朝西府東閣祭酒、天策上將府鎧曹參軍事、通曹二州刺史、上柱國。”綝卒垂拱四年，春秋五十七。按韋元整唐初官城門郎，見《元龜》九二二。【補遺】《考古與文物》2000 年第 1 期《西安碑林藏唐志有關校補唐史之資料》引《大唐故朝議郎行婺州司曹參軍事柱國韋（晃）墓誌銘並序》（開元十年七月四日）：“祖元整，唐太中大夫，通、曹二州刺史。”

李 譔　　垂拱四年（688）

《舊書·李元嘉傳》：“及天后臨朝攝政，欲順物情，乃進授元嘉爲太尉……其後漸將誅戮宗室諸王不附己者，元嘉大懼，與其子通州刺史黃公譔及越王貞父子謀起兵……其事不成，元嘉坐誅。”《新書·李元嘉傳》：“〔譔〕出爲通州刺史，辭疾歸，且謀應越王也。諳通音律，歷杭州別駕，與譔俱死。”《通鑑·垂拱四年》：七月，“太后潛謀革命，稍除宗室。絳州刺史韓王元嘉……及元嘉子通州刺史黃公譔……密有匡復之志”。

于光遠　　武后時

《英華》卷四一七李嶠《授通州刺史于光遠等加階制》稱“中散大夫、使持節通州諸軍事守通州刺史于光遠等”。《新表二下》于氏：“光遠，通、陵二州刺史。”

王齊望　　武后時？

《新表二中》烏丸王氏："齊望，通州刺史。"其祖王珪，相太宗。

李　嶠　　約神龍元年（約705）

《舊書》本傳："中宗即位，嶠以附會張易之兄弟，出爲豫州刺史，未行，又貶通州刺史。數月，徵拜吏部侍郎……遷吏部尚書……神龍二年，代韋安石爲中書令。"《新書》本傳略同。

李朝隱　　約景雲中

《新書》本傳："出通州都督，徙絳州刺史。開元初，遷吏部侍郎。"《舊書》本傳未及。

朱崇慶　　約開元初

上圖藏拓片《大唐故銀青光禄大夫湖州刺史朱公（崇慶）墓誌銘并序》（開元十三年九月十七日）："轉遷均州刺史、通州刺史，又拜洪州都督、兼知江南西道按察使……復屈外臺，轉婺州刺史，以公正忤詔使，左貶虔州刺史……加銀青光禄大夫湖州刺史……朝有九命，君加八焉；地有九州，公典六矣……以開元十三年八月二日薨于汴州龍興寺净宇，享年六十有六。"又見《千唐誌》。

崔子儀　　約開元初

北圖藏拓片《大唐故越州諸暨縣主簿崔君（齊榮）墓誌銘并序》（開元十六年七月二十六日）："曾祖大方，皇海州刺史……考子儀，太僕少卿，楚、陵、通三州刺史……君即通州君之次子也。"齊榮卒開元十六年，未言享年。

李適之　　約開元十四年（約726）

《舊書》本傳："開元中，累遷通州刺史，以强幹見稱。時給事中韓朝宗爲按察使，特表薦之，擢拜秦州都督。"《新書》本傳略同。又見《元龜》卷六五八。

王琚　開元二十四年（736）

《通鑑·開元二十四年》：四月"辛未，蒲州刺史王琚貶通州刺史"。《舊書》本傳："〔開元〕二十二年，起復右庶子，兼巂州刺史，又改同、蒲、通、鄧、蔡五州刺史。"《新書》本傳略同。

秦昌舜　天寶元年—六載（742—747）

《嘉泰會稽志》："秦昌舜，天寶元年自通川郡太守授；六載，移江華郡太守。"

韋虛受　天寶九載（750）

《姓纂》卷二東眷韋氏南皮公房："虛受，通州刺史。"《新表四上》韋氏南皮公房同。《太平寰宇記》卷一三七通州石鼓縣："天寶九年，太守韋虛受奏，於應水南一里置閬英縣。"

元愷　約玄宗時

《姓纂》卷四河南洛陽元氏："延壽，睦州刺史；生愷，通州刺史。"《新表五下》元氏同。按元延壽武后時爲睦刺。

董恒　約玄宗時

《姓纂》卷六隴西董氏："恒，通州刺史。"乃咸亨時戎州刺史董寶亮之孫。

盧正己（盧元裕）　至德中

《全文》卷四二〇常袞《太子賓客盧君（正己）墓誌銘》："玄宗自省方復雍，以千官六宮南北軍之從，留蜀殆二年矣……以公往典通義、唐安二郡，以理平遷通州刺史七州採訪防禦使……公字子寬，本諱元裕。"又卷五一一郭雄《忠孝寺碑銘》："故太子賓客，贈太子太保范陽盧公正己，頃節制此道，陳情奏置佛寺，乾元元年三月十三日，詔下而錫其名……太保生於蒲江，太保自省郎守通川，由通川累劍南節度。"按乾元元年盧正己在劍南節度任。

韓 滉 乾元中？

《全文》卷五三〇顧況《檢校尚書左僕射同中書門下平章事韓公（滉）行狀》："肅宗在靈武，授監察御史兼北海郡司馬，充北海節度判官，道阻未行，除通州刺史。尋充山南西道採訪使判官。"《元龜》卷三三七："韓滉出爲通州刺史、彭王府諮議，鄧景山爲淮南節度，表滉爲賓佐，未行，除殿中侍御史。"按兩《唐書》本傳皆作"通州長史"。

劉 晏 上元二年—寶應元年(761—762)

《通鑑·上元二年》：十月"丁亥，貶〔劉〕晏通州刺史"。《舊書·代宗紀》：寶應元年六月"壬申，以通州刺史劉晏爲户部侍郎、兼御史大夫、京兆尹"。《通鑑·寶應元年》六月同。按《舊書·食貨志下》、《會要》卷八七皆作"寶應元年五月"。又見兩《唐書》本傳，《元龜》卷四八三。

吴 湊 建中初—貞元初

《舊書》本傳："建中初，起爲右衛將軍，兼通州刺史。貞元初，入爲太子賓客。"又見《元龜》卷八六二。《新書》本傳未及。

獨孤良器 約貞元中

《姓纂》卷一〇京兆獨孤氏（岑仲勉補）："良器，通州刺史。"按貞元五年，官右司郎中，見《元龜》卷六三六。

鄭羽客 約貞元中

《新表五上》鄭氏："羽客，通州刺史。"乃德宗時宰相鄭餘慶之弟。

于昌潤 貞元後期

《元龜》卷九三三："于昌潤權知通州事。山南西道觀察使嚴礪奏：得昌潤狀，量移官通州別駕崔河圖，使奴詆百姓妻抑壓于家中。"按嚴礪貞元十五年至元和元年爲山南西道節度使，則昌潤權知通州當在貞元後期。

薛　鈞　　貞元中？

《新表三下》薛氏：“鈞，通州刺史。”乃大曆十一至十四年宣歙觀察使薛邕之姪。

張　愻　　永貞元年（805）

上圖藏拓片《唐故桂州臨桂縣令范府君（弈）墓誌銘并序》（永貞元年十一月一日）：“繼室夫人隴西李氏……公之繼室夫人舅氏通州刺史河間張愻，悼姻族之零落，嘆嗣子之未歸，乃側於懷，遠令啓護，粵以永貞元年歲次乙酉十一月丙寅朔一日，與李夫人同祔於河南府洛陽縣平陰鄉之北原。”按張愻貞元七年在昭州刺史任，約元和二年至四年爲蘄州刺史。

豆盧靖　　元和元年（806）

《全文》卷六五〇元稹《論追制表》：“臣竊見近除寧州刺史論俊、虔州刺史高宏本、通州刺史豆盧靖曾不涉旬，並已追制。”據《新書·元稹傳》，此爲元和元年事。

李進賢　　元和九年（814）

《舊書·憲宗紀下》：元和九年二月“丁丑，貶前振武節度使李進賢爲通州刺史”。《通鑑·元和九年》二月同。

林　曄　　元和中？

《林邵州遺集·睦州刺史二府君神道碑》：“饒州生府君贈睦州刺史披……長子端州刺史葦，次子殿中侍御史藻……次子通州刺史曄，次子邵州刺史蘊……寶曆元年，敬宗皇帝以孝治爲大，詔內外長吏追顯前門。蘊忝剖符竹，被沾雨露，哀榮所感，逮於幽明。”又見《續慶圖》。

元　稹　　元和十三年（818）

《全文》卷六五五元稹《報三陽神文》：“維元和十三年九月十五日，文林郎守通州司馬權知州務元稹……報於三陽神之靈。”兩《唐書》本傳未及知州務事。

張平叔　　長慶二年（822）

《舊書・穆宗紀》：長慶二年十二月"丁未，判度支、户部侍郎張平叔貶通州刺史"。

郭　曘　　約寶曆、大和年間

《全文》卷六九三李虞仲《授裴涮郭曘等諸州刺史制》："前守通州刺史賜緋魚袋郭曘……可守利州刺史。"按李虞仲寶曆中知制誥，大和四年出刺華州，見《舊書・李虞仲傳》，則郭曘刺通約在寶曆、大和間。

辛　某　　大和六年（832）

《唐文拾遺》卷二八睦崟《唐故試大理司直辛公（幼昌）墓誌銘》（大和七年三月二十七日）："祖榮，朔方節度副使。父□，持節通州諸軍事守通州刺史，兼御史中丞……公以大和六年十二月廿五日卒於平陽郡之私館，□□廿有七……且□中丞□□遷牧通川，南北迢遥。"又見《金石補正》卷七二，《匋齋藏石記》卷三一。按辛榮貞元三年在渾瑊部下爲將，降吐蕃，被囚殺，見《舊書・渾瑊傳》《吐蕃傳下》。

鄭　某　　會昌中

《宣室志》卷三："通州有王居士者，有道術。會昌中，刺史鄭君有幼女，甚愛之。"又見《廣記》卷三五八引。

鄭　液　　約大中五、六年（約851、852）

《全文》卷七四九杜牧《鄭液除通州刺史李蒙除陳州刺史等制》。按《舊書・宣宗紀》稱：大中十二年"正月，以晉陽令鄭液爲通州刺史"。疑年代有誤。

謝　瞳　　光啓中

《舊五代史》本傳："改檢校右散騎常侍、通州刺史。在任四考，頗有政績。秋罷……龍紀二年，至東京。”

李彦昭　　乾寧二年(895)

《新書·昭宗紀》：乾寧二年十二月“戊戌，通州刺史李彦昭叛附於〔王〕建”。《通鑑·乾寧二年》十二月、《十國春秋·前蜀高祖本紀》同。

韋貽範　　約天復元年(約901)

《新書·盧光啓傳》：“光啓執政，韋貽範、蘇檢相繼爲宰相。貽範字垂憲，以龍州刺史貶通州，檢爲洋州刺史。二人奔行在，貽範遷給事中，用李茂貞薦，閱旬爲工部侍郎、同中書門下平章事，判度支。”按盧光啓天復元年十一月入相，二年四月罷；韋貽範天復二年正月丁卯由給事中入相，見《新書·宰相表下》。

待考録

張　蘄

《新表二下》河間張氏：“蘄，通州刺史。”

郭　珮

《新表四上》華陰郭氏：“珮，通州刺史。”乃郭子儀之曾孫。

李　長(李長通)

《新表二上》隴西李氏姑臧房：“長，通州刺史。”《四川通志·職官表》有通州刺史李長通。

公孫彦藻

《姓纂》卷一河南公孫氏：“彦藻，唐通州刺史，昌平公。”

李希實

《四川通志·職官表》有通州刺史李希實。

卷二一一　開州（盛山郡）

隋巴東郡之盛山縣。義寧二年分置萬州。武德元年改爲開州。天寶元年改爲盛山郡。乾元元年復爲開州。領縣三：盛山、新浦、萬歲。

冉仁德　　武德五年(622)

《元龜》卷一二六："〔武德五年〕十月己未，逆賊張大智侵洛州……開州刺史冉仁德討之。"

時德衡　　貞觀十四年(640)

《全文》卷一九二司馬太貞《紀功碑》："前開州刺史時德衡、右監門府長史王進威等，並率驍雄，鼓行而進，以貞觀十四年五月十日師次伊吾。"又見《西陲石刻録》。

李素立　　約貞觀中

《古今姓氏書辯證》卷二一趙郡李氏："素立，開州刺史。"按《新表二上》趙郡李氏："素立，蒲州刺史，高邑平侯。"兩《唐書》本傳稱：出爲綿州刺史。永徽初，徙蒲州刺史，道病卒。未及刺開州事。

竇智純　　貞觀中

《全文》卷一四九褚遂良《請不窮逐竇智純表》："陛下已出智純爲開州刺史，便是貶責正當，處分已畢……臣猥居諫職而不敢不聞。"按永徽五年《萬年宮題名》有"左武衛將軍兼太子右衛率上柱國永富縣開國公竇智純"。

竇智圓　　約高宗時

《新表一下》竇氏三祖房:"智圓,開州刺史。"《姓纂》卷九河南洛陽竇氏:"智圓,開州刺史。"乃竇智純之弟。

賀若懷武　　高宗時

《全文》卷二三四劉憲《大唐故右衛將軍上柱國乙速孤府君(行儼)碑銘并序》:"夫人常樂縣君賀若氏,宋公弼之姪孫,開州刺史懷武之第六女。"夫人卒證聖元年八月五日,春秋四十一。

元　哲　　高宗時?

《姓纂》卷四是雲元氏:"元哲,開州刺史。"乃隋内史令元壽之孫。

蕭　繕　　垂拱元年(685)

北圖藏拓片《大周故銀青光禄大夫衢州刺史蘭陵公(蕭繕)墓誌并序》(聖曆二年十月十六日):"垂拱元年授中散大夫持節開州諸軍事開州刺史,又轉道州刺史,永昌元年授永州刺史……春秋九十,以聖曆二年五月三日薨於私第。"

竇孝約　　約武后時

《新表一下》竇氏三祖房:"孝約,開州刺史。"乃高祖相竇抗之孫。

獨孤思行　　約睿宗時

《隋唐五代墓誌匯編・陝西卷》第三册《故洋州刺史獨孤府君(思行)墓誌銘并序》(開元十四年七月二十六日):"俄遷虞候率,渭、沅、開、洋刺史。"先天二年卒,未言享年。

崔泰之　　睿宗時

《千唐誌・大唐故銀青光禄大夫守工部尚書荊州大都督清河郡

開國公上柱國崔君（泰之）墓誌銘并序》（開元十一年十月五日）：“中興之際，公有力焉。中宗嘉之，拜太僕少卿……居無何，奸臣武三思竊弄國柄，稍斥朝賢，出公爲洛州刺史……轉德州刺史，又換梓州刺史，左遷開州刺史，降爲資州司馬……今天子肇揚天光……起爲濟州刺史。”開元十一年六月七日卒，年五十七。按《舊書·崔知溫傳》稱：“子泰之，開元中官至工部尚書。”

袁嘉祚　　約先天元年（約 712）

《廣記》卷八二（原缺出處）：“唐寧王傅袁嘉祚……後爲鹽州刺史……時岑羲、蕭至忠爲相，授嘉祚開州刺史。”按蕭至忠景雲元年六月復相、岑羲先天元年正月拜相；開元元年七月甲子，至忠、羲誅，見《新書·宰相表》。

鄭　訢　　開元二十二年—二十三年（734—735）

《千唐誌·唐故通議大夫持節開州諸軍事開州刺史上柱國滎陽鄭公（訢）墓誌銘并序》（開元二十四年十一月七日）：“釐上佐之任亙廿餘年而拜開州……開元廿三年四月七日終於故任之公第，春秋七十有六。”

蕭崇之　　上元元年（760）

杜甫《三絕句》：“前年渝州殺刺史，今年開州殺刺史。”《草堂詩箋》卷一九注引師古云：“步將吳憐殺渝州刺史劉卞以反……又部卒翟封殺開州刺史蕭崇之以叛，楊子琳討平之。”

陸　向　　大曆元年（766）

《全文》卷九一八清晝《蘇州支硎山報恩寺大和尚碑》：“大曆元祀，州將韋公元甫……開州刺史陸公向……乃相與飛表奏聞。”《宋高僧傳》卷一五《唐吳郡包山神皓傳》：“乾元元祀，有詔天下二十七寺，各奏大德七人，長講戒律……奉戒弟子開州刺史陸向、前給事中嚴況，服道弟子禮部侍郎劉太真、前大理評事張象，欽風弟子前廉使亞相李栖筠,請綱任海隅。"又見《宋高僧傳》卷二七,《全文》卷九一八清晝《唐洞庭山福願寺律和尚墳塔銘并序》。

崔 微　　約大曆六年（約 771）

《金石萃編》卷七九《華嶽崔微等題名》:"前開州刺史崔微,男蒞,前緱氏縣令康之合,前鄉貢進士侯季文,大曆七年三月廿四日西上。"又見《關中金石記》卷三。

李 峰　　約大曆中

《新表二上》隴西李氏姑臧房:"峰,開州刺史。"乃水部郎中、眉州刺史李岑弟,虔州刺史李舟叔。

魏黃裳　　大曆、貞元間?

《姓纂》卷八西祖魏氏:"黃裳,開州刺史。"《新表二中》魏氏同。乃開元中鄭州刺史魏恬之孫。

嚴 堅　　約貞元前期

《全文》卷五〇五權德輿《唐故山南西道節度營田觀察處置等使兼興元尹上柱國馮翊郡王贈太保嚴公（震）墓誌銘并序》:"初,公從父兄伖,以含章好義,歷中執法,剖符盧山。同氣曰堅、曰霽、曰霆,皆卿才也。堅為盛山、咸安二郡守。"

庚 伓　　約貞元前期

《姓纂》卷六新野庚氏:"伓,開州刺史。"乃至德中荊州長史庚光先之子。

楊 瑀　　貞元中?

《隋唐五代墓誌匯編·陝西卷》第四冊《唐故宗正少卿上柱國賜紫金魚袋李公（濟）墓誌銘并序》（寶曆元年閏七月十九日）:"先夫人弘農楊氏,贈華陰郡君夫人。外祖諱瑀,開州刺史。"李濟卒寶曆元年，春秋五十。

唐　次（唐文編）　　　貞元八年—十九年（792—803）

《舊書》本傳：“〔貞元〕八年，〔竇〕參貶官，次坐出爲開州刺史。在巴峽間十餘年，不獲進用……改夔州刺史。憲宗即位，與李吉甫同自峽内召還。”《新書》本傳略同。又見《新書·南蠻下·驃傳》，《御覽》卷六〇一，《元龜》卷六〇七、卷九一五，《全文》卷四八〇唐次《祭楊判官八弟文》，卷四八七權德輿《駕部員外郎舉人自代狀》，卷五〇九《祭唐舍人文》，卷七五二杜牧《上宣州高大夫書》。《全文》卷四九〇權德輿《唐使君盛山唱和集序》：“〔貞元〕八年夏，佩盛山印綬……十九年冬，既受代，轉遷於夔……理盛山十二年，其屬詩多矣。”又卷四九四《開州刺史新宅記》：“貞元八年夏四月，北海唐侯文編承詔爲郡……十三年十月，文編居部之六歲也。”

柳公綽　　　約貞元末—元和初

《舊書》本傳：“慈隰觀察使姚齊梧奏爲判官，得殿中侍御史。冬，薦授開州刺史，入爲侍御史，再遷吏部員外郎。武元衡罷相鎮西蜀，與裴度俱爲元衡判官。”《新書》本傳略同。《全文》卷六〇三劉禹錫有《舉開州柳使君公綽自代狀》。按姚齊梧貞元十一年六月至十二年十月爲晉慈隰觀察使，武元衡元和二年十月罷相而鎮西川。

穆　質　　　元和五年（810）

《舊書》本傳：“〔元和〕五年，坐與楊憑善，出爲開州刺史。未幾卒。”《新書》本傳略同。

竇　群　　　元和六年—八年（811—813）

《舊書·憲宗紀上》：元和六年九月，“貶黔中觀察使竇群爲開州刺史，以爲政煩苛，辰、錦二州蠻叛故也”。又《憲宗紀下》：元和八年四月乙酉，“以開州刺史竇群爲邕（容）管經略使”。又見兩《唐書》本傳，《通鑑·元和六年》九月，《姓纂》卷九河南洛陽竇氏。《全文》卷七六一褚藏言《竇群傳》：“出爲黔州觀察使，後以十洞擾亂，准詔用兵勦伐。事平，公坐貶開州刺史。亦既周歲，除容管經略使。”

韋處厚（韋淳）　元和十一年—十三年（816—818）

《舊書·憲宗紀下》：元和十一年九月辛未，“考功郎中韋處厚爲開州刺史”。《全文》卷六〇五劉禹錫《唐故中書侍郎平章事韋公集序》：“公本名淳……既仕更名處厚，字德載……出爲開州刺史。居二年，執友崔敦禮爲相，徵拜户部郎中。”《輿地碑記目》卷四《開州碑記》有《盛山宿雲亭記石》，注云：“唐元和十三年，刺史韋處厚詩，温造撰記。”又見兩《唐書》本傳，《元龜》卷四八一、卷九三三，《會要》卷五九，《全文》卷七一五韋處厚《駁張平叔糶鹽法議》，《白居易集》卷一六《東南行一百韻寄通州元九侍御澧州李十一舍人果州崔二十二使君開州韋大員外》、卷六九《祭中書韋相公文》，《廣記》卷一五五引《定命録》。《全詩》卷三八六張籍有《和韋開州盛山十二首》《答開州韋使君寄車前子》。

【王　弁　元和十四年（819）（未之任）】

《通鑑·元和十四年》：八月，“朝廷議興兵討王弁，恐青、鄆相扇繼變，乃除弁開州刺史，遣中使賜以告身……九月戊寅，腰斬東市”。《新書·王遂傳》：“帝以沂海新定，畏青、鄆亦搖，乃拜弁開州刺史。至徐州，械送京師，斬東市。”

鄭　澥　約元和、長慶間

《新書·藝文志三·雜史類》：“鄭澥《涼國公平蔡録》一卷。”注：“字藴士，李愬山南東道掌書記、開州刺史。”按《舊書·李愬傳》稱：元和十二年十月李愬將襲蔡州，其月七日使判官鄭澥告師期於裴度。《新傳》作元和十一年。《郎官柱》金部郎中有鄭澥，在李續後，趙真齡前。

待考録

竇季爽

《姓纂》卷九河南洛陽竇氏："〔季〕爽，開州刺史。"《新表一下》竇氏三祖房同。乃湖州刺史竇季安之兄。

卷二一二　壁州（始寧郡）

武德八年分巴州始寧縣，改置壁州。天寶元年改爲始寧郡。乾元元年復爲壁州。領縣四：諾水、廣納、白石、太平（巴東）。

王　湛　　　貞觀中

《全文》卷二一五陳子昂《申州司馬王府君墓誌》："祖儉，隋離石郡守，唐石州刺史……父湛，唐虞部郎中，荆州大都督府司馬，商、壁、鄜、許、冀五州刺史，加銀青光禄大夫、瀘州都督。"

崔思約　　　約貞觀中

北圖藏拓片《大周故中大夫行并州盂縣令崔府君（哲）墓誌銘并序》（久視元年十月廿八日）："父思約，祠部郎中，壁、復、和三州刺史。"哲卒久視元年，春秋六十九。上圖藏拓片《大唐故魏州冠氏縣令崔君（羨）墓誌并序》（開元十八年正月二十一日）："祖思約，皇朝祠部郎中，曹王府長史，壁、復、和三州刺史。"崔羨卒開元十七年三月六日，春秋六十九。又《大唐故潁王府士曹參軍崔府君（傑）墓誌銘并序》（天寶十載五月三日）："曾祖思約，皇朝祠部郎中，壁、復、和三州刺史。"又見《千唐誌·大唐故朝議郎行岐王府西門祭酒崔府君之誌銘并序》。《郎官柱》度支郎中有崔思約，在楊弘文後，元大士前。

鄧弘慶　　　龍朔、麟德間

《御覽》卷八四四："麟德元年九月，壁州刺史鄧弘慶制酒令'平'

'索''看''精'四字。"《全文》卷六○二劉禹錫《夔州論利害第一表》:"龍朔中,壁州刺史鄧宏慶進'平''素''看''精'四字,堪爲酒令。高宗嘉之,亦行其言,遷宏慶爲朗州刺史。"《國史補》下:"國朝麟德中,壁州刺史鄧宏慶始創'平''索''看''精'四字。"《唐語林》卷八略同。

李至遠(李鵬) 武后時

《舊書》本傳:"長壽中爲天官郎中。内史李昭德重其才,薦於則天,擢令知流内選事。或勸至遠謝其私恩……竟不謝,遂爲昭德所銜,因事出爲壁州刺史卒。"《新書》本傳略同。又見《舊書·李藩傳》,《元龜》卷四五九,《新表二上》趙郡李氏南祖房。

崔 頊 約開元中

《新表二下》博陵安平崔氏第二房:"頊,壁州刺史。"乃開元中同州刺史崔琬之弟。

侯莫陳昇 約肅宗、代宗間

《姓纂》卷五河南侯莫陳氏:"昇,壁(壁)州刺史。"乃開元時右羽林軍長侯莫陳超之子。

鮮于昱 大曆中?

《全文》卷三四三顏真卿《中散大夫京兆尹漢陽郡太守贈太子少保鮮于公(向)神道碑銘》:"有子六人……伯曰壁州刺史昱。"鮮于向(字仲通)卒天寶十四載閏十一月十五日,春秋六十二。

元 錫 長慶、寶曆年間

《元龜》卷九一七:"元錫,初歷衢、蘇二州刺史……除福建觀察使,移鎮宣州……除祕書監分司東都。尋以贓罪發,詔監察御史宋申錫按驗得實,貶壁州刺史。"按元錫元和十四年至長慶元年在宣州觀察任。

石　雄　　大和三年(829)

《通鑑·大和三年》：二月"丙辰，以〔石〕雄爲壁州刺史……四月
戊午，〔王〕智興奏雄搖動軍情，請誅之。上知雄無罪，免死，長流白
州。"又見兩《唐書》本傳，《全文》卷四四○。

劉　某　　文宗時？

《全詩》卷五一五朱慶餘《送壁州劉使君》。

于慎思　　咸通中？

《新表二下》于氏："慎思，壁州刺史。"乃憲宗相于頔之孫，絳、宋
等州刺史、駙馬都尉于季友之子。

張　贄　　乾符三年(876)

《舊書·僖宗紀》："〔乾符三年〕六月，敕福建觀察使李播……壁
州刺史張贄……黃州刺史計信卿等：'……并宜停任。'"又見《全文》
卷八八僖宗《停福建觀察使李播等任敕》。

裴眞辭　　乾符中

《輿地碑記目》卷四《巴州碑記》有《薛使君布政碑》，注云："唐乾
符年間，壁州刺史裴眞辭作石，在乾符間立。"

鄭凝績　　乾符中—中和時

《桂苑筆耕集》卷七《壁州鄭凝績尚書》："伏承自小司馬假大宗伯
出刺始寧。"又卷九有《壁州鄭凝績尚書別紙》。又見《唐文拾遺》卷三
七。《輿地碑記目》卷四《巴州碑記》有《龍興寺碑》，注云："唐壁州刺
史鄭凝績之父鄭畋作。乾符中，鄭凝績侍養其父畋於壁時所作也。"
又有《壁州山寺記》，注云："大唐中和歲次癸卯，丞相鄭畋撰。"

王　建　　中和四年(884)

《舊書·僖宗紀》：中和四年九月，"以王建爲壁州刺史"。

＊**王　建**　　光啓二年(886)

《通鑑·光啓二年》：三月，"以〔王〕建遙領壁州刺史"。《十國春秋·前蜀高祖本紀》同。按《通鑑考異·光啓三年》閏十一月："始，建宿衛之時，嘗領壁州刺史，光啓二年四月，已出爲利州刺史，而《舊紀》、薛居正《五代史》、《實錄》、《新紀》皆云以壁州刺史攻成都，誤也。"按《元龜》卷二一九、卷二二三、《九國志·前蜀高祖世家》、《新書·田令孜傳》誤同。

唐彦謙　　昭宗時

《舊書》本傳："光啓末，王重榮爲部下所害……時楊守亮鎮興元……署爲判官。累官至副使，閬、壁二郡刺史。"《新書》本傳略同。又見《元龜》卷八四一。《新表四下》唐氏："彦謙，字茂業，河中興元節度副使，晉、絳、閬、壁四州刺史。"

辛巢父　　唐末

《輿地碑記目》卷四《巴州碑記》有《孫氏園石刻》，注云："唐末，監察御史盧重阜率壁州刺史辛巢父等六人，分韻賦詩，有石刻在焉。"

待考録

鄭　植

《新表五上》鄭氏："植，壁州刺史。"乃泗州刺史鄭言思之孫。

卷二一三　集州（符陽郡）

武德元年置集州。天寶元年改爲符陽郡。乾元元年復爲集州。
領縣三：難江、符陽、地平。

楊師謀　　武德四年(621)

《寶刻叢編》卷一八巴州："《唐西角山記》，唐刺史楊師謀撰，在集
州，即難江縣地。唐武德四年立集州，皇朝熙寧五年，州廢來屬。"又
見《輿地碑記目》卷四《巴州碑記》。

韋孝謇　　武德、貞觀間？

《姓纂》卷二東眷韋氏閬公房："孝謇，集州刺史。"《新表四上》韋
氏閬公房同。乃北齊豫州刺史韋子粲之孫。

周弘毅　　貞觀中？

《姓纂》卷五臨川周氏："陳西豐侯周敷孫弘毅，唐集州刺史、江
陵公。"

豆盧玄儼　　高宗時

《隋唐五代墓誌匯編・洛陽卷》第十一冊《唐故岐王府祭酒崔公
豆盧夫人墓誌銘并序》(天寶四載五月二十七日)："祖玄儼，集、饒二
郡太守，上柱國。父志静，大中大夫，坊、延二郡太守。"夫人卒天寶四
載，春秋六十六。按玄儼總章二年在饒州刺史任。

蕭　鉉　　約高宗時

《新表一下》蕭氏齊梁房："鉉，集州刺史。"乃隋莒國公蕭琮之子。

王康壽　　高宗、武后間？

《新表二中》太原王氏："康壽，集州刺史。"乃北齊膠州刺史野父曾孫。

蘇味道　　證聖元年（695）

《舊書》本傳："證聖元年，坐事出爲集州刺史，俄召拜天官侍郎。"《豆盧欽望傳》、《新書》本傳略同。又見《新書·則天皇后紀》、《宰相表上》，《通鑑·天册萬歲元年》。《輿地碑記目》卷四《巴州碑記》有《菖蒲澗記》，注："或云集州刺史蘇味道遺迹也。"又《沙壩渡碑》注："在難江縣，唐集州刺史蘇味道題字。"

楊知亮　　中宗時？

《新表一下》楊氏觀王房："知亮，集州刺史。"乃隋納言楊士達曾孫，開元中漢州刺史楊令珪叔。

【李重福　　景雲元年（710）（未之任）】

《舊書》本傳："睿宗即位，又轉集州刺史。未及行，洛陽人張靈均進計於重福。"又《睿宗紀》：景雲元年"八月癸巳，新除集州刺史、譙王重福潛入東都構逆，州縣討平之"。《新書》本傳略同。又見《通鑑·景雲元年》七月，《全文》卷一八睿宗《葬譙王重福詔》、《大詔令集》卷三九，《元龜》卷三七。《宋高僧傳》卷二三《唐漢東山光寺正壽傳》："時譙王重福者，中宗次子也……睿宗即位，轉集州刺史。未行，然忽忽不樂，而歸心於憺禪師。"

李重茂　　景雲二年—開元二年（711—714）

《舊書》本傳："景雲二年，改封襄王，遷於集州，令中郎將率兵五百人守衛。開元二年，轉房州刺史。尋薨。"《通鑑·景雲二年》：正月，"以溫王重茂爲襄王，充集州刺史"。

李成裕　　開元中

《蜀中名勝記》卷二五南江縣："縣南隔江銅人觀，唐開元集州刺史李成裕奏設。"

崔無詖　　開元二十五年（737）

《金石苑》卷二《唐崔無詖石龕像銘》："中大夫守集州刺史上柱國崔無詖……開元廿五年歲次丁丑十月辛卯朔十四日甲寅造畢。"證知開元二十五年在任。

牛休克　　開元中？

《全文》卷七二〇李珏《故丞相太子少師贈太尉牛公（僧孺）神道碑銘并序》："曾祖休克，集州刺史。"《樊川集》卷七《唐故太子少師奇章郡開國公贈太尉牛公墓誌銘并序》："集州刺史贈給事中諱休克，於公爲曾祖。"又見《新表五上》安定牛氏。

裴遵慶　　約天寶末

《金石録》卷二八《唐右僕射裴遵慶碑跋》："《唐書·列傳》載遵慶所歷官甚略，以碑考之，其尤著者，自吏部郎出爲濛陽太守，貶符陽郡。"按兩《唐書》本傳未及。

封　議　　約肅宗時

《千唐誌·唐梁州城固縣令渤海封君（撰）墓誌銘并叙》（貞元二年七月二十二日）："皇考諱議，蓬、集、閬、明四州刺史。"封撰卒貞元二年，年五十。

韓光祚　　肅宗時？

《唐揚州都督府司馬吳賁妻韓氏墓誌》："夫人……隋侍中援之曾孫、唐集州刺史光祚之第五子也。"廣德二年卒，年三十八（科學出版社 1966 年版《西安郊區隋唐墓》）。

王　沼　　約貞元中

《新表二中》琅邪王氏：“沼，集州刺史。”乃興元元年洋州刺史王澄之弟。

唉　異　　元和十二年前（817 前）

《元龜》卷七〇〇：“唉異爲集州刺史，元和十二年坐贓，貶封州司户參軍。”

崔承寵　　約長慶元年（約 821）

《白居易集》卷五三《崔承寵可集州刺史制》：“太子左諭德崔承寵。”

敬　衮　　咸通中？

《舊五代史·敬翔傳》：“父衮，集州刺史。翔……乾符中舉進士不第。”

晉　暉　　光啓二年（886）

《通鑑·光啓二年》：四月，“〔楊〕復恭斥〔田〕令孜之黨，出王建爲利州刺史，晉暉爲集州刺史”。《九國志》本傳：“天子居梁，暉統四部兵……朝廷慮其强盛，因罷拱衛，授集州刺史，以散其朋聚。一歲之中，凡歷數郡，蓋欲窘之也。”

王　徽　　光啓中

《舊書》本傳：“僖宗還官，復授大子少師，疾未任朝謁。宰相以徽怨望，奏貶集州刺史，徽乃興疾赴貶所。不旬日，沙陀逼京師，僖宗出幸寶雞，而軍容田令孜得咎。天子以徽無罪，乃拜吏部尚書。”《新書》本傳略同。

待考録

唐思貞

《新表四下》唐氏：“思貞，集州刺史。”乃澧州刺史唐思悦之弟。

趙　寅

《輿地碑記目》卷四《巴州碑記》有《石鼓峽記》，注：“趙寅爲集州刺史，有□□□□，在難江縣。”

王　暉

《廣記》卷一六二引《玉堂閑話》：“西蜀將王暉嘗任集州刺史。”

卷二一四　巴州(清化郡)

隋清化郡。武德元年改爲巴州。天寶元年改爲清化郡。乾元元年復爲巴州。領縣十：化城、盤道、清化、曾口、歸仁、始寧、其章、恩陽、大牟、七盤。

元義全　　武德中？

《千唐誌・大唐故信安縣主〔及〕元府君(思忠)墓誌銘并序》(開元五年八月五日)："縣主隴西狄道人……今上之堂姑也……永昌元年，降歸元氏……元公諱思忠……曾祖義全，歷官至巴州刺史。"思忠卒大足元年四月十一日，時年五十四。

長孫敞　　約武德、貞觀間

《元龜》卷三〇三："長孫敞，文德皇后叔父也……後爲巴州刺史，後坐事免。太宗以后親，嘗令内給絹以供私費。"按兩《唐書》本傳未及，唯稱：出爲杞州刺史。貞觀初，坐贓免。其爲巴刺約在武德、貞觀間。

蘇世長　　貞觀初

《舊書》本傳："貞觀初，聘於突厥，與頡利争禮，不受略遺，朝廷稱之。出爲巴州刺史，覆舟溺水而卒。"《新書》本傳略同。按《法苑珠林》卷一八引《冥報記》稱：唐武德中，以都水使者蘇〔世〕長爲巴州刺史，赴任溺死。《大唐内典録》卷一〇《歷代衆經應感興敬録》、《廣記》卷一〇九引《法苑珠林》皆作"武德中"，疑誤。

李桐客　　約貞觀初期

《新書》本傳:"貞觀中,累爲通、巴二州刺史,治尚清平,民呼爲慈父。"

杜行敏　　貞觀十七年(643)

《通鑑·貞觀十七年》:三月,"以杜行敏爲巴州刺史,封南陽郡公"。《新書·李祐傳》:"十五年還〔齊〕州……賜死内侍省,貶爲庶人……詔齊州給復一年,擢行敏巴州刺史。"《舊書》本傳未及。

趙慈皓　　約高宗初

《姓纂》卷七趙氏:"慈皓,巴州刺史。"按慈皓永徽二年爲曹王友,見《會要》卷一〇;貞觀元年官幽州治中,見《通鑑》。

費胤斌　　高宗時

《芒洛四編》卷三《□□□□州刺史上護軍費府君(胤斌)墓誌銘并序》(咸亨三年十二月三日):"顯慶元年,除曹王府司馬,遷長史,兼行梁州都督府長史。尋授使持節巴州諸軍事巴州刺史,轉辰州刺史……思從解組,丹祈屢請,優詔許焉……咸亨三年八月廿五日,卒於河南里第,春秋八十三。"

崔玄藉　　長壽二年—證聖元年(693—695)

《千唐誌·大周故銀青光禄大夫使持節利州諸軍事行利州刺史崔君(玄藉)墓誌銘并序》(聖曆二年一月二十八日):"長壽二年,遷巴州刺史。證聖元年,除黄州刺史。"又《唐故前國子監大學生武騎尉崔君(韶)墓誌銘并序》:"父玄藉,雅、隴、兖、茂四州長史,歸、蔚、循、袁、文、巴、黄、利等八州諸軍事八州刺史。"

裴思訓　　約武后時

《新表一上》中眷裴氏:"思訓,巴州刺史。"乃監察御史裴周南之祖父。

楊慎交　　景雲元年（710）

《通鑑·景雲元年》：六月，"左散騎常侍、駙馬都尉楊慎交貶巴州刺史"。《全文》卷二九二張九齡《故特進贈兗州都督駙馬都尉觀國公楊公（慎交）墓誌銘并序》："坐事左出巴州刺史，入爲光禄卿，復出爲亳、襄、陳、鄧四州刺史，左轉鄜、亳、許、絳四州别駕。"開元十二年四月卒。兩《唐書》本傳未及。

獨孤炫　　開元中

《千唐誌·大唐故漢州刺史獨孤公（炫）墓誌銘并序》（開元二十四年十一月二十七日）："出牧巴州……乃遷隴郡，如巴之政……復轉劍部，歷一歲……又拜漢州……以開元廿四年歲次景子三月辛巳廿四日甲辰隱化於官舍，春秋七十。"

柳思讓　　開元中？

《新表三上》柳氏："思讓，巴州刺史。"乃隋祕書監柳顧言曾孫，司門員外郎尚真子。

李　辨　　開元中？

《新表二上》趙郡李氏東祖房："辨，巴州刺史。"乃秦王府學士李守素之曾孫。

高惠恭　　開元中？

《新表一下》高氏："惠恭，巴州刺史。"乃高宗調露、永隆年間户部侍郎高審行之孫。

崔　頊？　　開元中？

道光十三年《巴州志》卷五《文職》："崔頊，《通志》：安平人，巴州刺史。"按《新表二下》崔氏第二房："頊，壁州刺史。"乃開元中同州刺史崔琬弟。未知《巴州志》誤否。

薛脩褘　　開元中？

北圖藏拓片《大唐故試大理正兼河南告成縣令河東裴公（適）墓誌銘并叙》（大曆十四年四月二十日）："公即郎中君之第五子，銀青光禄大夫巴州刺史薛脩褘之外孫。"大曆十三年卒，享年五十七。

竇　詳　　約天寶中

《新表一下》竇氏三祖房："詳，清化太守。"乃高宗時宰相竇德玄之曾孫，中宗時密州刺史竇懷讓之孫，約天寶中榆林郡太守竇思亮之子。

魏　哲（魏喆）　　約天寶中

上圖藏拓片《唐故秦州上邽縣令豆盧府君夫人墓誌》（貞元十七年十一月十四日）："夫人鉅鹿魏氏……先府君諱喆，正議大夫，巴、延、邛、歙、寧五州刺史，鉅鹿縣開國男之第四女也……夫人年卅四丁先府君之憂……辛巳歲（貞元十七年）七月廿九日終於東京□俗里第，享年七十有一。"又見《芒洛四編》卷六。按《新表二中》鹿城魏氏："喆，延安太守"，則其爲巴刺約在天寶中。

嚴　武　　乾元元年—三年（758—760）

《舊書·房琯傳》："乾元元年六月，詔曰……前京兆少尹嚴武……可巴州刺史。"《通鑑·乾元元年》六月同。又見《全文》卷四二蕭宗《貶房琯劉秩嚴武詔》。《舊書》本傳未及。《新書》本傳："已收長安，拜京兆少尹。坐〔房〕琯事貶巴州刺史。久之，遷東川節度使。上皇合劍南爲一道，擢武成都尹、劍南節度使。"《唐文拾遺》卷二二韓濟《唐救苦觀世音菩薩像銘》："巴州刺史嚴武，奉報烈考中書侍郎遠日之所鑿也。乾元二年正月十三日大理評事兼巴州長史韓濟銘。"又引《金石苑》嚴武《巴州古佛龕記》："臣頃牧巴州……乾元三年四月十三日。"又見《輿地碑記》卷四《巴州碑記》。《全詩》卷二二五杜甫有《寄岳州賈司馬六丈巴州嚴八使君兩閣老五十韻》，嚴八使君即嚴武。卷三三二羊士諤有《乾元初嚴黃門自京兆少尹貶牧巴郡》。《舊書》本傳、《元龜》卷九一七、《唐詩紀事》卷二〇皆誤作"綿州"。

馬　某　　廣德二年(764)

《全詩》卷二二八杜甫《奉寄別馬巴州》詩原注："時甫除京兆功曹,在東川。"

鮮于炅　　約大曆元年(約766)

《金石錄》卷八:"《唐巴州刺史鮮于炅碑》,喬琳撰,陶千歲正書,大曆十二年七月。"《全文》卷三四三顏真卿《中散大夫京兆尹漢陽郡太守贈太子少保鮮于公(向)神道碑銘》:"〔天寶十四載〕終於官舍,春秋六十有二……有子六人……叔曰萬州刺史炅……作牧萬州,政績尤異,有詔遷祕書少監,尋又改牧巴州。"《全詩》卷二三一杜甫有《送鮮于萬州遷巴州》,鮮于萬州即鮮于炅。

于　邵　　約大曆五、六年(約770、771)

《舊書》本傳:"出爲道州刺史,未就道,轉巴州。時歲儉,夷獠數千相聚山澤,圍州掠衆,邵勵州兵以拒之。旬有三日,遣使說諭,盜邀邵面降,邵儒服出城,盜羅拜而降,圍解。節度使李抱玉以聞,超遷梓州,以疾不至,遷兵部郎中。"又見《御覽》卷三二四,《元龜》卷六八〇。《新書》本傳未及。按李抱玉大曆五年至六年兼山南西道節度使,則于邵爲巴刺約在是時。又按《元龜》卷六九四巴州作益州,誤。

揚　援　　約大曆中

《新表一下》楊氏觀王房:"援,巴州刺史。"乃開元中漢州刺史楊令珪之子。《全文》卷三五六喬琳《巴州化成縣新移文宣王廟頌并序》:"郡守楊公中和大雅,聞善若驚。""郡守楊公"當即楊援。《全詩》卷二四三韓翃有《送巴州楊使君》,疑即楊援。

崔　滂　　約代宗、德宗間

《新表二下》博陵安平第二房崔氏:"滂,巴州刺史。"乃穆宗時宰相崔植之祖父。

韋　愃　　約貞元中

《姓纂》卷二東眷韋氏閬公房："愃，巴州刺史。"《新表四上》韋氏閬公房同。乃大曆三年尚書右丞韋元甫之姪。

韋　浣(韋莓)　　約貞元中

《新表四上》韋氏龍門公房："浣，一名莓，巴州刺史。"《姓纂》卷二京兆諸房韋氏："莓，巴州刺史。"乃順宗、憲宗時宰相韋執宜之父。

韋貫之　　元和三年(808)

《通鑑・元和三年》：四月，"〔韋〕貫之再貶巴州刺史"。《舊書》本傳："元和三年……遂出爲果州刺史，道中黜巴州刺史。俄徵爲都官郎中、知制誥。"《李宗閔傳》、《新書》本傳略同。又見《元龜》卷四八一、卷六五一、《全文》卷六三九李翱《唐故金紫光禄大夫尚書右僕射致仕楊公(於陵)墓誌銘》、卷六五三元稹《上門下裴相公書》。

羊士諤　　元和三年—六年(808—811)

《全文》卷六一六孟簡《建南鎮碣記》："太山諫卿……永貞年爲讒賊所中，謫居汀州。今皇帝踐祚，宰臣論其冤濫……復歷大理評事，遽徵拜監察御史……出爲巴州刺史……理行居最，再移資州，如巴之政。今復爲洋州，課績大著……故可記也。〔元和〕十年十月十日建。"按勞格謂太山諫卿即羊士諤，見《郎官石柱題名考》卷一一。《寶刻叢編》卷一八引《復齋碑録》："唐羊士諤《遊西龕詩》，元和六年并題石壁《寒食遊眺》二詩。"按元和三年羊士諤貶資州刺史，未赴任，再貶巴州。後再移資州、洋州。元和十二年三月五日自洋州轉嚴州刺史。

喬　弁　　元和末—長慶中

《白居易集》卷五二《喬弁可巴州刺史制》："權知巴州刺史喬弁：前假符竹，俾臨巴郡。一意爲理，三年有成……可巴州刺史。"《寶刻叢編》卷一八引《諸道石刻録》："《唐刺史喬公郡齋》詩，長慶元年七月。""喬公"當即喬弁。

楊歸厚　　約長慶、寶曆間

《全文》卷六一〇劉禹錫《祭虢州楊庶子文》（大和六年作）：“五剖符竹，皆有聲績。南湘（浦）潛化，巴人啞啞，比陽布和，戰地盡闢。壽春武斷，姦吏奪魄。滎波砥平，士庶同適。朝典陟明，俾臨本州。”“南湘”乃“南浦”之訛，指萬州，宋浙本正作“浦”。“巴人”指巴州，“比陽”指唐州，“壽春”指壽州，“滎波”指鄭州。“本州”指虢州。

唐元封　　開成元年（836）

《輿地碑記目》卷四《巴州碑記》有《流杯十四詠》，注：“唐乾元戊戌，嚴鄭公武所創，大曆間盜起，地遂廢。開成丙辰，刺史唐元封復修，蓋取羊士諤《流杯十四詠》以自序爲證云。”按丙辰爲開成元年。

裴　褘　　會昌四年（844）

《輿地碑記目》卷四《巴州碑記》有《唐守巴州裴褘修廨宇記》，注：“會昌四年甲子歲立，今在郡廳。”又有《巴南新置屋宇什物石記》，注：“會昌四年，巴州刺史裴褘記。”

張　信　　大中四年（850）

《千唐誌·唐故朝散大夫巴州刺史張府君（信）墓誌銘并序》（大中四年十一月二十日）：“轉河南府陽翟令……遂遷巴州刺史……以大中四年四月廿一日終於巴州之官舍，享年六十九。”

吴初本　　大中五年（851）

《全文》卷七四九杜牧有《王晏實除齊州吴初本巴州陳侹渝州刺史等制》。

薛　逢　　大中十二年（858）

《舊書》本傳：“至大中末，〔劉〕瑑揚歷禁署，逢愈不得意，自是相怨。俄而瑑知政事……乃出爲巴州刺史……楊收作相後，逢有詩云……收聞，大銜之，又出爲蓬州刺史。收罷相，入爲太常少卿。”《新書》本傳略同。又見《唐才子傳》卷七、《唐詩紀事》卷五九。《全詩》卷八七四有《巴州薛剌史歌》，薛剌史疑即薛逢。按劉瑑大中十二年正月同平章事，五月薨，見《新書·宰相表下》。則薛逢出剌巴州當在是年。

張　禈？　　中和中？

《道光巴州志》卷五《文職》稱："張禈，中和中剌史。"按《舊書》本傳未及。《唐文拾遺》卷三三張禈中和四年三月八日《南龕題名記》署銜爲"尚書右丞判户部"，亦未及剌巴州，乃途次巴州。未知《巴州志》誤否。

李繼顔　　光化中

《道光巴州志》卷五《文職》稱："李繼顔，光化中剌史，並見《輿地碑目》。"

符道昭　　昭宗時

《舊五代史》本傳："宋文通愛之，養爲己子，名繼遠，遂易其宗……後爲巴州剌史，又奏爲隴州防禦使兼中軍都指揮使。太子迎奉昭宗，駐軍於岐下……遂來降……昭宗反正，奏授秦州節度使、同平章事。"

待考録

史　俊

《全詩》卷七五史俊小傳："官監察御史，嘗剌巴州。"收《題巴州光福寺楠木》一首。《輿地碑記目》云：史俊《寄嚴侍御楠木》詩，在南龕，今尚字迹完好，與嚴武詩同刻一龕。

卷二一五　蓬州（咸安郡、蓬山郡）

　　武德元年置蓬州，因周舊名。天寶元年改爲咸安郡。至德二載改爲蓬山郡。乾元元年復爲蓬州。領縣七：安固（良山）、大寅、伏虞、儀隴、宕渠、咸安、大竹。

周仲隱　　武德四年—貞觀六年（621—632）

　　上圖藏拓片《大唐故上柱國通直散騎常侍使持節唐州諸軍事唐州刺史平輿縣開國公周府君（仲隱）墓誌銘并序》：“武德四年，蒙授柱國、平州刺史……其年，又遷蓬州刺史……貞觀六年，改授浦州諸軍事浦州刺史……十一年遷雅州諸軍事雅州刺史……廿一年改授使持節唐州諸軍事唐州刺史……以貞觀廿三年正月廿日薨於官舍，春秋六十九。”

鄭文表　　貞觀中

　　《新表五上》南祖鄭氏：“文表，蓬州刺史。”乃隋閬州刺史鄭士則之子。按貞觀十五年百濟王扶餘璋死，命祠部郎中鄭文表册其子義慈爲柱國、紹王，見《新書·東夷·百濟傳》。

吴師□　　總章二年（669）

　　昭陵博物館 1965 年出土《吴黑闥碑》：貞觀二年宕州刺史，六年除右武衛將軍，永徽元年茂州都督，二年又遷洪州都督。□□二年歲次己巳……總章二年葬……有子師盛，姚州都督；師□，蓬州刺史。

陸敬義　　約高宗時

《姓纂》卷一〇陸氏："敬義，蓬州刺史。"《新表三下》陸氏同。乃高宗時宰相陸敦信之兄。

裴思敬(裴思明)　　武后時？

《新表一上》洗馬裴氏："思敬，一名思明，蓬州刺史。"乃河東太守裴思義之堂弟。

竇希瓛　　約開元中

《姓纂》卷九河南洛陽竇氏："希瓛，蓬州刺史。"《新表一下》竇氏三祖房同。乃高祖相竇抗之曾孫，慈州刺史竇孝德之子。

柳鄭卿　　約天寶中

《姓纂》卷七河東解縣柳氏："鄭卿，咸安太守。"《新表三上》柳氏同。

封　議　　約天寶末

《千唐誌·唐梁州城固縣令渤海封君(揆)墓誌銘并叙》(貞元二年七月二十二日)："皇考諱議，蓬、集、閬、明四州刺史。君即明州府君□冢嗣也。年肇弱冠，中原無象，豺狼塞路，華夏始戎。"揆卒貞元丙寅歲(二年)七月六日，春秋五十□。

嚴　某　　廣德元年(763)

《全詩》卷二二八杜甫《行次鹽亭縣聊題四韻奉簡嚴遂州蓬州兩使君諮議諸昆季》注："嚴震及弟礪皆梓州鹽亭人。"按黃鶴注及浦起龍《讀杜心解》謂此詩廣德元年作。仇兆鰲注："諮議諸昆季，蓋嚴震及礪也。其嚴遂州、蓬州二使君名，不可考矣。"

魏　隋　　約代宗時

《新表二中》館陶魏氏："隋，蓬州刺史。"乃太宗相魏徵曾孫，監察御史魏明之弟。

薛　頊　　約大曆中

《新表三下》薛氏："頊，蓬州刺史。"乃汝南太守薛愿之姪。

韋　岷　　大曆中？

《姓纂》卷二東眷韋氏彭城公房："岷，蓬州刺史。"乃武后初地官尚書、同平章事韋方質之孫。

陳　某　　約貞元初期

《全文》卷三九五劉太真《顧著作宜平里賦詩序》："前相國宜城伯夏官卿博陵公陳蓬州，藏用上人，賢顧君而訪之。"

嚴　堅　　貞元中？

《全文》卷五〇五權德輿《唐故山南西道節度營田觀察處置等使開府儀同三司檢校尚書左僕射同中書門下平章事兼興元尹上柱國馮翊郡王贈太保嚴公（震）墓誌銘并序》："初，公從父兄侁，以含章好義，歷中執法，剖符盧山。同氣曰堅、曰霽、曰霆，皆卿才也。堅爲盛山、咸安二郡守；霽以殿中侍御史介於岷峨。"

龐　説　　元和七年（812）

《姓纂》卷一南安潁州龐氏："説，今蓬州刺史。"按《元龜》卷七〇〇稱：龐説爲忠州刺史，元和十年貶端州司馬。蓋自蓬州移忠州，刺蓬當爲元和七年《姓纂》修撰時見官。

吴　暐　　約長慶元年（約 821）

《白居易集》卷五一《王計除萊州刺史吴暐除蓬州刺史制》。

裴　洌　　約寶曆、大和間

《全文》卷六九三李虞仲《授裴洌郭嘘等諸州刺史制》："前守蓬州

刺史……裴浰……可守衡州刺史。”

王新豐 約文宗、武宗間

《新表二中》琅邪王氏：“新豐，蓬州刺史。”乃元和十四年沂海觀察使王遂之子。

吳 從 約大中五年（約851）

《全文》卷七四九杜牧《吳從除蓬州賈師由除瓊州蕭蕃除羅州刺史等制》：“柳州刺史、上柱國、賜紫金魚袋吳從等……可依前件。”

吳 延 大中七年（853）

《輿地碑記目》卷四《蓬州碑記》有《福緣寺唐碑》，注：“唐大中七年，蓬州刺史吳延述。”

李弘毅 大中時？

《新書·宗室世系表下》讓皇帝房：“蓬、劍、滁、光等州刺史弘毅。”按其父李從易大和九年爲嶺南節度，開成元年十二月卒於任，見《舊紀》。

薛 逢 咸通四年（863）

《舊書》本傳：大中末，“出爲巴州刺史……楊收作相後，逢有詩云：‘須知金印朝天客，同是沙堤避路人……’收聞，大銜之，又出爲蓬州刺史。收罷相，入爲太常少卿。”《新書》本傳：“〔楊〕收輔政，逢有詩微辭譏訕，收銜之，復斥蓬、綿二州刺史。收罷，以太常少卿召還。”又見《唐詩紀事》卷五九，《唐才子傳》卷七。按楊收咸通四年五月拜相；七年十月，檢校工部尚書、宣歙池觀察使，見《新書·宰相表下》。則薛逢爲蓬刺當在咸通四年。

孫 讜 約咸通八、九年（約867、868）

《新表三下》孫氏：“讜，蓬州刺史。”《芒洛四編》卷六《唐故朝議郎前守蓬州刺史樂安孫府君(讜)墓誌銘并序》:"授河南府士曹參軍,考終赴調,復任新安令……蒙恩拔授蓬州刺史。郡罷東歸……以其年五月五日終於東都會節里之私第,享年六十。"據岑仲勉《續貞石證史‧孫讜誌立年考》推測,讜之卒當在咸通九年,則其爲蓬刺當在咸通八、九年間。

孫　玩　　咸通中?

《新表三下》孫氏:"玩,蓬州刺史。"乃孫簡之姪,孫讜之堂兄弟。

費　存　　乾寧二年(895)

《新書‧昭宗紀》:乾寧二年十二月"甲申,閬州防禦使李繼雍、蓬州刺史費存、渠州刺史陳璠叛附於王建"。《通鑑‧乾寧二年》《十國春秋‧前蜀高祖本紀》同。

待考録

章志檢

《姓纂》卷二京兆諸房韋氏:"蓬州刺史章志檢,稱閬後。"

馮嘉勛

《姓纂》卷一京兆馮氏:"師訓生嘉勛,蓬州刺史。"

卷二一六　閬州（隆州、閬中郡）

隋巴西郡。武德元年改爲隆州。先天元年改爲閬州。天寶元年改爲閬中郡。乾元元年復爲閬州。領縣九：閬中、晉安、南部、蒼溪、西水、奉國、新井、新政、岐坪。

李士都　　約貞觀中

《新書·宗室世系表上》定州刺史房："濟南鼎公、隆州刺史士都。"乃後周申、衛二州刺史李慧之子，嗣楚王靈夔之伯父。

崔萬善　　約貞觀中

《新表二下》第二房崔氏："萬善，閬州刺史、成安縣男，謚曰信。"《楊炯集》卷一〇《左武衛將軍成安子崔獻行狀》："父萬善，皇朝左監門將軍、持節隆州諸軍事守隆州刺史、上護軍、成安縣開國男。"

薛敬仁　　貞觀中？

《新表三下》薛氏："敬仁，閬州刺史。"乃丹州刺史薛瓖之伯父。

王　欽　　約貞觀中

《千唐誌·大唐故蔚州刺史兼橫野軍使上柱國王府君（元琰）墓誌并序》（開元廿七年二月十日）："曾祖欽，隆州刺史。祖都，涼州長史。考方平，幽州刺史。"元琰卒開元二十四年，春秋六十六。

李靈夔　　永徽六年（655）

《舊書》本傳：“永徽六年，轉隆州刺史，後歷絳滑定等州刺史、太子太師。”又見《元龜》卷二八一。《新書》本傳未及。按《新書・李元嘉傳》：“及天后臨朝攝政，欲順物情，乃進授元嘉爲太尉……隆州刺史、魯王靈夔爲太子太師。”此“隆州”當爲“絳州”之誤。《則天皇后紀》稱：弘道元年十二月庚午，“絳州刺史、魯王靈夔爲太子太師”，可證。

鮮于匡紹　　約儀鳳初

《姓纂》卷五漁陽鮮于氏：“匡紹，閬、同、河、利四州刺史。”《元龜》卷六七三：“鮮于〔匡〕紹爲隆州刺史，高宗儀鳳中爲同州刺史。”按《元龜》卷八九九誤作“降州刺史”。《全文》卷三四三顏真卿《中散大夫京兆尹漢陽太守贈太子少保鮮于公（仲通）神道碑銘》：“〔其先〕通議大夫匡贊，生士簡、士迪，並早孤，爲叔父隆州刺史匡紹所育。”卷四二三于邵《唐劍南東川節度使鮮于公經武頌》：“粤有高祖父康紹（匡紹），後牧于閬，解印寓於新政縣。”又見《唐文續拾》卷四韓雲卿《鮮于氏里門碑并序》。北圖藏拓片《大唐故左衛翊府左郎將趙府君夫人漁陽縣太君鮮于氏墓誌銘并序》（貞元四年十一月二十二日）：“叔曾祖匡紹，剖符閬中。”

李元嬰　　調露中—弘道元年（?—683）

《舊書》本傳：“後起授壽州刺史，轉隆州刺史。弘道元年，加開府儀同三司，兼梁州都督。”《新書》本傳略同。又見《元龜》卷二八一。《全詩》卷二二八杜甫《滕王（元嬰）亭子》詩原注：“亭在玉臺觀內。王，高宗調露年中，任閬州刺史。”

王德素　　約高宗時

《新表二中》琅邪王氏：“德素，閬州刺史。”乃吏部郎中王續之子，西臺舍人王德本之兄。《千唐誌・大唐故朝散大夫譙郡司馬琅邪王府君（秦客）墓誌銘并序》（天寶二年十月二十日）：“祖德素，皇銀青光禄大夫、閬中郡太守。父豫，皇侍御史、屯田郎中、正議大夫、東陽郡太守。府君即東陽第二子也。"天寶二年卒，春秋七十三。

章　斑　　約高宗、武后間

《姓纂》卷二東眷韋氏彭城公房："斑，閬州刺史。"按《新表四上》東眷韋氏彭城公房："斑，倉部郎中。"乃魏王府長史慶植之子。

李素節　　文明元年（684）

《舊書·李上金傳》："文明元年，上金封畢王，素節封爲葛王；又改上金封爲澤王、蘇州刺史；素節許王、隆州刺史。"兩《唐書》本傳未及。

于知微　　約聖曆中—久視元年（？—700）

《全文》卷二〇六姚崇《兗州都督于知微碑》："神功之歲，復除恒、閬二州刺史……久視元年，又改授揚州大都督府長史。"

劉　浚　　開元三年（715）

《廣記》卷一〇四引《報應記》："唐吕文展，開元三年任閬中縣丞，雅好佛經……在閬中時，屬亢旱，刺史劉浚令祈雨。僅得一遍，遂獲沛然。"

賈　璿（賈彦璿）　　約開元中

《舊書·忠義下·張巡傳》："禄山之亂，巡爲真源令……與單父尉賈賁各召募豪傑，同爲義舉……賈賁者，故閬州刺史璿之子也。"《新書·張巡傳》略同。《唐文拾遺》卷二四李文則《大唐故宣州宣城縣尉李府君夫人賈氏（嬪）墓誌并序》："烈考彦璿，朝請大夫、閬州刺史。"夫人卒建中二年二月十二日，春秋七十六。又見《金石補正》卷六五，《常山貞石志》卷一〇。據誌，夫人生神龍二年，其父仕開元中，時代正合，疑即其人。又按《古刻叢鈔·李無慮誌》（開元十七年），工部員外郎賈彦璿撰。又開元四年爲殺蝗使，

2781

見《會要》卷四四。

溫　續？（溫績？）　　玄宗時？

《新表二中》溫氏：“續，閬州刺史、虞公。”乃太宗時宰相溫彥博之曾孫。按《姓纂》卷四太原祁縣溫氏稱：“績，閬州刺史、虞公。”《新表》溫續弟績，未署官職。

封　議　　約肅宗時

《千唐誌·唐梁州城固縣令渤海封君（撰）墓誌銘并叙》（貞元二年七月二十二日）：“皇考諱議，蓬、集、閬、明四州刺史。”封撰卒貞元二年七月，春秋五十□。按《封撰墓誌》，撰弱冠時即遭安史之亂，封議刺閬或在此後不久。

劉　秩　　乾元元年（758）

《通鑑·乾元元年》：六月，“前祭酒劉秩貶閬州刺史”。《舊書·房琯傳》：“乾元元年六月詔曰……〔劉〕秩可閬州刺史。”又見《全文》卷四二肅宗《貶房琯劉秩嚴武詔》。《新書》本傳：“至德初，遷給事中。久之，出爲閬州刺史。貶撫州刺史，卒。”

王　某　　廣德元年（763）

《全文》卷三五九杜甫《爲閬州王使君進論巴蜀安危表》。《全詩》卷二二七杜甫有《陪李（一作章）梓州王閬州蘇遂州李果州四使君登惠義寺》，卷二二八有《王閬州筵奉酬十一舅惜別之作》《江寧王閬州筵餞蕭遂州》。

馬　雄　　約大曆中

《全文》卷四二九于邵《田司馬傳》：“會安禄山以范陽叛，潼關失守，有詔御史中丞郭英乂專制隴右，未及下車，表渭川隴西縣令……郭公嘗按部至邑，見其治理，褒嘆良久……今閬州刺史馬雄，參謀軍事，亦幕之良也，時有序述。”

劉賓實　　約大曆中

　　《姓纂》卷五沛國相縣劉氏："賓實,閬州刺史。"乃蒲州刺史劉希逸之子。

馬　炫　　大曆中

　　《舊書》本傳："田神功鎮汴州,奏授節度判官、檢校兵部郎中。轉連州刺史,徵拜吏部郎中,又出爲閬州刺史,入爲大理少卿。建中初,爲潤州刺史。"《新書》本傳未及。《隋唐五代墓誌匯編·洛陽卷》第十二册《唐故銀青光禄大夫兵部尚書上柱國漢陽郡公贈太子少保馬公(炫)墓誌銘并序》(貞元八年二月十七日):"轉郢州刺史……徵拜檢校吏部郎中,俄而出守閬州,復如東平之理,遷大理少卿。"貞元七年卒,春秋七十九。

盧　安　　大曆中?

　　《新表三上》盧氏："安,倉部郎中、閬州刺史。"《郎官柱》倉部員外有盧安,在張惣後,李速前。

韋　瀚　　貞元初?

　　《姓纂》卷二東眷韋氏鄭公四房:"瀚,閬州刺史。"《新表四上》韋氏郿公房同。乃開元中梓州刺史韋抱貞之姪。按《隋唐五代墓誌匯編·陝西卷》第二册《唐故同州澄城縣主簿韋府君(孟明)墓誌銘》(元和三年十一月二十四日):"成紀生閬州刺史諱瀚……君即閬州第四子也。"元和三年卒,享年三十九。則韋瀚刺閬疑在貞元初。

孟　翔　　貞元四年(788)

　　北圖藏拓片《大唐故左衛翊府左郎將趙府君夫人漁陽縣太君鮮于氏墓誌銘并序》(貞元四年十一月二十二日):"閬州刺史平昌縣開國男孟翔撰。"

徐　瑒　　約貞元中

　　《姓纂》卷二諸郡徐氏:"瑒,閬州刺史。"乃貞元八年河南府功曹參軍徐頊弟。

裴 嬰 約貞元中

《新表一上》南來吳裴氏：“嬰，閬州刺史。”乃大曆初禮部尚書裴士淹之子。

顏 防 貞元中？

《會要》卷七九：“謚法上……穆……故閬州刺史顏防。”按《寶刻叢編》卷七引《京兆金石錄》有《同州刺史顏防墓誌》，元和四年。《姓纂》卷四琅邪江都顏氏：“防，同州刺史。”《吳興談志》卷一四：“顧（顏）防，永貞元年四月自澧州刺史授，除常州刺史。”此“閬州”未知誤否。

鄭 彙 貞元末

《酉陽雜俎》前集卷一一：“慈恩寺僧廣升言，貞元末，閬州僧靈鑒善彈，其彈丸方……鄭彙爲刺史，時有當家名寅……常詣靈鑒角放彈。”又見《廣記》卷二二七引。

韓 述 約元和中

《新表三上》韓氏：“述，都官郎中、閬州刺史。”乃德宗時宰相韓滉之姪。

李正卿 約寶曆元年（約825）

《輿地碑記目》卷四《隆州碑記》：“《文宣王廟碑》，在貴平縣縣學，長慶五年，刺史李正卿撰，尹太階書。”《千唐誌·唐故綿州刺史江夏李公（正卿）墓誌銘并序》（會昌四年十二月十九日）：“憲宗問守宰善政……拜成都令，遷陵、閬二郡刺史，入爲少府少監。文宗思共理者，復用爲邛州刺史……後自江陵少尹拜安州刺史。”李正卿卒會昌四年四月十一日，享年七十四。

【權　璩　　大和九年(835)(未之任)】

《新書》本傳:"及〔李〕宗閔貶,璩屢表辨解,貶閬州刺史。文宗憐其母病,徙鄭州。"《元龜》卷一四七:"〔大和〕九年八月,以責授閬州刺史權璩爲鄭州刺史。"按《舊書·文宗紀下》稱:大和九年八月"甲午,貶中書舍人權璩爲鄭州刺史"。蓋其初貶閬州,未發而改鄭州。

高元裕　　大和九年(835)

《舊書·文宗紀下》:大和九年八月"壬寅,貶中書舍人高元裕爲閬州刺史"。《通鑑·大和九年》八月同。又見兩《唐書》本傳。《全文》卷七六四蕭鄴《大唐故吏部尚書渤海高公(元裕)神道碑》:"李訓、鄭注貽禍□亂……出公爲□(閬)州刺史。注敗,復入爲諫議大夫。"《廣記》卷四○五引《集異記》:"襄漢節度使渤海高元裕,大和九年自中書舍人牧閬中。"按《全文》卷九三三杜光庭《歷代崇道記》稱:"文宗開成二年五月,中書舍人高元裕爲閬州刺史。"疑誤。《雲笈七籤》卷一一八《自然石文老君降雨驗》:"閬州石壁自然石文老君像。中書舍人高元裕責授閬州刺史,是歲大旱,元裕禱祈山川。"

李敬彝　　大中初?

《千唐誌·唐故郢州壽張縣尉李君(珪)墓誌銘兼序》(大中七年七月二十日):"烈考敬彝,皇隨州刺史……治郡如治家,故衢人、閬人、隨人仰其蘇活。"李珪卒大中七年五月十五日,享年三十五。

陳敬珣　　中和中

《新書·陳敬瑄傳》:"黃巢亂,僖宗幸奉天……帝次綿州,敬瑄謁於道,進酒,帝三舉觴,進檢校左僕射、同中書門下平章事……以弟敬珣爲閬州刺史。"按廣明元年三月,敬瑄代崔安潛爲劍南西川節度;中和三年九月兼中書令,進爵潁川郡王,見《通鑑》。則其弟珣爲閬刺當在中和中。

楊茂實(楊行遷)　　光啓三年(887)

《通鑑·光啓三年》:三月,"〔王建〕襲閬州,逐其刺史楊茂實而據之,自稱防禦使"。又見《十國春秋·前蜀高祖本紀》及《張虔裕傳》。
按《新五代史·王建傳》作"楊行遷"。

王 建 光啓三年—龍紀元年(887—889)

《通鑑·光啓三年》:三月,"〔王建〕襲閬州,逐其刺史楊茂實而據
之,自稱防禦使"。又見《十國春秋·前蜀高祖本紀》及《張虔裕傳》。
《舊書·田令孜傳》:"昭宗即位,三川大亂,詔宰相韋昭度鎮西川,
陳敬瑄不受代。令孜引閬州刺史王建爲援……〔建〕遂遣使上表,請討
陳敬瑄以自效。"又見兩《唐書·韋昭度傳》,《新書·昭宗紀》。

李繼雍 乾寧二年(895)

《通鑑·乾寧二年》:"十二月甲申,閬州防禦使李繼雍、蓬州刺史
費存、渠州刺史陳璠各帥所部共奔王建。"又見《新書·昭宗紀》,《十
國春秋·前蜀高祖本紀》。

唐彥謙 昭宗時

《舊書》本傳:"光啓末,王重榮爲部下所害……時楊守亮鎮興元,
署爲判官。累官至副使,閬、壁二郡刺史。"《新書》本傳略同。又見
《元龜》卷八四一,《唐才子傳》卷九。《新表四下》唐氏:"彥謙,字茂
業,河中、興元節度副使,晉、絳、閬、壁四州刺史。"

待考録

房 誕

《會要》卷二一:"昭陵陪葬名氏……衛尉卿房光敏并男閬州刺史
誕。"《長安志》卷十六昭陵陪葬三品五十三:"衛尉卿房光敏,子閬州
刺史誕。"

沈 逵

《姓纂》卷七吳興武康縣沈氏:"逵,閬州刺史。"

卷二一七　果州(南充郡)

隋巴西郡之南充縣。武德四年置果州。天寶元年改爲南充郡。乾元元年復爲果州。領縣六：南充、相如、流溪、西充、郎池、岳池。

王義童　　貞觀三年(629)

《楊炯集》卷七《唐恒州刺史建昌公王公(義童)神道碑》："貞觀三年，詔遷散騎常侍，行果州刺史。"

徐孝德　　約貞觀中

《舊書·徐齊聃傳》："父孝德，以女爲才人，官至果州刺史。齊聃少善屬文，高宗時累遷蘭臺舍人……咸亨中卒，年四十餘。"《全文》卷二九一張九齡《大唐故光禄大夫右散騎常侍集賢院學士贈太子少保東海徐公(堅)神道碑銘并序》："綜生隋延州臨真令方貴，方貴生唐果州刺史孝德。"又見《全文》卷二二七張説《唐西臺舍人贈泗州刺史徐府君(齊聃)碑》。《寶刻叢編》卷八引《京兆金石録》有《唐果州刺史徐孝德碑》。又景宋鈔本《寶刻叢編》一引《集古録目》：《唐刺史徐孝德清德頌》，唐將仕郎葛玄暉撰。"君名孝德，字順孫，高半昌邑人，嘗爲沂州刺史，後終於果州刺史，而沂州人爲立此碑，以顯慶五年立"。

薛敬德　　約貞觀中

《新表三下》薛氏："敬德，果州刺史。"乃閬州刺史薛敬仁之弟。

吳敬仲　　約貞觀中

《姓纂》卷三濮陽鄄城吳氏：“果州刺史吳敬仲，亦雲隱之後。”乃大曆中使吐蕃之諫議大夫吳損之之高祖。《隋唐五代墓誌匯編·陝西卷》第一册《大唐故右威衛兵曹參軍吳府君（巽）墓誌銘并序》（天寶七載十月二十四日）：“王父敬仲，大父元愷，繼至果州刺史。”巽卒天寶六載，享年三十八。

高敬言　　高宗時

《千唐誌·唐故銀青光禄大夫行光禄少卿上柱國渤海郡開國公高府君（懲）墓誌銘并序》（開元十八年）：“祖敬言，皇朝給事中，户部侍郎，吏部侍郎，果、穀、虢、許四州刺史。”《廣記》卷二二一引《定命録》：“〔高〕士廉云，〔高〕敬言甚無景行……則天怪怒，乃出爲果州刺史……後朝廷知屈，追入爲刑部侍郎，至吏部侍郎。忽患風，遂除虢州刺史。”

騫　基　　約高宗時

《隋唐五代墓誌匯編·陝西卷》第一册《唐故撫州南城縣令上柱國騫府君（思哲）誌銘并序》（景雲元年十一月二日）：“父基，皇朝大理正，太子家令，河南縣令，坊、延、朗、利、果五州刺史……公即果州府君之第六子也。”思哲卒景龍三年，春秋六十。又見《騫思泰墓誌》（開元九年二月七日）、《騫如珪墓誌》（開元十八年十一月二十二日）。

元仲宣　　武后時？

《隋唐五代墓誌匯編·陝西卷》第四册《元懷暉墓誌銘并序》（建中元年十月十九日）：“曾祖仲宣，皇果州刺史。”懷暉卒大曆十一年，未言享年。

吳元愷　　武后時？

《隋唐五代墓誌匯編·陝西卷》第一册《大唐故右威衛兵曹參軍吳府君（巽）墓誌銘并序》（天寶七載十月二十四日）：“王父敬仲，大父元愷，繼至果州刺史。"巽卒天寶六載，享年三十八。

于知微　　約萬歲登封元年（約 696）

《全文》卷二〇六姚崇《兗州都督于知微碑》："長壽二年，制授鄂州刺史。無何，又累除道、利二州刺史……有果州流溪縣丞邢曇之等聞公政術，深思拯庇……曇之因使入京，乃以父老等狀上請，情詞懇到……天心乃降優旨，授公檢校果州刺史……神功之歲，復除恒、閬二州刺史。"

李　湛　　中宗時

《新書》本傳："武后徙上陽宮，留湛宿衛。頃之，復爲右散騎常侍，賜鐵券。〔武〕三思惡之，貶果州刺史。歷洺、絳二州，累遷右領軍大將軍。開元十年卒。"《舊書》本傳未及。《郎官柱》司封郎中有李湛，在田幹之後，孟知禮前。

李道堅　　約睿宗時

《舊書・李靈夔傳》："次子藹，封范陽王……藹子道堅爲嗣魯王……景龍四年，加銀青光祿大夫，歷果、隴、吉、冀、洺、汾、滄等七州刺史，國子祭酒。開元二十二年，兼檢校魏州刺史。"又見《元龜》卷二八一。

王子麟　　約先天中

北圖藏拓片《大唐故正議大夫行光祿寺少卿太原王府君（子麟）墓誌銘并序》（開元六年正月十四日）："歷……黃、沔、歙、果四州刺史，左衛中郎將，潭、越貳府都督，光祿少卿。"開元五年卒，春秋五十八。按開元二年由右衛中郎將爲越州都督，遷光祿少卿，見《會稽掇英總集・唐太守題名》。

鍾紹京　　開元二年（714）

《通鑑・開元二年》：閏二月戊子，"貶〔鍾〕紹京爲果州刺史"。七月,"果州刺史鍾紹京心怨望,數上疏妄陳休咎;乙巳,貶溱州刺史"。《新書》本傳:"玄宗即位,復拜户部尚書,增實封,改太子詹事。不爲姚崇所喜,與〔劉〕幽求並以怨望得罪,貶果州刺史……後坐它事,貶懷恩尉。"按《舊書》本傳稱"左遷綿州刺史"。

路晚金　開元中?

《姓纂》卷八京兆三原路氏:"晚金,果州刺史。"《新表五下》路氏同。乃貞觀時平、愛、泰(秦)三州刺史路文昇之孫,廣州都督路元濬少子。

敬　括　天寶末

《舊書》本傳:"天寶末,宰臣楊國忠出不附己者,括以例爲果州刺史。累遷給事中、兵部侍郎、大理卿。"《新書・敬晦傳》:"祖括,字叔弓,進士及第,遷殿中侍御史。楊國忠惡不諧己,外出果州刺史。"又見《唐詩紀事》卷一九。

鄭　某　玄宗時

《全詩》卷一二六王維有《鄭果州相過》。

楊齊曾　至德二載(757)

《新書・肅宗紀》:至德二載六月"丁酉,南充郡民何滔執其太守楊齊曾以反,劍南節度使盧元裕敗之"。又見《通鑑・至德二載》六月。

王　滔　肅宗、代宗間?

《新表二中》京兆王氏:"滔,果州刺史。"乃丹王傅王何之父。按丹王乃代宗子逾,據《舊書・李逾傳》,建中四年封丹王,元和十五年薨。由此知王何仕貞元、元和間,則其父滔約仕肅宗、代宗間。

李　某　廣德元年(763)

《全詩》卷二二七杜甫有《陳李(一作章)梓州王閬州蘇遂州李果

州登惠義寺》。"章梓州",當指章彝,廣德元年爲梓州刺史。

喬　琳　　大曆中

《舊書》本傳:"爲劍南東川節度鮮于叔明判官。改檢校駕部郎中,果、遂、綿三州刺史,兼御史中丞。入爲大理少卿、國子祭酒。出爲懷州刺史。"《新書》本傳略同。

韋　瑶　　大曆中?

《姓纂》卷二京兆杜陵西眷韋氏:"素立兄孫瑶,果州刺史。"《新表四上》韋氏平齊公房同。乃鳳州刺史韋仁爽之孫,武后相韋弘敏之姪孫。

杜　隋(杜隨)　　大曆中?

《姓纂》卷六京兆杜氏:"隋,果州刺史。"《新表二上》襄陽杜氏作"隨,果州刺史"。乃大曆五年京兆尹杜濟之同祖兄弟。

李　端　　建中初

《廣記》卷六六引《集仙録》:"謝自然者……居果州南充,舉孝廉,鄉里器重。建中初,刺史李端,以試祕書省校書表爲從事。"

白志貞　　貞元二年—三年(786—787)

《舊書·德宗紀上》:貞元二年七月"辛卯,以開州別駕白志貞爲果州刺史"。《通鑑·貞元三年》:二月,"上以果州刺史白志貞爲浙西觀察使"。《舊書》本傳:"貞元二年,遷果州刺史……貞元三年,遷潤州刺史、兼御史大夫、浙西觀察使。"《新書》本傳略同。又見《元龜》卷三一七。

趙　珉　　貞元四年(788)

北圖藏拓片《大唐故左武衛翊衛府左郎將趙府君夫人漁陽縣太君鮮于氏墓誌銘并序》(貞元四年十一月二十二日):"長子珉,中散大夫檢校太府少卿兼果州刺史成紀縣開國男。"

韋　誕(韋証)　　約貞元五年—六年(約 789—790)

《姓纂》卷二東眷韋氏彭城公房:"誕,果州刺史。"《新表四上》韋氏彭城公房作"証,果州刺史"。《元龜》卷六三六:"〔貞元七年八月〕尚書左丞趙退翁言,前薦果州刺史韋誕坐贓廢,請降其考。"《會要》卷五八、卷八一同。又見《新書·趙憬傳》。按《元龜》《會要》並稱趙憬前薦果州刺史,當是貞元七年前之事。

韓　佾　　貞元六年—七年(790—791)

《廣記》卷六六引《集仙録》:"謝自然者……居果州南充……〔貞元〕六年四月,刺史韓佾至郡,疑其妄……七年九月,韓佾興於大方山,置壇,請程太虛具三洞籙。十一月,徙自然居於州廟。"證知韓佾七年十一月尚在任。《姓纂》卷四昌黎棘城縣韓氏:"佾,果州刺史。"《郎官柱》主客員外有韓佾,在李崟後,裴佶前。【補遺】《唐故內玉晨觀上清洞三景法師賜紫大德仙官銘並序》(大和五年四月廿二日):"仙師姓韓氏,諱自明。……父佾,果州刺史。"(周紹良、趙超《唐代墓誌匯編續集》,上海古籍出版社 2001 年版)

辛巢父　　貞元中?

《姓纂》卷三隴西狄道辛氏:"巢父,果州刺史。"按《全詩》卷二七〇戎昱有《同辛兗州巢父虛(盧)副端岳相思獻酬之作》,又卷二七四戴叔倫名下又重出此詩,同卷戴叔倫有《暮春遊長沙東湖贈辛兗州巢父二首》。

李　堅　　貞元九年—十一年(793—795)

《廣記》卷六六引《集仙録》:"謝自然者……居果州南充……貞元九年,刺史李堅至。"《全詩》卷三三六韓愈《謝自然詩》序:"果州謝真人上升在金泉山,貞元十年十一月十二日白晝清舉,郡守李堅以聞,有詔褒諭。"《全文》卷五〇二權德輿《朝散大夫守司農少卿賜紫金魚

袞隴西縣開國男李公（堅）墓誌銘并序》：“〔貞元〕九年，授果州刺
史……十一年，以課最陟爲司農少卿。”又見卷九三三杜光庭《歷代崇
道記》。《輿地碑記目》卷四《廣安軍碑記》有《鶴棲山古碑》，注：“其大
略云，唐貞元十年，歲在甲戌，果州女子謝自然白日升仙，刺史李堅以
狀聞，又爲之傳。”

暢　當　　貞元中

《新書》本傳：“貞元初，爲太常博士……以果州刺史卒。”又見《唐
詩紀事》卷二七，《唐才子傳》卷四。

【韋貫之　　元和三年(808)(未之任)】

《舊書》本傳：元和三年，“出爲果州刺史，道中黜巴州刺史。俄徵
爲都官郎中、知制誥”。《李宗閔傳》及《新書》本傳略同。《通鑑·元
和三年》：四月，“〔韋〕貫之爲果州刺史，後數日，貫之再貶巴州刺史”。
又見《御覽》卷六二七，《元龜》卷四八一、卷六五一，《會要》卷七六，
《白居易集》卷五八《論制科人狀》。

崔　韶　　元和十一年—十三年(816—818)

《舊書·憲宗紀下》：元和十一年九月辛未，“禮部員外郎崔韶爲
果州刺史”。《元龜》卷九三三同。《白居易集》卷一六有《聞李十一出
牧澧州崔二十二出牧果州因寄絶句》，又《東南行一百韻寄通州元九
侍御澧州李十一舍人果州崔二十二使君開州韋大員外》“次第出京
都”句下原注：“〔元和〕十年春，微之移佐通州。其年秋，予出佐潯陽。
明年冬，杓直出牧澧州，崔二十二牧果州，韋大牧開州。”《全詩》卷四
〇七元稹《酬樂天東南行詩一百韻并序》：“〔元和〕十三年，予以赦當
遷，簡省書籍，得是八篇，吟嘆方極，適崔果州使至。”

崔玄亮　　元和中？

《全詩》卷四九六姚合《送崔玄亮赴果州冬夜宴韓卿宅》：“華省思
仙侶，疲民愛使君。”按兩《唐書》本傳未及爲果州事。

劉　坦　　大和三年（829）

《元龜》卷三〇七：“劉坦爲駙馬都尉，文宗大和三年任隴州刺史，於本道節度使禮不恭，爲其所舉，降爲果州刺史，又潛入京，詔下臺司鞫問，翌日放歸私第，尋除硤州刺史，馳驛赴任。”

韋公肅　　大和五年（831）

《輿地碑記目》卷四《順慶府碑記》有《唐金泉山仙居述》，注：“唐大和五年，果州刺史韋公肅文，在山上。”《新書》本傳未及。

李承休　　會昌、大中間？

《全文》卷八三二錢珝《授李褒刺史等制》：“承休前理蜀川，頗聞嘉績，是可分我符竹，光於省闥……承休可果州刺史。”按李褒約會昌末大中初爲虢刺，疑此制非錢珝作。

鄭承休　　大中三年（849）

《嚴州圖經》卷一題名：“鄭承休，大中三年十月自果州刺史拜。”

王贄弘　　大中五年—六年（851—852）

《通鑑·大中五年》：十月，“蓬、果群盜依阻鷄山，寇掠三川；以果州刺史王贄弘充三川行營都知兵馬使以討之”。《大中六年》：“春二月，王贄弘討鷄山賊，平之。”

王宗壽　　乾寧初

《九國志》本傳：“乾寧初，〔王〕建令率所部兵平南充，遂知果州事。安輯離散，得郡牧之體。武成初封嘉王。”

張　雄（周雄）　　乾寧三年（896）

《新書·昭宗紀》：乾寧三年“閏月丁亥，果州刺史周雄叛附於〔王〕建”。按《通鑑·乾寧三年》作“張雄”。《十國春秋·前蜀高祖本紀》同。

高　爽　　約乾寧中

　　《全文》卷八三三錢珝有《授高爽果州刺史安友晟寧州刺史仍封武威縣開國子加食邑制》。

卷二一八　合州（巴川郡）

　　隋涪陵郡。武德元年改爲合州。天寶元年改爲巴川郡。乾元元年復爲合州。領縣六：新明、漢初、赤水、石鏡、銅梁、巴川。

朱　某　　　約貞觀中

　　《千唐誌•大唐故信都郡武强縣尉朱府君墓誌》（天寶十三載閏十一月十一日）：“曾祖□，合州刺史。祖弘琰，胡壁府折衝。父嘉暉，簡州安陽縣令。”府君卒天寶十三載，春秋四十九。

張柬之　　　聖曆元年（698）

　　《通鑑•聖曆元年》：六月，“鳳閣舍人襄陽張柬之……忤旨，出爲合州刺史”。又見《元龜》卷四六〇。《舊書》本傳：“神功初，出爲合州刺史，尋轉蜀州刺史。”《新書》本傳略同。疑“神功”誤，今從《通鑑》。

陳靖意　　　長安四年（704）

　　《元和郡縣志》卷三三合州銅梁縣：“長安四年，刺史陳靖意以大足川僑户輻湊，置縣。”

【李重福　　　神龍中（不領事）】

　　《新書》本傳：“神龍初，韋庶人譖與張易之兄弟陷重潤，貶濮州員外刺史，徙合、均二州，不領事。”

崔　玨　中宗時？

《新表二下》博陵崔氏第二房：“玨，合州刺史。”乃袁州刺史崔茂
之子，起居舍人崔鋭、國子司業崔令欽之父。

楊元禅　約景雲中

曲石藏《唐故鹽鐵轉運等使河陰留後巡官前徐州蘄縣主簿弘
農楊君（仲雅）墓誌銘并序》（元和十三年七月三日）：“府君即皇西
臺侍郎同東西臺三品之玄孫，宣、泗、饒、合四州使君之曾孫。”仲雅
元和十三年卒，年六十。按《新書·宰相表》：乾封二年“六月乙卯，
西臺侍郎楊武、戴至德……並同東西臺三品”。則楊某當即楊武之
子。據《新表一下》楊氏及《舊書·楊弘武傳》，其子元禅仕至宣州
刺史。

上官濟　開元十五年前（727前）

《金石録》卷六：“《唐合州刺史上官濟墓誌》，正書，無書撰人姓
名，開元十五年正月。”

趙冬曦　開元十九年—二十年（731—732）

《隋唐五代墓誌匯編·河南卷·趙冬曦墓誌》（天寶十載四月甲
申）：“轉殿中侍御史、集賢院學士，遷考功員外郎、中書舍人、太僕少
卿，以親累貶合州刺史，歷眉、濮、亳、許、宋等州刺史，弘農、滎陽、華
陰等郡太守……繼夫人同郡崔氏……春秋廿有九，開元廿年正月辛
酉薨背於合州。”冬曦天寶九載卒，春秋七十四。按崔夫人開元二十
年正月卒于合州，證知其時趙冬曦正在任。

孫希莊　開元二十三年（735）

《元和郡縣志》卷三三合州巴川縣：“開元二十三年，刺史孫希莊
奏割石鏡之南、銅梁之東置縣。”《輿地碑記目》卷四《合州碑記》有石
門彌陀像，云：“唐開元二十三年，州别駕張釗爲刺史孫希莊作。”

李咸忻 天寶中

《乾隆合州志》卷九《文職表》："李咸忻，天寶年間任。"未知何據。

韋藏鋒 天寶十四載（755）

《輿地碑記目》卷四《合州碑記》有《祭龍多山題名》："天寶十四載十月十一日大中大夫、守巴川郡太守、真寧縣開國男、上柱國、賜紫金魚袋韋藏鋒准制醮祭。"

嚴 震 上元二年（761）

《全文》卷五〇五權德輿《唐故山南西道節度兼興元尹嚴公（震）墓誌銘并序》："三命官至合州刺史，嚴黃門武時領方任……起家拜渝州刺史……遷鳳翔刺史……拜梁州刺史。"按《舊書》本傳稱："東川節度判官韋收薦震才用於節度使嚴武，遂授合州長史。"作"長史"，疑誤。《新書》本傳未及。又按嚴武上元二年爲東川節度。

蘇 某 廣德元年（763）

《全詩》卷二二〇杜甫《短歌行送祁録事歸合（一作邛）州因寄蘇使君》："幸爲達書賢府主，江花未盡會江樓。"

王 鋌 大曆三年（768）

《輿地碑記目》卷四《合州碑記》有《唐大曆王鋌石鏡題名》，注："刺史兼侍御史王鋌記。"按《蜀中名勝記》卷一八合州稱："《碑目》云，《涪内水石鏡題名》云，大曆三年，此石出，兵甲息……刺史兼侍御史王鋌記。"《乾隆合州志》卷九《文職表》謂"大曆十年題名"，疑誤。

趙延之 大曆十三年（778）

《蜀中名勝記》卷一八《重慶府銅梁縣》引《志》云："治西百步，有望仙樓，爲唐刺史趙延之建。延之刺合州，破賊有功，後得道仙去。"《乾隆合州志》卷九《文職表》謂大曆十三年任。又《宦迹》："趙延之，字孟牛，陝西西河人，大曆中任巴川令，資瀘夷寇掠縣境，延之率兵民襲破之，以功授合州刺史、兼渝合資瀘經略巡撫使。"

王　翹　建中時？

《乾隆合州志》卷九《文職表》有王翹，列於趙延之後，徐申前。又《宦迹》："王翹，字巍峨，大曆間舉賢良，任陝西鳳翔府簽判，轉刺合州。"

徐　申　貞元四年（788）

《新書》本傳："累遷洪州長史。嗣曹王皋討李希烈，檄申以長史行刺史事……遷韶州刺史……遷合州刺史……會初置景州，授刺史，賜錢五十萬，加節度副使。遷邕管經略使。"《全文》卷五〇二權德輿《金紫光禄大夫檢校禮部尚書使持節都督廣州諸軍事兼廣州刺史御史大夫充嶺南節度徐公（申）墓誌銘并序》："江漢既清，拜韶州刺史……改合州刺史……領景州刺史。"又卷六三九李翱《唐故金紫光禄大夫使持節都督廣州諸軍事兼廣州刺史充嶺南節度徐公（申）行狀》："遷韶州刺史……凡六年，遷合州。先夫人殁於江西，遭賊難未克返葬，寓於西原，公不赴合州，表請奉喪祔於河南偃師縣……遷朝散郎使持節景州諸軍事景州刺史……遷朝散大夫使持節都督邕州諸軍事守邕州刺史……是歲貞元十七年也。"按徐申貞元五年爲景州刺史。又按《全文》卷七八三穆員《奉送前合州徐使君赴上都序》："有良二千石徐公解印南國，將赴鎬京。"疑即徐申。

張　平　元和二年（807）

《全文》卷六五一元稹《彈奏劍南東川節度使狀》："諸州刺史名銜并所收色目謹具如後……合州刺史張平，元和二年加配草三千四百六十二束，三年加徵草五千六百五束。"

盧　專　元和十三年（818）

北圖藏拓片《盧專造像碑》："合州刺史盧專於西龕造彌勒（下泐），元和十三年。"

劉　温　　長慶三年(823)

《輿地碑記目》卷四《合州碑記》有《盧舍那佛二菩薩記》,注:"在石照縣之北巖,唐長慶二年刺史劉温作。"按北圖藏拓片《劉温造盧舍那佛記》:"敬造盧舍那佛一軀,菩薩二。唐長慶三年歲次癸卯三月十九日銀青光禄大夫使持節合州諸軍事行合州刺史兼御史中丞劉温。"《乾隆合州志》卷九《文職表》:"劉温,銀青光禄大夫兼御史中丞持節合州諸軍事,長慶三年鎸佛像於州北巖,自記其事。"

袁匡符　　文宗時?

《新表四下》袁氏:"匡符,合州刺史。"乃沔州刺史袁光輔之孫。

戴奇光　　大中時?

《乾隆合州志》卷九《文職表》有戴奇光,列於劉温後,王仁威前。

韋君靖　　中和四年—乾寧二年(884—895)

《金石續編》卷一二胡密《韋君靖建永昌寨》:"黄巢陷京闕……檢校御史大夫,除拜普州刺史。適值川帥效逆,將臣專征,公乃收復合州,絶其枝蔓,恩旨加右散騎常侍,除拜合州刺史。洎鄭君雄失律,廣漢山行章尚書攻圍當川,故府主太尉丞相顧公累降命旨,頻招起應……特授檢校工部尚書、當州刺史,充昌普渝合四州都指揮静南軍使……乃於景福壬子歲(景福元年)春正月卜築當鎮西北……大唐乾寧二年歲次乙卯二月癸未朔十九日辛丑記。"按"川帥效逆"指中和四年東川節度楊師立殺監軍反,鄭君雄死在光啓二年,見《新書·高仁厚傳》。"丞相顧公"當指顧彦朗,光啓三年爲東川節度、同中書門下平章事。據此知中和四年始任,直至乾寧二年。

崔　凝　　乾寧二年(895)

《唐摭言》卷一四:"乾寧二年,崔凝榜放,貶合州刺史。"《唐詩紀事》卷六七王貞白:"昭宗皇帝頗爲寒畯開路,崔合州凝典貢舉,但是子弟,無問文章厚薄,其間屈人不少。"《全文》卷九一昭宗有《貶崔凝合州刺史敕》。

顏蕘　　乾寧中

《全文》卷八三一錢珝有《授前合州刺史顏蕘禮部郎中等制》。《英華》卷七一四顏蕘《顏上人集序》："余景福中爲尚書郎,故相國陸希聲爲給事中……後數載,余罷自合江,沿峽流而下……光化三年孟夏序。"

王仁威　　乾寧四年(897)

《新書・昭宗紀》:乾寧四年十月"乙卯,合州刺史王仁威叛附於〔王〕建"。《十國春秋・前蜀高祖本紀》略同。

<h1 style="text-align:center">待考録</h1>

賈雲霄

《姓纂》卷七長樂賈氏："雲霄,唐合州刺史。"乃魏尚書賈興元孫,代居坊州中部縣。

晉撰

《姓纂》卷九平陽晉氏："後周兵部尚書魏公衍元孫撰,合州刺史。"

盧撝謙

《新表三上》盧氏："撝謙,合州刺史。"

楊師謨

《雲笈七籤》卷一一八《楊師謨修觀享壽驗》："合州慶林觀,多年摧朽……雨滴太上尊容。刺史楊師謨,夢太上示現,而左目有淚痕……因刈薙荒蕪,恢張制度,創兩殿二樓……其後師謨累典符竹,日深渥恩,凡一十一郡,享壽九十焉。"

薛壽弘

《新表三下》薛氏："壽弘,合州刺史。"乃江西觀察使薛放姪曾孫。

卷二一九　渠州（潾山郡）

隋宕渠郡。武德元年改爲渠州。天寶元年改爲潾山郡。乾元元年復爲渠州。領縣四：流江、潾水、始安（渠江）、潾山。

宋公弼　　約貞觀中

《大唐故正議大夫使持節延州諸軍事延州刺史上柱國宋府君（禎）墓誌銘并序》："曾祖虔，隨萊州司功參軍事。祖公弼，皇朝蒲州長史，渠、蔚二州刺史。父大師，洛州司法參軍事、密縣令。"禎卒神龍二年（《考古》1986 年第 5 期《河南偃師杏園村的六座紀年唐墓》）。

于立政　　永徽中？

《全文》卷二〇六姚崇《兖州都督于知微碑》："父立政，皇朝吏部郎中，國子司業，太子率更令，渠、虢二州刺史，太僕少卿。"卷二三七于知微《明堂令于大猷碑》同。卷一三七令狐德棻《大唐故柱國燕國公于君碑銘并序》："以乾封元年歲次景寅十一月癸亥朔□二□甲申葬於雍州三原縣萬壽鄉……□□，尚□□部郎中，國子司業，太子率更令，使持節渠、虢二州刺史。"按碑主當爲于志寧；爲渠、虢二州刺史者，當即志寧子于立政。顯慶元年夏于立政在虢州刺史任。

陳　璿　　約高宗時

《新表一下》陳氏："璿，渠州刺史。"乃隋番和令陳酆之子，天授二年黔州都督陳瓚之兄。

2802

李　淪　　約高宗時

《千唐誌·唐故曹州冤句縣令李府君（敬瑜）墓誌銘并序》（開元九年十二月二十九日）："祖淪，封敬陵郡王，任渠州刺史……父登，養性丘園，閉門不仕。"敬瑜卒開元九年十二月二十五日，時年六十二。

李　登　　武后時？

《隋唐五代墓誌匯編·洛陽卷》第九册《大唐故曹州冤句縣令李公（敬瑜）墓誌銘并序》（開元十一年二月十三日）："祖太衍，隨司户參軍；父登，皇朝渠州刺史。"敬瑜卒開元九年。未言享年。與上條所引另一墓誌異，姑兩存之。

劉行瑜　　天授二年前（691前）

《新書·則天皇后紀》：天授二年正月"戊寅，殺雅州刺史劉行實及其弟渠州刺史行瑜"。《舊書·史務滋傳》："天授中，雅州刺史劉行實及弟渠州刺史行瑜……並爲御史來子珣誣以謀反誅。"《來子珣傳》略同。又見《元龜》卷五二二。

鄭文亮　　約武后時

《新表五上》南祖鄭氏："文亮，渠州刺史。"乃隋殿內少監神符之孫，黃州刺史李寬之子。

郭虔友　　約武后時

上圖藏拓片《唐故中郎將獻陵使張府君夫人太原郭氏臨淄縣君墓誌銘并序》（天寶十載八月二十二日）："祖善志，大將軍，唐史有傳。父虔友，隣山郡太守……夫人即隣山府君之第二女也……以天寶十載八月九日遘疾，終於河南惠和之私第，時年七十有三。"按唐無隣山郡，疑即潾山之訛。

【補遺】郭元景　　約武后時

《洛陽新獲墓誌83·故朝散大夫國子司業守河東縣令竇伯陽夫

人太原郭氏志銘》（貞元十年七月十四日）："祖諱元景，朝議大夫行渠州刺史。父諱仙芝，朝散大夫行歸州刺史。天寶中適扶風竇伯陽爲妻。"貞元十年四月廿日卒。據此，其爲渠州刺史約在武后時。

封守静　　中宗時？

《姓纂》卷一渤海蓨縣封氏："守静，渠州刺史。"《新表一下》封氏同。乃高祖時駙馬都尉，貞觀中汝、汴、宋、淄等州刺史封言道之孫。

張　朏　　約開元末

《唐文拾遺》卷一九張回《唐故太中大夫守新定郡太守張公（朏）墓誌銘并序》："轉定州司馬、邢州長史、朝散大夫、涇州別駕……又拜渠州刺史、涪陵郡太守、零陵郡太守、臨川郡太守、新定郡太守……以天寶十載六月廿四日遇疾，薨於新定郡官舍，春秋五十有六。"

魏少游　　乾元二年（759）

《全文》卷四一八常袞《爲河南魏尹謝官陳情表》："臣少游言，伏奉恩旨，除某州刺史，尋即有替，蒙恩除臣京兆尹……以七月一日發自渠州，星言即路。"按《舊書》本傳稱："乾元二年十月……貶渠州長史，後爲京兆尹。"《新書》本傳略同。

敬　密　　貞元中？

《新表五上》敬氏："密，渠州刺史。"按其父敬括天寶末由殿中侍御史出爲果州刺史，大曆初爲同州刺史，大曆六年終御史大夫任。

崔　異　　約貞元中

《舊書・崔慎由傳》："祖異，位終渠州刺史。"又見《新表二下》崔氏南祖房，《古今姓氏書辯證》卷五崔氏。上圖藏拓片《唐故右拾遺清河崔府君與滎陽鄭氏夫人合祔墓誌銘并序》（乾寧五年八月六日）："府君諱䜣……曾祖異，皇任尚書水部員外郎、渠州刺史、贈太傅。"崔䜣卒乾寧四年八月廿日，享年三十三。又見《匋齋藏石記》卷三六。

《隋唐五代墓誌匯編‧北京卷》第二册《唐太子太保分司東都清河崔府君（慎由）墓誌》（咸通九年八月二十九日）："尚書水部員外郎渠州刺史贈太子太保諱異之孫，檢校尚書右僕射兼御史大夫淮南節度使贈太師諱從之第二子。"慎由卒咸通九年，年六十五。按崔從大和四年爲淮南節度使，六年十一月卒於任；崔從之兄崔能長慶中卒嶺南節度使任；計之其父崔異約仕貞元中。【補遺】《洛陽新獲墓誌122‧唐故朝請大夫前守太子詹事柱國清河崔公（敬嗣）墓誌銘并序》（中和三年四月十六日）："曾王父諱異，皇任渠州刺史，贈太子太保。王父諱從，皇任檢校右僕射、淮南節度使贈太師貞公。父諱彦方，皇任河南府壽安縣尉，贈右諫議大夫。……公即壽安縣尉、右諫議大夫之長子也。……廣明初載之十二月，狂寇犯闕，公乃東西避地，二年五月二十五日以疾終於蔡州寓居之第，享壽五十七。"

常仲孺　　約元和三年（約808）

　　《全詩》卷三三二羊士諤有《客有自渠州來説常諫議使君故事悵然成詠》。按《新表五下》常氏："仲孺，諫議大夫。"疑即此人。羊士諤元和三年爲巴州刺史，此詩當作於其時。

吴　某　　約元和、長慶年間

　　《全詩》卷四一四元稹有《贈吴渠州從姨兄士則》。

郭　瓊　　約大中五年（約851）

　　《全文》卷七四九杜牧有《郭瓊除渠州郭宗元除興州等刺史王雅康除建陵臺令等制》。

田　章　　約大中八年（約854）

　　《隋唐五代墓誌匯編‧陝西卷》第四册《大唐故朝議大夫檢校國子祭酒侍御史兼福王府傅瓊渠二州刺史田府君（章）墓誌銘并叙》（大中十二年閏二月二十八日）："聖心以瓊府遐遠，遂授渠州刺史，官勳如故……又遷福王府傅。"大中十年十月八日卒，享年六十九。

程 壽 咸通中

《輿地碑記目》卷四《渠州碑記》有《道德經碑》,注:"在城北紫極觀,唐咸通中州刺史程壽建立。"

陳 璠 乾寧二年(895)

《新書·昭宗紀》:乾寧二年十二月甲申,"渠州刺史陳璠叛附於王建"。《通鑑·乾寧二年》、《十國春秋·前蜀高祖本紀》同。

待考録

李 黄

《廣記》卷三六六引《聞奇録》:"渠州刺史李黄,夏日憩於小廳。"

卷二二〇　渝州（南平郡）

隋巴郡。武德元年改爲渝州。天寶元年改爲南平郡。乾元元年復爲渝州。領縣四：巴縣、江津、萬壽、南平。

薛敬仁　　*武德六年(623)*

《通鑑・武德六年》：九月“丙申，渝州人張大智反，刺史薛敬仁棄城走”。

崔　順　　*約武德、貞觀間*

北圖藏拓片《大唐故崔夫人墓誌銘》（天寶十□載九月十七日）：“曾祖諱順，使持節松、渝、□、簡、平、湖等六郡太守，左散騎常侍，襲武康公。祖諱光懋，河東郡司馬。”夫人卒天寶十□載秋七月二十二日，春秋七十二。按《新表二下》博陵安平第二房崔氏：“順，湖州刺史。”又按武德五年至八年崔順在江南道簡州刺史任。

獨孤延壽　　*貞觀中*

《千唐誌・大唐故漢州刺史獨孤公(炫)墓誌銘并序》（開元二十四年十一月二十七日）：“烈祖延壽，皇光禄，太常卿，澤、渝、湖三州刺史。”按《金石録》有《獨孤使君碑》，貞觀十九年立，云：“君諱某，字延壽。”

長孫知仁　　*顯慶中*

《新書・長孫無忌傳》：“后既立，以無忌受賜而不助己，銜之……

遂下詔削官爵封户，以揚州都督一品俸置於黔州……從弟渝州刺史知仁貶翼州司馬。"按顯慶四年四月戊辰，流長孫無忌於黔州，見《新書·高宗紀》。

高審行　永隆元年（680）

《通鑑·永隆元年》：八月，"貶〔高〕真行睦州刺史，〔高〕審行渝州刺史"。《新書·高士廉傳》："〔子〕審行自户部侍郎貶渝州刺史。"又見《元龜》卷九四一。《芒洛續編》卷下《大唐故右監門衛中郎將高府君（嶸）墓誌銘并序》："祖士廉，皇朝開府儀同三司、尚書右僕射……父審行，皇尚書右丞、雍州長史、户部侍郎、渝州刺史。"高嶸卒開元十七年五月廿七日，春秋六十。

王守真　約高宗時

上圖藏拓片《唐故滑州匡城縣令王公（虔暢）墓誌銘并序》（咸通八年二月一日）："及國朝則才冠群英、名高華省曰守真，歷倉部、膳部、左司郎中，出爲萊、渝、博、潤、滄、洪六州刺史。實生希儒……謚貞公。貞公生炅、旻、遑……炅襲華容爵，是生日雲、日霞。日雲長官同州白水丞，追贈太常少卿。少卿二子：長曰宗儒……歷左贊善大夫、壽州刺史……公即壽州之少子也……殁於官，即咸通七年六月二十二日也，享年六十六。"

劉　憲　神龍初

《舊書》本傳："神龍初，坐嘗爲張易之所引，自吏部侍郎出爲渝州刺史。俄復入爲太僕少卿。"《新書》本傳略同。又見《唐詩紀事》卷九。

李　邕　開元七年（719）

《金石萃編》卷七二《修孔子廟碑》："朝散大夫使持節渝州諸軍事守渝州刺史江夏李邕文……大唐開元七年歲在己未十月乙酉朔十五日己亥建。"又見《山左金石志》卷一二。兩《唐書》本傳未及刺渝事。

段懷本 開元二十一年(733)

《元龜》卷二四：“〔開元〕二十一年六月庚子，眉州獻寶鼎重七百斤……時渝州刺史段懷本奏。”

慕容損 約開元中

《姓纂》卷八昌黎慕容氏：“損，渝州刺史。”按《全詩》卷一二五王維有《座上走筆贈薛據慕容損》。

皇甫恂 開元中

《蜀中名勝記》卷一七重慶府：“《圖經》：‘唐刺史皇甫珣(恂)於巴縣鑿石六丈，得泉，號爲新井。’以別於舊井也。”按皇甫恂開元八年前爲益州司馬，見《舊書·蘇頲傳》；開元十三年爲錦州刺史，見《舊書·睿宗子李業傳》；又作“皇甫詢”，見《舊書·李德裕傳》引德裕奏章。

顏中和 開元中？

《全文》卷三三九顏真卿《晉侍中右光禄大夫本州大中正西平靖侯顏公大宗碑》：“十二代孫中和，渝州刺史。”

張　萱 天寶十四載(755)

《全文》卷四〇三張萱《靈石碑》：“大唐天寶十四載歲次丙申正月乙卯朔十八日壬申，半江砥石出見於外表……太守清河張公自承下車宣布皇化，邦俗一變，江月雙明，自置州郡以來，未之有也。有兹樂事，敢事記云。”

薛　舒 至德元載—二載(756—757)

《舊書·韋述傳》：“至德二年，收兩京，三司議罪，流於渝州，爲刺史薛舒困辱，不食而卒。”《新書·韋述傳》略同。《全文》卷三七五韋建《黔州刺史薛舒神道碑》：“至德初，遷渝州刺史……累遷巫、溪二州刺史……寶應初……乃拜黔州刺史。”

李之遥　乾元元年—二年(758—759)

　　《李太白文集》卷一〇有《贈從弟南平太守之遥二首》,其二自注:"南平時因飲酒過度,貶武陵。"乃乾元二年李白流放遇赦時作。

劉卞　乾元二年(759)

　　杜甫《三絕句》:"前年渝州殺刺史,今年開州殺刺史。"《草堂詩箋》卷一九注引師古云:"步將吳憐殺渝州刺史劉卞以反,杜鴻漸討平之。"以爲上元元年作此詩。

王昇　乾元三年(760)

　　《全文》卷四三五王昇小傳:"昇,乾元三年渝州刺史。"收其《靈石碑》一篇。

郭英幹　廣德二年(764)

　　《全文》卷四五七郭英幹小傳:"廣德二年,試鴻臚卿、渝州刺史兼渝合兩州招召團練使。"收其《靈石銘并序》一篇。

嚴震　大曆三、四年(768、769)

　　《舊書》本傳:"及嚴武移西川,署爲押衙,改恒王府司馬……嚴武卒,乃罷歸。東川節度使又奏爲渝州刺史,以疾免。"《新書》本傳略同。按嚴武永泰元年四月庚寅卒,見《舊紀》。《全文》卷五〇五權德輿《唐故山南西道節度兼興元尹嚴公(震)墓誌銘并序》:"李僕射叔明之至也,以前後功勞上聞。起家拜渝州刺史……移疾罷去,是歲遷鳳州(原作"鳳翔",誤)刺史。"李叔明大曆三年爲東川節度,嚴震刺渝當在三年或四年。

楊冕　大曆四年(769)

　　《全文》卷四五七楊冕小傳:"大曆四年官劍南西道節度副使,攝渝州刺史。"其《靈石頌并引》云:"今靈石見於深潭,克表清泰,攝刺史之弘農楊公之坐嘯也。頃緣馬伯南據州數月,及公下車,闡揚恩信,乃避而去。”

王□一 大曆中？

《全文》卷七一三許志雍《唐故江南西道觀察判官監察御史裏行太原王公（叔雅）墓誌銘》：“渝州刺史贈懷州刺史□一，公之王父也。”王叔雅卒元和四年正月七日，春秋五十五。又見《古刻叢鈔》。

任 超 大曆十四年—建中四年（779—783）

《全文》卷六一八任超《靈龜王碑》：“余誠不才，位忝州牧。乾乂恭守，五載臨兹……時唐建中四年歲次癸丑正月戊寅朔三日庚辰。”按建中四年乃癸亥，“丑”字誤。

邵 膺 元和二年（807）

《全文》卷六五一元稹《彈奏劍南東川節度使狀》：“諸州刺史名銜并所收色目謹具如後……渝州刺史邵膺，元和二年加徵草二千六百一十四束，三年加徵草三千七百二十七束。”

李方古 約元和中

《韓昌黎集》卷一八《答渝州李使君書》注：“或注方古二字。方古，貞元十二年進士。”

周 載 長慶元年（821）

《全文》卷六四八元稹《授蕭睦鳳州周載渝州刺史制》：“前知鹽鐵轉運山南東道院事殿中侍御史周載……可渝州刺史。”《全詩》卷三五九劉禹錫有《送周使君罷渝州歸郢州別墅》。

鄭 某 會昌六年（846）

《唐文拾遺》卷三〇蕭珦《唐巴郡太守滎陽鄭公新建天王記》：“巴郡太守滎陽公惠於民，信於士，虔於浮圖者也……珦實從公爲州從事……時會昌六年十二月廿二日記。”

陳　促　　大中五年（851）

《全文》卷七四九杜牧有《王晏實除齊州吳初本巴州陳促渝州刺史等制》。

田　某　　中和二年（882）

《金石續編》卷一二胡密《韋君靖建永昌寨》：“泊黃巢侵陷京闕，（缺）鑾駕出幸成都……韓秀昇勃亂黔峽，侵軼巴渝，公乃統率義軍討除逆黨……渝牧田公備録奏聞。”又見《唐文拾遺》卷三三。按韓秀昇亂峽中在中和二年十月，見《通鑑》。

柳　玭　　景福元年—二年（892—893）

《通鑑·景福二年》：三月，“以渝州刺史柳玭爲瀘州刺史”。兩《唐書》本傳未及。《金石萃編》卷一一八《唐萬壽寺記》：“刺史柳玭撰……景福元年八月一日。”當即在渝州刺史任。

牟崇厚　　乾寧四年（897）

《通鑑·乾寧四年》：二月“辛酉，〔王〕宗侃取渝州，降刺史牟崇厚”。又見《十國春秋·前蜀高祖本紀》及《王宗侃傳》。

王宗阮　　乾寧四年（897）

《十國春秋》本傳：“破瀘州，殺刺史馬敬儒，峽路故東川門户，至是始通，宗阮之力也。高祖即命宗阮知渝州。”按乾寧四年二月宗阮拔瀘州，斬馬敬儒，通峽路，見《通鑑》。

田師侃　　光化三年（900）

《十國春秋·前蜀高祖本紀》：光化三年“三月，移〔田〕師侃軍鎮渝州”。

王宗本　　天復中

《通鑑·天復三年》：八月，“前渝州刺史王宗本言於王建，請出兵取荆南；建從之，以宗本爲開道都指揮使，將兵下峽”。《十國春秋》本傳：“久之，擢渝州刺史。無何，罷官歸成都。天復三年，宗本請出兵荆南，高祖署宗本開道都指揮使。”

王宗阮　　天祐元年（904）

《通鑑·天祐元年》：天祐元年五月，“忠義節度使趙匡凝遣水軍上峽攻王建夔州，知渝州王宗阮等擊敗之”。又見《十國春秋·前蜀高祖本紀》。

周　庠（周博雅）　　約唐末

《九國志》本傳：“〔王建〕急攻成都，克之，奏授博雅觀察判官，後出知渝州，未幾，詔加節度判官，遷嘉州刺史。建開國，召拜成都尹。”

卷二二一　涪州（涪陵郡）

　　武德元年以渝州之涪陵鎮置。天寶元年改爲涪陵郡。乾元元年復爲涪州。領縣五：涪陵、賓化、武龍、樂温、温山。

田世康　　武德六年（623）

　　《通鑑·武德六年》：十月，"張大智侵涪州，刺史田世康等討之"。

孫　榮　　約貞觀中

　　《金石萃編》卷七八李志暕《唐故興聖寺主尼法澄塔銘并序》："俗姓孫氏，樂安人也……祖榮，涪州刺史。父同，同州馮翊縣令。法師，第二女……上元二年出家……春秋九十，開元十七年十一月三日也。"又見《全文》卷一〇〇。

權文誕　　約貞觀中

　　《新表五下》權氏："文誕，涪、常二州刺史。"乃隋儀同、鄘城公權榮之子。《全文》卷五〇三權德輿《叔父故朝散郎華州司士參軍府君（隼）墓誌銘并序》："祖平凉公諱文誕，歷開府儀同三司、涪常二州刺史。"又卷五〇一同人《唐故東京安國寺契微和尚塔銘并序》稱："曾祖文誕，皇銀青光禄大夫、涪常二州刺史、荆州大都督府長史。"

【補遺】柳寶積　　貞觀、永徽間

　　《唐研究》第六卷（2000 年）《唐墓誌二則録釋》引《大周故前貝州

司馬柳府君（明逸）墓誌銘並序》：“父寶積……爲唐職方員外、懷岐二州長史、涪潁二州刺史。”據此，其爲涪州刺史約在貞觀末或永徽初。

夏侯絢　　永徽元年—三年（650—652）

《隋唐五代墓誌匯編・陝西卷》第三册《唐故使持節睦州諸軍事睦州刺史夏侯府君（絢）墓誌銘并序》（永徽六年十月廿五日）：“永徽元年改使持節涪州諸軍事涪州刺史……三年，授蜀王府長史兼行黄州長史。”

宋　禎　　約天授中

《大唐故正議大夫使持節延州諸軍事延州刺史上柱國宋府君（禎）墓誌銘并序》：“垂拱二年，授遊擊將軍、幽州昌平府左果毅都尉……尋制舉高第，改授朝議大夫涪州刺史。屬戎渝梗叛，忠萬流亡，君殄滅逋醜，招撫離散，敕勳叙效，王命是加，授大中大夫平狄軍大使兼朔州刺史……聖曆二年授慶州刺史。”神龍二年卒（《考古》1986年第5期《河南偃師杏園村的六座紀年唐墓》）。

楊　思　　神龍元年—二年（705—706）

《隋唐五代墓誌匯編・洛陽卷》第八册《銀青光禄大夫使持節涪州諸軍事行涪州刺史武當郡開國公楊府君（思）墓誌之銘》（神龍三年八月七日）：“門開陸沉之館，去神龍二年九月今歸葬日死。”

【平貞昚　　神龍中（未之任）】

《全文》卷二二九張說《常州刺史平君（貞昚）神道碑》：“神龍中興……以節愍之禍，出爲涪州刺史。未往，又轉盧州司馬……景龍中復起。”

【朱敬則　　神龍二年（706）（未之任）】

《新書》本傳：“出爲鄭州刺史，遂致仕。侍御史冉祖雍誣奏與王同皎善，貶涪州刺史。既明其非罪，改盧州。”又見《元龜》卷五二二。按

《舊書》本傳唯稱："神龍元年，出爲鄭州刺史，尋以老致仕。二年，侍御史冉祖雍素與敬則不協，乃誣奏云與王同皎親善，貶授廬州刺史。"

周利貞　先天元年—開元二年（712—714）

《新書》本傳："先天初，爲廣州都督……頗事剝割，夷獠苦其殘虐，皆起爲寇，詔監察御史李全交按問，得贓狀，貶涪州刺史。開元初，詔：'利貞及滑州刺史裴談……皆酷吏，宜終身勿齒。'尋復授珍州司馬。"《舊書》本傳未及。《全文》卷一五二〔先天三年〕二月戊子敕曰："涪州刺史周利貞……等十三人皆爲酷吏……並宜放歸草澤，終身勿齒。"《通鑑·開元二年》二月同。

顏謀道　約開元五、六年（約717、718）

《千唐誌·唐故銀青光禄大夫和州刺史上柱國琅邪縣開國伯顏府君（謀道）墓誌銘》（開元九年十月十日）："俄而遷涪州刺史……優詔轉和州刺史……累求自退，渥恩見許，告老丘園。春秋八十，以開元九年七月廿九日薨。"

李延光　開元七年（719）

《隋唐五代墓誌匯編·陝西卷》第三册《唐故中散大夫涪州刺史上柱國李府君（延光）墓誌銘并序》（開元八年二月十三日）："除德州司馬、陳州長史……尋除使持節涪州諸軍事守涪州刺史。"開元七年十二月十九日卒，享年七十三。

張　朏　約天寶初

《唐文拾遺》卷一九張回《唐故太中大夫守新定郡太守張公（朏）墓誌銘》："又拜渠州刺史、涪陵郡太守、零陵郡太守、臨川郡太守、新定郡太守……天寶十載六月廿四日遇疾薨於新定郡官舍，春秋五十有六。"

鄭先進　約肅宗、代宗間

《隋唐五代墓誌匯編·陝西卷》第四册《大唐故朝議大夫試沔州

司馬滎陽郡鄭府君(溥)墓誌銘并序》(大和元年十二月九日)：“曾祖
先進，皇涪州刺史。”溥卒大和元年，享年六十三。

王　縱　　約大曆中

《全詩》卷二七三戴叔倫《漸至(一作次)涪州先寄王員外使君
縱》：“星郎復何意(一作事)，出守五溪邊。”按《全詩》卷三一七武元衡
名下復出此詩，題中無“縱”字，文字稍異。《郎官柱》倉部員外有王
縱，在孫宿後，梁乘前。

吳　詵　　貞元四年(788)

《通鑑·貞元四年》：四月，“福建觀察使吳詵輕其軍士脆弱，苦役
之。軍士作亂……辛未，以太子賓客吳湊爲福建觀察使，貶吳詵爲涪
州刺史”。又見《元龜》卷一五三。

裴　郇　　約貞元中

《新表一上》中眷裴氏：“郇，涪州刺史。”乃元和、長慶間福建觀察
使裴乂伯父。

路　恣　　貞元十四年(798)

《元龜》卷七〇〇：“路恣爲涪州刺史，貞元十四年，以贓追奪兩
官，仍勿齒三五年。”

南承嗣　　貞元末

《新書·南霽雲傳》：“子承嗣，歷涪州刺史。劉闢叛，以無備謫永
州。”又見《古今姓氏書辯證》卷二〇南氏。《柳河東集》卷五《唐故特
進贈開府儀同三司揚州大都督南府君(霽雲)睢陽廟碑》：“有子曰承
嗣，七歲爲婺州別駕，賜緋魚袋，歷刺施、涪二州。”又卷三九《爲南承
嗣上中書門下乞兩河效用狀》：“頃守涪州，屬西蜀遘逆。”又卷二三
《送南涪州移澧州序》：“始由施州爲涪州……受譴兹郡(即永州)，凡
二歲……自漢而南，州之美者十七八，莫若澧……以是進秩。”按西川

節度劉闢反爲元和元年事。

李 紱 元和中

《新表二上》遼東李氏："紱，涪州刺史。"乃德宗相李泌之子。

宋君平 元和十五年(820)

《元龜》卷七〇〇："宋君平爲涪州刺史，元和十五年坐贓削官一任。"

李 續(李續之) 大和元年(827)

《舊書·文宗紀上》：大和元年四月"己巳，貶山南東道節度副使李續爲涪州刺史"。又《張又新傳》："寶曆三年，〔李〕逢吉出爲山南東道節度使，請又新爲副使，李續之爲行軍司馬……逢吉坐罰俸。又詔曰：'……又新可汀州刺史，李續之可涪州刺史。'及逢吉致仕，李訓用事，復召二子爲尚書郎。"又見《全文》卷七〇文宗《貶張又新李續之詔》。按《新書·李逢吉傳》作"李續"。

楊成器 大和中？

《新表一下》楊氏越公房："成器，涪州刺史。"乃楊於陵從兄弟行。

韓秀昇 中和二年(882)

《新書·高仁厚傳》："會邛州賊阡能衆數萬略諸縣，列壁數十，涪州刺史韓秀昇等亂峽中，韓求反蜀州，諸將不能定。〔陳〕敬瑄召仁厚還，使督兵四討，屯永安。"按韓秀昇亂峽中事在中和二年十月，見《通鑑》。

張 濬 光啓中

《輿地碑記目》卷四《涪州碑記》有《唐千福院水泉記》，注："光啓中，太守張濬撰。"按兩《唐書》本傳未及涪刺。

尚汝貞 約昭宗初

《全文》卷八〇二李磎有《授尚汝貞涪州刺史朱塘恩州刺史婺州

刺史蔣瓛檢校僕射等制》。

王宗本　　天復三年—天祐四年（903—907）

《通鑑·天復三年》：十月，“〔王〕建以〔王〕宗本爲武泰留後。武泰軍舊治黔州，宗本以其地多瘴癘，請徙治涪州，建許之”。《十國春秋·前蜀高祖本紀》及本傳略同。

待考録

韓君祐

《新表三上》韓氏：“君祐，涪州刺史。”乃衛尉少卿韓華子。

杜賢意

《姓纂》卷六陝郡杜氏：“賢意，涪州刺史。”按其兄善賢，爲長安令，被劉行敏所嘲，見《廣記》卷二五四引《啓顏録》。